ERZÄHLEN
ERINNERN

Deutsche Prosa der Gegenwart
Interpretationen

Herausgegeben von
Herbert Kaiser und Gerhard Köpf

Verlag Moritz Diesterweg
Frankfurt am Main

Die Deutsche Bibliothek – CIP-Einheitsaufnahme

Erzählen, Erinnern : deutsche Prosa der Gegenwart ;
Interpretationen / hrsg. von Herbert Kaiser und Gerhard Köpf.
– 1. Aufl. – Frankfurt am Main : Diesterweg, 1992
   ISBN 3-425-06443-6
NE: Kaiser, Herbert [Hrsg.]

ISBN 3-425-06443-6

1. Auflage

© 1992 Verlag Moritz Diesterweg GmbH & Co., Frankfurt am Main.

Gesamtherstellung: Offizin Andersen Nexö Leipzig GmbH

Inhalt

HERBERT KAISER

Erinnern und erzählen

für Rolf Geißler zum 65. Geburtstag

> „Die Auflösung der Dissonanzen in einem gewissen
> Charakter ist weder für das bloße Nachdenken, noch
> für die leere Lust."
> (Hölderlin, *Hyperion*, Vorrede)

Deutsche Prosa der Gegenwart: Wie mißverständlich ist dieser Titel? Was Gegenwart ist, bestimmt sich zunächst von Lebensalter und geschichtlicher Erfahrung her; für einen Schüler von 1992 ist 1968 bereits ein historisches Ereignis, für viele Lehrer von heute gehören die fünfziger und sechziger Jahre jedoch zur sozialen Identität. Gegenwart bedeutet aber, jenseits der Generationsunterschiede, für uns Deutsche auch der durchgehende Wirkungszusammenhang unserer Geschichte, die in der gesamten zweiten Jahrhunderthälfte auf den Nationalsozialismus und seine Folgen bezogen bleibt: Zerstörung und Wiederaufbau, Zerfall und Vereinigung Deutschlands, Kalter Krieg und Entspannung, Erfahrungen eigenen Wohlstands und fremder Armut, Europa- und Nationalbewußtsein sind nur als ein Ganzes zu begreifen, das unsere Gegenwart ist, seien wir 15, 50 oder 65. Die Erzählliteratur dieser Epoche ist „deutsch" selbstverständlich im sprachlichen, nicht im staatlichen Sinn – wenn auch seit der deutschen Einheit die Spannung zwischen diesen Begriffen stark nachgelassen hat, was aber nicht heißt, die in der „Kulturnation" (Grass) intendierte eine deutsche Kultur sei nun als Forderung überholt. Im Gegenteil: Die in Begriff und Sache einer deutschen Nationalkultur liegende Dialektik zwischen dem Eigenen und dem Fremden stellt uns nach der Einheit und in einem neuen Europa vor völlig neue Aufgaben.

I

Mit den vorliegenden Interpretationen ehren Freunde, Schüler und Kollegen das wissenschaftliche Werk und pädagogische Wirken von Rolf Geißler. Beides ist nicht zu trennen. Er ist Wissenschaftler und Lehrer, Denker, Didaktiker und Moralist, dessen Werk aufs engste mit der deutschen Gegenwartsliteratur verbunden ist. Seine wissenschaftliche und pädagogische Maxime lautet: Kritik jeder Selbstzweckhaftigkeit! Die Poesie verteidigt er gegen l'art pour l'art-Tendenzen ebenso wie das geschichtliche Denken gegen Historismus, das wissenschaftliche gegen Positivismus, Universität und Schule gegen den Bürokratismus der Bildungsplaner. Alle diese fragwürdigen Teilautonomien entspringen der Selbstzweckhaftigkeit des Subjekts. Die Kritik der Subjektivität bildet den zentralen Fluchtpunkt seines Denkens und den gemeinsamen Nenner seiner wissenschaftlichen Arbeiten, von den frühen Publikationen zur Geschichte und Pädagogik über die Interpretationen der österreichischen Literatur (Grillparzer, Raimund, Schnitzler) bis zu den gegenwärtigen zu Goethe, Heine oder Literatur und Judentum. Geißlers Denken ist nicht subjektiv, seine Erkenntnisse sind deshalb nicht objektiv, nicht im formalen Selbstbewußtsein des auf Gewißheit zielenden Denkens begründet, sondern situativ und geschichtlich: die Komplexität des Lebens und des Erkennens berücksichtigend. Er denkt anthropozentrisch, vom Menschlichen aus und auf es hin. Er ist Humanist.

Die Subjekt-Kritik und ihr humanistischer Impuls bestimmen Thema und Methode des Geißlerschen Werks – und damit auch Thema und Methode dieser Arbeiten, die ihm in Dank verbunden sind. Die Entsprechungen sind vielfältig; sie betreffen die Sache: die Gegenwartsliteratur und den Roman; das Problemfeld von Geschichte und Geschichtlichkeit, Zeit und Erinnerung sowie nicht zuletzt die Methode, die literarische Interpretation. Daß hier mit der Gegenwartsliteratur nur *eines* seiner Arbeitsgebiete – ein frühes, aber zentrales – in den Vordergrund rückt, bedeutet keine Minderschätzung der anderen, sondern ergibt sich aus der Konzeption dieses Bandes, aus dem Geißlerschen Geist eines unfeierlichen Pragmatismus: Das vorliegende Buch soll der Erschließung der deutschen Gegenwartsliteratur nützen. Es ist keine akademische Festschrift, die ein Gesamtwerk auch in seinen quantitativen Proportionen zu würdigen hätte.

Von Beginn an verknüpft Geißler sein literaturwissenschaftliches Denken mit zeitgeschichtlich-politischen, pädagogisch-didaktischen und philosophisch-anthropologischen Fragestellungen. Wissenschaft muß die sachlich gebotenen Zusammenhänge berücksichtigen; Literaturwissenschaft mithin die politisch-sozialen Kontexte der Literatur, die institutionellen Bedingungen ihrer Vermittlung in Schule und Universität sowie ihre poetisch-ästhetischen Strukturen. Charakteristisch für Geißler ist dabei aber, daß er ein solches offenes, komplexes Wissenschaftsverständnis nicht zuerst theoretisch entwickelt, um in der Absicherung durch eine Theorie sein Denken zu legitimieren; vielmehr entzündet sich sein Denken an den Gegebenheiten der Situation und bleibt an Situationen, d. h.: am Sachlichen orientiert und deswegen von wissenschaftlichen Modeströmungen unabhängig.

Rolf Geißler weist früh auf die Notwendigkeit eines zeitgeschichtlichen Geschichtsunterrichts hin (1957); das pädagogisch-politische Ziel eines kritischen Geschichts- und Selbstverständnisses steht bis zu den *Prolegomena zu einer Theorie der Literaturdidaktik* (1970) im Mittelpunkt seines Arbeitens. Er verfolgt es auf sehr verschiedenen Wegen: Wie muß die soziale Organisation einer Schule aussehen, die ihre Schüler für eine demokratische Gesellschaft erzieht? (1959) „Bildungsziel" und „Methodik des Geschichtsunterrichts" (1958) sind nach den katastrophalen Erfahrungen neu zu bestimmen, aber sie dürfen nicht von politischen Instanzen her vorgegeben werden, sondern müssen aus den Erkenntnissen der Geschichtswissenschaft selbst erwachsen. Im Literaturunterricht müssen ebenfalls Ziele, Inhalte und Methoden neu gedacht werden. Auf das zentrale Thema der geschichtlichen Verantwortung zielen auch die Studien zum völkischen Heimat- und Geschichtsroman und zum Zeitroman der Weimarer Republik (Th. Mann, Broch, Roth – *Dekadenz und Heroismus*, 1964). Geißler gehört zu den ersten, die die pädagogische Bedeutung Brechts erkannt haben, etwa in seiner Forderung nach Belehrung der Lehrer oder seiner Konzeption offener, im Gebrauch dynamisch bleibender Werke, die sich gegen eine ontologische Zeitlosigkeit der Kunst richtet (1963), und man läuft im nachhinein Gefahr, Geißlers Eintreten für die *Blechtrommel* als Schullektüre (1967) für selbstverständlich zu halten: die allgemeine Politisierung des Bewußtseins von 1968 war noch Zukunft, Reich-Ranickis Grass-Ablehnung noch akut, die Gegenwartsliteratur noch lange nicht im Kanon von Schule und Universität etabliert.

Als eine erste Zwischenbilanz des gesamten wissenschaftlichen Werks dürfen die *Prolegomena* gelten: Die bisherige Kritik der Ziele und Inhalte des Literaturunterrichts wird nun abgeschlossen durch eine (implizit stets schon mitbedachte) Methodenkritik, die weit mehr ist als eine Abrechnung mit den Verfahrensweisen der Erlebnis-Ästhetik Diltheys und seiner Traditionen. Im Rückgriff auf Gadamers philosophische Hermeneutik, die er mit Herbert Marcuses Gesellschaftskritik gegen eine mögliche ontologisch-zeitlose Geschichtsauffassung abschirmt, entwickelt Geißler die theoretischen Grundlagen eines „produktiven, eingreifenden Literaturunterrichts" (1970, S. 69): Das literarische Verstehen ist weder eine im formal-logischen Subjekt begründete Objekt-Erkenntnis noch ein vom formal-ästhetischen Subjekt vollzogenes Einfühlungs-Erlebnis, sondern ein „aktiver Bildungsprozeß", in dem es um „Korrektur und Einflußnahme" auf die Geschichte geht. Die hermeneutische Horizontverschmelzung vollzieht ‚sich' nicht, sondern der Leser führt sie als bewußten Aufbau von Vergangenheits- und Gegenwartshorizonten und deren reflektierter Vermittlung herbei. Die Erkenntnis der Geschichtlichkeit: der zeitlichen Relativität der eigenen Position und Endlichkeit des eigenen Lebens führt nicht in die Leere abstrakter, ontologischer Wesensbestimmungen, sondern steht im Dienst konkreter Selbst- und Geschichtskritik. So verbindet Geißler im Entwurf einer literarischen Hermeneutik seine prinzipielle politisch-humanistische Denkperspektive mit einer Anthropologie des Lesers, der nicht geschichtslos-formales Subjekt, sondern konkrete Person ist, und einer poetischen Formanalyse moderner Literatur, deren offene Strukturen die hermeneutische Aktivität des Lesers herausfordern. Von heute aus, von unseren zweifelhaften Erfahrungen mit der stets noch zunehmenden Spezialisierung der Wissenschaften her gesehen, ist dieses Denken und Arbeiten im großen Praxiszusammenhang von Pädagogik und Zeitgeschichte, Ethik und Ästhetik, Philosophie und Literaturwissenschaft vorbildhaft, anregend, spannend. Das integrierende Zentrum solchen Denkens: die Kritik des Nationalsozialismus, die Erkenntnis seiner ästhetisch-literarischen, anthropologischen und weltanschaulichen Strukturen und die Verantwortung des Wissenschaftlers in der Geschichte verhindert sowohl ein Abgleiten in ein polyhistorisches Halbwissen als auch eine zu weit getriebene Verselbständigung der Einzelperspektiven in neue wissenschaftliche Teildisziplinen. Geißlers Hermeneutik ist keine systematische Rezeptions- oder Lesertheorie, seine Zeitkritik keine systematische Ideologiekritik, seine Aufmerksamkeit für die Gegenwartsliteratur keine Epochenspezialisierung.

Die deutsche Gegenwartsliteratur findet schwerlich einen engagierteren Denker, einen genaueren Leser als Rolf Geißler. Er hat sie als Pädagoge, Wissenschaftler und akademischer Lehrer von ihren Anfängen nach dem Krieg bis heute mit kritischer Aufmerksamkeit begleitet. Als Literaturdidaktiker begreift er ihre besonderen Erkenntnismöglichkeiten: Gerade junge Leser, Schüler und Studenten, sollen das geschichtliche Denken lernen, in die „Skepsis gegen alle Zielsetzungen" und die Verantwortung für die „Offenheit der Zukunft" (1970, S. 70) eingeübt werden. Gegenwartsliteratur lesen: Erkenntnis der Gegenwart im Medium der poetisch-ästhetischen Formen, die die Wirklichkeit in der Komplexität ihres Gewordenseins, in den Spielräumen zwischen ihrem So-sein-Müssen und einem Anders-sein-Können erscheinen lassen; Aufklärung der Geschichte und Selbstaufklärung des Lesers, dessen Identität zwischen geschichtlicher Verflochtenheit und personaler Freiheit nie ,festzustellen' ist; Lesen nicht als selbstzweckhafte Analyse vermeintlich objektiver Strukturen, nicht als selbstzweckhafte Kreativitätsübung oder als Seins- und Wesenserhellung übergeschichtlicher Werke, sondern als Erkenntnispraxis. Literatur und Leser sind in dieser dialogischen Praxis verbunden; von daher entsteht das Konzept für die von ihm 1978 gegründete Zeitschrift *Literatur für Leser.*

Bereits der Aufsatz über *Brecht als Pädagoge* (1963) entwickelt dieses Literatur- und Leserverständnis, und zwar von Brecht selbst aus: seinem Gedanken *Über die Bauart lang dauernder Werke*. Der ‚Gebrauch‘ der Literatur im Lesen bedeutet in jeder Hinsicht das Gegenteil eines Konsums. Nicht zuletzt gehört auch dieser medien- und sozialkritische, pädagogische Aspekt zu den zentralen Motiven Rolf Geißlers. „Mit einem unabgeschlossenen Bewußtsein in eine offene Zukunft [zu] denken", das bedarf einer Kritik unserer mentalen Sattheit, unserer Selbstzufriedenheit und Indolenz, aber auch – stets aufs neue – einer Kritik des formalen Subjekts in uns, das sich nicht selbst in Frage stellen kann, weil es die Wirklichkeit immer nur den von ihm selbst gesetzten Kategorien und Begriffen ein- und unterordnet, somit nie aus dem Zirkel tautologischer Selbstbestätigung herausfindet.

II

Unvollendete Geschichte: Der Titel der Erzählung von Volker Braun (1975) könnte in seinem Doppelsinn ein tertium zwischen Geißlers wissenschaftlichem Werk und den Haupttendenzen der deutschen Gegenwartsliteratur formulieren. „Geschichte" verweist auf den prinzipiellen Zusammenhang von Wirklichkeit und Sprache, auf die falsche Alternative von Faktizität und Fiktion; der Begriff meint beides. „Unvollendet" ist Brauns „Geschichte", weil das angedeutete happy end seines Paares in der Schwebe bleibt. Die Offenheit des Fiktiven kann aber nicht nur auf die Unvollendetheit der Gesellschaft (des Sozialismus in der DDR, gegen dessen bürokratische Erstarrung sich Brauns Kritik wendet), sondern in einem radikaleren Sinn auch auf eine Unvollendbarkeit des geschichtlichen Prozesses bezogen werden. Das utopische Geschichtsbewußtsein geht in ein skeptisches über. Aber wie auch immer: Die sprachliche Fiktion, das Erzählen konstituiert die Geschichte, und erst in ihrer sprachlich-fiktiven Darstellung – mit Schiller zu reden: im ästhetischen Schein, im wesenlosen Reich der Einbildungskraft – können wir der Geschichte „mit einem unabgeschlossenen Bewußtsein" begegnen. Dieses „Unabgeschlossene", das Geißler als Voraussetzung einer „offenen Zukunft" fordert, kennzeichnet unser Bewußtsein, sofern es Einbildungskraft ist.

Erinnerung ist eine Leistung unserer Einbildungskraft, die Abwesendes in die Anwesenheit holt; und sofern Erinnerung heißt: Erzählen vom Erinnerten, ist sie eine Leistung unserer sprachlichen Einbildungskraft. Alle Geschichte wird überhaupt erst durch Erinnerung Geschichte und existiert insofern nur in der Einbildungskraft, aber diese ist in ihrer geistig-psychischen Leistung der Imagination selbst keine

Einbildung, sondern real. Reflektiert man so auf die Einbildungskraft im allgemeinen und die sprachliche Einbildungskraft im besonderen als die Bedingung der Möglichkeit und den geistigen Ort von Geschichte, so verschieben sich die gewöhnlichen Begriffsebenen. Die Realität der Geschichte liegt dann nicht mehr in einem vermeintlich außerfiktionalen Gegenständlich-Faktischen, sondern – als erzählte Erinnerung – in der sprachlichen Imagination. Im Erzählen der Geschichte sind eine außersprachliche, referentielle Wirklichkeit einerseits und eine sprachliche Form andererseits nicht zu trennen; Kritik und Reflexion der Geschichte sind deshalb stets verwoben mit einer Kritik und Reflexion des Erzählens und seiner Sprache. Diese Vernetzung von Geschichtsdarstellung, Sprachkritik und Reflexion des Erzählens bildet die wesentliche Gemeinsamkeit der hier ausgewählten Romane und Erzählungen der deutschsprachigen Gegenwartsliteratur.

Alle Texte gruppieren sich in unterschiedlicher Nähe und aus verschiedenen Perspektiven um das thematische Zentrum von Erinnerung und Erzählung. Das gilt ganz offensichtlich für die Romane mit geschichtlichen, zeitgeschichtlichen und gesellschaftskritischen Stoffen (Koeppen: *Tauben im Gras*, 1953; Braun: *Unvollendete Geschichte*, 1975; Lenz: *Heimatmuseum*, 1968; Loest: *Völkerschlachtdenkmal*, 1984; Hein: *Horns Ende*, 1985), bei näherem Hinsehen aber ebenso für Texte, in denen die Selbstthematisierung des erinnernden Erzählens (Köpf: *Erbengemeinschaft*, 1987), das Verhältnis von Zeit, Geschichte und Erinnerung (Grass: *Treffen in Telgte*, 1979) oder das Schreiben und Erzählen als Prozeß der Wahrheitsfindung über Geschichte und Gesellschaft dargestellt werden (Johnson: *Mutmaßungen über Jakob*, 1959). Gerade an den Romanen mit dem extremsten, scheinbar faktisch-eindeutigen Stoff der Shoah (Aichinger: *Die größere Hoffnung*, 1948; Becker: *Jakob der Lügner*, 1969; Hofmann: *Veilchenfeld*, 1986) zeigt sich jene Unauflösbarkeit von Sache und Sprache am deutlichsten, denn *nur* im Erzählen gelingt dieses Erinnern.

In diesen Romanen geht das Erinnern der Geschichte grundsätzlich über eine Vergegenwärtigung des Historischen, die Leistung des Museums, hinaus; denn das erinnernde Erzählen hat, bewußt oder unbewußt, immer auch einen futurischen Impuls. So soll es nicht mehr kommen, so soll es wieder werden, es soll –, es könnte anders sein: Das ist im Erinnern stets mitgemeint. Die Einbildungskraft ist zeitlich ambivalent, sie imaginiert nicht nur die Anwesenheit des Vergangenen im Erinnern, sondern auch die des Künftigen im Hoffen. Im Erzählen bleibt, anders als in der wissenschaftlichen Historie, das Zeitbewußtsein auf das Ganze des Menschlichen und der Sprache bezogen. Die Einbildungskraft vermittelt in den emotionalen Tendenzen: im freundlichen und schmerzlichen Erinnern, im Vergessen und Verdrängen, in Sehnsucht, Angst und Hoffnung Präteritum und Futur zur Gegenwart. So können die Zeitdimensionen der Vergangenheit und der Zukunft nicht, als reine Historie oder reine Utopie, abstrakt werden. Grass prägt für diese menschliche und politische Aufgabe der Kritik des vorherrschenden, eindimensionalen Zeitbewußtseins, für welches Fortschreiten und Bewahren, Teleologie und Archäologie einen antinomischen Gegensatz bilden, den Begriff der „Vergegenkunft" (*Kopfgeburten oder die Deutschen sterben aus*). Köpf radikalisiert das antichronologische Zeitbewußtsein: „Wiederholung und Erinnerung sind dieselbe Bewegung, nur in entgegengesetzter Richtung, was da erinnert wird, ist gewesen, es wird nach rückwärts wiederholt, wo hingegen die eigentliche Wiederholung nach vorwärts erinnert wird." (*Die Erbengemeinschaft*, S. 395) Im Roman *Die Erbengemeinschaft* entwirft er das Modell eines epischen Weltgedächtnisses, für das Geschichte einzig im Geschichtenerzählen und -wiedererzählen besteht, und verwirft es schließlich, weil eine konsequente Nichtunterscheidung „zwischen dem Mond und der silbernen Sichel" (396), zwischen Zeichen und Bedeutung, res factae und res fictae eine unendliche Geschichte ergeben müßte; der Roman verlöre sich in schierer Grenzenlosigkeit. Am Ende der Auflösung der chronologischen Zeit steht wieder die Anerkennung von Endlichkeit und Tod.

Das biographische Erinnern kann Geschichte aus der Sicht des Einzelnen, im Licht personaler, menschlicher Erfahrungen darstellen: der Liebe und des Zusammengehörens, der Ab- und Ausgrenzung, der Verzweiflung und Trennung (Reschke: *Verfolgte des Glücks*, 1982; Härtling: *Waiblingers Augen*, 1987); es kann, ebenso wie die autobiographische Erzählung, im individuellen Schicksal das Typische der Lebensform einer sozialen Klasse, einer geschichtlichen Epoche oder einer Landschaft aufscheinen lassen (Handke: *Wunschloses Unglück*, 1972; Andersch: *Vater eines Mörders*, 1980). Das Bild des eigenen oder fremden Lebens, das in der Biographie entsteht, existiert einzig im Wort, so daß Kritik und Reflexion der Sprache zur Aufgabe des Erinnerns gehören:

„Ich vergleiche also den allgemeinen Formelvorrat für die Biographie eines Frauenlebens satzweise mit dem besonderen Leben meiner Mutter; aus den Übereinstimmungen und Widersprüchlichkeiten ergibt sich dann die eigentliche Schreibtätigkeit. Wichtig ist nur, daß ich keine bloßen Zitate hinschreibe; die Sätze, auch wenn sie wie zitiert aussehen, dürfen in keinem Moment vergessen lassen, daß sie von jemand, zumindest für mich, Besonderm handeln – und nur dann, mit dem persönlichen, meinetwegen privaten Anlaß ganz fest und behutsam im Mittelpunkt, kämen sie mir auch brauchbar vor." (P. Handke, *Wunschloses Unglück*. Frankfurt/M. 1972, S. 45 f.)

Äußerste Gegensätze des Erinnerns, die sich im Extrem berühren, bilden die Erzählungen *Abschied von den Eltern* (1961) und *Das dreißigste*

Jahr (1961), die autobiographisch sind (Weiss) oder einen autobiographischen Hintergrund haben (Bachmann). Während Weiss die kaum verschlüsselte Geschichte seiner Jugend als Lebensbeichte und therapeutische Selbstanalyse unter strengster Wahrung einer personalen Perspektive schreibt, wirft Bachmann das „Netz Erinnerung" über das Leben eines Anonymen, fächert es in exemplarische, modellhafte Situationen auf und stellt den Erkenntnisschmerz über den Verlust einer verspielten Existenz dar. In beiden Fällen jedoch leistet das erinnernde Erzählen Selbstaufklärung und eröffnet so Möglichkeiten des Weiterlebens. In anderer Weise handelt auch Walser (*Ein fliehendes Pferd*, 1978) vom Erinnern – und Vergessen, von Flucht und Selbstfindung, aber er folgt in seiner Novelle nicht biographischen oder autobiographischen Mustern, sondern läßt wie in einem Experiment zwei Versuchspaare aufeinandertreffen, an deren Verhalten er, darin Bachmann vergleichbar, Modelle individuellen Lebens entwickelt.

Schließlich finden sich in der vorliegenden Sammlung Interpretationen zweier Texte, die das Thema „Erzählen und Erinnern" ganz von außen, von polar entgegengesetzten Perspektiven aus betrachten. Wolf (*Störfall*, 1987) erzählt fast zeitparallel mit der Katastrophe von Tschernobyl von den Bedingungen der Möglichkeit menschlicher Zukunft jenseits technologischer Utopien und dem Beitrag der literarischen Sprache dazu, Ransmayr von der Erkenntniskraft der Metamorphose als ästhetischem Verfahren und ihrer Verwandlungs- und Zerstörungskraft als Naturprinzip (*Die letzte Welt*, 1988). Erinnerung löst in beiden Fällen jede historische Chronologie, jeden herkömmlichen Begriff von geschichtlicher Teleologie auf. Augenblick und biologische Evolutionszeit werden verschmolzen (Wolf), und die Verwandlungen Ransmayrs führen Zeit, Geschichte und menschliche Welt ans Ende aller Möglichkeiten: die Natur. Ein wie immer auch desillusioniertes und gebrochenes, im Kern aber doch noch aufklärerisch-skeptisches Verständnis von Literatur und Geschichte (Wolf) bildet einen äußersten Kontrast zu Ransmayrs eschatologischem, ‚kakanischem' Zeit- und Geschichtsbild.

Die ausgewählten Romane und ihre Interpretationen lassen sich in verschiedener Weise einander in Analogie und Kontrast zuordnen – es entstehen so Muster, die Einsichten in unsere Zeit und ihre Erzählliteratur ermöglichen. Koeppen und Johnson verbindet ihre Geschichts- und Wahrheitsskepsis, aber wie verschieden stellen sie sie dar: als Transparenz des Mythisch-Typologischen im Aktuellen – als Bemühung um Wahrheit als Genauigkeit. Dagegen weisen die Museumsgeschichten von Hein und Lenz in Thema und Darstellung eine Reihe positiver Entsprechungen auf; auch Lenz und Loest sind in der Kritik dogmatischer Geschichtskonstruktionen vergleichbar, während etwa Andersch und Weiß einen produktiven Kontrast ergeben, wenn man sie als extreme Antworten auf die Frage nach dem Verhältnis von sozialem Einfluß und personaler Freiheit liest. Aichinger, Becker und Hofmann erzählen von der Judenverfolgung und -vernichtung durch den Nationalsozialismus, damit aus dem latenten Bewußtseinszentrum der gesamten deutschen Literatur nach 1945. Aichinger und Becker treffen sich in der Struktur des paradoxen Hoffens, Aichinger und Hofmann in der Darstellungsperspektive des Kindes.

Der Essay über Uwe Johnson zeigt die unaufhebbare Spannung zwischen Faktizität und Fiktion als das eigentlich fruchtbare Thema der neuen deutschen Erzählliteratur. In Anderschs Lob des amerikanischen Realismus von Hemingway und Faulkner (Juni 1945) läßt sich im nachhinein das literarische Programm der (west-)deutschen Literatur der folgenden Jahrzehnte erkennen: Ihr Realismus ist gesellschaftskritisch und, als literarisches Verfahren, zugleich in dem Maße poetisch-reflexiv, wie er konsequent realistisch sein will. Der Realismus tendiert notwendig zur Selbstreflexion, damit zur Relativierung vermeintlicher Fakten-Eindeutigkeit; er legt gerade den „Perspektivismus als Erkenntnisbedingung" offen, führt nicht zum Protokoll, sondern zu „Mutmaßungen". Diese innere Logik des Realismus der Stunde Null erkannt und literarisch gültig dargestellt zu haben, begründet den besonderen Rang Johnsons in der deutschen Gegenwartsliteratur. Wegen der exemplarischen Bedeutung des Themas beschließt dieser Essay die Interpretationen.

III

Rolf Geißler war der erste, der eine didaktische Begründung und methodische Hinweise für die Lektüre des modernen Romans im Deutschunterricht gab. Seine Arbeiten zum Jugendroman und zur Interpretation des zeitgenössischen Romans waren die frühesten und erfolgreichsten der neuen Deutschdidaktik (*Der Roman im Unterricht*, 1968, zusammen mit Peter Hasubek; *Möglichkeiten des modernen deutschen Romans*, 1962, zusammen mit Erich Hülse, Hans und Therese Poser). Aus textgenauem, bildorientiertem Lesen vermag er, leicht und einleuchtend, große Zusammenhänge zu entwickeln, die nicht nur weite geschichtliche Perspektiven eröffnen, sondern immer auch an die konkreten Erfahrungen des Lesers gebunden bleiben. Das ist seine Kunst zu „zeigen und [zu] erkennen", wie eine Sammlung von Interpretationen „von Goethe bis Jonke" (1979) betitelt ist. Auch in diesem Lesenkönnen liegt die Einheit seines Werkes, von daher gewinnt es seine persönliche Prägung und darin ist es stets didaktisch, ob es im engeren Sinn schulbezogen ist oder nicht, wie die meisten Arbeiten des letzten Jahrzehnts. So ist sein literaturwissenschaftliches Denken immer ein Dialog mit der Literatur und von ihr aus; es hat sich nie nur an der Literaturwissenschaft als etablierter Instanz orientiert, ist vielmehr dem prinzipiellen Zusammenhang von Gegenstands- und Selbstkritik, von Sach- und Selbstaufklärung verpflichtet.

Dieses kommunikative, auf Geschichtserkenntnis und die Erkenntnis der eigenen Geschichtlichkeit zielende Literaturverständnis kann, so sieht Geißler, auf zwei Wegen verfehlt werden: Im philologischen, historischen Positivismus der Detailforschung, die Wissenschaft als selbstzweckhaftes Spiel betreibt, und im alten Erlebnisverstehen Diltheyscher Prägung; sowohl das wissenschaftliche als auch das ästhetische Subjekt bleiben formal, lassen sich nicht in den Vorgang der Selbstaufklärung hineinziehen, die nicht das interesselose Subjekt, sondern die geschichtliche Person oder das Ich konstituiert.

Diese Argumente entstammen den sechziger und siebziger Jahren. Ist es aber nicht naiv, heute noch hermeneutisch zu denken, wo doch längst die Theorien der Postmoderne in die Literaturdidaktik eingedrungen sind? Die auf geschichtliche Erkenntnis verpflichtete kritische Hermeneutik gilt als unhaltbar, da ihre zentralen Kategorien: Rationalität, Verantwortung, Geschichte der Moderne, der Aufklärung zugehören. Die Revolution der elektronischen Medien, die gesellschaftliche Entmächtigung des Subjekts sowie die neueste Literatur legen eine Sichtweise des Menschen und der Sprache nahe, die die Kategorie der Bedeutung prinzipiell für obsolet erklärt; sich auf Bedeutungen festzulegen, damit Sinn anzuerkennen gilt als krypto-theologisch oder metaphysisch. Peter Bürger bemerkt als das Charakteristische unserer postmodernen Situation, „daß in unserer Gesellschaft die Zeichen nicht mehr auf ein Bezeichnetes verweisen, sondern immer nur auf andere Zeichen, daß wir mit unserer Rede so etwas wie Bedeutung gar nicht mehr treffen, sondern uns nur in einer endlosen Signifikantenkette bewegen" (Bürger, 1987, S. 7). Die Literaturdidaktik reagiert unsicher und widersprüchlich auf dieses Denken. Einerseits wird die Verknüpfung des „literarische[n] mit dem pädagogische[n] Diskurs" (Fingerhut, 1988, S. 43), die „Fesselung des Pegasus durch dessen angebliche Freisetzung in Unterrichtsritualen" (ebd., S. 7) beklagt, die Destruktion des rationalen Subjekts begrüßt, die Befreiung des Lesens von der Interpretation, die Respektierung der „Literatur als ungebundene[r] Diskurs" (ebd., S. 8) gefordert, andererseits bedarf auch das alles wieder einer „neuen didaktischen Kommentierung" (ebd., S. 17), und „die aus aufklärerischer Tradition stammenden Erziehungs- und Bildungsaufträge" sollen letztlich doch nicht aufgegeben werden. Das Plädoyer für eine postmoderne Literaturdidaktik läuft sowohl auf eine Absage an die „richtige, nämlich bindende Interpretation" hinaus, „deren Ergebnis wünschbare weltanschauliche Haltungen oder politische Einsichten transportieren", als auch auf eine Kritik der „Begegnungsdidaktik" und eines „blinden Spontaneismus" (ebd., S. 19). Wie neu sind aber die Postulate, wie treffend solche Abgrenzungen? „Skepsis gegen alle Zielsetzungen" und „offener Zukunftsbezug" sind spätestens seit 1970 Geißlers zentrale Forderung für die Literaturdidaktik, entwickelt aus einer pädagogisch-politischen Kritik der Erlebnisdidaktik.

Die spielerische Erprobung von Kreativität im Literaturunterricht – wird sie nicht ins Ganze eingebunden und so mitbetrieben, sondern als Hauptsache angestrebt – führt zu einer fatalen Polarisierung von Willkür und Norm, von Privatheit und Öffentlichkeit. Es kommt aber alles darauf an, Kreativität an einer allgemeinen Sache zu entwickeln, der Anstrengung des Denkens nicht auszuweichen, die geistige Arbeit nicht in einen Gegensatz zum ästhetischen Vergnügen geraten zu lassen. Die formale Tätigkeit des Strukturierens und die inhaltliche der Kritik sind identisch, nur der Perspektive nach unterschieden: Die Werke sind Erkenntnismedien, sie dienen der Praxis, existieren weder ontologisch „an sich" noch bloß im Spiel „für uns". Sie „dauern [...] So lange / Als bis sie fertig sind. / So lange sie nämlich Mühe machen / Verfallen sie nicht." (Brecht)

Die postmodernen Theorien vom unendlichen Verweisungszusammenhang der Zeichen und der Unmöglichkeit der Begriffsbildung stehen in der Tradition des Historismus und seiner idealistischen Herkunft. Das Grundproblem des historischen Bewußtseins: der Universalismus und die Unendlichkeit des Verstehens werden durch die elektronische Revolution, die beliebige Verfügbarkeit über alles Wissen und alle Bilder aller Zeiten zu jeder Zeit (alles überall immer) lediglich neu und verschärft in den Blick gerückt. (Vgl. dazu: Nietzsche, *Vom Nutzen und Nachteil der Historie für das Leben*, Kap. 4 und 5.) Wer im Gefolge postmoderner Theorien den Literaturunterricht zu einem spielerischen Umgang mit Texten befreien möchte, sollte sich im Blick auf Dilthey fragen, wie ‚avanciert' er ist:

„Das historische Bewußtsein von der Endlichkeit jeder geschichtlichen Erscheinung, jedes menschlichen oder gesellschaftlichen Zustandes, von der Relativität jeder Art von Glauben ist der letzte Schritt zur Befreiung des Menschen. Mit ihm erreicht der Mensch die Souveränität, jedem Erlebnis seinen Gehalt abzugewinnen, sich ihm ganz hinzugeben, unbefangen, als wäre kein System von Philosophie oder Glauben, das Menschen binden könnte. Das Leben wird frei vom Erkennen durch Begriffe; der Geist wird souverän allen Spinneweben dogmatischen Denkens gegenüber." (Dilthey, 1970, S. 363)

Die großen literaturdidaktischen Diskussionen um eine Kritik der Erlebnisdidaktik, maßgeblich von Rolf Geißler initiiert, scheinen so gründlich in Vergessenheit geraten, daß die Literaturdidaktik sich in kaum

20 Jahren einmal im Kreis gedreht hat, aber spiralförmig nach unten. Die neue Freiheit des anarchischen Bastelns an Texten bleibt, in anderer Weise, ebenso ästhetisch-formal wie das alte Erlebnisverstehen.

Einige knappe Bemerkungen über die geschichtlichen Grundlagen des literarischen Verstehens sind in dieser Situation doch angebracht. Sie seien als Erinnerung an wesentliche Einsichten unserer großen Autoren zwischen Aufklärung und Romantik gegeben, die alle um die falsche Alternative von objektiver Norm und subjektiver Beliebigkeit (Hölderlin), von abstrakter Vernunft und abstrakter Sinnlichkeit (Schiller), von poetischem Materialismus und poetischem Nihilismus wußten (Jean Paul). „Wer bloß an meiner Pflanze riecht, der kennt sie nicht, und wer sie pflückt, bloß, um daran zu lernen, kennt sie auch nicht. Die Auflösung der Dissonanzen in einem gewissen Charakter ist weder für das bloße Nachdenken, noch für die leere Lust." (Hölderlin, *Hyperion*, Vorrede) Was besagt Schillers Idee von der Schönheit als „ästhetischem Schein" im „wesenlosen Reich der Einbildungskraft" (*Über die ästhetische Erziehung des Menschen*) anderes, als daß ästhetische Erkenntnis *nicht* mit der außerästhetischen Wirklichkeit realistisch kurzgeschlossen werden darf – ihr Ort die Einbildungskraft ist? Die Dekonstruktion oder Kritik des Subjekts – als einer wie immer auch ontologisch verstandenen Wesenheit – ist das große Thema in Ästhetik und Philosophie bereits des 18. Jahrhunderts, und es ist für die Literaturdidaktik entschieden fruchtbarer, aus diesem Traditionszusammenhang heraus zu denken, als, wieder einmal, dem Neuesten nachzulaufen. Kant hat den „Substantialismus der Identität [...] zerstört" (Blumenberg, 1981, S. 134), und es gibt keine radikalere, postmodernere Kritik der „Persönlichkeit" – nicht als Hesses *Steppenwolf*, sondern als Jean Pauls *Flegeljahre* und *Die Nachtwachen* des Bonaventura. Das Projekt der „ästhetischen Erziehung" setzt, was wohl vergessen worden ist, eine Zerschlagung des metaphysischen Personbegriffs voraus! Es geht in ihm um den Entwurf eines ästhetisch-fiktiven Menschenbildes, das immer schon jenseits positiver, dogmatischer Fixierungen steht, *dennoch und deshalb aber in seiner Freiheit an ein sittliches Gesetz gebunden bleibt, das ebenfalls nicht positiv existiert, sondern in den Forderungen der Menschheit als fiktiver Gattungsallgemeinheit.*

Nur in den ästhetischen Bildern, in der Kunst können wir – das ist unsere geschichtliche Situation seit der Aufklärung – als Menschen etwas über uns selbst und unser menschliches Verhältnis zur Welt erfahren, weil wir kein metaphysisch definierbares, positives Wesen mehr von uns behaupten können. Unsere Natur ist seitdem nicht mehr „Natur", sondern tritt nur noch in „metaphorischen Verkleidungen" auf (Blumenberg, ebd.), und die Erfindung einer „Menschheit" ist die wirksamste. Die Idee der Menschheit: der Freiheit und Würde der Person, ist zwar ästhetisch-fiktiv, aber nicht irreal. Ihre Verbindlichkeit liegt in der Freiheit des Metaphorischen, des Nicht-Positiven. Gibt man diese erste und letzte Verbindung zwischen Ästhetik und Ethik auf, dann sollte man die Literatur konsequent aus Schule und Universität als immerhin noch an Allgemeinheit mahnende Institutionen verbannen. Sie wäre dann wirklich zur privaten Spielwiese und Bastelvorlage degeneriert und hätte sich jeder Möglichkeit begeben, gerade auch diese Institutionen denkend zu durchdringen.

Bibliographie

GEISSLER, ROLF: Prolegomena zu einer Theorie der Literaturdidaktik. Hannover 1970

DILTHEY, WILHELM: Der Aufbau der geschichtlichen Welt in den Geisteswissenschaften, hg. von MANFRED RIEDEL. Frankfurt/M. 1970

BLUMENBERG, HANS: Anthropologische Annäherung an die Aktualität der Rhetorik. In: DERS., Wirklichkeiten, in denen wir leben. Stuttgart 1981, S. 104–136

BÜRGER, PETER: Vorbemerkung. In: CHRISTA und PETER BÜRGER (Hg.), Postmoderne: Alltag, Allegorie und Avantgarde. Frankfurt/M. 1987

FINGERHUT, KARLHEINZ: Die folgenlose Literatur und der pädagogische Wahn. Deutschdidaktik, Literaturunterricht und Gegenwartsliteratur. In: Germanistik und Deutschunterricht im Zeitalter der Technologie. Selbstbestimmung und Anpassung, hg. von NORBERT OELLERS, Bd. 3. Tübingen 1988, S. 3–19

Zur Zitierweise der folgenden Beiträge:
Die in diesem Band besprochenen Werke werden im Text jeweils zitiert nur mit Angabe der Seitenzahl, weitere zitierte Primärtexte mit Titel und Seitenangabe, Sekundärliteratur mit Autorname, Erscheinungsjahr und Seitenangabe.
Die vollständigen Literaturangaben befinden sich in der Bibliographie am Ende jeden Beitrags.

HEDI KAISER

Ilse Aichinger: Die größere Hoffnung

> „Es ist ein Wunder, daß ich all meine Hoffnungen noch
> nicht aufgegeben habe, denn sie erscheinen absurd
> und unerfüllbar."
> (Anne Frank, *Tagebuch*)
>
> „Georg, die Brücke steht nicht mehr!
> Wir bauen sie neu!
> Wie soll sie heißen?
> Die größere Hoffnung, unsere Hoffnung."
> (Ilse Aichinger, *Die größere Hoffnung*)

Die größere Hoffnung ist der Titel des 1948 erschienenen Romans der
österreichischen Schriftstellerin Ilse Aichinger: die „größere" Hoffnung wider Realität und geschichtliche Erfahrung der Shoah, durch-
litten und darstellbar gemacht auf jüdische Weise durch das Paradox.

Die Zwanzigjährige begann den Roman als Versuch, das Schicksal
der Juden und ihr eigenes Schicksal unter der Herrschaft des Nationalsozialismus zu schildern. „Ich wollte zuerst einen Bericht schreiben darüber, wie es wirklich war. Das ist dabei herausgekommen, aber doch
auf eine ganz andere Weise, als ich es mir vorgestellt habe." (Aichinger,
in: Moser, 1990, S. 44) Der Roman geht aber weit über das Autobiographische hinaus. Die Darstellung der eigenen Leiden unter der Hitlerdiktatur weitet sich aus auf die gesamte jüdische Geschichte des
Exodus und darüber hinaus auf Grunderfahrungen der menschlichen
Existenz.

Der Roman, in dessen Mittelpunkt die Geschichte vom Leben und
Tod des Mädchens Ellen in Wien in den Jahren 1939–1945, ihr Weg von
der „großen" zur „größeren" Hoffnung steht, richtet sich vor allem an
die Jugend. Wie als Antwort darauf wurde ihr von Schülern – allerdings
erst 1988, nach 40 Jahren – der „Weilheimer Literaturpreis" verliehen,
eine sehr späte Anerkennung ihres Romans, dem die literarische Kritik
lange mit Unverständnis begegnete. In ihrer „Dankrede an die Jugend"
berichtet sie von ihren Erfahrungen der Verfolgung: „wir mußten auch
die Hoffnung, zu fliehen und so vor dem Terror [...] gerettet zu werden,
in eine Hoffnung verwandeln, die dem Tode standhielt" (Aichinger,
Rede an die Jugend, S. 19). Sie ruft die Jugend dazu auf, die Fähigkeit zu
Freude und Hoffnung nicht zu verlieren.

Autobiographischer Hintergrund

Wie Ellen im Roman ist Ilse Aichinger Tochter einer jüdischen Mutter und eines nichtjüdischen Vaters, der sich von der Familie trennt. In Wien erlebte sie, wie ihre Figur, „was ein ‚Mischling' um diese Zeit erlebte und das war vor allem Abschied, [...] von denen, die auswanderten, die einrückten, die verschickt wurden. Und den Glanz, den der Abschied gab, habe ich versucht, in dem Buch festzuhalten" (Aichinger, ebd., S. 23). Ilse Aichinger mußte miterleben, wie ihre jüdische Großmutter deportiert wurde. Sie stand auf der Brücke, über die ihre Großmutter in einem offenen Lastwagen in den Tod fuhr. Im Roman erscheinen die Brücken als ein Hauptmotiv wieder. Ellen lebt bei der Großmutter, die sich durch Gift der befürchteten Deportation entzieht. Auch andere Orte der Wiener Kindheit tauchen im Roman auf: der Quai, der Kanal, der Fluß und der jüdische Friedhof z. B., auf dem der Großvater lag und der den Kindern als einzig verbleibendes Refugium des Spiels diente. Orte haben für sie eine große Bedeutung im Schreibprozeß. (ebd., S. 46)

Ilse Aichingers Mutter war durch die Tochter in gewissem Maß geschützt, aber trotzdem wußte man nie, ob sie nicht doch deportiert werden würde. Ilse war entschlossen, im Ernstfall ihre Mutter zu begleiten. „Wir lebten auf Abruf. Aber das Stück bis zum Abruf war ungeheuer intensiv". (ebd., S. 38) Auch von dieser Intensität ist der Roman geprägt. Seit Beginn des Krieges war die Autorin in einigen Jugendgruppen, die inneren Widerstand leisteten. Sie berichtet, daß sie dort dasselbe Weihnachtsspiel aufführten wie im Roman. Prägend wurde für sie und diesen Kreis die Begegnung mit der „Weißen Rose". 1943 sah sie zum erstenmal die Namen von Sophie und Hans Scholl auf einem Anschlag, der das Todesurteil über beide verkündete. „Ich kannte keinen dieser Namen. Aber ich weiß, daß von ihnen eine unüberbietbare Hoffnung auf mich übersprang. Diese Hoffnung hatte, obwohl sie es uns möglich machte, in dieser Zeit weiterzuleben, doch nichts mit der Hoffnung auf Überleben zu tun." (ebd., S. 30)

Nach dem Krieg hat sich Ilse Aichinger mit dem Widerstand der „Weißen Rose" und Sophie Scholl beschäftigt. Ihre Opposition nennt sie den „vielleicht geglücktesten Widerstand im Dritten Reich" (ebd., S. 34). Die Figur der Ellen trägt in ihrer Lauterkeit und Unbedingtheit auch Züge der von Aichinger verehrten Sophie Scholl. Aber nicht nur inhaltliche, auch sprachliche Beziehungen zu Sophie Scholl gibt es. So ist die Autorin von der Sprache der Träume fasziniert, die Sophie Scholl aufgezeichnet hat. (vgl. ebd., S. 32) Ilse Aichinger war glücklich, daß sie gerade von Inge Scholl, der Schwester Sophies und Herausgeberin ihrer Tagebücher, zum erstenmal nach Deutschland (Ulm) eingeladen wurde, um aus dem Roman zu lesen.

Wirkungsgeschichte

Ilse Aichingers Erstling ist bis heute in der Literaturwissenschaft nicht die Anerkennung zuteil geworden, die er verdient. Bei seinem Erscheinen blieb der Roman in Deutschland – anders als in Österreich – ohne Resonanz; erst 1951 erschienen Besprechungen von Kaiser, Sieburg und Guggenheimer. Woran lag es, daß der Roman bei uns nicht die Wirkung hatte, die ihm von seinem Sujet und seiner Sprache her zukamen, obwohl sein Titel „eine Daseinsstimmung traf so gut wie Borcherts ‚Draußen vor der Tür‘ “ (J. Kaiser, in: Moser, 1990, S. 75)? Wahrscheinlich lag es, wie Kaiser meint, an der Art des Romans und an der Zeit, in der er erschien. „‚Wir‘ hatten nämlich kurz nach dem Krieg nicht jene poetische Freiheit gegenüber Phänomenen wie der Nazi-Judenverfolgung und des KZ-Staates, die eine junge, als Halbjüdin betroffene Dichterin – sich einfach nahm.“ (ebd., S. 148) Hier wird ein bis heute gültiger Hauptpunkt der Kritik an dem Roman angedeutet, die sich an der poetischen Form entzündet. Als Beispiel soll nur Sieburg erwähnt werden: „[Ilse Aichinger] nimmt eine gründliche und vollständige Poetisierung der Welt vor und raubt dieser Welt dadurch ihren Schrecken.“ (Fr. Sieburg, in: Moser, 1990, S. 133) Ähnliche Kritik wurde u. a. auch an Celans *Todesfuge* geübt. Eine zweite Kritik richtet sich auf die Einbettung des Schicksals des jüdischen Mädchens Ellen unter der Hitlerdiktatur in einen allgemeinen existentiellen Zusammenhang, wodurch eine unzulässige Verallgemeinerung und damit Relativierung der Shoah stattfinde. Diese Kritik traf z. B. auch Max Frischs Stück *Andorra*.

Zur Kritik an der poetischen Form des Romans, insbesondere an dem fehlenden Realismus der Darstellung, muß folgendes gesagt werden: Ist es möglich, die Shoah mit den Kategorien des Alltäglichen zu erfassen und „realistisch“ darzustellen? Gerade dadurch entsteht eine grobe Verharmlosung und Relativierung des Unfaßbaren. „Da die Realität, die es zu gestalten galt [...] die Möglichkeiten unmittelbarer Darstellung überstieg, verbot sich jeder Realismus von selber. [...] Nur in verschlüsselter Form ließ sich die Realität erzählerisch bewältigen: allegorisierend, symbolisierend, poetisierend.“ (Just, 1973, S. 635) Jenseits des Poetischen bleibt nur die Alternative, entweder vollkommen zu verstummen angesichts des Grauens oder sich auf eine reine Quellendokumentation zu beschränken. Das Schweigen führt, wie Mitscherlich nachgewiesen hat, zur Verdrängung und zum untergründigen Fortwirken faschistischer Grundmuster. Aber auch die Wirkung von Dokumentationen ist begrenzt, wie sich gezeigt hat.

Adorno erkennt die paradoxe Situation der Dichtung „nach Auschwitz“, wenn er einerseits auf seinem Urteil besteht, „in dieser Situation noch Lyrik zu schreiben, sei barbarisch", andererseits aber auch Enzensbergers Einwand gelten läßt, „die Dichtung müsse so sein, daß sie nicht durch ihre bloße Existenz nach Auschwitz dem Zynismus sich überantworte. Ihre Situation ist paradox [...] Das Übermaß an Leiden duldet kein Vergessen, aber es heischt auch die Fortdauer von Kunst, kaum wo anders findet es noch seine eigene Stimme, den Trost, der es nicht sofort verriete." (Adorno, 1965, S. 125 f.)[1]

Ilse Aichinger versucht in ihrem Roman, dieses Paradox auszuhalten und in ihrer die Wirklichkeit „übersetzenden" Sprache darzustellen. Auch die anderen jüdischen Schriftstellerinnen und Schriftsteller, deren Werk von den Erfahrungen und Leiden dieser Zeit geprägt ist – Nelly Sachs, Paul Celan oder Rose Ausländer z. B. – gingen, „nahe am Verstummen"[2], den Weg der Metapher. Das gilt vor allem auch für die jiddische Literatur zur Shoah.[3]

Vielleicht ist es heute, aus größerer zeitlicher Distanz möglich, den Roman unvoreingenommener zu lesen. Von der expressiven, kühnen Bildersprache könnte – ähnlich wie es Wellershoff für die Wirkung von Borcherts *Draußen vor der Tür* sieht – ein „elektrisierender Impuls" (Schnell, 1986, S. 100) und von der Erzählperspektive eine aufklärerische und zugleich identifikatorische Wirkung ausgehen, besonders auch für Jugendliche.

---

1 Zur neueren Diskussion darüber vgl. Lorenz, 1988; im vorliegenden Band auch Schumacher zu: Hofmann: *Veilchenfeld*.
2 „‚Zeitgeschehen und Politik' [...] haben auch die Lyrik der bedeutenden Frauen unserer Zeit geprägt. Nicht zufällig sind die meisten von ihnen Jüdinnen, denen das große Erbe biblischer und orientalischer Mythen zu Gebote stand [...]
Hängend am Strauch der Verzweiflung
und doch auswartend bis die Sage des Blühens
In ihre Wahrsagung tritt –
Zauberkundig
Plötzlich der Weißdorn ist außer sich
Vom Tod in das Leben geraten – (Nelly Sachs)
Diesen Zauber hat die Sprache der Lyrikerinnen und Lyriker bewirkt, indem sie, tief verwundet und nahe am Verstummen, dennoch das Schweigen durchbrach mit dem einzig richtigen, dem Wirklichkeit spiegelnden und verwandelnden Wort." (Marie Luise Kaschnitz, zit. bei: Brinker-Gabler, 1988, S. 351) – Die Poetizität des Romans und seiner Sprache steht auch im Zentrum der Interpretation der *Größeren Hoffnung* bei Antje Friedrichs (1970), mit deren Analyse die vorliegende in vielem übereinstimmt.
3 Für die amerikanisch-jiddische Literatur sei u. a. auf Autoren wie Asch, Pinski, H. Leivick, für die polnisch-jiddische und israelische auf Segalowitch, Katzenelson, Sutzkever verwiesen. Vgl. Liptzin, 1972.

Fabel und Kapitelgliederung

Im Mittelpunkt des Romans steht die Wandlung des Kindes Ellen, Tochter einer jüdischen Mutter und eines Nazioffiziers, von der „großen" zur „größeren" Hoffnung. Ellens große Hoffnung, mit ihrer ausgewiesenen Mutter nach Amerika auswandern zu dürfen, scheitert, weil niemand dort für sie bürgt und sie kein Visum erhält. Der Vater hat die Familie im Stich gelassen. Bei einer Wiederbegegnung, im Beisein Untergebener, stößt er Ellen von sich und überläßt sie ihrem Schicksal. Die Großmutter, ebenfalls Jüdin, bei der Ellen in einem Elendsquartier lebt, nimmt sich das Leben durch Gift, das Ellen ihr nach langem Ringen gibt. Ellen, von den nichtjüdischen Kindern ausgeschlossen, sucht Anschluß bei einer Gruppe jüdischer Kinder, die in der Illegalität leben müssen. Aber sie wird von ihnen mehr geduldet als anerkannt, weil sie nur Halbjüdin ist. Als Ellen sich den Stern selbst anheftet und sich bewußt für ihre Identität als Jüdin entscheidet, muß sie erleben, daß sie die Kinder nicht in die Deportation begleiten kann. Auch der Versuch, ihnen in einem Munitionszug nach Polen zu folgen, scheitert. Wieder ist sie auf sich zurückgeworfen. Im Chaos des Kampfes um Wien gerät sie in die Gemeinschaft von Dieben und Plünderern, wird verschüttet und wieder befreit, um erneut flüchten zu müssen. Sie verläßt ihr Kellerversteck, um den Weg zu den Brücken zu suchen. – Einen kurzen Augenblick scheint es, als gebe es für Ellen, auf der Schwelle vom Kind zur Erwachsenen, die Möglichkeit eines ‚normalen' Lebens. Isolation, Angst und Irrnisse scheinen ein Ende zu haben, als sie den jungen ausländischen Offizier Jan trifft, der sie zu den Brücken mitnehmen will und den sie, als er verwundet wird, eine Nacht lang pflegt. Sie verläßt ihn aber, um seinen Auftrag zu erfüllen, eine Botschaft zu den Brücken zu bringen. Sie wird im Sprung auf die zerstörte Brücke von einer Granate zerrissen. Im Todessprung erscheint ihr die „größere" Hoffnung.

Der Roman ist aufgeteilt in 10 Kapitel, die weitgehend thematische Überschriften tragen. Die Kapitel bilden aber keine fortlaufende Handlung ab; vielmehr entsteht durch plötzliche Szeneneinblendungen und den Wechsel von realen und imaginären Orten eine Spannung zwischen äußerem und innerem Vorgang.

Die Kapitel selbst stehen in größeren Zusammenhängen und lassen eine Dreiteilung des Romans sichtbar werden. Das 1. Kapitel führt in die Grundproblematik ein und beschreibt Ellens Ausgangssituation. Kapitel 2–6 (Teil 2) sind bestimmt von Ellens Begegnung mit der jüdischen Kindergruppe und deren immer aussichtsloser werdenden Situation bis zur Deportation. Das 6. Kapitel bildet mit dem Christgeburtsspiel der Kinder im Angesicht der bevorstehenden Deportation die Mitte des

Romans. Die folgenden Kapitel (7–10) führen unaufhaltsam Untergang und Tod entgegen. Kontrapunktisch dazu geben die einzelnen Kapitel Stationen der inneren Wandlung Ellens wieder, und diese erreicht im Schlußkapitel, im Tod den Höhepunkt. Darin liegt eine Ähnlichkeit mit dem Stationendrama des Expressionismus.

Das erste und das letzte Kapitel stellen eine Art Rahmen dar und drücken gleichzeitig eine Bewegung von der „großen" zur „größeren" Hoffnung aus. Dabei verläuft aber nur die äußere Entwicklung linear, das Bedeutungsgeschehen dagegen kreis- und spiralförmig. Symbol der Kreisbewegung ist das Ringelspiel, das am Anfang, in der Mitte und am Ende des Romans auftaucht und sich mit der im Kreis fahrenden Leichenkutsche und der Drehbewegung der Erde zu einem Totentanzmotiv verbindet. Aber diese Kreisbewegung wird mehrfach aufgehoben, und am Schluß sind die Ketten des Karussells bereit, zu zerreißen und Ellen fliegen zu lassen. Das Tempo der Bewegung wird in den letzten Szenen gesteigert bis zur Atemlosigkeit im letzten Kapitel, von dem aus alles Vorige als ein einziger „Anlauf" (187) erscheint.

Ort und Zeit

Bereits in der ersten Szene des Anfangskapitels wird deutlich, daß es reale und imaginäre Handlungsebenen und -orte gibt und daß diese in einer polaren Spannung aufeinander bezogen sind. Parallel dazu verlaufen verschiedene Zeitebenen. Ellen ist im Warteraum des amerikanischen Konsulats ausgestreckt über einer Weltkarte eingeschlafen. „Sie lag zwischen dem Kap der Guten Hoffnung und der Freiheitsstatue". (7f.) Sie träumt, wie sie mit anderen jüdischen Kindern allein auf einem Schiff von Hamburg nach Amerika fährt, nur begleitet von einem Haifisch, der die Kinder vor den Menschen schützt, und dem Wind. Doch kurz vor dem rettenden Ufer, im Angesicht der Freiheitsstatue, kentert das Schiff in einem furchtbaren Sturm. Die Kinder haben keine Rettungsgürtel. Ellen erwacht in den Armen des amerikanischen Konsuls.

„ ‚Wäre es nicht möglich, daß du alles geträumt hast?' fragte er vorsichtig. ‚Geträumt?' rief Ellen. ‚Keine Spur! Dann hätte ich ja auch geträumt, daß die Kinder im Hof nicht mit mir spielen wollten, dann hätte ich geträumt, daß meine Mutter ausgewiesen ist und ich allein bleiben muß, dann hätte ich geträumt, daß niemand für mich bürgt [...] und daß mein Visum verweigert ist!' " (10)

Wie sich in dieser Szene Traum und Wirklichkeit ineinanderschieben oder imaginäre Orte sich mit realen verquicken und überdecken, so bewegt sich Ellen im Verlauf des Romans immer auf der Grenze zwischen beiden Welten in einer Art Schwebezustand. Am Ende springt sie entschlossen über diese Begrenzung hinweg. Zunächst aber wird sie gewaltsam in die Wirklichkeit des beginnenden Krieges zurückgestoßen. „Fallend durchstieß Ellen die Bilder des großen Bilderbuchs, das Netz der Gaukler". (15) Sie findet sich alleingelassen in der Wohnung.

Im weiteren Verlauf des Romans spielt sich die Handlung an folgenden realen Orten ab: der großen Stadt, dem Quai am Kanal, dem Fluß und den Brücken, der Insel, wo das jüdische Ghetto liegt, dem jüdischen Friedhof am Ende der Stadt, dem Bahnhof, dem Schlachthof. Eine Zwischenstellung nehmen geographische Orte ein, die nicht zu eigentlichen Schauplätzen der Handlung werden, aber doch eine wesentliche Bedeutung haben: Polen, wohin die Judentransporte in die Vernichtungslager gehen, Amerika, wo Ellens Mutter jetzt lebt, und Jerusalem. Auch diese Orte sind in einer polaren Spannung aufeinander bezogen, der Spannung zwischen Leben und Freiheit sowie Gefangenschaft und Tod. Daneben existieren imaginäre Orte, deren realer Sinn ganz ins Symbolische übersetzt ist. So sind Amerika mit der Freiheitsstatue und das Meer zwischen Europa und Amerika ebenso wie das Kap der Guten Hoffnung Sehnsuchtsorte. Die Kinder suchen das Heilige Land, „wo alles blau wird". (40) Auf der anderen Seite erscheinen Ägypten und Babylon als Stätten des jüdischen Exils und jüdischen Leidens und verwischen sich so mit Polen. Als Gegensatz zu diesen Orten erscheint Betlehem mit dem Stern Davids als Ort der christlichen Verheißung. Zwischen den realen und den imaginären Orten liegt der Fluß oder die Grenze. Auf der Grenze, zwischen den Fronten, steht das Ringelspiel. Über den Fluß führen Brücken. Ellen will „zu den Brücken, auf die Insel, in die Mitte, nach Hause". (174) Analog zur Ausweitung der Schauplätze ins Imaginäre weitet sich die Zeitebene der Handlung einmal zurück bis in die Zeit des Alten Testaments und zu den Anfängen der Menschheitsgeschichte aus, und nach vorne über den Endkampf um Wien hinaus zur Apokalypse, aber auch „zur größeren" Hoffnung.

Personen und Personenkonstellation

Die Personen der Handlung können, wie Ort und Zeit, verschiedenen Wirklichkeitsbereichen zugeordnet werden. Man kann sie danach in drei Gruppen aufteilen, zwischen denen ebenfalls ein Spannungsverhältnis besteht. Da ist einmal die erste Gruppe der realen Figuren, für die es nur eine Realitätsebene gibt. Dazu gehören Ellens Vater, der Oberst, der Ellen verhört, der Stationsvorsteher, die Diebe im Keller und die Plünderer. Dagegen stehen die imaginären Figuren wie der liebe Augustin, Kolumbus, König David, die dem „Drüben" angehören. In der Mitte zwischen beiden Gruppen befinden sich die Personen, die sich – analog zu den Orten, denen sie zugeordnet sind – auf der Grenze zwischen beiden Wirklichkeitsbereichen bewegen, quasi in der Schwebe. Ich möchte sie als Grenz- bzw. transitorische Figuren oder Brückenfiguren im Hinblick auf das Brückenmotiv des Romans bezeichnen. Es sind dies einmal Ellen und die jüdischen Kinder, zum andern der Konsul, der Schießbudenbesitzer, der blinde Bettler, Noah, der Lehrer, Anna und der Leichenkutscher, im weiteren Sinn auch die Großmutter und der Lokomotivführer.

Typisch für die Einstellung der bloß realistischen Personen sind die Äußerungen des Oberst gegenüber seinen Untergebenen: „Fragen halten den Dienst auf [...]. Nehmt alle Vernunft zusammen. Schaut nicht links und schaut nicht rechts [...]. Fragt nicht, woher ihr kommt, und fragt nicht, wohin ihr geht, denn es führt zu weit." (146 f.) Wenn die Realität brüchig zu werden beginnt, klammern sich diese Personen an die „Vernunft", an die Ordnungen und Anordnungen, die ihnen vorgegeben sind. Es sind die Menschen, die, wie Ellen sagt, „in den Fußangeln hängen" (142), deren „Flügel zerbrochen sind", „Gefangene". (144) Sie sind an die Dinge gefesselt und an ihre körperliche Existenz. Besinnungslos raffen und morden sie. „Die Angst, zu spät zu kommen [...]. Das glauben sie alle: Die Welt könnte verbluten, bevor sie getrunken haben" (165): Sie haben sich für das „Haben" gegen das „Sein" entschieden. Wo diese Figuren vorherrschen, gibt es nur Kälte zwischen den Menschen, das Verhältnis von Herrscher und Beherrschten, Krieg und Tod, deutlich im Ausspruch des Oberst: „ ‚Tod steht uns allen offen'. ‚Nein', schrie Ellen. ‚Das Leben steht offen und ihr dürft nicht sterben, bevor ihr geboren seid.' " (146)

Ellen und Georg stehen an der Spitze der Kindergruppe, die insgesamt zu den transitorischen Figuren gehört. Gegenüber den Erwachsenen nehmen die Kinder schon durch ihr Kindsein eine andere Haltung zur Realität ein. Innere und äußere Realität gehen für sie ineinander über. Traum und Spiel sind ebenso Realität wie die Realität der Erwachsenen. Wo diese Möglichkeit des Erlebens zerstört wird, wie bei der HJ-Gruppe, agieren sie wie die nur realitätsbezogenen Erwachsenen. Sie können aber – anders als diese – zur Besinnung gebracht werden. Ilse Aichinger meint, daß die Kinder in ihrem Roman „keine besonderen Kinder" seien, sie seien „nur vom Abschied her gesehen". (Aichinger, in: Moser, 1990, S. 23) Sind es wirklich keine besonderen Kinder? Reden sie nicht allzu oft wie Erwachsene oder sogar in Sinnsprüchen? Sieburg macht ihr diesen Vorwurf. (in: Moser, 1990, S. 132) Als jüdische Kinder sind es besondere Kinder, weil sie zusätzlich aus der Gruppe der übrigen Menschen ausgestoßen sind. Sie erfahren ihr Anderssein auf grausame Weise. Es sind Kinder, „die man nicht Kinder sein läßt" (Jens, 1962, S. 151), deren Welt zerstört ist, denen nur die

Dämmerung oder die Nacht und das Spiel auf dem Friedhof bleiben und die ständig von der Gestapo bedroht sind. Sie müssen sich, um überleben zu können, einen imaginären Raum der Freiheit schaffen. Sie müssen im Dunkeln sehen und leben lernen. „Warum spielt ihr im Dunkeln?" fragt der Häscher im großen Spiel. „Wir sehen besser so!" (106) Ihre Situation macht sie sehend, wo die andern blind sind. Die bedrohliche Realität bricht immer wieder in ihr Spiel ein, und sie konfrontieren sich selber damit. Es sind Kinder in einer äußersten Grenzsituation, zwischen Kindheit und Erwachsensein, zwischen Angst und Hoffnung, Himmel und Hölle.

In seiner Untersuchung *Erwachsene Kinder. Das Bild des Jugendlichen in der modernen Poesie* weist Jens nach, daß es in der modernen Literatur nur noch erwachsene Kinder oder kindliche Erwachsene gibt, aber keine Jugendlichen. Beschrieben werde „eine Generation von Menschen, die man zwang, viel zu früh erwachsen zu sein – mit 6 Jahren mußten jüdische Kinder den Stern tragen wie Erwachsene und wurden in Lager und Tod getrieben – und die deshalb, vor der Zeit gereift, auch viel zu lange Kinder sind: Kinder mit der Erfahrung von Männern, Erwachsene mit kindlichen Träumen." (Jens, 1962, S. 159) Diese eher psychologischen Erklärungen reichen aber nicht aus, um der poetischen Gestalt der Ellen oder der anderen Kinder gerecht zu werden. Aichinger nimmt sich die literarische Freiheit, aus der kindlichen Perspektive Einsichten zu formulieren, die aus dem Mund von Erwachsenen in dieser Unmittelbarkeit und Radikalität so nicht sagbar erscheinen.

Ellen steht schon zu Beginn des Romans auf der Grenze zwischen beiden Wirklichkeitsbereichen. Sie hofft zwar zunächst darauf, ein Visum für Amerika zu bekommen, aber sie malt und unterschreibt ihr Visum selbst. Und zum Heiligen Xaver sagt sie: „Hilf mir, über das Wasser zu gehen, *auch wenn ich hierbleiben muß*". (22, Hervorhebung H. K.) Im Verlauf des Romans nähert sie sich immer mehr der anderen Seite. Als sie Jan kennenlernt, möchte sie für Augenblicke in der scheinbaren Normalität untertauchen. „Was suchst du? Es ist unauffindbar. Hör auf zu suchen, Ellen, gib dich zufrieden. Eine Teekanne ist nur eine Teekanne, gib dich zufrieden damit! [...] Vergiß, vergiß!" (185) Aber dann entschließt sie sich, allein zu den Brücken zu gehen. Und am Ende wagt sie den Sprung über die Grenze ins Jenseitige der größeren Hoffnung.

Die anderen Kinder stehen jeweils dem einen oder dem anderen Bereich näher oder machen wie Ellen eine Wandlung durch, die im Christgeburtsspiel schon vorweggenommen wird. (102) Gemeinsam ist ihnen aber, daß sie ihr Schicksal nicht passiv erleiden, sondern bewußt annehmen. Zwischen Georg, ihrem Anführer, und Ellen besteht eine besonders enge Beziehung. Georg, der Drachentöter, der aber auch die

„Drachen [der] Seele steigen läßt" (24) und der eine Schmetterlings-
sammlung besitzt, steht für den Übergang zwischen beiden Welten, für
das Schweben. Ellen sieht Georg in dem Augenblick wieder, in dem sie
auf die Brücke springt und im Sprung zerrissen wird. „Georg, die
Brücke steht nicht mehr!" „Wir bauen sie neu!", (188) antwortet er ihr.
Auch zu Bibi, der jüngsten und lebenslustigsten der Kinder, hat Ellen
eine besondere Beziehung. Bibi ist es zunächst mit Georgs Hilfe gelungen, aus dem Sammellager zu entfliehen und sich zu verstecken. Sie
wird aber angezeigt und gefangen. Ellen trifft sie in der Flügeltraum-
szene wieder. Als Ellen sich für sie opfern will, überwindet Bibi ihre
Angst und läßt sich abführen, auch sie eine Figur der Wandlung, die am
Ende den Sprung wagt. Als negative Kontrastfigur beigefügt ist die
16jährige Julia, die den Kontakt zu den anderen abgebrochen hat,
die den Judenstern nie angelegt hat und die das Visum für Amerika
bekommt. „Julia, das war der Name des immerwährenden unverständlichen Gelingens" für Ellen. (79)

Begleitet werden die Kinder auf ihrem Weg von anderen transitorischen oder Brückenfiguren und von den imaginären Figuren. Auch die
junge Jüdin Anna ist eine solche Gestalt. Nur so ist ihr „Leuchten", das
wesentlich ein Leuchten des Abschieds ist, verständlich. Durch sie, die
die Aufforderung für Polen bekommen hat, erfährt Ellen, was der Stern
bedeutet: das Paradox, tödliche Angst und Hoffnung zugleich. Ellen
bringt die Kinder zu ihr, damit sie ihnen die Angst nehmen soll. Anna
gibt ihnen Mut und fordert sie auf: „Geht dem Stern nach! Fragt nicht
die Erwachsenen, sie täuschen euch [...] Fragt euch selbst, fragt eure
Engel." (86) Eine andere, in sich paradoxe Brückenfigur erscheint zu
Beginn des Romans in der Gestalt des amerikanischen Konsuls. Er verweigert Ellen einerseits das rettende Visum, andererseits gibt er ihr
aber den Anstoß dazu, sich selbst das Visum auszustellen und den
schweren Weg von der großen zur größeren Hoffnung zu gehen. Da ist
der blinde Bettler, der Ellen darin bestätigt. Da ist der alte jüdische
Lehrer Noah, der den Kindern auf seiner Dachbodenwohnung heim-
lich Englischunterricht erteilt und sich schützend zwischen sie und die
Hitlerjungen wirft. Auf deren Frage: „Was lernt ihr Englisch, wenn es
keinen Zweck mehr hat?", antwortet er ihnen: „der Zweck ist nur ein
Vorwand, [...] nur ein Schatten des Wirklichen". (69) Zu diesen transitorischen Figuren gehört auch der Schießbudenbesitzer, der „seine
Schießbude gegen die ganze Welt vertauscht", indem er die Kinder
trotz des Verbots Ringelspiel fahren läßt, wo der „Glanz des fernsten
Sterns" sie erreicht. (29) Eine wichtige Brückenfigur schließlich für
Ellen ist Jan, auch er in sich widersprüchlich. Indem er ihr eine Botschaft für die Brücken übergibt, bereitet er ihren Tod vor, verhilft ihr
aber gleichzeitig zur endgültigen Entscheidung.

Grenzfigur im eigentlichen Sinn ist der Kutscher, der den Kindern verspricht, sie gegen Geld in seiner Leichenkutsche über die Grenze zu bringen. Er nimmt in der immer rasender werdenden Fahrt am Fluß entlang die Züge des mythischen Fährmanns Charon an. „Morgen wird heute und heute wird gestern" (49), die Realzeit verschwimmt, und mythologische Figuren besteigen die Kutsche. Es sind „der liebe Augustin" mit dem Dudelsack, die berühmte Figur aus der Pestzeit in Wien, Symbol der „großen Fäulnis" und ihrer schwankhaften Überwindung. Ihm folgt der Jude Kolumbus mit der Weltkugel, der Träumer und Entgrenzer. Der dritte im Bund ist der junge König David mit der Leier, der – wie die Kinder – wegen seiner Andersartigkeit verfolgt wird und auf der Suche nach dem Heiligen Land ist wie sie. Die drei halten den Wagen an und begleiten die Kinder über die Grenze, nachdem sie die Prüfung bestanden haben.

„ ,Seid ihr bereit, das Lied in der Pestgrube zu singen? [. . .] Seid ihr bereit, den Goliath in euren Herzen zu erschlagen? [. . .] Und seid ihr bereit, das Heilige Land von neuem zu entdecken?' ,Wir sind bereit.' ,So kommt über die Grenze, weist euch nach, kommt ins Heilige Land!' " (55)

Gleichzeitig fordert der Kutscher sie auf, wachzuwerden und abzuspringen: „ ,Alles war vergeblich. Alles ist verloren, wir kommen nicht mehr über die Grenze!' ,Wir sind schon darüber!', riefen die Kinder". (56)

Zwischen den transitorischen Figuren und den Personen, die nur einer äußeren Realität verhaftet sind, steht eine Gruppe von Figuren, die – an Kafka erinnernd – nur für Augenblicke die Brüchigkeit dieser Realität erkennen und zweifelnd Fragen stellen. Sie begegnen uns im Kapitel „Flügeltraum". Als Beispiel sei hier nur der Lokomotivführer eines Munitionszugs genannt, der sich drei Minuten vor Abfahrt des Zuges weigert weiterzufahren, da er das Ziel der Fahrt nicht mehr weiß. Eine Zwischenstellung nimmt auch Ellens Großmutter ein, die große Märchen- und Geschichtenerzählerin, der aber in der Todesangst kein neues Märchen einfällt und die damit dem Tod durch das Gift anheimfällt.

Neben diesen Figurengruppen tauchen auch allegorische Figuren auf: der Wind, der Mond, der Haifisch, die Nacht und die Verfolgung. In Ellens Traum im Konsulat beschützt der Haifisch das Boot der Kinder und tröstet sie, der Mond legt eine silberne Christbaumkette über das Meer, die sie leiten soll, und der Wind bläst in ihre Segel. Im Kapitel „Der Tod der Großmutter" erscheinen die Nacht und die Verfolgung. Die Nacht beobachtet und kommentiert den Kampf Ellens mit der Großmutter.

Erzählperspektive und Darstellungsformen

Aichinger verwendet verschiedene Erzähltechniken, um den inneren Vorgang der Wandlung und den Widerspruch zwischen Aussichtslosigkeit und Hoffnung darzustellen: Neben dem einfachen Bericht im epischen Präteritum bestimmen erlebte Rede, innerer Monolog und direkte Rede das Erzählen. Sehr oft wird gleichsam unmittelbar aus dem Bewußtsein der Personen heraus erzählt, überwiegend von Ellen aus. So beginnt der Roman mit Ellens Einschlafen und Traum auf der Landkarte im Konsulat. Nur die kurzen Perspektivwechsel zur dritten Person („Ellen fror"; „Ellen schrie", 5f.) lassen erkennen, daß alles andere Traumrede des Kindes ist. Diese wird aber nicht im Sinne des seit Joyce verbreiteten stream of consciousness, als Suggestion eines subjektiv-psychologischen Un- oder Halbbewußten verwendet; vielmehr benutzt Aichinger die andere Logik von Traum, Spiel, Lied und Märchen, um eine reale Wirklichkeit in ihrer sachlichen Vorhandenheit, ihrer ganzen Perversion sichtbar zu machen. Dieses Verfahren erinnert an die Verwendung des Strukturprinzips der verkehrten Welt in der Literatur der Romantik. Auch das Schlußkapitel enthält eine ganz aus der Binnenperspektive Ellens erzählte Passage, in der erlebte Rede und innerer Monolog ineinander übergehen. Der Roman verliert sich aber nicht in einer Ereignislosigkeit bloßer Bewußtseins- und Gewissensdarstellung; die großen Anteile wörtlicher Rede an der Erzählung bilden ein Gegengewicht. Wörtliche und erlebte Rede haben aber, als Formen personalen Erzählens, gemeinsam, daß in ihnen der Erzähler verschwindet – hier in einem autobiographischen Roman, der die schrecklichen Erfahrungen der Shoah darstellt. Aichinger gelingt es, sich als Verfasserin ganz in der poetischen Umsetzung des Stoffes aufgehen zu lassen. Diese Wandlung ins Gleichnishafte entspricht der Verwandlung Ellens und der Kinder ins Gleichnis.

Die Formen des Traums und des Spiels ermöglichen darüber hinaus aber auch ein spezifisch kindgemäßes Erzählen – nicht im psychologischen, sondern im Sinne einer Fundamentalkritik an der verkehrten Welt. „Kind und Spiel" bedeuten für Aichinger die „Höhepunkte der Existenz. [...] Weil das Spielen und die Kindheit die Welt erträglich machen und sie überhaupt begründen. Wahrscheinlich tauchen deshalb so viele Kinder bei mir auf: weil es ohne sie unerträglich wäre." (Aichinger, in: Moser, S. 49) Kinder sehen die Welt nicht realistisch, sie sehen sie gespiegelt in Traum und Spiel.[4] Aber sie sind hellsichtig, ihr spielerischer und traumhafter Umgang mit der Welt eröffnet ihnen Einsichten,

---

4 So wird das Spielen, dem sich die Kinder in tausend Formen hingeben, zur eigentlich echten Existenz." (Sieburg, in: Moser, 1990, S. 132)

die den Erwachsenen verloren gehen. Im Spiel gelingt es den Kindern, sich über die Angst vor dem Tod hinwegzuspielen und existentielle Wahrheiten zu erfahren. „Die Kulissen schoben sich beiseite, die vier engen Wände der Faßbarkeiten zerschellten, siegreich wie fallendes Wasser brach das Unfaßbare hervor. Spielen sollst du vor meinem Angesicht!" (102) Eine ähnliche Funktion wie das Spiel haben die Träume der Kinder, Ellens Traum im Konsulat, der Traum von der Fahrt ins Heilige Land und der Flügeltraum. Auf ihre Frage „Gibt es Träume, die wachen?" antwortet Kolumbus: „Träume sind wachsamer als Taten und Ereignisse, Träume bewachen die Welt vor dem Untergang". (52) Als Beispiel für die Hellsichtigkeit der Träume erwähnt Aichinger den letzten Traum Sophie Scholls vor der Hinrichtung.[5] „Die Exaktheit der Träume, ihre Präzision... So genau, wie man sich manchmal wünschte, daß Sprache sein sollte." Für sie sind die Träume „ein Stück viel größerer Wirklichkeit, als die Wirklichkeit [...] zu geben imstande ist." (Aichinger, in: Moser, 1990, S. 32) Neben Spiel und Traum tritt das Märchen als Möglichkeit der Erzählperspektive vom Kind her. Den Traum Ellens im Konsulat könnte man auch als Märchen verstehen. Als der Großmutter keine Geschichte mehr einfallen will, erzählt Ellen selber eine, indem sie das Märchen vom Rotkäppchen ihrer Situation anverwandelt. (119 ff.) Märchen oder Geschichten zu erzählen bedeutet hier, wie bei Scheherazade, den Tod zu bekämpfen. „Während Ellen eine Geschichte verlangte, verlangte sie von ihrer Großmutter [...] die Bereitschaft zu leben." (118)[6]

Die Sprache des Romans

Der innere Vorgang ereignet sich wesentlich in *Bildern*, Bildfeldern oder Bildketten, die sich gegenseitig durchdringen und ergänzen. Ein zentrales Motiv ist das der Brücke. Es ist verbunden mit dem Bild vom Fluß und der Insel im Fluß. Das Ende des Romans wird im Bild schon in der ersten Szene angedeutet: „Der Mond warf ihren [Ellens] Schatten wie eine Brücke dem andern Ufer entgegen." (35) Im Christgeburtsspiel erscheint die Brücke paradox, einmal als Brücke, über die die Deportierten getrieben werden, und einmal als schwacher Steg, über den das „Licht der Liebe blinkt". (94) Ellens Sehnsucht gilt den Brücken: „Sie wollte nach Hause, sie wollte zu den Brücken". (171) Am Ende des Romans ersteht die zerstörte Brücke als „größere" Hoffnung neu. Der Schlußsatz des Romans: „Über den umkämpften Brücken

---

5 Vgl.: Inge Scholl, 1955, S. 101; die Wahrheit der Träume bei Günter Eich.
6 Vgl. dazu die Interpretation zu Beckers *Jakob der Lügner* in diesem Band, S. 106 ff.

stand der Morgenstern", weist auf das zweite zentrale Bildfeld, in dessen Mittelpunkt der Stern steht. Er erscheint als Abend- und Morgenstern und schlägt die Brücke von Nacht zu Tag, Dunkel zu Licht, Tod zu Leben. Wie weit seine Dimension reicht, zeigt sich schon zu Beginn, als die Kinder selig auf dem verbotenen Ringelspiel fahren: „Der Glanz des fernsten Sterns hatte sie erreicht". (29) Der Stern bedeutet „alles" (83), erkennt Ellen. Er ist, höchstes Paradox, Judenstern und Stern Davids. Er leuchtet über dem Christgeburtsspiel der Kinder als der Stern der Weisen, der wegweisende Stern, als das Licht der Liebe, das von Land zu Land strahlt. Er ist der innere Stern, dem zu folgen hat, wer frei werden will. „Die Freiheit, Ellen, ist dort, wo dein Stern steht". (83) „Man hatte also zu wählen zwischen seinem Stern und allen übrigen Dingen". (73) Ellen näht sich selbst den Stern an, den sie nicht zu tragen brauchte, sie läuft ihrem Stern nach. Eng verbunden mit dem Bildfeld Stern sind das Blau, das Heilige Land, die silberne Christbaumkette und die Silberschnüre des Großen Spiels.

Zwischen „Brücke" und „Stern" sind, als Gegenbildfeld, Fluß, Grenze, Meer angesiedelt, als Hindernis oder Todesdrohung. „Dort, wo die Linie zwischen Himmel und Erde läuft, da ist die Grenze". (50) Im Traum überwinden die Kinder zusammen mit dem lieben Augustin, Kolumbus und König David die Grenze zum Heiligen Land, indem sie aus der „Trauerkutsche" (55) abspringen. Mit dem Bildfeld Grenze verbunden ist neben der im Kreis fahrenden Leichenkutsche das Bild von der sich drehenden Erdkugel. Ebenso gehören das auf der Grenze „zwischen den Fronten" (171) stehende Ringelspiel und der zerstörte Tanzboden des Musikpavillons dazu (Totentanzmotiv). Zu den negativen Bildern zählen auch die apokalyptischen vom Sturm, der das Boot der Kinder versenkt, vom Meer, das über alle Ufer tritt (Sintflut), von der Welt, die „einen Blutsturz" (164) hat und der großen „Fäulnis". (169) Verbunden sind diese Motive mit „schwarz", dem Gegensatz zum „Blau"[7] der „größeren Hoffnung".

Kann die Grenze nicht überschritten werden? Gibt es keine Möglichkeit, sich aus der Fesselung an die rasende Kreisfahrt, an die Drehbewegung der Erde zu befreien, aus dem Totentanz auszuscheren? Die Bilder sind auch hier ambivalent. Mit dem Bildfeld Grenze und Ringelspiel ist das Bildfeld „Schweben" und „Fliegen" verbunden. Im Fliegen wird die Schwerkraft der Erde überwunden. Die Kinder fliegen „nach dem Gesetz der Kraft aus der Mitte". (29) In diesen Bereich gehören

---

7 So ist das Blau bei Ilse Aichinger „kein Romantikerblau mehr, [sondern] ein Blau, das sich vom Schwarzen abgelöst hat und in die Schwärze zurückfallen kann!" (K. Krolow, in: Moser, 1990, S. 89: Laudatio zur Verleihung des Nelly-Sachs-Preises 1971)

auch die Drachen, die Georg steigen läßt, und die „Flügelträume". "Ihr habt eure Flügel gegen Stiefel vertauscht!" ruft Ellen den Soldaten zu. (144) Spiel und Traum sind Flügel, die es den Kindern z. B. im Christgeburtsspiel möglich machen, in einer Art Schwebezustand zu sein zwischen „Himmel und Hölle". Auch das Schwebende des Sarges, dem die Kinder in der Dämmerung auf dem jüdischen Friedhof folgen, hat diesen Charakter „einer letzten Unabhängigkeit". (43) Die Kreisbewegung von Erde und Karussell kann aber letztendlich nicht durch das Schweben, sondern nur durch den Sprung aufgehoben werden; allerdings ist ohne „Schweben", ohne innere Ablösung vom Faktischen kein „Sprung" möglich. Auch dieses Bild ist paradox: Auf Georgs Geburtstag sind die Kinder nahe daran, den Sprung ins Schwarze – nicht ins Blaue – zu tun und aus dem Fenster in den Tod zu springen. Dieser Sprung käme dem Selbstmord der Großmutter gleich. Die drei mythologischen Gestalten fordern die Kinder dagegen zu einem echten „Sprung" aus der „Trauerkutsche" ins Heilige Land auf. Ellen vollzieht die Aufforderung im letzten Kapitel des Romans. Sie läuft leicht und federnd, rennt dann entschlossen auf die Brücke zu:

„Es war, als flöge sie zum letzten Mal auf dem alten Ringelspiel. Die eisernen Ketten krachten. Sie waren bereit, Ellen fliegen zu lassen. Sie waren bereit, zu zerreißen. [. . .] Irgendwann muß man springen. [. . .] Es war alles ein einziger Anlauf gewesen." (187)

Im Sprung, „noch ehe die Schwerkraft sie wieder zur Erde zog" (188), wird sie getötet. Damit werden im letzten Kapitel alle wesentlichen Bilder miteinander verflochten.

Als weiteres Strukturmerkmal der Sprache des Romans erscheinen *Frage und Paradox*. Jedes Kapitel enthält Grundfragen und Grundparadoxien als Antworten oder Leitsätze. Teilweise bilden Frage und Antwort eine paradoxe Einheit, aber auch die Fragen in sich können paradox sein. Beispiele dafür sind: „Warum spielt ihr im Dunkeln?" „Wir sehen besser so!" (106) „Gibt es Träume, die wachen?" (52); die Frage des Schießbudenbesitzers an die Kinder: „Alle wollen sich retten, ohne ins Wasser zu fallen. Aber wie kann einer gerettet werden, der nicht ins Wasser fällt?" (27); ferner: „Wo wird der große Nachweis für uns alle an den Himmel geschrieben?" „Das ist dort, wo die geschmolzenen Glokken Anfang und Ende zugleich läuten" (36); „Was suchst du?" fragt Ellen die Großmutter. „Du weißt, was ich suche", antwortet diese. „Aber weißt du, was du suchst?" fragt Ellen zurück. (113) Im Kapitel „Flügeltraum" wird das immer weiter getriebene Fragen oder Hinterfragen zum Prinzip erhoben und übersteigert. Verfolgt man die Fragen der einzelnen Kapitel, so wird deutlich, daß sie nach Sinn und Ziel des Lebens, nach Leid und Tod und Hoffnung fragen. Die Antworten sind in der Regel paradox. „Man behält nur das, was man hergibt" (97), lautet ein weiteres Grundparadox, das als Sentenz in den beiden letzten Kapiteln wieder erscheint. „Siegen wird, wer sich ergibt" (144) und: „ihr dürft nicht sterben, bevor ihr geboren seid!" (146) sind weitere paradoxe Leitsätze. Diese Fragen und Leitsätze lassen sich den wesentlichen Bildern zuordnen.

Biblische Verweise und Zitate bilden eigene Bedeutungszusammenhänge, die mit der Bildlichkeit und der Struktur des Paradoxen verwoben sind (Kapitel: „Das Heilige Land"; „Im Dienste einer fremden Macht"; „Das große Spiel"; „Wundert euch nicht"). Dabei geht der Bogen vom Alten Testament, von Kain und Abel über die Babylonische Gefangenschaft bis zur Apokalypse, aber auch zu König David, zu Bethlehem und dem Kind. Die Personen des Romans leben in einem „Niemandsland zwischen Verrat und Verkündigung" (56). Im großen Spiel erscheinen die Kinder wie „arme Seelen am Rande des Fegefeuers, wo Himmel und Hölle mit ihren letzten Halbinseln grenzen". (95 f.) Der jüdische Exodus weist auf die Urschuld des Menschengeschlechts, auf Kain und Abel. „Schuld sind die Alten an uns, die Älteren an den Alten und die Ältesten an den Älteren [...] Wo geht sie zu Ende, die Straße dieser Schuld...?" (38) Im Angesicht der sterbenden Großmutter zitiert die Nacht den 137. Psalm: „An den Flüssen Babels saßen wir und weinten". (127) Auch Ellen weint, als sie ihre Gier und die der anderen Menschen im Chaos der untergehenden Stadt erkennt (Apokalypse-Kapitel „Wundert euch nicht"; vgl. Offb. 3,7); „Wein und Blut strömte verhüllend über die Gesichter" (166; vgl. Offb. 16,6); „Belagert, seit sie geboren sind, und kennen das Ausmaß nicht" (ebd.); „Adam und Eva sind schuld. Die Fäulnis nimmt zu". (150) Neben diesen apokalyptischen Visionen steht die Gestalt König Davids oder des jungen Hirten, der am Tor des Schlachthofes lehnt und zu seiner Schalmei unbeachtet das „Lied gegen den Wolf" singt. „Schenkt blind, Geliebte". (168; vgl. Sirach 14,16) David gibt den Kindern auf die Frage, wo das Heilige Land sei, zur Antwort: „Überall dort, wo Hirten Schafe hüten und alles verlassen, wenn der Engel ruft". (55; vgl. als Gegensatz Hesekiel 34,2–6)

Aber am Ende der Apokalypse verschmelzen David und Jesus zum „hellen Morgenstern" (Offb. 22,16). Der Untergang ist zugleich Übergang und Anfang. Der Engel verkündet den Hirten im Christgeburtsspiel: „Fürchtet euch nicht, denn ich verkündige euch eine große Freude" (Luk. 2,10), die Botschaft des Neuen Testaments. Das Kind aus dem Stamm Davids ist die Verheißung, die Brücke zwischen Gott und der Welt, Christen und Juden; und Ellen tauft die tote Großmutter „im Namen des Vaters, des Sohnes und des Heiligen Geistes", damit sie lebe. (127 f.) Ebenso paradox steht hinter der Krippe das Kreuz. „Während die Kinder sich fürchteten", heißt es im großen Spiel, „ahnten sie seine Lehre, sich zu schmiegen, woran man geschmiedet wird, und sie fürchteten diese Ahnung mehr, als das schrille, schnelle Läuten draußen vor der Tür". (87) Jesus, der König der Juden, fährt mit ihnen im versiegelten Waggon nach Polen.

Neben der stark sentenzen- und gleichnishaften Sprache gibt es im Roman verschiedene *Sprachebenen*. Vor allem in den Naturschilderungen, in den Träumen und traumähnlichen Sequenzen herrscht eine bildhaft-expressive, lyrische Sprache vor[8], die noch stark vom Expressionismus geprägt ist. „Geschüttelt zwischen Himmel und Hölle, verbrannt die Sohlen und die Stirnen verklärt, Wirbel zwischen den Strömen! Warum liegt ihr so still?" (166) „Die Wolken reiten Manöver". (56) Gegen diese Sprache wird – besonders im ersten Teil des Romans – die Sprache Ellens und der Kinder gesetzt, eine „kühle, erzürnte oder verzweifelte" (Guggenheimer, in: Moser, 1990, S. 134) Kindersprache. „Dort der Tintenstift, das genügt. Wenn sie unterschreiben, werde ich nie mehr Äpfel stehlen. Ich will alles tun, was ich für sie tun kann!" sagt Ellen zum Konsul (12), oder in der Szene am Kai: „Und ihr wollt wirklich warten, bis ein Wickelkind den Kanal herunterschwimmt?" „Weshalb nicht? Wir trocknen es ab und bringen es dem Bürgermeister." (22) Im Christgeburtsspiel spricht der Engel: „Denn siehe, ich verkündige euch eine große Freude!" „Ihr dürft verrecken, das ist alles!" unterbricht Kurt. (93) Eine andere Form der sachlich-kühlen Sprache stellt das Lakonische besonders der Amtssprache dar. „Ihre Ausweise", herrscht Ellens Vater die Kinder an, „sind Sie berechtigt, hier zu sitzen?" (33) Auch die anderen Erwachsenen, z.B. die Leute im Keller, die Diebe, die Frauen auf dem Dach der Fabrik und die Soldaten sprechen eine ähnliche Sprache. Hier wird deutlich, daß es eine charakterisierende Figurensprache im engeren Sinn nicht gibt, wohl aber eine typisierende Sprache derer, die in der vordergründigen Realität befangen bleiben, und derer, die auf der Grenze stehen oder am Wandlungsprozeß beteiligt sind. Während die einen weitgehend auf eine alltägliche Sprache beschränkt sind, ist die Sprache der anderen gleichnishaft, sentenzenhaft und appellativ. Dies gilt besonders für die transitorischen Figuren, die die Kinder begleiten, aber auch für diese selbst, die deren Sprache aufgreifen.

Aichinger macht darüber hinaus die *Sprache* selbst *zum Thema*. Im Kapitel „Im Dienste einer fremden Macht" will der alte Lehrer den Kindern helfen, das Deutsche neu zu erlernen, das sie verlernen wollten,

---

8 Jens spricht in diesem Zusammenhang von „lyrischer Prosa" (in: Moser, 1990, S. 141); Guggenheimer von „Wortklanghexerei" (in: ebd., S. 135); Kaiser in bezug auf den Beginn des 4. Kapitels regelrecht von „reiner Lyrik" (in: ebd., S. 148).

„vorsichtig, behutsam [...] wie ein Fremder eine fremde Sprache lernt [...] Wir können sagen ‚Guten Morgen‘ oder ‚Es wird hell‘ und das ist alles, was wir sagen können, fast alles. Nur gebrochen sprechen wir unsere Sprache [...] Übersetzen, über einen wilden, tiefen Fluß setzen, und in diesem Augenblick sieht man die Ufer nicht. Übersetzt trotzdem, euch selbst, die andern, die Welt. An allen Ufern irrt der verstoßene Sinn: Übersetzt mich, übersetzt mich!" (63)

Die Brücke der größeren Hoffnung, die am Ende gebaut werden soll, muß deshalb auch als Metapher für die poetische Sprache verstanden werden, für das „Übersetzen" – oder, mit Kafka[9], das Hinübergehen auf die andere Seite. Im übrigen erinnert diese Sprachauffassung auch an Günter Eichs Sprachskepsis. In seinem Aufsatz *Der Schriftsteller vor der Realität* heißt es: „Aus dieser Sprache, die sich rings um uns befindet, zugleich aber nicht vorhanden ist, gilt es zu übersetzen. Wir übersetzen, ohne den Urtext zu haben. Die gelungenste Übersetzung kommt ihm am nächsten und erreicht den höchsten Grad der Wirklichkeit". (Eich, 1973, S. 441) Aichingers Sprache ist eine solche die Realität „übersetzende" Sprache. Sie spielt nicht mit der Sprache, weil sie in ihr „Denken und Fühlen nicht trenn[en]" will. (Johansen, in: Moser, 1990, S. 104) Die Skepsis gegenüber Namen und Benennungen („Namen sind Fußangeln", 142) führt auch dazu, daß die Personen, als soziale Typen oder als Träger lediglich von Vornamen, apsychologisch bleiben und so nicht unmittelbar auf die Erfahrungswirklichkeit bezogen werden können; dasselbe gilt für die Namenlosigkeit von Stadt und Fluß. Auch die Auflösung des Textes in Fragen und diese hinterfragende Fragen, wie es im „Flügeltraum" geschieht, ist von der Sprachskepsis her zu verstehen.

Insgesamt ist Schafroths Analyse der Sprache Ilse Aichingers zuzustimmen:

„Sie wagt in den Jahren unmittelbar nach dem Krieg, als einzig sprachlicher Neorealismus literarische Vertrauenswürdigkeit bei der Auseinandersetzung mit den eben gemachten Erfahrungen zu garantieren schien, eine lyrische Sprache, deren Lied- und Bildhaftigkeit die autobiographische und zeitgeschichtliche Realität zwar nie überhöht und verfälscht, aber sie andauernd *übersetzt*, aus der Mutter- in die Geheimsprache, in der der Sinn nicht mittels Worten mitgeliefert wird, sondern aus ihnen herausgeholt, herausgerettet werden muß." (Schafroth, 1981, S. 2)

„Wir sind nur ein Gleichnis"

Die paradoxe Grundstruktur des Romans wird schon im Titel deutlich; das Durchleiden der Hoffnungslosigkeit ist die Voraussetzung der

---

9 Kafka, *Von den Gleichnissen*.

größeren Hoffnung. Sie kennzeichnet ferner die Konstruktion und die Erfahrung der Figuren, die semantische Ambivalenz der Bilder und die logische Gegensätzlichkeit der Sentenzensprache. Für die katholische Jüdin Ilse Aichinger verschmelzen jüdisch-alttestamentarische und christliche Vorstellungen. Dabei bleibt aber die jüdische Grunderfahrung des Paradoxen strukturbildend[10]. Nach Leo Baeck hat „[alles] Religiöse seine Paradoxie [...]. Es lebt in ihm eine Einheit des scheinbar Unvereinbaren, ein Ineinander des Gegenüber. [...] Das Gefühl des Abstandes und das der Zugehörigkeit, Jenseits und Diesseits schließen sich darin zusammen." (Baeck, o.J., S. 106f.) Auch die jiddische Literatur ist geprägt von dieser Erfahrung des Paradoxen. So heißt es z.B. in Isaac Bashevis Singers Roman *Mischpoche Moschkat* am Schluß: „Der Messias ist der Tod." Scholem Alejchem erzählt in seinen Romanen vom immerwährenden und immer wieder vergeblichen Hoffen der Menschen im ostjüdischen Schtetl; in der autobiographischen Romanliteratur zur Shoah erscheint die existentielle und religiöse Paradoxie des Hoffens ebenfalls, so etwa in Meyer Levins *Geschichte der Eva Korngold*.

Rückt man den Roman mit dieser Struktur des Paradoxen in die größeren Zusammenhänge jüdischer Religiosität und jüdischer bzw. jiddischer Literatur, so relativiert sich auch von daher der Vorwurf einer poetischen und existentialistischen Entwirklichung[11] und politisch-historischen Relativierung der Shoah. Andererseits ist aber auch nicht zu übersehen, daß der Roman in der Tradition des literarischen Expressionismus mit seiner Thematik der inneren Wandlung steht. Ellen und die Kinder nehmen ihr Schicksal – als transitorische Figuren – in einem Akt bewußter Entscheidung an, nicht als Verzweiflungstat (Sprung aus dem Fenster), sondern als Sprung auf die Brücke. Darin wirken Wandlungs-, Wegsuche- und Seelendrama des deutschen Expressionismus deutlich erkennbar nach (Barlach, Kaiser, Toller); formal zeigt sich das in der Tendenz zur Allegorisierung der Figuren, in der Personifizierung der Dinge sowie in der Kapitelreihung, die an das expressionistische Stationendrama erinnert.

Das jüdische Paradox des Hoffens und das Poetische sind letztlich identisch. Diese Einsicht formuliert der Roman in dem zentralen Satz: „Wir sind ein Gleichnis, und was wollt ihr mehr?" (150) Dieser Satz ist grausam und poetisch, von den Opfern schon aus der Perspektive der

---

10 Schafroth sieht in den Paradoxien ein „Grundthema und eine Grundstimmung Aichingerscher Dichtung" überhaupt. (1971, S. 106) Vgl. auch Horst Karl August (in extremis. In: Moser, 1990, S. 136f.) zur Rolle des Paradoxen aus christlicher Sicht.

11 Schmelzkopf spricht von einer solchen Entwirklichung und Überhöhung durch die existentialistische Philosophie der Freiheit (1983, S. 56).

„Übersetzung" gedacht, den Plünderern und Mördern bereits aus der Unerreichbarkeit des anderen Ufers zugerufen: „Übersetzt trotzdem, euch selbst, die anderen, übersetzt die Welt". (63) In der Übersetzung ins „Englische", die Sprache der Engel, des Schwebens: im Tod ist das Gleichnis vollendet. Das Gleichnis hebt die logische und empirische Grenze zwischen Materialität und Geistigkeit auf: Nur im Poetischen kann deshalb der Tod aus der Sicht der Opfer als Übersetzung, Übergang und Verwandlung ins Bild begriffen werden: „Übersetzt trotzdem!"

Bibliographie

AICHINGER, ILSE: Die größere Hoffnung. Roman. Frankfurt/M.: Fischer 1974 (= Fischer Tb. 1432) [zitierte Ausgabe]

AICHINGER, ILSE: Meine Sprache und ich. Erzählungen. Frankfurt/M.: Fischer 1978
–: Rede an die Jugend. In: MOSER, SAMUEL (Hg.), Ilse Aichinger, S. 18–21
–: Interviews. In: ebd., S. 23–50

EICH, GÜNTER: Der Schriftsteller vor der Realität. In: DERS., Gesammelte Werke, Bd. 4. Frankfurt/M.: Suhrkamp 1973
Das Tagebuch der Anne Frank. Frankfurt/M.: Fischer 1955
ADORNO, THEODOR W.: Engagement. In: DERS., Noten zur Literatur III. Frankfurt/M.: Suhrkamp 1965
BAECK, LEO: Das Wesen des Judentums. Wiesbaden: Fourier ^{5}1991
BRINKLER-GABLER, GISELA (Hg.): Deutsche Literatur von Frauen, 2. Bd.: 19. und 20. Jahrhundert. München: Beck 1988
FRIEDRICHS, ANTJE: Untersuchungen zur Prosa Ilse Aichingers. Diss. (masch.) Münster 1970
JENS, WALTER: Statt einer Literaturgeschichte. München: Deutscher Taschenbuchverlag ^{6}1962
JUST, KLAUS GÜNTHER: Von der Gründerzeit bis zur Gegenwart. Die deutsche Literatur der letzten hundert Jahre. Bern, München: Francke 1973
LIPTZIN, SOL: A History of the Yiddish Litterature. Middle Village, New York 1972, S. 426 ff.
LORENZ, OTTO: Gedichte nach Auschwitz oder: Die Perspektive der Opfer. In: ARNOLD, HEINZ LUDWIG (Hg.), Bestandsaufnahme Gegenwartsliteratur. München 1988 (= Sonderband text + kritik)
MOSER, SAMUEL (Hg.): Ilse Aichinger, Materialien zu Leben und Werk. Frankfurt/M.: Fischer 1990
SCHAFROTH, HEINZ F.: Ilse Aichinger. In: KLG, 1981
–: Nachwort zu: DERS. (Hg.), Ilse Aichinger. Dialoge, Erzählungen. Gedichte. Stuttgart: Reclam 1971 (= Reclam UB 7939), S. 99–107
SCHMELZKOPF, CHRISTIANE: Zur Gestaltung jüdischer Figuren in der deutschsprachigen Literatur nach 1945. Hildesheim: Olms 1983
–: gleicher Titel. In: STRAUSS, HERBERT A./HOFFMANN, CHRISTHARD (Hg.): Juden und Judentum in der Literatur. München 1985 (= dtv 10513), S. 273–294
SCHNELL, RALF: Die Literatur der Bundesrepublik. Autoren, Geschichte, Literaturbetrieb. Stuttgart: Metzler 1986
SCHOLL, INGE: Die weiße Rose. Frankfurt/M.: Fischer 1953

JÜRGEN HEIN

Wolfgang Koeppen: Tauben im Gras

Im Vorwort zur zweiten Auflage, die im gleichen Jahr der Erstausgabe (1951) erschien, nennt der Autor als Entstehungszeit des Romans „kurz nach der Währungsreform" (9) und führt weiter aus:

> „Diese Zeit, den Urgrund unseres Heute, habe ich geschildert, und ich möchte nun annehmen, sie allgemeingültig beschrieben zu haben, denn man glaubte, in dem Roman ‚Tauben im Gras' einen Spiegel zu sehen, in dem viele, an die ich beim Schreiben nicht gedacht hatte, sich zu erkennen wähnten [. . .]" (9).

Auf der Rückseite des Titels findet sich – bereits in der Erstausgabe – der Hinweis „Handlung und Personen des Romans *Tauben im Gras* sind frei erfunden. Ähnlichkeiten mit Personen und Geschehnissen des Lebens sind Zufall und vom Verfasser nicht beabsichtigt." (8) Dies und das Vorwort lenken den Blick des Lesers auf Inhalt und Thema, die Beschreibung und ‚Bewältigung' der Jahre unmittelbar nach dem Zweiten Weltkrieg, vor allem auf das ‚wie', den Stil und die Schreibtechniken.

Die Koeppen-Forschung ist sich trotz unterschiedlicher Meinungen und Differenzierungen darin einig, daß ‚Inhalt' und ‚Erzählstrukturen' nicht voneinander gelöst werden können. Konstatiert wird eine Korrespondenz zwischen thematischer und stilistischer „Krisenstimmung"; allerdings werden mit Bezug auf die Krise des ‚Bildungsromans', Forderungen an den ‚Zeitroman' oder ‚Gesellschaftsroman' auch Zweifel an der epischen Bewältigung der unmittelbaren Nachkriegsrealität geäußert. Koeppen thematisiert mit der geschichtlichen Erfahrung zugleich die ästhetische Problematik des Romanschreibens in dieser Zeit, „bevor vielleicht der dritte Weltkrieg kam" (9), und stellt die Erzählerposition in Frage. Nicht übersehen werden sollte dabei das dem Roman vorangestellte Zitat der Gertrude Stein („Pigeons on the grass alas"), das auf die klagend-warnende Rolle des Erzählers deutet. Im Rückgriff auf die Selbstthematisierung der Literatur und moderne Erzähltechniken des Großstadtromans (Joyce, Dos Passos, Döblin) stellt der Autor die auf einen Tag komprimierten Ereignisse im von Amerikanern besetzten München dar. Der Schauplatz läßt sich aus den Angaben erschließen; die erzählte Zeit umfaßt nach den Zeitangaben („in aller Frühe" bis „Mitternacht") etwa achtzehn Stunden. Aufgrund der zitierten und montierten Zeitungs-Schlagzeilen hat man den 20. Februar 1951 als Tag des ‚Geschehens' identifiziert (vgl. Buchholz, 1982, S. 55; Hielscher, 1988a, S. 54). Die präzise zeitliche und räumliche Bestimmung bildet den äußeren Rahmen für das In-, Neben- und Nacheinander von etwa hundert Erzähl-Sequenzen, die Raum und Zeit erweitern. Altenhofer, der die „typographische Segmentierung" (1983, S. 288) zugrunde legt, zählt 102, Buchholz (1982, S. 78) 90 und Hielscher (1988a, S. 54) 92 Erzähl-Abschnitte. Die von Kritikern und Lesern konstatierte Irritation resultiert nicht so sehr aus der Fülle der schnell aufeinander folgenden ‚Realitäts'-Ausschnitte, sondern aus deren fiktionalisierter Verknüpfung im Erzählgefüge.

Bei den Interpretationen lassen sich, die frühen Kritiken und Urteile anläßlich der späteren Ausgaben einbeziehend, unterschiedliche ‚Rezeptionsschübe' erkennen, die auch mit dem Paradigmawechsel in der Literaturwissenschaft und dem von der Kritik konstruierten „Fall Koeppen" zusammenhängen.

Treichel (1984, S. 7 f.) unterscheidet zwischen Autoren, die den zeitkritischen Charakter herausstellen, gleichzeitig aber die gesellschaftskritischen Intentionen des Autors im Widerspruch zu seiner als ‚mythisierend', ‚dämonisierend' und ‚poetisierend' charakterisierten Realitätserfahrung sehen, woraus dann der ‚Fatalismus' und ‚Konservativismus' des Autors konstruiert werde, und Autoren, die das Werk weitgehend formal untersuchen, seine ‚Modernität' betonen, um dann im Analogieschluß ideenkritische Wertungen abzuleiten: Der Autor thematisiere ‚existentielle Grunderfahrungen' (‚Entfremdung'). Für die erste Gruppe stehen z. B. Erlach (1973) und Koch (1973), für die zweite z. B. Heißenbüttel (in: Greiner, 1976) und Jens (Laudatio 1962 zur Verleihung des Büchner-Preises). Politische Dimension, Geschichtserfahrung und ästhetisches Verhalten, das Problem erzählerischer Subjektivität und Fiktion, dabei verschiedene Interpretationsansätze integrierend, nehmen vor allem Altenhofer (1983), Bungter (1968), Hielscher (1988a), Scherpe (1984), Uske (1984), Treichel (1984) und Wieckenberg (1972) in den Blick. Buchholz (1982, S. 20) lenkt das Interesse darüber hinaus auf die literarische Einflußforschung; die ‚Intertextualität' von *Tauben im Gras* harrt noch vertiefender Analyse, die Einblick in noch wenig erkannte Assoziations- und Verknüpfungsweisen des Autors sowie in den Zusammenhang von Zeitkritik und Selbstthematisierung des Romans – die „Akzentuierung des poetischen Diskurses" (Eisele) – gewährt. Nach Eisele (1987, S. 259 f.) wird die Problematik des ‚Zeitromans' selbst poetisch reflektiert.

Neben der Betrachtung des Romans im Kontext der folgenden Teile der ‚Trilogie' (*Das Treibhaus*, 1953, *Der Tod in Rom*, 1954) kann die Interpretations- und Vermittlungsproblematik zwischen Autor, Werk, Kritiker und Leser didaktisch fruchtbar gemacht werden. Dazu gehören z. B. die selbstinterpretatorischen Hinweise in den Gesprächen mit dem Autor (vgl. in: Greiner, 1976, Oehlenschläger, 1987, weitere Nachweise in KLG), die Auseinandersetzung der Kritiker mit dem „Fall Koeppen" (Außenseiter-Position des Autors, „Versagen" der literarischen Öffentlichkeit) und der Vergleich der frühen mit den späteren Besprechungen des Romans. In diesem Zusammenhang wäre Hans Schwab-Felischs „Widerruf" von 1966 auf seine Kritik von 1952 zu analysieren, könnten unterschiedliche Rezeptionsstandpunkte gewonnen werden, auch durch kritische Überprüfung von Kritikerurteilen wie „Außenseiter" (Greiner), „entmutigter Empörer" (Jokostra), „humanistischer Pessimist" (Andersch), „Dichter der aggressiven Resignation" (Reich-Ranicki), „Zeuge unserer Niederlagen" (S. Lenz). Ferner lieferten Analysen der Laudationes anläßlich der Preisverleihungen an Koeppen sowohl Topoi als auch Maßstäbe der literarischen Kritik.

In verschiedenen zumeist in Zeitungen veröffentlichten Gesprächen hat Koeppen zur Frage der politischen Dimension seines Schreibens geantwortet, Hinweise auf literarische Einflüsse (u. a. Joyce) und Zusammenhänge zwischen gesellschaftlicher und ästhetischer Erfahrung, zwischen Ratlosigkeit angesichts des „deutschen Elends" und Konsequenzen für das Erzählen gegeben. In der Dankrede für den „Kulturellen Ehrenpreis 1982 der Stadt München" hebt er die Bedeutung dieser Stadt für sein Schreiben hervor. Anläßlich der Verleihung des Büchner-Preises 1962 bestimmt er Autor- und Erzählerposition so:

„Ich bin ein Zuschauer, ein stiller Wahrnehmer, ein Schweiger, ein Beobachter"; das Erzählen soll an seiner Statt erreichen, „was mir als Person versagt geblieben ist: zu sprechen, zu agieren, zu wirken, die Mitmenschen zu erregen, sie zu bewegen, wenn es gegeben ist, sie auch zu erfreuen, und, wenn es sein muß, sie zu ärgern. [...] Der Schreibende, so sehr er Mikrophon und Kamera und Scheinwerfer scheuen mag, wird sich dem neuen Analphabetentum von Bildzeitungen, Comicstrips, Fernsehen und auf höherer Ebene von technischen Formen, die uns manipulieren, automatisieren, vielleicht zum Mond führen werden, stellen müssen. [...] Ich bekenne mich zu Georg Büchner. Ich bekenne mich zu dem Beruf des Schriftstellers. Ich glaube an das Wort." (Büchner-Preis-Reden 1951–1971. Stuttgart 1972, S. 114 f. und S. 121 f.)

Hier ergeben sich Anknüpfungs- und Vergleichspunkte zum Erzähler von *Tauben im Gras* und seinen Figuren (z. B. Philipp, Edwin).

Einen Ansatz, eigene Leseerfahrungen mit literaturkritischen Urteilen zu verbinden, bietet der bereits erwähnte „Widerruf" Schwab-Felischs (in: Greiner, 1976, S. 36–44). Der Kritiker argumentiert, die Gegenwart habe sich ihm damals anders dargestellt als Koeppen, den er der ausschließlichen Darstellung des Morbiden und des Pessimismus bezichtigte. Aber er habe dem Autor Unrecht getan, den Roman verkannt und versimpelt, das eigentliche Thema nicht gesehen: die Kontaktlosigkeit, die Flucht des Menschen vor sich selbst, die Sorge Koeppens um die Menschheit. Auch sei ihm der Rückgriff auf die Welt der Mythen und der kunstvolle Aufbau des Romananfangs, der die Figuren einführt, verborgen geblieben. Das Zusammentreffen von alter und neuer Welt, von Mythen, Zeitwirklichkeit und Unbewußtem, Traum und Erlebnis, Erinnerung und Konfrontation mit der „praktischen Realität" in angemessener Erzähltechnik charakterisiert er nun als „Epos".

Karl Korn hatte 1951 dem Roman bescheinigt, daß er „Epoche macht", Wolfgang von Einsiedel sprach 1952 von einem „dichterische[n] Zeitroman"; das Lesepublikum entschied anders, in mehreren Auflagen und Ausgaben – auch als Taschenbuch – erreichte der Roman bis Anfang der siebziger Jahre kaum mehr als 20 000 Exemplare (vgl. Greiner, 1976, S. 11, S. 25, S. 33). Hier wäre nach Gründen zu fragen, könnte die eigene Position in der Reflexion des Leseprozesses unter Einbeziehung von Kontextaspekten (u. a. Biographie des Autors, Literaturbetrieb der Bundesrepublik, ‚Romankrise') genauer bestimmt werden.

Weitere ‚Einstiege' in die interpretatorische Vielfalt des Romans bieten der Vergleich zwischen der schriftstellerischen Entwicklung Koeppens und der seiner Figur Philipp (vielleicht eine Art ‚Roman im Roman'?) auf dem Hintergrund der Jahre 1933 bis 1945 oder auch der Versuch, den ‚Inhalt' des Romans ‚nachzuerzählen' und dabei den Erzähler-Standort zu bestimmen. Dazu wären die Beziehungen und Wege der etwa 30 Figuren zu rekonstruieren, Handlungsstränge zu verfolgen (vgl. Altenhofer 1983) und Einzelschicksale zu beschreiben, etwa von Emilia (vgl. Treichel 1984, S. 118 ff.), die Problematik von ‚Schuld' und ‚Erlösung' bei Josef und den Kinderfiguren (Heinz, Hillegonda, Ezra) oder die Spannung zwischen der Auflösung von Ehe- und Familienstrukturen und dem Versuch neuer Beziehungen und Bindungen.

Von dort aus sind Aussagen über das ‚Geschichtsbild' möglich (Kriegsthematik, Restauration, Fatalismus und Sinn der Geschichte), läßt sich fragen, ob Koeppen Geschichte ‚zeitkritisch' darstellt und ästhetisch ‚bewältigt' (vgl. Uske, 1984), ob er sich in mythisierendes Erzählen ‚flüchtet' (vgl. Haberkamm, 1975), und woran es liegt, daß *Tauben im Gras* angesichts der Krisen der letzten Jahre eher an Aktualität gewonnen hat, als daß sich die Roman-Aussage auf die Formel ‚Bild der Nachkriegszeit' verkürzen ließe. In diesem Zusammenhang bietet sich eine Analyse der – z. T. variierten und wiederholten – Beschreibungen und Metaphern („Tauben im Gras", „Sauerteig", „Überschwemmung", „Schlachtfeld") der ‚Geschichte' an, z. B.:

„Geschichte war Vergangenheit, die Welt von gestern, Jahreszahlen in Büchern, eine Kindermarter, jeder Tag aber bildete auch wieder Geschichte, neue Geschichte, Geschichte im Präsens, und das bedeutete Dabeisein, Werden, Wachsen, Handeln und Fliegen. Man wußte nicht immer, wohin man flog. Erst morgen würde alles seinen historischen Namen erhalten, mit dem Namen seinen Sinn, würde echte Geschichte werden [...]" (38).

oder:

„Der Strom der Geschichte floß. Zuweilen trat der Strom über die Ufer. Er über-
schwemmte das Land mit Geschichte. Er ließ Ertrunkene zurück, er ließ den
Schlamm zurück, die Düngung, das stinkende Mutterfeld, eine Fruchtbarkeits-
lauge: wo ist der Gärtner? [...] Wann kam das Goldene Zeitalter, die hohe Zeit –"
(80)

Die unter dieser Perspektive besonders ins Auge fallenden sprachlich-
metaphorischen Verklammerungen der einzelnen Erzählsequenzen
(vgl. Bungter, Buchholz, Erlach, Wieckenberg, Hielscher) sowie die
mythologischen Analogien (vgl. Buchholz, Altenhofer, Treichel) und
die Fülle literarischer Anspielungen (vgl. u. a. Scherpe) sollen in der
folgenden Interpretation nicht noch einmal wiederholt werden.

Wenn man den Roman gelesen hat, weiß man, daß das Erzählsequen-
zen-Gefüge, das die Erzählwege oder die erzählten Wege der Figuren in
kurzstreckige Erzählschritte aufteilt und gegeneinanderversetzt, in
einen schmalen Erzählrahmen eingespannt ist. Im Anfangs- und End-
abschnitt, mit sowohl modifizierten als auch identischen Wortfolgen,
äußert ein ‚Erzähler' oder eher ein kommentierender Reporter, ein in-
terpretierender Feuilletonjournalist, seine Sicht und seine Ansicht des
auf ihn eindringenden und ihn bedrängenden Zeit- und Raumumfelds.
Das Schreibprinzip des (Erzähl-)Autors ist Reihung, Häufung, Repetition bei Wörtern, Satzteilen, Sätzen, ist assoziative Kettenbildung
von Synonyma und Wortfeldern. Seine Schreibperspektive wechselt
schnell, sie ‚überblendet': Nah- und Fernsicht, Außen- und Innensicht:
unvermittelte Beobachtungen („Flieger", „Händler", „Zeitungen",
11 f. u. ö.) werden mit vermittelten, medialen Wissens- und Erfahrungs-
inhalten aus Geistes-, Naturwissenschaft und Zeitungsinformation
sozusagen ‚kurzgeschlossen'; in die obschon besprochene und kommentierte, dennoch fiktiv angelegte Einleitung eines wissenschaftlich
wie literarisch, mythologisch und metaphorisch kompetenten Betrachters ist darüber hinaus, gleichsam ungefiltert bzw. nicht poetisch auf-
bereitet, die politische Tages- und Weltrealität collagehaft einmontiert
in Form von kursiv hervorgehobenen Zeitungsmeldungen – eine moderne, diesem Zeitroman, der keinen personal spürbaren Erzähler
ein- oder vorschiebt, angepaßte Form, die so die alte Wahrheits- und
Authentizitätsbeteuerungsformel des konventionellen Romanschrei-
bers ablöst.

Der eigentliche Erzählstoff im Binnentext wird wie ein Spielfilm vorgeführt. Wir – die Leser, Zuschauer, ‚Voyeure' – sehen scheinbar selber
auf die Schauplätze, Figuren und Handlungen, dennoch wie von einem –
selbst unsichtbaren – Auge eines beweglichen Kameraobjektivs gelenkt. Wie filmische Einstellungen muten die Erzähleinheiten an, die
mit weicher Überblendtechnik ineinander übergehen, so daß sich das

neue Erzählbild oft über das vorhergehende schiebt. Diese ‚Schnitte‘ erzeugen eine Unverbundenheit, Isolation der Erzählabfolgen, wobei es nicht mehr den alten, nicht abreißenden epischen Erzählfluß gibt, andererseits ersetzt die identische Wortsetzung für zwei verschiedene Sachverhalte umständliche epische Floskeln für Gleichzeitigkeit, Parallelität oder Zusammengehörigkeit mehrerer Erzählstränge oder Figuren.

Die erzählte Zeitspanne ermangelt scheinbar der epischen Länge und Fülle, fast könnte man an dramatische ‚Einheit der Zeit‘ denken, da die chronologisch voranschreitend dargebotene Zeit ja kürzer als ein Tag dauert: von Morgengrauen bis Mitternacht im Frühling im Jahre 1951. Durch das der filmischen Rückblende und Einblendung ähnliche Mittel des erzählten Bewußtseinsstroms vermittels erlebter Rede oder inneren Monologs gewinnt die kurzlebige äußere Zeit eine innere Weiten- und Tiefendimension als Erinnerung, Traum, Vorstellung, als „lebendes Bild" (21) im Bewußtsein der Figuren dazu, so daß in der einen Tagesgegenwart viele Vergangenheiten als deren „Urgrund" (9) weiterwirken.

Wie im ‚Film‘ auch wieder werden nach und nach typische Ansichten einer zertrümmerten, amerikanisch besetzten Nachkriegsgroßstadt (München) mit teils real wiedererkennbaren Plätzen, Straßen, profanen und kirchlichen Gebäuden, Kommunikationszentren vielfältiger menschlicher Zerstreuungssucht (z. B. Kino, Club, Bar, Hotel, Stadion) neben Elendsquartieren vorgeführt.

Die Gebäude, die eine ‚Hauptrolle‘ spielen, sind – auch in der Realität – für das schweifende Auge eines Betrachters ‚auf einen Blick‘ überschaubar. Die beschriebene räumliche Nähe von Amerikahaus, Bräuhaus, Negerclub läßt die Gebäude wie auf einer Kulisse perspektivisch verkürzt, nahegerückt, vergrößert und symbolisch bedeutsam erscheinen. Die erwähnten Lokalitäten, übergängig, kontrastiv oder – fast komisch – vervielfältigt (z. B. „drei Stehausschänke", 167) geschildert, gewinnen metaphorische Aussagekraft für die unterschiedlichen ‚Brennpunkte‘ der Stadt. Heterogene Außen- und Innenräume intimer oder öffentlicher Zweckbestimmung, kulturellen Ansprüchen oder Konsum- oder Vergnügungsbedürfnissen geöffnet, werden erzählerisch je nachdem wie ihre Bauweise, -stile, Schau- oder Abseite, Festigkeit oder Brüchigkeit in Licht oder Schatten verharren, zum Abbild menschlicher Lebens- und Verhaltensweisen. Einen fast satirisch grotesken wie durchaus realistisch nachvollziehbaren symbolischen Höhepunkt der Raumgestaltung – auch auf dem Höhepunkt des Romangeschehens – bildet die Beschreibung des Amerikahauses:

„Das Amerikahaus, ein Führerbau des Nationalsozialismus, lag hinter Philipp und Kai. Das Haus sah, aus seinen symmetrisch aneinandergereihten Fenstern in die

Nacht leuchtend, wie gewisse Museen aus, wie ein kolossales Grabmal der Antike, wie ein Bürogebäude, in dem der Nachlaß der Antike verwaltet wird, der Geist, die Heldensagen, die Götter." (206)

Alle Ortsprospekte eröffnen sozusagen Durchgangsstrecken und Treffpunkte für die Hauptfiguren, Sammelpunkte des zufälligen Nebeneinander und Zugleich, wie auch angestrebte Zielpunkte für korrespondierende, aber zeitlich verschoben auftretende Personen. ‚Stehende Einstellung' bei Räumen, die die Figuren oft mehrfach passieren, wirken wie eine Bühne für Einzelauf- und -abtritte einander zwar Suchender, aber einander zeitlich Verfehlender, wohingegen sich durch Gleichzeitigkeit des Eintreffens Zufallsbekanntschaften zwischen Fremden wie ‚von selbst' machen. So werden die Stadtansichten typische Bilder für Anonymität, Oberflächlichkeit, Schnellebigkeit, Zufälligkeit, Vergeblichkeit menschlicher Beziehungen.

Nach dem gleichen Prinzip, aufgrund dessen die vorwärts erzählte Zeit durch die Bewußtseinszeiten Profil und Tiefe erhält, wird der Raum durch Ein- und Überblendung perspektivisch ausgeweitet. Er wird gedehnt durch Mehrfachnennung bei Besetzung mit anderen Personen, durch Blick und Vorstellung der Figuren durchsichtig und überlagert von anderen Erinnerungs- oder Wunschräumen; der gesamte Schauplatz wird durch diese ‚Fenster'-Technik eine Drehbühne, die über Paris, belgische Schlachtfelder, über Berlin bis Amerika – sogar ein Fenster über den Ozean nach China eröffnend (vgl. 66) – Kreise ziehen kann.

Eine qualitativ andere, symbolische Tiefendimension wird durch mythische, historisch, geographisch fernliegende Ortszuweisungen des Erzählers erreicht. Die Oberflächenstruktur wird transparent bzw. doppelbödig durch Assoziationen aus griechisch-römischer bzw. biblischer Antike und Literatur. So erhält die banal durch menschliche Selbstüberschätzung zertrümmerte Stadt, ärmlich zurechtgeflickt, einen Zug ins Heroische, Schicksalhafte und theatralisch Überhöhte:

„Die Bühne war zur Tragödie hergerichtet, aber was sich im Vordergrund abspielte, vor der Stundenrampe, die persönlichen Weltberührungen blieben vorläufig possenhaft." (103) Das Romanpersonal, wie zufällig und realistisch es auf den flüchtigen Leserblick wirken mag oder soll, wirkt wie auf einem – zwar epischen – Theaterschauplatz arrangiertes Bühnenpersonal. Der ‚klassische' Romanheld mit Parallel- oder Kontrastfiguren, der auf einem Lebensweg, in einem Reifeprozeß, einem Bildungsgang durch „Lehr- und Wanderjahre" wie immer umwegig suchend ein Ziel verfolgt, ist an diesem literarhistorischen Stand- und Zeitpunkt der Romanabfassung in der Mitte des 20. Jahrhunderts lange ausgestorben. Er lebte noch eine Weile ‚schattenhaft' in dem ‚klassischen Filmhelden' weiter, wie uns der Autor ja auch dartut.

Die erste Erzähleinheit, ebenso unvermittelt wie allem traditionellem Erzählmuster abhold, zeigt das filmtechnische Erzählverfahren. Der Autor liefert hier zu Anfang den Schlüssel, den er für sein Vorgehen benutzt und der uns den Romanzugang öffnen soll: Eine Filmszene, ein Filmschauspieler (Alexander) werden vorgestellt und zwar – nicht einmal ironisch – mit filmischen Mitteln. Erzähltes und Erzählen, Zweck und Mittel kongruieren, erschließen einander wechselseitig. Mit einer Groß- oder Nahaufnahme blendet der Binnenroman auf: Der erste Protagonist kommt ins Bild, der Schauspieler, in seine Rolle verkleidet. Dann folgen ‚Schwenks‘ auf symbolisch sprechende Details, schließlich Ein- und Rückblendungen, die weitere Figuren und deren Umfeld in wechselnden Einstellungen vorführen, bis die erste Bilderfolge wieder in sich rahmenartig abblendet. Ähnlich, scheinbar durchs Objektiv rezeptiv aufgenommen und dennoch durch Bildausschnitt, -aufbau, -folge oder -abstand subjektiv in Relationen gesetzt, lernen wir eigentlich nur schub- oder ruckweise das gesamte Personal kennen.

Indem wir vorwärtslesend uns ein Bild machen wollen und natürlich vorrangig an den Personen interessiert und auf deren Romanleben gespannt sind, werden wir eine lange Weile (für manche Leser vielleicht eine Langeweile) in einer Art orientierungsloser Ungeduld, Unsicherheit und Unzufriedenheit gehalten. Da die Erzählmontagen keinen ‚ordentlichen‘ Erzählstrang, die Personen nie auf einmal ganzseitig mit allen biographischen, psychischen, sozialen oder intentionalen Relationen sich ergeben, hat der Leser von den vorkommenden Figuren tatsächlich einen „Tauben im Gras“-Eindruck:

„Im Gras hockten Vögel [. . .] ›wir verstehen nicht mehr als die Vögel [. . .], die Vögel sind zufällig hier, wir sind zufällig hier, [. . .] vielleicht ist die Welt ein grausamer und dummer Zufall Gottes, keiner weiß warum wir hier sind, die Vögel werden wieder auffliegen und wir werden weitergehen [. . .]‹. [. . .] die Weltgeschichte [. . .] – [. . .] es spielt sich alles unter Spatzen ab.“ (160 und 161) – „Wie Tauben im Gras betrachteten gewisse Zivilisationsgeister die Menschen, indem sie sich bemühten, das Sinnlose und scheinbar Zufällige der menschlichen Existenz bloßzustellen [. . .]“ (200).

Erst allmählich erhalten die Figuren, aus vielen Einzelbild- und Momentschaltungen allseitig beleuchtet, Gestalt, Kontur, Zusammenhang, Biographie, Charakter. Die zunächst aleatorisch anmutende Figurenvielfalt erfährt durch Wiederaufnahme und Aufeinanderprojektion von Einzelerzählzügen eine Konstellation sowie ein gemeinsames Darstellungsprinzip.

Das Personal ist auf Schwarze und Weiße verteilt. ‚Schwarzweißmalerei‘ wird aber, obwohl thematisch reflektiert und problematisiert, vermieden. Der auffällige Hautfarbenunterschied markiert den Abstand und die Fremdheit zwischen Deutschen und Amerikanern, Siegern und Besiegten, Amerika und Europa, alter und neuer Welt, Bildungs- und Natürlichkeitspotential. Symbolisch oder moralisch oder überhaupt qualitativ gewertet wird das Farbkontrastklischee dagegen nirgends eingesetzt.

Aus Einzelfiguren, die zunächst nur durch zufällig gleiche Zeit und gleichen Ort geeint erscheinen, formieren sich Haupt- und Nebenfiguren, Figurengruppen und -paare, komplementäre oder polare Relationen. Sozial und wirtschaftlich unwesentlich unterschiedene Repräsentanten einer Nachkriegsgesellschaft, haben sie alle an der Passivität der Unpolitischen, Ohnmächtigen, Ungefragten, der Nichttäter teil. – Kriegsverantwortliche, Kriegsgewinnler treten im Roman nicht auf. Alle leiden am Trauma des nicht selber verschuldeten ‚fatal‘ erlebten Krieges, der in fast alle Lebensgeschichten radikal einschnitt. Der Krieg mit Zwang, Gewalt und Mord hat die Biographien diskontinuierlich in Vergangenheit und Gegenwart aufgespalten. Das Prinzip des Widerspruchs, fast der Pervertierung, bestimmt die vom Kriege Betroffenen in Lebensplan und Charakter, wie es vom Autor in skurrilen bis grotesken, beinahe absurden, aber nie anklagenden oder ironisierenden gegenläufigen Zügen konstatiert wird:

Der junge talentierte Schriftsteller (Philipp) ist seines Schreibtalents verlustig gegangen; der reichen Erbin (Emilia) ist das Erbe zunichte und nur unter Wert verkäuflich geworden, als ganz und ungeteilte Liebende ist sie nunmehr in „Dr. Jekyll und Mr. Hyde" (vgl. 162, 204) auseinandergefallen; der gegen den Krieg ‚überwache‘ Lehrer (Schnakenbach) ist der Schlafsucht verfallen; der Arzt (Behude), der durch seinen Sanitätsdienst dem eigenen ‚aktiven‘ Kriegseinsatz und Blutverlust entging und überlebte, indem er denen, die ihr Blut für's Vaterland vergossen, ärztlich beistand, muß nun selber Blut spenden (24 f.), um als Arbeitsloser in dieser ‚blutarmen‘ Zwischenzeit zwischen eventuellen neuen blutigen Kriegen überleben zu können; die schüchterne Messalina hat sich zur alle Einschüchternden entwickelt; der alternde Dichter (Edwin) aus dem ‚jungen‘ Amerika avanciert ausgerechnet zum Kultur- und Bildungsgesandten antik-hellenischer Geistesdominanz, welcher wiederum am Ende – vielleicht doch nicht ganz unhellenisch – der geistlosen (Homo-)Sexualität verfällt; der Dienstmann (Josef) sinniert über das ihm aufoktroyierte Soldatentum, das ihn potentielle Kunden töten ließ, anstatt sie zu bedienen und an ihnen zu verdienen. Positive Perversionen aus Kriegserfahrungen zeigen etwa der ehemalige Reichswehr-Hauptmann Kirsch, der zum pazifistischen Waffenexperten wurde, oder der ehemalige Stabsmusiker Behrend, der durch die liebende Rettung aus Todesbedrohung gerade durch eine ‚Feindin‘ (Vlasta) seine vorgefaßte ‚Feindbild‘-Meinung ändert und sich gegen alle alte Konvention für ein neues ,idyllisches' Glück mit dieser entscheidet, oder Washington und Carla, die Rassenkonflikte und -vorurteile, ausgetragen am Verhalten zum ungeborenen Kind, überwinden und als einzige ein für alle Menschen positives – wenngleich utopisches „horizontblaues" – Lebensziel planen.

Eine Ausnahmegestalt, ein Gegenpart zu allen Figuren, ist die junge Amerikanerin Kay. Wenn dem Dichter Philipp, möglicherweise als seiner Identifikationsfigur, vielleicht das größte Verständnis vom Erzähler-Autor entgegengebracht wird, so hegt er für Kay die größte Sympathie. Auch für alle sie umgebenden oder ihr entgegentretenden Romanpersonen ist sie das Objekt der Sehnsucht und Zärtlichkeit oder Begehrlichkeit. Sie bezaubert durch ihre Jugend und attraktive Grünäugigkeit. Sie ist auch metaphorisch die ,Grüne', die Junge, fast Kindlich-Mädchenhafte, die Naiv-Natürliche, die Spontane und Unüberlegte, eine Inkarnation Amerikas aus europäischer Sicht mit allen Reizen seiner Frische, Unverbrauchtheit, seiner „Weite und Ferne" (207). Sie hat eigentlich als einzige keinen geknickten Lebenslauf, keine gebrochene Existenz, sie ist die Einfache und „Unbeschwerte" (207). Sie ist unbeschwert von Alter, Vergangenheit, Geschichte, Tradition, Besitz, Rücksichten, Bindungen. Sie ist ungebunden, nicht mit anderen korrelierend, sie ist losgelöst, auch im Sinne von ,absolut'. Sie geht aus allen Begegnungen unberührt (mit Philip, 211) hervor, sie ist für alle Zugriffe und Vereinnahmungen unantastbar (durch Messalina, 115), sie ist frei und unbefangen (mit Emilia, 150), sie läßt sich nicht eingruppieren (in die Lehrerinnen-Gruppe, 160) und macht leichtsinnig Alleingänge, ohne einsam zu sein. Jugendlicher leichter Sinn und Freiheitsdrang entfernen sie von den Lehrerinnen-Kolleginnen, die sie ebenso eifersüchtig wie bildungsbeflissen mit ihrem Bildungsprogramm gängeln wollen. Sie ist im eigentlichen Sinne nicht bildungshungrig, lieber erlebnishungrig und abenteuerlustig (vgl. 207). Kindlich neugierig, entspricht es ihrem Naturell wenig, sich ,tote' Bildung theoretisch anzueignen (vgl. 206). Sie ist eher auf eine Art von ,Bildungssouvenirs' wie etwa auf altmodischen europäischen Schmuck oder auf eine wirkliche Dichter-Begegnung aus (vgl. 207), auf Erfahrung, nicht Belehrung. Diese ihr selbst unbewußte Unkompliziertheit entzieht sich mythisierenden Attributen, obwohl sie an vorliterarische oder literarische Vorbilder erinnern mag. Nicht als allegorienhaftes Urwesen unvergänglicher Jugend und ,leerer' Schönheit ist sie konzipiert, sondern als ,reine' Zukunft, immer nur mit Abstand sich nähernd, aber alle und aller Hoffnungen auf sich vereinend. Zu ihr paßt keine ,antiquierte' Kette aus Tiefenkristall (vgl. 211), sondern eine pflanzenhafte Ausnahmeerscheinung der Natur, der grüne vierblättrige, sogenannte Glücksklee, freilich vom Erzähler nur wie unter Vorbehalt als Surrogat, als Neonreklame (211), symbolisierend zugelassen, während sie selbst, ihrer eigenen allegorischen Zukunftshoffnung unbewußt, den Klee als ein armseliges Relikt eines Dichterhains interpretiert.

,Sprechende' Namen, germanischer Herkunft etwa – Richard, der den Reichtum Amerikas den Ent,behrend'en überbringt, Carla, Heinz, in denen alte deutsche Königsnamen überliefert sind –, mehr aber römisch-hellenischer Herleitung antikisieren und mythisieren ihre Träger und deren Partnerfiguren und heben sie über ihre zufällige und jeweilige Zeitgenossenschaft hinaus zu exemplarischen, in Geschichte und Literaturgeschichte immer wieder stilisierten Typen. ,Die' Messalina, ,der' Alexander werden durchlässig als ,eine' Messalina, ,ein' Alexander und spielen, wie abgewandelt auch immer, auf ihre prototypischen Vorläufer an. So betritt etwa Odysseus, der siegreiche Krieger als europaneugieriger Tourist die Trümmerstadt nach dem Zweiten Weltkrieg und zugleich, geführt von Charon, dem Dienstmann, den Hades, Totenreich und Schattenland.

Der eigene, kreative Durchblick – Zeit, Raum und sich selbst übergreifend – wird vom Autor nur den Intellektuellen, vorwiegend den Dichtern zugeschrieben. Die Übrigen, besonders die Frauen, gehen eher unwissend um ihre mythische Funktion, geschäftig oder touristisch naiv durch die gestorbene Stadt. Daß ihre Wege in sich selbst zurückgebogene Rund- oder Rückläufe sind, den ewigen Wiederholungszwängen der Verdammten in der antiken Hölle vergleichbar, vergebliche Anläufe, in diesem Beziehungsrahmen spannt sie nur die Erzählerperspektive.

Alltagsüberlebenswille, Erwerbs-, Sexual-, Geltungstrieb treiben die Figuren den ganzen Tag an und meist aneinander vorbei. Sammel- und Haltestellen für Figurenkonstellationen bieten dazwischen stationenartig verfallene, düstere, quasi ,plutonische' Orte, wo Requisiten, Schätze (Antiquitäten, Preziosen) der Unterwelt und des Todes (Leinentücher als Leichentücher) gehortet oder gehandelt werden.

Eine Engführung schließlich fast aller Personen geschieht gegen Abend im Amerikahaus der deutschen Stadt, wo alte und neue Welt kongruent werden und der Geist der Frühe zusammen mit dem Geist der Frische die Menschen wie ein neues ,Pfingstwunder' (,,Veni creator [...]", 197f.) begeistern soll. Diese Kulminationsstelle des Romans, die aller Wege Ziel und aller Erwartungen befriedigen soll, zeigt komisch kontrastiert und zugespitzt die lächerliche Enge von Banalem und Erhabenem: Statt Erweckung erfolgt Einschläferung.

Der Schlußrahmen, der das innere fiktionale ,Possenspiel' (vgl. 103) wie bei offener Bühne stehen läßt, leitet hinaus in die leider nicht fiktiven Gefährdungen und Brüche und Beängstigungen in der realen Zeit und Welt. Die Bilder- und Sprachwelten thematisieren die Unmöglichkeit der ‚Bewältigung‘, zeigen das ‚Versagen‘ der Sprache, die sich dennoch im Erzählen behauptet und damit eine auch heute gültige ‚zeitkritische‘ Dimension wie eine vielleicht doch humane, aber Utopie relativierende Perspektive auf das Verstricktsein in ‚Geschichte‘ eröffnet:

„Die Nachrichten wärmen nicht. *Spannung, Konflikt, Verschärfung, Bedrohung.* Am Himmel summen die Flieger. Noch schweigen die Sirenen. Noch rostet ihr Blechmund. Die Luftschutzbunker werden gesprengt; die Luftschutzbunker werden wiederhergerichtet. Der Tod treibt Manöverspiele. [...] Deutschland lebt im Spannungsfeld, östliche Welt, westliche Welt, zerbrochene Welt, zwei Welthälften, einander feind und fremd, Deutschland lebt an der Nahtstelle, an der Bruchstelle, die Zeit ist kostbar, sie ist eine Spanne nur, eine karge Spanne, vertan, eine Sekunde zum Atemholen, Atempause auf einem verdammten Schlachtfeld." (Romanschluß, 212)

Bibliographie

KOEPPEN, WOLFGANG: Drei Romane. Tauben im Gras, Das Treibhaus, Der Tod in Rom. Frankfurt/M.: Suhrkamp 1972 [zitierte Ausgabe]

ALTENHOFER, NORBERT: Wolfgang Koeppen: „Tauben im Gras" (1951). In: LÜTZELER, PAUL MICHAEL (Hg.), Deutsche Romane des 20. Jahrhunderts. Neue Interpretationen. Königstein/Ts.: Athenäum 1983, S. 284–295
BAUMGART, REINHARD: Böll, Koeppen, Schmidt – diese drei. In: Merkur 40 (1986), S. 555–564
BLAMBERGER, GUENTER: Versuch über den deutschen Gegenwartsroman. Krisenbewußtsein und Neubegründung im Zeichen der Melancholie. Stuttgart: Metzler 1985
BUCHHOLZ, HARTMUT: Eine eigene Wahrheit: Über Wolfgang Koeppens Romantrilogie „Tauben im Gras", „Das Treibhaus" und „Der Tod in Rom". Frankfurt/M., Bern: Peter Lang 1982
BUNGTER, GEORG: Über Wolfgang Koeppens „Tauben im Gras". In: Zeitschrift für deutsche Philologie 87 (1968), S. 535–545; auch in: GREINER, ULRICH (Hg.), Über Wolfgang Koeppen, S. 186–197
DÖRFLER, HEINZ: Moderne Romane im Unterricht. Modelle und Materialien zu: Tauben im Gras von Wolfgang Koeppen, Horns Ende von Christoph Hein, Das Parfum von Patrick Süskind, Kassandra von Christa Wolf, Das Treffen in Telgte von Günter Grass, Brandung von Martin Walser, Frankfurt/M. 1988: Scirptor, S. 50–78
EISELE, ULF: Odysseus trinkt Coca-Cola. Wolfgang Koeppens „Tauben im Gras". In: OEHLENSCHLÄGER, ECKART (Hg.), Wolfgang Koeppen, S. 258–274
–: Die Struktur des modernen deutschen Romans. Tübingen: Niemeyer 1984
ERLACH, DIETRICH: Wolfgang Koeppen als zeitkritischer Erzähler. Stockholm: Almqvist & Wiksell 1973
GREINER, ULRICH (Hg.): Über Wolfgang Koeppen. Frankfurt/M.: Suhrkamp 1976
HABERKAMM, KLAUS: Wolfgang Koeppen. „Bienenstock des Teufels" – Zum naturhaft-mythischen Geschichts- und Gesellschaftsbild in den Nachkriegsromanen. In: WAGENER, HANS (Hg.), Zeitkritische Romane des 20. Jahrhunderts. Stuttgart: Reclam 1975, S. 241–275

HEISSENBÜTTEL, HELMUT: Wolfgang Koeppen-Kommentar. In: GREINER, ULRICH (Hg.), Über Wolfgang Koeppen, S. 151–162

HIELSCHER, MARTIN: Zitierte Moderne. Poetische Erfahrung und Reflexion in Wolfgang Koeppens Nachkriegsromanen und in „Jugend". Heidelberg: Carl Winter 1988(a)

–: Wolfgang Koeppen. München: Beck 1988

JENS, WALTER: Verleihung des Georg Büchner-Preises. Rede auf den Preisträger [1962]. In: W. J.: Von deutscher Rede. München: Piper 1965, S. 200–213

KOCH, MANFRED: Wolfgang Koeppen. Literatur zwischen Nonkonformismus und Resignation. Stuttgart: Kohlhammer 1973

Wolfgang Koeppen. Text+Kritik, H. 34, 1972

OEHLENSCHLÄGER, ECKART (Hg.): Wolfgang Koeppen. Frankfurt/M.: Suhrkamp 1987

REINHARDT, STEPHAN: Politik und Resignation. Anmerkungen zu Koeppens Romanen. In: Text+Kritik, H. 34, 1972, S. 38–45

SCHERPE, KLAUS R.: Ideologie im Verhältnis zur Literatur: Versuch einer methodischen Orientierung am Beispiel von Wolfgang Koeppens Roman „Tauben im Gras". In: The German Quarterly 57 (1984), S. 6–26; auch in: OEHLENSCHLÄGER, ECKART (Hg.), Wolfgang Koeppen, S. 233–257

SIBLEWSKI, KLAUS: Wolfgang Koeppen. In: KLG, 31. Nlg., 1989

TREICHEL, HANS-ULRICH: Fragment ohne Ende. Eine Studie zum Werk Wolfgang Koeppens. Heidelberg: Carl Winter 1984

–: Das Geräusch und das Vergessen. Realitäts- und Geschichtserfahrung in der Nachkriegstrilogie Wolfgang Koeppens. In: OEHLENSCHLÄGER, ECKART (Hg.), Wolfgang Koeppen, S. 47–74

USKE, BERNHARD: Geschichte und ästhetisches Verhalten. Das Werk Wolfgang Koeppens. Frankfurt a. M., Bern, New York: Lang 1984

WIECKENBERG, ERNST PETER: Der Erzähler Wolfgang Koeppen. In: ARNOLD, HEINZ LUDWIG (Hg.), Geschichte der deutschen Literatur aus Methoden. Westdeutsche Literatur von 1945–71, Bd. 1. Frankfurt/M.: Athenäum Fischer 1972, S. 194–204

ULRICH VORMBAUM

Ingeborg Bachmann: Das dreißigste Jahr

I

Der Erzählband *Das dreißigste Jahr* von Ingeborg Bachmann (1926 bis 1973) erschien 1961. Er enthält sieben Erzählungen, die das Verhältnis von Ich und Welt in verschiedenen Ausformungen thematisieren.

In der Eröffnungsgeschichte *Jugend in einer österreichischen Stadt* kann das erinnernde Ich seiner Vergangenheit keine Erklärung abringen. Der scheinbar naheliegende Versuch, im Rückblick die Jugend auf die Gegenwart zu beziehen, wird ausdrücklich verneint.

Im Gegensatz dazu jagt der Protagonist der anschließenden Titelerzählung *Das dreißigste Jahr* im unsteten Hin und Her zwischen abgelebt erinnerten und neu zu gestaltenden Schauplätzen einer sinnerfüllten Standortbestimmung nach, bis ihm ein schwerer Zusammenstoß mit der Gegenwart die Erfahrung der geschichtlichen Bedingtheit eines Seins vermittelt, das sich nicht in die Perspektive selbstbezogener Vor- und Rückblicke zwingen läßt. Das Mißverhältnis von Realität und subjekthafter Projektion wird in den folgenden Prosastücken an konkreten Beispielen ausgefächert. Dabei kommen drei Idealtypen einer die Wirklichkeit überformenden Bewußtseinshaltung zum Vorschein: Die ,Vorsicht' läßt ihre Bedenken fallen und schafft auf die Zukunft gerichtete Utopien, die ,Rücksicht' geht nicht auf die Befindlichkeit der Vergangenheit ein und bewirkt eine Fälschung sowie Geschichtsklitterung, und die ,Einsicht' in die reine Wahrheit des Seins entpuppt sich als eine von Ort und Zeit abstrahierende Projektion in die Leere.

In der Parabel *Alles* hält ein Vater Rückschau auf seinen demiurgischen Entwurf, über den Sohn eine Welt frei von der geltenden Sprache und ihren gesetzten Ordnungen zu gründen. Das Ergebnis ist fatal: Der Wildling stirbt, ohne die messianischen Erwartungen einlösen zu können, und ein Neubeginn zwischen den einander entfremdeten Eltern scheint fraglich.

Die allhafte Projektion schrumpft beim erzählenden Ich der Geschichte *Unter Mördern und Irren* auf die anteilhafte Perspektive einer Nachkriegsgesellschaft, die über die Idealisierung der Vergangenheit die Gegenwart unkenntlich macht und die Henker und Opfer von einst am Stammtisch zusammenwirft. Nur der Mörder, für den sich Krieg noch unverstellt als Mord und Totschlag zeigt, kann sich dieser verlogenen Welt entziehen, allerdings auf Kosten seines Lebens.

In *Ein Schritt nach Gomorrha* läßt die Protagonistin eine formalisierte Ehe hinter sich, um mit dem Mädchen Mara die Vorstellung einer nicht mehr von alten Rollenmustern geprägten Beziehung zu leben. Doch der praktisch umgesetzte Entwurf mündet abrupt und ohne die Distanz einer vermittelnden Retrospektive in ein totales Scheitern.

Die Erzählung *Ein Wildermuth* ist dagegen nicht vorwärtsweisend, sondern in zwei verschiedene Rückblicke gespalten, die über den mysteriösen Schrei eines Oberlandesgerichtsrates Aufschluß geben wollen. Eine erste personal gehaltene Erzählperspektive sucht die Umstände am faktischen Hergang einer Gerichtsverhandlung zu ermitteln, doch je objektivierender sich die Bemühungen um Wahrheitsfindung gestalten, desto unfaßbarer werden Sachverhalt und Tatbestand. Die zweite Retrospektive einer inneren Aufarbeitung des Richters kommt zu dem Schluß, daß sich eine Wahrheit nicht finden läßt, weil die Suche nach ihr nur selbstbezogene Vorverständnisse und Vorstellungen von ihr erzeugt.

In der letzten Geschichte *Undine geht* verabschiedet sich die Welt der Vorstellung von der Wirklichkeit: Die Wassernixe als Urbild männlicher Projektion löst sich von denen, die sie entwarfen, tritt ihnen in einem langen Monolog gegenüber und taucht dann für immer ins Reich des Meeres unter.

Dieser kurze Abriß deutet an, daß bei aller Heterogenität der Figuren und der Sujets die Erzählungen in der Verschränkung von kompositorischen und inhaltlichen Perspektivierungen zu einem Zyklus zusammenfinden. Über den ständigen Wechsel der Erzählhaltung von Ich-Form und Er-Form und im Zusammenspiel von erinnertem Rückblick, vorgestelltem Entwurf oder berichteter oder szenisch dargestellter Gegenwart eröffnet sich dem Leser ein komplexes Spektrum von Sehweisen, das in verschiedenen Hinsichten die Diskrepanz von perspektiviertem Weltbezug und konkret aufscheinender Wirklichkeit vor Augen führt. Dabei läßt sich jetzt schon sagen, daß die Randgeschichten und die Titelerzählung eine besondere Stellung einnehmen, jene, weil sie die Wirklichkeit ohne begreifende Setzung belassen, diese, weil sie als Hauptgeschichte alle möglichen Spielarten von Weltsicht in dem Ablauf eines dreißigsten Jahres vereinigt.

Der Erzählband stieß damals bei der Literaturkritik auf allgemeine Ablehnung (z. B. Reich-Ranicki, 1961; Jens, 1961; Blöcker, 1961). Das Verwirrspiel von Perspektiven und Projektionen sowie die in Teilen pathetische Diktion galten als Hindernis für eine formgestrenge, aussagekräftige und realitätsbezogene Prosa und wurden als Mißgriff eines lyrischen Talents gewertet, das seine Ausdrucksmittel in dem ihm angestammten Genre weiter entwickeln sollte. Die Forschung der letzten dreißig Jahre hat diesen Vorwurf immer stärker entkräften können und unter dem Zugriff plausibler Argumentationsmuster (gängige Stichworte: Sprachskepsis in der Nachfolge von Wittgenstein, Sozialisationsproblematik, weibliche Identität und patriarchalische Gesellschaftsstrukturen) wesentliche Gehalte der Erzählungen herausgearbeitet. Die Gestalt der Erzählungen ging bei allem Verdienst dieser Rehabilitationsbemühungen allerdings meistens unter. In der Regel wird der Erzählband über die wissenschaftliche Betrachtung zu einem verfügbaren Textkorpus reduziert, aus dem man die für die aufgeworfenen Thesen eindeutigen Passagen herausschneidet.[1] Solche identitätslogischen Verkürzungen lassen sich nicht auf die Vielschichtigkeit und Widersprüchlichkeit der Bachmannschen Prosa ein, eher schon zielen sie auf die Bestätigung des eigenen Vorverständnisses. Mehr noch: gerade indem man die Texte auf eine ihnen gegenübergestellte Setzung eingrenzend bezieht, vollzieht man unwillkürlich jene perspektivierende Aneignung, die in diesem Erzählzyklus als problematische Erfahrung immer wieder aufscheint.

Vor allem der längsten Geschichte, die dem Erzählband ihren Namen gab, ist in ihrer zweifellos komplizierten Gestaltung bisher nicht genügend Beachtung geschenkt worden. Die folgende Interpretation versucht, dem Eigenleben des *Dreißigsten Jahres* nachzuspüren, seine Brüche und Widersprüche aus der Bedingtheit seiner nunmehr dreißigjährigen Geschichte nachzudenken und die gewonnenen Einsichten in den Kontext des gesamten Erzählbandes zu stellen.

II

Die Titelgeschichte setzt unvermittelt mit einem programmatischen Gedankenspiel ein, das bereits ihre gesamte Thematik absteckt. Mit der hypothetischen Eingangsformel, „wenn einer in sein dreißigstes Jahr geht" (94), wird über das Setzen von zwei weiteren Wenn-Sätzen die abstrakte Situation eines Erkenntnisschocks konstruiert, die ein nicht näher bezeichneter, zunächst eher aus grammatischer Notwendigkeit als männlich ausgewiesener Mensch an einem unbestimmten Morgen ortlos durchleidet und ihm den Schmerz des Erinnerns aufzwingt:

„Er wirft das Netz der Erinnerung aus, wirft es über sich und zieht sich selbst, Erbeuter und Beute in einem, über die Zeitschwelle, die Ortschwelle, um zu sehen, wer er war und wer er geworden ist." (94)

---

1 Aus Platzgründen sei hier lediglich auf die zuletzt erschienenen Monographien verwiesen, deren Verfasser im unsteten Hin und Her zwischen den inwendigen Schauplätzen dieser und fremder Texte die ästhetische Funktion lyrischer Prosa (Höller, 1987) und den sozialgeschichtlichen Gehalt sowie die Problematik der Sozialisation (Bartsch, 1988) zu verorten suchen.

Mit diesem Bild ist eigentlich alles gesagt. Der Prototyp des Dreißig-jährigen erkennt, daß die Geschichte nicht ihm, sondern er ihr gehört. Die subjektivistische Identitätslogik, sich als Angelpunkt des Seins zu begreifen und allem, auch der eigenen Vergangenheit, einen selbstbe-zogenen Sinn abzujagen, wird über die metaphorische Einheit der Pola-rität von Erbeuter und Beute durchbrochen. Das Subjekt als Bezugs-punkt des Erkennens und das Objekt als an Land gezogenes Erkanntes fallen in ihrer wechselseitigen Abhängigkeit zusammen und geben sich dem Netz einer Erinnerung preis, die den Menschen sich als einen in der Geschichtlichkeit seines Lebens verstrickten und gefangenen inne-werden läßt.

„Aber das ist nur ein Bild" (97) für eine philosophisch durchlittene Wahrheit, die sich erst vor der Erfahrung ausweisen muß. Die theoreti-sche Erkenntnis geschichtlichen Bedingtseins verlangt nach ihrem kon-kreten Träger und seiner Geschichte, sie bedarf des dreißigsten Jahres und des Dreißigjährigen, an dem diese Wahrheit Gestalt annimmt und über dessen Schmerz sie spürbar wird. Doch der männliche Dreißigjäh-rige, an den der Leser in den folgenden Absätzen herangeführt wird, hat mit dieser Wahrheit nur die eigene Ungefülltheit und Gestaltlosig-keit gemein. Seiner Rückschau begegnet, „weil er nichts war außer jung und gesund" (95), nichts als die Vorschau auf wahllose Möglich-keiten der Selbstverwirklichung, von denen sich keine eingestellt hat. Der unbedarfte Anspruch der Jugend, jede Verpflichtung aufkünden zu können und im Entwurf Welt und Selbst jederzeit neu zu setzen, hin-terläßt der Rückbesinnung eine ungeformte Beliebigkeit, die nun für die Gegenwart erst recht nach einer einzigen wirklichen Bestimmung verlangt. Aber hat nicht das Bedürfnis nach wahrer Verortung einen neuerlichen Entwurf zur Folge, der wie alle anderen zuvor die Wirklich-keit verfehlt und nichts als ein Märchen von der „tausendundeine[n] Möglichkeit" (96) gebiert? Der Dreißigjährige weiß, daß er in der Falle ist. Er sieht sich von etwas umzingelt, das er nicht begreifen kann, weil er alles bisher immer von sich selbst her als Zugrundeliegendem begrif-fen hat. Er spürt die Grenzen seiner Setzungen, doch die aufkeimende Ahnung einer Bestimmung von außen, die sich seiner ‚Kündbarkeit' entzieht und als das Andere, Fremde und zu Befürchtende auf ihn zu-kommt, läßt sich nicht in sprachliche Begriffe fassen:

„Nie hat er bedacht . . .
Nichts hat er befürchtet.
Jetzt weiß er, daß auch er in der Falle ist." (96)

Der Vorspann mündet in den Vollzug des dreißigsten Jahres, dem der Geburtsmonat des Protagonisten wie auch des Autors vorangeht. Die-ser Juni ist bisher Sinnbild für den naiven Glauben an einen guten Stern gewesen (96), der all den jugendlichen Entwürfen eine fraglose Selbstverständlichkeit verhieß. Doch diese Selbstverständlichkeit ist auf einmal erloschen, scheinbar unbegründet, wie ein unhinterfragtes kindliches Vertrauen plötzlich erlischt. Das Selbst fühlt sich nicht mehr aufgehoben in einer Welt, die es wohlwollend bestätigt, sondern erfährt sie als widerständiges Problem, das nach radikalen Lösungen verlangt. Erst diese Erschütterung des Lebensgefühls initiiert den eigentlichen Ablauf des dreißigsten Jahres, der einem verzweifelten Anlauf gegen das dreißigste Jahr gleichkommt. Ein solch zum Zerreißen gespannter Widerstreit von erzählter Zeit und Aufbegehren gegen die Zeitlichkeit entzieht sich dem zusammenhängenden Erzählfluß bündiger Prosa. Über die Suche des Protagonisten nach Ausdrucksmöglichkeiten für eine universale Selbstbestimmung jenseits einer Festlegung durch die Geschichte zerfällt die personale Erzählhaltung über das Jahr hinweg in reflexive Passagen, innere Monologe, philosophische Diskurse und lyrische Impressionen und verliert sich an Brief- wie Tagebuchausschnitte und in dramatischen Fragmenten. Doch trotz der formsprengenden Genrevielfalt bleibt der Jahresverlauf als unangreifbares Kontinuum überschaubar und läßt sich nach Raum-Zeit-Kriterien in zwei einander spiegelnde Hauptteile gliedern.

Die erste Hälfte erstreckt sich bis zum Winter, sie hat ihren Schauplatz vorwiegend in Rom und ist auch in den rückblickenden Passagen von vorwärtsgerichteten Entwürfen geprägt. Die zweite Hälfte bestimmt sich aus der Hinwendung zur Vergangenheit, ereignet sich in der Heimatstadt Wien und endet mit der Abkehr von ihr im Frühling. Alle Versuche der Selbst- und Weltverankerung haben ihr Scheitern miteinander gemeinsam. Dabei gehört es zur eigentümlichen Struktur der Erzählung, daß das Mißlingen jeweils bereits im Ansatz erkennbar ist, der Protagonist aber unbeirrbar das ganze Ausmaß des Aufpralls seiner hochfliegenden Vorstellungen auf die niederträchtige Wirklichkeit stets aufs Neue durchleiden muß. So wie die theoretische Erkenntnis aus dem Vorspann die Problematik der Erzählung vorwegnimmt, so ist auch das Scheitern des subjektivistischen Anspruchs in allen Ausformungen immer von vornherein klar. Doch Erkenntnis und erfahrene Einsicht sind offenbar nicht dasselbe. Erst ein Nachspann am Ende des dreißigsten Jahres, der ein konkretes Erzählgeschehen darstellt, dem sich der Protagonist aussetzt, vermittelt die praktische Erfahrung der eigenen Endlichkeit und die Einsicht in das Ausgeliefertsein an die Geschichte, aber auch das Sich-Herantrauen an die Andersartigkeit einer Mitwelt, die nicht dazu da ist, auf das eigene Selbst hin begriffen zu werden.

Wie sehen nun die einzelnen Anläufe gegen den Ablauf des dreißigsten Jahres aus? Der Juli beginnt mit einem geradezu klassischen Entwurf. Die Wärme dieses Monats, die früher Geborgenheit verhieß, erzeugt das unruhige Gefühl der Reibung an einer Umgebung, die es zu verlassen gilt. Ziel des Aufbruchs ist Rom, „dorthin zurück, wo er am freiesten war, wo er vor Jahren sein Erwachen, das Erwachen seiner Augen, seiner Freude, seiner Maßstäbe und seiner Moral erlebt hat" (97). Das Zusammentreffen von gleichsam Naheliegendem wie Unmöglichem ist frappant: Entgegen der Erkenntnis aus dem Vorspann will der Protagonist das Gewordene aufkündigen, um noch einmal die vergangene Freiheit des Werdens zu erleben. Er macht sich scheinbar frei von allem, das die Zeit um ihn herum gestaltete, entledigt sich der Stadt und ihres ungenannten Namens, der in Briefen festgehaltenen Liebesbeziehungen, ja selbst einer im Bild gestaltgewordenen Hoffnung, in dem er seine ungeschichtliche, „kindliche Hoffnung" (97) auf eine zeitlos „wirkliche […] Gestalt" (98) als unmöglichen Anspruch erfahren würde, den nur der Tod als Auflösung jeglicher Form einlösen kann. Und so scheitert der absolute Aufbruch zum wahren Selbstsein, der die Bezüge des Herkommens und Unterwegsseins zugunsten eines ungestalteten Ziels abkappt, an der Abstraktion einer Identitätslogik, die die Duplizität von Sein und Erscheinung ausgeblendet hat: „Er kommt an und trifft in Rom auf die Gestalt, die er den anderen damals zurückgelassen hat." (98)

Diese anderen verkörpert zum einen Moll, der, benannt nach jenem nur scheinbar weichen Tongeschlecht, sich früher zum Objekt der Fürsorge formen ließ, jetzt aber seinerseits sorgt, hilft und integriert, was der Dreißigjährige als intrigante Einengung seines Bedürfnisses nach unmittelbarer Entfaltung auslegt. Rührte die Sorge um Moll aus dem Erwachen der eigenen Maßstäbe her, die sich im Festlegen des Gegenüber erprobten, so müssen sie sich nun an ihm selbst bewähren, kehren sich gegen ihren ehemaligen Bezugspunkt und legen ihn fest. Subjekt und Objekt spiegeln einander in wechselseitiger Vereinnahmung und führen im Rollentausch von Entwerfer und Entworfenem die Einheit dieses polaren Verhältnisses vor, das sich immer durch ein gegensätzliches Bestimmtsein kennzeichnet. Wer da wem etwas zufügt, ist in dem konstellativen Hin und Her von sorgender Kontrolle kaum auseinanderzuhalten, wie denn auch in dem Satz „daß er ihm etwas schuldig ist" (98) die Subjekts- und Objektsformen der beiden Personalpronomen auf keine trennbaren Identitäten verweisen. Diese Unschärfe nimmt noch dadurch zu, daß sich Moll zum Sammelnamen im Singular für eine ungenaue Anzahl männlicher Einzelwesen entwickelt. (99) Bei Elena hingegen erschien die Schuldfrage bisher eindeutig. Er hatte sie damals betrogen. Doch auch hier beginnt die Schuld im Gegenseitigen zu fluoreszieren, als sich herausstellt, daß sie zur gleichen Zeit ein Verhältnis mit einem anderen hatte. Die Grundlage seiner Zuständigkeit ist ihm damit genommen. Nicht er allein war offensichtlich verantwortlich für den Bruch der Beziehung, und sein verletztes Selbst meldet sich zu Wort, das diese Verbindlichkeiten gegenüber der nun entstandenen Unverbindlichkeit „lieber behalten" (100) hätte.

Trotz gegenläufiger Richtung – Moll fügt zu, Elena nimmt weg – haftet beiden Begegnungen dieselbe Struktur an: Der Protagonist erfährt sich als Gestalteter. Dem Verlangen nach Selbstverwirklichung tritt in der Fremde die Fremdbestimmung gegenüber, der Entwurf erzeugt Gegenentwürfe und die selbstverantwortete Schuld bricht sich im Schuldsein anderer. Die Bilder, die er sich gemacht hat, schlagen zurück, brechen seine verfestigten Vorstellungen auf und legen ein durch die Kollision mit der Außenwelt verwundetes Inneres bloß. Ihren sprachlichen Niederschlag findet diese Wendung im Wechsel der Perspektive von Er nach Ich zum Du. (100) Schmerzvoll wird das Ich seiner Verflochtenheit in der Welt gewahr und ahnt, daß das Ich nicht ohne das Du auskommt, ja, daß das Ich das Du für den anderen ist. Aber der Einblick in die Nichtidentität, die aus der Doppelung des Menschen in Sein und Erscheinung erwächst, steigert nur die Empfindlichkeit eines Ich, das seine Autonomie vor den Vorwürfen auf seine Erscheinung als Du gewahrt wissen will. Und so verschließt sich das verletzte Selbst hinter der erbitterten Erkenntnis der Er-Perspektive, daß er im Netz der Feind- und Freundschaften verstrickt ist. (100) Aus dem fehlgeschlagenen Anspruch auf freie Selbstgestaltung folgt die vernichtende Absage an das Leben, das eine „ungeheuerliche [...] Kränkung" ist. (101) Auch diese neuerliche Setzung entbehrt der persönlich konkreten Wirklichkeit und zielt auf ein unbestimmtes Absolutes (vgl. die Indefinitpronomen „man", „jeder", „alle"), in das sich der Protagonist jedoch nicht als Kränkender einbezieht, sondern das er vielmehr als Gekränkter auf sich rückbezieht.

Im totalen Entwurf wie im totalen Vorwurf bleibt der Dreißigjährige der zugrundeliegende Bezugspunkt. Er ist es, der den wechselseitigen Kreislauf von Bestimmen und Bestimmtwerden herstellt und die Welt nach seinem Entwurf vor sich hinstellt, so daß sie sich ihm zugleich als Vorwurf entgegenstellt. Dabei ist im Vorwurf bereits der nächste Entwurf angelegt. Die Kränkung, sich als Gestalteter zu erfahren, verlangt nach Gesundung im Wieder-Erstarken autonomer Gestaltung, bedarf des neuerlichen Anlaufs gegen die Bestimmung von Geschichte, der natürlich erneut fehlschlägt, aber auch den unerbittlichen Aufschrei hervorruft, mit dem die widerspruchsfreie Selbstbehauptung um so dringlicher eingefordert wird. Wie sich zeigen wird, ist einer solchen spiralförmigen Drehung um das eigene Selbst nur eine Entwicklung beschieden, nämlich daß sie irgendwann leerläuft. Um der Widerständigkeit des Wirklichen zu entgehen, geraten die Entwürfe immer absoluter und abstrakter, entraten in Rekursen der sinnlichen Faßbarkeit von Zeit und Raum und verkümmern im formalistischen Schema einer Subjekt-Objekt-Konstellation. So wie die Welt immer mehr zum bloßen Objekt des Entwurfs entwirklicht wird, so entleert sich das Selbst bis zur rein formalen Größe, die, bar jeder personalen Eigenheit, „in keinem Weg mehr einen Weg sehen" (116) kann.

Motor dieser spiralförmigen Entfernung vom Kontext des Wirklichen in die Ausweglosigkeit des Abstrakten ist das Widerspiel von Entwurf und Vorwurf. Deutlich wird dies in den Monaten August und September, die zusammenhängend gelesen werden müssen (ein Umstand, den die Gesamtausgabe entgegen früherer Ausgaben durch eine nachträgliche Absatzmarkierung unkenntlich macht). In beiden Monaten ereignet sich eine Hinwendung ans Allgemeine, zunächst vollkommen körperlich, dann rein geistig. Der Protagonist sucht Zuflucht in der Gattung und überantwortet sich an die sommerliche Glut anonymer Fleischlichkeit: „Er liebte eine Milliarde Frauen, alle gleichzeitig und ohne Unterschied" (102). In der sinnlich triebhaften Ekstase löst sich das Selbst als Bezugspunkt sondernden Unterscheidens auf, allerdings geht aus diesem bewußtlosen Rausch aber auch keine konkrete Individualität hervor. Vielmehr bleibt, nachdem sich der August und alle mit ihm verausgabt haben, ein ernüchtertes Bewußtsein zurück, das sich nun seinerseits in der Frage nach seinem Wesen und seiner Beschaffenheit zu verallgemeinern sucht. Doch im Gegensatz zur körperlichen Verschmelzung mit der Masse kann sich im Denken das Ich nicht bezuglos im Geistig-Allgemeinen bergen, weil es ja von sich selbst her denkt, wenn es das Allgemeine denkt. Gerade aber indem sich das Selbst als Grundlage des Denkens begreift und dadurch zum Subjekt wird, wird das Gedachte zum Objekt, zum Fremden, dem es ausgesetzt ist: „Denn nichts, was ich denke, hat mit mir zu schaffen. Nichts anderes ist jeder Gedanke als das Aufgehen fremder Samen." (102) So wie dem Gestaltenden vormals das Gestaltete widerfuhr, so erfährt sich der Denkende nun als Gedachtes. Was dort eine universale Kränkung hervorrief, erzeugt hier die Verzweiflung an einem Universum, das das reine Denken im Allgemeinen an den bereits gezeugten und präformierten Gedanken scheitern läßt. Im maßlos zornigen Vorwurf hält das denkende Subjekt die profane Welt auf Abstand, will sich unbefleckt von ihr außerhalb bewahren und wünscht mit allen anderen „Heiligen [und] unfruchtbar Fruchtbaren" ihr vorzeitiges Ende herbei. (104)

Doch das Selbst kann sich nicht aus der Welt herausnehmen und diese an seiner Statt ausrotieren lassen. Also kreist es mit ihr, zieht sich im Oktober auf sich selbst zurück, richtet sich im Gewohnten ein und sucht sich dem Leben im Schutze konventioneller Gedanken anzunähern: „Einen Baum pflanzen. Ein Kind zeugen." (106) Das Zeugen zieht allerdings die praktische Erfahrung im Gezeugten und den Verlust der Reinheit nach sich. Das Vermehren setzt die Paarung voraus, die dem Drang nach unbeschadeter Autonomie eines „unfruchtbar Fruchtbaren" (104) zuwiderläuft. Und so gerät das Von-Sich-Wegdenken auf die Fortpflanzung der Gattung hin zum Schaudern an der eigenen Endlichkeit. In der Kollision von Selbstentäußerung und Selbstbewahrung versteigt sich das postulierte Bescheiden an der potentiellen Nachkommenschaft zum paradoxen Gedankenspiel, das, obgleich gut gedacht, jeder praktischen Umsetzungsmöglichkeit entbehrt. Die in Anspruch genommene Hoffnung, daß nichts eintritt, wie es das Selbst sich erhofft (106), stellt an die Bescheidenheit zu große Ansprüche und kappt damit jegliche Konkretion, guter Hoffnung zu sein. Die Vorstellung von Baum und Kind entpuppt sich damit als reine Kopfgeburt eines nach universaler Unbezogenheit strebenden Selbst, welches das Denkbare nicht leben und das Lebbare nicht denken kann. Was bleibt, ist der resignative Aufschrei eines in sich selbst Eingekerkerten: „Aber ich lebe ja. Ich lebe! Daran ist nicht zu rütteln." (107)

Zwei Rekurse auf die Jugendzeit des Protagonisten führen den Chiasmus, daß das Denkbare nicht lebbar und das Lebbare nicht denkbar ist, anschaulich vor. In der ersten Episode geht es um das begrifflich verallgemeinernde Denken, um Philosophie. Mit jugendlichem Überschwang versucht der Zwanzigjährige die Wahrheit des Seins zu erkennen und alles Seiende von sich her, aber zugleich auch aus der Allperspektive des höchsten Seins her zu denken. Das unmögliche Ziel ist das allumgreifende Begreifen einer sich aus sich selbst heraus erweisenden Objektivität. Der subjektivistische Ansatz solchen Philosophierens gleicht einer spiralförmigen Denkbewegung, die um die formalen Bedingungen der eigenen Denkmöglichkeiten kreist, zugleich aber von jeglichem Realitätsbezug abstrahiert und sich auf eine gottgleiche Offenbarung hin hochschaukelt, bis sie leerläuft und implodiert (107) – ein schon bekanntes Bild. Die erstrebte olympische Totalität des Subjekts zerbirst an ihrem Anspruch auf Objektivität, da diese eben nur das sein kann, was das Subjekt selbst hervorbringt. Die Wahrheitssuche zeigt sich als Irrweg auf hohem abstrakten Niveau, den die Verfasserin nicht ohne Absicht in die Zeit der Jugend, also eine Zeit noch fast ohne Erfahrung gelegt hat: Ein nur aus dem Selbst definiertes, nicht durch Erfahrung genährtes Denken ist somit zwar nicht in der Erzählung, aber doch in der Historie der Person dieser Geschichte Ausgangspunkt und Grundlage aller nachfolgenden Fehlschläge und die Urform ihrer Struktur (Spirale).

Aber nicht nur das Denken des Protagonisten ist aus seiner Geschichte heraus schon zum Scheitern verurteilt, auch sein Handeln ist seit jeher im Subjektiven verfangen, wie der zweite Rekurs auf einen ebenfalls zehn Jahre zurückliegenden Winterausflug zeigt. Ist die Umgebung allein für das handelnde Subjekt da, dann muß sie rein sein von jeder widerständigen, von einer anderen Seite herrührenden Gestaltung. Sinnbild für diese Unberührtheit ist die Jungfrau Leni (109), die der Protagonist einerseits auf seine Sehnsucht nach Reinheit bezieht, die er aber andererseits in ihrer Reinheit intakt lassen muß, will er sich nicht verbindlich auf die Wirklichkeit eines Anderen, einer Person einlassen und sich als reinen Bezugspunkt aufgeben. Das selbstbezügliche Denken und Handeln macht eine konkrete Beziehung unmöglich. Folgerichtig flieht der Protagonist ins Unverbindliche und erfährt sich zu einem erotischen Abenteuer verurteilt, in welchem sich die Objekte der sinnlichen Begierde – zwei blonde Skifahrerinnen – relativieren und austauschbar werden. (110)

Die beiden Rekurse machen deutlich, daß im un-bedingten Anspruch auf ein Selbstsein das Scheitern im Denken und Handeln bereits angelegt ist. Weder scheint ein reines Erkennen der Welt in ihrem wahren Selbstsein möglich, noch kann das Selbst sich in der Welt als rein bewahren. Was aber wäre, wenn das Scheitern schon in der Sprache selbst als Ausdruck des Denkens und wesentlichem Moment kommunikativen Handelns angelegt ist? Im anschließenden Exkurs macht die Autorin das Experiment, die Sprache von ihrem Sprecher zu lösen und sie selbst sprechen zu lassen. Gleich im ersten Satz – "Wenn die Kirche im Dorf gelassen ist, wenn einer in die Grube gefallen ist, die er einem anderen grub [...]" (111) – spricht sich das Wort sozusagen selbst, allerdings nicht frei und ungebunden, sondern in ein konditionales Korsett gezwängt, das sich im Verlauf des Exkurses, bald nachdem die personale Perspektive der Er-Form ausgeblendet ist, zu verselbständigen beginnt. Was ereignet sich hier? Die Sprache gibt sich als Medium auf, in der Beschäftigung mit sich selbst wird sie selbst-referentiell, aber gerade in dem Sinn, daß sie sich an der Un-Bedingtheit eines Wenn-Dann-Gefüges auf negativer Basis (vgl. die verneinten Konditionalsätze) zu reinigen sucht, um der Möglichkeit eines universalen Entwurfs zu entsprechen. Das Ergebnis dieses Experiments ist schlagend: Die sich selbst sprechende Sprache entleert sich selbst. Über die sich immer häufiger wiederholende Klammer der Konjunktionen „Wenn-Dann" dynamisiert sich ein Sprachgebilde in freier Versform, das in Absehung aller Bedingungen und Verweise – auch das adressierte „Du" hat hier lediglich rhetorische Funktion und findet keinen Widerpart – jeglichen sprachlichen Ballast über Bord wirft. Die Sprichwörter, die als Summe althergebrachter Erfahrung in ihrer stilistisch klanglichen Besonderheit ja gerade der begrifflichen Abstraktion entgegenstehen, gehen zum Teufel (113) und geben sich den zielgerichteten Wenn-Sätzen mit ihren Entwürfen von Veränderung, Fortschritt und Erlösung geschlagen. Am Ende weiß das „Dann" auf das alles negierende, zum reinen Willensakt des Entwerfens verkommene „Wenn" keine Antwort mehr, als die schon bekannte spiralförmige Drehbewegung eines neuerlichen Anlaufs vom alten, sprachlich tradierten Boden noch einmal zu bemühen:

„Wenn endlich endlich kommt
Dann
Dann spring noch einmal auf und reiß die alte
schimpfliche Ordnung ein. Dann sei anders, damit die
Welt sich verändert, damit sie die Richtung ändert,
endlich! Dann, tritt du sie an!" (114)

Damit ist das Experiment gescheitert: Eine von allen lebenswirklichen Bezügen gereinigte Sprache zum Zwecke objektiver Erkenntnis bleibt aussagelos (was nicht heißt, daß es sie nicht geben kann, bedenkt man die Sprachmöglichkeiten heutiger Computertechnik). Aber Sprache, die nicht über sich selbst hinausweist, macht keinen Sinn, zeigt sich nur noch als entleerte Pose bezuglosen Beginnens universaler Veränderung, die nicht nur teleologisch, sondern auch zyklisch gedeutet werden kann. „Antreten" heißt dann zugleich „beginnen" und erneut „in Bewegung setzen" und verweist somit – gleichzeitig folgerichtig und doch überraschend – auf den Anfang der Geschichte zurück.

Sprachlich bringt die Autorin dies zum Ausdruck durch das wörtliche Zitat der Eingangsworte der Geschichte zu Beginn des folgenden Abschnitts: „Wenn einer in sein dreißigstes Jahr geht [...]" (94). Was dann in den Monaten November und Dezember kommt, läßt nicht nur das konditionale „Wenn" bereits erahnen. Wieder wird geradezu reflexhaft das Absolute angezielt. Zunächst konzentriert sich das Subjekt auf seinen reinen Kern, sucht „sich wie eine Zwiebel [...] unter die Erde [zu] verkriechen, wo sie warm geblieben ist" (114). Doch das Bergen im reinen Inneren setzt ja gerade, wie sich das schon vormals des öfteren zeigte, das wachsende Streben nach dem Universalen frei. Sind die Entwürfe reinen Denkens, Handelns und Sprechens allesamt gescheitert, so wird das Absolute nun im reinen Gefühl gesucht. Diese „unglaubliche Liebe" (115) ist total: Sie ist konkret und abstrakt, sie wird gelebt und ist dennoch kaum vorstellbar. Sie entbehrt der Personalität und ereignet sich dennoch mit maßloser Intensität. Dieses absolute Fühlen reiner Liebe vereinigt alle Gegensätze wie höchste Fülle und tiefste Leere, Augenblick und Dauer, und muß sich in dieser Grenzenlosigkeit gleichsam selbst negieren:

„Die Liebe war unerträglich. Sie erwartete nichts, forderte nichts und schenkte nichts. Sie ließ sich nicht einfrieden, hegen und mit Gefühlen bepflanzen, sondern trat über die Grenzen und machte alle Gefühle nieder." (115)

So total wie das Außer-Sich-Sein und das In-Allem-Sein sich verausgabt, so total ist auch das praktische Scheitern daran. Zurück bleibt ein vollkommen ausgebranntes Selbst, das über keine materiellen und geistigen Mittel verfügt, ja dem jede Orientierung und jede auflehnende Kraft, im Vorwurf einen neuerlichen Entwurf zu gründen, abhanden gekommen zu sein scheint. Wie eine entmutigende Bilanz nimmt sich ein Briefausriß an die ungenannte Geliebte aus: „Ich kann in keinem Weg mehr einen Weg sehen. Wir hätten es nicht überleben sollen." (116)

Und doch erregt gerade dieses Einfinden in die Endlichkeit des Menschen den Zorn des Protagonisten. Wie zum jugendlichen Trotz wird die Erkenntnis der Notwendigkeit des Alterns mit einem verhementen Vorwurf abgeschmettert: „Noch aber stehe ich dagegen, noch will ich's nicht glauben, daß dieses Licht erlöschen kann, Jugend, dies ewiglich scheinende Licht." (117) Aber aus dem trotzigen Beharren erwächst kein Entwurf, vielmehr schleicht sich in den Vorhaltungen ein Wissen um die Zeitlichkeit und ein hilfloses Besinnen auf Angestammtsein ein. Das Selbst findet sich im Ausland als „elend" (117) vor und bittet brieflich seinen Vater – das Symbol von Herkunft – um finanziellen Beistand. Die ratlose Hinwendung zu den Ursprüngen bleibt jedoch ungeachtet der erfolgten materiellen Zuwendung so wenig umrissen, wie der Vater im Verlauf der Geschichte eine persönliche Bestimmung erfährt. Das Ziel der Rückreise von Rom schwebt im Dunkeln, solange die Hauptperson (und mit ihr der Leser) gar nicht recht weiß, woher sie kam. Licht in die Sache bringt erst Venedig. An diesem Ort der Schönheit und Vergänglichkeit ändert sich die Richtung des Entwerfens. Statt wie so viele vor ihnen sich dem Traum an ein Paradies hinzugeben, versprechen Hauptperson wie Autorin, sich an dem einst so viel bedichteten Topos schmerzvoller Sehnsucht nicht aufzuhalten. (118) Das Streben nach dem absoluten Schönen bleibt dem älteren Aschenbach vorbehalten (vgl. Th. Mann, Tod in Venedig), für den Dreißigjährigen wird dagegen Venedig zur Zwischenstation einer planvollen Rückreise, weil das Problem der Vergänglichkeit im letzten Vorwurf nach einem anderen, rückwärtsgewandten Entwurf auf die Vergangenheit hin, auf die Stadt Wien verlangt, jenen Ort, in dem er früher gelebt hat und den er nun das erste Mal in diesem Jahr mit Namen nennt, wenn auch nicht als Heimat bezeichnet (118).

Das Auftreffen auf Wien spiegelt die vormalige Begegnung mit Rom exakt, d. h. seitenverkehrt wider. Legte sich dort der Protagonist dem ausgreifenden Ziel ungestalteten Selbstseins zugrunde, das es auf ihn einzuholen galt, so bezieht er sich hier zurückgreifend auf sein Herkommen, als dessen Ziel er sein Selbst zu begreifen sucht. Wieder einmal wird die Stadt, auf die der subjektivistische Zugriff statthat, nicht in ihrer geschichtlichen Eigenheit angenommen und wieder einmal ist das Scheitern schon von vornherein klar und bereits zu einem Zeitpunkt festgelegt, als der Dreißigjährige sich noch an seine Absicht klammert, überhaupt erst zurückzukehren. Deutlich wird dies in der sofort nach der Ankunft gezogenen Bilanz, „daß seine Rückkehr eine Unmöglichkeit war" (119), einer Feststellung, die im Gegensatz zum zeitlich verrückten, ausdrücklich in Klammern gesetzten Vorhaben anzukommen steht. (120) In der Diskrepanz, da zu sein, aber (noch) nicht daheim zu sein, macht das Subjekt die Vaterstadt wie ein Tourist zum sehenswürdigen, ästhetischen Objekt, stellt sich ganz unverbindlich auf sie ein (Hotel, Stadtplan) und übersieht sie in ihrer Totalität (Aussichtspunkt), um sie post festum (Museum) für sich zu erkennen. Vehement gestört wird diese theoretisch analytische Annäherung durch die „Hydra Moll" (123), die in ihrer vielgestaltigen Gewordenheit das sich an der Vergangenheit klärende Selbst penetrant heimsucht. Doch der Dreißigjährige sucht kein Heim. Er will sich nicht einer über die Zeit arrangierten und etablierten Wirklichkeit der Meinungen und abgedroschenen Sprachwendungen aussetzen, nur die altgewohnte Unverbindlichkeit eines bekannten Kellners kann er ertragen. Und so mündet sein beharrliches Sperren gegen jegliches Gestaltetwerden in dem leitmotivischen Vorwurf: „Abstand, oder ich morde! Haltet Abstand von mir!" (123; vgl. 104) Natürlich trifft er auch eine Frau wieder, die jetzt Helene heißt. (124) Aber die frühere vage Beziehungsebene zwischen ihnen ist über die Zeit völlig unverständlich geworden. Scheinen die vielen Mollgestalten sich in der Begegnung mit ihm zu verfestigen, so verflüchtigt sich Helene noch entschiedener als damals Elena und hinterläßt eine totale Leere, die dem Protagonisten die Vergeblichkeit der Bemühung, seine Identität aus der Vergangenheit heraus zu definieren, schonungslos klar macht und ihn in eine planlose Flucht aus Wien treibt.

Jeglicher Ziele und Pläne beraubt, führt der überstürzte Aufbruch zu einer bisher nicht gekannten Intensität des Unterwegsseins, in der sich die Fluchtpunkte unbegriffener Herkunft und nicht bestimmbarer Ankunft auf die drangvolle Enge einer Gegenwart verdichten, die zu einer schlagartigen Kollision mit der Wirklichkeit führt. Äußerlich wird dieser Zusammenstoß mit einem leichten Zugunglück und einem Koffer, der vom Gepäcknetz auf den Kopf des Dreißigjährigen fällt, umschrieben. Inwendig aber stürzt die Stadt Wien auf ihn herab (125 f.) Wie die folgende lyrische Passage zeigt, setzt der Schlag ein Erinnern der Heimatstadt in der Wirklichkeit ihrer geschichtlichen Gewordenheit frei. Jede auf das Subjekt hin begriffene Bezogenheit ist in diesem hymnischen Anruf auf die Stadt aufgegeben. Wien ist nicht mehr Objekt einer vom Subjekt festgemachten Wahrheit, vielmehr entfaltet sich die „Stadt ohne Gewähr" (126) für das lyrische Ich als ein umfassendes

Woher, das in seinem vielfältigen und abwechslungsreichen Verlauf kein lineares Selbstsein kennt, sondern sein Gepräge aus der Widersprüchlichkeit der Gegensätze von Ost und West erhält und seinen Geist aus dem Sammelbecken verschiedenster Einflüsse nährt: „Strandgutstadt! [...] Türkenmondstadt! Barrikadenstadt! [...] Endstadt! [...] Komödiantenstadt! [...] Peststadt mit dem Todesgeruch!" (126–128)

Was aber ist, wenn das Ich sich nicht in die Gewordenheit des Woher einbezieht, die Heimatstadt vielmehr im Abschied verklärt, alle Bezüge zu ihr reinwäscht und sie als reine Erinnerung für sich belassen will? (128) Das Subjekt hat dann zwar die Herkunft als eine auf seine Grundlage bezogene Objektivität aufgegeben, aber nicht aufgehört, sich als Grundlage zu denken. Was macht ein Selbst, das mit seinem Woher verstehend abgeschlossen hat und kein Wohin weiß? Es zerfällt als Subjekt, auf dessen Grundlage nichts mehr aufliegt. Mit diesem Zerfall zerfasert auch die Erzählung. Die topographischen Koordinaten werden bizarr (geheimer Auftrag: Indonesien, 129) und die Monatsnennungen haben längst aufgehört zu zählen (vgl. das Ausbleiben von Januar usw.). Das Geschehen verkümmert zu einem zeit- und ortlosen dramatischen Fragment, dessen Rede und Gegenrede in ihrer Sinn- und Bezugslosigkeit schrecklich anmuten. (129 f.) Das Subjekt kommt zu keinem eindeutigen Ergebnis mehr und möchte als Grund verschwinden. (130) Der hohe subjektivistische Anspruch nach Universalität und Reinheit verhallt im Tagebuch und gefriert zu wirkungslosen Aphorismen, die zwar schön gedacht und formuliert sind, aber ihrer Grundlage entbehren. (131 f.)

Aber damit ist die Geschichte nicht zu Ende. Im Gegensatz zu den fortschreitenden Abstraktions- und Entleerungstendenzen schließt sich nun ein von Ereignissen gefüllter Nachspann an. Sein konkreter Beginn im Frühling nimmt die vorhergehende Ratlosigkeit auf und läßt die Hauptperson unter ihrem Einfluß ein Zusageschreiben auf eine Stellenanzeige anfertigen. (132) Doch dies ist nur ein formaler Schritt auf die Realität hin, für eine substantielle Zusage an das Leben bedarf es hingegen einer praktisch gelebten Einsicht. Wie aber kann diese Einsicht an das durch das gesammelte Leid des dreißigsten Jahres zerstörte und abgestumpfte Selbst noch herantreten? Ein Versuch, der eigenen Geschichte leibhaftig nachzugehen, bringt jedenfalls keine Erkenntnisse, sondern überfordert ihn nur. (133) Andererseits setzt sich der vom Wandern erschöpfte Protagonist damit erstmals fremder Hilfe aus, und ein Mensch seines Alters, ein anderer Dreißigjähriger, nimmt ihn schließlich in seinem Auto mit. In der Fahrweise des Mannes wird die ehemalige eigene ungestüme Art des Reisens Ereignis und in der Zielvorgabe – „Ich muß noch vor Mitternacht im Zentrum sein" (133) – kommt der eigene universale Anspruch, sich im Kern zu finden, zum Ausdruck. „[A]uf den niedrigen Vordersitzen, wie zwei Schüler, zusammengetan für eine Lektion" (134), rasen die beiden Dreißigjährigen im sich verengenden Lichtkegel der Autonomie durch die Nacht einer Wirklichkeit entgegen, ja, erfahren im wörtlichen Sinn ihre Widerständigkeit. Diesmal ist der Aufprall elementarer als der unbedeutende, wohl aber vorausdeutende Zusammenstoß damals im Zug und hat das Zerbrechen wie Aufbrechen des subjektivistischen Denkens an der Realität zur Folge: Das sich nur auf sich selbst beziehende Bewußtsein gibt sich auf. Im Krankenhaus, in der Zeit des Besinnens nach der schweren Operation, erinnert sich der Protagonist des Unbekannten im Auto. Dessen stellvertretender Tod gibt ihm die Möglichkeit einer neuen Erfahrung des Lebens in einem Denken von sich weg, das den Einfluß des anderen auf ihn als Heil und Heilung versteht. Ein solches Denken ist ein Danken, das den anderen nicht als Gegenstand subjektiver Entwürfe vereinnahmt – und sei es nur in der Vorstellung eigener Schuld, selbst weiterzuleben –, sondern das sich vom anderen in seiner personalen Eigenheit etwas zeigen läßt:

„Er denkt an ihn wie an einen, der an seiner Statt gestorben ist, und er sieht ihn vor sich, mit dieser hellen Spannung im Gesicht, den jungen, festen Händen am Steuer, sieht ihn auf die Mitte des Dunkels in der Welt zurasen und dort in Flammen aufgehen." (135)

Bis zu dieser Fahrt besteht eine offenkundige Analogie zum vorherigen Denken und Handeln der Hauptperson; nun kommt ein Entscheidendes hinzu: Die Mitte, jenes Zentrum reinen Subjekt- bzw. Objektseins, erweist sich als Dunkles. Diese Dunkelheit kann auch das explosionsartige In-Flammen-Gehen des Selbst nicht endgültig erhellen. In diesem Bild scheint der Ereignis gewordene Abschied vom Subjekt deutlich auf.

Über die Bereitschaft des Protagonisten, sich als Bezugsgrund des Welt- und Selbstverständnisses aufzugeben, wird der unausweichliche Fortlauf der Zeit wieder konkret angenommen: „Es ist Mai geworden" (135) – jener Monat, mit dessen Ausklang das dreißigste Jahr sich vollenden wird. Die Akzeptanz des Älterwerdens symbolisiert sich im Entdecken des weißen Haares, das sein Eigentümer „töricht und unverwandt" (136) anblickt. Das Sich-Verändern wird sinnlich als Fremdes im Eigenen erfahren („unverwandt"), aber nicht mit ausgeklügelten Gedanken abgewehrt („töricht"). Das Erleben des Selbst als das eines Anderen gibt der juridischen Metaphorik des Gerichtetseins, also jenes Prozesses, „der [einem] leibhaftig gemacht wird" (136), eine neue Wendung, läßt das bedrückende Gefühl des Eingekerkertseins hinter sich und legt die geschichtliche Einsicht auf ein Leben frei, an dem man nicht mehr zu rütteln braucht (vgl. 107). Eine solche Wandlung verän-

dert am Ende auch die Perspektive der Erzählung. Die Ich-Bezogen-
heit macht Platz für die Perspektive des Anderen: Ein erzählerisches
Ich, das offensichtlich nicht mit der Hauptperson identisch ist, tritt auf
die Bühne und eröffnet den Beginn eines nun möglich gewordenen Dia-
loges mit der biblischen Verheißung: „Ich sage dir: Steh auf und geh! Es
ist dir kein Knochen gebrochen." (137)

III

In den folgenden Erzählungen – die Randgeschichten seien erst einmal
beiseite gelassen – gewinnt das *Dreißigste Jahr* konkretere Konturen.
War der Dreißigjährige bisher nur durch sein Alter bestimmt, so erhält
er nun in den einzelnen Ausfächerungen festgelegtere Bezüge, nimmt
als Vater oder Ehefrau Gestalt an und erfährt sich im geschichtlichen
Raum der Nachkriegszeit oder in einem Beruf wie dem des Richters.
Eignete dem Dreißigjährigen jene Unmittelbarkeit eines entwerfenden
Subjekts, das der Welt als universaler Bezugspunkt gegenübersteht und
sie auf das hin eingrenzt, was seinen Entwürfen entspricht, so finden
sich die folgenden Personen in der Vielschichtigkeit des Gegebenen als
vermittelte vor. Ihre Entwürfe konstituieren sich aus dem Zusammenhang eines zwischenmenschlichen und gesellschaftlichen Umfeldes heraus, sind daher bei aller Radikalität um einiges weniger abstrakt als der
sterile Modellfall einer vergeblichen Autonomie des Protagonisten der
Titelerzählung, reiben sich aber dafür um so plastischer und eindringlicher an den vorgefundenen Realitäten, aus denen sie hervorgehen
und die sie transzendieren wollen (vgl. Vormbaum, 1989).
    Da ist der vom Vater entworfene Sohn, der eine reine Sprache spre-
chen und so die Welt vollkommen neu begreifen soll, damit jedoch in
einen krassen Gegensatz zu der Wirklichkeit eines Kindes tritt, das eine
abgenutzte, wenngleich bei all ihren Schwächen funktionierende Mut-
tersprache erlernt, die zwar keine Erlösung von den gesellschaftlichen
Spielregeln, wohl aber ein praktisches Zurechtfinden in ihnen ermöglicht. Auch der wahre Mörder ist das Produkt eines Gegenentwurfs.
Möglich wird er durch den Zorn einer die Autorin miteinschließenden
jungen Generation über den verlogenen, von Tätern, Opfern und Un-
beteiligten in undurchdringlicher Zusammenarbeit erzeugten Dunst-
kreis einer Nachkriegsgesellschaft, dem die Nachwachsenden, wenn sie
ihm schon nicht entrinnen können, wenigstens ein ungeheucheltes
Spiegelbild vorhalten möchten. Stets suchen die Entwürfe die Verfestigungen und Verkleisterungen der Wirklichkeit aufzubrechen: Den alt-
überlieferten Bildern von Mann und Frau steht die Vorstellung einer
außerhalb der traditionellen Geschlechterrollen lebbaren Partnerschaft

gegenüber, und das von einem reinen Bedürfnis nach absoluter Gerechtigkeit gespeiste Rechtsverlangen sucht das aus überkommenen Kodices zusammengesetzte Recht zu übersteigen.

All diesen Erzählungen gemeinsam ist die Konfrontation des jeweiligen Entwurfs mit der Realität, ein Zusammenprall, der unausweichlich zur Katastrophe führt: Autounfall, Sturz des Jungen, Tod des wahren Mörders (wie immer er auch zustande gekommen sein mag), Zertrümmerung des neuen Bildes von einer Beziehung und der Schrei des Richters. Die Konsequenzen des Aufpralls zeigen sich allerdings unterschiedlich. Dem positiven Ausgang des dreißigsten Jahres folgt die zu späte Einsicht des Vaters, der den Sohn in seiner personalen Eigenheit erst posthum annehmen kann. Der Tod des wahren Mörders verunsichert zwar die Verlogenen und setzt eine Hoffnung auf Wahrheit in den Ich-Erzähler, für deren praktische Umsetzung freilich kein Anhaltspunkt besteht. Dagegen scheitert der Traum einer neuen Gestaltung von zwischenmenschlicher Beziehung total unter der Macht tradierter und verfestigter Verhaltensmuster. Dem beinahe irre gewordenen Richter gelingt es wiederum, im Nachgehen seiner Vorstellung von absoluter Wahrheit eine Ahnung von der Andersartigkeit eines Weltzusammenhangs zu bekommen, der sich in seiner Vieldeutigkeit nicht in die binäre Logik von Recht und Unrecht zwängen läßt.

Ganz im Gegensatz dazu stehen die beiden Randgeschichten, in denen die Welt nicht auf eine Setzung des Subjekts hin zurückgebogen und unkenntlich gemacht wird. Hier wird nichts entworfen, also prallt auch nichts auf. Vielmehr erhält in der ersten Erzählung das faktische Sosein der Jugendzeit gerade dadurch, daß diese nicht als erklärende Vorstufe auf die Gegenwart des Erinnernden bezogen wird, eine Chance, frei und unvereinnahmt in ihrer konstellativen Bedeutung aufzuleuchten: „Nur wenn der Baum vor dem Theater das Wunder tut, wenn die Fackel brennt, gelingt es mir, wie im Meer die Wasser, alles sich mischen zu sehen [...]" (93). Geht die erste Randgeschichte, indem sie auf ein Sich-Bescheiden des erinnernden Ich hinausläuft, dem entwerfenden Denken als Alternative voraus, so beschließt die zweite den Erzählband damit, daß „Undine geht": Die Wassernixe löst sich aus der Umklammerung der Subjekt-Objekt-Relation und kehrt in das Reich der „Meerdeutigkeit", das keine Verfestigungen kennt, zurück. In ihrem Abschiedsmonolog schleudert sie ihren Entwerfern „mit Namen Hans" gerade keine Vorwürfe entgegen, denkt sich vielmehr in liebevoller, kritischer Klarsicht in sie hinein und be- und entläßt sie in ihren subjektivistischen Verstrickungen. Oder fordert sie uns auf, ihrer Andersartigkeit im Nachdenken nachzugehen?

Bibliographie

BACHMANN, INGEBORG: Werke. Zweiter Band: Erzählungen. München: Piper, 3. Aufl. 1984 [zitierte Ausgabe]

BARTSCH, KURT: Ingeborg Bachmann. Stuttgart: Metzler 1988 (enthält ausführlichen bibliographischen Anhang)
BLÖCKER, GÜNTHER: Nur die Bilder bleiben. In: Merkur, 9, 1961, S. 882–886
HÖLLER, HANS: Ingeborg Bachmann. Das Werk. Frankfurt/M.: Athenäum 1987
JENS, WALTER: Zwei Meisterwerke in schwacher Umgebung. Ingeborg Bachmanns Prosa muß an höchsten Ansprüchen gemessen werden. In: Die Zeit, 37, 1961, S. 13
REICH-RANICKI, MARCEL: Ingeborg Bachmann. Das dreißigste Jahr. In: Neue deutsche Hefte, 84, 1961, S. 113–117
VORMBAUM, ULRICH: Spiegelwelten. Zu Ingeborg Bachmanns Erzählung „Probleme Probleme" im Spiegel ihres Erzählbandes „Das dreißigste Jahr". In: Literatur für Leser 3/4, 1989, S. 203–212

ANDREA LAMBERTY

Peter Weiss: *Abschied von den Eltern*

Abschied von den Eltern ist die erste von zwei Prosaarbeiten, die Peter Weiss zu Beginn der sechziger Jahre einer autobiografischen Rückschau widmet. Kurz vor seiner Wende ins Politische zeichnen diese Texte (*Abschied*, 1961 und *Fluchtpunkt*, 1962) das Bild eines selbstbezogenen bürgerlichen Ästheten, der sich den Problemen seines Exilschicksals zuwendet, ohne ihre politische Dimension zu thematisieren: ein merkwürdiges Phänomen bei einem Autor von geradezu exemplarischem politischen Ruf.

Die Erzählung zeigt die Kindheit als Erfahrung einer mehrfachen Emigration und der mit ihr verbundenen Probleme: Sie stellt zerstörte Kommunikationsstrukturen in mehrerlei Hinsicht dar – die Unmöglichkeit einer Sozialisation für den Halbjuden, die Fremdheit von Sprache und Lebensform im fremden Kulturkreis und die eigene Entwurzelung innerhalb einer stark an bürgerlicher Tradition orientierten Familie. Als Peter Weiss diese Texte schreibt, steht seine literarische Produktion vor einem Umbruch. Radikale Innerlichkeit, extreme Individualisierung und die Ablehnung des Politisch-Gesellschaftlichen prägen seine autothematischen Schriften bis zum *Fluchtpunkt*, danach tritt an die Stelle radikaler Individualität die politische Allgemeinheit.

Das Spektrum des Experimentierens in der Nachkriegsliteratur ist breit. Die nationalsozialistische Schreckensherrschaft brachte auch den Holocaust der Wörter; die Frage nach der Bedeutung deutschsprachiger Literatur nach dem Kriege prägt die damalige literarische Diskussion. In ihrem Aufriß zeigt sie: die Sprachlosigkeit nach Auschwitz, literarische Aufklärung und Spracherneuerung, den kritischen Liberalismus der Gruppe 47 wie auch neue Tendenzen der Innerlichkeit. Die verfügbaren Angebote der literarischen Gegenwartsströmungen in der neuen Bundesrepublik gleichen der bunten Vielfalt in den Angebotskörben des wirtschaftlichen Aufschwungs. So sind die Identität des Künstlers ebenso wie die Wahl seiner Mittel angesichts dieser Bandbreite von Möglichkeiten unsichere Größen. Um so schwieriger stellt sich die Situation des Schriftstellers dar, der aus der Vertreibung ins schwedische Exil zur Deutschsprachigkeit zurückkehrt.

In Thema und Struktur der Erzählung *Abschied von den Eltern* zitiert Peter Weiss die literarischen Gattungen von Bildungsroman und Lebensbeichte, erfüllt jedoch nicht mehr ihren traditionellen Sinn. Im Bildungsroman wird dem fiktiven Helden eine letztlich doch gelungene bürgerliche Existenz gewährt; in der Lebensbeichte ermöglicht sich der Autor selbst im Rollenspiel der fiktiven Darstellung eine Klärung in Lebenskrisen. Hier jedoch wird der Ausblick auf ein erfülltes Leben erst dort eröffnet, wo die Geschichte endet. Jenseits dieser Confessio schreibt das Werk von Peter Weiss die „Suche nach einem eigenen Leben" (146), in die ihn dieser Exkurs in die Kindheit entläßt, fort.

Der radikale Individualismus, der in *Abschied von den Eltern* und *Fluchtpunkt* noch vorherrscht, ihre „Kultur der Einsamkeit" (131) ist im Hinblick auf die Werke, mit denen der Autor später bekannt geworden ist, befremdlich. Der Widerspruch zwischen der ich-stilisierenden autobiografischen Thematik und einem nach außen gerichteten politischen Engagement wird im *Abschied* in einem Kommentar des Erzählers angedeutet: „Der Krieg öffnete meine Augen nicht. Der mißglückte Kampf um meine Berufung hatte mich in den Zustand der Umnachtung versetzt. Meine Niederlage war nicht die Niederlage des Emigranten vor den Schwierigkeiten des Daseins im Exil, sondern die Niederlage dessen, der es nicht wagt, sich von seiner Gebundenheit zu befreien." (143) Der Text zeigt eine Distanz zur gesellschaftlichen Realität, die erst das Spätwerk überwindet. In dem dreiteiligen Roman *Die Ästhetik des Widerstands* (1975; dritter Teil: 1981), dessen letzten Teil Peter Weiss kurz vor seinem Tod vollendet, gewinnt seine Wunschbiografie literarisch Gestalt. Dort projiziert er im nachhinein die Fragen seines gesamten literarischen Schaffens in eine imaginäre Person: Der junge Arbeiter, der Nazi-Deutschland verläßt, um im Spanischen Bürgerkrieg gegen Franco zu kämpfen, findet dort seine Aufgabe im Kampf für die Sache des Menschen. Die in der Fiktion entfaltete Lebensgeschichte ist der Fluchtpunkt der biografischen wie der bekennenden politischen Schriften von Peter Weiss. *Die Ästhetik des Widerstands* kann als eine literarisch nachgeholte Wunschbiografie eines Lebens verstanden werden, das sich aus der Rückschau so wenig wunschgemäß zeigt. Vor ihrer Realisation steht jedoch die Befreiung aus dem „*Turm*" der eigenen Geschichte. In einem frühen so betitelten Stück (1948/1968) des Autors heißt es: „Die Flucht hilft Pablo nichts. Nur wenn er es wagt, noch einmal in den Turm einzudringen und sich mit seiner Vergangenheit auseinanderzusetzen, kann er sich vielleicht befreien."

In beiden autothematischen Romanen erschreibt sich Peter Weiss diese Auseinandersetzung mit seiner Vergangenheit. An deren Ende äußert das epische Ich: „Die Freiheit war absolut, ich konnte mich darin verlieren und ich konnte mich darin wiederfinden, ich konnte alles aufgeben, alle Bestrebungen, alle Zusammengehörigkeit, und ich konnte wieder beginnen zu sprechen." (*Fluchtpunkt*, S. 306) Das Auffinden der eigenen Sprache am Ende der autobiografischen Romane wird mit dem Ende des Krieges und der Aufhebung des politischen Exils verknüpft.

Die Spuren seines Lebens verfolgt der Erzähler im *Abschied* bis zurück in seine früheste Kindheit. Sie zeichnen seinen Lebensweg als die fatale Chronologie des Fluchtweges, den das Kind mit seiner Familie vor der politischen Verfolgung durch die Nationalsozialisten nimmt. Der Text besitzt eine außerordentliche Nähe zu den Lebensdaten des Autors, der ihm damit den Charakter eines Lebensbekenntnisses verleiht. Sein Leiden an der von bürgerlichen Konvention geprägten Familie, der Verlust der Schwester, Einsamkeit, sexuelle Probleme und die verzweifelte Identitätssuche lassen das Politische dieses Lebens und seiner Zeit verblassen. „Ich hatte nie Stellung genommen zu den umwälzenden Konflikten der Welt. Die Anstrengung, einen Ausdruck für mein Daseins zu finden, hatte keine andere Aufmerksamkeit zugelassen." (143) Mit schonungsloser Offenheit zeichnet der Erzähler sein Familienleben in exemplarischen Situationen nach. Der Text gewinnt seine Authentizität durch die Konzentration auf das allein für den Erzähler Bedeutsame.

Die Reflexion trägt Züge einer psychoanalytischen Problemevaluation. Die schlaglichtartig ins Bewußtsein tretenden Erinnerungsbilder dienen einer Diagnose des gestörten Verhältnisses zu den Eltern oder, allgemeiner, zur gesellschaftlichen und literarischen Tradition.

Der Konflikt mit den Eltern

Die Mutter war ehemals Schauspielerin und hat sich mit der Heirat „ihrem eigentlichen Wirkungsgebiet entzogen" (39). Die starke körperliche Präsenz und Dominanz im Verhältnis zu ihrem Sohn zeigen theatralische Züge. „Dies hatte es immer an ihr gegeben, die Furcht vor dem Verstummen und Erlahmen, eine Furcht, die sie mit all ihrer Energie bekämpfte, und die sie herrschsüchtig und zornig machte, und die sie zuweilen überwältigte mit jähen Ohnmachtsanfällen" (84). „Um die Mutter war alles unbeständig, kochend, wirbelnd." (17 f.) Ihre Omnipotenz zwingt den Sohn in ihren Bann, enttäuscht ihn jedoch, da sie ihn nicht versteht. Er ist ihr „immer fremd gewesen" (85), ebenso wie er „nichts von [seiner] Mutter wußte" (87).

So findet er bei ihr weniger Geborgenheit als Vereinnahmung, und in seiner Phantasie vollzieht sich an ihr eine beängstigende Metamorphose: „Da ist das Gesicht meiner Mutter. Ich flog zu diesem Gesicht empor, gehoben von ihren Armen, die alle Räume durchmessen konnten. Das Gesicht nahm mich auf und stieß mich von sich. Aus der großen warmen Masse des Gesichts, mit den dunklen Augen, wurde plötzlich eine Wolfsfratze mit drohenden Zähnen. Aus den heißen, weißen Brüsten züngelten, wo eben noch Milchdrüsen waren, Schlangenköpfchen hervor." (17) Das Verhältnis des Sohnes zur Mutter ist ambivalent: Da sie ihm als Person fremd bleibt, abstrahiert er sie zu einem lebenspendenden Prinzip und erklärt sich die Mutter als „Schlund", aus dem alles Leben entsteht: „Man kann nicht leben, wenn man diesen Schlund nicht liebt." (132) Doch ist die Geburt aus diesem Schlund – die biologische Individuation – zugleich der Zwang zur sozialen Individuation: der Sohn muß die Macht dieses Prinzips brechen, um sich zu individuieren.

Die Mutter stößt ihn in die Welt bürgerlichen Funktionierens, gegen die er sich bewahren will. Dort steht der Vater, dessen Individualität von der Betriebsamkeit der bürgerlichen Arbeitswelt völlig absorbiert ist. Er ist ein Textilfabrikant, „dessen Leben im Zeichen unermüdlicher Arbeit gestanden hatte" (7). Ihn zwingt das allem voranstehende Geschäftsinteresse ins Kontor und seine jüdische Herkunft ins Exil. Sein Schicksal, fremdbestimmt zu sein, ist mit dem Tod in der Fremde besiegelt, den er auf seiner letzten Geschäftsreise erleidet. Es scheint, daß die Eltern, je mehr sie den Vertreibungsdruck durch die Nazis zu ignorieren versuchen, um so stärker Zuflucht zu bürgerlicher Raison und Konvention nehmen. Der „Wappenspruch" der Mutter lautet: „Ich dulde keinen Widerspruch" und – in Adaption der väterlichen Welt: „leben heißt arbeiten, arbeiten und arbeiten und immer wieder arbeiten." (56)

Die Eltern wahren den Anschein bürgerlichen Lebens, indem sie ihr Geschäft unter nicht endenden Mühen ins Ausland retten, finden jedoch keinen Weg, mit ihren Kindern in einen Dialog zu treten. Ihre „Befangenheit" wird für das epische Ich zur eigenen „Versperrtheit" (83), die die Abkapselung der Eltern von den Kindern illustriert. Folgerichtig versucht das Kind, sich die Eltern aus charakteristischen Gegenständen zu erfinden: „Neben die Uniform meines Vaters legte ich ein kostbares Kleid meiner Mutter, einen Fächer aus Straußenfedern, einen perlenbesetzten Kopfschmuck. Dies war die Rekonstruktion eines vorgeschichtlichen Augenblicks. [...] Aus den Bruchstücken, die ich auf dem Dachboden fand, fügte ich mir eine Familiengeschichte zusammen." (37ff.)

Im Rückblick jedoch erscheinen die Eltern verdinglicht, zu Stein erstarrt. Der Roman beginnt mit folgenden Sätzen: „Ich habe oft versucht, mich mit der Gestalt meiner Mutter und der Gestalt meines Vaters auseinanderzusetzen, peilend zwischen Aufruhr und Unterwerfung. Nie habe ich das Wesen dieser Portalfiguren meines Lebens fassen und deuten können." (7) Als Portalfiguren säumen die Eltern den Weg ins

Lebensgebäude, das für den Sohn voller „Torturen" ist.[1] Das Bild evoziert die Vorstellung von Steinskulpturen am Eingang in zumeist düstere Gebäude. Die familiäre Geschichte vermittelt dem Leser den Eindruck, als sei das Kind nicht *mit* seiner Familie im Exil, sondern *in* ihr. So schildert das epische Ich seine Geburt wie die Ankunft Moses' (2 Moses 2.2) „Am Rand des Teiches hatte meine Mutter mich gefunden, zwischen Schilf und Störchen." (14)

Deutlich spielt hier die besondere Situation der jüdischen Herkunft eine Rolle, obgleich dem Kind seine Abstammung als Ursache möglicher Verfolgung noch nicht ins Bewußtsein gedrungen ist. Die Bedrohung ist zunächst unkonkret, die Angst numinos, doch die Familie selbst ist der Ort einer bodenlosen existentiellen Verunsicherung. Als der Erzähler durch seinen Halbbruder erfährt, daß sein Vater Jude ist, so ist ihm dies wie „eine Bestätigung für etwas, das [er] seit langem geahnt hatte" (73). So versteht das Kind seine einsamen Spiele in der Gartenlaube und auf dem Dachboden als Grundfigur seiner Existenz: „Das Abgeschiedene, das Geheimnisvolle, das Verstecktsein mit mir selbst, mit meinen Spielen, das ist noch vorhanden und regt sich in dieser Stunde, es ist zu verspüren jedesmal, wenn ich in meine Arbeit eindringe. Ich war mein eigener Herr, ich schuf mir selbst die Welt." (16) Bereits im Spiel weiß es, daß die Eltern es in ihre Welt zurückrufen werden: „irgendwo lag die Vorahnung eines Rufs, des Rufs der gleich erklingen, der über dem Garten auf mich zurollen würde" (16).

Die Erzählhaltung

Der Text vermeidet in der formalen Gestaltung jeden Eindruck von Strukturiertheit. Weder Kapitel noch Abschnitteinteilungen gestatten dem Leser eine Atempause, und die nicht endende Kette assoziierter Erinnerungen zwingt ihn in die flüchtende Bewegung des Erzählstranges und in die Innenperspektive des Protagonisten. Das Ich der Erzählung durchleidet im Rückblick nochmals Kindheit und Jugend. Die Erzählhaltung zeigt sowohl die Distanzlosigkeit des unmittelbaren kindlichen Erlebens, als auch die Distanz des Erwachsenen, der im Moment der Ablösung von der Familie auf sich selbst zurückgeworfen wird. Die Sprache ist in den Kommentaren des Zurückschauenden karg

---

1 Karl Heinz Bohrer stellt die autobiografischen Schriften in einen engen Zusammenhang mit den frühen, von ihm dem Surrealismus zugerechneten Stücken und findet den Anknüpfungspunkt in der Fixierung der autothematischen Romane auf Schreckenszustände. So deutet Bohrer das Tortur-Motiv als die Grundfigur der Werke von Peter Weiss bis zur vollzogenen Wende ins Politische (1970, S. 62–88).

und trifft den Tonfall einer kühlen Rechnungslegung; in den Erinnerungen ist sie emotional und emphatisch und produziert ein Ensemble von Visionen, in denen exemplarische Szenarien der vergangenen Erlebniswelt aufleuchten.

Dem auf den ersten Blick suggerierten Fluß eines ungegliederten Bewußtseinstromes widerspricht der im Text vorherrschende radikale Individualismus. Das verkapselte epische Ich des Romans durchbricht an keiner Stelle die Distanz des Präteriums zum erzählten Gegenstand, der es selbst ist. Die Erzählperspektive geht nicht ins Innenbewußtsein des Ich über, innerer Monolog und erlebte Rede sind keine Darstellungsmittel. Das Ich bleibt zugleich Darstellungsmedium und -gegenstand und ist das Bindeglied zwischen psychischer und äußerer Welt, obgleich es ständig in Gefahr scheint, sich in seinen Assoziationen zu verlieren. Es ist gewissermaßen *übrig*, wo der lebensweltliche Zusammenhang menschlicher Kommunikation verlorengegangen ist, und wird zum Fluchtpunkt der Suche nach Sinn.

Die zirkuläre Struktur des Textes

Der Anlaß zur Revision der eigenen Geschichte ist der Tod des Vaters. Er stirbt kurze Zeit nach der Mutter und wirft damit die Generation der Kinder ganz auf sich selbst zurück. Als der Sohn an einem klaren Märzmorgen den toten Vater in einer belgischen Kapelle aufgebahrt sieht, wird ihm bewußt, daß seine eigene Ablösung von der Familie bereits weit zurückliegt. Geräusche eines nahe der Totenkapelle gelegenen Güterbahnhofes erinnern ihn daran, wie er nach langen Kämpfen sein Elternhaus verließ, um den eigenen Weg zu suchen.

Die Eisenbahn als eine literarisch häufig verwandte Chiffre für Abschied, Aufbruch und Fortschritt verbindet Peter Weiss mit dem Bild eines Güterbahnhofs: „Ich ging die Straße am Bahndamm entlang, auf das Hospital zu, in dessen Kapelle mein Vater aufgebahrt lag. Auf den Geleisen hinter den kahlgestutzten Bäumen rangierten Güterzüge [...] zwei Dienstmänner trugen den Sarg, nachdem der Deckel festgeschraubt worden war, unterm unaufhörlichen Rollen und Scheppern der Güterzüge" (8). Die Güterbahnhöfe der Reichsbahn waren die zentralen Stellen der Judendeportation in die Vernichtungslager. Hier werden sie gleich zu Beginn des Textes mit dem Tod des jüdischen Vaters in Verbindung gebracht. Damit wird das Bild für Neuanfang und Aufbruch durch die Konnotation mit dem Holocaust getrübt.

Die Eisenbahnmetapher tritt an den Stellen des Romans auf, an denen das epische Ich in neue Lebensabschnitte aufbricht. Sein Studium wird ihm von einem Freund ermöglicht, über den man ihm mitteilt, daß er von ihm „Rat und Hilfe erwarten könne. Max B. wohnte in einer Pension in der Nähe des Güterbahnhofes" (122). Der Roman endet schließlich mit dem definitiven Abschied von den Eltern: „Die Räder der Eisenbahn dröhnten unter mir mit unaufhörlichen Kesselschlägen, und die Gewalten des Vorwärtsfliegens schrien und sangen in beschwörerischem Chor. Ich war auf dem Weg, auf der Suche nach einem eigenen Leben." (146) Hier fehlt die düstere Konnotation mit dem Güterbahnhof, da sich das Ich nun völlig aus den Fesseln seiner Vergangenheit befreien konnte. Verfremdet erscheint die Metapher auch in der Schilderung der Geburt: „Wie ein böser Geist war ich in dieses Heim gekommen, in einer Blechbüchse liegend, von meiner Mutter getragen, empfangen von wilden Kesselschlägen, vom beschwörenden Geschrei meiner Stiefbrüder." (14)

Die Reisen des Sohnes zur Überführung des toten Vaters und fort aus dem Zusammenhang der Familie bilden den Rahmen um die mit der Geburt beginnende Erinnerung. Dem Abschied von seinem Vater, mit dem der Roman einsetzt, steht an dessen Ende der Abschied von seinen Eltern gegenüber, mit dem die „Suche nach dem eigenen Leben" beginnt. Der Rahmen wird formal am Ende der Binnengeschichte nicht geschlossen, da die Identitätssuche des Künstlers in dem Roman *Fluchtpunkt* fortgesetzt wird. Lebenserinnerung und Rahmen sind in der Metapher der Eisenbahn verklammert. Sie führt das epische Ich fort aus der Welt der Eltern, begleitet es dorthin zurück und reflektiert so die zirkuläre Struktur des Textes.

Die Lebenserinnerungen selbst besitzen dagegen die Struktur einer linearen Bewegung des Ich im Nacherleben von Kindheit und Jugend. Die Chronologie ist gekoppelt an eine räumliche Bewegungsrichtung. Das erzählende Ich verbindet die Phasen seiner Entwicklung mit der Vorstellung der Räume, in denen sie sich vollzieht.

Die hermetische Struktur der Innenräume

Das Ich durchschreitet die Räume seiner Vergangenheit, die, stark autobiografisch geprägt, die verschiedenen Orte und Häuser zeigen, die die Familie im Laufe ihrer mehrfachen Emigration bezieht. Es sind die Innenräume der bürgerlichen Welt seiner Familie, die mit Fremdheit und Schrecken verbunden sind. Diese Innenräume werden auffällig häufig „Heim" genannt: „Viele Jahre noch wurde die äußere Struktur der Familie im mühsam bewahrten Heim zusammengehalten. Zwischen den silbergrünen Weidenbäumen einer englischen Landschaft wurde das Heim in einem roten Ziegelhaus errichtet, in der bösartigen Enge einer böhmischen Industriestadt wurde das Heim in einer schmutzgelben Villa errichtet, in dem großen dunkelbraunen Holzhaus am Rand des schwedischen Sees wurde das Heim zum letztenmal errichtet" (81). Das Wort „Heim" ist jedoch nicht positiv konnotiert, sondern provoziert die Vorstellung anonymer Heime, deren Bewohner als „Insassen" (106) bezeichnet werden.

Der Leser folgt dem Kind in die beschwörend „Heim" genannten wechselnden Wohnstätten der Familie, die als verkehrte Welt kein Zuhause sind, sondern der „Turm, aus dem auszubrechen Peter Weiss lange nicht fähig war" (Vormweg 1981, S. 49). Bereits die am weitesten zurückreichenden Erinnerungen ranken um Verlust, Verletzung und Strafe. Im ersten Haus, in dem es seine früheste Kindheit erlebt, verzeichnet das Kind Feindseligkeiten und gewaltsame Akte körperlicher Penetration: ein Loch im Hinterkopf nach einem Sturz, ein schmerzender Fingerdruck oberhalb des Afters, den ihm die Mutter zufügt und das Lärmen und Schreien der Stiefbrüder, die ihm nicht seine Spielsachen lassen.

Die Familie bezieht ein weiteres Haus, in dessen Innerem es sich nicht zurechtfindet: „Im Haus herrschte das Dumpfe, das Eingeschlossene, und meine Sinne waren gefangen." (16) In den engen Garten des Hauses fällt ein Toter, der auf der Flucht von Bewaffneten vom Dach heruntergeschossen wird. Die Gewalt dringt ins Haus ein: „und von der Straße her warfen sich die Männer in unser Haus, und die Männer hielten Gewehre in ihren Händen." (15) Dem folgen Geistervisionen, und ein Somnambulismus steigert sich zu „schweren Fieberanfällen", die das kindliche Ich für den Ausbruch von Irrsinn hält. In sein Zimmer verwiesen, entwickelt das Kind Omnipotenzphantasien, in denen es sich selbst als gigantischen todbringenden Roboter, „als metallene[s] Gebilde in Menschenform" (34), sieht, das die sprachlose anonyme Gewalt ausübt, als die ihm seine Umgebung erscheint. Alle Innenräume evozieren in seiner Erinnerung Enge und Dumpfheit, die die Fremdheit seiner Bewohner spiegeln. Die Erwartung der Eltern entspricht dem Wesen der Innenräume, denn sie ist ohne Dialog und ultimativ. Doch sie nimmt nur Anforderungen an eine bürgerliche Existenz vorweg, die sich dem Kind gleich beim Eintreten in den ersten öffentlichen Raum zeigen. Der nächste Umzug der Familie findet zur Zeit der Einschulung statt. Die Welt der Schule, verbunden mit der Gestalt des Nachbarsohnes Friederle, übermitteln dem Kind ihre ganz und gar unfriedliche Botschaft: „Dies war es, was ich in der Schule lernte, wie man die Hand unter den Rohrstock des Lehrers hielt. Und nach der Schule versuchte ich Friederle zu entkommen, doch mit seinem Rudel von Verbündeten spürte er mich überall auf." (33)

Verfolger sind die Starken, die sich in dieser Welt zurechtfinden und seine Hilflosigkeit und Unterlegenheit erkennen. Auch der Vater macht sich zuweilen zu einer züchtigenden Instanz: „Da er nicht stark war, taten seine Schläge nicht weh. Qualvoll bis zum Brechreiz war nur die demütigende Gemeinschaft, in der wir uns befanden. Er auf mich einschlagend, ich jammernd, lagen wir in einer schreckhaften Umarmung übereinander." (89) Diese bizarre Pietà kennzeichnet die völlig verkehrten Beziehungen in der lebensweltlichen Umgebung des Kindes.

Durch die Forderung der Familie, ins Kontor der Fabrik des Vaters einzutreten, wird der Leidensdruck nur noch stärker: Dieses Kontor ist ein weiterer bedrohlicher Innenraum, in dem der Junge vor den Blicken des Lagerverwalters die heimliche Lektüre versteckt. Er nimmt die Verrichtung der Arbeitswelt weniger wahr als die Bildertrommel unter der Glaskuppel des nahegelegenen Theaters. Die Forderung des Vaters erscheint ihm um so absurder, da auch dieser in Fabrik und Kontor nicht mehr heimisch ist. Der Mitarbeiter „war der Heimische hier [...] mein Vater nur auf Gnade bei ihm aufgenommen" (95). Auf Drängen seines Vaters wird er als Volontär im Warenhaus beschäftigt. Dort „hatte sich das Wachstum einer tropischen Urwelt versteinert" (101), in der alles Lebendige erstarrt ist, wie in einer „Tropfsteinhöhle" (101). Das Arbeitsleben bildet für den inzwischen Erwachsenen die „Fortsetzung der langen Wanderung durch Klassenräume und hallende Korridore" (58). Wo bis dorthin der Lebensweg des epischen Ich durch hermetische Innenräume führt, schafft es sich daneben von frühester Kindheit an Fluchträume, in die es sich zurückzieht.

Bereits das Kind flüchtet aus der elterlichen Welt der Innenräume ins „Verborgensein" (41): „als ich in die Laube trat, trat ich in ein Reich, das nur mir gehörte, mein selbstgewähltes Exil." (16) „Mein Exil, das ich in der Gartenlaube gefunden hatte, setzte ich auf dem Dachboden fort." (37) Doch die selbsterkorenen Orte des Exils sind ein Zerrspiegel der Räume, aus denen es flieht: „Hoch oben über unserem Heim breitete ich Tod und Zerstörung um mich aus –." (43) Mit Lehm und Sand erbaut sich das Kind ein Schlachtfeld voller Soldaten, die es in einen Vernichtungskrieg führt: „Nach jedem Orkan der Vernichtung, den ich über die Landschaft ergehen ließ, betrachtete ich eingehend von allen Seiten die entstandenen Situationen, in Nachbildern sah ich in den Granattrichtern und aufgewühlten Wäldern Tote und Verwundete halb vergraben. [...] Ich suchte nach Befreiung." (42f.)

Eine Befreiung findet das völlig auf sich selbst zurückgeworfene Subjekt in einer künstlerischen Gegenwelt: „ich hatte andere Dinge auf der Suche nach Nahrung für meine angewachsenen Bedürfnisse gefunden, Dinge, die mir Antwort gaben auf meine Fragen, gedichtete Worte, die plötzlich meine Unruhe stillten, Bilder, die mich in sich selbst aufnahmen, Musik, in der mein Inneres mitklang. In den Büchern trat mir das Leben entgegen, das die Schule vor mir verborgen hatte. In den Büchern zeigte sich mir eine andere Realität als die, in die meine Eltern und Lehrer mich pressen wollten. Die Stimmen der Bücher forderten mein Mittun, die Stimmen der Bücher forderten, daß ich mich öffnete und auf mich selbst besann." (59)

Vor der eigenen künstlerischen Produktivität steht die Lektüre von Märchen, Abenteuergeschichten, Romanen mit Themen wie Leben, Tod und Teufel, den Geschichten vom Cowboy Mucki und dem Struwwelpeter. Die kindliche Erfahrungswelt wird in den Büchern faßlich: „die Erfahrung der Verlassenheit milderte sich, als ich sah, daß andere ähnlichen Erlebnissen unterworfen waren, so war ich nicht mehr ganz so verloren, ich gehörte zu einer Gemeinschaft von Verzauberten" (63). Die Lektüre dient der Suche nach Identität, die die äußere Welt nicht zuläßt. Denselben Sinn haben die Bilder, die der Heranwachsende malt. Sie stoßen auf das völlige Unverständnis der Eltern. Als er ein Selbstportrait angefertigt hat, erkennt ihn seine Mutter nicht: „Du mußt näher herangehen, damit du die Einzelheiten sehen kannst. Ich sehe sehr gut, sagte sie, und wandte sich schon ab." (105) Weitere Bilder entstehen im Londoner Exil. Sie sind für den jungen Künstler ein Mittel, gegen die Sprachlosigkeit in der Fremde anzukämpfen, doch sein Malen isoliert ihn in der Familie noch mehr: „Ich konnte meinen Eltern nicht verständlich machen, daß das Malen und Schreiben eine Arbeit für mich war [...] Ich verkroch mich." (104f.)

Der Künstler geht für ein Jahr nach Prag zur Kunstakademie und zieht sich ganz in die Räume seines ästhetischen Autismus zurück, „in mein[em] Steinloch mitten in dem großen Steinhaufen, und umgab mich mit Kritzeleien, Hieroglyphen, die Kunde davon geben sollten, daß ich hier lebte, mit magischen Zeichen, mit Zauberformeln, mit denen ich die bösen Geister der Einsamkeit verscheuchen wollte" (125). Als die Situation es erfordert, nochmals zu den Eltern zurückzukehren und in der Fabrik des Vaters zu arbeiten, tauscht der Student noch einmal sein erbärmliches „Atelierzimmer" (125) in der steinernen „Gebärmutter" (134) der Stadt Prag mit einer „kleinen verschlossenen Kammer [...] tief im Leib der dumpf dröhnenden Fabrik" (143).

Die Bildfelder des künstlerischen Werdens

Der Weg des epischen Ich führt durch die Lebensräume von Kindheit und Jugend. Sie evozieren die Vorstellung einer geschlossenen Zimmerflucht, deren Anordnung dem Verlauf der Lebensetappen entspricht, und zeigen die bedrückende Erziehung zu einer bürgerlichen Existenz. Den Innenräumen, die den Text linear strukturieren, stehen

Bildfelder gegenüber, die die Möglichkeit einer Befreiung aus dieser hermetischen Welt andeuten. Sie dienen der Illustration grundsätzlicher Wesensbestimmungen einer künstlerischen Identität und durchbrechen die Chronologie einer bürgerlichen Sozialisation, indem sie den Zusammenhang von Leben und Weg, Natur und Ursprung darstellen.

In der Vorstellung des Kindes zeigt sich der Ursprung des eigenen Lebens aus Mythos, Märchenwelt und Aberglauben als Geburt „zwischen Schilf und Störchen". Ebenso ungewiß ist auch das Ziel, zu dem das epische Ich am Ende des Romans aufbricht. Zwischen diesem Aufbruch und dem Tod des Vaters liegt ein Zeitraum, in dem dieses Thema virulent bleibt. Erst als mit dem Tod der Eltern und der Auflösung des elterlichen Hausstandes endgültig das Materiale der Räume verschwindet, entsteht ein offener Raum für Reflexion, in dem das epische Ich rückschauend auf seinem Lebensweg Grundfiguren seiner künstlerischen Bestimmung entdeckt.

Die bedrückende Welt der Innenräume wird konterkariert durch Fluchtpunkte außerhalb. Die Orte sind häufig mit einer *Naturerfahrung* verbunden: „den Garten nehme ich an mich, ich liege auf der Erde ausgestreckt unter Büschen, fühle die trockene Erde unter den Händen, nehme die Erde in den Mund" (16). Die Naturerfahrung wird in der Welt der Eltern unterdrückt. Der Erzähler erinnert sich eines Besuchs bei einem Freund der Eltern im Hochsommer, als der Gastgeber die Kinder zum Schrecken der Eltern auffordert, ihre Kleider auszuziehen und im Garten mit seinen Kindern zu spielen: „Bestürzt nestelten wir uns selbst den Rest unserer Kleidungsstücke vom Leib und fühlten an der ganzen Haut die warme Luft. Meine Eltern hatten sich aus ihren Gartenstühlen erhoben und sahen dem Geschehnis, völlig überwältigt, zu. Und wir erlebten, was wir jeden Sommertag hätten erleben können, aber was nie wieder kam, wie wir in unserer Nacktheit lebendig wurden." (49) Als Projektion seines Wunsches nach der Freiheit, die die Natur verheißt, erscheint dem Kind, das aus dem Fenster blickt, im Garten das Bild eines Jägers, der „mit schwebenden Schritten" (98) in der Hecke verschwindet: „Ein weicher warmer Schreck stieg in mir auf. Es war, als habe eine Hand in mich hinein gegriffen." (98) Demgegenüber erscheint es ihm, als träfe ihn eine „Harpune" (17), wenn die fordernden Stimmen der Eltern ihn aus der Offenheit des Gartens ins Haus rufen.

Als der junge Student aus der bedrohlichen Enge des brennenden Prag flieht, erlebt er erneut die Natur als Chiffre für die eigene Lebensbestimmung. Der „steinernen Gebärmutter der Stadt" (135), in der die Menschen als verbrannte „Embryo[nen]" liegen, steht die lebendige Natur gegenüber, in die das epische Ich flieht und im Wortsinn eintaucht, indem es „in das laue Wasser" steigt: „Hier an diesem See fand ich ein Zwischenreich, hier entstanden Ansätze eines anderen, entspannten, fast glücklichen Daseins." (136) Nach einer letzten Rückkehr in die Enge von Elternhaus und Kontor vollendet sich seine Naturerfahrung in einem Traum. Dort werden die Werte der Natur zur neuen, ersehnten Transzendenz: „Am Ufer eines Bergsees ließ ich mich nieder. Ich schlief ein mit dem Wunsch, nicht mehr aufzuwachen. Es träumte mir von einem Weg durch diesen Wald. [...] Auf einem schmalen Pfad begegnete mir ein Mann in Jägerkleidung, eine Jagdtasche und Flinte über die Schulter." (145) Im Verlauf dieses Traums wandert das epische Ich auf der Landstraße „durch ein unermeßliches weites verworrenes Leben" (145). Dort begegnet es immer wieder dem Jäger, der zunächst an ihm vorbei-, schließlich aber auf es zugeht. Die Wege des Wandernden und des Jägers kreuzen sich in diesem Traum so häufig, bis sie eins werden: „Der Jäger erschien und fragte mich nach meinem Namen. Ich nannte ihn. Er sagte, so heiße ich auch. Eindringlich fragte er mich, wo ich wohne. Ich nannte den Namen der Stadt. Er sagte, da wohne ich auch. Er fragte mich nach der Straße, ich nannte sie ihm, und er sagte, so wohnen wir im gleichen Haus." (145) Im Bild des Jägers verbinden sich das einsame Aufgehen in der Natur mit ihrer Beherrschung, der Macht über das Kreatürliche. Im Einklang mit der Natur gelingt dem jungen Mann zum ersten Mal der erfüllte Liebesakt mit einer Frau: „es war kein Kampf und keine Anstrengung, es war spielend leicht, das Leben spielte mit uns und ich lehnte mich nicht mehr dagegen auf." (137)

Mit Leben und Natur wesentlich verbunden ist die *Sexualität*, deren Darstellung im Text breiten Raum einnimmt. Die zerstörten Kommunikationsstrukturen in der bürgerlichen Welt der Familie und der Arbeit sowie die selbstgewählte künstlerische Isolation machen für das epische Ich die Begegnung mit einem personalen Gegenüber sozial und sexuell gleichermaßen unmöglich. Deutlich wird dieses Problem der Beziehungslosigkeit in der Darstellung des Verhältnisses, das der Ich-Erzähler zu Frauen hat.

Diesem sexuell und sozial gestörten Verhältnis liegt, als prägende Erfahrung, die Beziehung zu seiner Schwester Margit zugrunde, die sehr jung bei einem Autounfall ums Leben kommt. Mit ihr erlebt er einen erfüllten Austausch körperlicher Zärtlichkeit. Nach Margits Tod ist es damit vorbei. Ihm fehlte „der Schlüssel, der den Mechanismus der Vereinigung in Gang setzen konnte" (128). Das Tote, Versachlichte, eher lieben zu können als das Lebendige, zeigt eine Abstraktion vom Menschen als personalem Gegenüber: „Immer wenn mir der Versuch mit der Lebenden, der lebenden Frau meiner Gegenwart mißlang, tröstete ich mich bei der Toten, der kindlichen Frau der Vergangenheit." (129)

Alle Spielarten der Erotik, die im Roman vorkommen, scheitern: die Beziehung zur Schwester, die homoerotische Erfahrung im Umkreis seines Verfolgers Friederle, die Gymnastik mit dem Hausmädchen Elfriede. Er findet keine Möglichkeit, sich auf einen Anderen hin zu transzendieren. Für ihn besitzen die Frauen keine individuellen Züge, sie sind komplizierte, wesenlose Maschinen: „ihre Gesichter waren von Drahtgestellen umgeben, und der Kopf war mit Schrauben am Hals befestigt, und ich arbeitete fieberhaft in diesem technischen Gewirr" (130). Die sexuellen Experimente im Atelier grenzen ans Groteske: „die Staffelei ragte auf wie ein Galgen, und weiße Papiere leuchteten aus den Schatten, und dann zog ich den nackten Leib vom Bett herab auf den Boden, und wir wälzten uns im Kohlenstaub und krochen umher zwischen Planken und Pfosten und umarmten einander in verrenkten Stellungen." (131) Die sexuelle Umarmung im Kohlenstaub auf dem Fußboden ist in ganz bildlicher Weise schmutzig und niedrig; das Sinnliche bleibt negativ. In der Obsession des epischen Ich ist die konkrete weibliche Leiblichkeit zum technischen Apparat funktionalisiert. Dem entspricht auch das Bild der Mutter, die als Funktion der bürgerlichen Welt für Arbeit, Ordnung und sexuelle Sauberkeit sorgt: „Ich verbarg meine Hände unter der Bettdecke. Da aber konnte meine Mutter kommen und meine Hände wieder hervorheben. Gebieterisch drückte sie meine Hände auf die Decke nieder." (43) Als der Heranwachsende seine Mutter herausfordernd nach der körperlichen Reaktion einer Ejakulation fragt, kommentiert sie: „das ist Schmutz, du mußt dich sauber halten, der Schmutz kommt von den vielen kranken Gedanken die du hast." (51) So muß er sich der Reinigung des Gliedes durch die Mutter unterziehen und ist „halb ohnmächtig vor Schmerz und Erniedrigung". Die Erfahrung der eigenen Sexualität sucht ihr Ventil in lebensfernen Phantasien von „grausamen" erotischen „Ausschweifungen" (51).

In einer anderen Weise abstrakt ist die Frau als das gebärende Prinzip. Sie ist hier nicht das andere Leibliche, sondern eine abstrakte Idee vom Leben, in der sich antike Mythologie (Demeter / Büchse der Pandora) und bürgerliche Lebensphilosophie vermischen. Als Mutter ist die Frau „die große Fotze des Lebens", der „Schlund", aus dem alles entsteht: „Man kann nicht leben, wenn man diesen Schlund nicht liebt" (132), aber auch Sehnsucht und Erfüllung der Sterbenden: „Max erzählte mir einmal, wie er im Weltkrieg, und im Bürgerkrieg in Spanien, Sterbende nach ihrer Mutter hatte schreien hören, Mama, Mama, schrien sie. Da lagen diese fertigen Männer, vielleicht für eine Überzeugung gefallen, und das letzte wonach sie schrien, das war der Schlund aus dem sie einmal gekrochen waren." (132) Dieser Schlund symbolisiert den Kreislauf des Lebens, eine Art Urmutter, die Peter bolisiert den Kreislauf des Lebens, eine Art Urmutter, die Peter Weiss starke Abhängigkeit von Hermann Hesse zu erkennen gibt (*Demian*)[2].

In der Mutter stoßen beide Welten aufeinander: sie ist einerseits in der bürgerlichen Welt funktionalisiert und auf der anderen Seite das naturmythische „Loch des Ursprungs" (132).

Als Geliebte jedoch fordert die Frau die Annahme des Lebens und damit die Durchbrechung des männlich-ästhetischen Autismus, das sexuelle und soziale Sich-Einlassen auf das Lebendige einer Person. Im Mißlingen der Liebe aber entspricht dem ästhetischen Autismus eine regressive Sexualität; monologisches Künstlertum und Liebesunfähigkeit sind zwei Seiten desselben noch nicht gefundenen „eigenen Lebens" (146).

Erotik hat ihre Funktion bei der Suche nach der künstlerischen Identität, sie quält das Ich und treibt es voran. Sie ist das Movens künstlerischen Schaffens. Positiv erlebt das epische Ich die selbstbezogenen Phantasien mit einem hermaphroditischen „Traumwesen": „ein Gesicht ohne Züge, ein Gesicht, daß eine Zusammenballung meiner eigenen Gefühle war [...] dieses Gesicht der Eigenliebe, es gab kein anderes Gesicht, ich küßte die Luft, ich küßte mich selbst" (54).

Mit der Darstellung der Frau als „fixe[r] Idee" (132) drohte der Text über die Grenzen der Lesbarkeit abzugleiten, wenn das epische Ich nicht bekennen würde, „daß diese ganze Kultur der Einsamkeit nur ein Mißverständnis war, nur eine Konvention, nur ein Mangel an Fantasie, nur eine Gefühlsverarmung [...] Verrecke ich nicht, kann ich vielleicht einmal eine Frau finden, deren Blick und Gesten, deren Stimme und deren Liebkosungen sich plötzlich durch die Eisschicht hindurchstoßen." (131)

---

2 Hesses Bestimmungsort menschlicher, zumal künstlerischer Identität liegt in völlig geschichtsfernen lebensphilosophisch-mythischen Welten, die sich aus seiner Biografie, der Rezeption Nietzsches, der Psychologie und diversen Mythologien erklären. Besonders deutlich wird die Nähe zu Hesse in diesem Roman von Peter Weiss bei einem Vergleich des Mutterbildes mit dem im *Demian*, in dessen Vorwort es heißt: „Das Leben des Menschen ist ein Weg zu sich selber hin, der Versuch eines Weges, die Andeutung eines Pfades. Kein Mensch ist jemals ganz und gar er selbst gewesen; jeder strebt dennoch, es zu werden, einer dumpf, einer lichter, jeder wie er kann. Jeder trägt Reste von seiner Geburt, Schleim und Eierschalen einer Urwelt, bis zum Ende mit sich hin. Mancher wird niemals Mensch, bleibt Frosch, bleibt Eidechse, bleibt Ameise. Mancher ist oben Mensch und unten Fisch. Aber jeder ist ein Wurf der Natur nach dem Menschen hin. Und allen sind die Herkünfte gemeinsam, die Mütter, wir alle kommen aus demselben Schlunde; aber jeder strebt, ein Versuch, ein Wurf aus den Tiefen, seinem eigenen Ziele zu. Wir können einander verstehen; aber deuten kann jeder nur sich selbst." – „Schlund" und „Weg": Natur und Erfahrung, erste und zweite Individuation sind bei Hesse und Weiss die wesentlichen Bild-Themen.

Der Lebensweg des epischen Ich führt durch die Zimmerflucht der hermetischen Räume, an deren Ende es seine Erlösung im Aufbruch von den Eltern findet. Mit dem ungewissen Aufbruch und der Frage nach dem Ziel des Weges zur künstlerischen Identität verbindet der Text *Bildfelder des Fluges*. Die Berufung zum Künstler empfindet das Kind früh. Die Künstlerexistenz erscheint ihm eindeutig als die eines Außenseiters der Gesellschaft. Die Chiffren für seine Berufung finden sich nicht in der alltäglichen Umgebung, sondern in der Gegenwelt von Schaubude und Jahrmarkt. Der Trapezkünstlerin, einem „Luftwesen", fühlt es sich verwandt: „ihr geller Vogelschrei brannte sich für immer in mich ein. Bald, bald werde ich ihr nachreisen, werde mit ihr kreuz und quer die Zirkuskuppel durchfliegen" (25). Als es einen Fassadenkletterer beobachtet, scheint ihm dessen Balanceakt zwischen Himmel und Erde eine „Art von Beruf zu sein, eine seltene überaus schwierige Aufgabe, der man sein ganzes Leben widmen mußte" (21). Bei der Lektüre des Struwwelpeter ist es „hoch in der Luft der Fliegende mit dem kleinen roten Schirm" (62), der fliegende Robert, mit dem sich das Kind identifiziert. Es ist der Spannungsbogen zwischen der Schwerelosigkeit und dem Absturz. Flug und Fall sind die Chiffren für die künstlerische Existenz.

Mehrmals kehrt das Ich aus finanzieller Abhängigkeit in die Welt der Eltern zurück, bis es – zunächst noch in einem symbolischen Suizid – aus der Enge dieser Räume ausbricht. Im Traum springt es aus einem Fenster, das sich gewissermaßen an der Rückwand der Innenräume nach außen öffnet. Mit seinem erträumten Sprung überwindet es seine soziale, physische und ästhetische Isolation. Doch diese „Sprengung" in die Schwerelosigkeit bleibt in der Bildlichkeit des Traums eine Spiegelung: „Allein mit meinen Schritten auf dem glatten Band der Landstraße, durcheilte ich das Zimmer, dieses letzte Zimmer eines Lebens [...] und an der Wand hing ein Spiegel, und in dem Spiegel war ein Fenster zu sehen, und mein Anlauf zum Fenster. Ich stellte mir die Sekunde vor, in der alles Haltbare verschwand, in der ich zum Fensterbrett emporschnellte und mich hinaus ins blaue Wasser der Leere schleuderte." (135) Diese säkularisierte Himmelfahrt gipfelt in dem Einswerden mit der Natur. Die blaue Allgemeinheit, in der Peter Weiss sein noch nicht erwachtes episches Ich mit diesem Sprung aus dem Fenster entläßt, füllen seine späteren Texte inhaltlich mit politischer Theorie.

Figuren des alter ego – literarische Spiegelungen

Das epische Ich, im Aufbruch zum eigenen Lebensweg, wird mit Figuren konfrontiert, die positive Identifikationsmuster für die eigene Wegbestimmung sind. Der Jäger ist im Zusammenhang mit der Thematisierung der Natur als *alter ego* aufgetreten. Die anderen Figuren, die in der Funktion eines alter ego eingeführt werden, sind Personifikationen der künstlerischen Identität. Da ist zunächst Jaques, ein Junge aus wohlhabender Familie, der nach London geflohen ist und sich mit Tischlerarbeiten seinen Lebensunterhalt verdient. Jaques ist musisch begabt: Er spielt Violine und besitzt die Gabe, im Erzähler die Visionen des „eigene[n] Leben[s] " (108) zu wecken. Dreizehn Tage dauert das Intermezzo mit Jaques. Diese Zeit ist erfüllt mit Lachen und Gesprächen, mit künstlerischer Produktivität und einer Ausstellung der eigenen Bilder. Im Glücksfall des seelischen Übereinstimmens kommt auch die Sprache wieder. In ihren Gesprächen geben die beiden „einander rebusartige Einblicke in [ihre] Vergangenheit" (109) und gewinnen mit der Vorstellung von der Kontinuität ihrer Geschichte auch die von Identität. Doch noch ist die Zeit nicht reif, sich „aus dem Alten los[zu]reißen", und der Erzähler erinnert sich: „ich schoß Jaques tot, wie er da hinter dem herabgeschraubten Fenster des Zuges stand hob ich die Blechpistole, zielte und ahmte einen Schuß nach, und Jaques spielte den Getroffenen, warf die Arme empor und ließ sich zurückfallen. Der Zug setzte sich in Bewegung" (113). In London ist das epische Ich noch so sehr unter dem Einfluß der elterlichen Welt, daß es seine Vision vom eigenen Leben eliminiert: „Nach Jaques Verschwinden wurde ich wieder zu einem Möbel im gemeinsamen Haushalt" (114), doch der Hinweis auf den baldigen künstlerischen Aufbruch liegt auch hier im Bild der Eisenbahn.

Als positive Illustration des Künstlertums dienen literarische Figuren oder reale Personen: Während des Studiums in Prag, das er mit der widerwilligen Duldung seiner Eltern beginnt, lernt er Peter Kien kennen, dessen Namen auf den Sinologen aus Elias Canettis *Die Blendung* verweist. Die Begegnung des jungen Studenten im brennenden Prag mit Peter Kien stellt die Verbindung zwischen der vernichteten Stadt und dem Autodafé dieses absurden Helden einer ausschließlich literarischen „Welt im Kopf" (Titel des letzten Teils in Canettis dreiteiligem Roman) her.

Das autobiografische Detail seiner Bekanntschaft mit dem Journalisten Max Barth gestaltet Peter Weiss literarisch aus, indem er ihn zum behinderten Bürgerkriegskämpfer gegen Franco und politischen Vordenker macht.[3] Die Bekanntschaft mit Max B. bedeutet den Aufbruch zum Studium und wird abermals vom Motiv der Eisenbahn begleitet.

3 Helmut Müssener (1972) beschäftigt sich mit dem historischen Hintergrund der in beiden autobiografischen Schriften auftauchenden Max B. bzw. Max Bernsdorf, mit denen auf den Journalisten Max Barth angespielt ist, mit dem Peter Weiss bekannt war.

Hermann Hesse erscheint als der Harry Haller aus seinem *Steppenwolf*, der den inzwischen herangewachsenen jungen Mann zum Kunststudium ermuntert. Ebenso wie Peter Kien ist Haller ein Vertreter der „Kultur der Einsamkeit" (131), als „Selbstmörder" aus Notwendigkeit (Tractat vom Steppenwolf) aber für das Verständnis der Erzählung von größerer Bedeutung. Der Suizid des Steppenwolfes besteht nicht darin, Hand an sich zu legen, sondern seine bürgerliche „Persönlichkeit" zu töten, hinter deren Fassade zutage kommt, was „ein wirklicher Trieb ihn suchen heißt", und das ist die „Auflösung, zurück zur Mutter" (131), die aber hier nicht mehr der abstrakte, naturmythische „Schlund" des *Demian* ist, sondern – als Trieb – Antipode des Geistes. Diesen Gegensatz gilt es, im Lachenlernen, in der ästhetischen Freiheit, der ironischen Distanz zu überwinden.

Peter Weiss wurde tatsächlich von Hesse zu seiner Berufung ermuntert. Daß er meint, mit Harry Haller sei seine „Situation gezeichnet, die Situation des Bürgers, der zum Revolutionär werden möchte und den die Gewichte alter Normen lähmen" (119), ist ein Mißverständnis Hesses und wohl auch seiner selbst. Mit der Antinomie von Trieb und Geist und ihrer Überwindung im „Lachen" ist jedoch keineswegs eine gesellschaftskritische, sondern eine ganz und gar gesellschafts- und geschichtsferne Denkart verbunden, die nichts Revolutionäres im Sinne der weiteren literarischen Entwicklung von Peter Weiss erwarten läßt. Einsamkeit und Reduzierung auf das Selbst erscheinen dem Peter Weiss der autobiografischen Schriften jedoch noch als notwendige Bedingung des Künstlertums. Er versucht hier letztmalig, die Frage nach der künstlerischen Identität auf einer individualistischen Basis zu beantworten. Dieser Versuch, aus seinem sozialen Exil innerhalb des Bürgerlichen und dem politischen Exil ins ästhetische Exil des einsamen Künstlers hinüberzugelangen, endet mit dem *Abschied von den Eltern* und ist wenig später für den Autor bereits künstlerisches Abseits.

Kurz nach den beiden autobiografischen Schriften entsteht der ungleich bekanntere Text *Die Verfolgung und Ermordung Jean Paul Marats* (1964), mit dem der Autor seinen Weltruhm als politischer Schriftsteller begründet. In der Folge sind es stets politische Themen, die ihn beschäftigen und die er zumeist zu Dramen verarbeitet. Er sucht seine Stoffe in der Geschichte, prangert Revanchismus und Unterdrückung an und stellt seine künstlerische Tätigkeit eindeutig in den Dienst einer sozialistischen Weltauffassung. Mit der Wende ins Politische tritt der Autor in eine neue Schaffensperiode, deren Voraussetzung zweifellos sein *Abschied von den Eltern* ist. Es wäre aber falsch, einen abstrakten Gegensatz zwischen dem bürgerlichen Autor der frühen experimentellen Prosa und dem antibürgerlichen Politschriftsteller zu konstruieren. „Ich fühlte die Sprengkraft, die in mir lag, und ich wußte, daß ich mein

Leben dem Ausdruck dieser Sprengkraft widmen mußte" (69). Es ist letztlich doch dieselbe Kraft, die die Fesselung an die Familie und den bürgerlichen Beruf sprengt und die Literatur in den Dienst der politischen Veränderung stellt. In dieser „Sprengkraft" liegt die poetische Identität, die aber immer an die Betätigung der Kraft, die ästhetische Praxis gebunden bleibt. Die Kraft ist nur im Schreiben erfahrbar. Insofern ist das Leben des Peter Weiss ein dauernder Selbstfindungsprozeß im Schreiben, was die Gegensätze zwischen der realen Autobiographie und der „Wunsch-Autobiographie" (Vormweg: *Ästhetik des Widerstands*) relativiert.[4]

Bibliographie

WEISS, PETER: Abschied von den Eltern. Erzählung. Frankfurt/M. 1961; Taschenbuchausgabe: Frankfurt/M. 1964 (= edition suhrkamp 85) [zitierte Ausgabe]

WEISS, PETER: Fluchtpunkt. Roman. Frankfurt/M. 1962; Taschenbuchausgabe: Frankfurt/M. 1965 (= edition suhrkamp 125)
–: Der Turm (Erstpublikation 1948). In: DERS., Dramen, 2 Bde. Frankfurt/M. 1968, 1. Bd.
–: Die Ästhetik des Widerstands. Roman, 3 Bde. in einem Bd. Frankfurt/M. 1983

HESSE, HERMANN: Demian. In: DERS., Gesammelte Werke in zwölf Bdn. Frankfurt/M. 1970, Bd. 5
–: Der Steppenwolf. In: ebd., Bd. 7
BOHRER, KARL-HEINZ: Die gefährdete Phantasie oder Surrealismus und Terror. München 1970
MÜSSENER, HELMUT: Max Barth alias Max B. alias Max Bernsdorf. Miszellen zu Dichtung und Wirklichkeit in „Abschied" und „Fluchtpunkt" von Peter Weiss. In: Germanistische Beiträge – Gert Mellbourn zum 60. Geburtstag. Deutsches Institut der Universität Stockholm, Stockholm 1972
VORMWEG, HEINRICH: Peter Weiss. München 1981 (= Autorenbücher)

---

4 Das Verhältnis zwischen beiden Autobiographien läßt sich didaktisch verdeutlichen durch eine Passage aus der *Ästhetik des Widerstands*, die, wie *Abschied von den Eltern* auch, mit dem Kriegsende Mai 1945 schließt. (*Ästhetik*, S. 261–263)

WINFRIED FREUND

Siegfried Lenz: Heimatmuseum

Die Erzählsituation

Bei Einsatz des Romans liegt das Heimatmuseum bereits in Schutt und
Asche. Die sorgfältig gehegten Schätze masurischer Vergangenheit, lie-
bevoll zusammengetragen und mühsam in den Wirren des Kriegs und
der Flucht hinübergerettet in das schleswigsche Egenlund, sind verbrannt. Eine analytische Geschichte nimmt ihren Anfang, erzählt von
dem Besitzer des einstigen Museums und dessen Brandstifter, erzählt
mit dem Ziel, Rechenschaft zu geben über die unverständliche, rätselhafte Tat, über den nicht wieder gutzumachenden Verrat an der Tradition.

Erzählort ist das Krankenzimmer, Adressat der Freund der fassungs-
losen Tochter des Erzählers, Vertreter der jüngeren Generation. Martin Witts wiederholte Besuche markieren die einzelnen Kapitelein-
schnitte. Jedes Kapitel umfaßt eine in sich geschlossene Begebenheit,
die jeweils über den Erzähler und das Erzählte vermittelt ist mit der Absicht, die Gründe für die Brandstiftung offenzulegen. Eine für Siegfried
Lenz durchaus charakteristische Facettenstruktur des Erzählens entfaltet sich. Wiederholte Annäherungen kreisen den Gegenstand ein, lassen ihn Konturen und Plastizität gewinnen. In der Bündelung der Einzelgeschichten zu einem vielfältig strukturierten Komplex spiegeln sich
die Vielschichtigkeit des Geschehens und das Eingelassensein des einzelnen in ein kompliziertes Beziehungsgefüge.

Schicht für Schicht werden die einzelnen Häute oder Schalen abge-
tragen, um den Blick auf den Kern, die substantielle Aussage, freizu-
geben. Erzählen erscheint vergleichbar mit einem Enthäutungsvor-
gang, gerichtet auf Regeneration. Die Erzählstruktur entspricht der
Verfassung und dem Zustand des Erzählers selbst. Bei dem Versuch,
Sonja Turks Aufzeichnungen über die masurische Teppichwebkunst
aus den Flammen zu retten, hat sich Zygmunt Rogalla schwere Ge-
sichtsverbrennungen zugezogen. Die alte Haut, zerstört und nicht länger funktionstüchtig, mußte durch neue ersetzt werden. Im Zuge des
Genesungsprozesses müssen die verpflanzten Hautinseln allmählich
mit ihrem Träger verwachsen. Erst die abgestorbene, verbrannte Haut
wie die durch die Flammen vernichteten Zeugnisse der Vergangenheit
schaffen Raum für neue Entwicklungsmöglichkeiten. Indem der Erzähler, rückblickend, Schicht für Schicht des Vergangenen abträgt, schält

sich die Gegenwart als das eigentliche Ziel des Erzählens heraus. Ihre Bewältigung und Gestaltung ist die fundamentale Aufgabe des Menschen. Nur wer die alten Häute abstreift, sich regeneriert, befreit sich von der Bürde des Abgestorbenen und wird offen für künftige Entfaltungen.

Es ist ein langer, schmerzlicher Prozeß, eine Krankengeschichte, die zurückgehen muß zu den wirklichen Ursachen. Die erinnerte Vergangenheit bildet die Voraussetzung für die Bewältigung der Gegenwart und damit für die Öffnung der Zukunft, die nur der hat, der ihr, erkennend und handelnd, den Weg bereitet. Regeneration muß sich bewähren im Dialog mit dem Jüngeren. Ihm gilt es, die Verwicklungen des Älteren in die Geschichte vor Augen zu stellen, um vorschneller Verurteilung vorzubeugen. Zugleich muß aber auch die grundsätzliche Veränderungsbereitschaft des Älteren erkennbar werden. Erst das Verstehen kann die Solidarität der Generationen begründen.

Martin Witt, der regelmäßige Besucher im Krankenzimmer, gehört der sogenannten skeptischen Generation an, jener Altersgruppe, die den Vätern, ihrem Denken und Handeln, zutiefst mißtraut, weil sie die faschistische Katastrophe mitgetragen, zumindest aber nicht verhindert haben. Die Skepsis der Jüngeren richtet sich gegen das unmittelbar vorausgegangene humane Desaster, auf das sie mit der Flucht nach vorn in eine ideologisch programmierte Zukunft reagieren. Doch spätestens am Krankenbett Zygmunt Rogallas holt Martin Witt die Vergangenheit der Väter ein. In vielen Stunden geduldigen Zuhörens erschließt sich ihm mit der persönlich erlittenen Geschichte vor 1945 auch die Erkenntnis, daß es eine Zukunftsplanung ohne Vergangenheitsarbeit nicht geben kann, will sie nicht von vornherein unverbindlich und unwirksam werden. Jeder Neuanfang bedeutet Anknüpfen an das Vorausgegangene. Niemand wird aus der Kontinuität der Geschichte entlassen.

Der Jüngere ist in der Position des Lernenden, daher seine stumme Rolle. Nur wenn er sich den Erinnerungen und Erfahrungen des Älteren, von der Geschichte Gezeichneten, aussetzt, kann er den Irrwegen und Fehlentwicklungen der vergangenen Phase künftig ausweichen. Am Krankenbett der älteren Generation begegnen sich gescheiterte Vergangenheit und Hoffen auf eine konstruktive Zukunft. Das, was gewesen ist, fordert heraus, was künftig sein soll und im Sinne der Menschlichkeit sein muß. Die Rückwendung in eine schlimme Geschichte lenkt den Blick mit Macht nach vorwärts in eine bessere Zukunft.

Abwegig wie der Glaube an eine voraussetzungslose Zukunft ist aber auch das blinde Vertrauen auf das Vergangene, die Tradition, in der man sich abschließt gegen alles Vorwärtsstrebende. In der Tochter

Henrike, die es ablehnt, ihren Vater zu besuchen, weil er mutwillig Hand gelegt hat an die Schätze der Überlieferung, gewinnt eine Haltung Gestalt, die sich im Ewiggestrigen einrichtet, um den Herausforderungen der Gegenwart auszuweichen. Das, was ihr aus eigener Anschauung gar nicht mehr bekannt sein kann, hat sich in ihrem Bewußtsein als museale Traumlandschaft eingenistet, gegründet allein auf den Requisiten einer vergangenen Zeit, und führt dort ein unwirkliches Eigenleben. Ideologische Programme und romantische Illusionen verfehlen beide das Ziel einer konkreten Zukunft auf dem Fundament erinnerter und bewältigter Vergangenheit.

Der Erzählmonolog richtet sich an die Ewiggestrigen, die unverbesserlichen Romantiker, wie an die vorschnellen Zukunftsplaner und unbekümmerten Weltverbesserer. Der Erzähler holt beide auf den Boden der Wirklichkeit zurück und weist ihnen den Weg zwischen Ausgang und Ziel, den Weg, der kontinuierlich aus der Geschichte über die Gegenwart in die Zukunft führt. Erzählen erfüllt sich im Offenlegen des Geschehenen und im Vertrauen auf das, was im Zeichen des Menschen geschehen muß. Am Krankenbett der Älteren, von der Geschichte Gebeutelten, müssen die Jüngeren lernen, eine gesunde Zukunft zu bauen. Dabei können ihnen die Gebrandmarkten vorangehen, indem sie sich von der Verklärung der Tradition lossagen, aber auch allen ideologischen Luftschlössern eine Absage erteilen.

Unter dem Kopfverband Zygmunt Rogallas hat bereits ein Heilungsprozeß seinen Anfang genommen, der schließlich das neue, das wahre Gesicht des Geheilten zutage fördern wird, wenn der Verband fällt, die Erzähl- und Vergangenheitsarbeit ihrem Ende entgegengeht. Zunächst aber gilt es, sich aus der Perspektive der Gegenwart, in der der Heilprozeß eingesetzt hat, auf die Suche nach der Vergangenheit, der verlorenen Zeit zu machen, den Gestalten und Ereignissen einer versunkenen Heimat unter den Trümmern der Geschichte nachzuspüren. Zwischen noch nicht überwundener Beschädigung und allmählich einsetzender Heilung ist ein Bild jener Zeit zu entwerfen, die erst, im kritischen Bewußtsein des Wissenden erinnert, wirklich bewältigt ist und den Weg freigibt in die erhoffte Zukunft eines von den Wunden der Geschichte geheilten Menschseins.

Raum und Zeit

Der bei weitem größte Teil des Romans spielt in der masurischen Heimat des Erzählers. Nicht einmal ein Fünftel des Geschehens ist im schleswigschen Egenlund angesiedelt, wo sich Zygmunt Rogalla mit den Seinen nach der dramatischen Flucht über die Ostsee niedergelassen hat. Fast für die Dauer einer Generation hat er hier in seiner neuen Heimat gelebt.

Während in der breit angelegten Rückblende das Verhältnis von Erzählzeit und erzählter Zeit nahezu ausgewogen ist, die erzählte Zeit also ein erhebliches Gewicht erhält, wird die länger andauernde Schleswiger Phase auf relativ knappem Raum zusammengedrängt, die erzählte Zeit in äußerst komprimierter Erzählzeit dargeboten. In der wechselnden Zeitbehandlung spiegeln sich das Erkenntnisinteresse und der Zustand des Erzählers, den die Vergangenheit weiterhin bedrängt, während er sich in der Gegenwart noch immer nicht unbedingt heimisch fühlt. Solange er die verlorene Heimat nicht bis ins Detail aufgearbeitet und sich im Prozeß der Erinnerungsarbeit von ihr distanziert hat, kann er in der wiedergewonnenen Heimat keine Wurzeln schlagen.

Mit dem ungleichen Verhältnis von erzählter Zeit und Erzählzeit in der Darbietung der beiden Lebensräume kontrastiert das Verhältnis von Erzählort und erzähltem Ort. Während der gesamten Erzähldauer ist das Schleswiger Krankenhaus der Erzählort, auf den nicht nur in den Kapiteleinschnitten, sondern auch mitten im Erzählfluß zurückgeblendet wird. Der Akzentuierung der erzählten Zeit im ersten Lebensraum steht die Akzentuierung des Erzählortes im zweiten Lebensraum gegenüber, wo das Vergangene erst einmal Gestalt gewinnt und als längst Abgesunkenes in der Gegenwart wieder auftaucht. Die wiedergewonnene Heimat als ausschießlicher Erzählort strukturiert das Erzählen und entrückt die verlorene Heimat nicht nur zeitlich, sondern vor allem auch räumlich. Das Vergangene ist unendlich fern, nah ist die Gegenwart mit ihren Herausforderungen an den einzelnen, in ihr Fuß zu fassen.

Der stets gegenwärtige Ort ragt in die vergangene Zeit hinein und verhindert ein selbstvergessenes Eintauchen in das, was unwiederbringlich gewesen ist. Während bei zunehmender Erzähldauer die Ansprüche eines neuen Werdens an den Erzähler immer dringlicher werden, erkennt der Zuhörer das, was ist, als Gewordenes. Was der eine an Zukunft und Weite der Entwicklung gewinnt, gewinnt der andere an Geschichte und Tiefe des Verstehens. An dem Ort, der beiden Heimat ist, lernt der Jüngere, in sie Hineingeborene, am Beispiel des Älteren, Zugewanderten, daß Heimat ebensosehr existentielles Bedürfnis wie aktive Herausforderung darstellt.

Rückblickend mit dem Erzähler, erfährt er das ursprünglich Heimatliche als Ort der Geborgenheit und der Gefährdung, als Idyll und Ort vielfältiger Unterdrückung und Bedrohung. Unangemessen ist jeder Versuch der Verklärung, jede Art sentimentaler Rückschau. Die zeitliche wie räumliche Distanz bietet die Möglichkeit, Heimat kritisch und ungeschminkt zu sehen, ohne die Verfälschung durch die Wehmut, die über die Trauer um das Gewesene das Glück der Gegenwart regelmäßig verpaßt.

Hauptschauplatz ist das masurische Lucknow, das verfremdete Lyck, der Geburtsort von Siegfried Lenz. Bei weitem im Vordergrund steht die erste Jahrhunderthälfte. Die dargestellte und vielfach präsente Geschichte Masurens weitet überdies den Zeitraum rückwärts in die Vergangenheit aus. Lucknow mit dem angrenzenden Klein-Grajewo ist der Raum, in dem Polen und Deutsche nebeneinander und miteinander leben, Knechte allerdings die einen, Herrenmenschen die anderen. Klein-Grajewo ist das Getto der Polen, errichtet von den Deutschen, die das Land nach ihrem Gutdünken, im Bewußtsein, die einzig rechtmäßigen Besitzer zu sein, für sich beanspruchen. Wie sehr Polen und Deutsche jedoch schon miteinander verbunden sind, beweist, daß Deutsche polnisch klingende Namen, Polen indes deutsch klingende Namen tragen.

Heimat erscheint als Herrschaftszone der Mächtigen, ungeachtet der geschichtlichen Koexistenz und der Vergangenheit, in der sich die baltisch-preußischen Stämme der Sudauer, der deutsche Orden, preußische Herzöge und masowische Kolonisten bunt mischten. Im unaufhörlichen Kommen und Gehen der einzelnen Stämme und Volksgruppen prägt sich das Zufällige der jeweiligen Landnahme aus, das Vorübergehende und Episodische des Besitzes durch die eine oder andere Seite. Was im Grunde Symbiose und friedlich gleichberechtigte Koexistenz sein müßte, ist jedoch in geschichtlicher Anmaßung die Unterdrückung der Schwächeren und die Herrschaft der Starken.

Lucknow selbst ist gezeichnet von Gewalt und Macht. Domäne und Gefängnis sind symbolische Orte der anhaltenden Unterdrückung. Der Schloßberg verweist überdies auf die feudale Vergangenheit, in der sich wenige die Herrschaft über die vielen anmaßten. Reiterstandbilder und Denkmäler wie das des Bosniakengenerals rufen kriegerische Zeiten zurück. Verschwiegen werden wie immer die Opfer, übriggeblieben ist vor allem das Gedenken an die Helden, die angeblich für ihr Volk Tausende in den Tod führten. Lucknows Geschichte ist eine Geschichte der Kriege, aus denen immer wieder neue Herren hervorgingen. Den meisten bescherten sie stets Unfrieden, Not und Verlust. Die geschichtliche Erinnerung wie die erlebte Geschichtswirklichkeit sind erfüllt vom Kriegslärm. Auf der Bühne des Lucknower Heimatvereins schlagen sich Sudauer, Ordensritter, Preußen und andere abwechselnd die Köpfe ein. Zwei Weltkriege hinterlassen ihre verheerenden Spuren. Die schöne Heimat im Osten erscheint als Schlachtort ohne Ende. In der Schärfeneinstellung der Erinnerung formt sich ein Bild fortwährender Gefährdung und Verwüstung, der Niederlagen und der Unbelehrbarkeit der Menschen. Weiterhin verehrt man die Vergangenheit, feiert ihre sogenannten Helden und fördert und erträgt geduldig soziales Unrecht. Nationaler Dünkel feiert die deutsche Auserwähltheit, sperrt die Polen ins Getto von Klein-Grajewo und treibt blind der nächsten, unausweichlichen Katastrophe entgegen. Heimat ist die Stätte der Unbelehrbaren, wo die Starken das Recht auf Heimat usurpiert haben und sich die Schwachen im heimatlosen Abseits wiederfinden. Krieg, Borniertheit und soziales Unrecht stellen das Heimatliche grundsätzlich in Frage und laufen den Erwartungen des Aufgehobenseins und des gegenseitigen Verstehens strikt zuwider.

Der menschlichen Welt steht die Natur Masurens gegenüber, ungerührt von dem Treiben ihrer jeweiligen Bewohner, ihren Ansprüchen und ihren Kämpfen um das, was sie für ihr Recht halten. Die Landschaft mit ihren Seen, Wäldern und Flüssen strahlt ihre eigene, unbeteiligte Schönheit aus. Gleichgültig ist sie gegenüber menschlichen Schicksalen, gegenüber den wechselnden Siedlern ebenso wie gegenüber den gewaltsam Vertriebenen. Absurd erscheint jeder menschliche Anspruch auf ein Heimatrecht in ihr, weil die Landschaft keinem gehört.

Heimat ist das, worin sich die Menschen vorübergehend einrichten, unbewegt erträgt sie den Wechsel von Leben und Sterben, von Ankunft und Aufbruch, das geschichtliche Auf und Ab ganzer Völker. Heimat ist kein Schicksalsraum, sondern eine flüchtige Wohnstätte, die sich der Mensch schafft. Wer Heimat indes unbelehrbar als Schicksal begreift, mystifiziert nicht nur den Zufall seiner Geburt, sondern beschwört vor allem ein aggressives Anspruchsklima herauf. Er glaubt, ein Recht zu haben auf das gänzlich von ihm Unabhängige, das weder von ihm geschaffen ist noch seiner Anwesenheit und seiner Mithilfe bedarf, ein eingebildetes Recht, das er notfalls sogar zu verteidigen bereit ist und sei es mit der Waffe in der Hand. Der kritische Blick zurück in die längst verlorene Heimat löst auch den Glauben an die schicksalhafte Verbundenheit des Menschen mit Natur und Landschaft auf.

Aus der Distanz enthüllt sich die angeblich angestammte Heimat als Pseudoidyll und Mystifikation. Abstand nehmend, treten die Verirrungen der Heimattümelei um so deutlicher zutage. Erzählen wird zum therapeutischen Akt der Selbstheilung. Die Wucherungen des Vergangenen, unter denen die Gegenwart zu ersticken droht, gilt es auszumerzen. Wer sich an der Vergangenheit abarbeitet, setzt in der Tat einen Enthäutungsprozeß in Gang, der ihn letztlich entlastet für einen Neuanfang. Der Mensch ist aufgerufen, ein Verhältnis herzustellen zu seinem Lebensraum. Nur von ihm können die Bindungen ausgehen, die jedoch der Zeit notwendig unterworfen sind, weil er ja selbst ein in der Zeit definiertes Wesen ist. Versuche, sich mit der Immobilität und Zuständlichkeit des Raums zu identifizieren, der eigenen Existenz gleichsam unbewegliche Dauer zu verleihen, sind zum Scheitern verurteilt, weil es für den Menschen keinen Stillstand geben kann.

Erzählen heißt, sich Rechenschaft zu geben über die eigene Zeitlichkeit, die Vergangenheit zu erinnern, die Gegenwart zu bewältigen und auf die Zukunft gefaßt zu sein. Die Zeitlosigkeit räumlicher Existenz ist dem Menschen stets nur Episode und Station. Heimat ist Ort der Ankunft wie des Abschieds, der Ort, wo der Mensch sich durch die aktive Bindung an einen ihm zugefallenen Lebensraum für begrenzte Dauer aus dem Zeitfluß heraushebt, wo sich seine uralte Sehnsucht vorübergehend erfüllt, seine Zeitlichkeit im Raum auszulöschen. Nichts anderes beinhalten die nie versiegenden Vorstellungen vom Paradies, von der totalen Aufhebung der Zeit in einem über alle Maßen schönen, unveränderlichen Raum. Die Sehnsucht nach Heimat ist die Sehnsucht nach dem Paradies, das, verloren, wiedergesucht wird, das, gefunden, immer wieder verlorengeht, weil die Zeit den Menschen aus allen Idyllen vertreibt, und der Mensch, ständig projektierend und verändernd, stets der Gefahr der Selbstaustreibung erliegt. Bewußt zeichnet Siegfried Lenz kein heimatliches Idyll. Sein Erzähler ist während des ganzen Erzählvorgangs angesiedelt zwischen verlorener und noch nicht wiedergewonnener Heimat, ein Mensch zwischen Abschied und erhoffter Ankunft, Flucht und Heimkehr, Selbstaustreibung und Heimweh.

Das Personengefüge

Zygmunt Rogalla ist die einzige Person des Romans, an der sich ein deutlicher Wandel vollzieht, weil er sich schießlich der Zeitlichkeit seiner Existenz unterwirft. Während das erlebende Ich noch weitgehend in die Heimat als schicksalhaftes Vermächtnis verstrickt ist und sich erst spät mit der Verbrennung des Heimatmuseums aus dieser Verstrickung löst, spricht das erzählende Ich von Anfang an aus der bewußten Distanz zur endgültig verlorenen Heimat. Im Nebeneinander beider Bewußtseinsebenen im Rahmen der Fiktion spiegelt sich die Reifung des Erzählers, der Heimat nicht länger als überpersönliches Fatum, sondern als persönlichen Entwurf begreift.

Die anderen Figuren, sieht man zunächst von Sonja Turk und Michal Mamino ab, die beide ein differenziertes Verhältnis zur Zeitlichkeit haben, repräsentieren typische Aspektvarianten von Heimat. Sie bilden in Aktion und Reaktion den Hintergrund, vor dem sich der Ich-Erzähler bewegt und entwickelt.

Auffällig ist die beherrschende Stellung der Familie Rogalla. Alfons Rogalla, der Großvater Zygmunts und Pächter der Domäne, herrscht wie ein Feudalherr auf einem Territorium, das ihm bezeichnenderweise nur vorübergehend zur Verwaltung anvertraut worden ist. Brutal lebt er seine Macht, den Egoismus des Besitzes aus. Uneingeschränkt scheint sein angemaßtes Verfügungsrecht über den lebenden wie den toten Besitz, über das Land wie über die Mägde, die ihm zu Willen sein müssen. Die Polen, Angehörige einer anderen Rasse, sind in seinen Augen minderwertig, daher rechtlos und vogelfrei. Selbst im tiefsten Unrecht triumphiert er vor Gericht, weil die Rechtssprechung auf der Seite der Besitzenden und Mächtigen steht. Alfons Rogalla, der gefürchtete Patriarch in der Provinz, ist der Unterdrücker und Ausbeuter des kleinen Mannes in einer Heimat, in der nur gilt, wer etwas hat. Vergangene Heimat heißt für die meisten erlittene Unfreiheit, jener Lebensraum, wo nicht das Recht, sondern die Knute herrscht, wo rassischer Dünkel Solidarität und Mitmenschlichkeit unterdrückt.

Um so abwegiger erscheinen die musealen Aktivitäten Adam Rogallas, Bruder des Domänenpächters. Unermüdlich durchwühlt er die Vergangenheit nach Zeugen für eine Geschichte, die die deutsche Herrschaft über Masuren im besonderen und Heimat als Ewigkeitsrecht im allgemeinen legitimieren sollen. Die Brüder Rogalla stellen komplementäre Erscheinungsweisen einer zutiefst fragwürdigen Heimat dar. Ist die Domäne der Ort praktisch ausgeübter Macht und Unterdrückung, so bildet das von Adam Rogalla gegründete Heimatmuseum die unverrückbare ideologische Basis für die Praxis quasi feudaler Herrschaft, Zwingburg der eine, Brutstätte rechthaberischer Heimattümelei der andere Ort.

Adam und Alfons Rogalla vertreten jeder auf seine Weise den deutschen Nationalismus und Chauvinismus des Kaiserreichs, Auslöser des ersten Weltkriegs und allein verantwortlich für ihn. Die angemaßte Überlegenheit deutscher Art und deutschen Wesens, die rassische Disqualifizierung wie die ideologische Borniertheit enthielten ein Aggressionspotential, das zwangsläufig aggressive Akte provozieren mußte. Heimatkunde weitet sich in der Tat zur Weltkunde aus, indem auf engstem Raum die Wurzeln und Triebkräfte der katastrophalen Geschichtsentwicklung der Nation bloßgelegt werden.

Die Söhne der chauvinistischen Gründergeneration erscheinen desorientiert, rettungslos verheddert in Phrasen und Großsprecherei. Jan Rogalla, der Sohn des Domänenpächters, tritt auf als grotesk-komischer Quacksalber und Wunderdoktor, hantierend zwischen Tiegeln und Retorten, in denen er seine angeblich todsicheren Arzneien mischt. Ob gegen Schlangenbisse, Wundstarrkrämpfe, Schuß- oder Stichwunden, gegen Blindheit, selbst gegen Feigheit vor dem Feind, gegen alles hält er Heilmittel bereit, die er marktschreierisch anpreist. Sein Bild, nebulös verwaschen im blauen Dunst seiner Experimente, erweckt den Eindruck eines Scharlatans, schwankend zwischen Selbstbetrug und kalkuliertem Schwindel. In der Giftküche seiner Wohnung leiden die Angehörigen fortwährend unter Schwindelgefühlen, Brechreiz und Ohnmachtsanfällen.

Jan Rogalla, der Sprößling deutschnationaler Größe, an deren Wesen die Welt genesen soll, ist ein Aufschneider und Kurpfuscher, stets im Qualm und Dunst seines alchimistischen Größenwahns. Wie sein Vater Alfons und sein Onkel Adam Rogalla verkommt er zur Karikatur im Dienste satirischer Pointierung. In ihm enthüllen sich die angeblich deutsche Macht und Stärke und die angeblich überlegene deutsche Tradition als bloßer Phrasendunst, als großangelegtes Schwindelunternehmen, dem die Schwindler schließlich selbst zum Opfer fallen. Der Satiriker Siegfried Lenz richtet alle drei auf unbarmherzige Weise, indem er an die Tradition des Narren-Kehraus anknüpft.

Alfons Rogalla, der Domänenpächter, landet schließlich in einer Irrenanstalt, nachdem der Eigentümer die Rechte wieder selbst übernommen hat. Der Mächtigere verdrängt den weniger Mächtigen und schiebt ihn ins gesellschaftliche Abseits. Derjenige, der uneingeschränkt wie ein kleiner Feudalherr herrschte, verliert am Ende nicht nur die Macht über andere, sondern in makabrer Steigerung auch die Macht über sich selbst.

Unnachsichtig bricht das Gericht auch über Adam Rogalla, den Heimatideologen, herein. Zunächst befällt ihn eine rätselhafte Gedächtnisschwäche. Mit den Namen der Dinge entfallen ihm diese selbst. Das Konzept der Inventarisierung und Archivierung von Heimat scheitert katastrophal, indem die Gegenstände, Erinnerungsstücke und Denkmäler der Vergangenheit in die Namenlosigkeit und Anonymität zurücksinken, sich der menschlichen Erfassung einfach entziehen. Schließlich verschwindet Adam Rogalla, der unermüdliche Beschwörer der Vergangenheit, selbst von der heimatlichen Szene. Doch die Musealisierung von Heimat verfolgt ihn als fixe Idee noch im hohen Norden, wo er mit einer Art Lasso einen Elch für sein Museum einzufangen unternimmt. Doch aus dem Gejagten wird der Jäger, aus dem Jäger die Beute. Das mächtige Tier schleift und erstickt den Gründer des Heimatmuseums schließlich zu Tode. Natur läßt sich nicht in einen musealen Verhau sperren. Als souveräner Lebensbereich durchkreuzt sie alle Versuche des Menschen, sich und seiner Heimat durch Fixierung Dauer zu verleihen.

Vernichtend trifft es schließlich auch den Quacksalber Jan Rogalla. Mit seiner Kutsche und seinen Wunderheilmitteln gerät er während des ersten Weltkriegs zwischen die feindlichen Fronten und steigt unter massivem Beschuß in einer farbig schillernden Wolke, dem Dunst in seiner Giftküche vergleichbar, gen Himmel. Nichts bleibt von ihm zurück, aufgegangen ist er ganz und gar im Dunst seiner Alchimie. Das Ende der Rogallas verweist auf die Vergeblichkeit menschlicher Anstrengungen, sich der Heimat zu bemächtigen, sei es durch patriarchale Unterdrückung, durch Traditions- und Geschichtsklitterung oder durch Aberglauben und Magie. Grotesk wie all diese Versuche ist das Ende derer, die der Versuchung, sich des Uneinnehmbaren zu bemächtigen, erlegen sind. Der Raum läßt sich nicht vereinnahmen, beharrlich tilgt die Zeit alle Spuren.

Die Menschen aber erweisen sich als unfähig, sich in den geschichtlichen Wandel zu schicken, dem Anspruch auf Dauer und der Mystifikation des Raums endlich zu entsagen. Auf die Generation von Alfons und Adam Rogalla folgen Toni Lettkow, der rechtmäßige Eigentümer der Domäne, der Statthalter Reschat, der Heimatpfleger Przytulla und der Lehrer Henseleit. Jubelte man früher dem Kaiser zu, so gilt jetzt dem Führer der fanatische Beifall. Ob im Chauvinismus des preußischen Kaiserreichs oder im Faschismus der Nazis, stets muß Heimat herhalten als der exklusive Lebens- und Schicksalsraum eines auserwählten Volkes, stets gerät die Geschichte auf heimatlichem Grund zur Apotheose der eigenen Art. Aus ideologischer Perspektive verbinden sich deutsches Wesen und angeblich deutscher Raum zur Symbiose von Blut und Boden.

Wo aber die Kräfte des Raums und das Wesen der Menschen mystisch ineinander verschlungen erscheinen, breiten sich notwendig Rassendünkel und aggressive Abstoßung des Fremden aus. Geschichte entartet zum Schlachtfeld des Wesensstolzes. Im ideologischen Konstrukt des Tausendjährigen Reiches spiegelte sich die Anmaßung des zeitüberdauernden Anspruchs auf einen bestimmten Lebensraum. Das egoistische Festhalten am zeitlos Heimatlichen, am angeblichen Adel schicksalshafter Geburt, förderten den Chauvinismus wie den Faschismus. Beide mündeten in die Katastrophe verheerender Weltkriege.

Opfer der Heimat, in der die Herrschenden und ihre Ideologen über Wert und Minderwert bestimmen, sind die Fremden und die kleinen Leute. Repräsentant der polnischen Bevölkerung in Klein-Grajewo ist Heini Hauser, der ewige Prügelknabe, Sündenbock und Verlierer. Falsch und niederträchtig der Vergewaltigung eines deutschen Mädchens beschuldigt, setzt ein wahres Kesseltreiben auf ihn ein. Schuld ist immer der andere, der Fremde, bloße Anschuldigungen, haltlos geäußerter Verdacht reichen aus, den Unbescholtenen zu diskriminieren. In makabrer Parallele dazu steht der sogenannte Sentek-Prozeß. Auch hier geht es um die Vergewaltigung eines Mädchen, der Schwester Heini Hausers, einer Polin also. Das Mädchen stirbt an den Folgen. Täter ist der deutsche Soldat Sentek, hochdekoriert und gefeiert. War man im ersten Fall auf Grund bloßer Verdächtigungen fast zur Lynchjustiz an einem Unschuldigen bereit, so entzieht man hier den offenbar Schuldigen jeglicher Verantwortung. Heimat entpuppt sich als Ort des bittersten Unrechts, wo der Unschuldige beschuldigt wird, weil er einer anderen, mißachteten Volksgruppe angehört, und der Schuldige straffrei ausgeht, weil er den deutsch-nationalen Idealen entspricht. Heimat ist ein Schreckensort, an dem sich die Fremden, die Minderheiten und die kleinen Leute auf alles gefaßt machen müssen.

Beispielhaft für das Schicksal des kleinen Mannes in der Heimat sind die Erfahrungen des Ofensetzers Eugen Lawrenz. Als er sich gegen den sexuellen Mißbrauch seiner Pflegetochter durch Alfons Rogalla zur Wehr setzt und den Domänenpächter aus sittlicher Empörung zusammenschlägt, ist er es, den die Gerichte schuldig sprechen und ins Gefängnis sperren. Später, als ihm im Rahmen einer Spendenaktion für die Frontsoldaten eine wertvolle Jacke zufällt, die einfach nicht mehr in den Waggon paßte, wird er des Diebstahls verdächtigt und als „Volksschädling" in ein Todeslager verschleppt. Heimat schützt offenbar nur die Einflußreichen, die gerade den Ton angeben, den kleinen Mann aber bringt sie um Glück und Leben.

Zutiefst fragwürdig erscheint erneut die heimatliche Geborgenheit, das Aufgehobensein aller, ungeachtet ihres sozialen Standes in der Gemeinschaft. Heimat begründet und verfestigt die Hierarchie der Geachteten und Geächteten, der Bestimmer und der Bestimmten, der Täter und der Opfer.

Neben dem vertikalen Längsschnitt durch das personale Gefüge der Heimat bietet Lenz einen horizontalen Querschnitt der wechselnden Einstellungen und Haltungen. Repräsentativ ist hier vor allem die eng miteinander verbundene Dreiergruppe, gebildet aus dem Geschwisterpaar Edith und Conny Karrasch auf der einen und dem Erzähler Zygmunt Rogalla auf der anderen Seite. Conny Karrasch, der Blutsfreund Zygmunts und spätere Journalist, vertritt den Typus des intellektuellen Neinsagers. Heimat ist für ihn zunächst nur der Anstoß zum Widerspruch, der Ort des Fragwürdigen schlechthin. Unerschrocken recherchierend, legt er die Verfilzungen und Korruptionen in der Heimat bloß. Doch bereits bei der ersten persönlichen Belastung erweist sich die bloße Opposition als anfällig für die Flucht in eine verklärte und verfälschte Vergangenheit. In der russischen Kriegsgefangenschaft bejaht der Kritiker der Heimat plötzlich all das, was er vorher so entschieden verneint hatte. Das Pendel schlägt einfach zur anderen Seite aus. Conny Karrasch wird in der Nachkriegszeit zu einem der glühendsten Verfechter des Rechts auf die angeborene Heimat Masuren. Als Ehrenbürger Lucknows will er den endgültigen Verlust nicht wahrhaben und schließt sich vorbehaltlos den Ewiggestrigen, den Heimatverbänden und Landsmannschaften an. Negation und Affirmation, zwei Seiten nur der gleichen Medaille, erweisen sich als gleichermaßen unproduktiv für eine vertretbare Einstellung zur Heimat. Verneinung und Bejahung, Verriß und Verklärung, sagen mehr aus über den Intellektuellen und seine Verliebtheit in die eigenen kritischen bzw. romantischen Gegenentwürfe als über die wirkliche Bedeutung heimatlicher Gemeinschaft.

Edith, Connys Schwester und die erste Frau Zygmunts, verhält sich zunächst widerspenstig allen Anpassungsforderungen gegenüber, bis sie in der Ehe und nach der Geburt des Sohns sich mit der Rolle der mütterlich Bewahrenden identifiziert. Dabei nimmt ihr Bemühen um die Bewahrung des Heimatlichen gelegentlich absonderlich skurrile Züge an, so als sie beginnt, Exponate des Heimatmuseums dem Zugriff von außen durch Vergraben zu entziehen.

Bei der Flucht an die Ostsee ereilt sie ein schwerer Schicksalsschlag. Ein Granatsplitter verletzt ihren Sohn tödlich. Das letzte von ihr übermittelte Bild zeigt sie in der Düne vor ihrem toten Kind, fassungslos vor Trauer, eine moderne Pietá. Mit dem unwiederbringlichen Verlust der Heimat und dem Tod des einzigen Erben scheint alle Zukunft verschlossen und sinnlos. Die untröstliche Trauer über das Vergangene erstickt die Hoffnung auf Künftiges. Ähnlich wie ihr Bruder erweist sie sich als unfähig, von ihrer eigenen Situation abzusehen, den Velust zu akzeptieren und an einer neuen fruchtbaren Gemeinschaft mitzuwirken. Intellektuelle wie emotionale Borniertheit verhindern gleichermaßen einen erneuten Aufbruch.

Nur Zygmunt Rogalla gelingt nach Irrtümern und langen inneren Kämpfen, sich vom Gewesenen endgültig zu lösen und sich auf die Suche nach neuer Heimat zu machen, nach einer Heimat der guten Nachbarschaft, die der einzelne zu entwerfen und zu gestalten hat, in der er sich aufgehoben weiß und in echter Gemeinschaft mit seinen Mitmenschen lebt. Das Verbrennen des Heimatmuseums ist ein Akt der Befreiung von der lähmenden Vergangenheit, von der verklärenden Bejahung des Fragwürdigen, vom Mißbrauch des Heimatlichen, verstanden als Schicksal und unwandelbares, unveräußerliches Erbe. Der Brandstifter bekennt sich zur Zeitlichkeit seiner Existenz und dessen, was ihm einmal Heimat war. In den Flammen sinkt das Ewiggestrige und mit ihm der Glaube an die dauerhafte Bindung des Menschen an den Raum in Schutt und Asche.

Am Ende ist der Erzähler Zygmunt Rogalla heimatlos, frei von einer Heimat, die ebenso unwirklich geworden ist wie das versunkene Atlantis, frei aber auch zu einem aktiven Neuanfang, der nicht länger Gegenstand der Fiktion sein kann, sondern Herausforderung an den Leser, eine Wirklichkeit zu schaffen, die den Namen Heimat im Sinne von Vertrautheit und Solidarität verdient und frei ist von aggressiven Besitzansprüchen. Heimat ist nicht das Formende, sondern das von Menschen und für Menschen Geformte, nicht Geschick, sondern Geschichte, nicht Tradition, sondern Tat.

Die anekdotische Struktur des Erzählens

Der Roman ist, begünstigt durch die vorgegebene Erzählsituation weitgehend anekdotisch strukturiert. Einzelgeschichten treten an die Stelle einer geschlossenen sukzessiven Handlung. Dabei liegt die Einheit des Erzählens vor allem begründet im Perspektivismus des unaufhörlich sich erinnernden und fabulierenden Ich-Erzählers, für den sich Geschichte in Geschichten auflöst und widerspiegelt. Anekdotisch ist vor allem die Spannung zwischen Authentizität und Personalität, zwischen dem, was geschichtlich geschieht und der Art und Weise, wie der betroffene einzelne darauf reagiert. Anders als im novellistischen Erzählen, in dem das Ereignis den einzelnen überwältigt, akzentuiert das anekdotische Erzählen das individuelle Erleben, das Betroffensein von der Geschichte, die das Subjekt weniger als Schicksal denn als Herausforderung erfährt.

Im Ich-Erzähler Zygmunt Rogalla verkörpern sich die Auflehnung des Individuums gegen eine fraglose Vereinnahmung durch die Geschichte und der individuelle Wille zur persönlichen Auseinandersetzung und Sinngebung. Die einzelnen Anekdoten, die sich wie Facetten zu einem Bedeutungskomplex zusammensetzen, gestalten die Sinndeutung durch den Erzähler, der erzählend und symbolisierend seinen Anspruch auf persönliche Durchdringung des Geschehens behauptet.

Hintergrund der anekdotischen Geschichten ist die Zeit der Weltkriege und ihrer Folgen, die Phase also, die die Generation des Erzählers vor allem bestimmt und gezeichnet hat. Immer wieder sieht sich der einzelne konfrontiert mit der Wirklichkeit des Vergehens und Absterbens, mit Bedrohung und Verlust, mit der akuten Gefährdung seines Glücks. Makaber ist der spielerische Wettbewerb der Totenbestattung am Schloßberg. Hohe Punktzahlen erreicht nur, wer besonders ausgefallene Tote beisetzt. Den Höhepunkt bildet Zygmunts Plan, einen toten Offizier zu bestatten. Der Tod auf dem Hintergrund einer aggressiven Geschichte wirkt bereits vielfältig in die Spiele der Kinder hinein. Auf dem Friedhof werden die Heranwachsenden während des zweiten Weltkriegs Zeugen einer Schlacht. Krieg und Grab sind unauflöslich miteinander verbunden. Was bleibt, sind nicht die angeblichen Siege, sondern die Mahnmale der Toten, Opfer eines sinnlosen Mordens.

Mit den Kriegen und dem Haß kontrastieren die Sehnsüchte der Menschen nach Frieden und Liebe. Im geräumigen Sockel des Kriegerdenkmals für den Bosniakengeneral lieben sich Edith und Zygmunt zum erstenmal. Für einen erfüllten Augenblick scheint die militante Aura des Orts durchbrochen. Nicht auf das prahlerisch erhobene Denkmal fällt der Blick, sondern auf die Basis, wo sich Liebe als Grund allen Daseins erfüllt. Die Liebesszene, mehr angedeutet als geschildert, gehört zu den überzeugendsten Darstellungen menschlicher Begegnungen im Werk eines Autors, der mit Liebesszenen eher sparsam umgeht.

Die Aufhebung des Kriegerischen in der liebenden Zuneigung zweier Menschen bleibt jedoch Episode. Während der kirchlichen Hochzeitsfeier dringen von draußen in die Predigt die grellen, über das Mikrofon verstärkten Töne nationalsozialistischer Propaganda, die den Pfarrer verstummen lassen. Der schützende Innenraum scheint überschwemmt von aggressiver Rhetorik, der friedliche Alltag zersetzt von propagandistischer Hetze und die Liebe usurpiert vom geifernden Haß der Nazis. Die menschenverachtende Ideologie dringt zerstörend ein und übertönt die Worte friedvoller Hoffnung.

Heimat, das könnte auch der Ort menschlicher Erfüllungen sein, sofern man der Selbstüberhebung der eigenen Art und der eigenen Vergangenheit über das andere und Fremde entsagte und sich besänne auf die alle Menschen verbindende Sehnsucht nach Frieden und Liebe. Doch Flucht und Krieg zerstören letztlich, was so zärtlich im Sockel des Kriegerdenkmals begann und sich unter dröhnender Kriegspropaganda verband. Paul, das einzige Kind aus der Ehe Ediths und Zygmunts, wird früh ein Opfer des Krieges, in dessen Schatten die Begegnungen seiner Eltern von Anfang an standen.

Ungeachtet der tragischen Vewicklungen aber genießt die Wehrhaftigkeit in der Heimat ein ungebrochen hohes Ansehen. An wiederkehrenden Gedenktagen feiert man die einstigen angeblichen Siege über die Fremden und die Feinde. Unvergessen ist die Erstürmung der Tarowenhöhe im ersten Weltkrieg, die Jahr für Jahr nachgestellt, als eine Art Volksfest begangen wird. Im Mittelpunkt steht dabei jeweils einer der Veteranen. Im geschilderten Fall gerät der Tarowentag jedoch zu einer peinlichen Blamage. Der seinerzeit für seine Tapferkeit ausgezeichnete Veteran hatte, wie sich herausstellt, überhaupt nicht an der Erstürmung teilnehmen können, weil er schon vorher in die Falle eines Wilderers geraten war. Das einstige Heldenstück entpuppt sich als Schwank, der das Heroische des Krieges lächerlich macht. Zur Tagödie der Opfer tritt die Komödie der Helden. Die pointiert anekdotische Darbietung des Erzählers entwertet die kriegerischen Aggressionsakte zu einem menschlich unwürdigen Schauspiel, von dem er sich nachdrücklich distanziert.

Doch die Erinnerung dessen, der zwei Weltkriege miterlebt hat, vermag vor dem Bedrückenden der Geschichte nicht auszuweichen. Trügerisch sind im letzten solche Szenen, die ganz im Heimatlich-Idyllischen aufzugehen scheinen. In diesem Sinn ist das Erntefest auf der Domäne zunächst Ausdruck eines überwältigenden Gemeinschaftsgefühls auf dem Höhepunkt naturhafter Fruchtbarkeit. Ausgelassene Freude, vitaler Genuß beherrschen das Bild. Vergessen scheint alles Bedrükkende, bis der heimkehrende Conny Karrasch auf seinem Motorrad mit einem Kriegsfahrzeug kollidiert und lebensgefährlich verletzt wird. Die heimatliche Idylle bleibt nur Episode. Schmerzlich erfährt der einzelne den Zusammenstoß mit der allgegenwärtigen tödlichen Gefahr. Der Erzähler läßt sich weder von den kriegerischen noch von den idyllischen Aspekten der Heimat einfangen. Solange der einzelne nicht zum guten Nachbarn wird, solange er Heimat nicht als Lebensmöglichkeit von begrenzter Dauer und als Auftrag, Frieden zu stiften und zu erhalten, begreift, ist die Idylle immer wieder von Zerstörung bedroht, entspringen aus dem angeblich Heimatlichen dünkelhafte Selbstliebe und aggressive Überheblichkeit.

Erschütternd ist die Szene am Bahnhof von Kartossen, nahe der polnischen Grenze. Ein Zug mit polnischen Gänsen läuft wie jedes Jahr so auch zum Zeitpunkt des deutschen Überfalls auf Polen zu Beginn des zweiten Weltkriegs ein und gerät unter Fliegerbeschuß. Die weißen Gänse mit blutigem Gefieder verweisen in greller Anschaulichkeit auf die polnischen Nationalfarben und das ohnmächtige Ausgeliefertsein der ahnungslosen, unschuldigen Polen an die deutsche Aggression.

Wie sehr gerade die Heimat der Zeitlichkeit unterliegt, veranschaulicht der Start der Schiffe in Pillau. Auf zwei Schiffe verteilt, scheint der Lucknower Treck wohlbehalten der neuen Heimat im Westen zuzusteuern. Als das zweite Schiff, von einem Geschoß getroffen, jedoch zu sinken und das erste Schiff mitzureißen droht, kappt man kurzerhand die Verbindungstrossen. Mit einem Teil Lucknows versinken auch Zygmunts Mutter und Sonja Turk, während das erste Schiff mit dem Sohn an Bord an Fahrt gewinnt. Abschied und Aufbruch, Vergangenheit und Zukunft sind unauflöslich mit dem menschlichen Leben verbunden.

Das Gewordene versinkt und vergeht, um Platz zu schaffen für künftiges Werden. Eine dauerhafte Bindung an den Raum, ein für alle Zeit garantiertes Heimatrecht kann es nicht geben.

In Schleswig sucht Zygmunt nach Edith und seinem Sohn, deren endgültigen Verlust er nicht wahrhaben möchte. Seine Suche nach dem vergangenen Glück bereitet den Weg für eine künftige Erfüllung. Beim Suchdienst findet er seine zweite Frau, mit der er eine neue Familie auf dem Boden gründet, der ihm nach der Flucht als Heimat zugefallen ist und zu dem er sich mit dem Verbrennen des Heimatmuseums und der dadurch erfolgten Befreiung von museal gewordener Vergangenheit rückhaltlos bekennt.

Zygmunt Rogallas Geschichten erfüllen das, was dem Menschen zustößt, mit Sinn und nehmen dem Geschehen die Blindheit und Zufälligkeit. Erzählend und symbolisierend stiftet der einzelne Bedeutung und fügt sein Leben zu einem sinnvollen Kosmos. Fundamental bleibt die Erfahrung fortschreitender Zeit, die der Mensch weder anhalten noch zurückdrehen kann. Was ihm bleibt, ist die Herausforderung, sich in die Zeitlichkeit seiner Existenz einzurichten, Heimat zu schaffen, trotz ihrer begrenzten Dauer, die Fremdheit der Welt zeitweise aufzuheben in den vertrauten Bezügen des Heimatlichen. Heimat erwächst aus der Sehnsucht nach Aufgehobensein unter vertrauten Menschen am vertrauten Ort, aus dem Schutz- und Geborgenheitsbedürfnis, das überall und jederzeit das gleiche ist. Heimat ist der begrenzte Ort, mit dem Wunsch nach unbegrenzter friedlicher Nachbarschaft, ein Projekt auf Zeit, der Zeitlichkeit zu entgehen, das Paradox der Sehnsucht des zeitlichen Menschen nach Ewigkeit.

Sonja Turk und die Symbolik des Teppichwirkens

Wie die Motive eines Teppichs sind die Anekdoten in den Lebensteppich Zygmunt Rogallas eingewirkt, des Erzählers und des Meisterschülers der Sonja Turk. Fortwebend, Teppichfeld für Teppichfeld knüpfend, erzählt er die Geschichte seines Lebens, das nach Anwachsen der verpflanzten Hautinseln in seinem Gesicht vor einem neuen Aufbruch steht. Sonja Turk, seine Lehrerin und Meisterin, ist die zentrale Symbolfigur des Romans. Mit dem Verlust ihres Buchs über die Teppichwebkunst in den Flammen ist ihr Schüler endgültig in die Selbständigkeit entlassen, seine Lehrzeit beendet. Jetzt erst ist er wirklich in der Lage, den Faden seines Lebens ohne Anleitung weiterzuspinnen. Nach dem Verbrennen des Heimatmuseums gelingt es ihm in der Manier des geübten Teppichwebers, Erscheinung und Bedeutung, Geschehen und Sinn miteinander zu einer symbolischen Abbildkunst zu verknüpfen.

Sonja Turk ist Zygmunts eigentliche Mutter. Unter den flußabwärts treibenden Stämmen zieht sie ihn rettend hervor, gebiert ihn gleichsam neu für das Leben, das unter den gefällten Bäumen, dem Abgestorbenen, vom weiteren Wachstum Abgeschnittenen zu ersticken drohte. Sie führt ihn ein in die Kunst des Webens, in das Bewußtsein der Zeit und ihres fortschreitenden Vergehens in ihrem Haus, an dem der Fluß wie die Zeit unablässig vorüberfließen. Der Schicksalsweberin Klotho gleich sitzt sie „am sausenden Webstuhl der Zeit", wie die Parze Fäden spinnend und abschneidend.

Eine Liebschaft, so wird erzählt, habe sie früher einmal mit Adam Rogalla verbunden. Doch die Verbindung der Verkörperung fortwebender Zeit mit dem Fanatiker des Raums, mit dessen Dauer er sich sammelnd und archivierend verbinden möchte, scheiterte, mußte scheitern, weil die Zeit den Menschen schließlich aus allen Räumen vertreibt. Eine harmonisch dauerhafte Aussöhnung von Raum und Zeit, Heimat und Geschichte ist dem Menschen versagt. Mit der Austreibung aus dem Paradies hat er die räumliche Geborgenheit verloren und ist eingetreten in die sterbliche Zeit. Unaufhörlich fortwebend, bringt sie indes nicht nur den Verlust des Liebgewonnenen, sondern auch die letztliche Aufhebung des Bedrückenden und Bedrohlichen mit sich. Sie läßt das Alte absinken und erhebt den Menschen in der Hoffnung auf einen neuen Anfang. Den Wert der Dinge relativierend, vertraut sie auf die Kräfte des Wandels und des Fortschreitens. Nur der aber, der sich selbst und seine Welt als veränderlich erfährt, vermag die Veränderung gelassen hinzunehmen und verändernd Hand anzulegen.

Bei Sonja Turk wird Zygmunt der alten heraklitischen Weisheit inne, daß alles im Fluß ist, begriffen in einem ständigen Auf und Ab. Zentrales Symbol in der Wirkkunst Sonjas ist der springende Hirsch, Sinnbild der dynamischen Bewegung des Lebens, des vitalen Durchmessens des Raums in der Zeit. Nur in der Unterwerfung unter die Zeit kann der Mensch die Heiterkeit seiner Seele gewinnen.

Sonja Turks stoischer Ergebenheit in die Zeitlichkeit menschlicher Existenz steht die christliche Orientierung des polnischen Teppichwirkers Michal Mamino gegenüber. Beide haben bei einer Teppichausstellung den ersten Preis gewonnen, beide Positionen, die stoische wie die christliche, stehen ebenbürtig nebeneinander. Allerdings, so heißt es ausdrücklich, erkenne Sonja Turk in Michal Mamino die alles überragende Autorität.

Zwei Teppichbilder des legendären Wirkers werden insbesondere herausgehoben. „Christus im Sturm" gestaltet die bekannte Szene auf dem See Genezareth nach Matthäus. In einem winzigen Boot, umspült von mächtigen Wellen, treiben die ängstlichen Jünger in erdfarbenen Gewändern dahin, während Jesus, ganz in Weiß, gelassen zu ihren Füßen schläft. Abgebildet ist nicht der dem Unwetter gebietende, sondern der ruhig schlafende Christus. Die bildliche Darstellung begnügt sich mit der Vorstellung der Ausgangssituation und appelliert zugleich an den Betrachter, an die göttliche Macht über das tobende Element zu glauben. Angesichts der Schwere der Kriegszeit gewinnt die gläubige Zuversicht Gestalt, daß die Welt weiterhin in Gottes Hand ruht. Er ist der Herr über die Zeit, die in hohen Wellen den irdischen Menschen zu verschlingen droht. Das leuchtende Weiß des Gewands Jesu überstrahlt die erdfarbene Angst seiner Jünger.

Verschlüsselter ist das zweite Teppichbild mit dem Titel „Tauben und Fische". Tauben und Fische haben ihre Lebensräume getauscht. Während die Fische den Himmel durchqueren, bewegen sich die Tauben im Wasser. Beide Bewegungen verlaufen entgegengesetzt.

Das goldene Licht auf dunklem netzartigen Hintergrund am linken wie am rechten Bildrand scheint sowohl das Ziel der Tauben als auch der Fische zu sein. Auffällig ist die starke Bewegtheit des Bildes, der horizontale Bewegungsverlauf in beide Richtungen sowie die vertikale Dynamik durch die Umkehrung von oben und unten. Entfernt erinnert die Motivik an Bobrowskis Gedicht „Der Wanderer", in dem Vögel und Fische ebenfalls die Plätze getauscht haben.

Um Bewegung und Wanderschaft geht es auch hier, um die sinnbildliche Gestaltung der irdischen Situation des homo viator, für den es keinen Anspruch auf Ruhe in einem angestammten Raum gibt. Die gewählte Tiersymbolik verweist auf die Friedfertigkeit und Gelassenheit der Bewegung, auf die selbstverständliche Unterwerfung unter das Gesetz fortströmender bzw. verfliegender Zeit. Das Ziel aber ist für alle gleich. Am Ende des Wegs tauchen die Tauben wie die Fische ein in das goldene Licht. Die Bewegung scheint endgültig am Ziel. Das dunkle, netzartige Muster hinter dem goldenen Lichtschimmer unterstreicht den Abschluß. Lassen sich bereits Tauben und Fische als christliche Sinnbilder der Seelen auf dem Weg zu Gott auffassen, so erscheint das goldene Licht als Reich der Erlösung, als die Heimat am Ende des Lebenswegs, aus dem es keinen Aufbruch mehr geben wird, wo die Zeit stillsteht. Im goldenen Lichtschimmer leuchtet das Paradies als die letzte angestrebte Heimat auf. Vertikale und horizontale Bewegung heben sich gegenseitig auf. Im Netz des göttlichen Menschenfischers kommen alle Bewegungen zur Ruhe, erfüllt sich die Sehnsucht nach Geborgenheit nach rastloser Wanderschaft. Heimat im christlichen Sinn meint die endgültige Aufhebung irdischer Zeit im paradiesischen Raum. In der Zweidimensionalität des Teppichs läßt sich im Grunde nur die linear fortschreitende Bewegung darstellen, der goldene Lichtschimmer an beiden Rändern indes deutet auf die dimensionale Erweiterung zur Kugelgestalt und damit auf die Überwindung bloßer Linearität in der Geborgenheit Gottes, so wie die netzartige Durchdringung der horizontalen und vertikalen Linien alle Bewegung aufhebt.

Der legendäre Teppichwirker Michal Mamino setzt dem menschlichen Schicksal der Zeitlichkeit, so wie es Sonja Turk in ihren Teppichbildern symbolisiert, eine konsequent christliche Antwort auf die Frage nach Heimat entgegen. Alle Versuche, dauerhafte Heimat in der Geschichte zu etablieren, müssen notwendig scheitern, aber der Mensch, der nicht müde wird, die verlorene Heimat zu suchen, handelt aus der Erinnerung an das Paradies, dessen Bewohner er einmal war und am Ende der Zeit wieder sein wird, so wie die Fische und die Tauben, aus dem goldenen Licht kommend, darin wieder eintauchen werden.

Sonja Turk und Zygmunt Rogalla bemühen sich vergebens, die Symbolik Maminos zu deuten. Der Teppich findet am Ende seinen Platz in der Kirche. Vielleicht liegt die Antwort auf die Frage nach dem Sinn menschlicher Existenz weniger in der stoischen Ergebung in die Zeit als in der christlichen Hoffnung auf das Paradies. Auf jeden Fall aber, ungeachtet einer Entscheidung für Sonja Turk oder Michal Mamino, sollen die Teppiche als symbolisches Gewirke einen Platz haben im Leben der Menschen, indem sie nicht nur ästhetisch bewundert, sondern vor allem benutzt werden.

In der Auseinandersetzung mit seinem Schüler Marian Jeromin vertritt Zygmunt Rogalla unbeirrt seine Auffassung vom Nutzen der Teppichkunst gegen eine einseitige Betonung des spielerisch Ornamentalen und Absichtslosen. Kunst hat über das rein Ästhetische hinaus den didaktischen Auftrag, Fragen anzuregen, Antworten zu versuchen, sich dem Bedürfnis nach Sinn zu stellen und die Einsicht in die Notwendigkeit des Sinnverstehens zu fördern. Siegfried Lenz gehört zu der nicht eben großen Zahl moderner Erzähler, die sich zur didaktischen Dimension des Schreibens bekennen, da er die ethische Orientierung der ästhetischen Gestaltung nicht einfach unterwirft. Seine symbolische Wirkkunst, die Geschehen und Bedeutung miteinander verknüpft, gestaltet in den Kategorien von Raum und Zeit, von Heimat und Geschichte, die menschliche Existenz als Sinnentwurf und zugleich als Herausforderung an den Leser zu fortwebender Sinnstiftung.

Bibliographie

LENZ, SIEGFRIED: Heimatmuseum. Roman. Hamburg: Hoffmann und Campe 1978 [zitierte Ausgabe]

ARNOLD, HEINZ LUDWIG (Hg.): Siegfried Lenz. München [2]1982 (= Text + Kritik 52)
FRIES, MARILYN S.: The interlocutor and the narrative transmission of the past: on S. Lenz's Heimatmuseum. In: Monatshefte 79, 1987, S. 449–462
MECKLENBURG, NORBERT: Erzählte Provinz. Regionalismus und Moderne im Roman. Königstein: Athenäum [2]1986
–: Die grünen Inseln: zur Kritik des literarischen Heimatkomplexes. München: iudicium 1987
WAGENER, HANS: Siegfried Lenz. München: Beck [4]1985

HERBERT KAISER

Jurek Becker: Jakob der Lügner

Beckers erster Roman (1969: Berlin/Weimar; 1970: Darmstadt/Neuwied) ist, bis heute, die überzeugendste Darstellung der Shoah in der deutschsprachigen Literatur. Ihm gelingt das scheinbar Unmögliche: Er erzählt vom Unsagbaren, indem er die Toten aus ihrer Anonymität und dem Massengrab der Vernichtungsstatistiken herausholt und sie als Menschen zeigt, die leben, weil sie hoffen. Der Darstellung folgt man, weil Becker ganz dem literarischen Wort, seinem Erzählen vertraut und keine anderen als menschliche Zwecke verfolgt. Der Roman wird dadurch politisch, weil er im vordergründigen Sinn unpolitisch bleibt. Lange vor seinem Austritt aus dem Schriftstellerverband der DDR und seiner Übersiedlung nach West-Berlin (1977 aus Protest gegen die Ausbürgerung Biermanns) unterläßt es das damalige SED-Mitglied Becker, seinem Roman eine sozialistisch-antifaschistische „Stoßrichtung" (Becker, *Irreführung der Behörden*, 1975, S. 13) zu geben und seine Geschichte dem politisch gültigen Schema der Heroisierung eines jüdischen Widerstands anzupassen. Becker hält es für unzulässig, die große historische Ausnahme des Warschauer Ghetto-Aufstands politisch und literarisch zu verallgemeinern; für ihn ist das Hoffen der Menschen, als Quelle ihrer Lebenskraft und ihres Überlebenswillens, eine Form des Widerstands – und zwar des menschlichen wie des spezifisch jüdischen. „The only theme in this book is resistance." (Becker, 1983, S. 273)

Becker, der erst 1945, mit acht Jahren, die deutsche Sprache zu lernen beginnt, hat sich, seinem Selbstverständnis nach, von seinem Judentum entfernt. (Becker, 1978) Diese Distanzierung, die aber nie zu einer endgültigen Ablösung werden kann, weil Lodz, Ravensbrück und Sachsenhausen für ihn Realität bleiben, vollzieht sich mit ihren Reflexionen und Fragen im literarischen Werk, so daß der Autor Becker sein muß, was er als privates Individuum nicht sein will: jüdischer Mensch. Die Spannung zwischen jüdischer und nichtjüdisch-deutscher kultureller Identität trägt Becker vor allem in der Erzählsprache aus. Er steht als Erzähler deutlich in der Tradition jiddischer Literatur (Scholem Alejchem; Isaak B. Singer), aber er vermeidet alle Jiddischismen bewußt; so ist in *Jakob der Lügner* die Sprache deutsch, aber die „Intonation der Erzählstimme" jiddisch. (Gilman, 1988, S. 279)

In diesem Roman sind zwei Erzählebenen verwoben. Das epische Ich erzählt von Hoffnung und Verzweiflung, Leben und Vernichtung im Ghetto; es präsentiert jedoch die Erzählung an seine Hörer oder Leser als Erzählung Jakobs an ihn. Die Ereignisse im Ghetto werden also durch zwei Erzählerfiguren, das Ich und Jakob, vermittelt. Bei der Darstellung des Inhalts ist deshalb zu unterscheiden zwischen dem Inhalt der Ghetto-Geschichte und dem des Romans, der über diese hinaus vom Erzählen und Weitererzählen dieser Geschichte handelt.

Der Roman ist in 44 Abschnitte oder Sequenzen untergliedert, von denen 11, meist kürzere, den Ich-Erzähler und sein Verhältnis zu Stoff, Quellen und zum Erzählvorgang selbst betreffen. Die übrigen Abschnitte stellen die Ereignisse im Ghetto dar, und zwar durchweg in chronologisch-linearer Folge, von Jakobs abendlichem Spaziergang und seinem unfreiwilligen Aufenthalt auf dem Revier bis zum Abtransport ins Vernichtungslager. Eine Inhaltsbeschreibung dieser Ghetto-Ereignisse könnte wie folgt lauten:

Jakob hat sich im Ghetto seinen „Hang zum Schlendern" (185) bewahrt; bei einem Abendspaziergang im Dunkeln schickt ihn ein Wachtposten wegen angeblicher Überschreitung der Ausgangszeit aufs Revier, wo Jakob die Radiomeldung hört, bei Bezanika, einige hundert Kilometer östlich, wehrten die Deutschen sowjetische Angriffe ab. Wider Erwarten darf Jakob nach Hause. Er kann die Freudenbotschaft vom deutschen Rückzug nicht für sich behalten; als erste erzählt er sie seinen Zimmergenossen – die aber seit langem tot sind, dann will er bei der Verladearbeit auf dem Bahnhof den jungen Mischa einweihen. Die Umstände erzwingen es, daß Jakob dessen gefährliches Vorhaben, Kartoffeln zu stehlen, nur dadurch vereiteln kann, daß er seine Aufmerksamkeit durch eine leichtfertige Übertreibung, die erste „Lüge" ablenkt: „Ich habe ein Radio." (32) Mischa ist plötzlich wie verwandelt, die Nachricht von Bezanika und Jakobs Radio geben ihm Zukunft, Leben, Hoffnung. Die Neuigkeit verbreitet sich rasch, Jakob kann die Notlüge nicht mehr richtigstellen, Kowalski fordert Gewißheit. Im Ghetto bricht Hoffnung aus; Mischa macht Pläne, hält bei Frankfurter um die Hand seiner Rosa an, muß die Quelle seiner Zuversicht nennen: „Jakob Heym hat ein Radio." (55) Radios sind im Ghetto streng verboten. Frankfurter überkommt die Angst, die Deutschen könnten davon erfahren und das Radio suchen. Er aber hat wirklich ein Radio versteckt und zerstört es augenblicklich.

Aus der Hoffnung keimt die Liebe: Mischa nimmt Rosa zu sich, aber er wohnt nicht allein im Zimmer. Er muß lügen, Fajngold sei taubstumm, er merke nichts von ihrer Zärtlichkeit. So bringt die Lüge die Hoffnung, die Hoffnung die Lüge hervor – das neue Leben ist auf den Tod gebaut. Schließlich muß Jakob dauernd neue Radiomeldungen erfinden, um die hoffnungs„süchtigen" (88) Menschen zu befriedigen. Die Zuversicht der Radio-Befürworter gibt im Ghetto den Ton an, die Skeptiker und Ängstlichen (Frankfurter, die Brüder Schtamm, Kirschbaum) wissen dem entscheidenden Argument nichts entgegenzusetzen:

„Die Selbstmordziffern sinken auf Null." (83) Die Grenze zwischen beiden Parteien verläuft durch Jakob; er lügt mit schlechtem Gewissen, versucht – vergeblich – das Radio aus technischen Gründen verstummen zu lassen oder an andere Informationsquellen zu kommen. Aber sein Versuch, auf einem deutschen Klosett deutsche Zeitungsmeldungen zu erbeuten, scheitert tragikomisch. Herschel Schtamm wird erschossen, als er die Radio-Hoffnungen an die im Waggon eingepferchten Juden auf dem Rangiergleis weitergeben will.

Seit die achtjährige Lina ihre Eltern verloren hat, hat Jakob sie bei sich aufgenommen. Herschels Tod und die Naivität des Kindes geben Jakob die Kraft, das Radio weiterlaufen zu lassen; die Befreier rücken nun schneller vor. Lina sucht das Radio, von dem sie gehört hat; da sie keins kennt, hält sie eine Petroleum-Lampe dafür – „das Flämmchen der Erwartung" (150) brennt auch ohne Öl. Die dichtesten und ergreifendsten Passagen hat der Roman im 27. Abschnitt (160–174): Jakob gibt Linas Drängen nach, sie darf Radio hören – hören, es nicht sehen. (164) Im Keller hinter einer Trennwand imitiert er Blasmusik und erzählt dem Kind mit verstellter Stimme das Märchen von der kranken Prinzessin, die nur gesund werden kann, wenn man ihr eine Wolke gibt, aber erst der Gärtnerjunge weiß, was jedes Kind weiß, daß Wolken aus Watte sind. Lina ist neugierig, sie guckt, sieht: Jakob ist das Radio – aber sie ist nicht enttäuscht, „sie hat sich [...] gefreut" (162); „Lina weiß, was keiner weiß." (170)

Die Anzeichen der nahenden Katastrophe mehren sich. Fajngold ist verschwunden, Kirschbaum vergiftet sich, das Ghetto wird straßenweise in die Vernichtungslager transportiert. Rosa vor allem stürzt in Verzweiflung und Hoffnungslosigkeit; als sie aber Jakob zur Rede stellen will, trifft sie Lina und bringt es nicht fertig, die Lebensfreude des Kindes durch die faktische Wahrheit zu zerstören. Lina ereifert sich für Jakob, verteidigt gegen Rosa seine Radiomeldungen wider besseres Wissen als Wahrheit, was Jakob wiederum die Kraft nimmt, weiterzumachen. Er offenbart sich Kowalski, der sich daraufhin erhängt. Der Erzähler bietet dem Leser zwei Möglichkeiten an, „die Geschichte [zu] ihrem nichtswürdigen Ende" (257) kommen zu lassen. Zum einen eine imaginäre: Jakob sagt nicht die Wahrheit; da er das Radio nicht loswird, „beschließt er, die Juden loszuwerden" (260): er flieht, wird erschossen, doch zur selben Zeit kommen die Befreier. Zum anderen die historische: Deportation, Fahrt in die Vernichtung, während welcher Jakob dem Erzähler diese Geschichte erzählt. Das Erzähler-Ich überlebt als einziger und erzählt uns die Geschichte neu und weiter.

Die Spannung zwischen Hoffnung und Lüge erhält dadurch eine weitere Dimension, daß – wie man herausgefunden hat – der Vormarsch der sowjetischen Armee in der Tat in den Stationen verlaufen ist, die

Jakob aus seiner Notlage als Hoffnungslügen erfunden hat. (White/ White 1978, S. 211f.; Wetzel, 1986, S. 108) Von daher bekommt der doppelte Schluß *eine* seiner Rechtfertigungen[1]: daß Jakobs Flucht vor der Hoffnungssucht und dem Lügen-Müssen mit der objektiven Befreiung zusammenfällt, ist keine hypothetische, sondern eine reale Möglichkeit – wenn auch nicht die historische. Jenseits des individuell begrenzten Bewußtseins und seines verzweifelnden Hoffens ist Rettung möglich, wenn auch nicht für die Hoffenden selbst. Alle namentlich erscheinenden Personen der Erzählung werden ermordet. Prinzipiell und im allgemeinen ist die Hoffnung jedoch gedeckt, kein leerer Wahn: dafür steht das Überleben und Erzählen des Erzählers.

Thema

Beckers Roman handelt also vom paradoxen Hoffen, von der Hoffnung wider alle Hoffnung oder – mit Ilse Aichingers Romantitel zu reden – der „größere[n] Hoffnung"[2]. Als Jakob am Morgen das Plakat mit dem Deportationsbefehl sieht, erwarten alle von ihm einen Blick, ein Wort der Hoffnung; aber „nach einer Ewigkeit dreht Jakob sich um, präsentiert uns zwei leere Augen, und im gleichen Augenblick erkennt auch der Dümmste, daß alle Seligkeit verspielt ist". Der Erzähler „weiß beklemmend genau, daß [die Leute] Recht haben, es gibt hier nichts mehr zu erwarten, trotzdem hoffe ich weiter" (274). Diese hoffnungslose Hoffnung ist, wie die Inhaltsparaphrase zeigt, im Stoff der Geschichte selbst angelegt – die Hoffnungen und die Fakten stehen sich von Anfang an feindlich gegenüber. Hoffnung kann sich nur gegen das Faktische als „Lüge" artikulieren. Aber das verlorene Hoffen der Juden wirkt auf den Hörer oder Leser nicht als bloße Illusion und Täuschung, obgleich es das realiter ist. Auch entsteht nie der Eindruck eines im historischen Interesse aufgehenden Erzählens, das berichten will, wie es denn in Wirklichkeit gewesen sei, und erst recht nicht der Eindruck einer zynisch-objektiven Distanz eines auktorialen Erzählers, der mit seinen Lesern sagen kann: „Wir wissen, was geschehen wird" (34), weil er selbst davongekommen ist.

Erzählbar, lesbar und glaubwürdig wird der grauenvolle Stoff des paradoxen Hoffens erst durch die Art des Erzählens: durch seine Wiedergabe in der Brechung einer erzählten Erzählung, die Thematisie-

---

1 Der erfundene, imaginäre Schluß hat zwei Aspekte, die in ihrem Widerspruch das Paradoxe des Hoffens abbilden: diesen (verborgenen) der real-möglichen Rettung und den offensichtlichen der real-unmöglichen. Vgl. unten, S. 112.
2 Vgl. dazu die Interpretation von Hedi Kaiser, oben, S. 18ff.

rung des Erzählens im Leitmotiv der „Bäume" und vor allem die Fiktion der Mündlichkeit des Erzählens. Das Erzähler-Ich hat „als einzig Überlebender von Jakobs Bekannten [...] ein ähnlich exklusives Verhältnis zu der Quelle seiner Geschichte wie Jakob, der allein das Radio hören konnte, zu der seinen" (Wetzel, 1986, S. 112). Für die Mitbewohner des Ghettos wie für die Adressaten des Ich-Erzählers bleibt der Ursprung der Erzählung dunkel; die Hoffnung, die von beiden Erzählern ausgeht, läßt sich für beide Adressatengruppen nicht auf Gewißheit zurückführen. Beide können nur vertrauen, wenn sie hoffen wollen. Der Roman ist eine Radio-Geschichte, stellt, wie ein Hörspiel, eine Hör-Aufgabe. Hoffnung kann man, da ans erzählte Wort gebunden, nur hören, „nicht sehen" (164). Becker läßt deshalb seinen Ich-Erzähler nur Erzähler, nicht – wie etwa in *Irreführung der Behörden* – auch Schreiber sein. Der Adressat ist nicht eigentlich der Leser, sondern der Hörer. Die Erzähler bürgen für ihre Geschichte; deren Erzählbarkeit ist an ihre Person und Menschlichkeit gebunden, an Angst und Mut, Wahrheit und Lüge.

Der Roman schließt mit der Fahrt in den Tod; es ist schon dunkel, der Erzähler schaut noch durch die Waggon-Luke, Jakob fragt: „Willst du nicht schlafen, du siehst nichts mehr?" „ ,Doch. Denn ich sehe noch die Schatten von Bäumen' ", antwortet das Erzähler-Ich. (283) Es beginnt: „Ich höre schon alle sagen, ein Baum, was ist das schon [...]?" (7) Die Bäume verschwimmen im Dunkel, werden unsichtbar, aber sie erscheinen im Wort und als Wort wieder. Erzählung und Erzählen stehen im Zeichen der Bäume; in den Bäumen wird das Vergangene, werden die Getöteten erinnernd vergegenwärtigt, und in den Bäumen erscheint Hoffnung. Jenseits aller Inhalte ist das Erzählen selbst eine Tat der Hoffnung, jedoch ist das Erzählen kein Selbstzweck – wir müssen hören. Diese Andeutungen weisen auf das Problemzentrum des Romans voraus: die Unsichtbarkeit, die Nicht-Positivierbarkeit oder das Ungegenständliche der Hoffnung und die Notwendigkeit, das Grauenvolle als eine Geschichte zu erzählen und auf dieses Erzählen zu hören.

Raum-Zeit-Struktur

Das Ghetto als hermetisch abgeriegelter, streng bewachter Stadtteil ist ein geschlossener Raum. Viele der in ihm Gefangenen haben, wie Jakob und Kowalski, auch vor dem Krieg dort schon als kleine Händler und Gewerbetreibende gelebt, aber die Enge nie als Gefangenschaft empfunden; Raum und Zeit hatten zwar Grenzen, aber die waren durchlässig. Man lebte mit seinen kleinen Wünschen nach Veränderung und besseren Geschäften. Mit der Umwandlung des Ghettos in ein totales Gefängnis verlieren Raum und Zeit ihre Offenheit und Transzendenz. Im Arbeits- und Todeslager sind Bewegungsfreiheit und Zukunft abgeschnitten. Das sind die Gegebenheiten. Die Deutschen haben sie gemacht und erhalten sie mit Gewalt. Jakob aber liebt die Bäume, die im Ghetto verboten sind (8); er ist ein Spaziergänger, meidet endgültige Bindungen, seine Josefa wollte er nicht heiraten (185 ff.). Sehr wahrscheinlich, so die Mutmaßung des Erzählers, habe „diese gottverdammte Geschichte [ohne ihn] nicht [...] passieren können" (9). Das „Flämmchen der Erwartung" (150) ist in ihm trotz allem nicht verlöscht, er bleibt im Dunkeln nicht auf seinem Zimmer, sondern geht ins Freie.

Die im 2. Abschnitt (10–22) erzählte Geschichte von Jakobs Zwangsbesuch auf dem Revier stellt die Grundsituation des Ganzen in nuce dar. Jakob wird in die Enge, die tödliche Gefahr des Reviers, getrieben; er kennt dort jede Tür, jedes Möbel von früher, die Vergangenheit umfängt ihn, aber nicht als gewöhnliche Erinnerung, sondern die Erzählung baut einen harten Kontrast zwischen vergangener Normalität und gegenwärtiger Todesangst auf. Dann hört Jakob die Radiomeldung, die Front sei bei Bezanika; er freut sich, aber sein Ärmel ist in der Tür eingeklemmt. Hoffnung und Horizont entstehen, aber Fesselung und Ausweglosigkeit bleiben, ja nehmen noch zu. „Ein Toter hat eine gute Nachricht gehört" (14). Becker zeigt hier die beiden Grundstrukturen seines Romans. Zum einen: Geschlossenheit des Raumes und der Zeit korrespondiert mit Hoffnung; diese wendet sich gegen das Faktische. Zum anderen: aus dem unvermittelten Zusammenprallen von menschlichem Hoffen und faktischer Hoffnungslosigkeit, von Bewußtsein und Realität, entsteht ein tragikomischer Kontrast. Jakob, für den die Radiomeldung Leben bedeutet, hängt von außen in der Tür; die Tür wird von innen geöffnet, Jakob fällt um; er ist gleichsam aufgerichtet und niedergeschlagen zugleich. Die Deutschen wissen nicht, ob sie lachen oder ernst sein sollen; aber auch der Erzähler legt seine „Geschichte" so an, daß seine Perspektive als Erzähler nie mit der Perspektive seiner Figuren identisch wird. Er erzählt nicht Jakobs, nicht „seine Geschichte, sondern eine Geschichte" (44).

Neben dieser Episode auf dem Revier gibt es eine Reihe weiterer Situationen, in denen die Erzählung ihre Bedeutung aus dem Gegensatz von räumlicher Geschlossenheit und Transzendenz des Hoffens gewinnt. Der 22. Abschnitt (101–111) schildert die Geschichte von der deutschen Zeitung auf dem Klosett. Jakob kann die Neugier auf Nachrichten nicht mehr befriedigen, da sieht er den deutschen Wachtposten mit einer Zeitung im Häuschen verschwinden; dessen Benutzung ist den Juden verboten. Jakob spekuliert auf die Zeitungsreste; die Hoffnung treibt ihn ins Engste. Der Deutsche mit dem Durchfall, der wartet, muß abgelenkt werden, Kowalski opfert sich, kippt die Kisten um, wird furchtbar verprügelt, Jakob jedoch kann entkommen. Die Zeitung ist unergiebig, aber Kowalski, der Schnorrer und Schwächling, wird plötzlich zu einem Helden: die Hoffnung aus der Bezanika-Meldung hat ihn verwandelt. Jakob findet in der ‚beschissenen‘ Ausweglosigkeit des deutschen Klos einen wirklichen Freund.

Die Spannung zwischen Hoffen und Eingeschlossensein, die die Situation im Ghetto grundsätzlich bestimmt, zeigt sich auch in den Waggon-Szenen. Die Juden entladen auf dem Bahnhof Güterwaggons; einer steht auf dem Abstellgleis, Zutritt verboten. Herschel hört die Stimmen der Eingeschlossenen, läuft hin und gibt die Hoffnungsnachricht durch die Bretterritzen weiter: die Russen rücken vor. Er wird erschossen (24. Abschnitt). – Der Roman endet mit der Fahrt im geschlossenen Waggon in das Vernichtungslager; die Erzählung betont den Gegensatz zwischen bedrängender Enge im Innern und dem Blick durch die Luke ins Freie. Jakob und Lina sprechen über das Märchen: Woraus sind Wolken? Sind Träume, Wünsche, Hoffnungen – wie für die Kinder – aus Watte, denn „sie sehen aus wie Wattebäusche“ (281), oder sind Wolken aus Wasserdampf und Schornsteinrauch? Ist Hoffnung bloß Illusion, Täuschung vor dem Tod oder gibt es eine Transzendenz des Hoffens, die durch das Faktische nicht widerlegt werden kann? Die Erzählung stellt die Fragen und läßt sie offen – die Erzählung ist die Frage nach Notwendigkeit und Widersinn der Hoffnung, auf die es keine Antwort gibt. Waggon und Bäume stehen sich am Ende als Faktizität und Hoffnung gegenüber; das Faktische siegt, die Hoffnungen der Eingeschlossenen sind nur Wolken; die Menschen selbst lösen sich buchstäblich in Rauch auf – aber die Erzählung beginnt wieder mit den Bäumen, mit deren „Schatten“ sie endet. „Manche sagen, die Bäume verwirren meinen Sinn“ (283): das Erzähler-Ich erkennt diese Unauflösbarkeit des Hoffnungsparadoxons und bekennt sich zu ihm als Prinzip seines Erzählens.

Ihre sinnfälligste Gestalt nimmt die Dialektik von Geschlossenheit des Raums und Offenheit der Zeit in der Kellerszene mit Lina an (27. Abschnitt). Im Keller „ohne Fenster“ brennt ein „Licht, das nur wenig heller ist als gar keine Lampe“ (162). Jakob beginnt mit den politisch-faktischen Voraussetzungen der Hoffnung: die Russen schlagen die Deutschen, verkündet Churchill in einem Interview; aber das trifft nicht die Erwartung des Kindes; Jakob weiß: „Man ist [...] kein Scholem Alejchem an Erfindungsgabe“ (167). Er läßt Blasmusik folgen, schließlich das Märchen, in dem die Prinzessin Watte für Wolken nimmt. Die Wolke verweist auf die Träume und Hoffnungen der Prinzessin, die „Prinzessin“ ist, weil ihre Sehnsucht über das Gegebene hinausreicht; das ist ihre „Krankheit“ (172). Watte kann ihr als Wolke gelten, weil sie dem „Kissen" entspricht, auf dem sie träumt (173). Sie unterscheidet nicht zwischen Wunsch und Wirklichkeit, innerer und äußerer Realität: „Jedes Kind weiß", daß diese beiden Sphären ungeschieden sind; auch Lina, die an der Nicht-Unterscheidung sogar festhält, obwohl sie Jakob statt des Radios hinter der Wand gesehen hat. Lina weiß aber auch das Gegenteil. „Sie hat es durchschaut" (161); „alle anderen wären über die Wahrheit entsetzt gewesen, sie hat sich hinterher gefreut" (162). Sie hat Jakob gesehen, *bevor* er das Märchen von der Nicht-Unterscheidung zwischen Wolke und Watte erzählt, und sie folgt dieser Logik von Traum und Hoffnung dennoch. Jakob ist „kein Lügner" (239), wird es auch dann nicht für sie, als sie zum Schluß einsehen muß, daß Wolke und Watte geschieden sind.

„Lina weiß, was keiner weiß." (170) Sie ist nicht die Prinzessin; die lebt im Märchen, isoliert von der Widerständigkeit des Faktischen. Was Lina weiß, ist: es gilt die Nicht-Unterscheidung von Traum und Wirklichkeit in der Hoffnung *und* die Unterscheidung, das Diktat des Faktischen *zugleich*. Sie weiß das aber als Kind, nicht theoretisch; sie weiß es kindlich, weil sie als Kind auf der Grenze zwischen Phantasie und Empirie steht, und zwar noch so, daß ihr beides nicht auseinanderfällt. Sie hält die Spannung aus, weil der Widerspruch in Jakob verkörpert ist. Ihr Jakob bürgt für die Wahrheit. Das Radio-Märchen, Jakob als Erzähler und der Ich-Erzähler stehen jenseits der vom Tatsächlichen aus definierten Grenze zwischen Wahrheit und Lüge. Daß die Hoffnung – als Grundbedingung menschlichen Lebens – Wahrheit ist und zugleich am Widerstand des Faktischen als Illusion, Täuschung, Lüge zuschanden wird: das ist das Paradox des Hoffens, das Leben und Tod, Existenz und Vernichtung zusammenschließt. Becker versteckt seine Radio-Geschichte in den hintersten Winkel eines Ghetto-Kellers, „Jakob schließt von innen zu" (163). Aber aus Enge, Kälte und Dämmerung wächst diese Hoffnung des Kindes, gegen die alles Hoffen der Erwachsenen auf Erlösung und Befreiung kindlich wirkt. Das Paradoxe bricht in Lina nicht zum unversöhnlichen Widerspruch auf, sondern bleibt gleichsam eingekapselt, vorbewußt, weil sie den Erzähler liebt und ihm glaubt. Auch der Raum ist deshalb paradox: er ist Gefängnis und Schutzraum der Identität, des Vertrauens. Erzählen und Hören brauchen Nähe, innere Berührung, personale Vermittlung.

Personen und Personenkonstellation

Die Extremsituation des Ghettos macht offensichtlich: Hoffnung ermöglicht Leben, Hoffnungslosigkeit bedeutet Tod. Das gilt für die Opfer, die Juden. Für die Deutschen, die Mörder, wird erkennbar: ihre

Distanz zu den Juden hat zwei Seiten – Mord und Spiel. Juden und Deutsche, Hoffende und Verzweifelnde, Erwachsene und Kinder leben in unterschiedlichen Welten, konstituieren ihre je verschiedenen Wirklichkeiten. Der Roman zeigt, daß Wirklichkeit immer menschliche Wirklichkeit ist, gerade auch da, wo sie unmenschlich ist. – Die Personen des Romans lassen sich nach Art und Grad des Hoffens gruppieren, woraus sich ihre Welten ergeben: die auffälligste Polarität bilden Kowalski und Lina. Kowalskis Hoffen ist unerbittlich, leidenschaftlich; Jakob „erschrickt über den Ernst" in seiner Frage nach der Nachricht über Bezanika, „über das Zittern in Kowalskis Stimme. Da ist Erwartung, die es nicht dulden wird, daß man sich einen Spaß mit ihr macht, da wird Gewißheit gefordert, da fragt ein Mann, der nur diese eine Frage beantwortet haben will [...] sonst nichts, für alle Zeiten" (41); „er hat Jakob nur als Vehikel seiner Neugier benutzt, ohne Erbarmen" (89), und doch ist es Kowalski, der für Jakobs Flucht vom deutschen Klosett sein Leben riskiert. Sein „süchtiges" (88) Hoffen verwandelt den kümmerlichen Friseur, der Jakob in dem ungleichen Vertrag (Kartoffelpuffer gegen Haareschneiden) übervorteilte, in einen tapferen Freund. Wie aber seine Lebenskräfte mit der Hoffnung wachsen, so schwinden sie auch mit ihr. Sein Hoffen ist auf „Gewißheit" angewiesen; für ihn kann das Radio nichts als der technische Apparat sein, dessen Defekte sich technisch beheben lassen. Lina verkörpert die Gegenposition. Ihr Radio ist Jakob; ihre Hoffnung verlangt keine Gewißheit, sondern vertraut der Person. Zwischen beiden steht Jakob. Für Kowalski ist er letztlich der Lügner, für Lina bleibt er Wahrheit. Kowalski stürzt von Gewißheit in Verzweiflung; Lina muß zwar auch ihre kindliche Nicht-Unterscheidung zwischen Wolke und Watte aufgeben, aber sie fällt deswegen nicht ins Bodenlose. Becker läßt ihr Hoffen und Vertrauen unzerstört. Jakob ist zerrissen; seine „leeren Augen" (274) signalisieren Hoffnungslosigkeit und Tod, dennoch aber erzählt er, die sichere Vernichtung vor Augen, dem Ich-Erzähler diese „viel verrücktere Geschichte" (281) vom Radio im Ghetto, die im Ich überlebt und im erzählten Roman die paradoxe Hoffnung weitergibt.

Wie „die Sache mit der Verdunstung", der Auflösung von Wasser und Juden in Dampf und Rauch, „kaum glaublich", aber wahr ist, so ist die Geschichte vom Radio und der Hoffnungs-Lüge „verrückt", ja noch „viel verrückter", aber ebenso wahr. Verrücktheit und Paradoxie des Hoffens lassen sich nur konstatieren: Leben heißt Hoffen. „Ich bin kein Erklärer", sagt der Ich-Erzähler von sich, „ich erzähle eine Geschichte, die ich selbst nicht verstehe" (207). Das Verrückte an der „Geschichte" ist, daß es im Ghetto kein anderes Mittel gegen den Tod gibt als eben die „Wolken": das Hoffen wider aller Hoffnung, das das Erzählen ist. Als Professor Kirschbaum Jakob wegen des Radios Vorwürfe macht, er bringe das ganze Ghetto in Gefahr, verteidigt dieser sich leidenschaftlich:

„Haben Sie ein einziges Mal gesehen, mit was für Augen sie mich um Neuigkeiten bitten? [...] Daß jeder fünfte von uns im Winter erfriert, daß jeden Tag eine halbe Straße zum Transport geht, das alles reicht noch nicht aus? Und wenn ich versuche, die allerletzte Möglichkeit zu nutzen, die sie davon abhält, sich gleich hinzulegen und zu krepieren, *mit Worten, verstehen Sie, mit Worten versuche ich das!* Weil ich nämlich nichts anderes habe! Da kommen Sie mir und sagen, es ist verboten." (194; Hervorhebung H. K.)

Bei Kirschbaum, Schmidt, Frankfurter, den Intellektuellen und Künstlern, überwiegt die Angst die Hoffnung; sie lehnen das Radio ab, sind ihrem Selbstverständnis nach weit eher Deutsche als Juden. Aber auch die Frommen und Gelockten, besonders Herschel Schtamm, sind gegen das Radio. Die frohe Botschaft der Erlösung erwarten sie nicht vom Radio, sondern von Gott; Herschel deutet die Stromunterbrechung als Zeichen Gottes, daß er die Gebete um Rettung erhört habe. Auch hier steht Jakob zwischen den Extremen: mit Herschel glaubt er ans Wort, wenn auch nicht ans chassidische Gebet, darin mit den areligiösen Gebildeten einig. Er kennt sich aus im „Spiel der Andeutungen", während für Schmidt „alles plump und deutlich ausgesprochen sein" muß. (136) – Mischa und Rosa lassen sich ebenfalls auf Jakob als Symmetriefigur beziehen. Bei dem Liebespaar tritt der Widerspruch des Hoffens krasser und rascher zutage als bei den anderen Figuren. Sie verdanken ihr kurzes Glück nicht nur den Hoffnungslügen des Radios, sondern Mischa muß Rosa wegen Fajngold hintergehen; der Verschwundene, der Tod bleibt in ihrer Liebe gegenwärtig; so auch beim Abtransport von Rosas Eltern, als Mischa versucht, ihr die Wahrheit vorzuenthalten. Ihre Liebe blüht erst mit der Hoffnung auf, aber diese ist nur Täuschung und verschleierter Tod.

Die Juden brauchen Hoffnung, die Deutschen nicht, denn sie haben die Herrschaft. Sie sind, recht verstanden, die Hoffnungslosen. Mit Gewalt und innerer Distanz stehen sie ihren Opfern gegenüber, was scheinbar gegensätzliche, in Wirklichkeit aber komplementäre Formen des Terrors hervorbringt: Vernichtung und Gleichgültigkeit, Mord und Spiel. Die Juden leben für ihre Peiniger im Ghetto wie Tiere in einem Käfig, über welche sie die absolute Verfügung haben; sie können sie umbringen oder aus Langeweile mit ihnen spielen, sie hassen sie nicht, sie sind ihnen im Grunde völlig gleichgültig. Diesen Aspekt der zynischen Objektivität betont Becker besonders stark am Anfang im 2. Abschnitt. Der deutsche „Soldat", der Jakob aufs Revier schickt, ist einer „von der gemütlichen Sorte, die Stimme klingt nicht einmal böse, eher milde, man hätte Lust, ein wenig zu plaudern, der Humor soll nicht zu kurz kommen" (10 f.). Die Juden haben keine Uhren mehr, Jakob kann sich nicht auf eine objektive Zeit berufen; der Soldat erlaubt sich einen grausamen Scherz. Der Wachhabende, der noch schläft, behandelt Jakob mit herablassender Jovialität; er hat an einem Fall Jakob an diesem Abend offensichtlich kein Interesse, was aber nichts daran ändert, daß „Du [laut Verordnung] eine Laus [bist], eine Wanze, wir alle sind Wanzen, durch eine Laune unseres Schöpfers lächerlich groß ausgefallene Wanzen" (21). Die Gleichgültigkeit der Deutschen kann jederzeit unvermittelt in Brutalität umkippen. Der deutsche Soldat vor dem Klosett mokiert sich über die Urlaubsregelung, während Jakob innen Todesangst aussteht.

Erzählen – Hören – Sprache

Man fühlt sich hier nicht zufällig an Paul Celans *Todesfuge* (1948) erinnert: „Der Tod ist ein Meister aus Deutschland". Interesselosigkeit, Gleichgültigkeit und Verdinglichung, Vernichtung gehören zusammen. Die Assoziation erfaßt auch den Schluß des Romans, das Gespräch über Wolken, Verdunstung und Feuer im Eisenbahnwaggon: „dann steigt ihr als Rauch in die Luft, dann habt ihr ein Grab in den Wolken", heißt es bei Celan. Aus dem Gegensatz zur absoluten Distanz, die die Deutschen zu den Juden haben, wird der Sinn dieses Erzählens deutlich, das Nähe und Vertrautheit betont. Der Ich-Erzähler wendet sich nicht an Leser, sondern an Hörer; der Roman reflektiert die Mündlichkeit, nicht die Schriftlichkeit des Erzählens.

„Ich höre schon alle sagen, ein Baum, was ist das schon, ein Stamm, Blätter, Wurzeln, Käferchen in der Rinde und eine manierlich ausgebildete Krone, wenn's hoch kommt, na und? Ich höre sie sagen, hast du nichts Besseres, woran du denken kannst, damit sich deine Blicke verklären wie die einer hungrigen Ziege, der man ein schönes, fettes Grasbüschel zeigt? Oder meinst du vielleicht einen besonderen Baum, einen ganz bestimmten [...] (7).[3]

Erzählen und Hören sind aufs engste mit dem Bild des Baums verknüpft. Bäume bestimmen das Leben des Ich-Erzählers, der nicht Gei-

---

3 Man wird hier an die „Bäume" in den Gedichten von Brecht (*An die Nachgeborenen*), Celan (*Ein Blatt, baumlos*) und Enzensberger (*Zwei Fehler*) erinnert. „Was sind das für Zeiten, wo / Ein Gespräch über Bäume fast ein Verbrechen ist / Weil es ein Schweigen über so viele Untaten einschließt!" (Brecht) „Was sind das für Zeiten, / wo ein Gespräch / beinah ein Verbrechen ist / weil es soviel Gesagtes / mit einschließt?" (Celan) Brecht thematisiert die schwache Position der Poesie vor der Geschichte (des Nationalsozialismus); indem Becker seinen Roman als Gespräch über Bäume eröffnet, macht er sich diese Perspektive zu eigen: Er ist sich der Gefahr einer poetischen Verharmlosung des Stoffes bewußt, erkennt aber auch die Notwendigkeit, von den Bäumen und vom Ghetto zu erzählen.

ger werden konnte, weil ein Sturz vom Baum seine Hand beschädigte; für den Liebe und Tod im Zeichen von Bäumen stehen. Sein erstes Mädchen liebte er unter einem Baum, „Moira", sie trägt den Namen des Schicksals; nicht das subjektive Wollen, sondern Liebe, Tod und Zufall prägen das Leben. Baum und Leben in diesem Sinne sind größer als das in sich selbst gegründete und aus sich selbst handelnde Ich, das Subjekt seiner selbst zu sein wähnt. Wie ein Baum stärker und dauerhafter ist als das subjektive Ich, so umfaßt und übersteigt die Geschichte, die erzählt wird, den einzelnen. Erst in einer Geschichte findet das einzelne Leben seinen Platz und Halt; ohne das erzählende Erinnern, Bewahren und Verwandeln löste es sich in bloße Wolken auf. Rauch, nicht aber hörende Teilnahme wäre das Letzte.

Der Grundhabitus dieses Erzählens ist also streng a- und antisubjektiv. Nur wer hört, sich für die Geschichte öffnet, eigenes Vorurteil und Urteil über Bäume zurückstellt, kann begreifen, daß hier nicht die Geschichte Jakobs, eines einzelnen Helden, sondern „eine Geschichte" (44) erzählt wird: die der Notwendigkeit und Vergeblichkeit des Hoffens für das Leben. Es gilt zum einen, Distanz abzubauen, den Hörer in das Schreckliche hineinzuziehen, denn ohne die Nähe des Hörens bliebe immer wieder der Ausweg der Objektivität, der Gleichgültigkeit. Das aber ist prinzipiell die Position der Täter, von ihr aus ist es nicht möglich, „eine Geschichte" zu hören. Andererseits aber darf das Erzählen nicht das Gegenteil, distanzloses Mitgefühl bewirken. Beide Möglichkeiten liegen jenseits der Sprache. Wird die Nähe gar nicht hergestellt, kann sich die Auseinandersetzung mit der Ausrottung der Juden ganz ins Schweigen des bloßen Wissens zurückziehen; wird aber die Nähe zu groß, dann löst sich das Hören in stummes Mitleid auf. Erzählen und Hören gewährleisten dagegen eine Vermittlung von Anteilnahme und Abstand. Das gilt auch für einen anderen Aspekt dieses Problems, das Verhältnis von Faktographie und Verdrängung. Die faktographische, historische Rekonstruktion des Gewesenen, die Sicherung des Wissens ist gewiß notwendig. Beschränkt sich jedoch die Erinnerung an die Shoah auf das Zitieren von Zahlen und Statistik, bleibt es in objektiver wissenschaftlicher Distanz zum menschlichen Schicksal, so ruft es, wie geschehen, als sein Gegenteil und Komplementäres Verschweigen, Verdrängen, Verleugnen hervor. Erzählen und Hören vermeiden diese falsche Alternative. Die erzählte Geschichte berichtet, wie die Wissenschaft, vom Gewesenen, verzichtet aber darauf, das Unerklärbare zu erklären, bekennt sich zum ‚Nicht-Verstehen' (207) und zeigt so die Grenzen des Worts auf. Dieses legitime Verstummen ist aber kein Verschweigen, es erkennt den Vorrang des „Baums" vor dem subjektiven Ich an, während das Verschweigen es nicht wahrhaben will, daß das Verschwiegene übermächtig ist.

Das Erzählen fingiert Mündlichkeit, aber die Nähe des Erzählers zum Hörer und zum erzählten Geschehen, die daraus entsteht, ist keine Intimität. Becker gelingt es, diese Spannung zwischen Anteilnahme und Abstand in der Sprache des Romans und damit für den Leser/Hörer zu realisieren. Zu den sprachlichen Mitteln, die Nähe und Gegenwärtigkeit suggerieren, gehören vor allem das Präsens als durchgehendes Erzähltempus und die gelegentliche Anrede an ein Du.

„[. . .] öffne die Tür leise, wenn er [der Wachhabende auf dem Revier] dich hört, könnte es das Leben kosten, das plötzlich sinnvoll gewordene. So öffnet er." (20) „Laut Verordnung bist du eine Laus, eine Wanze, wir alle sind Wanzen" (21); „und jetzt geh und gib ihnen weiter Trost, woher du ihn nimmst, ist deine Sache" (274; besonders auch: 185–187).

Dieses Du imaginiert eine Selbstanrede der erzählten Figur (Jakob), ohne daß die Erzählung aber eindeutig in deren Binnenperspektive überginge. Es gibt einzelne Stellen, in denen Erzähler- und Figurenperspektive parallel laufen oder verschmelzen. Jakob steht dem Wachhabenden gegenüber: „Im Mund sammelt sich ein wenig Spucke, das ist ja ein freundlicher Mensch, vielleicht ist er neu hier, vielleicht kennt er gar nicht den schlechten Ruf des Hauses." (18; vgl. auch 20; 170: Lina) Aber erlebte Rede und innerer Monolog kommen nicht vor; auch ein personales Erzählen wird vermieden. Der Form nach wäre der Erzähler als auktorial zu bestimmen. Jedoch sein „Wir wissen, was geschehen wird", seine „Phantasie", mit der er den Ablauf von „Geschichten" vorhersehen kann (34), findet seine unaufhebbare Grenze am prinzipiellen Paradox des Hoffens, denn er „erzählt eine Geschichte, die ich selbst nicht verstehe" (207).

Das Präsens bewirkt die geistige Präsenz des Geschehenen; es bliebe hier, im Falle unseres Romans, mißverstanden, wollte man es, mit Käte Hamburger, ausschließlich am Reinheitsgrad der Fiktion messen, die das Erzählen hervorbringt. (Hamburger, 1968, S. 84 ff.; S. 24 ff.) Der Seinsmodus des Fiktiven ist nicht identisch mit dem, was Erinnerung leistet. Der Ich-Roman, den Hamburger als minderreine Gattung des Erzählens einstuft, und das Präsens, das ihr zufolge (im Vergleich mit dem epischen Präteritum) keine spezifische Kraft der Vergegenwärtigung hat, ermöglichen hier die innere Öffnung des Hörers für den Erzähler; ohne diese Anteilnahme an der Sache, der Vernichtung der Juden, die sich ohne Zynismus nicht in Fiktion auflösen läßt, kann und darf davon nicht erzählt werden.

Aber die Roman-Sprache baut auch eine Distanz zwischen Hörer und „Geschichte" auf. Immer wieder verweist die Erzählung auf ihre Vermittlung durch Jakob und andere Quellen. „Jakob geht weiter und entdeckt, wie er mir gesagt hat, daß er anders geworden ist." (35; wesentliche Stellen sonst: 43 ff., 161 f., 281) Vor allem betont der Erzähler den zeitlichen Abstand zwischen dem Ghetto und der Erzählgegenwart; und er stellt sich nicht nur als Nacherzähler Jakobs, sondern als selbständiger Anders-Erzähler (44) und genauer Rechercheur dar (21, 25, 162 f.). Zum einen vermeidet Becker so, daß sich das Erinnerte ganz ins Erinnern verflüchtigt; das Genaue, Faktische: das Widerständige der Wirklichkeit, an welcher alles normale Hoffen zuschanden geworden ist, bleibt im Erzählen unauflösbar. Zum anderen aber steigert das Nachmessen und Nachforschen des Erzählers dessen Glaubwürdigkeit und Authentizität des Erzählten.

„Geschichten" haben gegenüber ihren Erzählern eine relative Autonomie; die Erzähler erfinden sie nicht, sondern sie existieren bereits, werden wieder- und weitererzählt, so wie der Erzähler hier im Prinzip nichts erfindet, sondern nur erzählt, was Jakob ihm erzählt hat. Daraus ergibt sich umgekehrt ein Abstand des Erzählers zu seiner Geschichte, der sich in besonderer Weise in den tragikomischen Situationen zeigt: Jakob auf dem Revier, hinter der Tür, die aufgeht, Jakob liegt auf dem Gang – das pure Schema dieser Szene paßt in die Boulevard-Komödie oder einen Chaplin-Film. Der Deutsche lacht, aber für Jakob geht es um Leben oder Tod. – Der starke Mischa sitzt auf der „Erde" und schaut gedankenverloren in den „Himmel", Jakob hat ihm soeben gesagt, er habe ein Radio; da kommt ein kleiner Aufseher und prügelt den Großen.[4] „Es sieht beinahe ein bißchen komisch aus, nichts für die deutsche Wochenschau, eher wie ein Spaß aus der Stummfilmzeit, wenn der kleine Polizist Charly versuchte, den Riesen mit den buschigen Augenbrauen zur Strecke zu bringen". (33) Nur der „dünne Blutstrom aus Mischas Mundwinkel" deutet an, daß der Vorfall nicht im Kino, sondern im Ghetto geschieht. – ‚Winziges Lustspiel' (64) nennt der Erzähler Mischas und Rosas Glück im Zimmer mit Fajngold, dem Schein-Taubstummen und späteren Toten. – Jakobs abendliche Späße mit Lina bezeugen seine Liebe zu dem Kind und zum Leben, an das er sich freiwillig bindet, während er Josefa, der Erwachsenen gegenüber unentschieden bleibt. – Zwischen Verzweiflung und Lachen liegt auch die Klo-Geschichte; Jakob darf den wahren Grund für seinen Ausflug nicht nennen, Kowalski, hoffnungssüchtig und völlig von der Existenz des Radios überzeugt, opfert seine Gesundheit für eine unverständliche Laune des Freundes. „Hast du wenigstens gut geschissen?" Diese bittere Ironie beantwortet Jakob mit der süßen Hoffnungslüge von den „Riesenverlusten" der Deutschen – und „zwischen [Kowalskis] Blutergüssen erblüht der zarte Hauch eines trotz allem dankbaren Lächelns" (111).

Tragikomisch ist vor allem Herschel Schtamm dargestellt; Herschel

---

4 White/White (1978) verweisen für die folgende Szene auf den Film *Easy Street*.

hält die „Stromunterbrechung, die aus Jakobs Radio für Tage einen lebensgefährlichen Staubfänger macht, [...] für sein persönliches Verdienst" (85), nämlich für Gottes Antwort auf sein Gebet um Milderung der Not und Gefahr im Ghetto. Der Erzähler präsentiert die Gläubigkeit des frommen Chassiden in humoristischer Brechung und wahrt auch noch Distanz, als Herschel erschossen wird. Er sieht das deutsche Gewehr auf Herschel zielen, wagt nicht, ihn durch einen Schrei zu warnen, registriert den „trockenen Schuß", erwägt die guten Bedingungen der „zwei Hände", die „reichlich Zeit [hatten], alles bestens vorzubereiten, Herschels ganzes Gebet über", und findet schließlich das passende Sprachbild für den Vorgang: „Gott hat Herschel eins gehustet" (139). Für den Frommen liegt das Leben in Gottes Hand, für den Erzähler in den zwei Händen des Deutschen. Die Erzählung läßt in dieser Redewendung die ruhig-sichere Grausamkeit des Mordens, das nur Gewehr und Hände, aber keine Person benötigt, unmittelbar mit dem Binnenbewußtsein des Opfers zusammenstoßen; Herschel denkt personal, die Deutschen sind nur Bestandteil der Mordmaschine. Eine solche Darstellung wirkt aber nicht zynisch, weil der Leser keinen Augenblick an der Position des Erzählers zweifeln kann, der selbst zu den Opfern gehört. Die Distanz, die die erzählte „Geschichte" zum historischen Geschehen herstellt, ist nicht Kälte, sondern entspricht dem Größeren der Bäume, die wie Liebe und Tod das einzelne menschliche Leben überragen und bestimmen. Im Moment des Todesschusses denkt der Erzähler, statt zu warnen, „an Chana, die sie vor einem Baum erschossen haben" (139).

Schließlich wahrt der Erzähler mit seiner „schönen Geschichte" eine besondere Distanz zum Geschehen durch die „zwei Enden", die er bietet, die „im Grunde natürlich nur eins [sind], das von Jakob und uns allen erlebte" (257). Das heißt: der Kern des historischen Ereignisses bleibt in der „Geschichte" erhalten, aber als erzählte Geschichte darf und muß sie darüber hinausgehen, im Geschehenen das „Könnte" und „Sollte" (44 ff.) offenlegen. Das „Ende, bei dem man blaß werden könnte vor Neid" (258), ist der Schluß der vom Erzähler „abhängigen Geschichte", gleichsam ein Ende nach der Logik dieser Geschichte vom paradoxen Hoffen: Jakob sagt Kowalski nicht die Wahrheit über das Radio, er bringt Lina bei Mischa und Rosa unter, flieht – vielleicht, um außerhalb des Ghettos Informationen für sein Radio zu holen –, wird bei der Flucht erschossen; aber am selben Tag kommen die Russen als Befreier; die Juden finden Jakobs Leiche, sie verstehen seine Flucht nicht: „Er muß verrückt geworden sein. Er wußte doch genau, daß sie kommen. Er hatte doch ein Radio..." (272). Den Juden blieben Jakobs „Lügen" verborgen, aber ihre Hoffnungen würden erfüllt – ihr Hoffen hätte die Erlösung herbeigezwungen. Das Paradoxe des hoffnungslosen Hoffens wäre aufgehoben. Dieses Ende gehört zur „Geschichte", weil diese, im Zeichen der Bäume, der größeren Hoffnung verpflichtet ist. Die Hoffnungs-Variante muß also miterzählt werden, da sie in der Abgrenzung zum „häßlichen" Historischen, zum zweiten Ende, die mögliche reale Erfüllung der Hoffnung gerade als Unmöglichkeit erscheinen läßt.[5] Das erste, „prächtige" Ende verweist also, negativ, auf die Hoffnungslosigkeit der Hoffnung. Es verharmlost nichts, sondern gehört zur Paradoxie des Hoffens. In den Bildern des Märchens von der kranken Prinzessin ausgedrückt: unsere Hoffnungs-Wolken sind nicht aus Traumkissen-Watte, sondern aus Wasser, in seinen Kreislauf, in Verdunstung und Lokomotivantrieb: in die Wirklichkeit der Vernichtung hineingezogen.[6]

Historisches Geschehen – erzählte Geschichte

Der Ich-Erzähler versteht sich als Übersetzer oder Mittler zwischen Jakob und den vergangenen Ereignissen sowie den gegenwärtigen Hörern.

„Er hat zu mir gesprochen, aber ich rede zu euch, das ist ein großer Unterschied, denn ich bin dabeigewesen. Er hat versucht, mir zu erklären, wie eins nach dem anderen gekommen ist und daß er gar nicht anders gekonnt hat, aber ich will er-

---

5 Der doppelte Schluß löste zunächst Ratlosigkeit aus. Joho hält ihn für überflüssig (1969, S. 153). Lüdke-Haertel/Lüdke vermuten in ihm eine „Konzession an die Modernität" oder eine nur biogaphisch erklärbare „Form der Selbstbehauptung" (KLG); White/White erkennen zuerst die Notwendigkeit des doppelten, widersprüchlichen Schlusses (1978, S. 226), aber Wetzel spricht wieder von einer „unerträglichen Trivialität" des „happy ending" (1986, S. 113).

6 Historische Dokumente für dieses Hoffen wider alle Hoffnung finden sich z. B. in: Claude Lanzmann, 1986, etwa 38 f.:
Abraham Bomba (Israel), Überlebender von Treblinka
„Es gab einen Hinweis, / / einen sehr kleinen Hinweis, am Bahnhof von Treblinka. / Ich weiß nicht, / ob es am Bahnhof selbst war oder kurz vorher. / Auf dem Bahnsteig, wo wir warteten, / war ein sehr kleines Schild: / / Treblinka. / Ich hatte noch nie etwas von Treblinka gehört, / denn niemand kennt es, es ist kein Ort, / keine Stadt, nicht einmal ein kleines Dorf. / / Die Juden haben immer geträumt, / das war der Kern ihres Lebens, / der Kern ihres Wartens auf den Messias war es, zu träumen, / daß sie eines Tages frei sein würden. / / Dieser Traum wurde vor allem im Getto geträumt. / Jeden Tag, Nacht für Nacht / träumte ich, daß sich etwas ändern würde. / Mehr noch als der Traum / die Hoffnung, die vom Traum genährt wurde ... / Der erste Transport verließ Czestochowa / am Tag von Jom Kippur. / Am Vorabend des Succoth-Festes wurde / der zweite Transport zusammengestellt ... / ich gehörte dazu. / Tief in mir hatte ich eine Vorahnung, / denn es ist ein schlechtes Zeichen, / wenn sie die Kinder nehmen, die Alten. / ‚Dort werdet ihr arbeiten', sagte man ihnen. / Aber was heißt Arbeit für / eine alte Frau, ein fünfjähriges Kind, / einen Säugling? / Es war absurd, aber trotzdem, / da war nichts zu machen, wir haben ihnen geglaubt."

zählen, daß er ein Held war. Keine drei Sätze sind ihm über die Lippen gekommen, ohne daß von seiner Angst die Rede war, aber ich will von seinem Mut erzählen. Von diesen Bäumen zum Beispiel, von diesen Bäumen, die es nicht gibt [. . .]" (44).

Nicht das bloße Dabeigewesensein, das reine historische Erinnern bewegt das Ich, sondern Jakobs Mut zur Hoffnung, der in der Liebe des Erzählers zu den „Bäumen, die es nicht gibt", zur paradoxen Hoffnung, weiterwirkt. Jakob kann seine Geschichte nur als notwendige berichten, er hat „gar nicht anders gekonnt"; der Ich-Erzähler, als Erzähler zweiter Instanz, versucht aus der Geschichte Jakobs eine Geschichte zu machen. Er übersetzt Historie in Poesie. Deshalb muß er in dem für Jakob notwendig Geschehenen, in der Wirklichkeit, das Mögliche aufzeigen; Möglichkeit und Wirklichkeit sind jedoch nicht vom Wahrscheinlichen aus bestimmt. Dann wäre das Wirkliche, bloß durch Statistik legitimiert, das Absehbare, das Zu-Erwartende; das Andere: Traum und Hoffnung blieben so lediglich quantitativ begriffen, defizitär.

„Die Wahrscheinlichkeit ist für mich nicht ausschlaggebend, es ist unwahrscheinlich, daß ausgerechnet ich noch am Leben bin. Viel wichtiger ist, daß ich finde, so könnte oder sollte es sich zugetragen haben, und das hat überhaupt nichts mit Wahrscheinlichkeit zu tun, dafür verbürge ich mich auch." (44 f.)

Worin aber besteht diese Freiheit des „Könnte" oder „Sollte", wenn sie nicht im Umkreis eines Möglichen im Sinne des Wahrscheinlichen liegt? Die erzählte „Geschichte" hat von Anfang an den Boden des Wahrscheinlich-Möglichen verlassen, weil der Erzähler selbst, als einziger Überlebender, eine unwahrscheinliche Existenz ist. Der Begriff des Wirklichen wird gewissermaßen durch einen Vorzeichenwechsel umgekehrt. Das Unbegreifliche, das Leben des Erzählers: das Erzählen gibt gleichsam die neue Norm des Wirklichen vor, die in der Erzählung gilt. Ist das normale Leben durch eine bestimmte Kontinuität von Erfahrung und Erwartung zusammengehalten, in welche dann Gefahr, Bedrohung und Tod als die erzählenswerte, eher unwahrscheinliche Ausnahme einbrechen, so herrscht im Ghetto die umgekehrte Situation: Tod ist die Norm, die durch Hoffnung auf Leben infrage gestellt wird. Der Erzähler verkörpert eine Wirklichkeit jenseits der normalen, empirisch glaubhaften Realität, eben die Wirklichkeit der Bäume, deren Größe und Dauer für etwas bürgen, das das Maß des einzelnen überragt. Dieses Größere ist die erzählte Geschichte, die nicht „seine [Jakobs] Geschichte, sondern eine Geschichte" (44) ist. Sie erzählt die den Horizont und das Hoffen des einzelnen übergreifende Geschichte der Vernichtung, damit Angst, Verzweiflung, Schmerz und enttäuschte Hoffnung der Ermordeten nicht als das Letzte bestehen bleiben.

Aber das vergegenwärtigende Erinnern, das poetische Erzählen ist keine Transzendenz, bietet keinen metaphysischen Trost, „das unausdenkliche Schicksal" „erscheint" in ihm nicht, „als hätte es irgend Sinn gehabt" (Adorno, 1968, S. 127). „Nach Auschwitz", schreibt Adorno, ist Dichtung in „ihre[r] eigene[n] Situation paradox"; „wahr" ist einerseits, daß angesichts des Grauenhaften gerade die wohlmeinende, „engagierte" Literatur zynisch zu werden droht, weil keine Sprache an das Unsagbare reicht; „aber wahr bleibt auch Enzensbergers Entgegnung, die Dichtung müsse eben diesem Verdikt standhalten [...] Das Übermaß an realem Leiden duldet kein Vergessen; Pascals theologisches Wort ‚On ne doit plus dormir' ist zu säkularisieren." (ebd., S. 125f.)

Zynischer als das zu kurz greifende Wort ist der Schlaf: sattes Verdämmern, Vergessen, Gleichgültigkeit. Der paradoxen Hoffnung der Opfer entspricht die paradoxe Situation der Dichtung: Wie jene durch keine Realität erfüllt werden kann, so kann sich diese „nach Auschwitz" auf kein wahrscheinlich-mögliches Reales mehr beziehen, weil Auschwitz als Realität den Bereich des Erfahrbaren, Vorstellbaren und deshalb Sagbaren hinter sich gelassen hat. Da die Hoffnung nicht mehr auf Erfüllung in der Realität hoffen kann und deshalb paradox ist, bleibt sie, da sie aber doch Hoffnung ist, auf eine Erfüllung anderer Art, auf die Sprache bezogen. Die Sprache ist ihre Erfüllung und ihre Enttäuschung zugleich; ist – da nur Sprache – keine Rettung vor dem Tod, aber als Sprache eine Rettung vor der abstrakten Leere des Vergessens.

Wie Jakob einzig „mit Worten" (194) dem Tod die Stirn bietet, so ist auch das Erzählen im Roman und des Romans Protest und Widerstand gegen den Tod. „What I also wanted [...] was to write a story about the value of storytelling above all in times of misery [...] And then I ask you – what does resistance have to do with all this?" (Becker, 1983, S. 272f.)

„Resistance": damit steht Beckers Erzählen aber nicht mehr nur in den spezifisch jüdischen und jiddischen Traditionen des paradoxen Hoffens gegen den Tod, sondern ebenso in denen der Weltliteratur des Erzählens: Scheherazade besiegt im Erzählen ihren Tod, und Boccaccio erzählt vom Leben – gegen die Pest.

Bibliographie

BECKER, JUREK: Jakob der Lügner, Frankfurt/M.: Suhrkamp 1982 = st 774 [zitierte Ausgabe]

BECKER, JUREK: Irreführung der Behörden. Frankfurt/M.: Suhrkamp 1975
–: Mein Judentum. In: SCHULTZ, HANS JÜRGEN (Hg.), Mein Judentum. Stuttgart: Kreuz 1978, S. 8–18
–: Resistance in „Jakob der Lügner". In: Seminar. A Journal of Germanic Studies, Vol. XIX,1/1983, S. 269–273

BECKER, JUREK: Answering Questions about „Jakob der Lügner". In: ebd., S. 288–292

ADORNO, THEODOR W.: Engagement. In: DERS., Noten zur Literatur III. Frankfurt/M.: Suhrkamp 1968

GILMAN, SANDER: Jüdische Literaten und deutsche Literatur. In: Zeitschrift für deutsche Philologie, 107 Jg., 1988, S. 269–294

HAMBURGER, KÄTE: Die Logik der Dichtung. Stuttgart: Kohlhammer ²1968

JOHO, WOLFGANG: Lüge aus Barmherzigkeit. In: Neue Deutsche Literatur, 17. Jg., 1969/12, S. 151–153

LANZMANN, CLAUDE: Shoah. Mit einem Vorwort von Simone de Beauvoir. Düsseldorf: Claasen 1986

LÜDKE-HAERTEL, SIGRID/LÜDKE, W. MARTIN: Jurek Becker. In: Kritisches Lexikon zur deutschsprachigen Gegenwartsliteratur. München 1978 ff.

SHOHAM, CHAIM: Jurek Becker ringt mit seinem Judentum. In: SCHÖNE, ALBRECHT (Hg.), Kontroversen, alte und neue. Akten des VII. internationalen Germanisten-Kongresses Göttingen 1985. Tübingen: Niemeyer 1986, Bd. 5, S. 225–236

WETZEL, HEINZ: „Unvergleichlich gelungener" – aber „einfach zu schön"? Zur ethischen und ästhetischen Motivation des Erzählens in Jurek Beckers Roman „Jakob der Lügner". In: ebd., Bd. 8, S. 107–114

WHITE, I. A./WHITE, J. J.: Wahrheit und Lüge in Jurek Beckers Roman „Jakob der Lügner". In: Amsterdamer Beiträge zur neueren Germanistik, Bd. 7: LABROISE, GERD (Hg.), Zur Literatur und Literaturwissenschaft der DDR. Amsterdam 1978, S. 207–231

REGINA KREYENBERG, GUDRUN LIPJES-TÜRR

Peter Handke: *Wunschloses Unglück*

Handkes Erzählung *Wunschloses Unglück* aus dem Jahre 1972 nimmt zusammen mit dem im gleichen Jahr erschienenen Roman *Der kurze Brief zum langen Abschied* im Werk des Autors eine Sonderstellung ein. Überblickt man Handkes Publikationen aus dem Jahre 1972, so überraschen beide Texte durch ihre dezidiert autobiographische Zentrierung. Beschreibt der Roman *Der kurze Brief zum langen Abschied* eine authentische Reise nach Amerika, auf der der Ich-Erzähler seine Zukunftsperspektive entwirft, so nimmt die Erzählung *Wunschloses Unglück* eine eher vergangenheitsorientierte Perspektive ein. Zudem scheint in keinem anderen Text die existentielle Betroffenheit Handke so unmittelbar zum Schreiben veranlaßt zu haben. Bereits sieben Wochen nach dem Selbstmord seiner Mutter versucht der Ich-Erzähler ihre Geschichte aufzuschreiben.

Vordergründig handelt *Wunschloses Unglück* von dem Versuch, das Leben der Mutter im Zusammenhang mit den ihr Scheitern bedingenden gesellschaftlichen Mechanismen zu erfassen, sowie von den Gefühlen, Gedanken und Schreibproblemen des Ich-Erzählers, die die sprachliche Realisierung dieses Versuches aufwirft. Hintergründig thematisiert Handke die bereits in den vorangegangenen Prosaarbeiten in Angriff genommene „Annäherung an das eigene Selbst" (Bohn, 1985, S. 141), die Aufarbeitung der eigenen Vergangenheit in Kindheit und Jugend, die sich mit der Vergegenwärtigung der Biographie der Mutter untrennbar verbindet.

Handke ist seit seinem spektakulären Auftritt bei der Tagung der Gruppe 47 im Jahre 1966 als experimentierender Autor in Erscheinung getreten, der sich gegen den Kanon traditioneller Literaturgattungen ausgesprochen und das Geschichtenerzählen für etwas „unangebracht Idyllisches" erklärt hatte. Sowohl der Roman *Der kurze Brief zum langen Abschied* als auch die Erzählung *Wunschloses Unglück* scheinen dagegen auf den ersten Blick den programmatischen Ausführungen Handkes zu widersprechen, indem beide zu scheinbar traditionellen Erzählformen zurückkehren. Beide Texte erzählen abgeschlossene Geschichten mit einer Hauptperson und nahezu chronologischem Handlungsverlauf in einer überschaubaren Welt. Die Auseinandersetzung mit den literarischen Mustern des Entwicklungs-, Künstler- und Reiseromans sowie der Biographie ist in beiden Texten direkt wie indirekt verarbeitet.

Bei genauerer Betrachtung zeigt sich jedoch, daß Handke auch in der

Erzählung *Wunschloses Unglück* die formalistische Linie in der Sprachgestaltung und in den Ansprüchen an die Rezipienten fortsetzt. Der experimentelle Umgang mit Sprache ist, wie im folgenden noch genauer zu zeigen sein wird, nicht aufgegeben, das eher Spielerische aber einer funktionaleren Verwendung gewichen. Sprichwort, Abzählreim, Floskel und Aphorismus treten aus dem Erzählfluß nicht als verselbständigte Sprachspiele hervor, sondern sind in Struktur und Gehalt der Erzählung eingebettet. Sie sind Ausdruck gesellschaftlicher Mechanismen, die das Leben der Mutter wie des Sohnes bestimmen. Diese Gestaltung erfordert vom Leser eben nicht, wie im traditionellen Erzählen, nur persönliche Einfühlung, sondern Distanz und strukturelle Reflexion.

Der Fabel korrespondierend sind im Text, grob betrachtet, zwei Einheiten miteinander verschränkt: Die quantitativ umfassendere, die die chronologisch-lineare Vergegenwärtigung dreier voneinander abgegrenzter Lebensphasen der Mutter und mittelbar des Sohnes zum Gegenstand hat, und die den Schreibprozeß begleitenden Reflexionen des Ich-Erzählers. Zu beobachten ist, daß die drei durch Reflexion eingeleiteten und voneinander abgegrenzten Lebensphasen der Mutter – die letzte, umfassendste wird in sich noch einmal durch zwei Anmerkungen zum Schreibprozeß untergliedert – immer längere Zeiträume komprimieren, wobei die Ortswechsel gemäß der Stagnation ihres Lebens abnehmen. Während bis kurz nach der Beerdigung der Mutter die Darstellung der Lebensphasen und die Reflexion in logisch zusammenhängenden und voneinander abgegrenzten Sinneinheiten erfolgen (1–99), werden danach beide Aspekte unvermittelt und vermischt in Form von isolierten Sätzen aneinandergereiht (100–105).

Textgliederung

Die Erzählung beginnt mit dem Zitat einer Pressenotiz aus der Kärntener „Volkszeitung" über den Selbstmord der Mutter. Es leitet die erste Reflexion des epischen Ich ein, in der es seine Motive und Erwartungen im Hinblick auf den Schreibprozeß reflektiert (7–12). Der Einstieg in die erste Phase der Geschichte der Mutter, die zeitlich mit dem ‚Anschluß' Österreichs an das Deutsche Reich endet (12–25), erfolgt nach den konventionellen Mustern einer Biographie. Der Erzähler entwirft den historisch-soziologischen Bedingungsrahmen der Familie der Mutter, die in einem Dorf im österreichischen Kärnten ansässig ist, wo auch die Mutter als vorletztes von fünf Kindern geboren wird. Der Lebensweg der Mutter verläuft im „Rhythmus zwischen Anpassung und Auflehnung" (448) entlang den geschlechts- und schichtenspezifischen Normierungen und Determinationen ihrer Rolle in der patriarchalisch strukturierten Gesellschaft. Die Lebensstationen der ersten Phase der Mutter lauten: gute Volksschülerin, Ausbildung zur Köchin im „Hotel am See", Stadtleben, Stubenmädchen im Schwarzwald, Buchhalterin.

Im zweiten Einschub wirft das Erzähler-Ich Grundprobleme der Abgrenzung zwischen biographischer und poetischer Gestaltung auf. In Form der Selbstbefragung problematisiert es den Zusammenhang zwischen präziser Formulierung und dadurch bedingter Fiktionalisierung von „tatsächlich Passiertem" (26) sowie die Wirkung der Darstellung von Tatsächlichem im Vergleich zum Erfundenen auf den Leser. Die zweite Lebensphase der Mutter (26–44) umfaßt die Zeit zwischen Kriegsausbruch und Nachkriegszeit bis zum Jahr 1948. Zu Kriegsbeginn erlebt die Mutter ihre erste und einzige Liebe zu einem verheirateten Zahlmeister der Deutschen Wehrmacht, dem Vater des Autors/Ich-Erzählers. Die Schwangerschaft, die aus dieser Verbindung hervorgeht, führt unter dem Druck der Familie zu einer Pflichtehe mit einem trunksüchtigen und gewalttätigen Unteroffizier, der ebenfalls der Deutschen Wehrmacht angehört. Die Kriegszeit verbringen Mutter und Sohn (der Ich-Erzähler) im Heimatdorf in Kärnten. Nach Kriegsende siedelt die Mutter in das zerbombte Berlin über und lebt dort mit dem inzwischen aus dem Krieg heimgekehrten Ehemann in ärmlichen Verhältnissen.

Bevor sich das Erzähler-Ich der letzten, zeitlich umfassendsten Lebensphase der Mutter zuwendet, greift es in der dritten Reflexion (44–48) Überlegungen der vorhergehenden auf und vertieft und modifiziert sie. Die Gratwanderung bei der Bearbeitung des autobiographischen Stoffs zwischen „bloße[m] Nacherzählen" und „schmerzlose[m] Verschwinden einer Person in poetischen Sätzen" (44) wird von ihren Konsequenzen für die sprachliche Gestaltung her beleuchtet (44–46). Im zweiten Teil dieser Reflexion (44–48) vergleicht es sein sich sonst im Schreibprozeß entwickelndes Verhältnis zu seinen fiktiven Figuren mit dem zu seiner Mutter als einer Figur mit autobiographischem Bezug. Seine eingangs geäußerten Erwartungen haben sich nicht erfüllt, sondern ins Gegenteil verkehrt.

Seit der Rückkehr mit dem Ehemann und nunmehr zwei Kindern aus dem Ostsektor Berlins im Frühsommer 1948 (48) lebt die Mutter von ihrem 28. Lebensjahr bis zu ihrem Tode als Einundfünfzigjährige (92) mit der Familie im Heimatdorf. Diese lange Phase wird durch zwei kurze Einschübe (72; 91) dreigegliedert (48–72; 72–91; 91–98). Der erste Teil zeigt ihre Selbstbehauptungsversuche gegenüber wirtschaftlichen, gesellschaftlich-privaten und ideologisch-religiösen Zwängen ihrer Umgebung. Die Konfrontation mit Literatur führt zur entscheidenden Entwicklung der Hauptfigur (67–71), indem ihr nun eine ansatzweise Selbstwahrnehmung möglich ist. Doch weder die Beschäftigung mit Literatur noch das in ihr aufkommende Interesse für Politik können der Mutter neue Zukunftsperspektiven eröffnen. Dieser Erkenntnisschock löst die Wende und das Scheitern aus. Es kommt zur schweren Erkrankung bis zum körperlichen Zusammenbruch, an den sich eine psychotherapeutische Behandlung anschließt. Scheinbar geheilt, macht die Mutter die erste Ferienreise ihres Lebens und nimmt nach ihrer Rückkehr wieder am Alltagsgeschehen teil. Sie verbleibt den Sommer und Herbst ihres letzten Lebensjahres in einem Schwebezustand zwischen Lebenstrieb und Todessehnsucht (90), bis sie sich im November zum Selbstmord entschließt. Mit der Darstellung der Reaktion des Sohnes und Ich-Erzählers auf die Tat der Mutter endet ihre „Geschichte".

Der Rahmen schließt sich mit der vierten Reflexion, die nun endgültig bestätigt, daß die Erwartung, sich über den Schreibprozeß vom Alpdruck dieser mit der Mutter verbundenen Lebensphase zu befreien, enttäuscht worden ist. Statt sich von der Mutter loszuschreiben, hat der Erzähler sich an die mit ihr verknüpfte Seite seiner Identität herangeschrieben. Das Scheitern der ursprünglichen Erzählabsicht, die sich an der chronologisch-linearen Gedankenführung der Biographie orientierte, findet Ausdruck in der Auflösung des Erzählflusses in isolierten Sätzen, die assoziativ Gedankensplitter und Erinnerungsfetzen am Ende aneinanderreihen, und in dem Versprechen: „Später werde ich über alles Genaueres schreiben." (105)

Autor oder Ich-Erzähler?

Handke bezeichnet *Wunschloses Unglück* als *Erzählung*, also mit dem Oberbegriff sämtlicher erzählender Dichtung, der offen läßt, ob es sich um die Gestaltung von tatsächlichen oder erfundenen Begebenheiten handelt, und der zudem eine freie Formgebung gestattet. Die der Erzählung integrierten Reflexionen über das Schreiben machen deutlich, daß die Wirklichkeitsgestaltung dieses Textes beiden Ebenen gleichermaßen verpflichtet ist: Durch die autobiographische Zentrierung des Stoffs der empirisch-realen, aber durch die Formgebung – die sprachliche Umsetzung und Selektion des Tatsächlichen (24) und die Orientierung an literarischen Techniken und Mustern der Biographie und des Entwicklungsromans – der fiktionalen. So grenzt das epische Ich einerseits den Schreibanlaß zu dieser Erzählung nicht von dem ab, der auch sonst zur Entstehung eines fiktionalen Textes führt („eben kurze Momente der äußersten Sprachlosigkeit und das Bedürfnis, sie zu formulieren", 11). Andererseits hebt es am Ende resümierend als Besonderheit des Stoffs seine Authentizität hervor („Manchmal bin ich freilich während der Arbeit an der Geschichte all der Offenheit und

Ehrlichkeit überdrüssig gewesen und habe mich danach gesehnt, bald wieder etwas zu schreiben, wobei ich auch ein bißchen lügen und mich verstellen könnte, zum Beispiel ein Theaterstück.", 100). Der Text, der auf diese Weise entsteht, ist jedoch „nicht eine Art Autobiographie, sondern eine künstlerisch gestaltete, auf Sinn-Vergegenwärtigung hin verdichtete Erzählung, die mehr ist als eine Ansammlung und Auswertung von Fakten" (Mauser, 1982, S. 74). Demgemäß sind die zentralen Personen der Darstellung – das Erzähler-Ich und seine Mutter – strenggenommen nicht identisch mit dem Autor und seiner realen Mutter, auch wenn die faktische Biographie der Mutter die Basis der Erzählung bildet und „der Autor mit dem Bericht über die Mutter Wichtiges über sich selbst artikuliert" (ebd.).

Eine ausdrückliche, methodisch begründete Differenzierung zwischen Autor-Ich und Erzähler-Ich findet sich in der Sekundärliteratur nur in dem literaturpsychologischen Aufsatz von Wolfram Mauser. Er stellt seiner Analyse die Skizzierung seines Untersuchungsansatzes gesondert voran:

„Handkes *Wunschloses Unglück* wird nicht, wie in der Sekundärliteratur üblich, als authentischer Bericht des Autors gedeutet, vielmehr wird der Ich-Erzähler als Figur verstanden, die stellvertretend für den Autor eine konflikthaft belastete Mutter-Sohn-Beziehung vergegenwärtigt. Die Auswahl der Aussagen über die Mutter und die Art und Weise, wie über sie berichtet wird, sind für den Ich-Erzähler nicht weniger aufschlußreich als über sie." (Mauser, 1982, S. 73)

In der sonstigen Sekundärliteratur werden Autor-Ich und Ich-Erzähler weitgehend synonym gesetzt oder nicht explizit unterschieden. So wertet z. B. Manfred Durzak die Erzählung als „paradoxen Glücksfall", weil sie „nicht arrangierte Fiktion, sondern authentisch " sei (Durzak, 1976, S. 362). Eine solche Gleichsetzung hat unter anderem zur Folge, daß bei Bohn (1985, S. 161) und – diesen sinngemäß zitierend – bei Renner die Erzählschwierigkeiten des Ich-Erzählers am Ende als „Scheitern des Autors im Erzählen" (1985, S. 90) gewertet werden. Diese Einschätzung setzt bei Handke eine distanzlose Unmittelbarkeit und Naivität voraus, die uns bei einem so formbewußten Autor nicht überzeugend erscheint. „Zuallererst geht es mir um die Methode", sagt Handke (1972, S. 26). In diesem Sinne möchten wir uns der Argumentation Mausers anschließen:

„Die Erzählschwierigkeiten, mit denen der Ich-Erzähler am Ende zurückbleibt, sind nicht die des Autors, sie sind vielmehr Ausdruck eines Kunstverstandes, der in der Desintegration des Erzählens (im Auslaufen in unzusammenhängende Sätze) ein Mittel sieht, die Erfahrung des Betroffenseins auf den Leser zu übertragen: die Tatsache, daß Handke den Ich-Erzähler das Betroffensein bis in den Schreibduktus vorführen läßt, bezeugt nicht die Identität von Autor und Ich-Erzähler, sondern ein ungewöhnliches Ausmaß an Distanz." (Mauser, 1982, S. 88)

Soweit es die textimmanente Analyse betrifft, sprechen wir deshalb durchgängig vom Erzähler, Erzähler-Ich oder epischem Ich, auch wenn wir diese Differenzierung nicht – wie Mauser – zur Erarbeitung des Zusammenhangs zwischen Autorenpsychologie und Werk nutzbar machen können. Diese Tiefendimension des Textes ist nur mit psychoanalytischen, nicht aber mit hermeneutischen Methoden zu schließen.

Geschichte der Mutter

Die Geschichte der Mutter, die zunächst betrachtet sei, gestaltet der Erzähler als Individual- und Sozialgeschichte zugleich, indem er die gesellschaftlichen und zeitgeschichtlichen Bedingungen nachzeichnet, die der Biographie zugrunde liegen. Der Lebensweg der Hauptfigur führt zur Entwicklung von Selbstbehauptung und Identität, die in der Auseinandersetzung und Überwindung mit den sie bestimmenden sozialen Instanzen stattfindet. Dieser Prozeß verläuft im wesentlichen im Medium der Sprache, indem die Hauptfigur die sie prägenden Sozialisationsmuster und damit auch die Sprachmuster überwindet und so ansatzweise zu einer eigenen Sprache findet. Spiegelt sich besonders in ihren ersten Lebensjahren das Ausmaß gesellschaftlicher Prägung wider, so drückt sich dies in der distanzierten Darstellung der Figur als eines sozialen Typus durch den Erzähler aus. Im Prozeß der Selbstbehauptung gegen ihre Sozialisationsmuster wird die soziale Typisierung der Mutter schrittweise zurückgenommen und sie bildet individuelle Züge aus; dem entspricht auf der Ebene des Ich-Erzählers eine größere Nähe zur Mutter.

Der erste zusammenhängende Erzählstrang, der Kindheit und Jugend der Mutter umfaßt, setzt noch vor ihrer Geburt ein. Der Erzähler skizziert in diesem Teil das ländlich-proletarische Milieu, in das die Mutter hineingeboren wird. Äußerste Bedürftigkeit, Abhängigkeit von Großgrundbesitzern und das Bewußtsein, „[nur] gegen tägliche Arbeitsleistung geduldet zu sein" (14), prägen das Leben zahlloser Kleinbauern und Handwerker. Der Großvater, der Vater der Mutter, ist nach einer „Generation von besitzlosen Knechtsgestalten mit lückenhaft ausgefüllten Taufscheinen" (13) der erste, der durch einen bescheidenen Besitz die Existenz der Familie sichern kann. Nach der Erfahrung der Besitz- und damit der Machtlosigkeit seiner Vorfahren wird das Besitzstreben für ihn beherrschend. Durch exzessives Sparen versucht er den Besitz zu sichern und zu vergrößern, auch nachdem er das Ersparte durch Inflation einbüßen muß. Der im Sinn kapitalistischer Ideologie positiv besetzte Begriff von Eigentum als „verdinglichte[r] Freiheit" (14), den der Erzähler aus dem Wirtschaftsteil einer Zeitung zitiert, er-

weist sich bei näherer Betrachtung als Form der Unfreiheit. Das Besitzstreben, das zum Selbstzweck wird, führt die in der Familie über Generationen erlittenen Entbehrungen nur in anderer Form weiter. Der von
äußeren Verhältnissen auf den Einzelnen ausgeübte Zwang wird nach
innen verlegt und als „gespenstische Bedürfnislosigkeit" (15) Teil der
psychischen Struktur.

Die Leugnung eigener Bedürfnisse, wie sie in der Familie der Mutter praktiziert wird, spiegelt sich zudem in den Normen und Tugend-
begriffen des ländlichen katholischen Milieus wider, in das die Mutter
hineinwächst. Der Geburts- und Sterbeort der Hauptfigur offenbart
sich als hermetisch abgeschlossene Welt, die keine Vergleichsmöglichkeiten zu anderen Lebensformen zuläßt und die Einzelnen schicksal-
haft an sich bindet. Das Leben fügt sich übergeordneten Kreisläufen
und Zusammenhängen, die keinen Raum für individuelle Bewegungen
lassen. Hier stellt die Natur, in der gelebt und gearbeitet wird, mit
ihren zyklischen Abläufen eine grundlegende Realität für die Menschen dar.

„Das Klima in dieser Gegend schwankt sehr: kalte Winter und schwüle Sommer,
aber bei Sonnenuntergang oder auch nur im Laubschatten fing man zu frösteln an.
Viel Regen; schon Anfang September oft tagelang nasser Nebel vor den viel zu
kleinen Fenstern, [...] davon mußte man abhängig werden, anderes gab es ja
nicht." (19)

In diesem Lebenszusammenhang haben sich die religiösen und sozialen
Normen wie eine zweite Natur zu übermächtigen Instanzen verselbständigt. In ihnen reproduzieren sich leergewordene Riten, die jede individuelle Äußerung zunichte machen.

„Es gab nichts mehr von einem selber zu erzählen; auch in der Kirche bei der
Ostermesse, wo wenigstens einmal im Jahr etwas von einem selber zu Wort kommen konnte, wurden nur Stichworte aus dem Katechismus hingemurmelt, in denen das Ich wahrhaftig fremder als ein Stück vom Mond erschien." (5)

Die so skizzierten Verhältnisse begründen einen Zustand der Entfremdung, der sich in der Sprache niederschlägt und befestigt. Der Erstarrung sozialer Formen in Konvention und Ritual entspricht die formel-
haft erstarrte Sprache in Stereotyp, Floskel, Wortspiel und Sprichwort.
Die Sprache hat sich gegenüber der Wirklichkeit verselbständigt, sie erzeugt durch Worthülsen eine Ersatzwirklichkeit, die individuelle Wirk-
lichkeitserfahrungen verdrängt.

„Der schmerzensreiche Rosenkranz; der glorreiche Rosenkranz; das Erntedank-
fest; die Volksabstimmungsfeier; die Damenwahl; das Bruderschaftrinken; das
In-den-April schicken; die Totenwache; der Silvesterkuß: – in diesen Formen ver-
äußerlichten privater Kummer, Mitteilungsdrang, Unternehmungslust, Einmalig-
keitsgefühl, Fernweh, Geschlechtstrieb, überhaupt jedes Gedankenspiel in einer
verkehrten Welt, in der alle Rollen vertauscht wären, und man war sich selber kein
Problem mehr." (52)

Die Aufzählungen sind Ausdruck automatisierter und verselbständigter Abläufe. In der Anhäufung der Substantive zeigt sich die Übermacht der Dinge, Tatsachen, die sich scheinbar ohne menschliches Zutun ereignen. So ist Sprachkonvention für den Erzähler auch Herrschaftsinstrument. Sie verfestigt eine Welt „vollendete[r] Tatsachen" (20) und läßt die Einzelnen sprachlos davor kapitulieren.

„‚Politik': war was? – ein Wort, das kein Begriff war, weil es einem schon in den Schulbüchern, wie alle politischen Begriffe, ohne jede Beziehung zu etwas Handgreiflichem, Reellem, eben nur als Merkwort oder, wenn bildhaft, dann als menschenloses Sinnbild eingetrichtert worden war: die Unterdrückung als Kette oder Stiefelabsatz, die Freiheit als Berggipfel, das Wirtschaftssystem als beruhigend rauchender Fabrikschlot und als Feierabendpfeife, und das Gesellschaftssystem als Stufenleiter mit ‚Kaiser – König – Edelmann / Bürger – Bauer – Leinenweber / Tischler – Bettler – Totengräber'." (25)

„Als Frau in diese Umstände geboren zu werden, ist von vornherein schon tödlich gewesen." (17) Dieses insbesondere auch patriarchalisch geprägte Milieu bedeutet für eine Frau bedingungslose Unterwerfung unter das Bestehende. Jede spontane Äußerung wird unterdrückt und unter Kontrolle gebracht, bis sie dem Ich selbst fremd erscheint.

„‚Schämst du dich nicht?' oder ‚Du sollst dich schämen!' war schon für das kleine und vor allem für das heranwachsende Mädchen der von den andern ständig vorgehaltene Leitfaden gewesen. Eine Äußerung von weiblichem Eigenleben in diesem ländlich-katholischen Sinnzusammenhang war überhaupt vorlaut und unbeherrscht." (32)

Schon bei ihrer Geburt hat die Mutter keine Chance sozialer Ich-Verwirklichung; ihr ist eine Biographie zugedacht, die nicht ihre eigene, sondern die aller Frauen ist.

„Keine Möglichkeit, alles schon vorgesehen: kleine Schäkereien, ein Kichern, eine kurze Fassungslosigkeit, dann zum ersten Mal die fremde, gefaßte Miene, mit der man schon wieder abzuhausen begann, die ersten Kinder, ein bißchen noch Dabeisein nach dem Hantieren in der Küche, von Anfang an Überhörtwerden, selber immer mehr Weghören, Selbstgespräche, dann schlecht auf den Beinen, Krampfadern, nur noch ein Murmeln im Schlaf, Unterleibskrebs, und mit dem Tod ist die Vorsehung schließlich erfüllt. So hießen ja schon die Stationen eines Kinderspiels, das in der Gegend von Mädchen viel gespielt wurde: Müde/Matt/Krank/Schwerkrank/Tot." (17)

Auch hier zeigt die Sprache wieder die Übermacht sozialer Determination, die für das Individuelle keinen Raum läßt, was sich in den fehlenden Sinnsubjekten niederschlägt. Im „raffenden elliptischen Stil" (Heintz, 1974, S. 68) reduziert sich die weibliche Biographie auf Alltagsstereotypen und Abzählreim. Auf diese Weise wird die Totalität sozialer Prägung deutlich, die sich bis in das Kinderspiel fortsetzt und Formen der Verdinglichung produziert, in denen sich die komplexe Wirklichkeit in „Dingwörtern" erschöpft.

In den so skizzierten Verhältnissen tritt deutlich ein Widerspruch hervor: Er zeigt sich im Zustand der Entfremdung in einer scheinbar vertrauten und überschaubaren Welt, in der Vereinzelung und Kommunikationslosigkeit in den engen bäuerlich-kleinbürgerlichen Lebensverhältnissen. Als Teil dieser Verhältnisse kann sich die Mutter in ihren ersten Lebensphasen nicht bewußt als Ich erfahren. Dies ist, wie der Verlauf ihrer Geschichte zeigt, nur in der Distanz zu diesen Umständen möglich. Erst in der reflexiven Auseinandersetzung zwischen Ich und Welt wird die Entwicklung einer Identität möglich. So ist der Zustand der Mutter ein naturhafter und unbewußter, der sie auf das bloße Fühlen und Ertragen verweist. „Keine Angst, außer die kreatürliche im Dunkeln und im Gewitter; nur der Wechsel zwischen Wärme und Kälte, Nässe und Trockenheit, Behaglichkeit und Unbehagen." (18)

Ausdruck für den Zustand der Selbstentfremdung ist ein Wortspiel, das der Ich-Erzähler aus der märchenhaften Formel vom „wunschlosen Glück" ableitet: „Selten wunschlos und irgendwie glücklich, meistens wunschlos und ein bißchen unglücklich." (19) In diesem Wortspiel verkehrt sich der irreal paradiesische Zustand des Glücks in den irrealen Zustand des Ungefähren („selten-meistens-irgendwie-bißchen"), in dem Glück und Unglück nicht mehr als unterscheidbare Qualitäten erfühlt werden können. Das Paradoxon „wunschloses Unglück" ist die Formel für ein entfremdetes Leben, das sich wie ein Motto durch die Lebensgeschichte der Mutter zieht. In dem Zustand der Wunschlosigkeit, mit dem auch jegliche Zukunftsperspektive abgeschnitten ist, drückt sich die konfliktlose Kapitulation vor einem fremdbestimmten Leben aus. Das Wünschen bleibt der unversuchte Versuch, den Zustand der Entfremdung aufzuheben und über die verschütteten Wünsche zu einem verschütteten Ich vorzudringen. Über die konkrete Anbindung des Wunschmotivs an die Lebensgeschichte der Hauptfigur hinaus ist der Zustand des Wünschens für den Autor und für den Ich-Erzähler existentiell, drückt sich doch in ihm Hoffnung auf Entfaltung eines Ich aus, das sich gegen die gesellschaftlichen Zwänge und Normierungen bewahrt hat.

Gegen die Macht der Vorbestimmung regt sich in der Mutter ein Widerstandspotential. Dieses zeigt sich noch vorsprachlich in einem übermütigen Lachen, das aus ihr herausbricht. Dann äußert sie zum ersten Mal einen Wunsch. Sie will etwas lernen, „denn beim Lernen damals als Kind hatte sie etwas von sich selber gefühlt" (20). Diese Rebellion gegen die ihr zugedachte Wunschlosigkeit bleibt jedoch eher zaghaft und unbewußt. Der Erzähler „rekonstruiert" sie daher fiktiv als irrealen Satz, in dem sich ein Ich hätte artikulieren können. „Es war gewesen, wie wenn man sagt: ,Ich fühle mich.' " (20) Dieser Ausbruchsversuch endet frühzeitig in einer Sackgasse weiblicher Aufstiegschancen als „Abwaschhilfe, Stubenmädchen, Beiköchin, Hauptköchin" (20).

Mit der Besetzung Österreichs durch das Deutsche Reich beginnt eine neue Entwicklungsphase für die Mutter. Sie erlebt den Faschismus als Befreiung aus der geistigen und räumlichen Enge, der sie entkommen will. Mit ihrer naiven und unpolitischen Sicht des Faschismus zeigt der Erzähler in ihr den Typus des Mitläufers. Die zuvor erlittene Entfremdung zwischen Ich und Wirklichkeit scheint in den neuen Bräuchen und Riten der faschistischen Bewegung aufgehoben zu sein. Für die Mutter eröffnet sich eine „sagenhafte Welt" (27), in der die zuvor als dumpf empfundene Alltagswirklichkeit zum Gemeinschaftsritual verklärt wird.

„Endlich einmal zeigte sich für alles bis dahin Unbegreifliche und Fremde ein großer Zusammenhang: es ordnete sich in eine Beziehung zueinander, und selbst das befremdend automatische Arbeiten wurde sinnvoll, als Fest. Die Bewegungen, die man dabei vollführte, montierten sich dadurch, daß man sie im Bewußtsein gleichzeitig von unzähligen anderen ausgeführt sah, zu einem sportlichen Rhythmus – und das Leben bekam damit eine Form, in der man sich gut aufgehoben und doch frei fühlte.
Der Rhythmus wurde existentiell: als Ritual." (23 f).

Der Sinn, den der Faschismus gibt, wird nicht aus seiner Ideologie, sondern aus seiner übermächtigen Ästhetisierung der Alltagswirklichkeit, aus seiner form- und ordnungsgebenden Macht gewonnen. Die Gefahr, die gerade von dieser Adaption des Faschismus als ästhetischem Phänomen ausgeht, zeigt sich in der Sprache. Sie offenbart ein naives Bewußtsein („Hitler hatte im Radio eine angenehme Stimme", 21), das dem Schein erliegt und sich das Triviale als erhabenes Schauspiel vorführen läßt.

„Kundgebungen mit Fackelzügen und Feierstunden; die mit neuen Hoheitszeichen versehenen Gebäude bekamen Stirnseiten und grüßten; die Wälder und die Berggipfel schmückten sich; in der ländlichen Bevölkerung wurden die geschichtlichen Ereignisse als Naturschauspiel vorgestellt." (23)

Der Faschismus wird nicht nur durch die Erzählungen der Mutter dargestellt, sondern auch durch die verfremdete Wiedergabe authentischer Quellen. Indem der Erzähler den Wortlaut z. B. eines Wochenschauberichts über den Besuch Hitlers in Klagenfurt „zitiert", setzt er auf den sich selbst entlarvenden Charakter der Propaganda, die sich zur Satire verkehrt. „Die Maschinen des Altreiches und unsere heimischen Flugzeuge flogen mit den Wolken um die Wette." (22) Der Erzähler stellt den Faschismus bewußt verharmlosend dar, um seine kleinbürgerlich-naive Rezeption und deren Gefahren deutlich zeigen zu können.

Die Teilhabe an der faschistischen Bewegung macht die Mutter selbstbewußter, und sie empfindet einen vagen Stolz „als Ausdruck eines endlich erreichten Lebensgefühls" (24). Doch dieser Stolz entspringt weniger einem Ich- als einem Wir-Gefühl. In dieser Lebensphase beginnt sie eine soziale Rolle anzunehmen. Der dreijährige Aufenthalt in Berlin, wo sie nach Kriegsende mit Ehemann und Kind lebt, verfestigt diesen Zustand. Die Mutter ist auf der Suche nach der ihr gemäßen Lebensform, die sie im „*Schema* einer bürgerlichen Lebensführung" (55) gefunden zu haben glaubt. Sie beginnt eine Art Doppelleben zu führen. Nach außen imitiert sie einen bürgerlichen Lebensstil, der zu ihrem „vor-bürgerlich[en]" (43) Leben am Existenzminimum im Widerspruch steht. „Draußen der Sieger-Typ, drinnen die schwächere Hälfte, der ewige Verlierer." (43) Das Leben in der Großstadt macht die Mutter nicht freier, sondern unterwirft sie neuen Zwängen und Verhaltensmustern.

„Ein maskenhaftes Gesicht – nicht maskenhaft starr, sondern maskenhaft bewegt –, eine verstellte Stimme [. . .] ängstlich um Nichtauffallen bemüht [. . .] das alles, nicht um ein anderer Mensch, sondern um ein Typ zu werden: von einer Vorkriegserscheinung zu einer Nachkriegserscheinung, von einer Landpomeranze zu einem Großstadtgeschöpf." (40)

In den großstädtischen Rollenprägungen dauert die Entfremdung fort; auch hier kommt ihr das Leben nicht zu Bewußtsein.

„Man lebte also nach dieser Typenlehre, fand sich dabei angenehm objektiviert und litt auch nicht mehr an sich, [. . .] als Typ trat ein Menschlein aus seiner beschämenden Einsamkeit und Beziehungslosigkeit hervor, verlor sich und wurde doch einmal wer, wenn auch nur im Vorübergehen." (41 f.)

Die Stilisierung zu einem Typus gibt der Mutter oberflächlich das Gefühl, ihren beschränkten Lebensverhältnissen entkommen zu können, von der „eigenen Geschichte befreit" (40) zu sein. Doch die „kleinen bürgerlichen Erlösungssysteme" (43) können sie letztlich doch nicht über ihre Misere hinwegtäuschen. Das Lebensfazit der noch nicht Dreißigjährigen lautet: „Sie war; sie wurde; sie wurde nichts." (44)
Im Frühsommer 1948 verläßt die Mutter mit ihrem Ehemann und zwei Kindern Berlin und kehrt an den Ausgangsort ihrer Geschichte zurück. Das Leben in der Stadt hat sie selbstbewußt gemacht („Sie ließ sich von niemandem mehr etwas sagen.", 49) und ihr eine Ahnung davon gegeben, daß es noch andere als die ländliche-beschränkten Lebensformen gibt. In dieser Phase gestattet sie sich kleinere Verstöße gegen die Konvention und ein spielerisches Verhalten, das im Gegensatz steht zu der „aufs Wirtschaften und pure Auskommen beschränkten Lebensform" (50) ihrer Umgebung. Die ärmlichen Bedingungen jedoch, unter denen sie bis zu ihrem vierzigsten Lebensjahr vier Kinder zur Welt bringt und drei abtreibt, lassen sie wieder in jenen Kreislauf einmünden, dem sie entkommen wollte.

„Einmal symbolisch gesprochen: sie gehörte nicht mehr zu den Eingeborenen, die noch nie einen Weißen gesehen hatten, sie war imstande, sich ein Leben vorzustellen, das nicht nur lebenslängliches Haushalten war. [. . .]

Hätte, wäre, würde.
Was wirklich geschah:
Ein Naturschauspiel mit einem menschlichen Requisit, das dabei systematisch
entmenscht wurde." (62)

Wie ihr Vater beginnt auch sie zu sparen. Im Einteilen nach notwendigen und überflüssigen Gütern gibt sie einen Lebensstandard vor, der scheinbar über das Notwendigste hinausgeht. Auf diese Weise errichtet sie eine „bürgerliche Fassade", auf die der Erzähler in seinen Reflexionen über die Armut anspielt:

„keine fröhliche Armut, sondern ein formvollendetes Elend; die tägliche Anstrengung, sein Gesicht zu behalten, das dadurch allmählich seelenlos wurde. Vielleicht hätte man sich im formlosen Elend wohler gefühlt, wäre zu einem minimalen proletarischen Selbstbewußtsein gekommen. Aber in der Gegend gab es keine Proletarier, nicht einmal Proleten, höchstens lumpige Armenhäusler."
(61 f.)

Ihre Orientierung an einem bürgerlichen Lebensstil, „das sklavenhafte Nachäffen einer unerreichbaren Lebensart, das Kinderspiel vom irdischen Paradies" (56), gehört für den Erzähler zu den Ursachen, die die Identitätsfindung der Mutter in dieser Lebensphase verhindern. In ihrem Hausfrauendasein erliegt die Mutter auch der ideologischen Verklärung dieser Existenzform, wie sie sich in Lesebüchern und Werbeanzeigen niederschlägt.

„Keine Maschinen im Haus; alles wurde noch mit der Hand gemacht. Gegenstände aus einem vergangenen Jahrhundert, im allgemeinen Bewußtsein verklärt zu Erinnerungsstücken: nicht nur die Kaffeemühle, die ja ohnehin ein liebgewordenes Spielzeug war – auch der *behäbige* Waschrumpel, der *gemütliche* Feuerherd, die an allen Ecken geflickten *lustigen* Kochtöpfe, der *gefährliche* Schürhaken"
(63 f.).

Ein bescheidener Wohlstand entlastet sie von einem Teil der Hausarbeit. Kleine Freiräume eröffnen sich ihr, eine neue Lebensphase beginnt. Angeregt durch den ältesten Sohn, den Erzähler, beginnt sie, Bücher u. a. von Hamsun, Gorki und Fallada zu lesen. Diese Erfahrung führt zu der entscheidenden Wende ihrer Entwicklung. Die Literatur gibt der Mutter die Möglichkeit, aus dem Kreislauf des Bestimmtwerdens herauszutreten. Indem sie „die Geschichten mit ihrem eigenen Lebenslauf vergleich[t]" (67), gewinnt sie die reflexive Distanz zu sich selbst, die Bedingung einer Identitätsfindung ist. „Allmählich kein ‚man' mehr, nur noch ‚sie'." (72) Waren ihre Sprache und ihre Erfahrungen bisher bestimmt von gesellschaftlichen Normen und Klischees, findet sie nun zu einer eigenen, authentischen Sprache, in der sie von sich und ihren Erfahrungen reden kann.
Ihr Blick auf ihr Leben ist jedoch rückwärtsgewandt wie auf etwas Abgeschlossenes. „Sie selber hatte sich jede Zukunft schon zu früh aus

dem Kopf geschlagen." (68) Ein Neuanfang ist für sie nicht mehr möglich. Der Prozeß der Ich-Findung reißt sie aus den zwar deprimierenden, aber immerhin vertrauten Zusammenhängen und isoliert sie in ihrer Einzelexistenz. In der Erkenntnis eines verfehlten Lebens erlischt ihr Widerstand gegen die sie bedrückenden Lebensbedingungen, für die sie sich nun selbst die Schuld gibt. Eine Erkrankung und der darauf folgende körperliche Zusammenbruch heben ihre lebenslange, ihr selbst unbewußte Spaltung in eine veräußerlichte und eine verborgene innerliche Existenz auf, indem das Innere nach außen bricht. „Wie in einem Zoo lag da die fleischgewordene animalische Verlassenheit. Es war eine Pein zu sehen, wie schamlos sie sich nach außen gestülpt hatte." (77)

Die Krankheit macht die Mutter nach einem lebenslangen Hausfrauendasein nun untauglich für die alltäglichen Verrichtungen. Sie fällt in eine Phase der Desorientierung, verliert vorübergehend jegliches Orts- und Zeitgefühl und vergißt sogar sich selbst. In Momenten der Klarheit, in denen sie fürchtet, „den Verstand zu verlieren" (81), wird das Schreiben für sie zu einem Überlebensmittel, um ein Ich festzuhalten, das ihr zu entgleiten droht. In diesem letzten Teil ihrer Geschichte läßt sie der Erzähler in ihren Briefen selbst zu Wort kommen. Darin zeigt sie Gefühle und Gedanken aus dem unmittelbaren Erleben der Wirklichkeit; Wünsche regen sich, aber sie vermag das Bessere nicht zu sagen; es kann an keine Erfahrung anknüpfen. Desillusionierung bleibt.

„Bei jedem angenehmen Gedanken fällt die Tür zu, und ich bin wieder allein mit meinen Gedanken. Ich möchte so gern nettere Dinge schreiben, aber es ist nichts da [...] Es ist am besten, Du liest diese Scheiße und vergißt sie dann schnell wieder." (86)

Dem körperlichen Zusammenbruch der Mutter folgt ihre letzte Lebensphase. Von den Symptomen ihrer Krankheit befreit, nimmt sie noch einmal oberflächlich am Alltagsgeschehen teil. Doch in ihrem Innern ist ein Prozeß freigesetzt, der sie immer stärker auf sich selbst zurückwirft und ein Weiterleben unmöglich macht.

Betrachtet man den Selbstmord der Mutter als einen Akt einmaliger Selbstbestimmung, so bleibt die Paradoxie, daß die Ich-Findung nicht zur Bewahrung einer personalen Existenz führt, sondern zu ihrer Auslöschung. Der Tod führt die Mutter wieder in die Sprachlosigkeit, aus der sie herausgetreten ist. Die Freiheit, über die das Ich am Ende verfügt, realisiert sich in der Vollstreckung des ihm schon vorbestimmten Scheiterns. In der Geste der Selbstbestimmung, im Selbstmord, zitiert die Mutter noch die Rituale der Unterdrückung, indem sie sich zum Tod pflegeleicht und fein macht. Die Entfremdung wird also im Tod überwunden und zugleich besiegelt.

„ ‚Ich wollte ja nicht einfach meinen Schmerz deklamieren und irgendwie zu Papier bringen‘, erläutert Handke die Intention seiner Erzählung, ‘sondern ich wollte nach den Gründen fragen, warum mich das wirklich so betroffen hat, nach den, und da muß man so ein Klischee verwenden, nach den gesellschaftlichen Gründen, die eine Frau dazu bringen, einen Selbstmord zu begehen, und warum es gerade eine Frau ist und gerade diese Frau in dieser Gegend, in diesem Staat, mit dieser Erziehung, also daß dieser Selbstmord gar keine Krankheit war, sondern eine logische Konsequenz aus all der fürchterlichen Logik rundherum und daß diese Frau das bei ganz klarem Verstand, bei überklarem Verstand vollbracht [. . .] Die konnte schon ›Ich‹ sagen, nur die Umwelt war so, daß dieses Ich sich so gar nicht verwirklichen konnte, daß sie damit ganz allein blieb, mit dem ›Ich‹.“ (zit. nach: Heintz, 1974, S. 61 f., S. 65)

Aus dem Verwobensein von Individuum und Gesellschaft, das Handke hier ausdrücklich seiner Erzählung attestiert, ergibt sich die Frage nach der Versöhnbarkeit von Individual- und Sozialgeschichte der Mutter. Eine Lösung ist für den Autor, wie am Ende der Untersuchung noch genauer begründet wird, nicht in einer politischen Utopie zu finden, auch wenn Handke in seiner Erzählung gesellschaftliche Verhältnisse aufzeigt, die zwangsläufig in die Selbstentfremdung des Ich führen. Möglichkeiten, aus der radikalen Vergesellschaftung auszubrechen, liegen für den Autor im Ich verborgen, das sich im „Gedankenspiel mit einer verkehrten Welt“ (52) auf sich selbst zurückbeziehen kann. In diesem Rückbezug auf sich selbst fällt der Literatur eine zentrale Rolle zu.

Schreiben: Prozesse zwischen Sohn und Mutter, Autor und Ich-Erzähler

Die Betrachtung der eingangs erwähnten hintergründigen Handlungsebene – die Annäherung des epischen Ich an die mit der Mutter untrennbar verbundene problematische Lebensphase in Kindheit und Jugend – verlegt das Gewicht von der Mutter auf den Sohn. Sie erschließt sich dem Leser vermittelt durch die Perspektive des epischen Ich nur indirekt. Retrospektiv wird sie in der einleitenden Beschreibung seiner unmittelbaren Reaktion auf den Selbstmord (7–9) und der mutmaßlichen, nur scheinbar „beliebig[en]“ Schreibanlässe (11) schon erkennbar, gerät aber – nicht zuletzt durch die vom Konkreten abstrahierende, typisierende Gestaltung der vordergründigen Handlung – aus dem Blick. Die dritte Reflexion begründet den Abstraktions- und Distanzierungsvorgang mit dem möglichen Interesse des Lesers („aber nur die von meiner Mutter als einer möglicherweise einmaligen Hauptperson in einer vielleicht einzigartigen Geschichte ausdrücklich absehenden Verallgemeinerungen können jemanden außer mich selber betreffen – die bloße Nacherzählung eines wechselnden Lebenslaufs mit plötzlichem Ende wäre nichts als eine Zumutung.“, 44). Sie deutet aber in ihrem zweiten Teil schon an, daß auf diese Weise das Entscheidende seiner eigenen Erfahrungen nicht faßbar wird (46–48). Erst das negative Fazit nach Abschluß der Geschichte der Mutter, in dem das epische Ich den Schreibprozeß für sich als gescheitert bewertet, verweist im Nachdenken über die rein subjektive Begründung des Urteils auf die problematische „Mutter-Kind-Dyade" (Mauser, 1982, S. 73).

„Es stimmt nicht, daß mir das Schreiben genützt hat. In den Wochen, in denen ich mich mit der Geschichte beschäftigte, hörte auch die Geschichte nicht auf, mich zu beschäftigen. Das Schreiben war nicht, wie ich am Anfang noch glaubte, eine Erinnerung an eine abgeschlossene Periode meines Lebens, sondern nur ein ständiges Gehabe von Erinnerungen in der Form von Sätzen, die einen Abstand bloß behaupteten." (99)

Daß das epische Ich Erfolg bzw. Mißerfolg des Schreibprozesses nur am Nutzen für seine eigene psychische Situation bemißt, macht deutlich, daß von Anfang an – ihm wie dem Leser über weite Strecken der Erzählung verborgen – im Zentrum seines Interesses nicht die psycho-soziale Fallstudie der Mutter, sondern sein eigener unbewältigter konflikthafter Bezug zu ihr gestanden hat, den er literarisch-schöpferisch zu bewältigen gehofft hatte. Der Fallstudie kommt so nur die Funktion der Problemverschiebung bzw. -verdrängung zu. – Vor diesem Hintergrund wird rückblickend die weitgehende Absenz des Sohnes in der Geschichte der Mutter und die nur scheinbare Rücknahme seiner Perspektive augenfällig. Er selbst wird mit seinen Gefühlen und Absichten überwiegend auf der Metaebene der poetologischen Reflexionen sichtbar. Was aber ist die ‚eigentliche‘, das epische Ich existentiell tangierende Problematik, an die es sich schrittweise heranschreibt, und wie entwickelt sie sich im Text?

Vergleicht man die Reflexion zu Beginn mit der abschließenden vierten, so ist es das „interesselose, objektive Entsetzen", das das epische Ich – vom Schreiben eher intensiviert als vermindert – nach wie vor erfaßt und belastet „so fühllos werde ich plötzlich bei dem Gedanken an diesen Selbstmord. [...] Es ist ein Entsetzen, bei dem es mir wieder gut geht: endlich keine Langeweile mehr, ein widerstandsloser Körper, keine anstrengenden Entfernungen, ein schmerzloses Zeitvergehen.", 8; „In diesen Angststürmen wird man magnetisch wie ein verwesendes Vieh, und anders als im interesselosen Wohlgefallen, wo alle Gefühle frei miteinander spielen, bestürmt einen dann zwanghaft das interesselose, objektive Entsetzen.", 99). – Handke verweist hier auf „Hauptsätze der Formalästhetik aus Kants *Kritik der Urteilskraft*, um sich von ihnen zu distanzieren." (Weiß, 1975, S. 447) – Ausgelöst wird eine offenbar psychische Konstante durch Vorstellungen und Erinnerungen, die irrational und assoziativ mit der mütterlichen Existenz verbunden sind und die der Selbstmord sowie die literarische Auseinandersetzung mit ihm aktiviert und intensiviert haben. Dieses „Entsetzen" (8) bahnt sich – der rationalen Kontrolle entzogen – den Weg aus tieferen Schichten des Unbewußten an die Oberfläche des Bewußtseins, auf einem Wege, der sich kurz danach der Wahrnehmung wieder verschließt. Zumeist wählt es den Eingang über „Tagträume" (10) oder „Alpträume" (47; 99), die den Träumenden wecken und seine Wahrnehmung der ‚Realität' nach dem Erwachen im Sinne des Traumes verfremden. Da die „Schreckensmomente" (99) nur kurz, fast blitzlichtartig das Bewußtsein erhellen, erscheinen sie dem epischen Ich retrospektiv unwirklich und anfangs nur von sekundärer Bedeutung („Die Schreckensmomente sind auch immer nur ganz kurz, eher Unwirklichkeitsgefühle als Schreckensmomente, Augenblicke später verschließt sich alles wieder", 9). Für die Dauer des Arbeitsprozesses schien es so, als gehörten sie der Vergangenheit an, als gelänge auf dem Weg literarisch-schöpferischer Objektivierung des eigenen Lebens auch dessen Bewältigung.

„Das ist jetzt vorbei, jetzt habe ich diese Zustände nicht mehr. Wenn ich schreibe, schreibe ich notwendig von früher als von etwas Ausgestandenem, zumindest für die Zeit des Schreibens. Ich beschäftige mich literarisch, wie auch sonst veräußerlicht und versachlicht zu einer Erinnerungs- und Formulierungsmaschine. Und ich schreibe die Geschichte meiner Mutter, einmal, weil ich von ihr und wie es zu ihrem Tod kam mehr zu wissen glaube als irgendein fremder Interviewer [...], dann im eigenen Interesse, weil ich auflebe, wenn mir etwas zu tun gibt, und schließlich, weil ich diesen *Freitod* geradeso wie irgendein außenstehender Interviewer, wenn auch auf andere Weise, zu einem Fall machen möchte.
    Natürlich sind alle diese Begründungen ganz beliebig, und durch andre, gleich beliebige ersetzbar." (10 f.)

Doch diese Hoffnung zerschlägt sich nach und nach durch die stete Wiederkehr der Angstzustände (47 f.; 99). Diese Zustände zeichnen sich nach wiederholten Aussagen des epischen Ich dadurch aus, daß es zwar deren Wirkung differenziert sprachlich zu bezeichnen vermag (8; 47 f.; 99), ihren Anlaß und Inhalt aber nur annäherungsweise in Traumbildern umschreiben kann („Oft habe ich bei der Arbeit an der Geschichte gespürt, daß es den Ereignissen besser entsprechen würde, Musik zu schreiben. Sweet New England...", 103; „Da waren eben kurze Momente der äußersten Sprachlosigkeit und das Bedürfnis, sie zu formulieren.", 11; „doch diese Geschichte hat es nun wirklich mit Namenlosem zu tun, mit sprachlosen Schrecksekunden. [... mit] Schreckzuständen, so kurz, daß die Sprache für sie immer zu spät kommt.", 47). Es sind die Gefühle der Mutter, die er in seinen Träumen erlebt, „so körperlich [...], daß ich diese als Doppelgänger erlebe und mit ihnen identisch bin." Selbst die Empfindungen der Mutter während ihrer Krankheit (77–80), die aus ihren physikalischen Gesetzmäßigkeiten tretende bedrohliche Objektwelt und der sich auflösende Körper teilen sich dem Sohn in solchen Augenblicken mit („Noch immer wache ich in der Nacht schlagartig auf [...] und erlebe, wie ich bei angehaltenem Atem vor Grausen von einer Sekunde zur anderen leibhaftig verfaule. Die Luft steht im Dunkeln so still, daß mir alle Dinge aus dem Gleichgewicht geraten und losgerissen erscheinen. Sie treiben nur eben ohne Schwerpunkt lautlos ein bißchen herum und werden gleich endgültig von überall niederstürzen und mich ersticken.", 99). Schon auf dem Höhepunkt ihrer Krankheit hatte der Sohn die auf dem Bett liegende Mutter als einen zerstörten Körper phantasiert, dessen deformiertes Innen sich Ausdruck im Außen verschafft zu haben schien („Wie in einem Zoo lag da die fleischgewordene Verlassenheit. Es war eine Pein zu sehen, wie schamlos sie sich nach außen gestülpt hatte; alles an ihr war verrenkt, zersplittert, offen, entzündet, eine Gedärmeverschlingung.", 77). In den Träumen löst sich die Grenze zwischen Mutter und Sohn auf, um deren Aufrechterhaltung er zu ihren Lebzeiten (77f.; 86) und auch nach ihrem Tod in dem Versuch, sie in der Fallstudie als Objekt und „Kunstfigur" (47) von sich ab- und auszugrenzen, bemüht war. Es ist also der symbiotische Bezug zur psychisch geschädigten Mutter, die Verknüpfung der eigenen Identität mit einem „nicht zu sich selbst gekommene[n] Subjekt" (Moser, 1985, S. 156), die ihn träumend und schreibend einholen.

Ihrem Auftrag, er möge sie verstehen und verständlich machen, ihr Sprachrohr werden – „wie Karl Rossmann für den sonst von allen erniedrigten Heizer in Kafkas Geschichte" (77) –, den er in ihrem Blick zu lesen vermeint, versucht er sich vergeblich zu verweigern („Erschreckt und verärgert bin ich sofort aus dem Zimmer gegangen.", 77f.). In der Folgezeit bis zu ihrem Tod nimmt er sie zum ersten Mal bewußter wahr („Seit dieser Zeit erst nahm ich meine Mutter richtig wahr. Bis dahin hatte ich sie immer wieder vergessen, empfand höchstens manchmal einen Stich bei dem Gedanken an die Idiotie ihres Lebens. Jetzt drängte sie sich mir leibhaftig auf, sie wurde fleischlich und lebendig und ihr Zustand war so handgreiflich erfahrbar, daß ich in manchen Augenblicken ganz daran teilnahm.", 77). Erst die Erfahrungen im Umfeld ihres Selbstmordes jedoch zwingen ihn, sich ihrer – und seiner – Geschichte literarisch anzunehmen; zu Beginn – wie schon erwähnt – mit der Absicht, sich ihrer endgültig zu entledigen (10–11). Zu diesem Unterfangen gibt er auch die räumliche Distanz auf, die er zwischen sich und seiner Mutter bzw. den Ort und die Umstände seiner primären Sozialisation gelegt hatte (86; 93; 104).

Die Reaktion des epischen Ich auf den Selbstmord der Mutter innerhalb der ersten sieben Wochen danach wird in zwei Teilen präsentiert, die in ihrem chronologischen Ablauf umgekehrt sind. Die unmittelbare Reaktion von der Anreise bis zur Beerdigung ist in das Ende der Geschichte der Mutter integriert (93–94), während die Folgezeit bis zur Aufnahme des Schreibens Gegenstand der ersten Reflexion ist. Sie bildet zusammen mit der vierten Reflexion eine Art Rahmen – treffender: Kreis – um die Geschichte der Mutter, wobei die ersten Reaktionen des epischen Ich, die in den spontanen Entschluß zu schreiben münden, und sein negatives Fazit aus dem Schreibprozeß gewissermaßen gegeneinanderstoßen.

Die anfängliche Reaktion ist geprägt durch extreme Gefühlsschwankungen zwischen Euphorie und Wut. Während des Fluges nach Österreich steigert sich „ei[n] müde[s], unpersönliche[s] Wohlgefühl" (93) bis zur „knochenlosen Euphorie, gegen die [er sich] nicht mehr wehren konnte" (94). Er ist „außer [sich] vor Stolz, daß sie Selbstmord begangen hatte" (94). Aus der vorausgehenden abgeschlossenen Darstellung der Geschichte der Mutter ist dem Leser der Maßstab des nur scheinbar befremdlichen Urteils ersichtlich. Die Tat der Mutter erscheint dem Sohn als letzte Möglichkeit einer – wenn auch destruktiven – Selbstbestimmung, als Bestätigung ihres ‚Zu-sich-selbst-Gekommenseins', an dem er maßgeblichen Anteil gehabt hat.

Die reale Konfrontation mit der toten Mutter trifft ihn jedoch „wieder ganz unvorbereitet" (95). Während der Totenwache erfühlt er noch einmal das Ausmaß ihrer Einsamkeit („Noch der tote Körper kam mir entsetzlich verlassen und liebebedürftig vor.", 96) und projiziert wohl dabei auch seine eigenen Gefühle in sie. Die erneute, nun posthum manifestierte Entpersönlichung der Mutter durch die Gesellschaft im Begräbnisritual (97) und in der Pressenotiz (7) sowie die grundsätzliche, ihn einschließende Erfahrung der Nichtigkeit menschlicher Existenz und Individualität im Naturprozeß lassen die anfängliche Euphorie in „ohnmächtige Wut" umschlagen.

„erstmals erschien mir die Natur wirklich unbarmherzig. Das waren also die Tatsachen! Der Wald sprach für sich. Außer diesen unzähligen Baumwipfeln zählte nichts; davor ein episodisches Getümmel von Gestalten, die immer mehr aus dem Bild gerieten. Ich kam mir verhöhnt vor und wurde ganz hilflos. Auf einmal hatte ich in meiner ohnmächtigen Wut das Bedürfnis, etwas über meine Mutter zu schreiben." (98)

In dieser Wahrnehmung des epischen Ich geht der einzelne Mensch in der Menge unter, die Menge aber verliert ihre Bedeutung in der Zeit, räumlich versinnbildlicht in einer sie scheinbar ewig überdauernden unbelebten Natur. Der Wald erscheint wie eine unüberwindbare, bis zum Himmel reichende Mauer, die den Menschen – konkret wie im übertragenen Sinn – den Ausgang in freiere Räume zu versperren scheint. Es scheint, als stoße dieser Friedhof an die Begrenzung der Welt. Diese Übermacht empfindet der Ich-Erzähler als feindliche Entgegensetzung und Mißachtung seiner Mutter wie seiner selbst. Er verharrt aber nicht passiv im Zustand der Hilflosigkeit und Ohnmacht – wie seine Mutter. Die Wut stachelt ihn auf, dieser Übermacht Widerstand zu leisten, indem er der so wahrgenommenen Schöpfung seine geistige Gegenschöpfung entgegenzustellen plant. In ihr will er der Individualität der Mutter – wie der eigenen – zu einem Überdauern verhelfen. Dieser Entschluß gibt ihm sein Selbstbewußtsein zurück, verleiht ihm sogar Übermut („Nachher im Haus ging ich am Abend die Treppe hinauf. [...] Die letzten Stufen lief ich. Oben schlug ich mir übermütig die Faust auf die Brust und umarmte mich. Langsam, selbstbewußt wie jemand mit einem einzigartigen Geheimnis, ging ich dann die Treppe wieder hinunter.", 98). Der ‚Übermut‘ beinhaltet schon im Begriff die Selbstüberschätzung und mit ihr die Gefahr, daß das stimmungsabhängige Selbstwertgefühl in sein Gegenteil umschlägt, wie es das unvermittelt anstoßende negative Fazit des Schreibprozesses bestätigt. (99)

Zwischen dem spontanen Entschluß und dem Beginn seiner Durchführung vergehen weitere sieben Wochen, in denen Apathie und die Zustände des Entsetzens wechseln, bis letzteres ihn schließlich antreibt, die ‚Arbeit‘ aufzunehmen („Ja, an die Arbeit machen: denn das Bedürfnis, etwas über meine Mutter zu schreiben, so unvermittelt es sich auch manchmal einstellt, ist andererseits wieder so unbestimmt, daß eine Arbeitsanstrengung nötig sein wird, damit ich nicht einfach, wie es mir gerade entsprechen würde, mit der Schreibmaschine immer den gleichen Buchstaben auf das Papier klopfe. Eine solche Bewegungstherapie allein würde mir nicht nützen, sie würde mich noch passiver und apathischer machen.", 7).

Die Analyse ist nun an den Ausgangspunkt der Kreisbewegung zurückgekehrt, die die Problematik des epischen Ich in Inhalt und Form beschreibt. Am Anfang und Ende steht in ausweglosem In-sich-Kreisen das ‚Entsetzen‘, von dem das epische Ich abschließend sagt: „Das Grausen ist etwas Naturgesetzliches: der horror vacui im Bewußtsein. Die Vorstellung bildet sich gerade und merkt plötzlich, daß es ja nichts mehr zum Vorstellen gibt." (105)

Es stellt sich die Frage, ob das Schreiben dem epischen Ich wirklich nichts „genützt hat" (99), so gar nichts in ihm bewegt oder entwickelt hat. Es beschreitet mit der Fallstudie den Weg der Objektivierung und Distanzierung, der ihm zwar die gesellschaftlichen Bedingungen der eigenen wie der mütterlichen Existenz gezielt bewußt macht und ihn im Tun seine ‚Angststürme‘ vergessen läßt, diese selbst mit ihren subjektiven Ursachen und akuten Wirkungen aber nicht berührt. Dieser Weg erweist sich für ihn als der falsche, wie er selbst schon auf halber Strecke in der dritten Reflexion erkennt, ohne jedoch einzuhalten oder umzukehren („Deswegen fingiert man die Ordentlichkeit eines üblichen Lebenslaufschemas, indem man schreibt: ‚Damals – später‘, ‚Weil – ob-

wohl', ,war – wurde – wurde nichts', und hofft, dadurch der Schreckens-
seligkeit Herr zu werden. Das ist dann vielleicht das Komische an der
Geschichte." 48). Das Scheitern führt das epische Ich jedoch näher und
unausweichlicher an den Kern seiner Probleme – die Bedingungen seiner Jugend – heran, die ihn bis in die Gegenwart psychisch bestimmen,
obwohl er sie intellektuell, aber auch ökonomisch und gesellschaftlich
als Schriftsteller überwunden hat. Es gelingt ihm zu vergegenwärtigen,
was Unentrinnbarkeit bedeutet, sie für sich – und den Leser – erfahrbar zu machen. Zwar nützt „Schreiben als ,Bewegungstherapie' (7;
Handke, Vfn.) [...] nichts, wenn die Bewegungen die Psychostruktur
des Ich-Erzählers abbilden, statt sie zu durchbrechen" (Mauser, 1982,
S. 88), aber es belebt Erstarrtes, befördert Verschollenes an die Oberfläche des Bewußtseins und macht es so einer möglichen Auseinandersetzung zugänglich.

Daß der psychoanalytische Zugriff auf die Probleme des epischen Ich
erkenntnisfördernd und lösungsversprechend ist, ist in dem literaturpsychologischen Aufsatz von Wolfram Mauser ausführlich und überzeugend entwickelt. Dies soll an einem Beispiel exemplarisch demonstriert werden. In den isolierten Sätzen am Ende der Erzählung findet
sich die Feststellung: „Todesangst, wenn man in der Nacht aufwacht
und das Licht im Flur brennt." (102) Das Ausmaß der Angst des Erwachsenen und der Anlaß scheinen – isoliert betrachtet – disproportio-
nal und unverständlich. Dem Leser kommt jedoch assoziativ die Beschreibung einer Kindheitserfahrung des Ich-Erzählers in Erinnerung,
die in der äußeren Situation Analogien aufweist:

„Schläge, unter denen sie wegtauchte; sie redete nicht mehr mit ihm, stieß so die
Kinder ab, die sich in der Stille ängstigten und an den zerknirschten Vater häng-
ten. Hexe! Die Kinder schauten feindselig, weil sie so unversöhnlich war. Sie
schliefen mit klopfendem Herzen, wenn die Eltern ausgegangen waren, verkro-
chen sich unter die Decke, sobald gegen Morgen der Mann die Frau durch das
Zimmer stieß. Sie blieb immer wieder stehen, trat einen Schritt vor, wurde kurzerhand weitergestoßen, beide in verbissener Stummheit, bis sie endlich den Mund
aufmachte und ihm den Gefallen tat: ,Du Vieh! Du Vieh!', worauf er sie dann richtig schlagen konnte, worauf sie ihn nach jedem Schlag kurz auslachte." (57 f.)

Licht im Flur signalisierte also dem Kind, daß die Eltern gemeinsam
ausgegangen und bei ihrer Rückkehr Streit sowie physische und psychische Gewalttätigkeit zwischen ihnen zu erwarten waren. Das Kind war
dem Miterleben dieser Situation und dem Miterleiden der anschließenden Mißstimmung, die auch mittelbar Auswirkungen auf das Verhalten
der Eltern gegenüber den Kindern zeitigten, hilflos ausgeliefert. Das
Verkriechen unter die Bettdecke ist äußerer Ausdruck des instinktiven
Wunsches nach Schutz – höhlenhafter Geborgenheit – und Flucht. Im
Unterbewußtsein des Erwachsenen hat sich diese ,Todesangst' aus dem

realen Kontext abgelöst und verselbständigt, so daß nur die Herstellung der damaligen äußeren Bedingungen ausreicht, sie hervorzurufen. Soweit läßt sich der Zusammenhang textimmanent klären. Ausmaß und tiefere Dimension dieser Angst sowie ihre Verknüpfung mit der Situation der Mutter sind nicht ohne Hinzunahme von Grunderkenntnissen der Psychoanalyse zur Mutter-Kind-Dyade erklärbar. Hierzu finden sich bei Mauser folgende Ausführungen:

„Warum lösen die Schläge des Vaters, die gar nicht den Kindern gelten, ‚Todesangst' aus? Es ist denkbar, daß der Sohn Gewalt-Erfahrungen im Familienkreis zu Phantasien umgearbeitet hatte, die er nun angsthaft auf sich selber bezog. Der Anblick physischer Bedrohung war für ihn jedenfalls das sichtbare, an der Atmosphäre spürbare Zeichen dafür, daß in der Beziehung zwischen Vater und Mutter jene gefühlsmäßige Bindung fehlte, an die sich das Kind hätte halten können. Darüber hinaus scheint der Ich-Erzähler in dem oben zitierten Abschnitt die Urszenen-Erfahrung verhüllt wiederzugeben. Der Sohn kann sie nicht als solche verstehen, aber die Erfahrung, der benachteiligte Dritte, der Ausgeschlossene zu sein, gewinnt in ihr zusätzliche Evidenz und verstärkt seine Angst. Aber auch die anderen Personen seiner Umgebung stehen ihm fern. [...] So heißt für ihn, über den Tod der Mutter nachzudenken, was die Beziehungen zu Männern und zur Umwelt aus ihr gemacht haben. Die Psychoanalyse kennt das Umbau-Phänomen, d. h. für diesen Fall die Tatsache, daß der Sohn über die verfehlten Männerbeziehungen seiner Mutter spricht, mit dem Hinweis auf das Mißlingen dieser Beziehung im Grunde zum Ausdruck bringen möchte, daß ihm der Vater fehlte, der ihn zur Ausbildung von Männlichkeit hätte anleiten können. Allem Anschein nach haben seine Ängste sehr viel mit der Beziehung zur Mutter zu tun." (Mauser, 1982, S. 79).

Zur tieferen, grundsätzlicheren Erklärung dieser Ängste führt Mauser im folgenden Erkenntnisse zur „Mutter-Kind-Dyade" (ebd., S. 80 ff.) aus, deren Skizzierung hier zu weit führen würde. Mauser erhebt also nur den Anspruch, mit seinem fachspezifischen Ansatz die Tiefendimension des epischen Ich auszuleuchten. Die Erzählung als künstlerisch gestaltetes Gebilde bewertet er als gelungene Vergegenwärtigung dessen, „was Unentrinnbarkeit bedeutet. Sie macht sie zu etwas Erlebbarem. Das Kunstwerk spricht nicht in erster Linie den Analyseverständigen an, es setzt vielmehr den Leser der Wirklichkeit des Gestalteten aus". Mauser unterscheidet zwischen den Erzählschwierigkeiten des epischen Ich und dem Kunstverstand des Autors, dem er „ein ungewöhnliches Ausmaß an Distanz" (ebd., S. 88) bestätigt.

Manfred Durzak setzt die kritische Begründung für das scheinbar ausweglose In-sich-Kreisen des epischen Ich – und damit indirekt den Entwurf eines Lösungsweges – nicht wie Mauser bei seiner Haltung gegenüber den subjektiven, sondern gegenüber den gesellschaftlichen Bedingungen seiner Existenz an.

„Natürlich könnte man Handke vorwerfen, daß seine existentielle Betroffenheit von dem Leben seiner Mutter es letztlich verhindert, daß sich seine schriftstellerische Perspektive mit Entschiedenheit von der leidenden Person auf die Umstände des Leidens verlagert. Obwohl er im Lebensbeispiel seiner Mutter zugleich analytisch die gesellschaftlichen Kräfte beschreibt, die dieses Leben ausgehöhlt und zum Scheitern getrieben haben, bleibt er dennoch darstellerisch innerhalb des Personen-Horizontes seiner Mutter stehen. Das bedeutet konkret, daß er sich mit der Einstellung seiner Mutter den politischen Kräften gegenüber identifiziert: ‚Sie glaubte aber nie, daß die Politik ihr auch persönlich helfen könnte.' (67) Die perspektivische Verengung, die daraus letztlich für seine Darstellung resultiert, hat er an anderer Stelle selbst thematisiert: ‚Was sie wirklich betraf, war nicht politisch. Natürlich war da ein Denkfehler – aber wo? Und welcher Politiker erklärte ihr den? Und mit welchen Worten?' (67)" (Durzak, 1982, S. 122)

Durzak konstatiert – in Gleichsetzung des epischen Ich mit dem Autor – diesen „Denkfehler" auch in der Erzählung Handkes und führt als Beleg eine Äußerung an, in der dieser über sein eigenes politisches Bewußtsein Auskunft gibt:

„Ich habe mein Leben lang versucht, politisch zu werden. Ich komme doch aus der Unterschicht. Aber ich schwanke immer zwischen kleinbürgerlichem Angeekeltsein und dem schlechten Gewissen darüber, daß es mir nicht möglich ist, mich so direkt, mich politisch zu verhalten. Ich glaube, man muß da durch ein unglaubliches Ereignis hineingestoßen werden." (Zit. nach Durzak, 1982, S. 123)

Durzak folgert daraus eine „offene Wunde [... die] er im Verwundetsein der Mutter gleichfalls erkennt, aber als ein gesellschaftliches Leidenmüssen letztlich dennoch nicht zu analysieren vermag" (ebd., S. 123). Daß die kritische Selbstreflexion Handkes als politischer Privatperson nicht gleichzusetzen ist mit seinen Zielsetzungen als Schriftsteller, belegen seine folgenden Ausführungen:

„Ein engagierter Autor kann ich nicht sein, weil ich keine politische Alternative weiß zu dem, was ist, hier und woanders, (höchstens eine anarchistische). Ich weiß nicht, was sein soll. Ich kenne nur konkrete Einzelheiten, die ich anders wünsche, ich kann nichts ganz anderes, Abstraktes, nennen. Im übrigen interessiert es mich als Autor auch nicht so sehr." (Handke, *Ich bin ein Bewohner des Elfenbeinturms*, S. 26 f.)
„Es interessiert mich als Autor übrigens gar nicht, die Wirklichkeit zu zeigen oder zu bewältigen, sondern es geht mir darum, meine Wirklichkeit zu zeigen (wenn auch nicht zu bewältigen). Das Erforschen und Bewältigen der Wirklichkeit (ich weiß gar nicht, was das ist) überlasse ich den Wissenschaften, die allerdings mir mit ihren Daten und Methoden (soziologischen, medizinischen, psychologischen, juristischen) wieder Material für meine Wirklichkeit liefern können. [...] Was die Wirklichkeit betrifft, in der ich lebe, so möchte ich ihre Dinge nicht beim Namen nennen, ich möchte sie nur nicht undenkbar sein lassen. Ich möchte sie erkennbar werden lassen in der Methode, die ich anwende." (ebd., S. 25)

Der Autor Handke sieht also seine Aufgabe als Schriftsteller weder in der Bewältigung der dargestellten psychischen Situation – im Gegensatz zum epischen Ich – noch im Entwurf politischer Perspektiven und Lösungen von außerliterarischen Problemen – wie Durzak. Er verwei-

gert damit wie andere zeitgenössische Schriftsteller – z. B. Dürrenmatt
– die Zuweisung von Aufgaben der Sinngebung an die Literatur oder
Kunst, die vormals der Theologie oder der Philosophie oblagen.

„Die Gefahr für den Schriftsteller liegt heute anderswo. [. . .] Die versagende Philosophie überreichte ihm ihr Zepter. Nun sucht man bei ihm, was man bei ihr nicht fand, ja er soll sogar die fehlende Religion ersetzen." (Dürrenmatt, 1956, S. 66)

Handke sieht seine Aufgabe als Schriftsteller darin, immer neue, noch
unverbrauchte literarische Methoden zu finden, „die Welt darzustellen,
nicht mehr" (Handke, Elfenbeinturm, S. 20). Diesem Anspruch ist er –
unseres Erachtens – in der vorliegenden Erzählung gerecht geworden.

Lesekontexte

Die Behandlung der Erzählung *Wunschloses Unglück* bietet sich im Literaturunterricht der Sekundarstufe II unter verschiedenen Schwerpunktbildungen an: Orientiert man sich an der ‚Geschichte der Mutter‘ als einer psychosozialen Fallstudie, läßt sich der Text mit anderen fiktionalen oder nichtfiktionalen Darstellungen weiblicher Biographien in einem proletarisch-kleinbürgerlichen Milieu vergleichen. Dafür eignet sich eine Gegenüberstellung besonders mit den Anfangskapiteln aus *Das Leben meiner Mutter* von Oskar Maria Graf, ein Vergleich mit der authentischen Lebensgeschichte von Lena Christ, *Erinnerungen einer Überflüssigen*, oder Bert Brechts *Unwürdige Greisin*. Legt man den Schwerpunkt auf die ‚Geschichte des Sohnes‘, so ergibt sich u. a. eine literaturpsychologische bzw. psychoanalytisch orientierte Betrachtung. Unter diesem Aspekt ließe sich z. B. Franz Kafkas *Brief an den Vater* mit der Erzählung vergleichen. In den Richtlinien für die gymnasiale Oberstufe des Landes Nordrhein-Westfalen (1982) wird Handkes Erzählung für eine thematische Reihenbildung unter dem Aspekt „Ablösung vom Elternhaus" herangezogen. Unter diesem Gesichtspunkt lassen sich Vergleiche ziehen zu Peter Härtlings *Nachgetragene Liebe*, Gabriele Wohmanns *Abschied für länger* oder auch zu dem im vorliegenden Band untersuchten Text *Abschied von den Eltern* von Peter Weiss.

Bibliographie

HANDKE, PETER: Wunschloses Unglück. Erzählung. Frankfurt/M.: Suhrkamp 1974
(= st 146) [zitierte Ausgabe]

HANDKE, PETER: Ich bin ein Bewohner des Elfenbeinturms. Frankfurt/M.: Suhrkamp 1972
–: Der kurze Brief zum langen Abschied. Frankfurt/M.: Suhrkamp 1974

DÜRRENMATT, FRIEDRICH: Vom Sinn der Dichtung in unserer Zeit (1956). In: DERS., Literatur und Kunst. Essays und Reden. Zürich: Diogenes 1980

BOHN, VOLKER: „Später werde ich über das alles Genaueres schreiben". Peter Handkes Erzählung „Wunschloses Unglück" aus literaturtheoretischer Sicht. In: FELLINGER, RAIMUND (Hg.), Peter Handke. Frankfurt/M.: Suhrkamp 1985, S. 140–167

DURZAK, MANFRED: Epische Existenzprotokolle. Die Prosaarbeiten von Peter Handke. In: DERS., Gespräche über den Roman. Frankfurt/M.: Suhrkamp 1976 (= suhrkamp TB 318), S. 344–368

–: Peter Handke und die deutsche Gegenwartsliteratur. Narziß auf Abwegen. Stuttgart, Berlin, Köln, Mainz: W. Kohlhammer 1982

HEINTZ, GÜNTER: Peter Handke. München: Oldenbourg 1974

MAUSER, WOLFRAM: Peter Handke: „Wunschloses Unglück" – erwünschtes Unglück? In: Der Deutschunterricht 5/1982, S. 73–89

MOSER, TILMANN: Romane als Krankengeschichten. Über Handke, Meckel und Martin Walser. Frankfurt/M.: Suhrkamp 1985

RENNER, ROLF GÜNTER: Peter Handke. Stuttgart: Metzler 1985

WEISS, WALTER: Peter Handkes „Wunschloses Unglück" oder Formalismus und Realismus in der Literatur der Gegenwart. In: KUDSZUS, WINFRIED u. a. (Hg.), Austriaca. Beiträge zur österreichischen Literatur. Tübingen: Niemeyer 1975, S. 442–459

Theo Reucher

Volker Braun: Unvollendete Geschichte

Das System des real existierenden Sozialismus

Man will eigentlich davon nichts mehr hören und sehen; so recht in dem Zusammenbruch und in der Beseitigung dieses Systems hat sich dessen Bild als Zerrbild erwiesen, das man so schnell wie möglich vergessen sollte. Aber damit macht man es sich zu leicht: Millionen Deutsche haben nicht nur lange in diesem System gelebt, sondern eine Anzahl ehrlich denkender Menschen hat sich auch mit diesem System identifiziert und mit der Hoffnung auf seine Dauer auch die Erwartung eines besseren Lebens verbunden, welches in einer sinnvollen, produktiven Kommunikation der Menschen bestünde. Auf der anderen Seite hat mit seinem Ende das System für den Westen auch seinen Schrecken verloren: selbst dessen Protagonisten können nun in einer anderen Weise verstanden werden, als das vorher der Fall war.

Jetzt ist allerdings die Frage, ob man Volker Braun zu den literarischen Protagonisten des Systems rechnen soll. Denn seine Kritik an den Mängeln ist unüberhörbar scharf, und man wundert sich eigentlich nur, daß sie toleriert worden ist. Vor allem die Funktionäre des Systems, welche doch die Schalthebel der staatstragenden Maschine bedienen, werden in der *Unvollendeten Geschichte*[1] gerade in ihrer Funktionalität in Frage gestellt und lassen sich das auch gefallen. Schon daß sie gezwungen sind, die Kritik hinzunehmen, zeigt einen gewissen Widerspruch. Der negative Repräsentant eines solchen Funktionärs ist der Kaderleiter der Zeitung von M., äußerlich fett und glatt, innerlich schmierig und geil, aber dieser Kaderleiter wird in der großen Abrechnung, welche von der Schicksalsmutter aller Arbeiterinnen vollzogen wird, in die „Fresse" geschlagen, und die obligaten Orden und Ehrenzeichen werden ihm heruntergerissen. Doch so einfach läßt sich die Funktion aus dem sozialen Leben der Menschen nicht entfernen. Bezeichnenderweise ist es gerade Karins Mutter, die ein Gedicht von Johannes R. Becher mit dem Argument ablehnt: „Das Leben sei doch DIE FUNKTION." (41) Man braucht nur zu sagen, daß das Leben des

---

1 In der DDR nur als Zeitschriftenbeitrag in „Sinn und Form", 1975, erschienen. „Das Werk, das bei der Suche nach den Ursachen des geschilderten unannehmbaren Geschehens mit Entschiedenheit überindividuelle Faktoren einbezieht, wurde in der DDR fast völlig ignoriert." (Profitlich, 1985, S. 123)

Individuums einen sozialen Nutzen haben müßte, und schon scheint jener Begriff gerechtfertigt. Und hat nicht gerade die Mutter als Mutter die Aufgabe, das Kind in das soziale Netz der Gesellschaft einzubinden? Man denkt auch an Arkas in Goethes *Iphigenie*, der den gesellschaftlichen Nutzen zur Grundlage seiner Humanitätsphilosophie machte. Aber Iphigenie als Person widerstreitet ebenso, wie hier Karin der Mutter. Und Volker Braun deutet schon durch die Großschreibung DIE FUNKTION an, daß dieser Begriff dialektisch verstanden werden muß, daß der Widerspruch zu den subjektiven Bedürfnissen der Person also in ihm angelegt ist. Der Kaderleiter nimmt die Funktion als Privileg und ist schon deshalb abqualifiziert, die Mutter aber ist Positivistin und nimmt den Begriff der Funktion als Schema. Dem entspricht auch die Äußerlichkeit ihrer Lebensbezüge: sie ist im Grunde gar keine richtige Mutter, sondern sie „macht" in Familie, was demonstriert wird an der Gestaltung des Weihnachts- und Silvesterfestes.

Es geht darum, die gesellschaftliche Funktion mit den subjektiven Bedürfnissen der Individuen zu verbinden. Zu diesem Zweck aber darf die Funktion kein abstraktes Machtmittel sein, das von einem Amtsinhaber verwaltet wird, sondern die Funktion entwickelt ihre subjektiven Relevanzen in der Form des Gesprächs, das die Betroffenen über ihre Anwendung führen, oder sagen wir besser: in der Form des Diskurses.[2] Wenn die Funktionen zum Privileg werden, werden sie gleichsam zum Eigentum der Funktionäre, und alle Demokratie bleibt äußerlich und scheinhaft. In diesem Sinne erhebt Volker Braun die zentrale Forderung der „Gleichheit", weil diese der Funktion den Charakter des Privilegs nimmt und sie damit demokratisiert. Es versteht sich auf der anderen Seite, daß die Funktionäre an ihrem Privileg festhalten und eben dadurch den Sozialismus diskreditieren; allerdings ist Karins Vater von anderem Kaliber, indem er sich durch die gemachten Erfahrungen belehren läßt: Am Schluß beklagt sich Karins Mutter telephonisch bei ihrer Tochter, daß der Vater jetzt in den „Kneipen" sitze und dort mit den Leuten diskutiere. Das bedeutet aber nichts anderes, als daß er aus der Sachlogik des Amtes heraustritt und die Funktion wieder ins Spiel eines gleichberechtigten Diskurses bringt.

Aber auch Karin fehlt zunächst diese Einstellung zum Diskurs völlig. Als sie ihre Stelle in der Zeitungsredaktion antritt, heißt es im Text: „sie NAHM IHREN PLATZ EIN." (19) Aber der Aufgabenhorizont der Stelle ist programmiert: „Es gab nämlich, hatte sie gelernt, nur zwei

---

2 „In this work [= Plenzdorf, Die neuen Leiden des jungen W.], as in ‚Unvollendete Geschichte‘, open discussion stands as a possible means of alleviating the growing pains of an adolescent – and of the society in which he lives. Both works, in addition, are designed to stimulate such discussion." (Brandes/Clark Fehn, 1983, S. 621)

Plätze im Leben, zwei Positionen. Auf der einen waren die, die ÜBER-
ZEUGT waren und die andern überzeugen mußten [...] Auf der andern – die MUSSTEN ÜBERZEUGT WERDEN." (19) Die Großschreibung verweist wieder auf die offizielle Lesart; von Karin aber
wird erwartet, daß sie sich dieser Lesart anschließt. Aber damit noch
nicht genug: „Es gab dann noch eine dritte Position, aber die war ganz
verloren. Das war die ‚FEINDLICHE‘." (19f.) Und hier zeigt sich nun
die sowohl logische als auch bösartige Konsequenz: „Mit dem Feind dis-
kutierte man nicht." (20) Aus der Sicht des Funktionärs ist er also derjenige, der die Unpolitischen, die Masse, überzeugen soll; von einem Diskurs ist überhaupt nicht die Rede. Aber darüber hinaus gibt es noch ein
starres Feindbild, und mit dem Feind wird nicht gesprochen oder überhaupt verhandelt, sondern der Feind wird mit allen Mitteln bekämpft.
Das Urbild des Feindes ist natürlich der kapitalistische Westen, der mit
allen Mitteln versucht, die Moral der DDR-Bevölkerung aufzubrechen. Das zeigt sich schon konkret am Verhalten der Mutter von Karins
Freund Frank, die sich für Politik nicht interessiert, aber während des
Abends regelmäßig vor dem Westfernsehen hockt. Und Frank selbst ist
ein Eigenbrödler; er hat in der Zeit der Pubertät kleinere Diebstähle
begangen und sich an Bandenbildung beteiligt – ein Affront gegen die
Jugendgemeinschaft der FDJ –, und wird deshalb als „Rowdy" bezeichnet. Von daher ist es nur ein kleiner Schritt, und er bekommt den Stempel aufgedrückt: „VERDÄCHTIG" (37).

Dies ist das zugrundeliegende Schema, welches den Staat der DDR
dem Stasi auslieferte. Unter dem Gesichtspunkt des Verdachts braucht
der Stasi in erster Linie Informationen über seine Bürger, und so heißt
es auch im Text, daß Karins Vater über Frank „INFORMIERT" (9)
worden war, und die erhaltene Information motiviert dann den Vater,
Karin dazu aufzufordern, die Beziehung zu Frank abzubrechen. Auffällig ist der enge Zusammenhang zwischen Verdacht und Information.
Schon durch die Großschreibung macht Braun deutlich, daß die Information ein sehr hintergründiges Datum ist; sie macht den Bürger für
den Staat und erst recht für den Stasi benutzbar. Potentiell steht dabei
grundsätzlich jeder einzelne Bürger unter Verdacht, und die Information aktualisiert diesen Verdacht.[3] Denn eine Information ist ja noch
kein endgültiger Sachverhalt, sondern sie ist auslegbar, und der Stasi
hat die Eigentümlichkeit, jede Information zunächst einmal grundsätz-

---

3 Nicht direkt falsch, aber unangemessen erscheint die Kommentierung von
  U. Profitlich: „unbezweifelt bleibt aber das Faktum dieser Bedrohung; unbe-
  zweifelt bleibt, daß jene Funktionäre, welche die Bedrohung zum Anlaß für
  Heimlichkeit und grundlose Verdächtigungen nehmen und dadurch Frank, Ka-
  rin und ihre Angehörigen aufs Schwerste erschüttern, nicht schlechthin einer
  Schimäre aufsitzen." (Profitlich, 1985, S. 40)

lich unter dem Gesichtspunkt des Verdachts auszulegen. Dieser Verdacht scheint bei Frank durch seine Briefe aus dem Westen begründet, und der bloße Verdacht genügt schon, um den betroffenen Menschen in eine Ausnahmesituation zu versetzen; der Verdächtige ist ein Virus, der in die Lebenszellen der Gesellschaft eingedrungen ist und entsprechend isoliert und observiert werden muß. Man denkt an den *Prozeß* von Kafka, wo ja auch Josef K. den undefinierbaren Machenschaften von Behörden ausgeliefert ist und wo er sich bei jedem Versuch, einen „Freispruch" zu erreichen, sich also von dem Verdacht zu befreien, desto mehr verstrickt.

Der Verdacht ist im Prinzip immer gerechtfertigt, sonst würde er das ganze System in Frage stellen und beispielsweise westliche Untersuchungsmethoden verlangen, die bis zur Verlesung des Gerichtsurteils die grundsätzliche Unschuld des Angeklagten zu respektieren haben. Aber da der Verdacht als solcher bei Frank schon mit einer gesellschaftlichen Ächtung verbunden ist – Karins Mutter erklärt sehr deutlich, daß sie sich für ihre Tochter schämt, weil diese von ihrem Geliebten nicht lassen will –, kann selbst nach dem Beweis des Gegenteils, der Beseitigung des Verdachts also, die Wahrheit nicht offen an das Tageslicht treten. Die Wahrheit würde die Behörde selbst und ihre Methoden ins Unrecht setzen; man kann also, nachdem die Recherche bei Frank zu keinem Ergebnis geführt hat, die ganze ärgerliche Angelegenheit bestenfalls unter den Teppich kehren, was dann ja auch geschieht. Nur hat diese Prozedur beinahe das Leben von Frank gekostet[4] und bei Karin einen Erkenntnisprozeß in Gang gebracht, der das in Großbuchstaben formulierte Selbstverständnis des Staates nicht mehr einfach hinnimmt.

Der Kern des Problems besteht darin, daß die Wahrheitsfrage einfach dem gesellschaftlichen Nutzen untergeordnet wird, daß aber die Gleichung von Wahrheit und gesellschaftlichem Nutzen, die eine der Grundthesen des Marxismus/Leninismus ist, nicht stimmt. Und doch müssen wir die Geltung dieser Gleichung den Funktionären des Systems zugute halten, sonst könnten wir die Aufrichtigkeit, mit der beispielsweise Karins Vater seine Pflichten wahrnimmt, nicht verstehen. Sie sind aufgewachsen unter der Herrschaft des Freund-Feind-Schemas, und gerade die alten Kommunisten haben den Feind in der unmenschlichen Gestalt des Faschismus noch persönlich kennengelernt: wie sollten sie nicht die Wahrheit für die eigene Position reservieren und die Lüge für die andere? Wie sollten sie nicht die verachten, die

---

4 „In keinem Werk Brauns ist dieser zweite Aspekt – der Verdacht, ja die Gewißheit der Überflüssigkeit eines Leidens – so herausgearbeitet wie in der *Unvollendeten Geschichte* (Profitlich, 1985, S. 34)

unpolitisch denken und ihre Unterhaltung dem Westfernsehen überlassen?

Es gibt natürlich unter den Funktionären Schmutzfinke, wie den Kaderleiter, der das allgemeine Beste in sein eigenes Bestes ummünzt, aber im großen und ganzen wirft Braun den Funktionären keine Böswilligkeit vor.[5] So ist selbst der Stasi-Beauftragte, der Karin verhört und später ihren Vater zu dem Bezirkssekretär begleitet, ein unauffälliger, ordentlicher junger Mann ohne besondere Eigenschaften. Andererseits ist dies auch wieder ein Hinweis auf den modernen Typ des Sachbearbeiters, der ohne persönliche Beteiligung seine Aufgabe erledigt und sein Funktionärsdaseins gleichsam neutralisiert, während die alten Kommunisten auch noch als Funktionäre von ihrem Engagement leben. Aber auch bei denen, die an den Schalthebeln der Macht sitzen, ist Ernüchterung eingekehrt. Beispielhaft wird diese demonstriert durch den Bezirkssekretär, den Karins Vater aufsucht, weil sein Gewissen ihn quält und er um eine Rechtfertigung bemüht ist. Den Bezirkssekretär trifft er an dem Ufer eines Flusses, der von Unrat und Abwässern stinkt, und anscheinend hat der Bezirkssekretär, der sein abendliches Jogging-Pensum absolviert, sogar eine Waffe bei sich. Für ihn ist Franks Geschichte eine von vielen, obwohl er zugibt, daß diese Geschichten „unannehmbar" (67) sind. Und der Trost, welchen er spenden kann, ist ziemlich kümmerlich: „Und dir fällt nichts ein, da kannst du lange denken, du bist hilflos." (67)

Aber der Bezirkssekretär verkündet dann auch zugleich das Credo der Resignation: „Das hat doch einen Grund, daß dir nichts einfällt. Weils da nichts gibt, in der Wirklichkeit." (67) Die Zeit der naiven Identifikation der eigenen Position mit der Wahrheit ist vorbei, das neue Credo streift die Akzeptanz der totalen Sinnlosigkeit:

„Wir leben in zwei Welten, oder drei, und leben mit drei Zeiten. Und eine schlägt mit der anderen nach der dritten in uns oder neben uns. Wir müssen denken für alle drei und können handeln für das Drittel höchstens, das wir sind. Da überleg dir was. Der Wettlauf mit den Toten, wir Totengräber jagen dem Kapitalismus nach über den Friedhof unserer Pläne. Die Leiche legt einen Zahn zu, und wir können uns einen ziehn. Der Weg zur Überlegenheit: vor zurück zur Seite ran und undsoweiter. Das Kräfteverhältnis das magische Quadrat, auf dem wir kleben. Wir sind nicht nur wir, wir sind wir und nicht sie, wir gegenüber ihnen. Das ist die Spannung, die uns kribblig macht, die Belastung, die uns jagt und hemmt. – Diese Geschichte hat das ganze Land." (67 f.)

Die Zukunftsperspektive wird auf den Gestank des Flusses bezogen,

5 Der „wesentliche Aspekt der Sache" besteht darin, „daß bei derart mangelnder Bereitschaft zur Kontrolle des eigenen Verhaltens sich eine Politik etabliert, die aus Interesse an der Erhaltung des status quo sich jeder Entwicklung begibt, die nicht aus hierarchischem Denken und faktischen Machtpositionen herrührt." (Beth, 1977, S. 56)

der zu einem Abwässerkanal geworden ist: „Die größte Verschmutzung haben wir hinter uns, auf keinen Fall wird es schlechter. In Zukunft – kanns sogar besser werden." (68)

Der Bezirkssekretär denkt realpolitisch. Zwar ist von der offiziellen Doktrin noch geblieben, daß Schuld an der ganzen Misere der Kapitalismus hat, aber es fehlt jedes visionäre Moment für die Zukunft der Gesellschaft.[6] Man fühlt sich gleichsam verstrickt in Zwänge und Notwendigkeiten, die sich der Beeinflussung entziehen, weshalb der Bezirkssekretär dann auch Geschichten wie die mit Frank einfach hinnimmt. Aber im Grunde wird das Verhältnis von Staat und Individuum dadurch völlig pervers: je fragwürdiger das Selbstbewußtsein des Staates ist, desto grotesker ist das Überwachungssystem, mit dem die Bevölkerung unter Kontrolle gehalten wird. Aber in diesem perversen Verhältnis haben Information und Verdacht ihren Ort. Der Bezirkssekretär, der über diese Zusammenhänge weiß, ist in gewissem Sinne eine tragische Figur. Wenn man diese Verhältnisse aber mit dem Problem unseres Datenschutzes vergleicht, dann darf man nicht vergessen, daß der bei uns praktizierte Schutz des Individuums nicht mit einer gesellschaftlichen Wahrheitsfrage verbunden ist.

Der Glaube an die Utopie

Nun hätte Volker Braun absolut kein Recht, von einer *Unvollendeten Geschichte* zu sprechen – und die inzwischen eingetretene Realität hat ihm in der Tat dieses Recht genommen –, wenn er sich mit der Meinung des Bezirkssekretärs identifiziert hätte. Die Möglichkeiten der Realpolitik sind für ihn nicht die einzigen Möglichkeiten, oder anders ausgedrückt: er sucht den Begriff der Realpolitik so zu erweitern, daß er auch für prinzipiell neue Lösungen offen ist.[7] Denn Volker Braun will natürlich nicht den idealistischen Weg, er setzt nicht das Wünschbare an die Stelle der Realität. Vielmehr muß die Realität selbst eine verborgene Herzkammer haben, die ein an progressiven Zielen orientiertes Handeln mit Blut versorgt. Für dieses Handeln braucht es aber andere Menschen als solche, die dem Typus des Bezirkssekretärs entsprechen.

---

6 Profitlich verkennt die Bedeutung des Bezirkssekretärs; für Profitlich ist er ein „lauterer Mann" (Profitlich, 1985, S. 35), was aber gar nicht das Problem ist.

7 Profitlich spricht von „Brauns hoher Meinung von dem, was diese [= die sozialistischen] Staaten vermögen. Sie – und *nur* sie – sind es, die nach seiner Überzeugung zur Verwirklichung wahrer Gleichheit ‚fähig wären' [...] daß ausschließlich die sozialistische Gesellschaft über solche nicht genutzten Chancen verfügt." (Profitlich, 1985, S. 37)

Es ist bei dem ideologischen Hintergrund Volker Brauns naheliegend, das Modell für ein solches Handeln in der Arbeitswelt zu suchen. Als Karin ihre Volontärstelle bei der Zeitung in M. antritt, übergibt man ihr einen Stapel Manuskripte: von denen soll sie das Wichtigste auswählen und redigieren. Der Begriff „das Wichtigste" (21) ist das Stichwort, denn er entscheidet darüber, was in der Öffentlichkeit und für die Öffentlichkeit wirksam sein soll und was nicht. Dabei gibt es für die Manuskripte zwei Kriterien: „die POSITIVEN und die KRITISCHEN" (21). Die Großschreibung verweist wieder auf den offiziellen Charakter dieser Unterscheidung.

Aber bei der Lektüre eines Manuskriptes wird Karin unsicher. Eine Arbeiterin spricht darin „von den neuen Möglichkeiten unter neuen Verhältnissen" (21), aber im weiteren Text stimmen „die genaueren Umstände ihres sozialistischen Lebens" (21) nicht damit überein. Reichen die offiziellen Kriterien für eine Zuordnung nicht aus? Oder ist es nur ihre persönliche Unreife, daß sie sich nicht zu entscheiden vermag? Seltsam ist, daß die Rede der Arbeiterin an einer bestimmten Stelle abbricht. Diese hatte begonnen mit der Schilderung der elenden Zustände bei der Produktion, die nicht nur das Betriebsklima, sondern auch das Familienleben der Arbeiter vergifteten. Aber dann kommt eine Wende: „Zuerst einmal wurde die Aufgabe klar erkannt, alles für das Wohl der Menschen zu tun und Schritt für Schritt die Arbeits- und Lebensbedingungen zu verbessern." Der vorhandene Text schließt mit der Frage: „Wie haben wir das gemacht?" (23)

Die Antwort auf die Frage ist natürlich von entscheidender Bedeutung: „Aber wie hatte die Arbeiterin, nach dieser harten Schilderung, DEN BOGEN GEKRIEGT?" (23) Die Rede der Arbeiterin ist insofern „unvollendet"[8], als das vorhandene Manuskript die Antwort nicht enthält. Karin fragt sich, ob schon jemand an dem Manuskript manipuliert und nur den optimistischen Teil der Rede aufgenommen habe – wohingegen sie der Meinung ist, daß der vollständige Text gedruckt werden müsse. Doch stellt sich später heraus, daß die Rede der Arbeiterin überhaupt nicht gedruckt worden ist, daß also die Journalisten als Funktionäre des Systems, welche die offizielle Aufgabe haben, die Bevölkerung zu „überzeugen", das Problem einfach unter den Tisch fallenlassen. Aber damit vollziehen sie das große Einverständnis, daß der „Bogen", der genommen werden muß, der Weg, der gegangen werden muß, um von den elenden gegenwärtigen Verhältnissen zu einer qualitativ anderen, zu einer humanen sozialistischen Gesellschaft zu ge-

---

8 „in the prominent parallel between Karin's ‚unvollendete Geschichte' and the ‚unvollendete Rede' of the female worker, lies an additional political nuance." (Brandes/Clark Fehn, 1983, S. 622, Anm. 8)

langen, gar nicht in ihrer Perspektive liegt. Die Lücke in der Rede der Arbeiterin ist ein Loch im ganzen System, das der Sozialismus als Wissenschaft nicht ausfüllen kann. Aber diese Lücke ist für Karin ein Keim der Unruhe, der ihr eigenes Denken in Bewegung bringt, ein Auslöser der Kritik an Elternhaus und System überhaupt. Nachdem sie ihre Wahlentscheidung für das Manuskript ihrem Chef vorgelegt hat, wird sie von diesem in ironischer Überlegenheit eine *„Kämpferin"* (24) genannt, aber sie erkennt jetzt ihre Aufgabe: „Sie war, soviel sie wußte, hier auf ihrem Platz." (24)

Die unvollendete Rede der Arbeiterin hat damit ihre Rolle noch nicht ausgespielt. Nur wird sie gleichsam in eine andere Welt übertragen, in einen Traum Karins, der gerade aber als solcher das Wesentliche enthüllt. Ihr kommt vor, als würde man ihr das „Deckbett" (84) wegziehen, was ja nur bedeuten kann, daß die Schablonen öffentlichen Selbstbetrugs entfernt werden. Aber sie trifft keine Schuld, ihre aufgedeckte Blöße ist nicht durch Selbstbefriedigung angetastet, dafür erscheint die Arbeiterin, die von dem Rednerpult herunterkommt und die u. a. ihre Eltern, den Kaderleiter und den Chefredakteur herbeizitiert und zu einer großen Versammlung aufruft. Die Arbeiterin ist keine Funktionärin und hat von daher keine offizielle Legitimation, aber da sie weder „Kleinbürgerin" noch „Intellektuelle" ist, da sie gleichsam den sozialistischen Urschoß selbst verkörpert, können die Systemfunktionäre nichts gegen sie unternehmen. Und die Arbeiterin verspricht Karin, daß sie sich ihres Falles annehmen werde, „da man nicht länger warten dürfe, wenn Frank noch geheilt werden solle" (84).

Die Arbeiterin hatte in ihrer ursprünglichen Rede die grundsätzliche Verbesserung der menschlichen Verhältnisse gefordert, und wir sehen nun, daß dieses Problem personifiziert wird in der Gestalt Franks. Während der Bezirkssekretär erklärt hatte, daß solche Geschichten, wie die mit Frank, immer wieder passieren, macht die Arbeiterin ganz klar, daß solche Geschichten überhaupt nicht passieren dürfen, daß nicht das Funktionieren des Systems, sondern glückliche „Geschichten", wie die der Liebe von Karin und Frank, den Sozialismus rechtfertigten. Und wenn schließlich, in der Mitte des Saales aufgebahrt, in totenähnlicher Starre der Körper Franks erscheint, so repräsentiert dieses Individuum Frank plötzlich den desolaten Zustand der Gesellschaft selbst. Wenn Frank nicht geheilt werden kann, ist die Gesellschaft selbst verloren.

Die Arbeiterin war an einem Webautomaten tätig gewesen „(fünf Anschläge jetzt pro Sekunde, jeder wie ein Gewehrschuß)", „es war erstaunlich, daß sie noch diese Kraft besaß, die mußte aus einer tiefen und unzerstörbaren Idee kommen, an der ihre Klasse festhalten mußte" (85). Die Tätigkeit des Webens verweist auf das Vorbild der Parzen, und Volker Braun gibt der Weberin damit eine mythische Dimension. Die Maschinenhalle, in der die Versammlung stattfindet, ist überall verhängt mit Gespinsten und Geweben, die Bahre, auf der Frank liegt, von Decken und Tüchern überdeckt, „und alle KONKRETEN VERHÄLTNISSE [...] von einem Wust überzogen, der sich als neue Moral deklarierte" (87).[9] Die Arbeiterin sagt sich „verzweifelt", daß sie diese alle selbst gewebt habe; man hat sie also mißbraucht, und das war die Schuld der Funktionäre. Wesentlich ist hier vor allem das Verdikt gegenüber der „neuen Moral", die auch nur zu den Gespinsten gehörte, die die Wahrheit zudeckten. Und also beginnen alle auf Kommando, die Gespinste wegzureißen, welche den Körper Franks zudecken.

Von Frank heißt es, daß er „ermattet dalag mit einem weißen verwunderten Gesicht. Es war alles ein atemloser interpunktionsloser Gedanke, und eigentlich nur denkbar, weil es selbstverständlich war wie eine ungeheure Hoffnung." (87) Das ist eigentlich keine sachliche Beschreibung, sondern die Darstellung eines vorlogischen („interpunktionslos") Seelenzustandes, dessen Aussage in der „ungeheuren Hoffnung" besteht. Wenn wir dazunehmen, daß die mythische Gestalt der Arbeiterin diese Erwartung der Hoffnung auf Franks Gesicht entbindet, so wird deutlich, daß die Basis der Realität, die ja schon durch die Traumhaftigkeit des Geschehens aufgehoben ist, hier völlig verlassen wird. Das Geschehen wird utopisch, und der „BOGEN", den die Arbeiterin in ihrer ursprünglichen Rede gekriegt hatte zur qualitativen Veränderung aller Verhältnisse, ist der Bogen in eine utopische Wirklichkeit. Es scheint also so zu sein, daß der Realpolitik des Bezirkssekretärs nur die Alternative der Utopie gegenübersteht.

Aber Volker Braun würde wahrscheinlich den Vorwurf der Unwirklichkeit nicht gelten lassen. Denn auch das Prinzip Hoffnung ist insofern eine reale Größe, als es die Selbstherrlichkeit der Funktionäre nicht zuläßt und diese zurückzwingt auf den Weg eines Fortschritts in Humanität. Und so müssen sie sich öffentlich rechtfertigen, der Vater, der Chefredakteur, der Kaderleiter, wobei es bezeichnend ist, daß sie sich „einer taktischen und gewundenen Ausdrucksweise" (86), eines Politjargons also, bedienen, den kein normaler Mensch versteht. Auch wird der Kaderleiter abgesetzt – wobei kritisch zu fragen wäre, ob das in der Realität mehr ausgelöst hätte als einen Wechsel in der Funktionärsmannschaft, welche die Sitze innehat in dem politischen Beförderungskarussell.

---

9 Der „Gedanke an die Wachsamkeit" „gerät in die Nähe jener Ideologeme, jenes Wusts von Gespinsten, Decken und Tüchern, der in Karins Traum alle ‚konkreten Verhältnisse' überzieht" (Profitlich, 1985, S. 36).

Aber hier geschieht das Unwahrscheinliche: „Das Seltsame war, daß zum erstenmal öffentlich über Frank und Karin gesprochen wurde und alle gar keinen Grund mehr sahn, die Sache nicht mit zu entscheiden. Es herrschte unter allen Gleichheit." (87)[10] Was hier stattfindet, ist nichts anderes als das, was Jürgen Habermas den „idealen Diskurs" nennt, der unter der notwendigen und zugleich hinreichenden Bedingung der Gleichheit steht. Der Begriff der Gleichheit, den das Funktionärssystem entgegen seinen Parolen so verbrecherisch mißachtet, ist der Schlüssel für die Öffnung der neuen humanen Welt, denn er allein bedeutet die volle Anerkennung der Menschenwürde. Entsprechend erscheint dieses Wort Karin wie eine „Erleuchtung" (87), und sie gerät in einen Taumel der Begeisterung, der alle ansteckt. Und jetzt bringt man dem ohnmächtigen Frank sein Bewußtsein zurück „auf einem Stück roten Samt". Volker Braun hat in seiner proletarischen Gesinnung etwas Schwierigkeiten mit dem pathetischen Inhalt dieser Szene, und deshalb verlangt der erwachte Frank in betonter Trivialität nach einem „Bier". Die Volkstümlichkeit wird noch dadurch unterstrichen, daß damit eine „allgemeine Sauferei" (88) eingeleitet wird.

Der ideale Diskurs ist so utopisch wie der Begriff der Gleichheit.[11] Als Karin aus ihrem Traum erwacht, erinnert sie sich, „etwas Wichtiges entdeckt zu haben, das ihr für das ganze Leben reichen würde" (88), aber dann wird sie wieder „apathisch, in dem stumpfsinnigen Gefühl der Hilflosigkeit" (88).

Volker Braun hält also die Lösung bewußt offen. An den realen Verhältnissen ändert sich nach dem Hoffnungstraum nichts, die Kündigung, die ihr bei der Zeitung ausgesprochen worden war, wird nicht zurückgenommen, und da sie schwanger ist, bekommt sie auch keine andere Arbeitsstelle. Die Kündigung war paradoxerweise mit der Aufforderung verbunden: „ZUR BEWÄHRUNG in die Produktion." (91)[12] Und Volker Braun sagt bissig: „Aber was für ein Denken, dem das als Strafe gilt?" (91)

---

10 „Die ‚Gleichheits'-Forderung, wie Brauns Stücke sie vortragen, ist zwar eine politische Zielvorstellung, als ihr Ursprung muß aber Brauns Menschenbild angesehen werden, in dem das Moment des ‚Selbstentscheidens' einen hervorragenden Platz einnimmt." (Profitlich, 1985, S. 73)
11 Nach Florian Vassen wird hier die Trennung von öffentlich und privat aufgehoben, da die Ansprüche des Individuums an die Gesellschaft in der Traumszene kollektiv diskutiert werden können und der Erkenntnisprozeß „vergesellschaftet" wird. Der Traum mündet danach „in die Verwirklichung absoluter Gleichheit, die der herrschenden, auf unterschiedlicher Verfügungsgewalt beruhenden Ungleichheit entgegengestellt wird." (Vassen, 1981, S. 214)
12 „The old ‚mind-body' distinction between thinkers and workers suggests itself." (Brandes/Clark Fehn, 1983, S. 622, Anm. 8)

Rückhalt hat Karin noch am ehesten bei der Mutter von Frank, der Frau, die sich am allerwenigsten mit dem herrschenden System identifiziert. Bei der Frau findet sie dann auch eine Bibel, in der sie herumblättert: „Sie stellte die Sätze unwillkürlich auf den Kopf. Es muß ja vorwärtsgehen; doch wohl dem Menschen, durch welchen es vorwärtsgeht! Ev. Math. 18,7." (92) Bewußt wird das utopische Moment mit dem mythisch-biblischen der Tradition verbunden. Und die Frau ist dann auch eine wichtige Zeugin bei der ersten Begegnung zwischen Karin und Frank nach dessen Entlassung aus dem Krankenhaus. Frank trägt einen gelben Pullover und eine helle Hose, Dinge, die ihm seine Mutter gebracht hat. Frank ist noch schwach, und Karin muß ihn halten, aber: „Sie ließen sich nicht los." (97)

Die Geschichte ist „unvollendet", weil trotz dieses happy ends nicht gesagt werden kann, ob Karin und Frank den „Bogen gekriegt" haben. Man fragt sich nach dem Wirklichkeitscharakter dieses happy end: hat es eine Wirklichkeit mehr in der Perspektive der utopischen Hoffnung oder auch in der sozialen Realität.[13] Die abschließende Antwort, die Volker Braun gibt, ist nicht uninteressant: „Hier begannen, während die eine nicht zuende war, andere Geschichten." (97) Die hoffnungsvolle Perspektive auch des praktisch existierenden Sozialismus scheint nach Volker Braun darin zu bestehen, daß er in der Lage ist, solche „Geschichten" zu produzieren wie die von dem Typ Karin und Frank.[14] Das ist nicht viel, sogar bescheiden im Anspruch, aber die konkrete Geschichte scheint selbst diesen Anspruch ad absurdum geführt zu haben.

Die Situation des Mädchens Karin

Die Erzählung beginnt damit, daß am Heiligabend der Vater Karins, der Ratsvorsitzende des Kreises K., seiner Tochter eröffnet, daß sie sich von ihrem Freund Frank zu trennen habe. Der Vater ist gleichsam eine amtliche Person, und er kann es sich nicht leisten, daß seine Tochter intimen Umgang pflegt mit einem jungen Mann, der unter dem Verdacht möglicher Republikflucht steht. Karin ist schockiert, aber die

---

13 „to be sure, the female worker is shown to have ‚turned the corner' [...] But how is she to avoid resignation if she continues to encounter a ‚wall of silence' even when she attempts to describe her triumph?" (Brandes/Clarke Fehn, 1983, S. 622, Anm. 8)

14 Auch Vassen bezeichnet die „Unvollendete Geschichte" als ein „spezifisches Produkt der DDR-Literatur", da Volker Braun hier „den Menschen, seinen Lesern, das Bewußtsein von ihrer Geschichte geben [will] – erstens als private Begebenheit, zweitens als weiterwirkende Vergangenheit, drittens als offener Prozeß der Verdrängung – und will ihnen zeigen, daß Geschichte in großem Maße vom Selbstbewußtsein des Subjekts abhängt." (Vassen, 1981, S. 223 f.)

Autorität des Vaters wie auch die des dahinterstehenden Staats ist von ihr völlig unbefragt, und gehorsam sagt sie telephonisch ein geplantes Zusammentreffen mit Frank ab. Es gelingt ihr allerdings nicht, ihre Gefühle für Frank durch ein bewußt inszeniertes Rendezvous mit einem anderen jungen Mann zu verdrängen, und der Silversterabend verläuft für sie in der Sterilität des Familienkreises ebenso formal wie unbefriedigend.

Unmittelbar danach fährt sie nach M., um ihre Volontärstelle bei der Zeitung anzutreten. Sie wird sehr gut aufgenommen, und alles wird ihr leicht gemacht. Aber gleich nach Arbeitsschluß trifft sie sich mit Frank. Beide überlegen gemeinsam, was der Grund für den Verdacht sein könne, der über Frank hängt; es gibt da einige Briefe aus dem Westen, aber trotzdem können sich die beiden keinen Vers auf die Verdächtigung machen. Sie nehmen ein Hotelzimmer, und sie lieben sich. Aber das ist kein Erfolg. Karin zieht für einige Tage zu ihrer Schwester, einer Friseuse, die aber ein recht lockeres Eheleben führt, welches Karin nicht billigt. Und so quartiert sie sich schließlich bei Frank selbst ein, in der Wohnung von Franks Mutter. Diese hat dagegen keine Bedenken; sie ist überhaupt sehr liberal, und ein Teil ihrer Erziehung Franks bestand darin, ihn vor „DEM STAAT" (28) zu bewahren. Von Franks Vater ist sie geschieden; der ist gutmütig, aber ein Schwätzer und Prahler.

Aber Karin fühlt sich in einer Zwickmühle, sie hat Gewissensbisse. Zudem haben die Eltern von ihrem Aufenthalt erfahren; ihre Vorwürfe reichen bis zu dem Begriff „ASOZIAL" (29), wogegen sie das Leitmotiv ihrer Erziehung stellen: „Sie WOLLTEN DOCH DAS BESTE!" (30) Und Karin anerkennt die Berechtigung dieses Leitmotivs: „Alle wollten das Beste hier, sie hatte es immer erfahren." (30) Damit ist ebenfalls Karins Verhältnis zur Partei und zum Staat angesprochen, dessen Handeln ja auch „das Beste"[15] für seine Bürger bezweckt. Aber „DAS BESTE" ist in Majuskeln geschrieben; es ist das von oben verordnete Beste, und nicht das Beste, das die Bürger sich wünschen. Der dialektische Grundwiderspruch zwischen der objektiven Einsicht des Staates und den Bedürfnissen des Subjekts wird sichtbar, und die „neue Moral", von der schon die Rede war, hat sicher die Funktion, das Verhalten des Subjekts auf die objektive Einsicht des Staates hin festzulegen. Und Karin war ein Kind, das bisher an diese neue Moral geglaubt hat.

---

15 „Zweifellos ist es nicht der Inhalt dieser Losungen, welcher der Kritik verfällt, sondern die soziale Wirklichkeit, die ihnen nicht genügt, darunter – als Bestandteil dieser Wirklichkeit – die Verwendung, die von den Formeln gemacht wird: das gedankenlose Zitieren, ja der mit ihnen getriebene Mißbrauch, der zum Gegenteil des Gemeinten führt." (Profitlich, 1985, S. 51)

In diesem Gewissenskonflikt macht Karin zum erstenmal die Erfahrung ihrer selbst: „Nur manchmal, wenn sie ganz ruhig war und zu sich kam, drehte sich alles heraus an ihr, sie war das Fleisch und die Haut, und das Haar, und empfand sich mit allen Fasern, lag so da. Erinnerte sich entfernt an irgendwelche Gedanken, an denen sonst alles hing, die schwammen so weg, und lächelte weit weg von jedem Grund." (31) Die Erfahrung, die Karin hier macht, hat nun gar nichts zu tun mit sozialistischer Dogmatik; es ist eine Erfahrung, die wohl mit ihrer Schwangerschaft zusammenhängt und die voll und ganz körperbedingt ist. An dieser Stelle wird sichtbar, daß Volker Braun eine neue Basis sucht für das Selbstverständnis des Menschen, und diese Basis besteht in dessen Körperlichkeit.

Von hier aus gibt es einen nächsten Schritt zur Erfahrung der Körperlichkeit des Du. Am ersten Tag der Wiederbegegnung heißt es von den beiden: „ihre Finger berührten sich auf ihren Knien und drückten sich solidarisch und drängten, so gerechtfertigt, auf den Körper des andern ein." (16) Die sozialistische Solidarität wird hier ganz fleischlich empfunden, und sie ist die herrschaftsfreie Voraussetzung für den Anspruch, den der eine auf den Leib des andern hat. Und in diesem glücklichen Sinne kommt es dann auch, nach einem mißglückten Versuch in der schablonisierten Umgebung eines Hotelzimmers, zur sexuellen Vereinigung in einem verwilderten Garten: „Er hielt sie noch, sie war wie aufgelöst, fielen auf eine große Kiste neben der Mauer. Sie ließ ihn sofort in sich, und klammerte sich an ihn, es war ihr gleich wie ihm das vorkam. Sie dachte nur: jetzt muß es *schön* werden; wie rasend, sie nahm alle Kraft zusammen. Dann schien ihr, daß es *das war* und alles Denken schwand weg, sie weinte, es klang wie ein Lachen, hörte nicht auf. Frank saß verwirrt daneben. Es war zum erstenmal schön." (34f.)

Volker Braun gibt dem Leser eine Hilfestellung für das Verständnis dieser Stelle. Daß es „schön" war, ist kursiv gedruckt und ebenfalls, daß es „das war", eine Feststellung, die gerade, weil sie undifferenziert und allgemein ist, auf die Absolutheit der Bedeutung hinweist. Der Kursivdruck bedeutet im Gegensatz zur Majuskel, daß es sich hier um eine subjektive Erfahrung handelt, eine Erfahrung, die den Menschen unmittelbar angeht und im Tiefsten berührt. Damit wird aber auch das dialektische Schema Volker Brauns deutlich. Der Objektivität von Staat und Partei, aber auch von Redensarten, die eine unreflektierte Moral zum Ausdruck bringen, tritt hier die subjektive Erfahrung entgegen, die sich aus der jeweils gegebenen Situation ständig erneuert. Und so liegt die eigentliche Wahrnehmung nicht in der Objektivität, sondern in der Subjektivität der Erfahrung, und Staat und Partei müssen sich daran messen lassen, ob sie in ihrer Funktionalität der subjektiven

Erfahrung ein Lebensrecht lassen. Das große Beispiel aber für die Wahrheit der subjektiven Erfahrung ist die Liebe, die hier ganz fleischlich verstanden wird.

Aber für den Staat ist nur wirklich, daß Frank „VERDÄCHTIG" (37) ist, und so wird Karin von allen Seiten unter Druck gesetzt, daß sie sich von Frank trennt. Der Stasi schaltet sich ein, und man droht ihr mit Entlassung. In ihrer Ratlosigkeit entschließt sie sich, mit dem Bus nach Hause zu fahren. Sie verabschiedet sich von Frank, und die Reise ist ein eher bedrückendes Erlebnis. Am Rathaus der Heimatstadt ist auf einer Kugel „die Friedenstaube" angebracht, „die Brust wie ein Reichsadler geschwellt. Am Speicher eine Schrift: ALLES ZUM WOHL DES MENSCHEN. Sie war *zuhaus*. Sie wußte auf einmal, was kommen würde. Jetzt war es aus." (39)

Die Geschichte ist zunächst einmal in der Form einer negativen Dialektik abgeschlossen. Die Friedenstaube droht mehr, als daß sie sanft stimmt, und der offizielle Slogan vom Wohl der Menschen verzerrt sich zur Fratze. Deshalb bedeutet das Wort „zuhause" die Katastrophe: den Zustand totaler Entfremdung. Und deshalb kann sie das Fazit ziehen: „Jetzt war es aus." Der staatliche Segensspruch erweist sich als total verlogen, denn ihm entspricht nur die subjektive Erfahrung der Hoffnungslosigkeit. In der knappen dialektischen Zuspitzung wird die Sprache fast zur Formel.

Eines Tages liest Karin von Plenzdorf *Die neuen Leiden des jungen W.* Sie findet das Buch etwas oberflächlich[16] im Unterschied zum originalen Werther, „aber der Werther der er [Edgar] immer zitierte, hing noch anders mit der Welt zusammen. Das hatten sie in der Schule behandelt. Der stieß sich an ihrem Kern. W. stieß sich an allem Äußeren, das war lustig, und ging per Zufall über den Jordan. Das Ungeheure in dem ‚Werther' war, daß da ein Riß durch die Welt ging, und durch ihn selbst." (43 f.) Wenn Karin den Edgar lustig findet, dann sieht sie in seinem Schicksal letztlich einen Komödienstoff, und damit identifiziert sich Karin nicht. Man muß folgern, daß sie für ihr eigenes Erleiden die Dimension des Tragischen beansprucht: „Und doch war auch in all dem Äußeren ein *Inneres*, W. drang nur nicht hinein, ein tieferer Widerspruch – den man finden müßte!" (44) Karin macht für das Buch ihres eigenen Lebens einen alternativen Entwurf: „Wie würde ein Buch sein – und auf sie wirken, in dem einer heute an den Riß kam [...] in den er stürzen mußte." (44) Hier ist die Katastrophe notwendig und unvermeidlich.

---

16 Brandes/Clark Fehn akzeptieren dieses Urteil Karins nicht: „Simultaneously, we shall argue that Karin's dismissal of Edgar represents a misunderstanding of him" (1983, S. 609). Sie sehen sogar die größere Zerrissenheit in Edgar.

Karin akzeptiert also nicht, daß sich Edgar mit dem originalen Werther identifiziert. Aber warum nicht? Eine psychologische Interpretation reicht da nicht aus, und es ist aufschlußreich, daß Karin eine Interpretation des originalen *Werther* „in der Schule" kennengelernt hat, und man denkt da an eine Interpretation von Georg Lukács, „Die Leiden des jungen Werther", in der es heißt: „Die selben Gesetze, Institutionen usw., die der Persönlichkeitsentfaltung im engen Klassensinne der Bourgeoisie dienen, die die Freiheit des laisser faire hervorbringen, sind gleichzeitig unbarmherzige Würger der sich wirklich entfaltenden Persönlichkeit." (Lukács, 1964, S. 67) Übertragen auf den real existierenden Sozialismus bedeutet dies, daß „dieselben Gesetze, Institutionen", die den neuen, den sozialistischen Menschentyp schaffen, auch die Ursachen sind für die Selbstzerstörung, die Karin aufgezwungen wird. Und hier steht zu vermuten, daß es nicht die Willkür der einen oder auch der anderen Seite ist, welche diese Selbstzerstörung bewirkt, sondern es geht ein „Riß" durch die Welt, und dieser Riß ist unüberbrückbar.

Aber kann dies Volker Braun wirklich meinen, wenn er innerhalb der Denkkategorien des Marxismus/Leninismus bleiben will? Die zentrale These des Sozialismus ist die Gleichheit, und diese fordert die Würde des „aufrechten Gangs" für alle Menschen und damit auch das Recht auf Persönlichkeitsentfaltung, aber insofern die Gleichheit erzwungen wird, führt sie zur Kontrolle von Partei und Staat, und aus dem Ethos der Gleichheit wird das Elend der Gleichmacherei. Da ist der „Riß" programmiert, analog zu dem Riß, in den der bürgerliche Werther gestürzt ist, und die antagonistischen Widersprüche finden sich letztlich auch in der sozialistischen Gesellschaft selbst.[17] Das ist aber mit der „reinen Lehre" unvereinbar: Volker Braun sieht das Problem, aber bleibt selbst diesseits des Grabens, sonst hätte er die Geschichte – selbst in der Form der „unvollendeten" Geschichte – nicht weiterschreiben können. Volker Braun wagt nicht den Sprung hin zur Tragödie, und deshalb ist das Versagen Karins bei ihrer entscheidenden Begegnung mit Frank, die unter dem Unheilstern des Elternwillens steht, nicht endgültig.

Sie trifft in der Wohnung Frank, den sie zunächst betrunken glaubt, der aber in Wahrheit eine Überdosis Schlaftabletten genommen hat. Es ist aber bezeichnend für die Verstörung Karins, daß sie den Ernst der Situation nicht erkennt. Sie ist in der Verdrehtheit ihres Denkens gleichsam verschlossen für die Not des Freundes und findet sein Herumtorkeln abstoßend. Sich festklammernd an den vorgefaßten Entschluß,

---

17 Dagegen Profitlich: „Nie allerdings – das muß hervorgehoben werden – stilisiert Braun das Entweder-Oder zu einer starren, unversöhnlichen Antinomie." (1985, S. 14)

sagt sie sich: „Jetzt mußt du hartbleiben. *Du mußt jetzt weg hier. Sonst gehst du nie weg.*" (46) Frank beteuert mit letzter Kraftanstrengung seine Liebe, aber Karin geht und überläßt ihn seiner Verzweiflung – die ihn nach dem Weggang Karins dazu treibt, den Gashahn aufzudrehen. Karin hat sich also völlig falsch verhalten, einmal gegenüber Frank, dann aber auch gegenüber ihrer eigenen Liebe. Und hier zeigt sich erst so recht die Inhumanität des Systems, welches den Menschen den Blick für das eigene Selbst nimmt.[18]

Aber Volker Braun schließt eine noch viel bösere Kritik an. In der folgenden Nacht liegt Karin im Halbschlaf, und der letzte Tag in der Redaktion steht vor ihren Augen. Da ist ein großes Bild mit von Napalm verbrannten Kindern, und Karin kann dazu keinen Text finden, die Worte kommen ihr unpassend vor, ja „vor allen Worten ekelte ihr" (50).[19] Man darf das wohl so interpretieren, daß die Worte die Ungeheuerlichkeit des Geschehens gemein machen, das Geschehen mundgerecht machen für den allgemeinen Gebrauch. In ihrer Ratlosigkeit fragt Karin den Kaderleiter, aber der sagt, sie solle träumen, und sie fällt in eine Art Trance: „aber ein warmer schweißiger Arm lag immer um ihren Hals, sie konnte sich nicht konzentrieren, und viele Hände drangen in ihren Schoß und strichen über die Schamlippen, was sie so erregte, daß ihr Körper mit allen Gliedern dick anschwoll und gegen die Wand flog." (50 f.) Das obszöne Bild offenbart die Wahrheit der journalistischen Produktion, und was von Karin verlangt wird, ist nichts anderes als die totale Prostitution. In dem Bild, in dem Karin sexuell ausgeschlachtet wird, zeigt sich die ganze Obszönität einer Kommunikation, wie sie journalistisch durch den Kaderleiter vertreten wird. Bezeichnend sind die herumstehenden Männer alle nackt, und sie schlafen: von einer wachen, lebendigen Kommunikation kann also gar nicht die Rede sein. Karin fragt sich im Traum, selbst besorgt: „soll ich das schreiben?" (51), aber dann hat sie die Zeitung in der Hand, und das Blatt ist leer. Der Sinn der journalistischen Tätigkeit ist für Karin gründlich in Frage gestellt.[20]

---

18 Auch in diesem Punkte ist die Meinung von Profitlich uneinheitlich; so sagt er einerseits: „Als Produkt der ‚Gesellschaft' bzw. als Reaktion auf diese zeigt Braun ebenso Karins große Lieblosigkeit wie ihre Unfähigkeit zum Erwachsensein" (Profitlich, 1985, S. 61) und andererseits: „daß die Protagonistin an dem Geschick, dessen Opfer sie wird, selber mitgewirkt hat" (ebd., S. 62).

19 „Das prekäre Verhältnis von Wort und Tat steht im Zentrum von Brauns Überlegungen." (Jäger, 1977, S. 12)

20 „Daß nicht zu Aktionen aufgerufen wird, hängt mit dem Mißtrauen des Autors gegenüber dem selbstsicheren Gebaren aller Agitatoren und Propagandisten zusammen." (Jäger, 1977, S. 15) Noch klarer drückt sich Volker Braun selbst aus: „Denen braucht man nicht mit Parolen zu kommen, denen braucht man überhaupt nicht zu kommen." (Braun, *Es genügt nicht die einfache Wahrheit*, S. 21)

Am selben Abend erfährt Karin telefonisch, daß Frank den Gashahn aufgedreht hat. Sie fährt mit den Eltern ins Krankenhaus, und sie finden Frank bewußtlos. In der Wohnung der Schwester versucht der Vater, sich vor der Familie zu rechtfertigen. Er erwähnt die Briefe, die Frank erhalten hat. Für Karin ist es ein Schock: „daß sie nun den GRUND wußte und gar nichts wußte [...] daß es GAR NICHTS WAR." (56) Das Wissen wird zu einer einzigen Irritation: das angebliche positive Wissen des Stasi enthüllt sich als völlig nichtssagend; es war gar nichts, aber dieses Nicht-Sein ist gespenstisch und macht jedes echte Wissen unmöglich. Der Vater argumentiert ziemlich hilflos mit dem Klassenfeind – aber für Karin „war alles unbegreiflich, es war alles wahr, es hatte keinen Sinn zu reden" (56). Schritt für Schritt entpuppen sich die angelernten Verhaltensweisen als hohl, jetzt zerbröckelt auch das Wissen, und es bleibt nur die pure Unbegreiflichkeit.

Am nächsten Tag besucht Karin allein Frank im Krankenhaus, aber der liegt wie tot in seinem Bett. Karin hat völlig die Fassung verloren. Wieder auf „der Straße lief sie wie betrunken" (58). Aber sie reflektiert auf sich selbst. „Sie dachte: ich laufe WIE BETRUNKEN." (58) Das Bild von sich hat sie als Gegenüber, und in diesem Gegenüber ordnen sich die Dinge zu einem Zusammenhang: „Sie wußte, was sie machte wie eine fremde Geschichte, die sie nicht ändern konnte." (58) Die Entwicklung hat bei Karin eindeutig zu einer Persönlichkeitsspaltung geführt. Sie schaut sich zu, aber an der Realität der Geschichte, die in ihr und um sie abläuft, kann sie nichts ändern. Nicht umsonst ist von einem Film die Rede: „Es war ganz wie in einem Film, wo man sieht, wie jemand GANZ ERSCHÜTTERT WEGGEHT. Es traf nur alles zu, eine Dutzendfigur, DAS ALTE LIED." (58) Verwunderlich ist zunächst nur die Großschreibung, aber das Bild der Erschütterung ist objektiv, es wird nicht eigentlich subjektiv erlebt, sondern eher registriert. Sich selbst zuschauend, kann sie ihrer eigenen Geschichte den Titel geben: Das alte Lied. Es ist das Lied, das der ganzen Menschheitsgeschichte die Melodie gegeben hat.

Trotzdem hat Karin das Gefühl, daß diese Geschichte noch nicht zuende war: „es fehlten einige Seiten" (58). Sie denkt an die Arbeiterin, die den Bogen gekriegt hatte – „Oder hatte sie die Fragen IM RAUM STEHEN LASSEN?" (59) Dies Problem ist noch nicht geklärt. Doch gibt es da noch einen grundsätzlichen Unterschied: „ein Leben ließ sich nicht hinkriegen wie eine Rede." (59) Die Geschichte, in deren Mittelpunkt Karin steht, fällt wieder auf sie selbst als Person zurück, sie muß als Person damit fertig werden. Etwas später heißt es: „Sie konnte nur warten auf das Urteil." (62) Die Anspielung auf Kafka ist sicherlich nicht zufällig. Das Urteil stellt die Beziehung zur Realität wieder her, es hat den Charakter des Endgültigen.

Aber Karin trifft eine erste Entscheidung.[21] Sie verläßt ihr Elternhaus und zieht ein in die Wohnung von Franks Mutter. Das ist schon in gewisser Weise ein Frontwechsel: „Jetzt lebte sie mit Leuten in einem Haus zusammen, die mal so und mal so redeten, die sich schindeten auf der Arbeit – und auf die Arbeit schimpften." (70) Und Franks Mutter wird immer die „Frau" genannt, um darauf hinzuweisen, daß sie sich in keinerlei Hinsicht – im Unterschied zu Karins Mutter – als Funktionärin auffaßt: „Diese herzensgute Frau, die für sie sorgte – aber nicht zur Hausversammlung ging." (70)

Karin wartet auf das „Urteil", und gerät in einen Zustand totaler Passivität: „In der Wohnung schlief sie immerzu ein." (62) Oft ist sie in einem Zustand, „daß sie keinen Zusammenhang mehr fand mit der Wirklichkeit". Die Wirklichkeit ist „absurd" (63), und man kann sie sich deshalb gar nicht ausdenken. „Den dicken gemeinen Kaderleiter allein – könnte sie nicht erfinden. Und diese Verkehrungen!" (63) Begriffe wie „normal" und „verrückt" sind nicht mehr definierbar. Karin sagt sich: „Du mußt HARTBLEIBEN. Abstumpfen, um bei Sinnen zu bleiben!" (64)[22]

Eine Wende wird angekündigt durch zwei aufeinanderfolgende Abschnitte, die beide beginnen: „Am fünften Tag des Urlaubs weckte die Frau sie" (71 f.). Der erste Text beginnt damit, daß sie die Hand ihres Vaters auf den Augen fühlt: die väterliche Autorität hält sie blind und macht sie so zum bloßen Objekt: Ärzte diskutieren ungeniert darüber, ob ihr Kind lebend oder tot geboren würde. Das Bild wird obszön: Sperma schneit auf ihre Beine, und sie läuft auf die Straße: „sie zeigt ihre Gedärme und Öffnungen offen herum" (71). Das Obszöne gewinnt eine eigene, selbständige Perspektive, die alle „Verkleidungen", die ästhetischen Verpackungen unseres persönlichen und gesellschaftlichen Lebens abgeworfen hat. Die männliche Begierde klebt an ihr „wie ein Insekt", der Mann hat einen Rüssel, ein Stethoskop, mit dem er ihr zwischen die Beine und auch in die Schläfe sticht, „um etwas zu finden, was er brauchte" (71); Karin flieht auf einen Friedhof, sie sucht auf den Grabsteinen ihren Namen und kann ihn nicht finden, „sie rannte den Weg entlang, um sich einzuholen" (72). Die ganze makabre Szene zeigt die Situation eines Menschen, der seine Identität verloren hat und sie selbst als Grabinschrift nicht mehr finden kann; das Streben nach Identität ist ein hoffnungsloser Verfolgungslauf, um sich selbst einzuholen. Volker Braun zeigt hier die eine Alternative für Karin: ihre Geschichte

---

21 „Erst indem sie etwas Neues machen, erfahren sie sich als Subjekt ihres Schicksals." (Profitlich, 1985, S. 89)
22 „Immer zeigt Braun beides: den hoffnungsvollen Ansatz und die Möglichkeit, daß er ins Leere führt, daß es zu Rückfällen und Fehlentwicklungen kommt." (Profitlich, 1985, S. 86)

wird nie vollendet werden. Im Grunde gibt es gar keine Geschichten, sondern nur Obszönitäten, in denen das Ich verstrickt ist.

Aber das Duplikat dieses Wachwerdens zeigt die ganz andere Möglichkeit. Die Frau sagt zu ihr: „Frank ist aufgewacht. Schlaf ruhig weiter." (72) Und sie erfährt auch, daß sich Frank telephonisch nach ihr erkundigt: *„ob du da bist."* (72) Damit ist ein persönlicher Kontakt hergestellt, und die subjektiven Erfahrungen bekommen wieder einen hoffnungsvollen Inhalt.

Aber Frank ist noch lange nicht geheilt, und es beginnt für Karin eine dumpfe Zeit des Wartens. In diesem Zustand klären sich die Geschehnisse für sie nicht ab, im Gegenteil, sie empfindet „das Paradoxe ihrer Lage", sie erkennt, daß diese *„nicht begreiflich"* (82) ist. Sie kann ihre „Erfahrungen" nicht in den gesellschaftlichen Kontext einbringen, und so werden ihre eigenen Erfahrungen widersinnig. Sie möchte mit einem über diese Dinge reden, aber „sie wußte doch, daß es sinnlos war. Also wußte sie schon zuviel!" (82) Die Erkenntnis des Paradoxen macht selbst das Gespräch sinnlos; es gibt keine Möglichkeit des Diskurses mehr. Aber es gibt auch eine andere Perspektive, die offizielle, die amtliche, und Karin versucht sich vorzustellen, wie ihre subjektiven Erfahrungen sich in dieser darstellen: „Was ihr blieb, waren Vergleiche – die alle hinkten: ihr Leben ein UNGLÜCKLICHER Ausdruck, ein SCHIEFES BILD." (93) Volker Braun greift die geltende Ästhetik an, die nur in der Form einer schlechten Metapher die Erfahrung menschlicher Verzweiflung in ihren Jargon integrieren kann, und verbindet das entsprechend mit einem Seitenhieb auf die Rezensenten.

Im Grunde erfolgt die Heilung Franks nicht im Krankenhaus, sondern in der mythischen Szene, in der die Arbeiterin als Priesterin fungiert. Aber die Problematik des happy end liegt auf einer anderen Ebene, als sie Volker Braun projektiert hat.

Dialektik als „Bild" der Sprache

Es wird eine Geschichte erzählt, aber es heißt von dieser Geschichte, daß sie „unvollendet" sei, und man fragt sich, ob dieses Defizit sich nur auf die Geschichte selbst bezieht oder auch auf die Gesellschaft, die in dieser Geschichte abkonterfeit wird. Im ersten Falle wäre die Geschichte nur Fragment, was aber nicht gemeint sein kann, und so muß man zu der Ansicht kommen, daß die Unvollendetheit nur eine Spiegelung der realen Gesellschaft ist in die Fiktivität der Geschichte.[23] Und

---

23 „Just as the outspoken female worker has ‚turned the corner', so must a satisfactory ending for Karin's tale be found." (Brandes/Clarke Fehn, 1983, S. 621)

das würde schließlich auch der Theorie des sozialistischen Realismus entsprechen: der Leser ist nicht nur fiktional, sondern auch von der Sache her an dem Thema interessiert.[24]

Damit ist aber eine Einschränkung der Autonomie des Poetischen verbunden – nur ist die Abwehr ästhetischer Unverbindlichkeit bei Volker Braun gesellschafts- und systemkritisch gemeint. Die Geschichte, die er von Karin und Frank erzählt, hat deshalb nicht den Charakter einer Parabel, die in ihrer Beziehung auf die Gesellschaft aufgeschlüsselt werden müßte, sondern sie hat einen geradezu wissenschaftlichen Ehrgeiz, und man müßte sie in gewisser Weise dem Typus der wissenschaftlichen Modelle zurechnen. Auf diesen Typus hin sind die auftretenden Figuren zugeschnitten: es werden keine Charaktere geschildert im Sinne des bürgerlichen Individualismus, sondern jede Figur repräsentiert eine Schicht und spiegelt daher ein Allgemeines.[25] Das ist aber auch die Voraussetzung für den Typus des Modells, denn es geht hierbei um die Anschauung eines Allgemeinen und nicht um die eines Spezifischen. Diese Allgemeinheit soll aber auch die Einstellung des Lesers bestimmen. Wie bei Brecht wird nicht reflektiert auf die persönliche Erschütterung, die das individuelle Leid Karins in ihm auslöst, vielmehr soll er sich um die Lösung des angeschnittenen Problems bemühen. Das heißt also, er soll sich gesellschaftlich engagieren, und zwar gegen die bürokratische Selbstzufriedenheit der Funktionäre. Das literarische Modell hat damit eine ausgesprochen politische Stoßrichtung.[26]

Aber gerade deshalb darf dieses Modell nicht mit denen verwechselt werden, welche die positiven Wissenschaften verwenden. Diese sind Gegenstand der objektiven Anschauung, welche der Belehrung oder dem zweckrationalen Gebrauch dient, aber wenn wir von dem Modellcharakter der Geschichte Volker Brauns sprechen dürfen, so ist der subjektive Faktor, der Faktor der subjektiven Erfahrung, in diese integriert, und er ist die eigentliche Antriebskraft, welche dem Modell Dynamik verleiht: das Modell selbst befindet sich im Zustand ständiger Entwicklung und Bewegung. Die subjektive Erfahrung bedingt auch,

---

24 „Es scheint doch so, als seien Poesie und Politik für Braun in gewissem Sinne dasselbe, etwas, das, falls man es für begrenzte didaktische Zwecke einmal kurzzeitig begrifflich auseinanderhält, in Wirklichkeit untrennbar verbunden bleibt." (Jäger, 1977, S. 17)

25 Dem widerspricht nicht die Historizität des Geschehens: „daß der Verfasser mit seiner *Unvollendeten Geschichte* nicht abstrakt auf den Konflikt von Individuum und Gesellschaft im allgemeinen abzielt, sondern einen konkreten Konflikt in einem konkreten Staat in einer historisch konkreten Situation meint" (Beth, 1977, S. 54).

26 Brauns „analysis of the process by which idealistic thoughts can turn into their opposite challenges the reader to search for a better solution" (Brandes/Clark Fehn, 1983, S. 621).

daß das Modell nicht von außen betrachtet wird, sondern gleichsam von innen: das Modell ist das Gedankenbild eines Selbstklärungsprozesses. Deshalb führt Karin ein doppeltes Leben: einmal das gerade gegenwärtige und zweitens das, auf das sie reflektiert. Das eigene, reflektierte Leben hat zugleich den Charakter eines Modells und gibt diesem damit gesellschaftliche Verbindlichkeit.

In diesem Sinne ist die Dialektik das „Bild" der Sprache von Volker Braun. Die Dialektik wird dabei gleichgesetzt mit Wissenschaftlichkeit und macht die Darstellung insofern abstrakt, die subjektive Erfahrung verbindet die Wissenschaftlichkeit mit der Realität des Lebens. Volker Braun hat versucht, der Bildhaftigkeit beim Druck auch gestalterisch Ausdruck zu verleihen, indem er die propositionalen Behauptungen in Majuskeln setzen ließ und die subjektiven Erfahrungen in kursiver Schrift. Ob das Druckbild dadurch ästhetisch gewonnen hat, ist allerdings eine andere Frage. Aber wahrscheinlich hat Braun auf diese Form der Ästhetik auch keinen Wert gelegt.

Der propositionale Satz besteht auf sich selbst, und das heißt gesellschaftlich: Partei und Staat suchen sich der Bewegung und damit also auch jeder Kritik zu entziehen, ja, sie verteidigen sich selbst mit Hilfe staatlichen Terrors. Aber die Allgemeinheiten von Staat und Partei werden erst durch die Subjekte in Wirklichkeit umgesetzt, und damit wird die dialektische Bewegung durch die subjektive Erfahrung geradezu erzwungen. Das ist auch der Grund dafür, daß der kommunistische Staat gegen die literarische Kritik etwa im Stile Volker Brauns sich nicht völlig abschirmen konnte.[27] Die subjektive Erfahrung sucht Staat und Partei als System aufzubrechen, Perspektiven zu gewinnen, die nicht im schlechten Sinne positiv sind – solche werden exemplifiziert in den realpolitischen Prinzipien des Bezirkssekretärs –, und damit zielt das Erkenntniswollen der subjektiven Erfahrung letztlich auf etwas, das die gesellschaftliche Realität transzendiert, auf das Utopische. Die subjektive Erfahrung kann einmal dazu führen, daß sich das Individuum mit seiner Rolle als gesellschaftlicher Funktion zufriedengibt, aber sie kann auch im Gegenteil versuchen, die Realität fortschrittlich zu interpretieren und umzuarbeiten in Richtung auf die Utopie.

Diese beiden Möglichkeiten sind aber in einer fatalen Weise miteinander verbunden. Die Utopie hat ihren Wirklichkeitscharakter nur in der subjektiven Erfahrung, aber eben diese subjektive Erfahrung spal-

---

27 Noch einen Schritt weiter geht darin Charlotte Koerner, wenn sie betont, daß – im Sinne Volker Brauns – „Aspekte der tatsächlichen Wirklichkeit in der DDR, die verändert werden müssen", „nur in dichterischer Verschlüsselung das Publikum erreichen (Koerner, 1979, S. 158). Danach will Braun, in Anlehnung an Brecht, „die gesellschaftliche Wirkung, die Dichtung als Anregung zum Weiterdenken und zum Erkennen von Zusammenhängen" (ebd., S. 166).

tet sich im Transzendieren der Realität: bei Karin in Verzweiflung und Hoffnung. Das wird besonders deutlich an der Stelle, wo Karin einerseits ihrer verlorenen Identität hinterherläuft und andererseits erfährt, daß Frank aus seiner Agonie erwacht ist. Aber dieser Prozeß der Heilung Franks, insofern er mehr ist als ein Zufallsgeschehen, hat seine Logik nicht in der Realität, sondern im Mythos: die Arbeiterin vollzieht die Erweckung Franks vermöge eines phantastischen Zeremoniells. Von der Realität her gesehen, bleibt die Heilung Franks unglaubhaft. Die Liebesgeschichte zwischen Karin und Frank hat ein Ende. Im Gegensatz zu Volker Braun muß gesagt werden, daß die subjektive Erfahrung, wenn sie, gestützt auf das Vernunftsprinzip, die Realität dialektisch transzendiert zur Verwirklichung der Utopie, im Absurden endet. Im Grunde ist diese Erkenntnis schon vorweggenommen in Horkheimer/Adornos *Dialektik der Aufklärung*.

Das dialektische Denken vermag zwar vermöge seiner speziellen Logik jede Positivität zu überwinden, und Hegel hat das meisterhaft vorgeführt in seiner *Phänomenologie*, aber dieser Fähigkeit des Gedankens entspricht nicht die gesellschaftliche Praxis. Und das gilt auch, wenn Marx die Hegelsche Philosophie „vom Kopf auf die Füße stellt". Volker Braun selbst macht deutlich, daß die Logik des Denkens nicht die Logik der Realität ist. Der Versuch, beide Logiken zu verklammern in der Form der Utopie, führt zur Absurdität. Dies ist das wahre Ende der *Unvollendeten Geschichte*.

Das hat aber Konsequenzen für die Geschichte der Utopie überhaupt. Die frühe Utopie, insofern sie eine ideale Gesellschaft konstruierte, hatte ihre Grundlage in der Metaphysik; erst das dialektische Denken, welches den Anspruch erhob, im Transzendieren von Positivität die Realität selbst umzuformen, gab der Utopie ein wissenschaftliches Interesse. Die Dialektik wird so – in gewisser Weise – als Methode ein Mittel zur Erfüllung der abendländischen Aufklärung, da sie den Weg zur Verwirklichung wies. Und der Marxismus schien dazu das handfeste und konkrete Rezept zu weisen. Volker Braun beweist – wider Willen –, daß die Geschichte der wissenschaftlichen Utopie zu Ende ist; der Sozialismus ist nicht nur als der real existierende Sozialismus getroffen, sondern im Prinzip.

Volker Braun ist in gewisser Weise ein Purist. Er hat aus seiner Geschichte diejenigen erzählerischen Momente entfernt, die der wissenschaftlichen Aussage nicht zu entsprechen scheinen.[28] Davon ist in

---

28 Als „Telegrammstil" und „Protokollsprache" bezeichnet auch Vassen die sachliche Sprache Brauns, die dadurch keine epische Ruhe, kein Verweilen bei Nebenaspekten zulasse und die Fabel in ihrem chronologischen Ablauf „zu atemloser dramatischer Zuspitzung" dränge. (Vassen, 1981, S. 218) Als „realistisch" bezeichnet Charlotte W. Koerner Brauns Erzählweise. (Koerner, 1979, S. 153)

erster Linie die Metapher betroffen, welche Bildqualitäten in die Darstellung einbringt, die sich nicht wissenschaftlich analysieren lassen. Was nicht bedeutet, daß Braun über die Fähigkeit der Metaphorik nicht verfügte; bei den Auto- und Busfahrten Karins wird die Landschaftsschilderung poetisch durch eindrucksvolle Vergleiche und Metaphern[29] – aber sie bestimmen das Kolorit, nicht den Kern. Braun sieht die Metapher noch als ästhetisches Ornament, und deshalb verwirft er sie. Vielleicht befürchtet er auch die konservative Funktion: daß sie die Realität zudecke und damit das Bestehende rehabilitiere. Aber Braun übersieht die grundlegende Aufgabe der Metapher, die ja auch darin besteht, die Realität zu transzendieren – der wissenschaftliche Traum der sozialistischen Utopie ist ausgeträumt, der poetische Traum eines metaphorischen Transzendierens hat vielleicht noch eine Chance.

Bibliographie

BRAUN, VOLKER: Unvollendete Geschichte (1975). Frankfurt/M.: Suhrkamp 1977 [zitierte Ausgabe]

BRAUN, VOLKER: Es genügt nicht die einfache Wahrheit. Frankfurt/M.: Suhrkamp 1976

BETH, HANNO: Die Ver(w)irrungen des Zöglings Karin. Zu Volker Brauns Erzählung „Unvollendete Geschichte". In: Text + Kritik, Heft 55, 1977
BRANDES, UTE/ANN CLARK FEHN: Werther's Children, The Experience of the Second Generation in Ulrich Plenzdorf's „Die neuen Leiden des jungen W." and Volker Braun's „Unvollendete Geschichte". In: The German Quarterly, Volume LVI, November 1983, Number 4
JÄGER, MANFRED: Das Handeln als Basis und Ziel dichterischer Praxis. In: Text + Kritik, Heft 55, 1977
KOERNER, CHARLOTTE W.: Volker Brauns „Unvollendete Geschichte". Erinnerung an Büchners „Lenz". In: Basis. Jahrbuch für deutsche Gegenwartsliteratur, 9, 1979, S. 149–168, S. 266–267
LUKÁCS, GEORG: Die Leiden des jungen Werther. In: DERS., Deutsche Literatur in zwei Jahrhunderten. Werke VII. Neuwied, Berlin: Luchterhand 1964
PROFITLICH, ULRICH: Volker Braun. München: Wilhelm Fink 1985
VASSEN, FLORIAN: Geschichte machen und Geschichte schreiben: Gedanken zu Volker Brauns „Unvollendeter Geschichte". In: Monatshefte für deutschen Unterricht, deutsche Sprache und Literatur, 1981/3, S. 207–224

---

29 In einer Textgegenüberstellung sieht Charlotte Koerner in der Busfahrt-Szene eine beabsichtigte Nähe zum Auftakt des Georg-Büchner-Fragments *Lenz*. Danach besteht für Koerner die Verbindung unter anderem in der Sprache dieser Szenen, die aus der Sicht der Gestalten eine „augenblickliche Distanzlosigkeit zu ihrem Erleben" darstellt. In beiden Werken, so Koerner, „geht es um den Prozeß eines schweren geistigen Ringens, bei dem gar nicht nur äußere, sondern gerade innere Widerstände zu überwinden sind" (Koerner, 1979, S. 162).

Martin Walser: Ein fliehendes Pferd

Martin Walsers 1978 erschienene Novelle, bereits in der FAZ vorabgedruckt, wurde sofort zum großen literarischen und ökonomischen Erfolg. Dazu trug nicht zuletzt Reich-Ranickis überschwengliche Kritik bei; aber auch „Spiegel" und „Zeit" brachten ähnlich positive Rezensionen. Man lobte vor allem die Ökonomie und Straffheit des Textes (Struck, 1988, S. 82), während Walsers Romanen sonst meist Breite, ja Geschwätzigkeit vorgeworfen wurde (FAZ vom 4. 3. 1978). Tatsächlich handelt es sich um eine Novelle von fast klassischer Formstrenge, mit „Falken", „unerhörter Begebenheit" und ebenso sparsamer wie klarer Personenkonfiguration.

Vier Personen bestreiten die Handlung, einige Nebenfiguren wie die Mitglieder der Familie Zürn fungieren mehr als dekorativer Hintergrund. Der Vollständigkeit halber sei noch Halms Spaniel Otto erwähnt, der das Ehepaar Halm während der ganzen Handlung begleitet und dem in der Sekundärliteratur besondere Aufmerksamkeit gewidmet wurde, worauf wir noch zurückkommen werden.

Die vier Hauptpersonen sind der Stuttgarter Oberstudienrat Dr. Helmut Halm mit seiner Frau Sabine und der in Starnberg lebende Journalist Klaus Buch mit seiner Frau Helene, die sich zufällig während eines Sommerurlaubs am Bodensee begegnen. Die beiden Männer sind Schulkameraden und Studienfreunde, haben sich aber 23 Jahre nicht gesehen, d. h. ein halbes Leben, denn sie sind beide 46 Jahre alt. Klaus Buch erkennt Helmut Halm sofort, während dieser den andern seines jugendlichen Aussehens wegen für einen früheren Schüler hält. Obwohl Halm nicht in seiner Urlaubsruhe gestört sein will, läßt er sich von Klaus Buch zu gemeinsamen Essen, Boots- und Wanderausflügen überreden. Schließlich machen die beiden Männer allein eine Segelpartie, geraten in einen Sturm, den der sportliche Klaus genießt, während Helmut sich fürchtet. In seiner Angst stößt er Klaus Buch die Pinne aus der Hand, wodurch dieser über Bord geht, während Helmut ans Ufer getrieben wird. Als Klaus sich auch am nächsten Tag nicht gemeldet hat, halten ihn Halms sowie Helene Buch für tot. Helene, durch Angst, Schmerz und Alkohol enthemmt, erzählt Halms von dem schwierigen Leben mit Klaus, von der wirtschaftlichen Misere und den psychologischen Schwierigkeiten. Da taucht Klaus auf, holt seine Frau ab und verschwindet wort- und grußlos mit ihr. Halms brechen ihren Urlaub am Bodensee ab und lösen Fahrkarten nach Montpellier. Im Zug erzählt

Helmut seiner Frau die ganze Geschichte, der letzte Satz des Textes ist mit dem ersten identisch.

Aus der verschiedenen Lebensart und -auffassung der beiden Männer erwächst der Konflikt der Novelle. Walser hat die Handlung in einer Fernsehsendung am 2. 7. 1978 mit einem Schachspiel verglichen; „auf diesem Schachbrett werden zwei Existenzarten gegeneinander gehetzt in einer bewußten Konfrontation" (Bohn, 1981, S. 151). Dieses Schachspiel endet mit einem Patt, keiner besiegt den andern. Entsprechend dem Motto, das der Novelle vorangestellt ist, ist das auch gar nicht beabsichtigt. Es heißt da:

„Man trifft zuweilen auf Novellen, in denen bestimmte Personen entgegengesetzte Lebensanschauungen vortragen. Das endet dann gerne damit, daß der eine den andern überzeugt. Anstatt daß also die Anschauung für sich sprechen muß, wird der Leser mit dem historischen Ergebnis bereichert, daß der andre überzeugt worden ist. Ich sehe es für ein Glück an, daß in solcher Hinsicht diese Papiere eine Aufklärung nicht gewähren."

Weder Klaus Buch noch Helmut Halm bieten sich also zur Identifikation an, wenngleich Helmut aufgrund der fast personalen Erzählweise, die später noch erörtert werden soll, dem Leser etwas näher steht.

Wir lernen ihn und seine Gedanken schon während des ersten Kapitels kennen, als er mit Sabine in einem Straßencafe sitzt und die Vorübergehenden beobachtet. Es war Sabines Wunsch, dort zu sitzen, während er sich nach der Ruhe und Abgeschlossenheit seiner Ferienwohnung sehnt. Er fühlt sich nicht zugehörig zu den „hell- und leichtbekleideten Braungebrannten" (9), er möchte „inkognito" bleiben (12), niemanden in sich hineinsehen lassen, vor der Gesellschaft fliehen. Auch der Urlaub dient ihm als Flucht: „Unerreichbar zu sein, das wurde sein Traum" (13). Da er bei seiner Arbeit als Lehrer aus sich herausgehen, sich darstellen muß, ‚spaltet' er sich. Nach außen spielt er den Progressiven, produziert „Schein", während er sich innerlich völlig zurückzieht und von niemandem erkannt sein will. Seine Furcht vor dem Erkanntwerden gemahnt an archaische Vorstellungen, wonach das Kennen und Beim-Namen-Nennen Macht verleiht – oder sollte hier ein Gegenpol gegen die publicity-Sucht der modernen Gesellschaft gezeigt werden?

Wenn die Prinzipien der Leistungsgesellschaft noch bis in die intimsten Bereiche ausgedehnt werden, so gibt Halm „das öffentliche Gebot der Luststeigerung [...] in der Schule lauthals weiter" (68), während er sich selbst von jeder sexuellen Betätigung fernhält. Das führt zu Spannungen mit seiner Frau, der er seine Haltung nicht erklären kann. Die Gitterstäbe an der Ferienwohnung sind Zeichen seiner von ihm selbst erstrebten Isolation. Wie er sich vor der Begegnung mit der Vergangenheit scheut, die dann durch Klaus Buch wieder wachgerufen wird, so

hat er auch keine Zukunftspläne und -wünsche. Bewegungslosigkeit ist
sein Ideal, „blutige Trägheit" (70), er möchte durch endlose Wälder tra-
ben, ohne sich zu bewegen (13). Dementsprechend ist seine Urlaubs-
gestaltung: „Sabine und Helmut liegen [...] faul am Wasser, dann sitzen sie herum" (22).

Reich-Ranicki hat in seiner Besprechung mit einem etwas hoch ge-
griffenen Vergleich Halm in Beziehung zu Hamlet gesetzt: „Ja, natürlich, dieser Halm ist aus Hamlets Geschlecht". Mir scheint, daß sich
Helmut Halm in einem anderen Dänen einen Geistesverwandten gesucht hat, in Kierkegaard, von dem auch das oben zitierte Motto
stammt. Er hat sich dessen Tagebücher als Ferienlektüre mitgenommen
in der Hoffnung, darin nichts Privates vorzufinden (11). Auch wenn er
in den vier Tagen, die der Handlungszeitraum der Novelle umfaßt,
nicht über ein paar Zeilen Lektüre hinauskommt, so ist doch zu vermuten, daß die ironische und indirekte Art, mit der sich Kierkegaard in seinen Werken mehr verbirgt als darstellt, Halm entgegenkommt und daß
er sich darin wiederfinden kann (s. dazu Struck, 1988, S. 42).

Völlig entgegengesetzt verhält sich Klaus Buch. Schlank und durch-
trainiert, sieht er viel jünger aus als der gleichaltrige Halm. Sein Urlaub
besteht aus Laufen, Tennisspielen und Segeln, er und seine Frau essen
kalorienbewußt, trinken nur Mineralwasser und sind entsetzt über Helmuts und Sabines hemmungslose Art zu essen, Rotwein zu trinken und
zu rauchen. Nicht nur die Vergangenheit macht Klaus mit seinen Schü-
ler- und Studentengeschichten wieder lebendig, auch die Zukunft ist
bei ihm offen. Er möchte so alt werden wie sein Vater, der gerade seinen
neunzigsten Geburtstag gefeiert hat, will mit Helene und Helmut auf
die Bahamas, hat sich von seiner ersten Frau scheiden lassen, weil sie
„keine Entwicklung" gehabt habe (46), und die um 18 Jahre jüngere
Helene geheiratet, die er Hel nennt. So viel Aktivität, Jugendlichkeit
und scheinbare Sicherheit macht den Leser mißtrauisch, und der Erzähler setzt auch Signale, die dieses Mißtrauen bestätigen. Da ist einmal
die krankhafte Hundephobie – Halms haben ihren Spaniel Otto mit,
bei dessen Berührung Klaus entsetzte Schreie ausstößt – und zum andern die ständige Frage an seine Frau: „Du magst mich nicht mehr,
gell?" (46 u. passim). Der so männlich wirkende Klaus, der mit seiner
Potenz protzt, muß sich fortwährend der Liebe seiner Frau versichern.
Wie sehr sein forsches Auftreten nur gespielt ist, erfährt man allerdings
erst im 9. Kapitel, als Helene Halms von ihrer Ehe erzählt. Mit größter
Anstrengung hat Klaus versucht, die Normen der Gesellschaft zu erfüllen, die Helmut nur nach außen hin vertritt: jung, fit und potent sein,
Erfolg haben, der auch noch so erscheinen soll, als sei er mühelos gewonnen (136). „Schwindel" ist ein Wort, das Klaus verdächtig oft gebraucht (45; 46; 85; 112; 136). Weiterhin ist es auffällig, wie oft er über

Sexualität spricht. Selbst seine Frau sagt: „Er redet ein bißchen viel darüber" (98). Bereits bei der ersten Segelpartie erzählt er Intimitäten aus seiner Ehe und berichtet Einzelheiten von einer pubertären Gruppenonanie, bei der Helmut eine etwas komische Rolle spielt (51). Später fragt er Helmut, wie oft er seine Frau „bumse" (108). Den Sturm auf dem See empfindet er als sexuelles Erlebnis und gebraucht entsprechende Bilder: „Das ist Susi, die uns mit ihren Schenkeln zerquetschen will". „Los, an die Pinne! Nimm sie zwischen die Beine [...] Nicht so zimperlich, Mensch! Nur hingelangt!" (118f.). Seine so viel jüngere Frau Hel empfindet er als „challenge": „Sie ist zu viel für mich. Ich schaffe sie nicht. Ich kämpfe um sie. Tag und Nacht" (108).

Durch Hels Erzählung erfahren wir dann, wie sehr Klaus auch beruflich zu kämpfen hat. Obwohl er auf modische Trends wie Ökologie und gesunde Ernährung setzt („dieses Umweltzeug", 138) und überlegen erscheinen möchte, hat er ständig Streit mit seinem Verleger, mit Lektoren und Redakteuren. In Helmut glaubte er Hilfe, einen ruhenden Pol, gefunden zu haben: „Das hat ihm gefehlt, deine Vernunft, deine Ausgeglichenheit, die innere Ruhe" (143) – eine groteske Verkennung des alten Jugendfreundes, der alles andere als ausgeglichen ist. Im Gegensatz zu diesem ist Klaus kein Intellektueller, er ist praktisch, tatkräftig, sportlich. Eines verbindet allerdings beide Männer: sie befinden sich beide in der sogenannten midlife-crisis. Bei Klaus äußert sie sich in Angst vor Stagnation, vor Impotenz, vor beruflichem Scheitern, während Helmut resigniert und sich in seine „Position hinter der Position" (70) zurückzieht. Beide reagieren auf die wirklichen oder vermeintlichen Forderungen der Gesellschaft, indem sie „Schein produzieren", den Mitmenschen ein Bild von sich geben wollen, das mit der Wirklichkeit nicht übereinstimmt. Klaus bewundert Helmut, hat ihn schon als Junge bewundert, und auch Helmut kann sich einer gewissen Faszination durch Klaus und Helene nicht entziehen: „Helmut spürte einen brennenden Neid. Er hatte praktisch nicht gelebt" (28) und „Wir sind beide ein bißchen verführt, momentan" (103f.). Zwischen den beiden so verschiedenen Männern entwickelt sich eine Rivalität, die offenbar schon in der Jugend bestanden hatte. Helmuts Lektüre des „Zarathustra" als Fünfzehnjähriger hatte Klaus ungeheuer imponiert, Klaus bekam als Student eine Lektorenstelle in Edinburgh, die Helmut selbst gern gehabt hätte (25). Helmut fühlt sich in seiner Urlaubsruhe und in seinem Inkognito durch Buchs gestört: „Er hatte Angst, er könne seine Gewohnheiten gegen dieses Paar nicht verteidigen" (61). Klaus verkörpert ja all das, was er gerade innerlich ablehnt, er nimmt die modischen Forderungen der Gesellschaft ernst und wirkt wie ein Produkt aus der Werbung: jugendlich, schlank, gesund, potent, lebensbejahend. Damit stellt er Halms zwiespältige Lebensstrategie in Frage. Richtig herausgefordert wird Helmut, als Klaus ihn während der Segelpartie auffordert, sich von Sabine scheiden zu lassen und mit ihm auf die Bahamas zu gehen. „Sabine war die Stelle, an der er verletzbar war" (67). Trotz mancher Probleme zwischen beiden spürt man die innere Zusammengehörigkeit dieses Paares, etwa, wenn beide das Gleiche denken (17). „Sie waren einander so nahe, daß er jede Kränkung, die er ihr zufügte, empfand, als würde sie ihm zugefügt" (73). Dies muß mit beachtet werden, wenn man Helmuts Tat, die Klaus Buchs Sturz ins Wasser zur Folge hat, beurteilen will.

Walser selbst hat es in einem Gespräch abgelehnt, die Tat als Mordversuch zu werten: „Einmal hat Helmut einfach Angst, und dazu kommt natürlich auch angestaute Wut", aber er gibt auch die Möglichkeit zu, „daß Helmut versucht die andere, die vitale, die Klaus-Alternative aus der Welt zu schaffen" (zit. nach: Struck, 1988, S. 106). Helmut selbst rechtfertigt sie vor sich selbst als „Notwehr". „Du hast es nicht gewollt" (129). Aber dann beginnt doch sein Gewissen „zu grasen", und er erkennt auch, daß er aus seiner Passivität herausgegangen ist: „Du hast eben gelebt in diesem Augenblick, du bist aus dir herausgegangen, Ha-Ha, eine Sekunde lang hast du den Schein nicht geschafft" (129). Paradoxerweise hat er gerade dann gelebt, als er einen andern in Lebensgefahr gebracht hat.

Unterstützt werden beide Männer durch ihre Frauen. Sabine Halm dürfte nicht viel jünger sein als ihr Mann, ihre beiden Kinder sind offenbar schon erwachsen (49). Im Gegensatz zu Helmut scheint sie aber keine Probleme mit ihrem Lebensalter zu haben, sie wirkt natürlich, gelassen, unverkrampft. Sie stellt die sozialen Kontakte zur Außenwelt her, verhandelt mit Zürns, bewirtet Helene, als diese allein ist, bringt sie zum Reden. Helmut spricht von ihrem „sozialen Engagement", das er allerdings als „Produktion sozialen Scheins" ablehnt (70). Sie scheint nicht berufstätig zu sein, jedenfalls wird davon nichts erwähnt, dennoch wirkt sie selbständiger als die viel jüngere Helene. Gegenüber ihrem Mann ist sie nicht unkritisch, wobei es offen bleibt, ob etwa ihre Schilderung der intensiven Lektüre Helmuts bewundernd oder ironisch gemeint ist (95). So wie Helmut in Helene, hat sie sich etwas in Klaus Buch verliebt, freut sich offenbar über die Abwechslung gegenüber dem gewohnten Urlaubstrott, zumal sie bereits das elfte Mal im selben Quartier am Bodensee wohnen. Es gibt also nicht nur die beiden festgefügten Paare, sondern auch Querverbindungen zwischen Sabine und Klaus, zwischen Helmut und Helene sowie am Schluß zwischen den beiden Frauen.

Helene Buch ist publizistisch tätig wie ihr Mann. Zur Zeit ist sie mit dem Tonband unterwegs, um alte Frauen zu befragen. „Großmutters Mund" soll die Sammlung heißen – wohl eine parodistische Anspielung auf die Fernsehsendung: „Was Großmutter noch wußte". Diese Tätigkeit hat ihr Mann ihr aufgezwungen, obwohl er weiß, daß sie ihr nicht liegt. Er erklärt es Helmut so: „Ich halte sie kleiner als sie ist. Ich verführe sie zu Tätigkeiten, denen sie nicht gewachsen ist" (109). Ihr Musikstudium hatte sie abbrechen und ihr Klavier verkaufen müssen. Hinter dem Bild eines modernen, erfolgreichen Ehepaars verbirgt sich also die Unterdrückung der Frau, die nicht hat „leben dürfen" (140) und die nur als „Trophäe" (21) nach außen und als sexuelles Objekt dient. Erst die Ausnahmesituation, der vermeintliche Tod ihres Mannes, öffnet Hel den Mund. Sie durchbricht auch sofort die ihr aufgezwungene Lebensweise, trinkt Kaffee und Calvados, ißt Kuchen und raucht. Wie ihre Ehe weitergehen wird, nachdem Klaus wieder aufgetaucht ist, bleibt offen.

Dagegen erfahren wir, daß Halms ihren Urlaub abbrechen und nach Montpellier fahren. Montpellier mit seinen „dicken Mauern", von denen Helene berichtet (135), steht als Gegenstück zu den dünnen Wänden eines Hotelzimmers in Grado, hinter denen Halms unfreiwillige Zeugen eines ausgedehnten und geräuschvollen Sexualaktes im Nebenzimmer geworden sind. Seit dieser Zeit hat sich Helmut jeden intimen Verkehr untersagt. Auf der Fahrt nach Montpellier, im Zug, erzählt er seiner Frau die ganze Geschichte. Er sitzt mit dem Rücken zur Fahrtrichtung, also nach rückwärts, der Vergangenheit zugewandt, und beginnt mit dem ersten Satz des Buches: „Plötzlich drängte Sabine [...]". Endlich ist er also offen zu seiner Frau, findet er wieder eine echte Beziehung zu ihr. Freilich läßt sich der Schluß auch anders deuten: „Die Identität des Schlußsatzes mit dem Anfang ist deutbar als ausweglose Repetition desselben" (Dierks, 1984, S. 53).

Die Frage, wie der Schluß aufzufassen ist, bliebe offen, wenn Walser nicht selbst an anderer Stelle eine Deutung gegeben hätte. In dem 1985 erschienenen Roman *Brandung* ist Helmut Halm wieder der Protagonist. Dort heißt es rückblickend: „Und im Sommer darauf hatten Sabine und er einen Jugend- und Studienkameraden und dessen junge Frau hinter sich gebracht. Mit Gewinn, sozusagen. Einigkeitsgewinn" (*Brandung*, S. 123). Wir können also annehmen, daß die rücksichtslose Beichte Helmuts einen Neuanfang seiner Ehe bedeutet, auch wenn Sabine einen kleinen Vorbehalt eingebaut hat: „Nur zu, sagte sie, ich glaube nicht, daß ich dir alles glaube" (151).

Ein Blick auf den späteren Roman kann uns vielleicht auch helfen, Helmuts Einstellung, seine „Position hinter der Position", seine bewußte Produktion von Schein besser beurteilen zu können. Die Frage ist doch, wie er zu dieser Haltung gelangt ist und ob er sie beibehalten kann. Er selbst schiebt es auf die Gesellschaft, auf Medien (FAZ, BILD), Parlament und Schule (69). Die Auffassung von der gesellschaftlichen Bedingtheit findet sich auch in der Sekundärliteratur.

Manfred Dierks hat in seinem Aufsatz „Nur durch Zustimmung kommst du weg" (1984, S. 44 ff.) Walsers Ironie-Konzept aus dessen Frankfurter Vorlesungen entwickelt und auf unseren Text angewandt. Der Titel des Aufsatzes ist ein Zitat daraus (87): schlechte Verhältnisse lassen sich danach nicht durch Kritik ändern, sondern durch ironische Zustimmung. Diese Haltung wird in der Novelle, d. h. in Halms Gedanken, vorausgesetzt, sie wird nicht aus den gesellschaftlichen Verhältnissen heraus entwickelt. Die knappe, straffe Form der Novelle ließe das auch gar nicht zu.

In seinem ausgezeichneten Aufsatz „Ein genau geschlagener Zirkel" hat Volker Bohn darauf aufmerksam gemacht, daß die Probleme unseres Textes genau denen der Entstehungszeit entsprechen:

> „Eine ausgebreitete Diskussion über ‚midlife-crisis' beschäftigte damals alle Medien (und etwa nicht auch Menschen?). ‚Beziehungsprobleme' standen auf der Tagesordnung, und nicht nur in der Apo-Generation. Der Soziologie-Boom war längst durch einen Psychologie-Boom abgelöst; Identität / Subjektivität / Spontaneität / Kommunikation / Interaktion stand auf den neu umlaufenden Münzen; nicht so gerne in Zahlung genommen wurden Gesamtgesellschaft / objektive Entwicklungstendenz / Organisation / Klassenkampf" (1981, S. 156).

Dieser Beobachtung entspricht Helmut Halms Entwicklung: „Er war ein Klassenkämpfer, sagte Klaus Buch. Das ist er nicht mehr, sagte Sabine trocken" (50). Halm hat resigniert. Aber auch seine ironische und passive Haltung läßt sich nicht durchhalten. Das zeigt nicht nur seine spontane Handlung bei der Segelfahrt, in der er „eine Sekunde den Schein nicht geschafft" hat (129), sondern auch seine Wandlung in dem Roman *Brandung*. Als er sich da in eine junge Studentin verliebt hat, ändert er seine Lebensweise gründlich: „Täglich Dauerlauf. Wein und Nikotin, gegen Null tendierend. Seit Sabine ihn nicht mehr nährte, waren seine Mahlzeiten keine mehr" (*Brandung*, S. 217). Klaus Buch hätte seine helle Freude daran!

Es läßt sich wohl doch nicht alles nur auf den Zwang der Gesellschaft schieben. Umgekehrt müßte die Frage erlaubt sein, ob Halm als Lehrer nicht vielmehr dazu verpflichtet wäre, seine Schüler zu einer kritischen Haltung gegenüber den modischen Slogans und gegenüber einem oberflächlichen, der Werbung entsprechenden Menschenbild, wie es Klaus Buch verkörpert, zu erziehen. Sie sollten lernen, den Schein zu durchschauen. Statt dessen produziert Halm in der Schule den Schein, zu Hause läßt er sich gehen. „Das öffentliche Gebot der Luststeigerung gab er in der Schule lauthals weiter. Galt er nicht als fortschrittlich?" (68).

Insofern kann ich Herbert Knorr nicht zustimmen, wenn er Buch und Halm als Ästhetiker und Ethiker im Sinne der Kierkegaardschen Stadientheorie einordnet (Knorr, 1979, S. 155). Allenfalls läßt sich, wie Struck das tut, auch Halm als Ästhetiker definieren. „Die Schwermut des Ästhetikers macht ihn unfähig, zu handeln, Resignation und Melancholie machen es ihm unmöglich, sich auf die äußere Wirklichkeit einzulassen" (Struck, 1988, S. 43). Die Gründe für Halms Verhalten lassen sich weder ausschließlich in den gesellschaftlichen Verhältnissen finden, noch ist er die Verkörperung eines philosophischen Stadiums. Vielleicht macht ihn gerade das zur lebendigen Figur.

Klaus Buch befindet sich als freier Journalist zweifellos in einer schwierigeren wirtschaftlichen Lage als der beamtete Oberstudienrat. Doch lassen seine teuren Hobbies – Tennisspielen und Segeln – sowie der Hinweis auf sein Elternhaus seine wirtschaftliche Zwangslage nicht so einleuchtend erscheinen. Er stammt aus einem begüterten Elternhaus, die Eltern hatten ein schönes hohes Haus mit einem großen Garten darum, das Helmut teils aus Angst, teils aus Haß und Neid nie betreten hat (26). Auch kann man die Frage nicht ganz unterdrücken, warum er, dem das Schreiben immer „furchtbar schwer" gefallen ist (136), ausgerechnet Journalist wurde. Hel hat recht, wenn sie sagt: „Er war auf dem falschen Dampfer" (138). Praktisch und sportlich, wie er ist, hätte sich für ihn sicher ein anderer Beruf gefunden. Sein Imponiergehabe entspringt wohl mehr seinen Minderwertigkeitskomplexen. Er produziert Schein, geriert sich fast größenwahnsinnig („Groß bleiben. Größer werden. Der Größte", 112) und fühlt sich doch andererseits als Schwindler (136) und „Küchenschabe" (50). Auch seine Fluchtphantasie – er möchte mit Hel und Helmut auf die Bahamas ziehen – entspricht so wie seine äußere Erscheinung und Lebensweise mehr dem Klischee der Werbung als realen Möglichkeiten. Die Bahamas verkörpern für ihn offenbar ein Paradies fern von allem Leistungsdruck und von allen gesellschaftlichen Zwängen. „Selbst in seiner Fluchtphantasie bleibt er gefesselt an ein Touristik-Klischee von Freiheit: Dauerferien auf den Bahamas" (Dierks, 1984, S. 49). Der Fluchtgedanke, der Wunsch, „auszusteigen", war in den siebziger Jahren aktuell. Er durchzieht die Novelle von Anfang bis Ende, bereits der Titel deutet darauf hin. Zunächst weist er auf eine Episode im sechsten Kapitel. Ein Pferd ist durchgegangen; Klaus Buch läuft ihm nach, und es gelingt ihm, es zu bändigen. Diese Episode stärkt nicht nur sein Selbstbewußtsein, sondern sie gewinnt auch symbolische Bedeutung für die Novelle, sie fungiert als „Falke".

Von Fluchtgedanken ist Helmut Halm immer dann bewegt, wenn er glaubt, erkannt und durchschaut zu sein: „dann wollte er fliehen. Einfach weg, weg, weg." (12) Auch den Urlaub empfindet er als Flucht (13). Darum sind ihm – so paradox das klingt – die Gitterstäbe an den Fenstern der Ferienwohnung lieber als die Promenade, wo er den Blicken Fremder ausgesetzt ist, darum will er Klaus Buch aus dem Weg gehen, der ihn von früher her kennt. Nach dem ersten Abend schreibt er dem Jugendfreund einen Brief, den er dann allerdings nicht abschickt. Es heißt darin: „Ich bin nicht interessiert, etwas über mich zu erfahren, geschweige denn, etwas über mich zu sagen [...] Ja, ich fliehe. Weiß ich. Wer sich mir in den Weg stellt, wird..." (37). Der Satz bricht ab. Klaus Buch gebraucht, nachdem er das Pferd gebändigt hat, fast die gleichen Worte· „Einem fliehenden Pferd kannst du dich nicht in den Weg stellen [...] Und: ein fliehendes Pferd läßt nicht mit sich reden." (90). Diese Worte gehen Helmut wieder durch den Kopf, als Klaus durch seine Schuld über Bord gegangen ist (123). Damit identifiziert er sich mit dem fliehenden Pferd. Klaus hatte den Fehler gemacht, „von vorn" auf ihn zuzugehen, mit ihm zu reden. Zwar flieht Helmut nach diesem Ereignis nochmals, er bricht den Bodenseeurlaub ab und reist mit Sabine nach Montpellier. Aber es ist wieder nur eine Flucht an einen Urlaubsort, aus dem er in die Gesellschaft zurückkehren muß, so wie das fliehende Pferd wieder zu seinem Besitzer zurückgekehrt ist.

Doch die Episode mit dem durchgehenden Pferd hat auch Bezug zu Klaus Buch, sie wird von ihm vorweggenommen. Als Helene im Gasthaus ein Klavier entdeckt, setzt sie sich hin und spielt Schubert, die Wanderer-Fantasie. Daraufhin rennt ihr Mann, der Hels Musik als Zeichen ihrer eigenen Identität haßt und unterdrückt, hinaus: „Quer über die Wiesen. Plötzlich stoppte er, änderte seine Richtung, rannte weiter, auf einen Baum zu" (81). Er verhält sich also ähnlich wie kurze Zeit später das Pferd, doch auch er läßt sich von seiner Frau zurückholen. Sein Wunschtraum, Flucht auf die Bahamas, wird ausdrücklich zu seinem Lebensalter in Beziehung gesetzt: „Ich finde einfach, wir sollten, bevor wir fünfzig sind, noch einmal vom Stapel laufen" (110). Es ist auch eine Flucht vor dem Alter, vor Stagnation und Resignation, die er sich ersehnt.

Flucht ist also ein durchgängiges Leitmotiv der Novelle, das in der Episode vom fliehenden Pferd bildhaften Charakter gewinnt. Dabei sind Helmuts Fluchtgründe komplizierter als die von Klaus Buch, aber wir erfahren diese auch nur durch Klaus' hochtrabende Tiraden, deren Verlogenheit Helene später entlarvt, jene dagegen ständig in den Gedanken und Reflexionen Helmut Halms. Er ist der Erzähler, eigentlich ein Ich-Erzähler, der sich der dritten Person bedient. Daher steht er im Mittelpunkt, der Leser hat an Helmuts Innenleben teil, während er von den übrigen Personen nur Handlung und Rede erfährt, sie also nur von außen kennenlernt. Die Häufigkeit der erlebten Rede wird erst plausibel, wenn man den Schluß gelesen hat. So heißt es z. B.: „Ja, hatte er denn Lehrer werden wollen? Will denn irgend jemand etwas werden? Drückte sich in dieser Sehnsucht, noch nicht erkannt zu sein, der Wunsch aus, jünger zu sein?" (13 f.) Oder: „Sollte das Gebot der Luststeigerung während der Freizeit nicht bewirken, die Lustleistungen eines jeden zu seiner Sache zu machen?" (69). Durch diese im Präteritum der dritten Person vorgetragenen Gedanken lernt der Leser Helmut Halm, den nach außen so schweigsamen, viel genauer kennen als den redseligen Klaus Buch, die Frauen aber meist nur in ihrer Reaktion auf die Worte oder Verhaltensweise ihrer Männer. Halm bekommt dadurch ein Übergewicht über seinen Gegenspieler, was in der Kritik bemängelt worden ist (s. Struck, 1988, S. 15). Aber nur durch diese Erzählhaltung läßt sich die „Diskrepanz von Innen- und Außenwelt der Hauptfigur" (ebd.) darstellen, die ja von Helmut bewußt als Lebensstrategie benutzt wird. Die Identifikation des Lesers mit Helmut Halm vollzieht sich also auf formaler Ebene, nämlich durch dessen Rolle als Erzähler, eine inhaltliche Identifikation ist damit nicht unbedingt gegeben. Die Frage, wie weit sich der Autor mit seinem Erzähler identifiziert, läßt sich nicht eindeutig beantworten. In einem Interview im Kölner Stadt-Anzeiger mit Hans-Joachim Schyle äußerte sich Walser dahingehend, daß er ursprünglich in Helmut Halm seine eigene Position vertreten wollte, daß ihn aber Freunde darauf aufmerksam gemacht hätten, daß auch ein Stück von Klaus Buch in ihm sei. (Kölner Stadt-Anzeiger vom 19. 4. 1978)

Hat der Text, den Walser selbst Novelle genannt hat, also im Dingsymbol, dem fliehenden Pferd, und im Wendepunkt, der dramatisch verlaufenden Segelpartie, äußere Kennzeichen dieser Gattung, so ist es doch vor allem die innere Struktur, die räumliche und zeitliche Begrenzung sowie die Beschränkung auf wenige Figuren, die diese Bezeichnung rechtfertigt. Die chronologisch erzählte Handlung spielt innerhalb von viereinhalb Tagen. Schauplatz ist Nußdorf am Bodensee, Walsers Wohnort, sowie die nähere Umgebung und der See selbst. Die Kapitel wechseln jeweils zwischen Innen- und Außenräumen, nur die ersten beiden Kapitel spielen an der Promenade, also draußen, sie dienen gleichsam als Exposition. Während im ersten Kapitel das Ehepaar Halm und ihre derzeitige Situation vorgestellt werden, treten im zweiten Klaus und Helene Buch auf, erst durch dieses Treffen wird die Handlung in Gang gesetzt. Die Aktivität geht jeweils von Klaus aus, der gemeinsames Essen, Segeln oder Wandern vorschlägt. Die innere Spannung zwischen den beiden Männern wächst, bis sie zum Höhepunkt im 8. Kapitel führt, bei dem ausnahmsweise Helmut der Aktive ist, der die Katastrophe herbeiführt. Es käme jedoch niemals zur Auseinandersetzung, wenn nicht die Natur selbst mit dem Sturm die Katastrophe auslösen würde. Während Klaus Buch hier im Kampf mit der Natur seinen Aggressionstrieb ausleben kann, wendet Halm den seinigen gegen den Freund-Feind; Notwehr und Aggression mischen sich in seinen Motiven. Nach diesem Höhepunkt fällt die Handlung, es findet ein Erkenntnisprozeß statt: das Ehepaar Halm erfährt die wirkliche Lebenssituation der Buchs, Klaus wiederum hat jetzt Helmut durchschaut und geht mit seiner Frau weg, ohne ihn noch eines Blickes zu würdigen. Auch wenn der Schluß offen bleibt, so ist doch die Handlung dadurch beendet, daß sich beide Paare trennen und daß Helmut nun die Geschichte erzählt.

Kommen wir nochmals auf das Motto zurück. Es trifft nicht nur insofern auf unsern Text zu, als hier „bestimmte Personen entgegengesetzte Anschauungen vortragen", sondern auch darin, daß hier keiner den andern überzeugt. Wie sehr Helmut durch die Geschehnisse betroffen ist, geht daraus hervor, daß er am Morgen nach der Segelpartie seine Frau auffordert, mit ihm einen Dauerlauf zu machen, Fahrräder und Sportkleidung zu kaufen, daß er also Klaus Buchs Lebensweise nachahmen will. Sogar sprachlich fällt er in den Buch-Jargon: „jetzt flutscht es – zu spät, das Klaus-Buch-Wort war schon heraus" (130). Das bleibt freilich für Helmut eine Ausnahme, wie auch der Versuch, sich sportlich zu betätigen, sofort nach dem Auftauchen von Klaus wieder abgebrochen wird. Im allgemeinen ist Helmut empfindlich gegen sprachliche Fehler und Ungenauigkeiten. So „schaudert" er ein bißchen, als Helene „Meine Mutter genießt das Leben noch ohne Abstrich" und statt „auf Bali" „in Bali" sagt (99). Man merkt den Philologen.

Da der Text auf weite Strecken Helmuts Gedanken wiedergibt, enthält er auch viele kurze, unvollständige Sätze, Gedankenfetzen, die den Reflexionen folgen. Ein Beispiel dafür: „Wer den Sexualitätsgeboten dieser Zeit nicht genügte, war praktisch ununterbrochen am Pranger. Die Druckwaren sorgten dafür. Mit Wort und Bild. Jetzt flieh. Wohin? Umbringen. Sie." (66) Auch der Bericht enthält häufig die Reflexionen des Erzählers. Wiederholung und Variation zeigen, wie er das Erlebte durchdenkt und sich gleichzeitig ironisch davon distanziert: „Sie wollten alt werden. Sie hatten Aussicht, alt zu werden. Sie freuten sich darauf, alt werden zu können ... Sie hatten die Kraft dazu." Und so fort (100).

Ganz anders ist der jugendlich-forsche Ton von Klaus Buch. Dazu gehören Ausdrücke wie das mehrfach gebrauchte „echt brutal" oder „Du bist echt ein challenge für mich. Du und Hel, dann flutscht's. Alles klar." (110) oder „Dich *turn* ich an, Mensch" (112). Seine Bilder und Metaphern bezieht er häufig aus dem sexuellen Bereich, wofür weiter oben schon ein Beispiel gegeben wurde. Auch die Natur vergleicht er damit, so den Bodensee: „Ein impotenter Sack sei das, der könne nur einmal am Tag, und dann auch nur, daß es kaum noch zu erspüren sei" (106). Einen großen Teil der nun folgenden langen Rede von Klaus gibt der Erzähler im Konjunktiv der indirekten Rede wieder, womit wohl die Distanz ausgedrückt werden soll, die zwischen Sprechendem und Zuhörer herrscht, die aber Klaus nicht wahrnimmt.

Im Gegensatz zu Klaus' ständiger Frage an seine Frau: „Du magst mich nicht mehr, gell?" steht Helmut Halms Koseformel: „Ach du.

Einziger Mensch. Sabine", die er nur am Schluß noch steigert. Sabine reagiert nüchtern auf seine Liebeserklärung: „Schön, sagte sie. Und jetzt?" (151). Schon vorher bezeichnet ihr Mann sie als „Naturalistin", weil sie ein Gewitter prophezeit: „Wir bewegen uns am Rand der Katastrophe und du redest wie ein Wettermann" (103). Sie läßt sich schwerlich durch ihre Sprache charakterisieren, vielleicht weil sie zu sehr unter dem Einfluß ihres Mannes steht, vielleicht auch, weil sie zu wenig zum Reden kommt. Für die erste Annahme spricht ihre Aussage: „ich frag überhaupt nur noch dich, ich red' nur noch mit dir, ich verlerne alle anderen Sprachen der Welt außer der deinen, so!" (102). Für die zweite Vermutung läßt sich die Tatsache heranziehen, daß sie am Schluß etwas sagen will: „Ich möchte doch auch noch eine Rede halten, sagte Sabine. Wann halte denn ich meine Rede, bitte?" (148). Verstärkt wird dieser Zug in der Umformung der Novelle zu einem Theaterstück, in dem sie fortwährend sagt: „Dazu hätte ich auch noch etwas zu sagen", wozu sie jedoch nie kommt. Das Theaterstück schließt mit diesen Worten.

Helene hat die burschikose Ausdrucksweise ihres Mannes: „Durch einen saublöden Zufall ist er in diesen Scheißjournalismus hineingekommen. Dann auch noch in dieses Umweltzeug" (138). Mit zunehmender Alkoholisierung wird ihre Sprache immer farbiger und beschwingter, bis sie „irgendwie ermattend, erlöschend" sagt: „Mein Klaus, mein lieber, lieber Klaus", als er wieder auftritt (145).

Walsers Sprache ist bilderreich, Farben werden beschrieben, Vergleiche herangezogen. Als Beispiel für den Gebrauch der Farben sei nur die Beschreibung des Sees beim aufziehenden Gewitter zitiert: „Ganz allmählich waren wieder Farben entstanden. Im Himmel waren Tinten jeden Blaus langsam zusammengeflossen. Im Lauf des Nachmittags hatte alles an Bestimmtheit zugenommen. An einigen Stellen waren in den Tintenflüssen sogar entschiedene silberne Borten entstanden. Nur der Westhimmel bestand noch aus einer endlosen Durchsichtigkeit. Aus reinem Rosa. Helmut fiel das Pure ein" (115). Die Farben wecken also die Assoziationen an die von Klaus erzählten Jugendepisoden.

Die Bilder sind selten metaphorisch, meist mit „wie" eingeleitete Vergleiche. So schreibt Helmut in seinem nicht abgeschickten Brief: „Wir verkehren miteinander wie Panzerschiffe", womit er die absolute innere Abkapselung des modernen Menschen deutlich machen will (37). Auf dem See kommen er und Sabine sich vor „wie ein Konditorehepaar, das sich zur Feier der Goldenen Hochzeit zu einer viel zu sportlichen Bootsfahrt hatte einladen lassen" (47). Dieser ironische Vergleich zeigt, wie unangemessen die Situation für Halms ist.

Nachdem Klaus das fliehende Pferd gebändigt hat, spürt Helmut, wie er den Boden unter den Füßen zu verlieren droht. „Er sah sich wieder einmal gezwungen, seine Lage in einem unangenehmen Bild zu sehen" (92). Dieses Bild ist ein Felsen, auf dem Helmut liegt, der vom Wasser überflutet wird. Bereits vorher hat er geträumt, er liege in einem Sarg, an dem aber eine Wand fehle. Als es ihm gelungen ist, herauszukommen, rollt er eine Stufe abwärts (73 f.). Bild und Traum zeigen, wie hilflos sich Helmut angesichts der Bedrohung durch Buchs vorkommt. Bildhafte Bedeutung erhält auch ein reales Geschehen. Helmut sieht in seinem Zimmer nach der schicksalhaften Segelpartie ein schönes grünes Heupferd, das sich, „wohl im Sterbekampf, in das Gewebe des Vorlegers gekrallt" hatte (127). Natürlich erinnert ihn das an Klaus Buch, seine „goldene, in den Kragen reichende Haarbrücke", aber auch an einen „Schubertkragen", eine Assoziation zu Helene Buchs „Wandererphantasie". Am nächsten Morgen ist das Heupferd verschwunden, also wohl nicht gestorben. Vielleicht ist diese kleine Episode symbolisch ein wenig überfrachtet.

Interessant ist eine Bildkette, die, wenn auch nur andeutungsweise, das Geschehen in einen mystisch-religiösen Zusammenhang stellt. Klaus Buch vergleicht den See zu Beginn der Segelfahrt mit dem „Totenreich. Farbloses farblos im Farblosen. Lethe, Helmut" (106). Aus diesem Totenreich wäre Klaus beinahe nicht zurückgekommen. Als er wieder auftaucht, kommt er, wie Sabine sagt, „wie der Jüngste Tag persönlich" (147). Zu diesem Verweis auf den „dies irae" paßt dann, was Helmut zu der „farbigen Lokomotive" sagt, „die ihm vorkam, wie ein Ordensgeistlicher: Qui tollis peccata mundi" (150). In diesem Kontext läßt sich seine an seine Frau gerichtete Erzählung wie eine Beichte interpretieren (s. a. Weber, 1980, S. 289). Sabine erhält plötzlich etwas von einem Heiligenschein: „Du Angeschienene, du [...] Aus den Jahren herausschauen wie aus Rosen, das sieht dir gleich" (151). Rosen sind bekanntlich ein Attribut Marias. Diese moderne, ganz und gar säkularisierte Novelle verweist hier doch auf eine tiefere Schicht, auf die auch der nicht religiöse Mensch bei einer Grenzerfahrung zurückgreift.

Verweisungszusammenhänge gibt es auch im literarischen und philosophischen Bereich. Da ist einmal die mehrfache Erwähnung der Tatsache, daß Helmut Halm bereits mit fünfzehn Jahren Nietzsches *Zarathustra* gelesen hat, was Klaus Buch offenbar sehr imponiert hat: „Mein alter Ha-Ha, die große Problemschraube, *Zarathustra* in der Badehose gelesen" (109).

Nietzsche kommt auch noch in einem anderen Zusammenhang vor, so wenn Helmut die Vorstellung hat, „er führe an seiner rechten Hand einen Menschen von der Größe eines siebenjährigen Kindes und dieser Mensch sei Friedrich Nietzsche, aber in seinem 40. Lebensjahr, aber reduziert auf die Maße eines Siebenjährigen. Und der hatte entsetzliche Angst vor Otto gehabt (124)." Als 40jähriger hat Nietzsche den *Zarathustra* geschrieben, aber Halm hält wohl nicht mehr viel davon, er hat ihn, wie Dierks bemerkt, „kleingekriegt" (Dierks, 1984, S. 50). Durch den Hinweis auf die Angst vor Otto wird ein Zusammenhang zu Klaus Buch hergestellt, der wohl eine ironische und parodistische Darstellung des im *Zarathustra* proklamierten Übermenschen sein soll. „Im Sturm muß dem belesenen Halm Klaus Buch als die entfesselte, wahnsinnige, blonde Bestie Nietzsches vorkommen", schreibt Struck, der auch weitere Parallelen zum *Zarathustra* aufzeigt (Struck, 1988, S. 41). Ob eines von den zwei Büchern, die Helmut nach Auskunft seiner Frau immer schreiben will, ein Nietzsche-Buch werden soll, wird nicht gesagt. Aber in der *Brandung* hat Halm ein solches geschrieben, jedoch keinen Verleger gefunden. Hier im Urlaub liest er jedenfalls nicht Nietzsche, sondern Kierkegaard. Dagegen hat Sabine „Wagner, Mein Leben" mitgenommen, was sie in eine gewisse Beziehung zu Herta, Klaus Buchs erster Frau, setzt, deren Lieblingsbuch „Richard Wagner an Mathilde Wesendonck" war (48). Andererseits heißt es: „Aber Sabine war doch keine Wagnerianerin" (72). Mir scheint, daß hier Anspielungen und Hinweise gegeben werden, nicht aber ein durchgehender Zusammenhang hergestellt werden kann.

Ähnliches gilt m. E. auch für die von Manfred Dierks herausgearbeiteten Beziehungen zu *Tonio Kröger*. So sehr sich Walser in seinen Frankfurter Vorlesungen mit Thomas Manns Ironie auseinandergesetzt und sich von ihr abgesetzt hat, so wenig lassen sich doch durchgehende Parallelen zu der Erzählung Thomas Manns aufzeigen. Gewiß enthält die Novelle parodistische Anspielungen gerade an den von Walser wohl gleichzeitig geliebten und gehaßten Thomas Mann. Wenn Helmut Halm eine Art „hoffnungslosen Hungers nach diesen hell- und leichtbekleideten Braungebrannten" verspürt (9), so erinnert das an Tonio Kröger. Und der junge Mann mit dem „dicht und hoch lodernden Blondschopf", als der Klaus Buch vorgestellt wird (19), weckt im Leser Assoziationen an Hans Hansen. Aber die Unterschiede sind doch gravierend: der Stuttgarter Oberstudienrat ist zwar intelligent und belesen, aber keineswegs ein Künstler. Und Klaus Buch ähnelt Hans Hansen zwar äußerlich, aber er ist weder unbekümmert und selbstbewußt noch erfolgreich wie jener. Auch das Gegensatzpaar Geist versus Natur – anstelle des Mannschen Künstler Bürger – trifft doch nicht ganz auf die beiden Paare zu. Helmut Halm mit seiner Vorliebe für Wälder und für Wanderungen mit Sabine ist zwar unsportlich, aber keineswegs naturfeindlich. Und Tonio Kröger verhält sich angesichts des Sturms auf dem Meer fast so wie Klaus Buch beim Sturm auf dem Bodensee: er begrüßt ihn begeistert.

Auf eine letzte mögliche literarische Anspielung sei hier nur kurz verwiesen. Waltraut Wiethölter hat in einem scharfsinnigen Aufsatz das *Fliehende Pferd* als die „Novelle eines Romans", nämlich der *Wahlver-*

wandtschaften, gedeutet, wobei Otto, der Hund der Halms, „als die geheime Chiffre für die formale Konstruktion der Erzählung erkennbar" werden soll (Wiethölter, 1983, S. 240). Walser, der übrigens einen Zusammenhang zwischen beiden Werken nicht gelten lassen wollte (ebd., S. 241), hat selbst im Text einen Hinweis in dieser Richtung gegeben, wenn es am Ende des siebenten Kapitels heißt: „Wir sind beide ein bißchen verführt momentan, sagte er, laß uns aufpassen [...] Wenn sie einander heute nahekämen, dann dächte sie an Klaus und er an Helene" (S. 103 f.). Diese Situation des Überkreuz, aus der in den *Wahlverwandtschaften* das Kind Otto entspringt, wird aber in unserm Text nicht ausgeführt; es kommt nicht zum ehelichen Beisammensein. Auch entspricht der „Verzauberung durch die Familie Buch" keineswegs eine solche durch die Familie Halm, weder scheint Helene in Helmut verliebt noch gar Klaus in Sabine, die Helmut ja im Stich lassen soll. Wiethölter gründet ihre Interpretation denn auch nicht nur auf die erotische Seite der Viererbeziehung, sondern vielmehr strukturalistisch auf die palindromische Namensform „Otto", die zur Chiffre für die formale Konstruktion der Novelle wird. Die schwierigen Gedankengänge dieses Aufsatzes sollen hier nicht wiedergegeben werden, es sei nur, wenn auch nicht ohne Skepsis, auf diesen neuen, interessanten Aspekt hingewiesen.

Gerade in den verschiedenen Ansätzen der Sekundärliteratur zeigt sich die Vielschichtigkeit unseres Textes, die auch zu einigen didaktischen Überlegungen Anlaß geben kann. Zunächst bietet die Novellenform Vergleichsmöglichkeiten innerhalb einer Unterrichtsreihe, in der versucht werden könnte, signifikante Merkmale dieser in der Literaturwissenschaft umstrittenen Gattung herauszuarbeiten. Nicht umsonst hat Walser seinen Text ausdrücklich als Novelle bezeichnet zu einem Zeitpunkt, an dem diese Form für obsolet galt, wenn man einmal von Grass' *Katz und Maus* absieht. Kündigt sich hier eine Renaissance traditioneller Gattungsformen an? Daneben dürfte im Unterricht auch auf jene Texte hingewiesen werden, auf die sich in der Novelle Anspielungen finden lassen und die in der Sekundärliteratur schon weitgehend Beachtung gefunden haben, so z. B. der oben erwähnte *Tonio Kröger* und evtl. auch Goethes *Novelle* (s. dazu Knorr, 1979). Wichtiger jedoch ist die Tatsache, daß sich hier trotz der Kürze und Übersichtlichkeit der Novelle verschiedene Interpretationsansätze herausarbeiten lassen, die durch die Multivalenz des Textes gegeben sind. Gerade in dieser Hinsicht bietet sich für den Schüler ein eigenständiger und kritischer Umgang mit Literatur an.

Bibliographie

WALSER, MARTIN: Ein fliehendes Pferd. Novelle. Frankfurt/M.: Suhrkamp 1978 [zitierte Ausgabe]

WALSER, MARTIN: Selbstbewußtsein und Ironie. Frankfurter Vorlesungen. Frankfurt/M.: 1981 (edition suhrkamp 109)
–: Brandung. Roman. Frankfurt/M.: Suhrkamp 1985

BOHN, VOLKER: Ein genau geschlagener Zirkel. Über „Ein fliehendes Pferd". In: SIBLEWSKI, KLAUS (Hg.), Martin Walser. Frankfurt/M.: Suhrkamp 1981, S. 150–168
DIERKS, MANFRED: „Nur durch Zustimmung kommst du weg". Martin Walsers Ironie-Konzept und „Ein fliehendes Pferd". In: Literatur für Leser 1984, S. 44–53
KNORR, HERBERT: Gezähmter Löwe – fliehendes Pferd. Zu Novellen von Goethe und Martin Walser. In: Literatur für Leser 1979, S. 139–157
REICH-RANICKI, MARCEL: Martin Walsers Rückkehr zu sich selbst. In: Frankfurter Allgemeine Zeitung vom 4. 3. 1978
STRUCK, HANS ERICH: Martin Walser „Ein fliehendes Pferd". Interpretation. München: Oldenbourg 1988 (Oldenbourg-Interpretationen, Bd. 27)
WEBER, ALBRECHT: Martin Walser: Ein fliehendes Pferd. In: LEHMANN, JACOB (Hg.), Deutsche Novellen von Goethe bis Walser. Interpretationen für den Deutschunterricht, Bd. 2: Von Fontane bis Walser. Königstein: Scriptor 1980, S. 281–299
WIETHÖLTER, WALTRAUT: ‚Otto' oder sind Goethes „Wahlverwandtschaften" auf den Hund gekommen? Anmerkungen zu Martin Walsers Novelle „Ein fliehendes Pferd". In: Zeitschrift für deutsche Philologie 102 (1983), S. 240–259

SWENTA STEINIG

Günter Grass: Das Treffen in Telgte

„Mein lieber Hans Werner,
anfangs war es nur eine kleine Sonntagsidee, Dir zum 70. Geburtstag ein Gruppentreffen im Jahr 1647 zu skizzieren, doch dann wuchs sich die Idee zu der Erzählung *Das Treffen in Telgte* aus, an der ich nun ein gutes halbes Jahr sitze; und immer noch nicht bin ich am Ende.

Es macht mir Schreibspaß, Dich und uns alle, einen verqueren barocken Haufen, während drei Tagen zwischen Münster und Osnabrück zu versammeln. So lange ist das gar nicht her: nur dreihundert Jahre – von 1947 zurückgezählt. Außerdem wüßte ich für Dich kein besseres Geschenk; denn Du hast uns damals, als der Dreißigjährige Krieg schleppend zu Ende ging, zusammengerufen. [...]

Dein Freund Günter" (Neunzig, 1981, S. 129)

Die vorliegende Erzählung ist in ihrem Ursprung also zunächst einmal ein barockes Huldigungscarmen, eine Gelegenheitsdichtung. Geehrt werden sollte der Gründer der Gruppe 47, der 1978 seinen 70. Geburtstag feierte.

Stofflich geht sie aus den Studien zum „4. Monat" des *Butt* hervor, wo im Kapitel „Von der Last böser Zeit" ein Treffen zwischen dem jungen Gryphius und dem kränklichen, ausgebrannten Martin Opitz beschrieben wird, das am 2. September 1636 stattgefunden haben soll. Wie dann auch auf dem späteren Treffen in Telgte streitet man sich um das Verhältnis von Literatur und Politik. Der Ironiker Opitz, der sich von Gryphius den Vorwurf gefallen lassen muß, „seine Kraft politisierend vergeudet" zu haben (*Der Butt*, S. 247), bleibt gekränkt zurück. Es war keiner da, der so wie Simon Dach alias Hans Werner Richter allen Parteien Unterschlupf gewährende Worte fand und so Dichtertreffen ermöglichte, die das Fehlen einer Hauptstadt als kulturelles Zentrum ausglich.

Wenn auch die Identifikation Richters mit Simon Dach beabsichtigt ist, so ist *Das Treffen in Telgte* keineswegs eine Schlüsselerzählung, die Mitglieder der Gruppe 47 barock kostümiert. Auch eine historische Erzählung im traditionellen Sinne liegt nicht vor. Es geht um Geschichte und Geschichten, die durch die Grass'sche Zeitkonzeption und die daraus resultierende Erzählweise – sozusagen durch Überblendung – zu einer neuen Einheit verschmolzen werden.

„Vergegenkunft" und die Folgen

„Geschichte ist nicht nur einmalig, sie wiederholt sich auch. Nicht in ihrer Ereignisabfolge, darin bleibt sie in ihrer Komplexität und Zufälligkeit immer einmalig, sondern in ihren Strukturen, die die Ereignisse ermöglichen." Strukturen sind Vorgaben für Ereignisse: wenn sich Strukturen wiederholen können, dann ist damit das Fundament für vergleichbare Ereignisse gelegt. (Koselleck, 1990)

Das ist sozusagen der geschichtswissenschaftliche Hintergrund für Grass' Feststellung am Anfang von *Telgte*:

> „Gestern wird sein, was morgen gewesen ist. Unsere Geschichten von heute müssen sich nicht jetzt zugetragen haben." (7)

Nicht von Geschichte ist die Rede, sondern von Geschichten, was keineswegs mit einem Plädoyer für die Auflösung von Geschichte in subjektive Geschichten mit bloß individuell gültigem Aussagewert gleichzusetzen ist. Denn Grass erhebt den Anspruch, in der literarischen Fiktion Wirklichkeiten sichtbar zu machen, die die Historiographie (noch) nicht in den Blick genommen hat. D. h., in den Geschichten von Grass ist die realpolitische Dimension immer da: seine Geschichten beanspruchen Relevanz für die Geschichte, z. B. im Sinne der Korrektur, der Erweiterung. Es sind Geschichten, die sich der Zuordnung zu irgendeinem ideologischen, den Anspruch auf absolute Wahrheit erhebenden Erklärungsmodell aller Ereignisse verweigern.

Aber schon in den *Hundejahren* heißt es: „Anfangen heißt Auswählen. [...] Erinnern heißt Auswählen." (*Hundejahre*, S. 443)

Damit ist die Frage nach dem Auswahlkriterium gestellt. Sie wird in *Telgte* in einer Weise beantwortet, die repräsentativ für den Grass'schen Weg in die Geschichte ist:

> „Was in Telgte geschah, schreibe ich auf, weil ein Freund, der im siebenundvierzigsten Jahr unseres Jahrhunderts seinesgleichen um sich versammelt hat, seinen 70. Geburtstag feiern will; dabei ist er älter, viel älter – und wir, seine gegenwärtigen Freunde, sind mit ihm alle aschgrau von dazumal." (7)

Es ist also der Blick aus der Gegenwart, der die Auswahl des darzustellenden Ereignisses bestimmt, das für diese Gegenwart für aussagekräftig befunden wird, und zwar in existentieller Weise: weil alle Geschichten, die in Deutschland handeln, vor mehr als dreihundert Jahren anfingen, sind alle aschgrau.

Darin ist bereits ein Moment der Bewertung enthalten: deutsche Geschichten stimmen traurig, melancholisch. Aber in seiner Auseinandersetzung mit Dürers *Melencolia I* bestimmt Grass Melancholie und Utopie als „Zahl und Adler der gleichen Münze" (*Aus dem Tagebuch einer Schnecke*, S. 286), was nur demjenigen möglich ist, der „den Stillstand im Fortschritt kennt und achtet" (ebd., S. 308). Nur der „vom Stamme Zweifel" (ebd., S. 254) kann „den saturnisch lastenden Wackersteinen jenen Funken abschlagen, der uns utopische Lichter setzt" (ebd., S. 308). Erst im Barock sei die Melancholie zur Sprache gekommen: im Trauerspiel, in der Lyrik „wurde aus chaotischer Unordnung die Hoffnung zum Prinzip; ihr Ort hieß Jammertal, ihr Ziel Erlösung" (ebd., S. 301). Darin steckt aber auch das Moment, das Grass bei aller Affinität zum Barock von der dort gebotenen Lösung unterscheidet, und zwar in zweifacher Hinsicht: Grass bleibt im irdischen Jammertal, er bleibt im Chaos, „in dem man versucht, Gärten anzulegen, Schrebergärten" (Durzak, 1985, S. 13). Daraus folgt wieder die Abwehr jedweden Anspruchs auf barock emblematische Aussagekraft der von ihm entworfenen Bilder für die Verhaltensweisen, die uns angesichts der geschichtlichen Prozesse und Ereignisse noch übrigbleiben: die Schnecke oder der steinewälzende Sisyphos, der seinen Stein in der Geste eines trotzigen *dennoch* immer wieder von neuem den Berg hinaufrollt: „ich will von ihm nicht erlöst werden [...] Kein himmlisch Jerusalem kann sein Tauschwert sein, kein irdisches Paradies ihn unnütz machen." (*Kopfgeburten oder Die Deutschen sterben aus,* S. 82)

In einem weiteren Schritt in das Werk *Telgte* hinein steckt darin auch die Begründung für die selektive Rezeption des *Simplicissimus*: es fehlt die „Continuatio", d. h. die Weltabkehr des ehemals so welthaltigen Jägers von Soest. Hören wir, wie Simplex seinen Austritt aus der Welt und der Geschichte begründet: „Adieu Welt, denn auf dich ist nicht zu trauen, noch von dir nichts zu hoffen, in deinem Haus ist das Vergangene schon verschwunden, das Gegenwärtige verschwindet uns unter den Händen, das Zukünftige hat nie angefangen" (Grimmelshausen, *Simplicissimus*, S. 476). Ohne Zweifel lassen sich Parallelen zwischen Simplex' Rückzug auf eine einsame Insel und gegenwärtigen Aussteigern ziehen, denn beide eint die triadische Reaktion auf Wirklichkeit, die Grass bei der Beobachtung von Stockholmer Jugendlichen im *Tagebuch einer Schnecke* (S. 306) als „Resignation Enthaltung Verweigerung" bezeichnet. Ein solches Verhalten produziert resignative Utopien; nur deren Heimat ist geschichtlichem Wandel unterworfen: dort die einsame Insel, hier die Sekte (entweder religiös oder New Age-bewegt), die Subkultur in ihren modischen Schattierungen. Dabei fehlt die Farbe grau, die auf der paradiesischen Farbpalette fehlen muß und zu der sich folgerichtig Grass bekennt:

„Es sind die Grauwerte, die unsere Wirklichkeiten tönen, stufen, eintrüben, transparent machen. Weiß ist nur das Papier. Es muß befleckt, mit harter oder brüchiger Kontur belebt oder mit Wörtern besiedelt werden, die die Wahrheit immer neu und jedesmal anders erzählen. (*Bin ich nun Schreiber oder Zeichner?*, S. 72)

Wieder ist hier von der Offenheit für andere neue Wahrheiten, Versionen von Geschichte die Rede.

Bestimmend für die barocke Reaktion auf Zeitgeschichte war die Negierung aller Zeiten zugunsten einer universalen Beurteilung sub specie aeternitatis, bei Grass dagegen finden wir das Konzept der *Vergegenkunft* als vierte Zeit mit erzähltheoretischen Konsequenzen:

> „Mir [. . .] ist eine vierte Zeit, die Vergangenheit geläufig. Deshalb halte ich auch die Form nicht mehr reinlich. Auf meinem Papier ist mehr möglich. Hier stiftet einzig das Chaos Ordnung. Sogar Löcher sind Inhalt hier. Und nicht verzurrte Fäden sind Fäden, die gründlich nicht verzurrt wurden. Hier muß nicht alles auf den Punkt gebracht werden." (*Kopfgeburten*, S. 102)

Bilder als Konstituenten von Kontinuität

Nicht das Abzielen auf den Punkt mittels eines ideologischen, die Richtung diktierenden Rasters leitet den Schreibprozeß, sondern „der zeichnerische Einfall":

> „Als ich kürzlich eine Erzählung schrieb, in deren Verlauf sich gegen Ende des Dreißigjährigen Krieges zwei Dutzend barocke Schriftsteller versammeln, um einander aus ihren Manuskripten vorzulesen, suchte ich nach einem Ausdruck ihrer verzweifelten Lage, fand ihn zuerst im Bild – eine aus Steingeröll ragende noch immer die Schreibfeder führende Hand –, bevor ich ihn in Worte fassen und meiner Erzählung einfügen konnte. Das gezeichnete Bild, eine Radierung, wurde zum Buchumschlag." (*Schreiber oder Zeichner?*, S. 70)

Wort und Bild, zeichnerisches und sprachliches Bild stehen in einer Wechselbeziehung zueinander, durchaus auch in dem Sinne, daß sich beide Disziplinen „einander [. . .] ins Wort fallen, [. . .] sich ergänzen oder abstoßen" (Grass, zit. nach: Neuhaus, 1985, S. 21). Auch hier wieder konstitutiv das Moment der Offenheit, des Unabgeschlossenen.

Die Rezeption muß dieser Art von Sinngebung, die auf einem Angebot von Kombinationsmöglichkeiten basiert, Rechnung tragen. Das heißt, daß das Bild als gezeichnetes und als geschriebenes als Wegweiser benutzt werden sollte. In Parallele zum Schöpfungsakt muß dann auch die Besonderheit des sprachlichen Bildes bei Grass berücksichtigt werden: sein Sinn erschließt sich erst im Kontext des Gesamtwerkes, das Verknüpfungsmöglichkeiten anbietet. Der Konzeption von geschichtlicher Kontinuität, die es nötig machen kann, „Anlauf aus entlegenen Jahrhunderten [zu] nehmen, um wieder gegenwärtig zu sein" (*Kopfgeburten*, S. 118), entspricht erzählerische Kontinuität, was Weiterentwicklung keineswegs ausschließt. Gerade die Wiederkehr bzw. das Wiedererkennen auf Leserseite konstituieren Motive, Leitmotive, die ihrerseits als Reflex der Grass'schen Diagnose bezüglich deutscher

Geschichte zu verstehen sind: die Lektionen sind nicht gelernt worden, eine Stunde Null hat es nie gegeben; unmöglich scheint auch ein Neubeginn in der Beziehung der Geschlechter zueinander, und deshalb gehört die Zukunft der Rättin, die sich den Menschen zum Zwecke der eigenen Belustigung hält.

Ankunft der Poeten

In der „Last böser Zeit" (*Butt*, S. 244 f.) sind die Jahre 1647 und 1947 vereint, wobei Gryphius' endzeitliche Ausweitung jener Last dann schon den rättischen Triumph über die Unvernunft des Menschen als Keim in sich trägt. In beiden Jahrhunderten kommen die „Männer des bloßen Wortgeschehens" (7) zusammen, um sich nationaler Identität angesichts kriegsbedingter Verwüstung auf allen Lebensgebieten zu versichern. Die Sorge um Sprache und Literatur ist also auch immer Sorge um die Nation.

Wie setzen sich die Barockpoeten nun mit diesen Themen auseinander? Was auch heißt: wie präsentiert uns der Erzähler/Autor als unter ihnen Zeitweilender die Vorgänger seiner Zeitgenossen? Von weit her kommen sie angereist – und müssen gleich am eigenen Leibe ihre Ohnmacht erfahren: der Rappenhof, ursprünglich als Versammlungsort vorgesehen, ist von den Schwedischen belegt worden. Das Ansinnen der Dichter läßt sie nur lachen: „Die starken Dummen. Ihre gepanzerte Leere. Ihr blödes Grinsen." (9) In diesem Urteil treffen sich die Barockpoeten und der Erzähler/Autor, mit diesem Urteil werden die Jahrhunderte kurzgeschlossen. Gelnhausen rettet die Lage. Diese Figur oszilliert zwischen Fiktion und Faktion: er ist „wirklicher als seine Erscheinung", er kennt „des Lebens Unterfutter" (10), er verbindet in Personalunion die Bereiche, die die Barockpoeten durch ihr Treffen erst zusammenzuführen trachten: Literatur und Politik. So weiß er Wort und Tat situationsgemäß einzusetzen. Mit Erfolg verschafft er den ratlosen Poeten Quartier im Wallfahrtsort Telgte, im dortigen auf einer Insel gelegenen Brückenhof, nachdem sie die Möglichkeit, im Nonnenkloster bei Oesede Zuflucht zu nehmen, ausgeschlagen haben: „der geringste Komfort fehlte" (14).

‚Rappenhof' und ‚Brückenhof' sind bildkräftige Namen, die ernstgenommen werden wollen. Daß sich die Poeten zum Rappenhof keinen Zugang verschaffen können, ist kein Zufall, berücksichtigt man die im *Tagebuch* entwickelte Bildkonstellation, wo der Schlüsselmetapher Schnecke als Inbegriff der Grass'schen Fortschrittskonzeption das galoppierende Pferd als Gegenpol zugeordnet ist. Dessen Reiter ist der Hegelsche Weltgeist, der „bis heutzutage alle Staatsgewalt als geschichtlich notwendig erklärt" (*Tagebuch einer Schnecke*, S. 49), gilt es doch den a priori gesetzten geschichtlichen Sinn einzuholen. Am Schluß der vorliegenden Erzählung wird Lauremberg von einem Rappen so getreten, daß „er fortan rechtsseitig hinkte" (135). Pferde sind den Dichtern keine kongenialen Tiere. Die Situierung des Brückenhofes zwischen den Flußarmen der Ems in unmittelbarer Nähe zur Stadt, doch von ihr durch die innere Ems getrennt, erfaßt bildhaft konkret die Rolle der Poeten im Welttheater: es gilt „wenn auch vom Rande her nur – ein politisches Wörtchen mitzureden" (21).

Im Brückenhof ist die Libuschka ihre Wirtin – „oder Courage, wie Gelnhausen sie nannte" (16). Ihre adlige Herkunft, ihr jetziger Stand, ihr Lebenswandel, der sie gezeichnet hat, ihr sprachliches und literarisches Wissen, ihr Vertreten der protestantischen Sache sozusagen aus familiärer Verpflichtung, was sie im übrigen nicht daran hindert, mit dem Kaiserlichen Gelnhausen gut Freund zu sein – all das ist eine weitere Facette für Grass' Weigerung, in normierten, eindimensionalen Kategorien zu denken: das eine schließt das andere nicht aus, alles ist gleichzeitig vorhanden.

Der Erzähler: Zeitzeuge und Zeitgenosse, Sympathisant und Kritiker

Vielfältig sind auch die Rollen des Erzählers/Autors. Seine Position bestimmt sich über das Nebeneinander von Fiktion und Faktion. Immer wieder ist herausgestellt worden, daß die vorliegende Erzählung komprimierte Informationen über barocke Literaturgeschichte erteilt (in Anlehnung an Albrecht Schönes Anthologie *Das Zeitalter des Barock* z. B.). „The amazing feat of the short summarizing technique in the tale is the extent to which the Baroque books come to life." (Anderson, 1987, S. 81)

Genauso kompakt sind die Informationen zur politischen Lage während der Friedensverhandlungen. Damit beginnen häufig die einzelnen Kapitel, darüber wird nach den Dichterlesungen gesprochen, d. h. das Trümmerfeld, die Verwüstung, das Desolate der Lage der Nation sind der Ausgangspunkt für die literarischen und sprachlichen Vorträge und Dispute – nicht abstrakt, sondern als leibhaftig erfahrene Wirklichkeit.

Die indirekte Rede in Verbindung mit dem Originalzitat bietet sich als formaler Ausdruck für diese Mittlerposition des Erzählers/Autors an, erlaubt sie doch Raffung und Kombination, in denen sich eigene Urteile aussprechen. Dabei weicht der Erzähler/Autor auch in der eigenen Sprachführung vom neuhochdeutschen Usus ab, was durchaus als eine Art Einführung in „eine vergessene, verschüttete Epoche" zu verstehen ist (Wertheimer, 1983, S. 93); durchaus auch in dem Sinne, daß das Andere des barocken Duktus – vorgeführt in weiten Satzbögen, in die noch Originalzitate eingebettet sind, diese manchmal im Dialekt der zitierten Person – als eine Sprachform vorgestellt wird, die nicht einfach als obsolet abzutun sei.

„Dann las Harsdörfer aus dem grad ausgedruckten ersten Teil seines ‚Poetischen Trichters‘ etliche Anweisungen, wie man seinen Schnellkurs für zukünftige Dichter am klügsten durchlaufe – ‚Schließlich müssen die sechs Stunden nicht eben auf einen Tag nacheinander genommen...‘ – um dann mit kurzem, vom Manuskript gelesenen Lob: Es könne ‚die teutsche Sprache‘ mehr als jede Fremdsprache Laut und Geräusch jeglicher Kreatur nachahmen, denn sie ‚...swiere wie die Schwalbe, kracke wie der Rab, silcke wie der Sperling, lisple und wisple mit den Bächen...‘ allgemein zu gefallen.“ (31)

Sicherlich erfordert ein solcher Duktus die Mühe des Lesens, aber ihr Lohn eines schärferen Sprachbewußtseins sollte sie als gerechtfertigt erscheinen lassen. Dabei geht es hier zunächst einmal um die Wahrnehmung der Fremdheit, die aber, wie die Erzählung in allen Bereichen vorführt, nur eine Folie für das Eigene ist, ja hilft, das Eigene in seiner historischen Kontinuität scharf in den Blick zu bekommen, gerade auch dadurch, daß man mit Geduld lesen muß.

Der Erzähler/Autor nutzt die in der Montage-Technik eingeschlossene Möglichkeit, durch knappes, auf eigener Interpretation beruhendes Benennen von zentralen Stellen im Werk eines zur Lesung berufenen Poeten beim Leser Interesse, u. U. gar Lust auf das Original zu wecken. So werden die Kerngedanken von Gryphius' Zwischenspiel in seinem Trauerspiel *Leo Arminius* wie folgt zusammengefaßt:

„Als Zwischenspiel entwickelte der Vortragende den strenggebauten Dreisatz der Höflinge über den Segen und die Gefahr der menschlichen Zunge mit einleitendem Satz: ‚...Deß Menschen leben selbst; beruht auf seiner zungen...‘ – als Gegensatz: ‚...Deß Menschen Todt beruht auf jedes Menschen zungen...‘ – und mit einem Zusatz, der den chorischen Bau schließt: ‚...Dein Leben, Mensch, und todt hält stäts auf deiner Zungen...‘“ (61)

Damit realisiert der Erzähler/Autor ein bestimmtes rezeptionsästhetisches Verfahren, welches Jauß als *verjüngende Rezeption* bezeichnet hat, durch welche aufgrund des Verstehens eines Werkes der literarischen Tradition vor und aus dem gegenwärtigen Problemhorizont heraus selegierende und verkürzende Aufarbeitung gerechtfertigt erscheint. Deutlich auch hier wieder die Verstehensoffenheit.

Zusätzlich spricht sich in der durch das Stilmittel der indirekten Rede immer mitausgesprochenen Erzähler/Autor-Gegenwart die Absicht aus, die eigene Poetologie stets im Bewußtsein zu halten, so wie sie ja deutlich in den programmatischen Eingangssätzen artikuliert worden ist: der Erzähler/Autor ist der Vermittler zwischen den Welten, als Beobachtender, Bezeugender (84) und als Teilnehmender in dem doppelten Sinne des Mitleidenden (88) und auch Mitschuldig-Werdenden. Dabei trägt er Züge bedingter Allwissenheit. Im 3. Kapitel stellt er Simon Dachs Sorgen bezüglich des Treffens vor, leitet diesen Blick in Dachs Gedanken aber mit den Worten ein: „Oder er schrieb noch an seine Regina..." (18; vgl. auch 28; 47)

In diesem „oder" steckt das Angebot anderer, weiterer Geschehensmöglichkeiten, deren Existenz zwar an den Erzähler/Autor gebunden ist, die dieser jedoch nicht im Gestus auktorial-autoritärer Verbürgtheit vorträgt. Dort jedoch, wo es um Urteile in zentralen Fragen geht, z. B. um das Verhältnis von weltlicher und literarischer Macht und Gültigkeit, wechselt der Erzähler/Autor vom Konjunktiv in den bestimmten, Übereinstimmung bekundenden Indikativ über: „Schließlich war man wer. Wo alles wüst lag, glänzten einzig die Wörter. Und so sich die Fürsten erniedrigt hatten, fiel den Dichtern Ansehen zu. Ihnen, und nicht den Mächtigen, war Unsterblichkeit sicher." (21)

Literatur und Wirklichkeit: die Poeten und Gelnhausen – Zesen und Logau – das Manifest

Doch wird man diesem Anspruch gerecht?

Als Friedensboten erweisen sich die Poeten keineswegs durchweg geeignet: „Überall wurden Abwesende durchgehechelt, lief Streit kreuz und quer, war Spott überschüssig und bewarf man sich mit wortgewordenen Steinen" (35).

Das wirft ein neues Licht auf die Titelgraphik: keineswegs sind es nur die „anderen", die die Steine werfen, was die einseitige Selbststilisierung als Opfer erlauben würde.

Noch eindeutiger bestätigt dies der Streit „über das Wesen von Ironie und Humor" (92), ein deutscher Streit (vgl. *Hundejahre*), der auch auf deutsche Weise ausgetragen wird. Gegen Logaus „verkleinernden Blick auf Dinge, Menschen und Zustände", jene Ausgeburt welschen Geistes, richtet sich der zunächst verbale Angriff, der dann, nachdem Moscherosch für Logau Partei zu ergreifen versucht, im Zusammenhang mit der an jüngste Vergangenheit erinnernden Diffamierung desselben als Juden (auch 109) in brutale Prügelei überzugehen droht. (92) Hauchdünn ist die Trennungslinie zwischen verbaler Steinigung (109) und dem „Ausbruch der rohen Kraft" (92). Ähnliches gilt für die ebenfalls beinahe in physische Gewalt übergehenden Beschimpfungen Gelnhausens, nachdem die Umstände des von ihm den Poeten dargebotenen Festmahls offengelegt worden sind. (114) Allenfalls ist den Poeten zugutezuhalten, daß sie der Ermahnung, einzuhalten, Folge leisten.

In anschaulicher Weise scheinen diese Bedeutungsdimensionen in Zeichnungen von Grass auf, die im Umfeld der Erzählung entstanden sind.

In *Westfälischer Friede II* recken sich zwei, Steine umklammernde Hände – gegeneinander gerichtet, fast möchte man sagen, gegeneinander aufmarschiert – aus auch in der Titelgraphik vorhandenem Geröll. Titel und Bildinhalt werden so in einen Spannungszustand gesetzt, der an der Gefährdung des Friedens keinen Zweifel läßt. Die Zeichnung *Des Schreibers Hand*, wo in ähnlicher Konstellation wie in der Titelgraphik der federführenden Hand jedoch die Feder zu entgleiten droht, oder besser: wo sie mit der Feder spielt, sie in der Schwebe hält, könnte als Antwort auf das aufgefaßt werden, was in *Westfälischer Friede* dargestellt wird. Bestätigt wird eine solche Deutung durch Beachtung dessen, was das in den verschiedenen Epochen zeitweilende Erzähler-Ich im *Butt* unter Verwendung des Feder-Motivs zu seinem schriftstellerischen Selbstverständnis ausführt:

„das konnte ich immer schon: Federn blasen und schwebende Federn in Schwebe halten" (*Butt*, S. 18, auch S. 94)
    „Federn – ich schreibe / über Möwenkonflikte und gegen die Zeit.
    [...]
    Aber ich blies, hielt in Schwebe.
    Das ist Glaube, wie er sich überträgt; / Zweifel geteert und gefedert." (*Butt*, S. 205 f.)

Da ist wieder die Abwehr einseitig lastender, nicht wägender Darstellungs- und Lösungsmodelle, der Antwort ohne Mißtrauen gegen sich selbst, des Glaubens ohne Zweifel. In den *Hundejahren* bereits wird festgestellt: „Aber nichts ist rein. [...] Auch die Kunst blüht nicht rein. [...] Auf dem Schmerz schwimmt Gelächter. Tief im Brüllen hockt Schweigen." (*Hundejahre*, S. 367)

Im Kontext der vorliegenden Erzählung lassen sich – ausgehend von den Bildern – zwei Beziehungsstränge verfolgen, zu Gelnhausen und zum Anliegen der versammelten Dichter: „der so arg gebeutelten Sprache wegen und um dem Friedenshandel nahe zu sein" (17) ist man zusammengekommen; die eigene Stimme den politischen Entscheidungsträgern zu Gehör zu bringen – deswegen wird ein Manifest verfaßt.

Gelnhausen, auf dessen enge Beziehung zu Grass immer wieder verwiesen worden ist, bezieht in den sprachlichen Disputen der Poeten aus seiner Kenntnis des Lebens heraus Position (30). Eben diese Lebensnähe läßt ihn aber auch moralische Bedenken nicht allzu ernst nehmen. Gerade ihm kommt aber von unerwarteter Seite Sympathie entgegen: von Heinrich Schütz, einem Mann „von entrückter Autorität und Größe" (44). Er spricht vernichtende Urteile über die anwesenden Poeten, von denen sich der Erzähler/Autor nicht ausnimmt: „die deutschen

Poeten hatten ihm nichts zu sagen gehabt, so dringlich er uns mit Wünschen nach Texten gekommen war" (45). Die Sprachmächtigkeit eines Gryphius, der Wörter zum Steinschlag häuft (62), vermag ihn nicht zu beeindrucken: die Überfülle der Wörter verkehre sich zu beredter Leere. Entgegen allgemeinem Urteil – das des Erzählers/Autors eingeschlossen – genießen „der irrlichternde Scheffler und der verbuhlte Grefflinger" des gestrengen Maestro Sagittarios Billigung (65), aber auch Logaus Fähigkeit, mit Vernunft Schönheit hervorzubringen, wird anerkannt (90).

Bildkräftig prophezeit er Gelnhausen seine Zukunft: in ihm stecke ein sackpfeifender Esel (104). In diesem Bild realisiert sich auf eindrucksvolle Weise das erzähltheoretische Programm der *Vergegenkunft.* Dabei werden nicht nur die drei Zeitebenen zusammengeschlossen, sondern auch noch Realität und Fiktion. Denn Esel und Sackpfeife verweisen auf den Beginn des *Simplicissimus* (Buch I, Kap. 2 f.): noch im Zustand seiner Tumbheit, vom Vater als „Eselkopp" beschimpft, bläst der Simpel als Hütejunge die Sackpfeife, um den Wolf fernzuhalten. Jedoch werden die Wölfe in der Gestalt marodierender Soldaten angelockt, die ihn auf ein Pferd zwingen; da er jedoch des Reitens unkundig ist, fällt er herunter auf seine Sackpfeife, „welche so erbärmlich anfing zu schreien, als wenn sie alle Welt zu Barmherzigkeit bewegen hätte wollen". Wie bekannt, ereignet sich aber Gegenteiliges: es folgt der brutale Einfall in den elterlichen Hof. Die Vertreibung steht am Anfang seiner Karriere, aber der Stoffel lernt es dann mitzumachen, tatkräftig, er nennt es zeitgemäß handeln (114). In moderner Begrifflichkeit würde man von Sachzwängen sprechen. Wie tatkräftig, das zeigt seine Auseinandersetzung mit der Libuschka, die er mit der Faust beendet. Gemeinsam mit Grefflinger beweinen beide dann ihr jeweiliges Elend (106). In diese Situation verlegt der Erzähler/Autor den Beginn der ersten Schreibversuche Gelnhausens. Wenn dann noch in diesem Kontext Haubentaucher ins Bild kommen, dann besteht kein Zweifel mehr daran, wie repräsentativ diese Szene für den Zusammenhang von Schreiben/Erzählen und Schuld/Verstrickung ist. Die Haubentaucher verweisen auf den Schluß von *Katz und Maus*: „Wer schreibt mir einen guten Schluß? Denn, was mit Katz und Maus begann, quält mich heute als Haubentaucher auf schilfumstandenen Tümpeln." (*Katz und Maus*, S. 139) Pilenz bleibt auf der Suche nach Mahlke, der nicht wieder auftauchen will; die Schuld bleibt und verhindert einen guten Schluß. „Ach, Butt! Dein Märchen geht böse aus." (*Butt*, S. 130) Auch die gelehrten Poeten verstricken sich ins Kriegsgeschäft, wenn sie sich gerne über die wahre Herkunft des von Gelnhausen aufgetischten Festmahls hinwegtäuschen lassen, lebe doch der Geist nicht allein vom Geist (88). Als dann alle um die brutalen Umstände der Beschaffung der Zutaten zu ihrem Festmahl wissen, „sah die Festtafel wüst aus. Die gehäuften Knochen und Knöchlein [...] Ekel kam auf." (95)

Sicherlich, das ist nicht der Knochenberg, der in den *Hundejahren* (S. 379, 439) als deutsche Hypothek in den Blick gerückt wird. Aber, wie gezeigt werden konnte, läßt die Wiederkehr identischer Bilder keinen Zweifel daran, daß auch diese Erzählung sich mit der Last deutscher Geschichte auseinandersetzt.

Unter der Apollo-Bronze wurde gespeist, dann blieben nur noch die „sich verkläffenden Köter" (95). Dieses Gegensatzpaar ist eine Variation des Gegensatzpaares: Ratte und Schwan, das Grass in dem Gedicht: *Racine läßt sein Wappen ändern* zur Bestimmung seiner werktheoretischen Position benutzt hat, das dann auch in *Katz und Maus* im Zusammenhang mit Pilenz' Schuldbewußtsein gegenüber Mahlke auftaucht (*Katz und Maus*, S. 114)

Das Entsetzen über die eigene Schuld läßt den Poeten nach dem „Schinderfest" die eigene literarische Arbeit fraglich werden: „Klinge nach solchem Schinderfest nicht jeder Vers schal? [...] So viel Bestialität passe in keine Satire, jammerte Lauremberg." (108 f.) Damit wird die Parallele zum Problem der Poesie nach Auschwitz evoziert. In jüngster Zeit, als Warner gegen die Vereinigung der beiden Deutschland eben aufgrund des mit Auschwitz bezeichneten Zivilisationsbruchs, bezieht Grass noch einmal Stellung zu dem Adorno-Satz: „nach Auschwitz ein Gedicht zu schreiben, ist barbarisch". (Grass, *Schreiben nach Auschwitz*, 1990) Er beschreibt die Wirkung jenes Adorno-Satzes auf die jungen Lyriker der fünfziger Jahre:

„Wir alle [...] waren uns deutlich bis verschwommen bewußt, daß wir nicht als Täter, doch im Lager der Täter zur Auschwitz-Generation gehörten, daß also unserer Biographie, inmitten der üblichen Daten, das Datum der Wannsee-Konferenz eingeschrieben war; aber auch soviel war uns gewiß, daß das Adorno-Gebot – wenn überhaupt – nur schreibend zu widerlegen war."

Aus dem Munde Schütz' hören wir die barocke Version dieser Überlegungen: „Ihre Mitschuld an dem Greuel sei vor Gott klein. Ihre Sache jedoch, die dem Wort diene und dem armen Vaterland nütze, bleibe groß und müsse ihren Fortgang finden." (95) In dem Bekenntnis zu eben diesem Fortgang der Kunst ist man sich einig: „Nicht nur Dach, niemand wollte sich aus dem Konzept bringen lassen [...] Niemand wollte aufstecken, nur weil wieder einmal die Realität Einspruch erhoben und mit Unflat nach der Kunst geworfen hatte." (113)

Zumal doch allein durch und in der Kunst Ewigkeit zu sichern sei. An dieser lassen die Poeten durch ihre Casualdichtung auch die Fürsten teilhaftig werden – auch dann, wenn diesen „die Mordbrennerei geläufig wie das tägliche Ave sei" (114). Man mußte sich eben sein Zubrot verdienen.

Deutlich spürbar ist das Verständnis, ja die Sympathie, die der Erzähler/Autor bei allem Wissen um deren Schwächen den Barock-Poeten entgegenbringt. Dieses Nebeneinander von Identifikation und skeptischer Distanzierung reflektiert auch das Nebeneinander von inkludierendem *wir* und exkludierendem *sie*, wodurch die Notwendigkeit intensiver, auch kleinschrittiger Textarbeit unterstrichen wird (z. B. 124).

Es geht nicht darum, Gelnhausens Weg zur Literatur gegen den der gelehrten Poeten auszuspielen – Gelnhausen gesteht vor seinem Auszug ein, daß er die dichtungstheoretischen Traktate sehr wohl noch studieren müsse (116f.). Jedoch werde er inhaltlich und formal Neues schaffen, „immer aber dem Leben und seinen Fässern abgezapft". Wie er in der Tat „den langen Krieg als Wortgemetzel neuerdings" eröffnet hat (117), kann z. B. in der Beschreibung der Schlacht, des Schlachtens bei Wittstock im *Simplicissimus* (II, 27, S. 184f.) nachgelesen werden; die Oskar-Perspektive drängt sich als Vergleich auf.

Eine völlig andere Position ist mit der Beschreibung von Zesens Reaktion auf die auf der Ems treibenden Leichen bezeichnet: „Er finde nicht Worte, so viel Tod zu benennen." (46) Formprobleme erwachsen aus konkretem Erleben, aber es wird auch die Gefahr ihrer Verselbständigung angesprochen, wenn der Unterschied zwischen Sprache und Realität nivelliert wird: „Nie werde Frieden werden. Weil man die Sprache nicht rein halte. Weil die entstellten Wörter zu treibenden Leichen gedunsen seien." (46) Die „gesucht neuen Klingwörter" (39) sind dann das einzige, was von der Wirklichkeit bleibt. Sie könnte sich auf Anlässe für Sprachartistik reduzieren, die sich um die Anbindung an Realität unbekümmert zeigt. Jedoch darf im Falle Zesens das Existentielle seiner Sprachnot nicht übersehen werden, die hier wieder konkret vorgeführt wird: im Ringen um das richtige Wort fließt bei ihm Blut. (77) Engagement ist bei ihm durchaus vorhanden, jedoch auf die Dimension des privaten Leidens reduziert, was der Erzähler/Autor in seinem sentenzhaft formulierten Urteil über Zesens Position keineswegs a priori verwirft: „Weil von Sprache bedrängt, blieb ihm nicht die Zeit, sich zu entsetzen." (39) Zesens Person macht glaubhaft, daß damit nicht notwendigerweise leichtfertiges Überspielen des Grauens verbunden ist. Mehr impliziert als ausgeführt bleiben die Gefahren, die der Blick von der Literatur, der Sprache, der Form auf die Wirklichkeit in sich bergen könnte, der diese ausschließlich ästhetischen Gesetzen unterwirft.

Anders verhält es sich bei Logau, dessen Portrait mit Sicherheit den Schluß nahelegt, daß sich bei Grass auch zu ihm eine besondere Affinität zeigt. Das läßt sich durch die im Text der Erzählung allerdings nur beiläufige Erwähnung von Logaus Gedicht „Ein Krieges-Hund / redet von sich selbst" (78; Anhang, 151) belegen, auf das jedoch durch Grass' Roman *Hundejahre* ein besonderes Licht fällt. In diesem Gedicht kann exemplarisch die Methode des Satirikers demonstriert werden, dessen gesellschaftskritische Absicht Logau sinnbildlich vorführt, indem er seine Zettel auf die Stacheln der Distel spießt, die neben dem Schemel steht, auf dem der jeweils Vortragende Platz zu nehmen hat. (78) Durch die Wahl des Hundes als Sprecher wird der thematisierte Widerspruch distanziert, scheinbar objektiv zur Sprache gebracht; in der Tat, allein in der Sprache scheint das Auseinanderklaffen zwischen Anspruch und Wirklichkeit auf. Wie sich in der Sprache die Kontinuität von faschistoiden Verhaltensweisen dekuvriert, das ist ja auch ein Thema besonders in den „Materniaden" der *Hundejahre*.

Logaus verkleinernder Blick erlaubt die Selbsttäuschung nicht, ist sie auch noch so angenehm, wie im Falle von Gelnhausens Märchen von der Achtung, die die Mächtigen den „weitberühmten" Poeten entgegenbrächten. (95) Deshalb grenzt man ihn auch aus, als man sich in deutscher Gemütlichkeit weinselig einrichten will. (92) Allerdings wird die Qualität seines Werkes einhellig anerkannt. (78) Eine besondere Rolle wird Logau auch im Zusammenhang mit dem so schwierigen Manifest zugewiesen. Hier ist er nicht mehr der distanzierte, kompromißlose Analytiker. In der Darlegung der opportunistischen Sprache des mit reichlich Donnerworten daherkommenden Manifests entlarvt er zornig das, worüber man sich dergestalt hinwegzutäuschen bestrebt ist: „ihre Ohnmacht und ihre mangelnde Kenntnis der politischen Kräfte." (128)

Als Weckherlin, der einzige mit praktischer politischer Erfahrung, dann auch noch das negative Resümee seiner irenischen Anstrengungen zieht und dabei den Zorn auf das eigene Vaterland lenkt, rechnet Gryphius in gewohnt spektakulärer Geste mit eben diesem verfluchten Vaterland symbolisch ab: er läßt das „distelwüchsige Deutschland fallen" (130). Aber es bleibt unversehrt.

Antiklimaktisch folgt die Verlesung des von Donnerworten und letzten Wahrheiten bereinigten Manifests. Das, was an Bitten übrigbleibt und was am Ende auch von Logau unterschrieben wird, liest sich wie „ausgegrabene Zukunft" (*Tagebuch einer Schnecke*, S. 30), wodurch natürlich die Frage nach dem Fortschritt in der Geschichte gestellt und melancholisch beantwortet wird. Trotzdem: in dieser Szene ist der Erzähler/Autor ganz bei den Poeten, die, eigentlich zum Schweigen verdonnert, Worte machen (ebd., S. 228). Durchgängig findet sich hier das inkludierende *wir*.

Zum erzählerischen Verfahren in bezug auf diesen Komplex: Literatur und Wirklichkeit/Politik ist zusammenfassend anzumerken, daß sich hier zum einen das Prinzip der Komprimierung – personell und zeitlich – von literarischen Positionen demonstrieren läßt, die in der Gruppe 47 vorhanden waren, sich gegenläufig entwickelten (Arnold,

1987, bes. Kap. 2), und daß die Barock-Poeten diese Positionen verkörpern, d. h. nicht nur zu blutleeren Sprachrohren derselben gemacht werden.

In der eindrucksvollen Zeichnung Logaus z. B. wird eine Entwicklung in der Gruppe 47 kondensiert, für die die *Blechtrommel* katalysatorische Wirkung hatte: „Die Schriftsteller begannen, die distanzierte Beobachterhaltung, die sie während der gesamten fünfziger Jahre eingenommen hatte, zu verlassen und ihrerseits zum Angriff überzugehen." (Arnold, 1987, S. 127) In den zahlreichen Revisionen des Manifests, die von der Notwendigkeit des Kompromisses in der politischen Arbeit im Gegensatz zur literarischen künden, bis hin zu seiner Elimination am Ende spricht sich genuin Grass'sche Überzeugung aus.

Die Erzählung trägt also unbestreitbar exemplarischen Charakter, was ja unter didaktischem Aspekt ein wesentliches Auswahlkriterium ist.

Die Libuschka und das Märchen vom Fischer und seiner Frau

Das Manifest in seiner bescheidenen Bittstellerhaltung ist der „Garten" der Poeten, der Versuch, neue Ordnung im Chaos zu stiften.

Das Garten-Motiv erscheint in unterschiedlichen Kontexten: da ist die Dachsche Kürbishütte, die aber genauso wenig der Zerstörung trotzen konnte wie am Ende das Manifest (das im übrigen Logau „gegen jede Vernunft" [136] aus den Flammen retten will), da ist vor allem die Gartenarbeit der Libuschka. Daß die Verbindung gezogen werden soll, belegt das Vorkommen der Distel in beiden Kontexten. Mit zähem Fleiß, „gegen Nesseln und Disteln ankämpfend", ringt die Libuschka der Wildnis ein Stück Erde ab, auf dem sie Gemüse zieht. (37)

Interessant ist hier ein Vergleich zwischen der Grass'schen Libuschka und der Grimmelshausenschen Courasche, die auch als Gärtnerin erscheint (Grimmelshausen, *Lebensbeschreibung der [...] Courasche*, Kap. 25): „Ich hatte hinter meinem Haus einen Garten in der Stadt / beides von Obstgewächs / Kräutern und Blumen / der sich durfte sehen lassen". Die Blumen fehlen bei Grass, wodurch der Zeitbezug, der die Beschränkung auf das rein zum Überleben Notwendige diktiert, nie vergessen wird. – Grimmelshausen läßt die Courasche ihren Garten als Gegen-Eden anlegen, um moralisierend zu zeigen, was ein der Sünde verfallener Charakter aus Gottes Welt macht: die Courasche nutzt ihren Garten als Ort des Lasters. Diese allegorische Lesart ist nicht Grass' Anliegen. Im Gegenteil: er rückt die Libuschka und die Poeten in ihrem Bemühen um etwas anderes als das Vorfindliche zusammen. So ist es auch eine Distel aus ihrem Garten, die dann als „Sinnebild kriegswüster Zeit" neben dem Schemel, auf dem die jeweils Lesenden Platz nehmen, bildkräftig die Bedrohung des Gärtleins der Dichtkunst (73) durch den Krieg vor Augen hält. Die Libuschka führt ihren Kampf gegen die kriegswüste Zeit auf eine die Grass'schen Frauen bestimmende Weise: sie muß die Ernährung sicherstellen, und sie ist den Männern „bodenlos Faß und Kübel" (103), in die sie ihre „gesammelten Niederlagen" ausschütten (128): auf dieser Ebene sind sich Gelnhausen und Weckherlin gleich.

Von ihrer Rolle als Wirtin ist sie am Schluß entbunden, denn Greflinger hat Fische gefangen, die ihre Mägde nur noch aufzutragen brauchen. – Hier nun beginnen die Handlungsfäden auseinanderzulaufen.

Sie ist ausgeschlossen von der Freundlichkeit und Friedfertigkeit, die sich während des großen Fischessens unter den „Herren" ausbreiten. Abgewendet steht sie – fröstelnd, „in ihre Pferdedecke gewickelt [...] mit rundem Rücken" (S. 133). Wenn dann noch in den heiteren Gesprächen der Herren auf „die Mär vom sprechenden Butt" (natürlich in der dem männlichen Selbstverständnis genehmen Variante) angespielt wird (132), so ist ganz klar, daß Grass hier – in Abweichung vom Grimmelshausenschen Original – eine neue Figur schafft. „Mit verschreckter Bewegung" nimmt die Libuschka die Ankunft von Zigeunern zur Kenntnis (133). Der beständige soziale und moralische Abstieg der Courasche endet auch bei den Zigeunern, aber sie goutiert diese Lebensweise: „Nichts desto weniger schickte sich das Zigeuner-Leben so wol zu meinem Humor / daß ich es auch mit keiner Obristin vertauscht haben wolte" (Grimmelshausen, *Lebensbeschreibung*, S. 141).

Während sich die Männer ihrer Unsterblichkeit versichern, sich unter Ausschluß der Frau, der sie den Part der raffgierigen Ilsebill zugewiesen haben, in dieser Gewißheit einrichten wollen, meldet die Libuschka den Ausbruch des Feuers, dem das Manifest zum Opfer fällt. Im *Butt* wird die andere Version des Märchens vom Fischer und seiner Frau, in der der Mann „maßlos in seinen Wünschen" eine apokalyptische Eiszeit über die Welt hereinbrechen läßt (*Butt*, S. 354), durch Feuer vernichtet, durch eins vom Mann, dem Maler Otto Runge, entfachtes. Daraus leitet der dortige Erzähler dann seine Aufgabe ab: weil die andere Wahrheit unterdrückt werden soll, müsse er nun schreiben und schreiben (*Butt*, S. 360). Die Libuschka ist ein Teil dieser Geschichte gegen die Geschichte, denn die offizielle Geschichte verzeichnet nur die Ankunft der Barock-Poeten: „Alle kamen wir an." (137) Die Spur der Libuschka dagegen wäre verloren, gäbe es nicht diese Geschichte.

In dieser Schlußszene gewinnt die Libuschka an Statur. Scharf kontrastieren die Hektik und das Jammern der Poeten mit ihrer Ruhe: „Ohne Gruß und ohne rückwärtsgewandten Blick ritt die Libuschka mit ihren Mägden in Richtung äußere Ems. Die Hofköter [...] folgten ihnen." (136) Die Apollo-Büste dem Gelnhausen, die Hofköter der Libuschka. Es bleibt also alles beim alten – bis zum heutigen Tage: „Du bist – ich werde. [...] Arbeit geteilt. / Halt mal die Leiter, während ich steige." (*Butt*, 37)

Ein Ende in Melancholie

Das Verbrennen des Manifests besiegelt die tatsächliche politische Ohnmacht: es blieb nur „ungesagt, was doch nicht gehört worden wäre" (136).

Durch diese allseitige Bestätigung dessen, was immer schon war, verbindet sich das Konzept der *Vergegenkunft* mit der Haltung der Melancholie, die jedoch deutlich zur Resignation tendiert. Dem steht eigentlich nur die auf theoretischer Ebene formulierte These von der Verschwisterung der schwarzen Galle mit der Utopie gegenüber. Insofern antizipiert der Schluß bereits die *Rättin*, wo ihrer Geschichte, die vom Untergang des menschlichen Geschlechts erzählt, nur noch der Wille des Erzählers/Autors zum Weitererzählen entgegensteht: „ich lege ein neues Blatt auf und will, daß es weitergeht. Ringe ansetzen, Falten werfen, alt und taperig will ich werden, zahnlos noch [...] böse Märchen erzählen: Es war einmal vor langer langer Zeit..." (*Die Rättin*, S. 81)

Von der *Rättin* her erschließt sich auch der Grund für die Akzentuierung der Libuschka am Schluß des Treffens: in den Frauen, wenn überhaupt, liegt noch Hoffnung für das Menschengeschlecht. Von daher gewinnt die Gestik der Libuschka bei ihrem Auszug aus dem Brückenhof Bedeutung: „ohne rückgewandten Blick" verläßt sie den Brückenhof, ohne Aussicht auf eine neue Heimat; ausdrücklich dazu im Gegensatz steht das männliche Verhalten: „Die Dichter jedoch wollten häuslich werden." (136) Sie richten sich in den gewohnten Strukturen ein – „als lasse sich durch Rückgriffe Zukunft herstellen", so der Erzähler/Autor in der *Rättin* (S. 37), was natürlich keineswegs als Absage an geschichtliche Erinnerung zu verstehen ist. Gefordert ist die Abkehr von dem Prinzip, das mit der Aufforderung des Wolfes im Butt, dem Feuer einen männlichen Sinn zu geben, geschichtsbestimmend geworden ist (s. *Butt*, S. 30, 298 f.):

„Feuer, das ist nicht nur Wärme und Garküche. Im Feuer züngeln Visionen. Das Feuer reinigt. Dem Feuer enteilt der springende Funke. Feuer, das ist Idee und Zukunft. [...] Sei nicht nur Fischer, mein Sohn, sei Schmied!" So der Butt zu seinem ersten Jünger (*Butt*, S. 30).

Im *Treffen in Telgte* ist die Entwicklung umgekehrt: der Krieg bestimmt das Verhalten – auch bei den Poeten, die ihr Potential an Gewalttätigkeit durchaus unter Beweis gestellt haben –, Friedfertigkeit stellt sich erst durch Grefflingers Fischfang ein. Es bleibt aber nur ein kurzes Intermezzo, irdischen Paradiesen ist keine lange Lebensdauer beschieden.

Nur in der Offenheit des Schlusses, im Spiel mit der Erzähler-Identität, in der Geste des letztendlichen Nicht-Wissens liegt die Möglichkeit des Neuanfangs – einer neuen Gegengeschichte.

Vom Brückenhof zur Pulvermühle

Das Treffen in Telgte läßt sich als im didaktischen Sinne exemplarisch bezeichnen, kann doch über dieses Werk ein Einstieg in das Grass'sche Œuvre angelegt werden, womit das im Unterricht detailliert analysierte Einzelwerk seine Repräsentanz erweist. Zudem ist durch das Zusammenstellen von Textpassagen, wobei die Leserinitiative Bilder/Motive verknüpft und so erst Sinnerschließung möglich wird, ein Verfahren vorgestellt, das für modernes Erzählen konstitutiv ist.

Dieser Text eignet sich sicherlich nicht zur Fortschreibung der „Intimisierung des Deutschunterrichts" – einer Tendenz, die Kaspar H. Spinner als prägend für die letzte Dekade ansieht und die die Fähigkeit und Bereitschaft zum Fremdverstehen in keiner Weise fördere. Dabei bewertet er dies als essentiell angesichts einer zunehmenden Individualisierung der Gesellschaft, wobei für den Literaturunterricht hinzukommt, daß gerade hier spielerische Einübung in fremde, andere Perspektiven möglich sei, es also im besonderen Maße unverantwortlich ist, Auswahl und Umgang mit Literatur von dem „Wiederfinden des Persönlichen" (Spinner, 1989, S. 19) leiten zu lassen.

Grass selber stellt sich als Autor in einen Traditionszusammenhang und führt damit die Dialektik von Fremdverstehen und Selbstfindung vor und zwar im Gestus gesellschaftspolitischer Verantwortung, die ja auch eine Bedeutungsdimension des Konzepts der *Vergegenkunft* bezeichnet.

Auf der Grundlage von Reisners *Literatur nach 1945; Die Gruppe 47* – als Projektband für die Oberstufe konzipiert – kann ausgehend von der Vergleichbarkeit der historischen Situationen von 1647 und 1947 der Traditionsbogen bis zur Gegenwart gespannt werden, indem die Gruppe 47 in ihren Bezügen zum fiktiven Treffen der Barock-Poeten thematisiert wird. Diese Bezüge erlauben unterschiedliche Akzentuierung.

Das Schwergewicht von Reisners Darstellung der Gruppe 47 liegt auf literatursoziologischen Aspekten: welchen Einfluß hatte die Gruppe als Selektions- und Vermittlungsinstanz, bedenkt man ihren Wandel von einem heterogenen „Arbeitskreis lesender und kritisierender, zuhörender und diskutierender Schriftsteller" (H. G. Brenner, in: Reisner, S. 45) zu einer öffentlichen Institution, welche der ausgesprochenen Sofortkritik, die sich zudem nicht für alle Textsorten gleich gut eignet, existentielles Gewicht verleihen konnte (Reisner, 1988, S. 51)?

Gemäß dieser zentralen Absicht Reisners erscheint die auf der Grundlage der Preisverleihungen der Gruppe 47 vorgenommene Textauswahl konsequent. Die Begleittexte zielen nicht so sehr auf eine Erfassung der ästhetischen Merkmale und Qualitäten eines Textes ab, vielmehr geht es in ihnen um die Herstellung des kommunikativen Umfeldes (ebd., S. 12), was mit Bezug auf *Telgte* Grass' Genauigkeit in der Schilderung der Aktivitäten im Umkreis der Lesungen auf seinem barocken Dichtertreffen heraushebt.

Der Reisnersche Ansatz müßte um die Dokumentation der literarischen Diskussionen innerhalb der Gruppe 47, die vom politischen Klima der Republik nicht loszulösen sind, ergänzt werden, um so einerseits den jeweiligen Text in seiner Struktur und Absicht adäquat erfassen und andererseits die Verzahnung der beiden Komplexe: Gruppe 47 – *Treffen in Telgte* leisten zu können. Wie unter diesem Gesichtspunkt die von Reisner bereitgestellten Texte zusammengefaßt werden könnten, um somit den Schülern Literaturprogramme in ihrer gesellschaftlichen Verwurzelung vor Augen zu führen, soll hier demonstriert werden.

Insbesondere zwei entscheidende Veränderungen im Literaturprogramm der Gruppe, die im übrigen auch innerhalb derselben als kopernikanische Wenden empfunden wurden, müßten durch entsprechende Zusatztexte und -informationen in ihrer Bedeutung herausgestellt werden. Dabei wird erkennbar, wie Grass auf der Telgter Tagung das synchron erscheinen läßt, was sich in den Tagungen der Gruppe 47 erst diachron entfaltet hat, wodurch das Anliegen Grass', schriftstellerische Positionen im Spannungsfeld von Literatur und Wirklichkeit in ihrer Vielfältigkeit und vor allem in ihrer geschichtlichen Virulenz aufscheinen zu lassen, als Ergebnis eines Verfahrens greifbar wird, das historische Prozesse auf der Grundlage von Strukturhomologien neu anordnet und damit in einem neuen Licht erscheinen läßt.

In der Verleihung des Gruppenpreises an Ilse Aichinger im Jahre 1952 spricht sich eine neue Bewertung der Form, der Sprache im Angesicht der zunehmenden Reduktion der utopischen Möglichkeiten von Literatur aus. Walter Jens beschreibt die Veränderung wie folgt:

„1952 schlug das Pendel weit und für lange zur anderen Seite aus. Ich glaube, ich könnte die Sekunde des Umschlags bezeichnen: es war in Niendorf an der Ostsee, Frühjahr 1952, eine Tagung der Gruppe 47 fand statt. Die Veristen, handwerklich-gute Erzähler, lasen aus ihren Romanen. Dann plötzlich geschah es. Ein Mann namens Paul Celan [...] begann, singend und sehr weltentrückt, seine Gedichte zu sprechen; Ingeborg Bachmann [. . .] flüsterte, stockend und heiser, einige Verse; Ilse Aichinger brachte, wienerisch-leise, die *Spiegelgeschichte* zum Vortrag." (Arnold, 1987, S. 98)

Ilse Aichinger bestimmt die Form als Ergebnis eines Endzeitgefühls, sieht in ihr aber gerade deswegen auch wieder eine Chance. (ebd., S. 99) Deutlich unterscheidet Eich zwischen der Sprachhandhabung, die sich abbildhaft auf eine vorsprachlich existente Wirklichkeit bezieht, und der Sprachsuche des Gedichtschreibers im Zeichen der Herstellung von Wirklichkeit:

„Ich schreibe Gedichte, um mich in der Wirklichkeit zu orientieren. Ich betrachte sie als trigonometrische Punkte oder als Bojen, die in einer unbekannten Fläche den Kurs markieren. Erst durch das Schreiben erlangen für mich die Dinge Wirklichkeit. Sie ist nicht meine Voraussetzung, sondern mein Ziel. Ich muß sie erst herstellen." (Eich, 1956, S. 314)

Damit wäre der übergreifende Zusammenhang skizziert, der eine Einordnung der formalen Charakteristika von Aichingers *Spiegelgeschichte* und der Gedichte Eichs und der Bachmann erlaubt, die sich in Reisners Band finden.

Die lyrischen Bilder der Bachmann stellen eine radikale Abkehr von der *Gaunersprache* dar, die sich aus Redensarten zusammensetzt, „damit die Welt rund ist" (Bachmann, *Undine geht*, S. 200). Ihre Forderung nach einer neuen Sprache als einer Voraussetzung für eine neue Welt belegt das auch in der Eichschen Position vorhandene Nebeneinander von Sprachskepsis und Sprachmagie, das an Zesen erinnert: „Nie werde Frieden werden. Weil man die Sprache nicht reinhalte." (46)

Unter dem Aspekt der Erzählperspektive könnten die Texte Bölls *(Schwarze Schafe)* und Walsers *(Templones Ende)* zusammengefaßt werden, um damit eine Folie herzustellen, vor der sich das radikal Andere der Grass'schen Erzählhaltung, das bereits im 1. Kapitel der *Blechtrommel* erarbeitet werden kann, deutlich abhebt. Als Stichworte seien hier genannt: die Unzuverlässigkeit des Erzählers, der im Gegensatz zu Böll keine moralische Orientierung mehr erlaubt; das Zusammenspiel der Doppelrolle der Erzählfigur von Handelndem und Reflektierendem, wobei die Reflexion das Erzählen selber einschließt, wodurch in dieser Hinsicht Oskar zum Erzählmedium des Autors wird; die Konsequenzen für die Darstellung der Rolle des Kleinbürgertums, die sich aus der Wahl des Oskarschen Blicks, der von der „Hinteransicht der Tribüne" *(Die Blechtrommel*, S. 95) auf die Träger der historischen Ereignisse fällt, ergeben. Gerade diese Blickrichtung wirft ein grelles Licht auf das Weiterwirken faschistoider Verhaltensweisen, was dann die bereits angesprochene direkte politische Aktivität von Grass und anderer Autoren der Gruppe 47 erklärt. Reisner bietet dazu genügend Information.

Die zweite „große Wende" (Heißenbüttel) wird auf das Jahr 1960 datiert, als auf der Tagung in Aschaffenburg solche Autoren wie Dieter Wellershoff, Ludwig Harig und Jürgen Becker lasen. Hier hielt ein Literaturprogramm Einzug, das dann unter dem Namen konkrete bzw. experimentelle Literatur firmierte.

Als Ahnherren dieser Wende sind der französische *nouveau roman* und die Konkrete Poesie zu benennen. In seinem Aufsatz *Die Wörter und die Welt* (1966) gelingt es Heinrich Vormweg, die formalen Veränderungen präzise zu bündeln und vor dem Hintergrund der gesellschaftspolitischen Destruktion des Individuums als Ausdruck eben dieser realen Veränderungen zu definieren. Die Entwertung des Individuums im Prozeß zunehmender Technisierung, seine Reduktion auf eine Funktion innerhalb von Apparaten annulliere auch ehemals sakrosankte Wertvorstellungen, um die sich gerade Literatur immer bewegt habe: „Persönlichkeit, Bedeutung, Sinn, Entwicklung, Reife, nicht zu reden von Nation – und Nationalliteratur –, Vaterland oder Gemeinschaft." (Vormweg, 1966, S. 73) Folglich werden zu Recht Fabel, Handlung und Figur demontiert. Zwei Innovationsstränge lassen sich nach Vormweg (darin durchaus in Übereinstimmung mit der Analyse bei Arnold) unterscheiden, aber auch wieder in ihrer Interdependenz erkennen: beiden geht es um das Sichtbarmachen der Bedingungen von Wahrnehmungen, einmal auf sensualer, das andere Mal auf sprachlicher Ebene. In bezug auf letzteres fällt der Blick auf die Materialität von Sprache, und das heißt vor allem auf die in ihr vorhandenen, unsere Denk- und Wahrnehmungsweise präformierenden Strukturen. Zugelassen sind nur die Aussagen, die in der Sprache selbst enthalten sind. In den zu diesem Zwecke gewählten Verfahrensweisen, die sich exemplarisch an Beispielen der Konkreten Poesie herausarbeiten lassen, entdeckt Vormweg ein „barockes Element", was sich unterrichtlich durch den Materialteil zu *Telgte* veranschaulichen ließe. Barocke Affinität sieht er auch in dem diese Autoren experimenteller Literatur prägenden Bewußtsein des temporären Charakters ihrer Innovationen: „Seit dem Barock nicht mehr waren Schriftsteller in Deutschland derart der Zeitlichkeit ihrer Unternehmungen bewußt." (Vormweg, 1966, S. 82) – Wenn auch in dieser neuen Literatur vieles noch nicht ausgesprochen sei, so könne man doch nicht hinter sie zurück, d. h. konventionelle Erwartungen – „die Literatur als Lebenshilfe oder reine Form oder politisches Engagement" – könnten nicht ohne den Beigeschmack des Anachronistischen restauriert werden.

Vor diesem Hintergrund sind die bei Reisner abgedruckten Texte von Bichsel und Becker zu lesen.

Peter Handkes Attacke gegen die *Beschreibungsliteratur*, vorgetragen auf der Tagung in Princeton (1966), markiert den Höhe- und Endpunkt einer Linie, die Innovationen immer bei Formfragen hat beginnen lassen, stets in dem Bewußtsein, „daß formale Fragen eigentlich moralische Fragen sind" und daß nur dann, wenn etwas mit der Sprache, der Form geschieht, die Voraussetzung dafür geschaffen ist, „um auf der Höhe der Zeit zu sein" (Peter Handke, 1966, S. 184 f.).

Radikal wird in den Texten Bichsels und Beckers mit traditionellem Erzählen gebrochen, indem z. B. die Macht des erzählerischen Wortes gegenüber dem Leben problematisiert wird (Bichsel, in: Reisner, 1988, S. 71) oder indem, ausgehend von einer Wirklichkeit, die als „unkenntlich und banal doch vorhanden, monströs und dabei durchorganisiert, in Redewendungen verfestigt", als übermächtig und anonym empfunden wird, der Akt des Geschichtenerzählens als Anachronismus bewertet wird, da er die Besonderheit eines Einzelfalls impliziere. (Jürgen Becker, 1976, S. 175–180): „wir haben nichts zu erzählen. Wir sind manchmal sehr verwirrt; was wir zu sehen glauben, verschwindet gleich wieder; im Kopf ein Rauschen; verwischte Welt. Sprichwörterzeit. Leben mit Landkarten." (Becker, *Ränder*. In: Reisner, 1988, S. 78)

Auf der letzten Tagung in der Pulvermühle wird dann doch wieder erzählt, und keineswegs anachronistisch traditionell. Eichs *Maulwürfe* (1968) vereinigen Sprach- und Gesellschaftskritik in der Form erzählerischer Prosaeinheiten, die sowohl konkrete Realität in ihrer Disparatheit beschreiben (z. B. *Ende Juni Anfang Juli*: „ein Sommertag aus dem Paul-Gerhardtschen Barock", S. 44) wie auch ästhetische Theorien entwerfen (z. B. *Späne*, S. 34) – immer durchwoben von der Geste der Ironie. – In *Ein Nachwort von König Midas* (Eich, 1968, S. 68 f.) geschieht dies auf der Grundlage antiker Mythologie: Eselsohren trägt der, der sich von Apollons ästhetisierendem Gesang nicht betören läßt, also der Autor, der hier in der Maske König Midas' spricht. Mit den Eselsohren ist er von Apollo bestraft worden, der nicht dulden will, daß man seinen den status quo stabilisierenden Gesang anzweifelt: „Apollon singt so, daß die Welt bleiben muß, wie sie ist. Seine Harmonien lassen vergessen, wie viel auf Erden mißlungen ist, sagen wir bescheiden: Ein gutes Drittel." Thematisiert wird hier das Verhältnis von Kunst und Wirklichkeit; abgelehnt wird „Apollons Harmonie, die darin besteht, daß man alles wegläßt, was sie stören könnte". Kein Zweifel wird andererseits daran gelassen, daß der kritische Künstler nur seinen „ohnmächtigen Zorn ausschreien" kann.

Unversehens gelangt man so durch Eich von der Pulvermühle wieder zum Brückenhof, zu Gelnhausen, zu den Barock-Poeten in ihrem Bemühen, ihre Stimme hörbar zu machen. Schütz hatte Gelnhausen ja schon seine Zukunft im Bilde des sackpfeifenden Esels prophezeit (104), ohne Zweifel könnte Gelnhausen auch die Eichschen Eselsohren

tragen: „Mit Eselsohren weiß man, was in der Welt vor sich geht."
(Eich, 1968, S. 68) Und setzt er den wahrgenommenen Stunk auch frei,
auf Apollon kann doch nicht verzichtet werden: „Schreiben wolle er!
Beim Jupiter, Merkur und Apoll!" (117) So ging es damals vom Brük-
kenhof und von der Pulvermühle weiter – doch angenähert haben sich
Literatur und Wirklichkeit wohl kaum. Sogar die Schnecke ist uns zu
schnell geworden in unserer Unfähigkeit, im Angesicht drohender Katastrophen endlich einmal radikal anders zu handeln:

„Heute kommt mir das schon fast zu optimistisch vor, wenn ich vom Schneckentempo spreche. Vor allem haben wir gar nicht mehr die Zeit, uns auf dieses nach
wie vor reale Maß zu verlassen. Es bleibt diese [. . .] heroische Sisyphos-Geste übrig: nicht total zu resignieren, sondern von der Erkenntnis auszugehen, daß der
Stein oben nicht liegen bleibt, ihn dennoch zu wälzen und ihn immer wieder am
Fuß des Berges zu erwarten [. . .] aus dem Wissen heraus, daß sich Radikales zwischen Menschen nicht verwirklichen läßt. Wenn es um das Verwirklichen geht,
werden wir wieder auf das Schneckentempo verwiesen. Aber dafür fehlt uns die
Zeit." (Grass, 1982, zit. nach: Durzak, 1985, S. 10)

Bibliographie

GRASS, GÜNTER: Das Treffen in Telgte. Eine Erzählung und dreiundvierzig Ge-
    dichte aus dem Barock. Darmstadt, Neuwied: Sammlung Luchterhand, 5. Aufl.
    1989 [zitierte Ausgabe]

GRASS, GÜNTER: Die Blechtrommel. Darmstadt, Neuwied: Sammlung Luchter-
    hand, 8. Aufl. 1978
–: Der Butt. Darmstadt, Neuwied: Sammlung Luchterhand, 2. Aufl. 1987
–: Hundejahre. Darmstadt, Neuwied: Sammlung Luchterhand, 16. Aufl 1989
–: Katz und Maus. Reinbek: rororo 1963
–: Kopfgeburten oder Die Deutschen sterben aus. Darmstadt, Neuwied: Samm-
    lung Luchterhand, 7. Aufl. 1987
–: Die Rättin. Reinbek: rororo 1989
–: Aus dem Tagebuch einer Schnecke. Darmstadt, Neuwied: Sammlung Luchter-
    hand, 7. Aufl. 1989
–: Bin ich nun Schreiber oder Zeichner? (1980). In: GÖRTZ, FRANZ JOSEF (Hg.),
    Günter Grass: Auskunft für Leser. Darmstadt, Neuwied: Luchterhand 1984,
    S. 70–72
–: Schreiben nach Auschwitz. Nachdenken über Deutschland: ein Schriftsteller
    zieht Bilanz nach 35 Jahren. In: Die Zeit, Nr. 9, 23. Februar 1990

BACHMANN, INGEBORG: Undine geht. In: DIES., Meistererzählungen. München:
    Piper 1972
EICH, GÜNTER: Maulwürfe. Prosa. Frankfurt/M.: Suhrkamp 1968
GRIMMELSHAUSEN: Der Abenteuerliche Simplicissimus Teutsch. Vollständige Aus-
    gabe. Nach den ersten Drucken des „Simplicissimus Teutsch" und der „Conti-
    nuatio" von 1669 hg. und mit Anmerkungen versehen von A. KELLETAT. Mün-
    chen: dtv, 3. Aufl. 1977
–: Lebensbeschreibung der Ertzbetrügerin und Landstörtzerin Courasche, hg.
    von W. BENDER. Tübingen: Max Niemeyer 1967

ANDERSON, SUSAN C.: Grass and Grimmelshausen: Günter Grass' „Das Treffen in Telgte" und „Rezeptionstheorie". Studies in German Literature, Linguistics, and Culture, 28. Columbia, South Carolina: Camden House 1987

ARNOLD, HEINZ LUDWIG (Hg.): Die Gruppe 47. Ein kritischer Grundriß. München: edition text + kritik, 2., gründlich überarbeitete Aufl. 1987

BECKER, JÜRGEN: Gegen die Erhaltung des literarischen status quo. In: H.L. ARNOLD/TH. BUCK (Hg.), Positionen des Erzählens. Analysen und Theorien zur Literatur der Bundesrepublik. München: Beck 1976, S. 175–180

DURZAK, MANFRED: Geschichte ist absurd. Eine Antwort auf Hegel. Ein Gespräch mit GÜNTER GRASS (1982). In: DERS. (Hg.), Zu Günter Grass. Geschichte auf dem Prüfstand. Stuttgart: Klett 1985

EICH, GÜNTER, Einige Bemerkungen zum Thema ‚Literatur und Wirklichkeit'. In: Akzente, 3. Jg., 1956, S. 313–315

GARDE, BARBARA: „Die Frauengasse ist eine Gasse, durch die man lebenslang geht". Frauen in den Romanen von Günter Grass. In: Text + Kritik, H. 1, 1988, S. 101–107

HANDKE, PETER: Zur Tagung der Gruppe 47 in USA (1966). In: ARNOLD/BECK (Hg.), Positionen des Erzählens. München: Beck 1976, S. 181–185

JAUSS, HANS-ROBERT: Klassik – wieder modern? In: Der Deutschunterricht, 30. Jg., 1978, H. 2, S. 35–52

KOSELLECK, REINHART: Wie neu ist die Neuzeit. Von der Beschleunigung und von der Wiederholung politischer Prozesse. In: Frankfurter Allgemeine Zeitung, 30. Juni 1990

NEUHAUS, VOLKER: Das Chaos hoffnungslos leben. Zu Günter Grass' lyrischem Werk. In: DURZAK (Hg.), Zu Günter Grass. Geschichte auf dem Prüfstand. Stuttgart: Klett 1985, S. 20–41

NEUNZIG, HANS A. (Hg.): Hans Werner Richter und die Gruppe 47. Frankfurt/M., Berlin, Wien: Ullstein 1981

REISNER, HANNS-PETER: Literatur nach 1945: Die Gruppe 47. Projektband. Düsseldorf: Cornelsen/Schwann 1988

SCHADE, RICHARD ERICH: Poet and Artist: Iconography in Grass' „Treffen in Telgte". In: German Quarterly, II, 2, 1982, S. 200–211

SPINNER, KASPAR H.: Kann literarische Bildung zu gesellschaftlicher Verantwortung befähigen? Intimisierung des Deutschunterrichts. In: Mitteilungen des Deutschen Germanistenverbandes, 36. Jg., 1989, H. 4, S. 15–22

VERWEYEN, THEODOR/WITTING, GUNTHER: Polyhistors neues Glück. Zu Günter Grass' Erzählung „Das Treffen in Telgte" und ihre Kritik. In: GRM, 1980, S. 451–465

VORMWEG, HEINRICH: Die Wörter und die Welt. In: Akzente, 13. Jg., 1966, S. 72–84

WERTHEIMER, JÜRGEN: „Das Treffen in Telgte" die Doppel-Zeitigkeit von Geschichten und Geschichte. In: Arbitrium, 1/1983, S. 92–100

ALFRED CLEMENS BAUMGÄRTNER

Alfred Andersch: Der Vater eines Mörders

Inhalt

„Literatur", hat Alfred Andersch in seinen autobiographischen Aufzeichnungen *Der Seesack* angemerkt, „gräbt aus, eine Archäologie der Seele" (Andersch, 1979, S. 92). Das gilt in besonderer Weise auch für den vorliegenden Text: Der Protagonist, Franz Kien, ist, wie in den übrigen Franz-Kien-Geschichten – der Autor hat wiederholt darauf hingewiesen –, Andersch selbst, hier als Vierzehnjähriger, und die Handlung geht auf eigene Schulerlebnisse zurück. (Zur Entstehung vgl. Reinhardt, 1990, S. 622 ff.)

An einem Maimorgen des Jahres 1928 wartet die Untertertia B des Wittelsbacher Gymnasiums in München auf den Beginn des Griechischunterrichts, den Studienrat Dr. Kandlbinder, der Klaßlehrer, erteilt. Aber da wird die Klassenzimmertür noch einmal geöffnet, und der Leiter der Schule, „Rex" genannt, betritt den Raum. Der Unterricht wird zur Inspektion, die in gleicher Weise den Leistungen der Schüler wie denen des Lehrers gilt. Der Versuch Kandlbinders, die Überprüfung für alle glimpflich ablaufen zu lassen, indem er Werner Schröter, den Primus der Klasse, ein längst abgehandeltes Thema, die Lautlehre, an der Tafel demonstrieren läßt, scheitert jedoch. Der Rex, der Kandlbinders Manöver durchschaut, möchte einen anderen Schüler an der Tafel sehen. Kandlbinder ruft Konrad von Greiff auf, mit dem er sechs Wochen zuvor eine Kontroverse hatte: Greiff hatte darauf bestanden, vom Lehrer mit seinem Adelstitel angeredet zu werden. An dieses Vorkommnis anknüpfend, läßt sich der Oberstudiendirektor auf eine Auseinandersetzung mit Greiff ein, bei der er dessen Familie herabzusetzen und seine eigene herauszustreichen versucht – ein „Gewörtel", wie es im Text heißt (52). Es endet mit dem Entschluß des Rex, Greiffs Vater zu bitten, den Sohn von der Schule zu nehmen. Sein nächstes Opfer ist Franz Kien, über den der Direktor ebenso genau informiert ist wie über Greiff. Franz scheitert bei der Überprüfung seines Wissens, was zu seinem Verweis von der Schule führt. Darüber hinaus wird er auch persönlich gedemütigt, als der Rex vor der Klasse die schwierigen wirtschaftlichen Verhältnisse der Familie Kien anspricht: Der Vater, im Krieg schwer verletzt, hat kaum noch ein Einkommen, so daß Franz – nicht anders als sein älterer Bruder Karl – das Gymnasium nur infolge einer Befreiung vom Schulgeld besuchen

kann, obwohl beider Leistungen ein Stipendium eigentlich nicht rechtfertigen.

Etwa in der Mitte des Textes wird der Name des Oberstudiendirek-
tors genannt; er heißt Himmler und hat einen Sohn, der es im Gegensatz zu seinem streng katholischen, der Bayerischen Volkspartei angehörigen Vater mit Hitler hält. Franz weiß dies aus einem Gespräch mit
seinem eigenen Vater, in dessen Verlauf er vor dem Oberstudiendirektor gewarnt worden war. „‚Vor dem nimm dich in Acht!' hatte der Vater
gesagt. ‚Der Mann ist gefährlich.'" (59)

Gestalten

Die beherrschende Gestalt der Erzählung ist – worauf bereits ihr Titel
verweist – Oberstudiendirektor Himmler. Seine äußere Erscheinung
wird von Andersch mit wenigen festen Strichen gezeichnet. Da ist der
dünne hellgraue Anzug mit offener Jacke, unter der sich ein weißes
Hemd über dem Bauch wölbt, die sorgfältig geschlungene blaue Kra-
watte, das hell gerötete Gesicht mit der gesunden und trotz der vielen
Fältchen glatt wirkenden Haut, das weiße Haar und die goldgefaßte
Brille vor den blauen Augen. Er kann sich ein wohlwollendes Aussehen
geben, aber Franz traut ihm nicht, und das zu Recht. Kurz nachdem der
Primus Schröter auf seinen Platz geschickt worden ist, verändert der
Direktor sich jäh: „Der Vater der Schule, der gütig nach einer seiner
Klassen sah – damit war es nun endgültig vorbei; dort oben, hinter dem
Pult wie auf einem Anstand, saß jetzt ein Jäger, auf einer Pirsch in den
Unterricht, dick, ungemütlich, einer von der feisten Sorte der Revier-
besitzer und Scharfschützen." (36) Das Bild vom Pirschgang taucht
dann noch einmal auf, als der Rex, auf der Suche nach einem neuen
Opfer durch die Klasse gehend, neben Franz stehenbleibt, obwohl
seine Aufmerksamkeit *ihm* zunächst noch nicht gilt – „ein Jäger, der ein
Knacken im Unterholz gehört hat" (66).

Oberstudiendirektor Himmler ist auch insofern die beherrschende
Gestalt, als alle anderen ihm untergeordnet, ja ausgeliefert sind und
von ihm entsprechend behandelt werden. Das gilt selbst für Dr. Kandlbinder, eigentlich ein Kollege, mit dem ihn sogar ein gemeinsames
Unterrichtsfach, eben Griechisch, verbindet. Der Studienrat, „ein
magerer, blasser und unbedeutender Mensch" mit farblosem Gesicht
und schlecht gekämmten schwarzen Haaren und im Unterricht ein
„Langweiler" (15), wird vom Rex im Verlauf der Unterrichtsstunde mit
wachsender Geringschätzung behandelt. Aus der Anrede des Beginns,
„Herr Dr. Kandlbinder", wird später ein bewußt herabsetzend ge-
brauchtes „Herr Kandlbinder", und der zunächst scheinbar kollegiale

Gesprächston wandelt sich in offenen Zorn, als der Studienrat in einer Fachfrage anderer Meinung ist als sein Direktor. Dabei kann Franz Kien beobachten, „wie der Fachmann in dem Lehrer zustandebrachte, was dem Mann von Natur aus nicht gegeben war: er widersprach einem Vorgesetzten" (85). Die Anrede „Herr Doktor" wird schließlich mit unüberhörbarer Geringschätzung verwendet, als der Rex den Vorwurf erhebt, Kien habe sich durch Kandlbinders Unterricht „durchmogeln können" und es sei nun zu spät, „weil Sie, Herr Doktor, sechs Wochen lang bei ihm nicht auf dem Kiwif gewesen sind" (107).

Auch Konrad von Greiff unterliegt am Ende dem Direktor, obwohl Franz Kien meint, daß er „aus diesem Zweikampf als Sieger hervorgegangen" sei (57). Zunächst sieht es ja auch so aus, als der „für sein Alter besonders große, schlaksige Bursche" sich aus der Bank erhebt, „durch ein forciertes Hochwerfen des Oberkörpers die ganze Bewegung ins Lächerliche ziehend" (57), als er die vom Rex verwendete Anrede „Herr Dr. Kandlbinder" ironisiert, sich mit dem Direktor anlegt und schließlich auf dessen Satz „Quod licet Jovi, non licet bovi" empört reagiert: „,Ich gehöre nicht zum Rindvieh', stieß er hervor. ,Und Sie sind nicht Jupiter. Für mich nicht! Ich bin ein Freiherr von Greiff, und Sie sind für mich überhaupt nichts als ein Herr Himmler!'" (47). Mit dieser Äußerung hat Greiff dann freilich verspielt. Der trotzige Satz: „Wir haben zwei Schlösser, dreihundert Hektaren Felder und dreihundert Hektaren Wald" (51) verärgert den Direktor nur noch mehr, ebenso wie das ironische „Gratuliere!" auf die Behauptung, bei den Himmlers handele es sich um „nachweisbar ganz altes Stadtpatriziat vom Oberrhein" (52f.). Der Direktor macht aus der ursprünglich angesetzten Stunde Arrest eine Relegation.

Anders als Greiff – von dem der Direktor sagt, daß er „ein ausgezeichneter Grieche" sein soll (41), „fast noch besser" als der Primus Werner Schröter, wie Franz Kien meint (38), und der eigentlich nur an seinem hochfahrenden Wesen scheitert – hat Kien keine Aussicht, die Prüfung zu überstehen. Er hat seit Wochen nichts gelernt, obwohl ihm der Griechischunterricht anfangs Spaß gemacht hat, weil er die Buchstaben als schön empfand (vgl. 82), und er auch jetzt noch Klang und Melodie des Griechischen als schön empfindet (vgl. 109f.). Franz Kien hat offensichtlich eine Sperre, was Schule und Lernen angeht. „Lust und Liebe" für die Schule kennt er nicht (94). Er weiß, daß er nicht will, und er stimmt dem Urteil der anderen zu: „Wenn einer nicht will, ist er ein Faulenzer, und sie haben recht, ich bin faul, ich sitze wie gelähmt vor den Hausaufgaben und schmiere irgendetwas Flüchtiges hin, oder ich schiebe sie bis zum Abend auf und laufe auf die Straße." (94) Auf die selbstgestellte Frage „Aber warum, warum, warum?" weiß er keine Antwort. Dem Text sind mehrere Gründe für sein Versagen in der

Schule zu entnehmen: Da ist die verzweifelte Lage der Familie mit dem schwer kranken, langsam dem Tode entgegensiechenden Vater; da ist die Außenseiterposition von Franz, der „unter seinen Klassenkameraden überhaupt keinen Intimus" hat (18); da ist seine innere Unsicherheit, die ihn das Verhalten des Rex mitunter bejahen läßt, wie etwa bei seinen Anmerkungen zum Tragen politischer Abzeichen in der Schule (vgl. 66 ff.); da sind die Ablenkungen durch Lesen und Spielen; da ist endlich die Schule selbst, die ihm durch ihre autoritäre Struktur, ihre trockenen Gegenstände und ihre demotivierenden Unterrichtsmethoden die Freude am Lernen austreibt.

Drei von Oberstudiendirektor Himmler zutiefst Gedemütigte stehen am Ende des Geschehens: Dr. Kandlbinder wurde vor seiner eigenen Klasse beschimpft („‚Er macht ihn ganz schön zur Sau‘, denkt Franz Kien", 105), Konrad von Greiff wegen seines Verhaltens relegiert und Franz Kien wegen seiner schlechten Leistungen von der Schule verwiesen. Warum hat es gerade diese drei getroffen? Was Kandlbinder und Greiff angeht, sind Himmlers Ressentiments nicht zu übersehen: Im Unterschied zu seinem akademisch besser ausgewiesenen Untergebenen wurde er *nicht* promoviert, und er weiß, daß seine von ihm behauptete Herkunft aus dem „Stadtpatriziat vom Oberrhein" den Adel der Freiherrn von Greiff eben doch nicht aufwiegt. Was Franz Kien betrifft, vermutet der Junge selbst, daß der Rex, der „Etappenhengst", „neidisch auf Vaters EK eins" sein könne (also wiederum ein Ressentiment) und er die politisch motivierte Abneigung seinem Vater gegenüber auf ihn, den Sohn, übertragen habe. „‚Wenn der Rex sich wirklich Gedanken darüber macht‘, denkt er, ‚daß mein alter Herr ein gutes Verhältnis mit seinem Sohn, dem jungen Himmler, hat, dann wird er Vater gerade deswegen nicht leiden können.‘" (125) Dazu kommt, daß sich alle drei der Forderung des Direktors nach Gehorsam wenigstens partiell entziehen: Kandlbinder unter Berufung auf seine fundierteren philologischen Kenntnisse, Greiff mit dem Hinweis auf seine Familie, deren Geschichte und Besitz und Franz durch die Nennung seines Berufsziels, „Schriftsteller" (89 ff.). Die Reaktion des Schulleiters auf diese Äußerung des Jungen ist dekuvrierend: „Der Rex stieß sich von dem Pult ab, an dem er gelehnt hatte. Er richtete sich auf und starrte Franz an." (89) Sein Drang, gerade diese drei „fertigmachen" zu wollen, „nichts weiter als fertigmachen", wie Franz es im Blick auf sich selbst sieht (110), hat einen wesentlichen Grund offensichtlich in deren Anstrengung, die letzte, totale Unterwerfung unter den Autoritätsanspruch des Direktors zu verweigern; sie leisten Widerstand.

Auch auf das Thema der Erzählung verweist bereits ihr Titel: Das Modell des Rex, Oberstudiendirektor Gebhard Himmler, der Leiter des Wittelsbacher Gymnasiums, das Alfred Andersch von 1924 bis 1928 besuchte, ehe er es wegen seiner schlechten Leistungen verlassen mußte (zum Wirklichkeitsbezug des Textes vgl. Der Spiegel, 1980), *war der Vater eines Mörders*, nämlich seines Sohnes Heinrich – für Andersch, wie er in seinem *Nachwort für Leser* schreibt, „der größte Vernichter menschlichen Lebens, den es je gegeben hat" (Andersch, *Nachwort*, S. 134). Andersch hat das Problem, das sich ihm bei der Auseinandersetzung mit seinem Stoff stellte, so formuliert: „War es dem alten Himmler vorbestimmt, der Vater des jungen zu werden?" (ebd.) Andersch gesteht, diese Frage nicht beantworten zu können, und setzt hinzu, daß er seine Geschichte niemals erzählt hätte, wüßte er „genau zu sagen, daß und wie der Unmensch und der Schulmann miteinander zusammenhängen" (ebd., S. 135). So bietet sein Text dann auch keine eindeutige Antwort auf die Frage nach den Beziehungen zwischen dem Verhalten des Vaters und den Untaten des Sohns, was dazu beiträgt, den Leser in Unruhe zu versetzen und in Unruhe zu halten; er deutet jedoch mögliche Erklärungsansätze an.

Daß wir in der Entwicklung des jungen Himmler, die freilich erst jenseits des von Andersch fixierten und zugleich fiktionalisierten Geschehens faßbar wird, unter Umständen die Auswirkung eines Generationskonflikts sehen dürfen, ist eine der von Andersch selbst angebotenen Deutungen (vgl. ebd., S. 135). Sie hat nicht nur im *Nachwort*, sondern auch im Text selbst ihren Ausdruck gefunden. Während der fatalen Griechischstunde erinnert Franz Kien sich der Äußerungen seines Vaters über den jungen Himmler, der mit dem alten „tödlich verfeindet" sei und mit dem der Sohn wegen politischer Differenzen die Beziehungen abgebrochen habe; der alte Himmler sei nämlich „Bayerische Volkspartei, schwarz bis in die Knochen" (60). Das Verhalten des Rex bringt Franz Kien ja dazu, sich in Gedanken mit dem jungen Himmler gegen den alten zu solidarisieren: Er kann verstehen, „daß sein Sohn mit ihm Krach bekommen hat und ihm davongelaufen ist" (64). Sollte *Der Vater eines Mörders* dann vielleicht auch, wie Hanjo Kesting vermutet, „die Geschichte eines jungen Mannes, eines späteren Massenmörders", sein, der sich auf seine Weise verweigert (Kesting, 1980, S. 171)? Bei der Beantwortung dieser Frage ist freilich zu berücksichtigen, daß Vater und Sohn Himmler, aber auch Franz Kiens Vater, trotz aller Unterschiede im einzelnen, demselben politischen Milieu, nämlich „den nationalistischen Kreisen im München der zwanziger Jahre", angehören (Reinhold, 1982, S. 146). Von „Hitler-Anhängern", „Ludendorff-Leuten" und der politischen Vereinigung „Reichskriegsflagge" ist an einer Stelle des Textes die Rede (vgl. 60). Auch der alte Himmler hält sich, wie Franz Kiens Vater von ihm sagt, „für einen nationalen Mann" (ebd.), besteht auf Zucht und Ordnung und bedauert bei der Auseinandersetzung mit dem unbotmäßigen Konrad Greiff, „daß wir in Deutschland kein Militär mehr haben dürfen" (45). Wenn hier also ein Generationskonflikt vorliegt, dann wohl eher in dem Sinne, daß der Angehörige der jüngeren Generation den der älteren mit einer Radikalisierung seiner eigenen Einstellung konfrontiert: Er hat die Konsequenzen gezogen, die die Vätergeneration (noch) nicht hat ziehen können und ziehen wollen.

Eine Verbindung zwischen den beiden Himmlers hat Andersch zweifellos auch mit ihrer spezifischen Auffassung und Ausübung von Macht hergestellt, wobei hier selbstverständlich wieder der im Text erscheinende Direktor Himmler, also eine Figur letztlich doch fiktionaler Literatur, mit seinem Sohn Heinrich als Gestalt der Realhistorie in Beziehung gesetzt werden muß. Was vom Rex praktiziert wird, ist ja eine Vorwegnahme des später zur Grundlage aller staatlichen Ordnung erklärten „Führerprinzips": Befehlsgewalt nach unten und Verantwortung nach oben. So ist Friedrich Hitzer zuzustimmen, wenn er schreibt, der Verlauf der Griechischstunde sei die „Parabel für eine Ordnung", „in der es selbstverständlich erscheint, daß man Macht von oben nach unten weitergibt" (Hitzer, 1981, S. 109). Ein wesentlicher Antrieb zur Machtausübung bei Himmler sen. scheint, Hinweisen des Autors zufolge, Ehrgeiz zu sein. „Der alte Himmler ist ein Karriere-Macher", so Franz Kiens Vater bei einem Gespräch mit seinem Sohn (61). Diese Äußerung ist auf den jungen Himmler direkt zu übertragen, wobei freilich bei diesem erneut eine Radikalisierung festzustellen ist, und das nicht nur, was die Ziele seines Ehrgeizes, sondern vor allem auch, was die Mittel seiner Durchsetzung betrifft. Als „ruhig, aber eisern entschlossen", hat Franz Kiens Vater den achtundzwanzigjährigen Himmler charakterisiert (60).

Einen aufschlußreichen Hinweis auf Anderschs Vermutung, „wie der Unmensch und der Schulmann miteinander zusammenhängen" könnten, bieten schließlich auch die beiden Mottos der Erzählung. Man könnte zunächst geneigt sein, das erste, eine Strophe aus Bertolt Brechts Gedicht *Auf den Tod eines Verbrechers*, auf *Heinrich* Himmler zu beziehen:

„Diesen, hör ich, sind wir los geworden
Und er wird es nicht mehr weiter treiben
Er hat aufgehört, uns zu ermorden.
Leider gibt es sonst nichts zu beschreiben.
Diesen nämlich sind wir los geworden
Aber viele weiß ich, die uns bleiben." (7)

„Gemordet" hat der Oberstudiendirektor Himmler ja schließlich niemanden. Das zweite Motto, aus Fritz Mauthners *Wörterbuch der Philosophie*, belehrt den Leser indessen rasch eines Besseren: Hier nämlich werden die Schulen zu Anstalten erklärt, „in denen die Seele des Kindes systematisch gemordet wird" (ebd.). So wäre es denn vom metaphorischen Mord an der Seele zur physischen Vernichtung von Menschen nur ein Schritt, und dem „Verbrechen" im übertragenen Sinne, ausgeübt von einem autoritätsbesessenen und zugleich ressentimentbehafteten Schuldirektor, folgen Verbrechen ehedem unvorstellbaren Ausmaßes im Wortsinne, die ein seiner Ideologie höriger Politiker zu verantworten hat; mit hervorgegangen sind sie jedoch „aus scheinbar harmlosen Erscheinungen des täglichen Entmenschlichens" (Hitzer, 1981, S. 111).

Franz-Kien-Geschichten

Der Vater eines Mörders gehört in den Komplex der insgesamt sechs Franz-Kien-Geschichten, von denen der Autor vier in den beiden Erzählungssammlungen *Ein Liebhaber des Halbschattens* (1963) und *Mein Verschwinden in Providence* (1971) veröffentlicht hat. In dem von Gerd Haffmans herausgegebenen *Alfred Andersch Lesebuch* erscheinen diese vier zum erstenmal nach dem jeweiligen Alter des Protagonisten geordnet, ergänzt um die bisher unpublizierte Geschichte *Lin aus den Barakken* (Andersch, 1979); bei *Der Vater eines Mörders* handelt es sich um eine postume Einzelpublikation. Alle diese Geschichten unterschiedlichen Umfangs haben autobiographischen Charakter. „Franz Kien bin ich selbst", hat der Autor unmißverständlich erklärt (*Nachwort*, S. 129). *Alte Peripherie* (1963) zeigt ihn um 1930 in Erwartung der Arbeitslosigkeit; in *Die Inseln unter dem Winde* (1971) begegnen wir ihm, als er im Herbst 1933, bereits in der Illegalität politisch tätig, einen englischen Reisenden durch das von den Nationalsozialisten beherrschte München führt; auch *Lin aus den Baracken* (1979) spielt zur Zeit der Illegalität am Anfang des „Dritten Reiches"; *Brüder* (1971) schildert einen Spaziergang Franz Kiens mit seinem Bruder Jakob am Tag des Kriegsausbruchs 1939; den Hintergrund von *Festschrift für Captain Fleischer* (1971) bilden die Erfahrungen des Autors in einem Kriegsgefangenenlager in den USA. *Der Vater eines Mörders* reicht also am weitesten in die Vergangenheit von Andersch-Kien zurück. (Nur hingewiesenwerden kann hier auf gewisse Analogien zu den Nick-Adams-Stories von Ernest Hemingway, in denen der Anteil des Fiktionalen jedoch wesentlich größer ist; vgl. Baumgärtner, 1985.)

Warum aber, hat der Autor sich selber gefragt, erfand er für diese Geschichten, „in denen ich Zustände und Ereignisse meines Lebens beschreibe und erzähle, einen Menschen namens Franz Kien als Figur, die erlebt, was in ihnen beschrieben und erzählt wird?" Und weiter: „Warum berichte ich von mir in der dritten Person, nicht in der ersten?" (*Nachwort*, S. 129) Dazu erklärt Andersch zunächst, daß er auf diese Frage keine Antwort wisse. Die Erklärung, „Franz Kien verdanke sein Dasein meinem Wunsch, eine gewisse Distanz zu wahren", ist für ihn eine „Ausrede", weil nämlich gerade die Verwendung der dritten Person dem Schriftsteller größte Ehrlichkeit ermöglicht: „Es verhilft ihm dazu, Hemmungen zu überwinden, von denen er sich kaum befreien kann, wenn er sagt: Ich." (ebd., S. 129f.) Der Autor führt die Wahl von Franz Kien anstelle von Alfred Andersch als Protagonisten seiner „Autobiographie in Erzählungen" (ebd., S. 129) vielmehr auf die dadurch eröffnete „gewisse Freiheit des Erzählens" zurück, „die das Ich, diese tyrannische Form der Beugung des Tätigkeitsworts, nicht zuläßt" (ebd., S. 131). Von dieser Freiheit hat Andersch unter anderem dadurch Gebrauch gemacht, daß er die Auseinandersetzung des Rex mit Konrad von Greiff, die sich zu einem anderen Zeitpunkt zutrug, in die Schilderung der Griechischstunde gewissermaßen einmontiert (vgl. ebd., S. 131f.). Erfunden ist dagegen Anderschs Angabe, Gebhard Himmler habe das Erzbischöfliche Gymnasium in Freising besucht (vgl. ebd., S. 107). Hier liegt ein Schluß des Autors vom Wesen des Rex auf seine schulische Prägung vor. „Daß ein Mann wie er in einer Kaderschule des bairischen Ultramontanismus gebildet worden ist", führt Andersch erklärend aus, „steht für mich außer Frage – er könnte auch ein Zögling von Ettal, Andechs oder Regensburg gewesen sein; es kommt nicht so darauf an." (ebd., S. 133)

Die Erzählweise in *Der Vater eines Mörders* hat Andersch als „denkbar einfach, nämlich vollständig linear" charakterisiert (ebd., S. 137). Bei allem, was im Text erscheint, handelt es sich um Wahrnehmungen und Erinnerungen des Protagonisten Franz Kien während der Griechischstunde im Mai 1928; eine Grenzüberschreitung in die Zukunft liegt lediglich in der Schilderung der Reaktion der Familie Kien auf die Verweisung des Sohns vom Gymnasium vor (vgl. 121 ff.), sieht man von den beiden kurzen Vorausdeutungen auf S. 28 („Er ahnte nicht [...]") und S. 115 („Du hättest ihm nicht so offen zeigen sollen [...]") ab. Das verschafft dem Dargestellten unmittelbare Gegenwärtigkeit, die den Leser ins Geschehen einbezieht, ihn zum Zeugen, zum Miterlebenden, besser: zum Mitleidenden werden läßt. Fernere Zukunft kommt lediglich durch den Titel des Textes ins Blickfeld der Leser, die ihn auf Grund ihrer eigenen geschichtlichen Erfahrungen oder doch wenigstens ihres historischen Wissens entschlüsseln können. Franz Kien dagegen ist auf den Horizont des 14jährigen eingeengt, der er und mit ihm der Autor damals war. „Kein Reflex eines späteren, überlegenen, urteilenden Wissenstandes dringt in das Interieur der Geschichte", heißt es in einer Rezension. „Der Titel ist kein Teil von ihr. Franz Kien hat keine Ahnung davon, daß es sich bei dem fürchterlich jovialen Menschen um den Vater eines Mörders handelt." (v. Schirnding, 1981, S. 331) Damit liegt eine eher traditionelle Form des Erzählens vor. Daß Andersch seine Geschichte einem der entschiedensten Experimentatoren der deutschen Literatur, dem damals bereits verstorbenen Arno Schmidt, gewidmet hat, müssen wir verstehen, wie der Autor es gemeint hat – als Ausdruck der Freundschaft.

Didaktische Aspekte

Alfred Andersch hat seine Erzählung *Der Vater eines Mörders* im Untertitel als *Schulgeschichte* bezeichnet und sich damit bewußt in eine ganz bestimmte literarische Tradition gestellt. Nach Volker Fabricius avancierte die Schule erst um die letzte Jahrhundertwende „von einem Randphänomen der Literatur zu einem Motiv, das eine eigenständige und umfassende literarische Bearbeitung lohnt" (Fabricius, 1989, S. 12). Als Wegbereiter der Schulliteratur nennt er Leonard Frank *(Die Ursache)*, Hermann Hesse *(Unterm Rad)*, Arno Holz *(Der erste Schultag)*, Thomas Mann *(Die Buddenbrooks)*, Emil Strauß *(Freund Hein)* und Frank Wedekind *(Frühlings Erwachen)*. Was er von dieser frühen Schulliteratur ausführt, gilt ebenso von dem über ein Dreivierteljahrhundert später entstandenen Text Anderschs: „Die Autoren führen Lehrer und Schule zur Anklagebank, der Erziehung zum Untertan überführt. Leid und Schmerz müssen Schüler in einer Institution empfinden und erfahren, die keinen Freiraum läßt – zum Leben nicht und zum Lernen nicht. Die Protagonisten werden ihres Lebensmutes beraubt, sie resignieren und scheitern in einem Umfeld, das jede Humanität und Zuwendung vermissen läßt, in dem Sensibilität und Kreativität nicht gefragt sind." Auch die Feststellung, daß in solchen Texten „die Schule zu einem Spiegelbild der Gesellschaft wird", gilt für Anderschs Erzählung (ebd.).

Jakob Muth hat Anderschs Text geradezu als einen „Glücksfall für die Pädagogik" bezeichnet, weil er nämlich als Dokument einer bestimmten Erziehungs- und Unterrichtswirklichkeit zur „Grundlage erziehungswissenschaftlicher Theoriebildung" im Sinne deskriptiver Pädagogik gemacht werden könne (Muth, 1985, S. 660). Den didaktischen Wert des Buches sieht er darin, daß es „in gleicher Weise jugendliche Leser, aber auch erwachsene" anspreche: „Es gehört mithin in eine Literaturkategorie, die nicht speziell für eine Lebensaltersstufe geschrieben ist, weshalb sie sich in besonderer Weise eignet, das Gespräch der verschiedenen Generationen zu befördern." (ebd.) Als einen Ansatzpunkt dazu bezeichnet Muth die politische und pädagogische Dimension des Textes, namentlich den Aspekt, auf den Andersch im *Nachwort* mit seiner drängenden Frage „Schützt Humanismus denn vor gar nichts?" aufmerksam gemacht hat (*Nachwort*, S. 136).

Grundlage für eine angemessene Rezeption des Textes ist freilich die Kenntnis der historischen Zusammenhänge, innerhalb derer sich das Geschehen abspielt. Deutschland im letzten Jahrfünft der Republik von Weimar mit seiner Konstellation von Parteien, Bünden und Verbänden, aber auch die Tradition des Obrigkeitsstaats und das von ihm heraufbeschworene Untertanenverhalten gehören ebenso zu den Voraussetzungen des Textverständnisses wie die Kenntnis der historischen Entwicklungen in Deutschland über das vom Autor gesetzte Ende des Textes hinaus. Die Leser müssen auch über hinreichende Information verfügen, inwiefern der Schultyrann Gebhard Himmler tatsächlich der Vater eines Mörders war. Was sich für die Erschließung von Anderschs Text ebenfalls anbietet, ist das Verfahren des Vergleichs, namentlich mit Schulgeschichten, die etwa zur selben Zeit spielen, so z. B. Friedrich Torbergs *Der Schüler Gerber* oder Ödön von Horvaths *Jugend ohne Gott*. Für die Erarbeitung von Anderschs Text – wie immer sie angelegt sein mag – gilt, was Fabricius von der Beschäftigung mit dem Thema „Schule" überhaupt ausführt, daß es nämlich „die detaillierte Vorausplanung durch den Lehrer und die Orientierung an einem vollständigen Lernzielkatalog" verbiete: „Soll die Unterrichtseinheit Erfolg haben, dann hat die Arbeit bei dem Versuch einer gemeinsamen inhaltlichen und methodischen Planung zu beginnen, und der weitere Verlauf muß offen sein für Ergänzungen und Korrekturen. Viel Raum sollte der selbstbestimmten Artikulation eigener Wahrnnehmungen in Sprache, Schrift und Bild gegeben werden." (Fabricius, 1989, S. 13)

Bibliographie

ANDERSCH, ALFRED: Der Vater eines Mörders. Eine Schulgeschichte. Zürich: Diogenes 1982. Werkausgabe in Einzelbänden, Bd. 16 (= Diogenes Taschenbuch Bd. 20 498). (Erstausgabe: Zürich: Diogenes 1980) [zitierte Ausgabe]
–: Nachwort für Leser. In: Der Vater eines Mörders, a. a. O.

ANDERSCH, ALFRED: Das Alfred Andersch Lesebuch, hg. von GERD HAFFMANS. Zürich: Diogenes 1979 (= Diogenes Taschenbuch Nr. 205)
–: Der Seesack. Aus einer Autobiographie. In: Das Alfred Andersch Lesebuch, a. a. O., S. 83–101

BAUMGÄRTNER, ALFRED CLEMENS: „Nobody gets in where we're going." Zur Gestalt des Nick Adams in Ernest Hemingways „The Last Good Country". In: Kinderwelten. Kinder und Kindheit in der neueren Literatur. Festschrift für Klaus Doderer, hg. vom Freundeskreis des Instituts für Jugendbuchforschung Frankfurt. Weinheim, Basel: Beltz 1985, S. 119–130

FABRICIUS, VOLKER: Schulgeschichten in der Schule. In: Praxis Deutsch, Nr. 93, 1989, S. 12–14

HITZER, FRIEDRICH: Fragmente zu einem großen Plan. In: Kürbiskern, H. 1, 1981, S. 99–113

KESTING, HANJO: Ein autoritärer Anarchist. In: Der Spiegel, 18. 8. 1980, S. 166–171

MUTH, JAKOB: Öffentlichkeit im Unterricht und Privatsphäre des Schülers. Interpretationen zu einem autobiographischen Werk von Alfred Andersch. In: Pädagogische Rundschau, H. 6, 1985, S. 659–667

REINHARDT, STEPHAN: Alfred Andersch. Eine Biographie. Zürich: Diogenes 1990

REINHOLD, URSULA: Alfred Andersch: Der Vater eines Mörders. In: Weimarer Beiträge, H. 2, 1982, S. 141–148

V. SCHIRNDING, ALBERT: Es lohnt sich, Franz Kien zu loben. In: Merkur, H. 3, 1981, S. 329–334

Der Spiegel: Rufmord am Rex? Ehemalige Himmler-Schüler kritisieren Andersch. In: Der Spiegel, 18. 8. 1980, S. 167

HELGA BLECKWENN

Karin Reschke: *Verfolgte des Glücks. Findebuch der Henriette Vogel*

Es ist ein dem natürlichen Lesevorgang entlehntes didaktisches Verfahren, vor Beginn einer Lektüre Mutmaßungen über den Titel anzustellen und damit die halbbewußten Erwartungen an den Text zu thematisieren. Karin Reschkes Roman *Verfolgte des Glücks. Findebuch der Henriette Vogel* gibt Impulse, die solche Reflexion ergiebig machen. Die sprachlich ungewöhnliche Fügung „Verfolgte des Glücks" kontrastiert die geläufige Formulierung „vom Unglück verfolgt" und läßt auf ambivalente Erfahrungen von Glück schließen. Der Untertitel lenkt in die Historie: „Findebuch" scheint eine (mit der Sache) veraltete Bezeichnung für ein Tage- und Notizbuch zu sein. Wer über literaturgeschichtliches Autorenwissen verfügt, wird den Namen der Todesgefährtin Heinrich von Kleists kennen, mit der zusammen er sich am 21. November 1811 erschoß. Ein Bildnis Henriette Vogels gegenüber der Titelseite dokumentiert den historischen Bezug. Die Abbildung eines Maskenfestes auf dem Buchumschlag: Personen in Tierlarven und Empirekleidung, laut Information des Impressums „Maskenball im Berlin der Friedenszeit (Anfang des 19. Jahrhunderts)" lassen gesellschaftliches Rollenverhalten der Oberschicht als Themenbereich erwarten. Der weibliche Autorenname (Karin Reschke) in Verbindung mit der weiblichen Begleitfigur (Henriette Vogel) eines literarisch prominenten Mannes (Heinrich von Kleist) in einem zeitgenössischen Buch (Veröffentlichung 1982) legt die Rubrizierung des Textes als „Frauenliteratur" nahe, als Beitrag zur Gegengeschichte der unbeachteten Frauen an der Seite berühmter Männer. Zu erinnern sind die etwa zeitgleich erschienenen Werke von Sibylle Knauss, *Ach Elise oder Liebe ist ein einsames Geschäft* (1981) (über Friedrich Hebbels Lebensgefährtin Elise Lensing), Anne Delbee, *Der Kuß. Kunst und Leben der Camille Claudel* (1982/85) (über die Bildhauerin Camille Claudel, Schwester Pauls Claudels und Geliebte Auguste Rodins) oder Ria Endres, *Milena antwortet – Ein Brief* (1982) (über Franz Kafkas Briefpartnerin Milena Jesenská).

Das Sujet ist gut gewählt. Kleists Selbstmord gehört, wie Hölderlins umnachtetes Dahinleben im Tübinger Turm und wie Nietzsches Zusammenbruch, zu den Mythen authentischen Dichterlebens in der deutschen Literatur. Alle Begleitumstände sind historisch genau erforscht, aber Henriette Vogel ist nur eine blasse Nebenfigur geblieben. Sogar in Dokumentationen zu Kleists Grab findet das ihrige nur beiläufige Erwähnung und wird nicht abgebildet (vgl. Besucher-Berichte und Inschriften bei Sembdner 1977, Nr. 559–574a, S. 455–462; Abbildungen bei Hohoff, 1978, S. 152 und 155)

So kann die Lektüre mit unterschiedlichen, sich auch mischenden und überlagernden Erwartungen an das Buch beginnen: als Frauenbuch im aktuellen literarischen Kontext zum einen, das thematische Legitimation und intellektuelles Lesevergnügen aus dem Bezug auf Historie und Traditionsbildung bezieht; als historische Rekonstruktion zum anderen, von der kundige Rezipienten, Kenner der Kleist-Forschung und der Berliner Romantik um 1800, neue Einsichten aus der bislang verdrängten weiblichen Perspektive erwarten dürfen. Die folgende Interpretation will prüfen, wie dieser Doppelstruktur der Erwartungen entsprochen wird.

Der „Inhalt" des Buches ist vom „Aufbau" her klar gegliedert. Durch zwei Vor- bzw. Rahmentexte wird die Endsituation, der Doppelselbstmord Henriette Vogels mit Heinrich von Kleist, vorbereitet: „Boten nach Auras" (5ff.) bringt den Bericht über einen ersten gemeinsamen Aufbruch, der durch das unvorhersehbare Zusammentreffen mit einem gemeinsamen Berliner Bekannten in einem abgelegenen Gasthof von Auras vereitelt wird: „Einen Aufschub von acht Tagen wollten wir nach diesem Fiasko in Kauf nehmen." (7) Zugleich motiviert dieser Aufschub die Gelegenheit, das Kleist versprochene, aber im Zuge der sorgfältigen Nachlaßregelung schon fortgegebene Findebuch wieder beizubringen.

Der zweite Rahmentext, die „Potsdamer Reise" (8ff.), handelt vom erneuten „Anfang unseres gemeinsamen Spiels vom Ende, das wir in Auras geprobt und in Wannsee fortsetzen wollten" (9), von Henriettes Kutschfahrt, zu der Kleist, wie verabredet, zusteigt. Henriette hat das Findebuch mitgebracht, es liegt „das schwarzlederne Felleisen in meinem Schoße, die versiegelten Blätter, den kurzen Umriß meines unfertigen Lebens" (8). Ihre Gefühle sind heiter-erwartungsvoll, ihre Gedanken kreisen noch um die Ordnung letzter Angelegenheiten und Abschiede. In dieser Stimmung übergibt sie Kleist das Findebuch:

„Wie im Frühling mit verliebten Händen. Das Versprechen, sagte ich, und übergab Kleist das schwarzlederne Felleisen. Er nickte mir zu, zögerte nicht mit dem Aufbinden, meine Hände gaben keine Ruh. Da noch ein Brief an die Manitius, einer an Vogel, noch einer zum Abschied, für die Freundin ein paar Worte [...] In diesem weiten Himmel, einmal ganz klar, flogen weiße Blätter auf." (10)

Es entspräche wieder geläufiger Praxis angeleiteter Lektüre, hier innezuhalten und die Leseerwartungen zu klären: Nach einem solchen Doppelrahmen wird der Abdruck des Findebuchs folgen; der Leser wird jenen „Umriß" von Henriettes Leben kennenlernen, eines Frauenlebens, das offenbar durch familiäre und freundschaftliche Beziehungen geregelt war – Vogel (der Ehemann), Paulinchen (die Tochter), Dörte und Treblin (als Dienstboten und Hausgenossen), Amöne, Müller, die Eberhardin (als Freunde) werden erwähnt –, das aber doch in eine Einsamkeit führte, die persönliche Öffnung auch dem Freunde gegenüber erst angesichts des Todes wagt. Wenn Überwindung der Distanz erst in dieser Extremsituation möglich ist, erübrigen sich Spekulationen über einen Freitod aus hoffnungsloser Liebe und lassen eine kompliziertere Beziehung vermuten.

Die folgende Hauptschrift ist der Anlage nach ein Tagebuch, in dem neben den persönlichen Einträgen auch Berichte, Skizzen, auch abgeschlossene Erzählungen enthalten sind und das mit erheblichen Unterbrechungen für den Zeitraum von 1798 bis 1811 vorliegt.

Ein erstes Konvolut umfaßt die Zeit vom 3. April 1798 bis Mitte 1799 und dokumentiert ein sehr ereignisreiches Jahr im Leben der jungen, wohl kaum zwanzigjährigen Henriette, die, als einzige Tochter, im Haushalt des Beamten Carl Adolf Keber in Berlin lebt. (Ein datierbares Alter wird nirgends genannt; es ist auch für die historische Henriette Vogel nicht sicher überliefert: sie soll bei ihrem Tode 31 oder 34 Jahre alt gewesen sein.) Henriette reist, in Begleitung ihrer Ziehmutter Manu, Frau Manitius, von Berlin nach Graudenz, um ihre leibliche Mutter kennenzulernen: eine amazonenhafte Frau, die ihre Passion als Reiterin und Pferdezüchterin einst dem Familienleben vorgezogen hat. Das Wiedersehen verläuft enttäuschend; die Landwirtschaft bleibt der jungen Städterin fremd; die Vorgeschichte der immer wieder erzählten Mär ihrer „Geburt unter freiem Himmel" (26) und die Selbstrechtfertigungen der Mutter interessieren sie wenig. Ostentativ bestätigt sie sich und der Ziehmutter: „Da ich meine Mutter nicht kenne, liebe ich sie nicht" (36). Die Reise wird nach der Rückkehr zum unterhaltsamen Erzählstoff verarbeitet. In den nächsten Monaten ist Henriette durch neue Bekanntschaften, wie Madame Nuffert und ihre Tochter Amöne, beschäftigt. Sie verliert ihre Zofe und nächste Vertraute Fränze, die unter mysteriös verheimlichten Umständen in der Charité stirbt, und ihren Hauslehrer Schwerter, der eine bessere Stellung bei einem wohlhabenden Offizier „links des Rheins, in einer französischen Garnison" (61) annimmt, und sie wird sich ihrer Einsamkeit bewußt:

„Alle Welt scheint mich zu verlassen. Witwengleich grübele ich über solches Geschick. Wie rasch die Geschichte sich wendet. Eben noch zuversichtlich, umgeben von Vertrauten, sitze ich nun da, die Hände ruhelos im Schoß." (60 f.)

In einem Bürgerhospiz läßt sie sich auf den Ehe- und Hausstand vorbereiten; derart in eine Erwartungshaltung gedrängt und, von den Selbstbezichtigungen ihres Vaters beim Tod seiner Frau, ihrer Mutter, erschüttert, geht sie auf die sehr konventionelle Werbung der Herrn

Rendanten Louis Vogel ein: zu Weihnachten richtet sie „in meinem Eigensinn und viel Unterstützung meiner Ziehfrau" (84f.) die Verlobung aus und hält mit der Heirat Anfang März „Einzug in Vogels Leben" (99). Zu allen äußeren Veränderungen, die sie durch Intensivierung der Freundschaft mit Amöne Nuffert zu bewältigen sucht, findet sie sich bald im Zustand der Schwangerschaft. In der Zeit nervösen Wartens auf die Geburt brechen die Eintragungen ab.

Diese Unterbrechung wird nicht kommentiert; als Zäsur gibt sie dem Leser Gelegenheit, Mutmaßungen über Henriettes weitere Entwicklung anzustellen: eine mindestens zufriedenstellende Ehe- und Familiensituation ist für die nächsten Jahre zu erwarten.

Die Wiederaufnahme der Aufzeichnungen im Oktober 1806, nach den preußischen Niederlagen (bei Jena und Auerstedt) wird explizit aus dem Bedürfnis nach Selbstgewißheit begründet:

„Ich möchte das Vergangene hüten, um die Gegenwart mir zu erschließen und der ungewissen Zukunft einen Grund zu geben." (118)

Die Eintragungen handeln nun von den häuslichen Problemen unter den einschränkenden Bedingungen der französischen Besatzung in Berlin, von den Gesprächen und Spielen mit der Tochter Pauline, von den Gesellschaften im Hause Vogel, von dem plötzlichen Abschied des Pfarrers Castor, der sich in eine Dorfpfarre zurückzieht, und endet mit der besorgt-hoffnungsvollen Sylvesterfeier am letzten Tag dieses Jahres.

Zur nächsten Unterbrechung wird redaktionell (und eigentlich überflüssig) angemerkt: „(Die Jahre 1807, 1808, 1809 fehlen im Findebuche)" (148). Eine Wiederaufnahme, so kann der Leser vermuten, wird erfolgen, wenn in dem Gleichmaß des Lebens Unterbrechungen und Turbulenzen eintreten.

Der dritte Abschnitt der Eintragungen (vom 30. April 1810 an) beginnt mit der „Entdeckung des Übels in meinem Leibe", einer vom behandelnden Arzt als „Entzündung" bezeichneten, von Henriette selbst als „Klumpen" und „Gewächs" (149) gefühlten physischen Veränderung, die sie durch abnorme Blutungen schwächt, aufs Krankenlager zwingt und dadurch zunehmend von der Gesellschaft entfremdet. Die Beziehung zu Vogel ist höflich und formell-geregelt; sie kühlt aber merklich ab, da Henriette sich nicht für seine politischen Reform-Vorstellungen interessiert und da ihm ihre Krankheit peinlich ist. So werden denn beide gelegentlich neuer Bekanntschaften und gesellschaftlicher Anforderungen gereizt und streitbar bis zur völligen Entzweiung. Als derart störend-klärende Bekannte erscheinen der mit neuen politischen Ambitionen von Dresden nach Berlin zurückgekehrte Adam Müller und seine emanzipierte Geliebte Sophie Haza sowie,

zunächst nur im gesellschaftlichen Umgang („Mal Zwillinge, mal Drei-
gespann" mit Adam Müller und Sophie Haza, 174) Heinrich von Kleist.
Henriette nimmt die Salon-Gesellschaften nunmehr als Kampfplatz
von Protagonisten wahr; die Hoffnungen und Mißerfolge Kleists registriert sie ohne persönliche Betroffenheit. Ihre eigene Situation klärt
sie in einem im April 1811 niedergeschriebenen Märchen „Das Vermächtnis der Elvira von Siena" (205–212). Danach brechen die Aufzeichnungen für mehrere Monate ab. Die folgenden Eintragungen vom
7. Oktober bis 10. November 1811 (also bis zum Aufbruch nach Auras)
setzen den gemeinsamen Todesentschluß schon voraus und sind in
einer euphorischen Stimmung geschrieben. Die letzte Eintragung
schließt inhaltlich den Kreis zum ersten Rahmentext:

„Von Kleist erhalte ich ein Billet, daß unsere Reise nach Auras arrangiert sei,
und seine Küsse meinen Weg zu ihm streuen." (219)

Die in scheinbar zufällig-spontaner Folge aufgezeichneten Beobach-
tungen, Erlebnisse, Erfahrungen sowie die eingefügten Märchen und
Erzählungen des „Findebuchs" erweisen sich für einen in immanenter
Interpretation geschulten Leser als höchst beziehungsreich und konse-
quent arrangiert. Erst bei wiederholter Lektüre sind die vielfältigen
Vorausdeutungen und Verknüpfungen zu erfassen, läßt sich aus dem
Einheit stiftenden Bewußtsein Henriettes Auswahl und Ordnung ver-
stehen. Sybille Cramer hat in ihrer Rezension diese kompositorische
Komplexität des Buches treffend beschrieben:

„Wie Karin Reschke hier das gemeinsame Finale der beiden metaphorisch vorbereitet, so organisiert sie das Findebuch mit Bildsynthesen, Verklammerungen,
Spiegelungen, symbolischen Bezügen, kurzum: dem erprobten Konstruktions-
material des Romans planvoll zu einem geschlossenen Textsystem. Die Unordnung dieser fliegenden Blätter, das Unsystematische, Spontane, Formlose dieses
Schreibens wird nur behauptet. Dieses Findebuch ist eine maskierte Biographie.
Seine Fiktion ermöglicht die Darstellung des Lebens als Synthese." (Cramer,
1983, S. 109)

So erfolgt etwa die Erzählung vom Doppelselbstmord des in seiner
Ehre gekränkten Gipsgießers und seiner Frau (3. April 1798; 17 ff.) im
Zusammenhang des Streites der Magd Fränze mit ihrem Bräutigam; sie
klärt zugleich über Fränzes Herkunft auf und läßt ihre verzweifelte Abhängigkeit verständlich werden. Weiter jedoch verweist die eindrucksvolle Schilderung der Todesvorbereitungen, die das Ehepaar in geho-
ner Stimmung trifft, ohne den geringsten Argwohn der Familie, auf den
späteren Zustand Henriettes nach dem Entschluß zum gemeinsamen
Sterben mit Kleist.

So beginnen die Aufzeichnungen als Mitteilungen an den Zauberer
Griot, den sich Henriette als fiktiven Partner für die Phantasien ihrer

Kinderwelt geschaffen hat (13 f., 17). Die Unfähigkeit, ihn wieder zu beschwören, nimmt sie später als Symptom für den endgültigen Verlust dieser Welt (144 ff.). Es ist Zeichen ihres literarisch-„erwachsenen" Umgangs mit fiktiven Erzählmöglichkeiten, wie sie später ihre Tochter Pauline über die Entstehung der Kinder aufklärt (20. Okt. 1810; 195 f.).

Diese ersten Beispiele sollen auch belegen, daß die verknüpfende und deutende Interpretationsarbeit vom Leser geleistet werden muß. Es werden ihm dazu keine Themen formuliert oder Schlüsselbegriffe gegeben, und ihm wird auch nicht mit historischen Informationen geholfen.

Damit erklärt sich der etwas mühsame Anfang der Lektüre. Der Ort Auras wird nicht eingeführt; nur die Bemerkung über Hoffmeister, „der von einer Reise aus Cottbus auf dem Rückwege war" (6), läßt eine ungefähre Lokalisierung zu. „Findebuch" wird nicht als eigene Prägung der Autorin signalisiert (es gibt keine Nachweise in den deutschen Wörterbüchern seit Grimm; das ähnlich klingende Hilfsmittel archivalischer Forschung heißt fachsprachlich „Findbuch", gegen Cramer, 1983, S. 108); das Wort bildet eine assoziativ ergiebige Verbindung von Tagebuch und Selbstfindung. (Die Autorin macht an anderer Stelle „finden" und „erfinden" zu Komplementärbegriffen ihres Erzählens; Reschke, 1983.) Zur Titelformulierung wird, immerhin markant am Ende einer Eintragung, durch eine Aussage Fränzes indirekt eine Erläuterung gegeben:

„wir sind vom Glücke verfolgt, [...] daß wir jetzt leben und nicht unter rauhen Göttern und Barbaren, jeder ist die Esse, an der sein Glück geschmiedet wird und kann sich damit narren." (Ende Juli 1798; 58)

Das vermeintliche Glück des selbstbestimmten Schicksals wird als prometheische Qual erfahren.

Wenn hier eingangs die durch Titel und Eingangskapitel ausgelösten Lesererwartungen entfaltet wurden, so sollte dadurch auch das Vorverständnis kenntlich gemacht werden, mit dem das Buch als Kleist-Roman interpretiert wird, erzählt aus der Perspektive Henriette Vogels. Ein markantes Beispiel für solch eine Fehlinterpretation ist die fundierte und herausfordernd interessante Besprechung von Ernst Osterkamp im Kleist-Jahrbuch 1984, der zu einem eigentlich vernichtenden, nur gönnerhaft gemilderten Urteil gelangt:

„dies ist kein Buch über Kleist. Und wer wollte es Karin Reschke auch vorwerfen, daß sie an dieser Gestalt gescheitert ist, bei deren Charakterisierung doch jeder nachdenkliche Autor sehr bald Wörter wie ‚rätselhaft' oder ‚sonderbar' wird verwenden müssen?" (Osterkamp, 1984, S. 174)

Diese Einschätzung reizt zum Widerspruch, weil der Rezensent den Versuch, Henriette Vogel „ihr eigenes Leben zurückzugeben" (ebd., S. 165), nur in Beziehung auf Kleist wahrnimmt – und weil er zudem den Beitrag zur Frauenliteratur für unbedeutend hält:

> „Wir haben, pointiert gesprochen, nichts dazugewonnen, wenn wir aus dem fiktiven Tagebuch der Henritte Vogel erfahren, daß die unerfüllte Hausfrau von nebenan, geringfügig umkostümiert, auch schon vor zweihundert Jahren gelebt hat. Wer ein wenig mit neuerer Frauenliteratur vertraut ist, kennt all die Gespräche, die Träume und Wünsche, die hier zur Sprache gelangen, kennt sie aus den Gegenwartsromanen nicht allein, sondern auch aus den modischen Anleihen bei den Romantikerinnen. [...] Mit anderen Worten: Henriette Vogel dachte und empfand wohl ganz anders, als Karin Reschke es uns glauben machen möchte – vermutlich so, daß sich manche ihrer heutigen Schwestern schaudernd von ihr abwenden würde." (ebd., S. 166 f.)

Osterkamps Verriß eines mißlungenen Kleist-Buches und historisch unzulänglichen Frauenporträts ist freilich atypisch für die Rezeption des *Findebuches*: die Kritik war ungewöhnlich positiv; die Autorin wurde durch dieses eine Werk so bekannt, daß sie seither in jedes Lexikon deutschsprachiger Autoren Aufnahme findet (KLG, 1986; Brauneck, 1988; Kosch, [3]1990; Killy, 1991). Die Daten ihrer Berufsbiographie vermitteln einen Lebenslauf in der Berliner Kulturszene, der durch das ‚Frauen'-Thema seit Ende der siebziger Jahre eigene Kontur gewinnt: geboren 1940 in Krakau, aufgewachsen in Berlin, Germanistikstudium in München, 1965 Rückkehr nach Berlin, Volontariat beim Sender Freies Berlin und Mitarbeit an verschiedenen literarischen Zeitschriften, 1975–78 in Konstanz lebend, danach wieder in Berlin; 1978 Herausgabe eines *Frauenlesebuchs*, 1980 die erste Erzählung *(Memoiren eines Kindes)*, und dann mit dem *Findebuch der Henriette Vogel* 1982 der Durchbruchserfolg, der bisher nicht wiederholt werden konnte: das bekannteste Folgewerk *(Margarete*, 1987), eine aktualisierte Fassung der Gretchen-Tragödie aus der Perspektive der betroffenen Frau, fand nur zurückhaltende Anerkennung. Für das im *Findebuch* angeschlagene Thema der von der Geschichte vergessenen Gefährtin des berühmten Mannes scheint Reschke bislang kein Sujet mehr gefunden zu haben, auf das sich neue Facetten der Darstellung, eigene kulturgeschichtliche Bedeutung und aktuelles Interesse vereinigen ließen.

Höhepunkt der publizistischen Anerkennung für Karin Reschke war die Verleihung des Literaturpreises der Frankfurter Allgemeinen Zeitung 1982 mit der Laudatio von Marcel Reich-Ranicki (Reich-Ranicki, 1985). Obgleich auch Reich-Ranicki zunächst sein Publikum mit einem Kleist-Porträt einnimmt, weiß er aber dann in der Wendung zu Henriette Vogel das spezifische Darstellungsinteresse des *Findebuchs* zu vermitteln:

„Während Henriette Vogel nach Ansicht der meisten Forscher bloß ein willkommener Zufall am Ende des Lebensweges von Kleist war, kann man hier den Eindruck gewinnen, Kleist sei kaum mehr als ein glücklicher Zufall im Leben der Henriette gewesen. Mit anderen Worten: Während sie bisher nur eine Fußnote in der Biographie Kleists war, ist jetzt Kleist eine Fußnote in der ihrigen. Er tritt erst in den letzten Kapiteln des Buches auf und bleibt auch dann im Hintergrund." (Reich-Ranicki, 1985, S. 170).

Zudem wehrt Reich-Ranicki eine modische, sicher Interesse und Verkauf fördernde, aber im literarischen Urteil eher negative Rubrizierung als „Frauenbuch" elegant und mit guten Argumenten ab:

„Geht Henriette etwa zugrunde, weil ihr die hartherzige oder egoistische preußische Männerwelt jener Zeit die individuelle Selbstentfaltung, die – um ein modisches Wort zu verwenden – Selbstverwirklichung unmöglich macht? Wer das Buch als eine gleichsam aus feministischer Sicht geschriebene Geschichte liest, der mißversteht, was Karin Reschke gewollt und geleistet hat. Was hier geschieht, spielt sich auf einer anderen Ebene ab. Sophie [...] sagt einmal zu Henriette: ‚Sie sind viel allein, vergraben sich, und wenn man sie zu sehen bekommt, tragen Sie eine Leidensmiene zur Schau. Ganz wie unser Freund Kleist.' In der Tat: Das ist es, was die beiden vor allem miteinander gemein haben – ihre außerordentliche Leidensfähigkeit." (ebd., S. 171)

Kein Kleist-Roman also, sondern, könnte man resümieren, die Leidensgeschichte zweier Einsamer, in der literarischen Fiktion verständlich gemacht – das *Findebuch* als Variation zu Christa Wolfs *Kein Ort. Nirgends* (1979)? Dort werden Kleist und Caroline von Günderode in einer Teegesellschaft des Romantikerkreises der Brentanos und Savignys im Jahre 1804 zusammengebracht und erkennen gegenseitig ihre Gefährdung, ohne die Übereinstimmung über dieses Treffen hinaus leben zu können:

„Wir sind sehr einsam. [...] Kurzatmig, angstvoll müssen wir weitersprechen, das wissen wir doch. Auch, daß uns keiner hört. Auch daß sie sich gegen uns wehren müssen: Wo kämen sie hin. Dahin, wo wir sind – wer wollte es ihnen wünschen. Da wir uns nicht wünschen können, zu sein, wo wir sind, da wir es nicht ändern können. Da wir uns lieben, uns hassen." (Wolf, 1979, S. 138 f.)

Leicht zu korrigieren ist bei unvoreingenommener Lektüre die Fixierung auf einen Kleist-Roman: Kleist wird erstmalig in der Mitte des Buches erwähnt, als Person nach etwa zwei Dritteln eingeführt, und er nimmt eine dann freilich herausragende Stellung im letzten Viertel von Henriettes Aufzeichnungen ein.

Im Dezember 1806 findet Henriette auf dem Schreibtisch ihres Mannes die ihr von Adam Müller in einem Brief an Vogel mit warmer Empfehlung zugedachte „geheimnisvolle Novelle" Heinrich von Kleists (144), deren Lektüre sie so sehr bewegt, daß sie das Buch ihrer Freundin Amöne weitergibt (147). Der Fund des indirekt zugesandten Buches ist zunächst ein Beweis für das Ende ihrer Beziehung zu Müller,

der sich fluchtartig zurückzog, als sie eine Klärung wünschte (142 f.).
Die Beschäftigung mit der *Marquise von O* hat ihren Stellenwert zudem
in Henriettes Lesebiographie, zwischen der Lektüre des *Werther*
(106 ff.), der diffusen Suche nach etwas Neuem (153) und der Entdek-
kung der Karschin als literarischem Vorbild (158). Die vielfältig verknüpften Handlungsfäden lassen also eine einsträngige Interpretation
im Sinne der Vorbereitung auf die Begegnung mit Kleist nicht zu.

Persönlich lernt Henritte Kleist am 5. Mai 1810 im Haus des Kriegs-
rats Peguilhen kennen und nimmt ihn zunächst ganz im Rahmen dieser
Salon-Geselligkeit wahr:

> „Amöne rätselt wieder die Herren aus. Dabei hat sie sich einen winzigen Knall-
> frosch in roten Strümpfen mitgebracht und behauptet, daß er der beste Damen-
> tänzer von Berlin sei.
>
> Der schweigsame Herr, ein bekannter Dichter, hält sich an einem Täßchen Kaf-
> fee fest. Man erzählt sich, daß sein jüngstes Werk, ein Ritterstück, vom Theater
> abgelehnt worden sei. Die Eberhardin weiß es aus erster Hand. Sie ist hin und her
> gerissen zwischen dem engherzigen Herrn Iffland, der es abgewiesen, und dem
> sonderbaren Verfasser Herrn von Kleist. Seine Novelle, die Marquise von O, die
> mir vor Zeiten das nächtliche Grauen bereitete, habe ich noch gut in Erinnerung.
> Aber der Verfasser ist nicht ansprechbar den Abend und zieht sich früh zurück.
> Wie hätte ich ihm von seiner Erzählung reden sollen, dem seltsamen Liebeshandel
> aus verlorener Ehre und gerettetem Stolze, da mir die Schrift damals unter Merk-
> würdigkeiten zugegangen ist und ich dieselben ganz mit ihr verwebe." (154 f.)

Die Schilderung des Abends im Hause Peguilhen ist eine Schilderung
unter anderen solcher Treffen, in denen Henriette den von Freundinnen zugetragenen Klatsch und die eigenen Beobachtungen ironisch-
distanziert zusammenfaßt (vgl. z. B. den Abend im Haus Nuffert,
12. Dez. 1798; 71–76 – oder als Gastgeberin, 20. Nov. 1806; 129–132).
Auch wenn es für Henriette an diesen Abenden Personen besonderen
Interesses gibt (Adam Müller), nimmt sie die Gesellschaft doch auch
stets als komplexes Ensemble wahr. Die Beziehung zu Kleist könnte zunächst als eine Neuauflage jenes mit großer Diskretion behandelten
Verhältnisses zu Müller verstanden werden. Die andersartige psychische Bedeutung zeigt sich jedoch auch darin – und hier wird über
Reich-Ranickis Interpretation von der Konvergenz zweier Leidender
hinausgegangen –, daß Henriette durch die Beziehung zu Kleist eine
neue Qualität der sprachlichen Objektivierung erlangt. Drei Beispiele
mögen dies verdeutlichen.

Von Anfang an finden sich in Henriettes Aufzeichnungen metaphorische Apostrophen an ihr nahestehende Personen: „Meine Lethe,
meine Wiege" nennt sie ihre Ziehmutter (22, auch 139), „Mein Tau,
mein Friedensbogen" ihre vertraute Fränze (43) oder „mein Gassen-
duft, meine Brautjungfer mit den Zottellöckchen" (102), später die
Freundin Amöne „meine Windrose, meine Äolsharfe" (160; ähnlich

„Meine Äolsharfe, meine Schattenblume!", 183) und ihre Tochter: „Mein Goldkelch Pauline" (162), „Meine Trauerweide, mein schönes Kind Pauline" (166 und 167). In der Niederschrift nach dem befreienden Entschluß zum gemeinsamen Sterben präludiert sie („Mein Wonnemeer den Morgen, meine Zuversicht den Mittag", 7. Oktober 1811; 213) den frühere Formulierungen aufnehmenden, sie zu eigener Form erweiternden Todeshymnus:

„Mein Heinrich, mein Süßtönender, mein Hyazinthbeet, mein Wonnemeer, mein Morgen- und mein Abendrot, meine Äolsharfe, mein Tau, mein Friedensbogen, mein Schoßkindchen, mein liebstes Herz, meine Freude im Leid, meine Wiedergeburt, meine Freiheit, meine Fessel, mein Sabbath, mein Goldkelch, [...] Mein Schatten am Mittag, mein Quell in der Wüste, meine geliebte Mutter, meine Religion, meine innre Musik, mein armer kranker Heinrich, mein zartes weißes Lämmchen, meine Himmelspforte. H." (9. Nov. 1811; 217 f.)

Ein zweites Beispiel ist die Erfindung der Fabel vom Vogel Merops, die von Kleist als vorzüglich gelobt wird (1. Nov. 1811; 216):

„Ich muß dich noch was fragen, sprach ein junger Adler zu einem tiefsinnigen, grundgelehrten Uhu. Man sagt, es gäbe einen Vogel mit Namen Merops, der, wenn er in die Luft steige, mit dem Schwanze voraus, den Kopf gegen die Erde gekehrt, fliege. Ist das wahr? Ei nicht doch, antwortete der Uhu, das ist eine alberne Erdichtung des Menschen. Er mag selbst ein solcher Merops sein, weil er nur gar zu gern den Himmel erfliegen möchte, ohne die Erde auch nur einen Augenblick aus dem Gesichte zu verlieren." (30. Juni 1810; 173)

Die häufigen Anspielungen auf diesen Vogel Merops in den folgenden Eintragungen zeigen, daß Henriette damit ihre Situation beschrieben und schließlich im „letzten Fluge" und „gemeinsamen Sturz" ein heitererlösendes Ziel gefunden hat. (174 f., 214 ff.)

Das dritte Beispiel ist das schon erwähnte Märchen vom „Vermächtnis der Elvira von Siena", das Henriette im April 1811 niederschreibt (205–212). In diesem Märchen trifft eine Reisende auf der Suche nach ihrer Base unmittelbar nach deren Tode in Siena ein und kann deren Stellung als Hausherrin und Geliebte bei Signore Bartholomeo einnehmen: so wie jene einst ihre „freischwebende Existenz" aufgab und „in eine andere Haut" schlüpfte (209). Damit hat Henriette zugleich ihr ungelöstes Problem literarisch chiffriert: daß sie keine zu ihr passende gesellschaftliche Rolle gefunden hat oder daß sie nicht fähig war, eine gebotene Rolle anzunehmen. Die alternative Lebensform ihrer Mutter hat sie abgelehnt und verdrängt. Mit ihrer Ehe ist sie nach einigen Jahren unzufrieden (2. Nov. 1806; 123 f.). Sie bewundert die mutige Sophie Haza, die gegen starke Widerstände die Scheidung durchsetzte und Müller folgte („Was hat sie mir nicht alles voraus. O, Sophie, ich bin ganz krank vor Neid, wenn ich Sie so höre."; 159), aber ist auch scharfsichtig für deren Inkonsequenz, freie Partnerschaften zu propagieren und die eigene Schwangerschaft durch enge Miederschnürung zu verbergen (163 f.). Kleists *Penthiselea* ist ihr fremd („Es hat doch jenen Pferdefuß, die Frauen den Männern nacheifern zu lassen."; 177). Über die Beobachtung ihrer Umwelt, die Verschriftlichung ihrer Erlebnisse und Erfahrungen gelangt sie zu Ausdrucksmöglichkeiten für ihre Emotionen und zur Deutung ihrer Situation. Im Umgang mit Kleist entwickkelt sie die Möglichkeit, sich in verschlüsselter Form literarisch zu artikulieren – bis zum Entschluß des gemeinsam inszenierten Todes.

Eine besondere Qualität des *Findebuchs* liegt in der Beschränkung auf den Erfahrungshorizont der fiktiven Heldin. Auch wenn die Autorin die Ich-Erzählerin mit bemerkenswerten literarischen Fähigkeiten ausgestattet hat („Sie kann vorzüglich schreiben – so gut schreiben wie Karin Reschke."; Reich-Ranicki, 1985, S. 169), läßt sie deren Wissen und Bewußtsein nicht das Herkunftsmilieu transzendieren. Henriette ist keine zu Unrecht vergessene Mittelpunktsfigur eines romantischen Salons, nach Ausstrahlung und Akzeptanz nicht vergleichbar mit Caroline Schelling, Henriette Herz, Rahel Varnhagen. Sie ist eine Tochter des höheren Bürgertums, mit einer ungewöhnlich-unverstandenen Mutter, die in einer Frauenwelt lebt, Frauen als Vertraute hat, von der mütterlichen Frau Manitius über die schwesterliche Magd Fränze zur ihrerseits konfliktbelasteten Amöne Nuffert und zur emanzipierten Sophie Haza. Deren heimliche Nöte: körperliche Mißhandlungen (Fränze, 42 f.; Amöne, 168), tabuisierte Verhältnisse (Amöne, 180 ff.), verheimlichte Schwangerschaft (Sophie, 154, 164) sind von Männern verursacht, und die Frauenfreundschaften haben die Funktion von Leidensgemeinschaften. Das Ensemble der Frauen bildet Henriettes Lebenswelt, die Spiegelung ihrer Möglichkeiten. Männer erscheinen in dieser Welt in öffentlich bestimmten Rollen: der Vater Keber, der Lehrer Schwerter, der Pfarrer Castor. Auch in vertrauten Beziehungen bleibt Distanz zu diesen Männern gewahrt, die sich im Gebrauch der Familiennamen manifestiert: Henriettes Mann bleibt in den Aufzeichnungen meist „Vogel", wie auch „Müller" und „Kleist" nicht mit Vornamen genannt werden. Andererseits bleiben die Probleme der Männer den Frauen fremd: Kebers Beziehung zu seiner Frau, Vogels politische Reformpläne, Müllers staatstheoretische Werke, selbst Kleists Bemühungen um Anerkennung als Schriftsteller interessieren Henriette nicht sonderlich und werden nur beiläufig erwähnt. Das Erscheinen der *Berliner Abendblätter* (seit Oktober 1810) beobachtet sie aus der Innensicht des Mitarbeiterkreises um Kleist, mit scharfem Blick für die psycho-soziale Dynamik der Gruppe (186 ff., 190 f., 197 ff.). Erst der unaufhaltsame Niedergang der Zeitung bringt sie dazu, sich resignierend und selbsttäuschend einzugestehen, daß sie gern geholfen hätte, aber nicht mehr die Kraft dazu habe:

„Ach, was hab ich an meinem Pulte nicht alles an Kleist adressiert! Kleine Fundstücke, Begebenheiten, Phantasien. Wie viele Abendblätter habe ich mir selbst erdacht und nichts geschrieben. Wie häufig mir den Kopf gemartert, aus den schlecht gedruckten Heften ein ansehnliches Journal zu machen, wenn mich nicht so viel gehindert hätte, dem Freunde in Idee und Wort nahe zu sein. Ich habe keine besonderen Fähigkeiten, ein Blatt zu edieren, aber einige nützliche Beobachtungen gemacht, deren Notate mir zuweilen wieder in die Hände fallen und die im Abendblatte, so wie ich es ursprünglich gelesen und verstanden habe, gut placiert gewesen wären." (4. März 1811; 203)

In einer Zeit, die geistesgeschichtlich mit der Idee der romantischen, das heißt unendlichen, allumfassenden, Einheit stiftenden Liebe verbunden ist, wird hier die Fremdheit der Geschlechter vorgelebt. Die Salon-Geselligkeit arrangiert zwar Begegnungen, die mehr oder minder verheimlicht unter allgemeiner Beobachtung weitergeführt werden können, aber eine wirklich verbindende öffentliche Zusammenarbeit von Mann und Frau ermöglicht sie nicht.

Die Frauenperspektive eröffnet auch eine eigene Wahrnehmung der Historie. Die drei Schreibphasen des *Findebuchs* sind jeweils unterschwellig mit drei verschiedenen Epochen der napoleonischen Ära korreliert: in der ersten Phase 1798/99 werden noch die Nachwirkungen der Französischen Revolution spürbar; die zweite Phase im Herbst 1806 liegt in der Zeit nach der preußischen Niederlage bei Jena und Auerstedt, und die dritte Phase fällt mit der Epoche der Preußischen Reformen zusammen. Die Intensität der Wahrnehmung öffentlichen Geschehens ist dabei sehr unterschiedlich, was aus Henriettes abnehmender Vitalität erklärt werden könnte, aber doch auch als Schwäche der Darstellung nicht ganz wegzudiskutieren ist.

Am intensivsten wird die Gefühlslage der Berliner Bevölkerung zwischen Angst und Haß gegenüber den Anhängern der französischen Revolution in Gesprächen und Gerüchten der Jahrhundertwende vermittelt. „Monsieur Bête" muß mit seiner Menagerie von Affen und Hunden verschwinden, weil seine bunt bemalte Bude angeblich die Verkehrsordnung störe, in Wahrheit aus Angst vor seinen mutmaßlich konspirativen Kontakten:

„Der Vater behauptet, seine Bude sei ein Schandfleck zwischen der Oper, der Kirche und der Bibliothek. Die schreienden Abbildungen seiner gebändigten Tiere rund um seine Behausung zögen immer wieder den Pöbel zu den Linden hin, die Kutschen kämen nicht mehr durch, die Pferde würden verrückt spielen beim Anblick schreiender Affen und tanzender Hunde, es gebe Beschwerden aller Art, sogar Ohnmachten, weil es während der Vorführungen vor Affenmist und Hundedreck, Fliegenschwärmen und Gekreisch der Kinder zu unerträglicher Intimität zwischen einfachen und besseren Leuten komme. [...] Größere

Ansammlungen, bemerkt der Vater, bergen gerade jetzt den Keim von Unruhe. Unruhe indes gefährde den inneren Zusammenhalt. [...] Da Monsieur Bête außer Affen am Gängelbande möglicherweise durchsichtige Fäden zu dem Seidenspinner und umgekehrt unterhalte, bestehe eine gewisse Gefahr." (Juni 1798; 39 f., ferner 46)

Vage und widersprüchlich bleiben die Nachrichten vom „Seidenspinner", die von Amöne während der Hochzeitsvorbereitungen kolportiert werden. Henriette zeichnet daraus „die Geschichte des Gelehrten", Georg Forsters, auf (15. Febr. 1799; 91 ff.). Sie erlebt, wie Castor spät abends zu Keber kommt und vehement um Unterstützung für den „Bettelmann", „Umstürzler", „Jakobiner" beim Minister bittet. Keber wehrt ab; Henriettes am nächsten Tag geschriebenes „Märchen" ist ihr Versuch, dem Verfolgten Gerechtigkeit widerfahren zu lassen. Sie erzählt, wie „ein rechtschaffener Mann" (95), durch Bücher über ferne Länder angeregt, zu einer einjährigen Reise nach Frankreich aufbricht und dort die nachrevolutionären Verhältnisse kennenlernt. Er kehrt nach B. zurück, nimmt jedoch seine Arbeit nicht wieder auf, sondern wird zum Volksredner:

„Von Frankreich schrie er, der Nation, die die Fesseln abgeworfen, die Gefängnisse gestürmt, die Angeketteten befreit, die Mauern niedergerissen, den Adel vertrieben, den König gefangengenommen und aufs Schafott geführt. Mit Engelszungen lockte er mehr und mehr Leute herbei, hob die Hand, die Stimme und forderte seine Zuhörer auf, die eigenen Bande der Verstrickung mit der Herrschaft zu durchschneiden." (97 f.)

Nach anfänglich gutem Zulauf und vielfältiger Unterstützung wird er, weil „seine Reden jedoch keine Veränderung bewirkten" (98), von seinen Freunden und Helfern verlassen, muß stehlen und betteln, und um einem Prozeß zu entgehen, erhängt er sich. Seine Frau erhält fortan sich und ihre Kinder durch Bettelei im Vergnügungspark der Stadt:

„Nur wenige wußten, daß sie die Frau des Träumers von einer gerechteren Welt war, die hier ihren Kindern zeigte, wie es wirklich um sie und die Welt bestellt zu sein schien." (98)

Merkwürdigerweise ist in Rezensionen jeweils nur eines der beiden großen Märchen gewürdigt worden: Sibylle Cramer versteht die „Geschichte des preußischen Jakobiners Seidenspinner" (sic!), das „Anti-Märchen", als die „Achse" des Buches (Cramer, 1983, S. 108); Marcel Reich-Ranicki sieht in dem „im makellosen Kleist-Ton verfaßten Märchen" der Elvira von Siena dessen „bewundernswerten Höhepunkt" (Reich-Ranicki, 1985, S. 172). Festzuhalten ist, daß beide Märchen entscheidende Erfahrungen Henriettes verarbeiten. Castors Rettungsversuch fällt zeitlich zusammen mit ihrer spontanen Hochzeitsnacht, dem emotionalen Höhepunkt der sonst konventionell geregelten Beziehung zu Vogel. Durch die erzählerische Verknüpfung spiegeln sich beide Ereignisse als enttäuschte Hoffnungen. – Der Entschluß zur Niederschrift des „Vermächtnis"-Märchens erfolgt wohlüberlegt, im Bewußtsein schwindender Umweltbeziehungen und Zukunftserwartungen. Märchen als Versuche der Selbstverständigung, von literarischer Qualität, aber ohne öffentliche Wirkung, sind für eine Frau wie Henriette die Möglichkeiten der Objektivierung von Erfahrung.

Doch wird in diesen Selbstzeugnissen die Befindlichkeit einer bürgerlichen Frau im Berlin der napoleonischen Ära historisch angemessen widergegeben? Aufgrund der Quellenüberlieferung moniert Osterkamp, daß Reschke die mehrfach bezeugte Religiosität nicht in ihre Darstellung einbezieht:

„Karin Reschkes Buch aber läßt uns an keiner Stelle die religiöse Schwärmerei Henriette Vogels auch nur ahnen und nimmt damit konsequent den unausgelebten Triebelementen die ganz bestimmte Richtung, in die sie abgedrängt wurden. [...] Nichts haben wir von dieser Todeseuphorie begriffen, wenn wir diesem Menschen das Recht auf seine uns heute fremden religiösen Vorstellungswelten nehmen, denn sie waren es doch, die ihm seine reale Not tatsächlich ein wenig linderten." (Osterkamp, 1984, S. 169)

Dieser Einwand ist ernst zu nehmen, nicht nur um der Quellentreue willen, sondern auch weil hier die Ursache für eine gewisse Blässe der in den Eintragungen gespiegelten gesellschaftlichen Verhältnisse der preußischen Reformzeit verständlich wird. Anders gesagt: das *Findebuch* ist zugleich ein mit erzählerischer Diskretion gestalteter Roman vom Ende revolutionärer Hoffnungen, pragmatischer Alltagsbewältigung und solipsistischer Resignation. So kann Restauration als gesellschaftliche Epoche, nicht aber Romantik als kulturelle Gegenbewegung zur Aufklärung verständlich werden.

Die so erhellende wie beschränkende Frauenperspektive soll hier jedoch ausdrücklich gegen die vordergründige Kritik verteidigt werden, daß die Autorin historisch nicht hinreichend informiert. So wünscht Marlies Janz genaue Informationen über die 1811 gegründete „Christlich-deutsche Tischgesellschaft", der Arnim, Brentano und Louis Vogel angehörten und zu der Frauen nicht zugelassen waren – aber auch keine Juden (Janz, 1984, S. 216). Ebenso vermißt sie gelegentlich der Erwähnung von Adam Müllers *Elementen der Staatskunst* Aufklärung über „die feudalistische und klerikale Tendenz dieser Schrift" und empfiehlt als formale Möglichkeit einen „Bericht der Henriette Vogel über jemanden, der gegen Adam Müller polemisiert" (ebd., S. 217). Gerade eine solche pädagogisch motivierte Parteilichkeit wäre dem Buch schlecht bekommen.

Die Frage nach dem Verhältnis von geschichtlicher Überlieferung und literarischer Gestaltung soll noch unter einem anderen Aspekt gestellt werden: ob die Autorin dieses Verhältnis nicht in irgendeiner Form hätte thematisieren müssen – nicht um der Belehrung des Lesers willen, sondern um ihm die Vergleichsarbeit mit der Überlieferung zu ermöglichen. Mit der Wahl eines historischen Sujets ist der Anspruch auf Neu- oder Gegendarstellung erhoben, und der Leser will die Einlösung prüfen.

Natürlich hat sich die Autorin umfassend über den Stand der biographischen Kleist-Forschung informiert, die durch Sembdners Quellensammlungen gut zugänglich ist (Sembdner, 1967; 1977). Erst nach Einsicht in die Quellen erschließen sich bestimmte Feinheiten: daß etwa die kursiv gesetzten Passagen authentische Texte der Henriette Vogel wiedergeben. So ist das Motto des *Findebuchs*:

> „Doch wie dies alles zugegangen,
> Erzähl ich euch zur andren Zeit,
> Dazu bin ich zu eilig heut" (11)

der Nachschrift Henriettes zu Kleists Abschiedsbrief an Adam und Sophie Müller(-Haza) vom 20. November 1811 entlehnt (vgl. Kleist, Briefe, 1964, Nr. 224, S. 132).

Wichtiger noch ist die Authentizität des Todeshymnus „Mein Heinrich, mein Süßtönender..." (218, vgl. Sembdner, 1977, Nr. 525, S. 419 f.) – und die Korrespondenz zu einem Text Heinrich von Kleists, der in der Forschung allgemein als ‚Todeslitanei' bezeichnet wird:

„Mein Jettchen, mein Herzchen, mein Liebes, mein Täubchen, mein Leben, mein liebes süßes Leben, mein Lebenslicht, mein Alles, mein Hab und Gut, meine Schlösser, Äcker, Wiesen und Weinberge, o Sonne meines Lebens, Sonne, Mond und Sterne, Himmel und Erde, meine Vergangenheit und Zukunft, meine Braut, mein Mädchen, meine liebe Freundin, mein Innerstes, mein Herzblut, meine Eingeweide, mein Augenstern, o, Liebst, wie nenn ich Dich? Mein Goldkind, meine Perle, mein Edelstein, meine Krone, meine Königin und Kaiserin, du lieber Liebling meines Herzens, mein Höchstes und Teuerstes, mein Alles und Jedes, mein Weib, meine Hochzeit, die Taufe meiner Kinder, mein Trauerspiel, mein Nachruhm. Ach Du bist mein zweites besseres Ich, meine Tugenden, meine Verdienste, meine Hoffnung, die Vergebung meiner Sünden, meine Zukunft und Seligkeit, o, Himmelstöchterchen, mein Gotteskind, meine Fürsprecherin und Fürbitterin, mein Schutzengel, mein Cherubim und Seraph, wie lieb ich Dich!" (Berlin, Nov. 1811; in: Kleist, Gedichte. Dramen, 1974, S. 52)

Gerade die Kenntnis dieser Dokumente beidseitiger Liebes- und Todeseuphorie machen Reschkes Leistung deutlich, Henriettes Text aus eigenen Vorformen immanent zu dieser Steigerung zu entwickeln.

Auch die zunächst befremdliche und im *Findebuch* nirgends erläuterte Anfangssituation der „Boten nach Auras" ist aus einer Bemerkung in Henriettes Abschiedsbrief an ihren Mann ableitbar:

„Wäre durch die unvorhergesehene Ankunft Hoffmeisters unser Plan nicht vereitelt, so wären Kleist und ich nach Cottbus gereist, um dort fern von unseren hiesigen Bekannten, den vorhabenden Schritt zu tun, und alsdann hätten wir einen
Boten nach Auras (bei Drebkau) an H(offmeister) geschickt, um als Freund die
letzten Besorgungen für uns zu übernehmen; da dies aber nicht hat sein können,
so verzeih mir die Unwahrheit, die ich Dir, bester guter Vogel, in Absicht der Potsdamer Reise gesagt habe, weil es mir ganz notwendig schien, daß Dir die erste
Nachricht von unserem Tode, durch Freundes Hand käme." (Sembdner, 1977,
Nr. 528, S. 421 f.; abweichend „und alsdann hätten wir einen Boten nach Aura's an
H... geschickt" in der grundlegenden Edition von Minde-Pouet, 1925, S. 59)

Diese Übernahme eines inhaltlichen Motivs ist typisch für Reschkes
Umgang mit Henriette Vogels Abschiedsbriefen; nicht jedoch wird daraus zitiert, so daß der Duktus der historischen Schreiberin ausgeblendet wird. Darin zeigt sich nämlich eine Wärme und Zuwendung zu den
Adressaten, die nicht leicht mit dem psychischen Beziehungsverlust zu
verbinden ist, und eine religiöse Zuversicht, die Rezensenten im
Findebuch vermißt haben. Einige Sätze aus dem Abschiedsbrief an
ihren Mann mögen diese Differenz verdeutlichen:

„Mein teurer geliebter Louis! Nicht länger kann ich mehr das Leben ertragen,
denn es legt sich mir mit eisernen Banden an mein Herz – nenne es Krankheit,
Schwäche, oder wie Du es sonst magst, ich weiß es selbst nicht zu nennen, nur so
viel weiß ich zu sagen, daß ich meinem Tode als dem größten Glücke entgegensehe; könnte ich Euch doch alle, die ich liebe, mitnehmen, möchtet Ihr doch bald
zum ewigen herrlichen Verein folgen, ach! dann bliebe mir ja gar nichts zu wünschen übrig." (Sembdner 1977, Nr. 528, S. 421)

Auch mit den Aussagen der Zeitzeugen geht Reschke sehr frei um. Deren Urteile über Henriette Vogel sind zwiespältig (angedeutet wird der
Gesellschaftsklatsch in der Eintragung vom 25. Juni 1810; S. 171 f.). In
der erregten publizistischen Diskussion des Todesfalles – funktional
vergleichbar einem heutigen Medienspektakel – finden sich die Deutungsvarianten, die der Doppelselbstmord einer verheirateten Frau
und ihres Freundes aus gleichem gesellschaftlich interessanten Milieu
nahelegen. Sie sind aufschlußreich vor allem für das Repertoire an Motiven und Argumenten der Diskutanten. In eine zentrale Rolle geriet
dabei Ernst Friedrich Peguilhen, der aufgrund eines Abschiedsbriefes
von Henriette (vgl. Sembdner, 1977, Nr. 531a, S. 425 f.; im *Findebuch*
inhaltlich verarbeitet, aber nicht erwähnt) faktisch die Funktion eines
Testamentsvollstreckers bekam und als Zeuge zu den polizeilichen Untersuchungen geladen wurde. In seiner „Amtlichen Aussage entwarf er
ein sehr positives Bild der Toten:

„Madame Vogel ist, so lange ich sie kenne, krank gewesen, und hat bei einem zarten, und äußerst reizbaren Nervensystem schon zu verschiedenen Zeiten zu sterben gewünscht. Hierzu kam noch, daß sie überspannte religiöse Begriffe hatte,
und beständig einen hohen Grad von Glückseligkeit in der Fortdauer nach dem

Tode setzte. Sie verteidigte diese, und besonders das Glück, dessen der Mensch nach dem Tode und durch diesen teilhaftig werde, mehrmals sehr heftig gegen mich, liebte dies Gespräch sehr, und führte es bis in die kleinsten Details durch. Sie durfte auf einen vorzüglichen Grad von Bildung Anspruch machen, und liebte daher die Gesellschaft, besonders von gebildeten Männern mehr, als die Gesellschaft von Personen ihres Geschlechts." (Sembdner, 1977, Nr. 522, S. 413; vollständiger Abdruck bei Minde-Pouet, 1925, S. 17 ff.)

An dieses Porträt hat sich Reschke offensichtlich nicht gehalten: ihre Henriette beschäftigt sich, wie bemerkt, überhaupt nicht mit religiösen Fragen und registriert auch keine Diskussionen im Freundeskreis zum Leben nach dem Tode; sie erscheint in ihren Niederschriften als begabte Autodidaktin, nicht aber als gebildete Frau nach den Ansprüchen der Zeit; ihre Frauen-Freundschaften sind emotional viel intensiver als die Beziehungen zu Männern, die den gesellschaftlichen Rollenmustern des Ehemanns und Geliebten folgen und enttäuschend verlaufen.

Allerdings sind auch quellenkritische Zweifel an Peguilhens Darstellung angebracht. Sein Bestreben ging – verständlicherweise – dahin, das Familiendrama naher Freunde sozial verträglich mit der Wahrnehmung „einer sehr glücklichen Ehe" einerseits und „ähnlichen schwärmerischen Gesinnungen", „reinem überspannten Freundschaftsgefühl" andererseits zu harmonisieren, verstärkt durch das Motiv der „von den Ärzten für unheilbar erklärten furchtbaren Krankheit" (vgl. Minde-Pouet, 1925, S. 19). In seiner in der Anzeige angekündigten, aufgrund des königlichen Verdikts nicht publizierbaren späteren Niederschrift (1812/13) hat Peguilhen die Motive seiner ersten Aussage glorifizierend gesteigert (Sembdner, 1967, Nr. 39, S. 39–44). Erkenntniswert für die Person der historischen Henriette Vogel kommt dieser Apologie nicht zu.

Umstritten und nicht klärbar ist die Frage nach der Urheberschaft des gemeinsamen Todesplans; auffällig ist freilich die einseitige Entschiedenheit, mit der die Initiative entweder Henriette Vogel (zeitgenössische Stimmen) oder Heinrich von Kleist (biographische Forschung) zugewiesen wird. Auch über die Intimität der Beziehung urteilen Kleists Biographen mit einer prätendierten Sicherheit, die angesichts der konträren Positionen nur ironischen Reiz hat (vgl. Hohoff, 1978, S. 148: „Kleist, der Henriette verehrte, aber nicht ihr Liebhaber war"; Wichmann, 1988, S. 227: „Kleist unterhielt, wie der Brief Nr. 223 beweist, zu beiden Frauen [sc. Marie von Kleist und Henriette Vogel] gleichzeitig ein Verhältnis, er hätte es kaum deutlicher schildern können, zumindest in seiner Sprache.")

Da die Quellen also kein Persönlichkeitsbild der Henriette Vogel vermitteln, ist „dichterische Freiheit" zum eigenen Entwurf vonnöten, der zeitgebunden-unhistorische Einseitigkeit kaum vermeiden kann.

Es bleiben Vorbehalte, daß die Autorin die Leser nicht anleitet zum Verständnis ihrer Annäherungen und Zugänge. Wie dies möglich sein könnte, zeigt ihre Rede über *Henriette, Sophie und andere* anläßlich der Verleihung des FAZ-Literaturpreises (Reschke, 1983). Ihr Umgang mit Novalis' junger Braut Sophie von Kühn als einer „Seelenwanderin", die „beliebig in eine fremde Haut schlüpfen kann" und so „Modell für viele" wurde, läßt die Möglichkeiten einer eigenen Frauen-Geschichte erahnen.

Keinesfalls sind mit solcher Anleitung erzähltechnische Besserungsvorschläge gemeint („Leider gibt es kein klärendes Vor- oder Nachwort." Patitz, 1984, S. 54). Kein „allwissender Erzähler" soll den Leser lenken wie im historischen Roman des 19. Jahrhunderts; es braucht auch nicht einleitend ein Schauplatz für das künftige Geschehen entworfen oder eine Orientierung aus der Feder eines fiktiven „Redaktors" gegeben zu werden. – Auch müssen nicht, dramatischen Mitteln wie Botenbericht und Mauerschau vergleichbar, in Gesprächen, Briefen oder rückblendenden Erinnerungen die Vorgeschichten der Personen eingeführt werden. Diese erzählerischen Möglichkeiten sind nicht mehr handwerklich zu gebrauchen wie z. B. im „Professorenroman" des 19. Jahrhunderts, aber in personaler Perspektive virtuos zu handhaben, auch im historischen Erzählen der Gegenwart. Beispielsweise sei auf die schon erwähnte Erzählung *Kein Ort. Nirgends* von Christa Wolf verwiesen. Dort wird Kleist im Rahmen einer vergleichbaren Salonszene eingeführt, mit sehr ähnlichen, aber psychologisch tiefergehenden Informationen.

„Die Günderode spürt den Blick zwischen ihren Schulterblättern, schüttelt ihn ab. Der Fremde, den Wedekind eingeführt hat, steht stocksteif auf dem gleichen Fleck, allein. [...] Vielleicht gibt sich nachher die Gelegenheit, diesen Kleist wissen zu lassen, daß ich sein Stück gelesen hab. Den Autor möcht ich sehen, dessen Laune sich nicht augenblicklich bessert, wenn in Gesellschaft sich einer als sein Leser bekennt.
Sie muß ihm ja nicht erzählen, daß es ausgerechnet Merten war, der ihr das Drama gegeben hat, enttäuscht übrigens, da er sich nach dem Titel ‚Die Familie Schroffenstein', eins der üblichen Ritterstücke erhofft hatte, und daß sie es las, weil von Mainz herüber merkwürdige Gerüchte über den jungen Menschen kamen, der in desolater Verfassung den Winter über bei Hofrat Wedekind untergekrochen war. Diesem Kindergesicht allerdings traut man die Seelenstürme, auch die wilden Verbrechen nicht zu, von denen sein Drama strotzt. Er ist ja noch sehr jung." (Wolf, *Kein Ort. Nirgends*, S. 26 f.)

Durch den Perspektivwechsel zwischen den Hauptfiguren Kleist und Günderode werden die Informationsmöglichkeiten dupliziert, die personale Erzählform erweitert zudem durch Erinnerungen und Erwartungen den Rahmen der erzählten Zeit, und aus den vorausdeutenden Hinweisen eines wissenden Literaturhistorikers kann der Leser das künftige Schicksal der Personen erschließen:

„Bald wird er nach Hause zurückkehren, unter den blasseren Himmel, straff gespannt über die Türme des Schlosses, die Dächer der Ministerien, zwischen denen er auf schnurgeraden Straßen hin und her laufen wird, er sieht sich schon, in verschiedener Kostümierung. [...] Kaum wird er an eine Dichterin namens Tian denken, wird seinen Vorsatz vergessen haben, sie zu lesen. Von ihrem Tod wird nur ein Gerücht zu ihm dringen, das ihn fern und seltsam berührt, da er, an die eigne Fessel geschmiedet, einen neuen Zusammenbruch in herzzerreißenden Wendungen zu verbergen sucht [...]" (Ebd., S. 140 f.)

Im Vergleich mit dem Repertoire der Möglichkeiten muß Reschkes konsequente, auf alle Kommentierungsmöglichkeiten verzichtende Beschränkung auf die Ich-Perspektive der Schreiberin als interessantes literarisches Experiment der Frauenliteratur verstanden werden.

Nicht einmal die Historizität bestimmter Personen, geschweige denn die ihnen mittlerweile zuerkannte Bedeutung wird signalisiert. Die oben zitierten Bemerkungen über Kleist sind fast schon die Ausnahme; wenn der Leser jedoch mit dem Namen Adam Müller nichts verbindet, wird er vornehmlich Henriettes charmant-unverbindlichen Galan, Kleists Freund und später den Lebensgefährten der Sophie Haza wahrnehmen und nur bei zumindest allgemeinen Kenntnissen der Epoche aus der Erwähnung der *Elemente der Staatskunst* (156) einen Hinweis auf den bedeutendsten Staatstheoretiker der Romantik und die Leitfigur der konservativen Opposition gegen Hardenberg entnehmen. Diese politischen Konstellationen bleiben undeutlich, inhaltlich, weil Henriette sich nicht eigentlich dafür interessiert, und strukturell, weil die Historizität von Figuren wie Peguilhen oder Theremin nicht markiert und von fiktiven Personen wie Amöne Nuffert unterschieden wird. Es gibt bei Reschke keine historischen Stars, umgeben von fiktiven Statisten. Doch ist diese Perspektive nur „die andere Wahrheit". So überschrieb Günter Grass im *Butt* die Geschichte von der verlorenen feministischen Variante des Märchens „Vom fischer un siner fru", das er der männlich bestimmten Überlieferungstradition gegenüberstellt (Grass, *Der Butt*, S. 438). Grass bringt diese Einseitigkeit zur Sprache, als er auf die Sammlerfrage des Malers Runge, welches Märchen von beiden denn nun das richtige sei, von der Erzählerin antworten läßt: „Dat een un dat anner tosamen." (ebd., S. 443) Diese in der Binnenerzählung ironisch gebrochene, im gesamten Roman komplementär realisierte Erzählung läßt die Vorlage stets durchscheinen. Bei Reschke liegt allein die Frauen-Geschichte vor – nicht relativiert durch Kommentierungen und ohne expliziten Bezug auf die historische Überlieferung. Diese Leistung ist hier gewürdigt; die weiteren Möglichkeiten sind offen.

Bibliographie

RESCHKE, KARIN: Verfolgte des Glücks. Findebuch der Henriette Vogel. (1982). Berlin: Rotbuch, 28.–30. Ts. 1987 (= Rotbuch 266) [zitierte Ausgabe]

RESCHKE, KARIN: Memoiren eines Kindes. Berlin: Rotbuch 1980 (= Rotbuch 228)
–: Henriette, Sophie und andere. (Rede) Aus Anlaß der Verleihung des FAZ-Literaturpreises. In: Frankfurter Allgemeine Zeitung, 13. Februar 1983
–: Dieser Tage über Nacht. Erzählung. Berlin: Rotbuch 1984 (= Rotbuch 294)
–: Margarete. Berlin: Rotbuch 1987 (= Rotbuch 325)
– (Hg.): Texte zum Anfassen. Frauenlesebuch. München: Frauenbuchverlag 1978

GRASS, GÜNTER: Der Butt. Roman. Darmstadt, Neuwied: Luchterhand 1977
KLEIST, HEINRICH VON: Gedichte. Dramen. Erster Teil, hg. von HELMUT SEMBDNER. München: Deutscher Taschenbuch Verlag ^{2}1974 (= H. v. K., dtv-Gesamtausgabe, Bd. 1)
–: Briefe 1805–1811. Lebensdaten, hg. von HELMUT SEMBDNER, München: Deutscher Taschenbuchverlag 1964 (= H. v. K., dtv-Gesamtausgabe, Bd. 7)
WOLF, CHRISTA: Kein Ort. Nirgends. Neuwied: Luchterhand 1979

Frauenliteratur über Gefährtinnen berühmter Männer

DELBEE, ANNE: Der Kuß. Kunst und Leben der Camille Claudel. (frz. 1982, dt. 1985). München: Goldmann 1988 (= Große Reihe 8983)
EDSCHMID, ULRIKE (Hg.): Diesseits des Schreibtischs. Lebensgeschichten von Frauen schreibender Männer. Frankfurt a. M.: Luchterhand 1990
ENDRES, RIA: Milena antwortet – Ein Brief. Reinbek: Rowohlt 1982
FEYL, RENATE: Idylle mit Professor. Roman. (1986). Berlin (Ost): Neues Leben ^{2}1988 (über Luise Adelgunde Victoria Gottsched)
LEDANOFF, SUSANNE (Hg.): Charlotte Stieglitz. Geschichte eines Denkmals. Frankfurt/M.: Ullstein 1986 (= Die Frau in der Literatur)
KNAUSS, SIBYLLE: Ach Elise oder Liebe ist ein einsames Geschäft. Roman über Elise Lensing, ungeliebte Geliebte von Friedrich Hebbel. (1981). München: Deutscher Taschenbuch Verlag 1989 (= dtv 11 136)
STERN, CAROLA: Ich möchte mir Flügel wünschen. Das Leben der Dorothea Schlegel. Reinbek: Rowohlt 1990

Zum Tode Heinrich von Kleists und Henriette Vogels

BOHRER, KARL HEINZ: Kleists Selbstmord. (1978) In: MÜLLER-SEIDEL, WALTER (Hg.), Kleists Aktualität. Neue Aufsätze und Essays 1966–1978. Darmstadt: Wiss. Buchgesellschaft 1981 (= Wege der Forschung 586), S. 281–306
HOHOFF, CURT: Heinrich von Kleist in Selbstzeugnissen und Bilddokumenten. (1958). Hamburg: Rowohlt, 114.–121. Ts. 1978 (= Rowohlts Monographien 1), S. 147–155
MINDE-POUET, GEORG: Kleists letzte Stunden. Teil 1 (mehr nicht erschienen): Das Akten-Material. Berlin: Weidmannsche Buchhandlung 1925 (= Schriften der Kleist-Gesellschaft, Bd. 5) (Nachdruck Amsterdam: Benjamins 1970)
SEMBDNER, HELMUT (Hg.): Heinrich von Kleists Nachruhm. Eine Wirkungsgeschichte in Dokumenten. Bremen: Schünemann 1967 (= Sammlung Dieterich 318), S. 1–109

– (Hg.): Heinrich von Kleists Lebensspuren. Dokumente und Berichte der Zeitgenossen. (1957). Erw. Neuausg. Frankfurt/M.: Insel 1977 (auch als Bd. 8 der dtv-Gesamtausgabe erschienen)
WICHMANN, THOMAS: Heinrich von Kleist. Stuttgart: Metzler 1988 (= Sammlung Metzler 240), S. 225–228

Über Karin Reschke

(Art.) Reschke, Karin. In: BRAUNECK, MANFRED (Hg.), Autorenlexikon deutschsprachiger Literatur des 20. Jahrhunderts. Reinbek: Rowohlt ³1988, S. 536
CHRISTIANSEN, DORIS: (Art.) Karin Reschke. In: KLG (Kritisches Lexikon der deutschsprachigen Gegenwartsliteratur), hg. von H. L. ARNOLD. München 1978 ff., 6 + 2 Bll. 1986
MIELKE, RITA: (Art.) Reschke, Karin. In: KILLY, WALTER (Hg.), Literatur-Lexikon. Autoren und Werke deutscher Sprache, Bd. 9. Gütersloh, München: Bertelsmann 1991, S. 395
STÜSSI, ANNA: (Art.) Reschke, Karin. In: Deutsches Literatur-Lexikon. Biographisch-Bibliographisches Handbuch, begr. v. WILHELM KOSCH, Bd. 12. Bern, Stuttgart: Francke ³1990, Sp. 1029 f.

Rezensionen zu Reschke, „Verfolgte des Glücks"

BLÖCKER, GÜNTER: Liebe als Todeszärtlichkeit. Karin Reschke schrieb das Findebuch der Henriette Vogel. In: Frankfurter Allgemeine Zeitung, 23. Oktober 1982
CRAMER, SIBYLLE: In der Literaturmaschinerie. Zu den historischen Frauenbüchern von Karin Reschke und Ria Endres. In: Schreibheft 21, Essen 1983, S. 107–111
HOMANN, URSULA: Selbst Hexen haben kein leichtes Leben. In: Zeitwende 55, 1984, S. 182–185 (Rez. Mechtel: Gott und die Liedermacherin; Reschke: Verfolgte des Glücks; Morgner: Amanda)
JANZ, MARLIES: (Rez. Reschke, Verfolgte des Glücks). In: Arbitrium Jg. 2, 1984, S. 215–217
OSTERKAMP, ERNST: (Rez. Reschke, Verfolgte des Glücks). In: Kleist Jahrbuch, Berlin (West) 1984, S. 163–175
PATITZ, INGRID: (Rez. Reschke, Verfolgte des Glücks). In: Beiträge zur Kleist-Forschung. Frankfurt (Oder) 1984, S. 53–56
REICH-RANICKI, MARCEL: Karin Reschke oder der Doppelselbstmord am Kleinen Wannsee. (1983). In: DERS., Lauter Lobreden. Stuttgart: Deutsche Verlags-Anstalt 1985, S. 163–172
Weitere Rezensionen aus Tages- und Wochenzeitungen bei CHRISTIANSEN (1986)

Hans Poser

Erich Loest: Völkerschlachtdenkmal

Zu Beginn des Jahres 1984, fast 3 Jahre nach seinem freiwillig-unfreiwilligen Weggang aus der damaligen DDR, veröffentlicht Erich Loest seinen Roman über Leipzig, diejenige Stadt, die ihm, auch heute noch oder wieder, zur Heimat geworden ist und in der die Wurzeln seines literarischen Schaffens liegen. Bezugspunkt und Titel des Romans ist jenes Baudenkmal, das aufs engste mit der Stadt und ihrer Geschichte verbunden ist, das Völkerschlachtdenkmal, das am 18. Oktober 1913, 100 Jahre nach der Völkerschlacht bei Leipzig, eingeweiht wurde und seither die Silhouette der Stadt unverwechselbar prägt. Der Roman ist Loests Hommage an Leipzig und darüber hinaus ein Bekenntnis zu seinem Heimatland Sachsen und seinen Bewohnern.

Pläne und erste Arbeiten zum Roman fallen zweifellos noch in Loests letzte Leipziger Jahre vor seiner Ausreise in die Bundesrepublik. Ironischerweise findet sich bereits in einem Geheimbericht der Stasi aus der Bezirksverwaltung Leipzig vom 11. 8. 1980 eine recht genaue kurze Charakteristik des Romans. Es heißt dort: „Er [Loest] plant, nach dem 31. 10. 80 für die folgenden Monate intensiv an einem neuen Manuskript zu arbeiten. Dabei soll es sich um sein ‚großes Alterswerk' handeln. Loest will eine Art Gesellschaftsroman schreiben, in dem der Mißbrauch des Leipziger Völkerschlachtdenkmals unter den verschiedenen gesellschaftlichen Systemen dargestellt werden soll (Kaiserzeit, Weimarer Republik, Faschismus, DDR)" (Loest, *Der Zorn des Schafes*, S. 199). Zu einer solch genauen Kenntnis des schriftstellerischen Vorhabens war die Stasi zweifellos durch Freunde Loests gelangt, die zugleich informelle Mitarbeiter waren und ihn bespitzelt hatten, und durch die fast lückenlose Überwachung des Autors durch Wanzen bzw. Abhöranlagen, Postkontrolle etc. Am 20. März 1981 verließ Loest die DDR, zwei Drittel des Romanmanuskripts waren bereits fertiggestellt. Im Frühjahr erschien der Roman, von der Kritik einhellig gelobt, vor allem in der FAZ von Gert Ueding und in der „Zeit" von Heinz Klunker. Loest geht in seinem autobiographischen Werk „Der Zorn des Schafes" selbst auf die Rezeption des Buches durch die Medien ein.

Der Roman ist eingebettet in eine Rahmengeschichte, die für die gesellschaftliche Wirklichkeit der DDR nichts Ungewöhnliches ist: Der siebzigjährige ehemalige Sprengmeister Carl Friedrich Fürchtegott Vojciech Felix Alfred Linden wird in der nur etwa einen Kilometer vom Denkmal entfernten psychiatrischen Klinik in Dösen bei Leipzig –

Dösen war und ist für jeden Leipziger ein Synonym für Irrenanstalt – von Psychiatern der Stasi verhört, weil er das Völkerschlachtdenkmal nach eigenem Geständnis mit Granaten vom „legendären Kaliber acht-acht" (282) sprengen wollte. Die Verhörsituation in der Klinik ist der äußere Anlaß für den Erzähler, über sein Leben, das seines Vaters und einiger anderer Personen zu berichten, mit deren Schicksal er sich auf besondere Weise identifiziert und deren Vornamen er deshalb ange-nommen hat. Sie alle sind mit der Geschichte Sachsens, vor allem aber Leipzigs und des Denkmals aufs engste verbunden. Auf diese Weise wird ein historisches und gesellschaftliches Panorama entworfen, in dem sich sächsische und darüber hinaus deutsche Geschichte von der Völkerschlacht bis in die achtziger Jahre unseres Jahrhunderts spiegeln. Allerdings wird diese Geschichte fast immer von unten, aus der Sicht der Opfer, dargestellt, wozu sich Sachsen offenbar besonders gut eig-nen. Übrigens geht es der Stasi bei ihren Verhören weniger darum, den Täter seiner Tat zu überführen, sondern die Hintermänner aufzuspü-ren, die natürlich durch den Klassenfeind gesteuert sein müssen. Ge-rade diese Verhörsituation gibt dem fiktiven Erzähler reichlich Ge-legenheit, abzuschweifen, scheinbar Beiläufiges zu erzählen, vor- und zurückzuspringen etc. Deshalb ist sie durchaus nicht so negativ zu beur-teilen, wie Gert Ueding dies in seiner Kritik tut. Außerdem geht es den Vernehmern auch darum, ihrem Opfer das auszureden und als Hirn-gespinst hinzustellen, was er beim Eindringen ins Denkmal gesehen hat: die Umwandlung der Gedenkstätte in ein Atommüll-Endlager (Gorleben II) – das Denkmal als Devisenquelle für Atommüll aus dem Westen. Deshalb auch die Verbringung des Siebzigjährigen in die ge-schlossene Anstalt. Im übrigen treten die vernehmenden Stasi-Beam-ten nicht in Erscheinung: der Erzähler benutzt ihre Fragen nach Her-kunft, Elternhaus, Familie und vor allem nach Helfern nur, um eine geschichtliche Entwicklung aufzuzeigen, an deren Ende die atomare Apokalypse steht, hervorgerufen durch ein verbrecherisches und kor-ruptes System.

Der fiktive Erzähler identifiziert sich im 1. Kapitel mit Carl Friedrich Lindner, einem dreiundzwanzigjährigen Infanteristen „in einem provi-sorischen sächsischen Linienregiment" (9), der am 20. Oktober 1813 nahe Otterwisch bei Leipzig von pommerschen Husaren wegen Plünde-rung erschlagen wurde. „Als sie ihn plünderten, fanden sie einen preu-ßischen Thaler in seiner Tasche und straften ihn des schandbaren Ver-dachts wegen ab, *er* hätte geplündert" (19f.). Seinen Grabstein hat Linden bei einem seiner vielen Streifzüge in die Umgebung des Schlachtfeldes entdeckt. Nicht umsonst ist er fast ein Namensvetter des fiktiven Erzählers: Linden und Lindner erinnern an Leipzig, einen

Namen slawischen Ursprungs mit der Bedeutung Lindenstadt. Am Beispiel des sinnlosen Todes von Carl Friedrich Lindner und dessen unendlichen Qualen auf dem Schlachtfeld wird auf die Grausamkeit und Brutalität des Krieges bzw. der Völkerschlacht verwiesen, dessen Opfer meist einfache Soldaten auf Seiten der Sieger und Besiegten sind. Im Gegensatz dazu steht die spätere Glorifizierung der Schlacht durch die Sieger, die zum Bau des Denkmals geführt hat. Vor allem aber geht es dem Erzähler darum, die Schlacht aus der Perspektive der Sachsen zu zeigen, die 1813, wie auch später, „stets auf der falschen Seite gestanden" (9) haben. Damit wird ein wichtiges Leitmotiv des Romans eingeführt, das ständig wiederholt und variiert wird.

Im zweiten Kapitel führt Linden einen weiteren seiner „Vorväter" ein und gibt damit Auskunft darüber, wie er zu seinem dritten Namen, Fürchtegott, gekommen ist. Hauptfigur des zweiten Kapitels ist Fürchtegott von Lindenau, Besitzer eines kleinen Gutes bei Altenburg südlich von Leipzig, der auch Handel mit Remonten – jungen Pferden – und mit Posamenten für Uniformen getrieben hat.

Der Name Lindenau verweist natürlich wieder auf Leipzig. Lindenau ist der erste, der den Gedanken an den Bau eines Denkmals zum Andenken an den Sieg über Napoleon und die gefallenen Sieger faßt. Er ist von der etwas makabren Leidenschaft besessen, die Totenschädel auf dem Schlachtfeld zu sammeln, für die er ein Denkmal plant, das er in seinen nachgelassenen Schriften beschreibt. Linden entdeckt diese, als er dessen Gut sprengt, das dem Braunkohletagebau weichen muß, wie so viele Dörfer, Güter und Wälder im Süden Leipzigs. Höhepunkt dieses Kapitels ist die Schilderung des ersten deutschen Turnfestes in Leipzig 1863, bei dem Fürchtegott dem damaligen Leipziger Oberbürgermeister Georgi einen Koffer voller Schädel vom Schlachtfeld überreichen will. Hier wird gezeigt, wie sich inzwischen, 50 Jahre sind vergangen, das deutsche und das sächsische Bürgertum – dazu gehören natürlich auch die Leipziger – der Geschichte bemächtigt haben: die Völkerschlacht wird zu einem nationalen Ereignis umgedeutet im Sinne eines deutschen Patriotismus, obwohl doch Sachsen und die Rheinbundstaaten an Napoleons Seite gekämpft haben. Deshalb kann sich der Erzähler auch nicht mit Fürchtegott wie im Falle Lindners identifizieren, die Er-Perspektive wird durchgehalten, und mit Ironie erzählt Linden, wie Fürchtegotts Plan der Kofferübergabe an den Folgen zu reichlichen Gosegenusses scheitert. Diese Gose war ein typisches Getränk in Leipzig bis in die fünfziger Jahre; es wurde im Rahmen der Planwirtschaft wegrationalisiert, da es in besonderen Flaschen gegoren wurde. Indem der Erzähler derartige lokale Spezifika einfließen läßt, gelingt es ihm, ein Stück gelebter Geschichte zu evozieren. Darauf soll später noch genauer eingegangen werden. Allerdings ist es eine Geschichte, die zu Ende gekommen ist: Gebäude, historische Plätze, jahrhundertelange Bräuche etc. – all dies ist durch den 2. Weltkrieg und vor allem durch das SED-Regime vernichtet, wegrationalisiert, gesprengt oder dem völligen Verfall anheimgegeben worden. Der Erzähler wird nicht müde, immer wieder auf diese Tatsache hinzuweisen. Dadurch wird der Leser schon in den ersten Kapiteln des Romans in die endgültige und aussichtslose Totalität einer historischen Entwicklung hineingezogen, die, wie bei Linden, zur Resignation führt.

Den vierten Vornamen Vojciech hat Linden von einem Oberschlesier namens Machulski übernommen, der seiner Herkunft nach Pole, seiner Staatsangehörigkeit nach Deutscher ist und den es als Sechzehnjährigen 1892 nach Leipzig verschlagen hat. Lindens Vater Felix trifft ihn am 13. Mai 1912 bei der Fertigstellung der Denkmalskrone. Der Oberschlesier, „hinter den schwarzen Wäldern geboren" (67), ist klassenbewußter Proletarier und gehört der sozialdemokratischen Partei an; mit ihm identifiziert sich der Erzähler über weite Strecken hin, und nicht umsonst wird ihm das Brecht-Zitat zugeordnet. Er arbeitet im Leipzig der Gründerzeit am Bau: mal legt er Steinplatten, mal schleppt er Steine, mal gießt er Zement, in den er seine Initialen VM einritzt, auf die der Erzähler immer wieder stößt.

Das Leipzig der Jahrhundertwende mit seinem Leben und Treiben kann der Erzähler gar nicht genug preisen; er schwärmt von einer Stadt, die es so nicht mehr gibt und in der Vojciech auf den verschiedenen Baustellen von Gebäuden arbeitet, die inzwischen alle zerstört sind. Für Vojciech als überzeugten Sozialdemokraten ist der Zusammenbruch des Kapitalismus und damit die Weltrevolution nahe: „Ohne den Glauben an den *baldigen* Sieg ist die Sozialdemokratie vor dem Ersten Weltkrieg nicht denkbar" (54), erklärt der Erzähler den vernehmenden Stasibeamten, die – obschon auch Marxisten – einen solchen Glauben für naiv halten. Damit aber nicht genug der Ironie. Für Vojciech ist das Denkmal natürlich ein Symbol der Ausbeuterklasse, und deshalb gedenkt er, da sich die Arbeiter offensichtlich nicht erheben, die Einweihung am 20. Oktober 1913 mit einem besonderen Coup zu stören, der wie eine Parodie auf revolutionäre Taten wirkt. Er ist nämlich gerade bei einem Zirkus angestellt, und so will er die Löwen nachts zum Denkmal bringen und sie dort loslassen, um die erlauchten Gäste und gekrönten Häupter, die zur Einweihung gekommen sind, zumindest zu erschrecken. Helfen soll ihm dabei ein Paar polnischer Revolutionäre, das er kennengelernt hat und das sich in Leipzig aufhält – schließlich war der Revolutionär Lenin vor dem 1. Weltkrieg auch für kurze Zeit in Leipzig. Natürlich schlägt das Unternehmen fehl, die Löwen können sich sogar, auf Grund des Ungeschicks des polnischen Revolutionärs, befreien, so daß sie am frühen Morgen eingefangen oder sogar erschossen werden müssen. Diese Parodie auf die erwartete Revolution ist nicht ohne Bezug auf Leipzig: der Löwe ist das Wappentier der Stadt, und in den fünfziger Jahren verordnete die SED einen Leipziger Karneval unter dem Motto „In Leipzig ist der Löwe los".

Der Lebensweg Vojciechs ist seit der Einweihung des Denkmals aufs engste mit dem von Felix Linden verbunden, dem Vater des Erzählers. Dieser arbeitet in einem Steinbruch bei Beucha südöstlich von Leipzig, und der Schlußstein, den Vojciech und Felix Linden auf der Denkmalskrone zusammenfügen, stammt von dort. Felix ist, im Gegensatz zu Vojciech, patriotischer Turner und Fußballer, kaisertreu, hat es im Heer bis zum Unteroffizier gebracht – während Vojciech einfacher Soldat geblieben ist – und verkörpert den gehobenen Arbeiter der Vorkriegsepoche, der es zu einem bescheidenen Wohlstand gebracht hat. 1914 müssen beide Männer, die bei den Pionieren dienen, ins Feld. Zunächst kämpfen sie zusammen in den Vogesen, später bei Verdun, wo Vojciech von einem Granatsplitter getroffen wird und an den Folgen seiner Verwundung stirbt. In seinen letzten Stunden – man hat ihn in das berühmt-berüchtigte Fort Douaumont gebracht – glaubt er im Fieberwahn, im Völkerschlachtdenkmal zu liegen, wobei es für ihn ein Denkmal für alle Gefallenen der Schlacht wird, auch für die Franzosen.

Lindens Vater kehrt unversehrt aus dem Krieg zurück, und der Erzähler zeigt uns einen von der Weimarer Republik enttäuschten ehemaligen Frontsoldaten, der Ende der zwanziger Jahre öfter arbeitslos wird und schließlich, ohne recht vom nationalsozialistischen Ideengut überzeugt zu sein, im Sommer 1932 der SA beitritt. In der Progromnacht vom 9. November 1938, als er eigentlich jüdische Geschäfte zerstören soll, entfernt er sich von seinem SA-Sturm und warnt den jüdischen Pelzhändler Katzenstein, einen ehemals kaisertreuen Förderer des Denkmals, dazu dekorierten Frontkämpfer des 1. Weltkriegs, den er bei der Einweihung des Denkmals kennengelernt hat, vor den anrükkenden Nazihorden. Am 4. Dezember 1943, nach dem Bombenangriff auf Leipzig, verunglückt Felix Linden tödlich bei dem Versuch, die Leipziger Paulinerkirche am Augustusplatz vor den Flammen zu retten. Damit endet ein unpolitisch-politisches Arbeiterschicksal aus der ersten Hälfte unseres Jahrhunderts.

Alfred Linden, der Erzähler, wird am 20. Oktober 1913 geboren, auf den Tag genau hundert Jahre nach der Völkerschlacht bei Leipzig. Das Denkmal ist und bleibt Bezugspunkt seines ganzen Lebens. Im Angesicht des Denkmals wird seine Mutter von den Wehen überfallen, geboren wird er in der elterlichen Wohnung nahebei, der Zehnjährige wird von seinem Vater zum ersten Mal auf die Aussichtsplattform geführt – ein unbeschreibliches und prägendes Erlebnis für den Jungen –, während des Krieges ist er verantwortlich für den Luftschutzkeller unter dem Denkmal, das Kriegsende erlebt er mit der SS im Denkmal, und nur mit großem Glück kann er vor der Einnahme durch amerikanische Truppen entkommen. Voller Ironie schildert er die ideologischen Umdeutungen von Leipzigs Wahrzeichen nach 1945 durch Deutsche und Russen, und schließlich wird er Pförtner und Führer im Denkmal, das er am Schluß des Romans sprengen will, da Leipzig seiner nicht mehr wert sei. Als ehemaliger Sprengmeister weiß er, wo er die aus den letzten Tagen des Krieges stammenden Flakgranaten anbringen muß, um die tragenden Pfeiler zum Einsturz zu bringen. Sein Versuch scheitert, da der Koloß aus Granit inzwischen der Devisen wegen zum atomaren Entsorgungslager – Gorleben II – umfunktioniert worden ist. Die entsetzten Techniker entwinden Linden, der durch einen geheimen Gang, den noch die SS als Fluchtweg angelegt hat, eingedrungen ist, die Flakgranate und übergeben ihn dem Staatssicherheitsdienst.

Es würde zu weit führen, all die Einzelheiten anzuführen, die den Lebensweg Lindens geprägt haben oder die er berichtenswert findet. Als Sprengmeister ist er im 2. Weltkrieg vom Wehrdienst befreit, er erlebt den Besuch Adolf Hitlers im Denkmal, für den der riesige Klotz ein Vorbild für die geplanten Totenburgen im Osten ist, er schildert den Angriff britischer Bomber auf Leipzig in der Nacht zum 4. Dezember 1943, in der fast alle jene Gebäude vernichtet wurden, an denen Vojciech vor 1914 mitgearbeitet hatte, er schildert die Nachkriegszeit in Leipzig, zunächst unter russischer Besatzung, dann unter der Herrschaft Ulbrichts, vor allem aber die Zerstörung der Paulinerkirche und der Reste der alten Universität, die aus ideologischen Gründen gesprengt werden. Sein hilfloser Versuch, die Sprengung zu verhindern, endet im Gefängnis und bringt ihn um seine Stellung als Sprengmeister. Am Schluß ist er ein einsamer alter Mann, seine Schwester ist mit ihrer Familie im Osten bei Kriegsende verschollen, die Mutter stirbt während seines Gefängnisaufenthaltes, seine Frau erliegt, erst 64 Jahre alt, einer Drüsenerkrankung, die Tochter lebt im Westen, der Sohn, überzeugtes SED-Mitglied und Kulturfunktionär in Berlin, hat sich ihm völlig entfremdet. Der Einsamkeit des 70jährigen Protagonisten entspricht die Fatalität der geschichtlichen Entwicklung.

Es mag aufgefallen sein, daß bei der Skizzierung des Inhalts Frauengestalten kaum erwähnt worden sind. Zwar werden einige Ehefrauen im Zusammenhang mit der Biographie ihrer Männer dargestellt, so die Mutter und die Frau des Erzählers sowie Vojciechs Frau Erna. Aber obwohl sie berufstätig sind, verwirklichen sie sich nicht im Beruf. Sie arbeiten vor allem deshalb, um die wirtschaftliche Situation der Familie zu verbessern. Vor allem aber bleiben sie scheinbar unberührt von politischen Strömungen, die politischen Aktivitäten ihrer Männer nehmen sie widerspruchslos hin. Für Erna Machulski ist die Löwenaffäre eine Angelegenheit ihres Mannes. Zwar ist sie stolz darauf, daß er eine solche Tat plant, viel wichtiger ist ihr jedoch, daß er keine „andre" (67) hat, wie sie fürchtete, weil er so schweigsam ist. Lindens Frau Marianne gefällt zwar der Freund ihres Sohnes nicht, der sich schon im FDJ-Alter als Verfasser von linientreuen Kurzgeschichten erweist, aber sie versucht nicht, ihren Sohn zu beeinflussen. „Meine Mutter und Marianne waren beherzte Proletarierfrauen, opferbereit an der Seite ihrer Männer, untadelige Mütter; sie drängten sich nie vor. Vielleicht einigen wir uns so: Das Völkerschlachtdenkmal ist Männersache?" (145) Mit diesen Sätzen verteidigt sich der Erzähler gegen den vermeintlichen Vorwurf der Vernehmer, er berichte zu wenig über die Frauen seiner Vorfahren. Auch in der Darstellung der Geschlechterrollen läßt sich der Erzähler nicht durch ideologische Scheuklappen zur Schönfärberei verleiten. Die Emanzipation der Frau war eben gerade in Arbeiterkreisen die Ausnahme.

Daß der Roman seiner politischen Tendenz wegen in der ehemaligen DDR nicht gedruckt worden wäre, liegt auf der Hand. Vermeidet er doch gerade jede Geschichtsklitterung, die sozialistische Wirklichkeit wird schonungslos dargestellt, und der Verzicht auf einen vielleicht zwar fiktiven, aber im ganzen doch positiven Helden ist offensichtlich. Es gibt nicht das geringste Anzeichen für den utopischen Schein einer Zukunftsvision, im Gegenteil, die endgültige atomare Apokalypse scheint sich anzukündigen: Leipzig wird bald von der Goldrute und vom aufgeheizten Schlamm des Braunkohletagebaus bedeckt sein. „Schade um Leipzig, das nur eine so kurze Blütezeit gehabt hatte" (268), stellt der Erzähler im Schlußkapitel resigniert fest.

Aber auch von seiner Technik und seinen künstlerischen Mitteln her hätte der Roman wohl nicht das Plazet des früheren stellvertretenden Kulturministers und jetzigen Thüringer Landtagsabgeordneten Höpcke gefunden, greift doch Loest in seinem Roman zu anderen darstellerischen Mitteln, als einem Schriftsteller im sozialistischen Staat im allgemeinen zugestanden wurden. Das Hineinschlüpfen des fiktiven Erzählers in jene Gestalten, die ihm die Vornamen geliefert haben, mag noch angehen und verweist im übrigen auf die *Blechtrommel* von Grass, wo Er- und Ich-Perspektive ebenfalls ständig wechseln.

Bedeutsamer ist, daß der Erzähler die realistische Ebene an wichtigen Stellen verläßt, indem er seine Vorväter als eine Art Wiedergänger auftreten läßt; so etwa Fürchtegott, mit dem sich der Erzähler vor der Sprengung der Paulinerkirche unterhält (247), oder Vojciech, der auf geheimnisvolle Weise verhindert, daß Lindens Sohn Soldat der Volksarmee wird, indem er ihn in einen Verkehrsunfall verwickelt (208). Vojciech taucht auch ganz plötzlich auf, als die Amerikaner das Denkmal einnehmen; er ist es, der ihnen zeigt, daß sie ins Rundbogenfenster schießen müssen, um die SS zur Übergabe zu zwingen (172). Und bei der Flucht aus dem Denkmal hört der Erzähler „unverwechselbar" (170) die Stimme seines Vaters gerade in jenem Augenblick, als der mit ihm fliehende SS-Sturmbannführer erschossen wird. Gleichzeitig wird das Auftreten des längst Gestorbenen kurze Zeit später in Zweifel gezogen, ganz im Sinne der sonst realistischen Darstellung, und so bleiben jene Episoden in der Schwebe, obschon immer wieder auf sie angespielt wird. Dadurch spielt der Roman in einer Wirklichkeitsebene, die die Realität übersteigt. Die Gestalten verkörpern eine Art moralisches Prinzip, das der Geschichte mangelt. Und durch die wiederholte Zitierung dieser Ereignisse gewinnt der Roman eine Kontinuität, die jenseits des Ablaufs der Geschichte liegt und ständig Vergangenheit und Gegenwart in eins setzt. Andererseits ist der Erzähler durchaus darauf bedacht, die realistische Ebene seines Romans so genau wie möglich zu gestalten. Die Orts- und Straßennamen, die Entfernungen etc. – alle geographischen Angaben lassen sich auf jedem Stadtplan Leipzigs genau überprüfen, die historischen Details der Völkerschlacht sind exakt wiedergegeben, ebenso entsprechen die Darstellung des 1. deutschen Turnfestes 1863 und der Einweihung des Denkmals 1913 den historischen Tatsachen. Ja, der Erzähler ist geradezu detailversessen, um der historischen Genauigkeit Genüge zu tun. Dinge des Alltags, die zu einem bestimmten Zeitpunkt in Gebrauch waren, Speisen und Getränke, die man jeweils bevorzugte oder auf die man, des Mangels wegen, angewiesen war, Lieder oder Schlager, die in aller Munde waren, Redewendungen, die die Leipziger zu einer bestimmten Zeit bevorzugten – all dies ist mit einer Genauigkeit festgehalten, die diesen Roman zu einem historischen Dokument allerersten Ranges werden läßt und die Lektüre für jeden alten Leipziger zum Vergnügen macht. Nur einige Beispiele sollen hier genannt werden: so kauft sich der Erzähler 1928 ein Fahrrad der Marke Brennabor (107), das Erika-Lied aus dem 2. Weltkrieg wird erwähnt (113), ebenso natürlich Lili-Marleen (126), von der SS erhält der Erzähler Scho-Ka-Kola, eine aufputschende Fliegerschokolade (160), seiner Mutter hilft er, die „Rolle" zu bedienen, eine für Leipzig typische Wäschemangel, Autotypen wie Opel Olympia und Horch 170 V (113) werden genannt, selbstverständlich deutsche und alliierte Flugzeugtypen, überhaupt Waffen des 2. Weltkrieges, aber auch Einzelheiten, an die sich nur ältere Leipziger erinnern können, wie jenen besessenen Buchhändler, „der [...] seine Schätze mehr hortete als feilbot" (192). Loest setzt hier Kurt Engewald ein Denkmal, den jeder literaturbeflissene Leipziger kannte und der ein erbitterter Gegner der Nazis und dann später der SED-Genossen

war. Auch die lächerliche Kartoffelkäferlüge der SED-Propaganda vergißt der Erzähler nicht zu erwähnen, mit der die Misere der Kartoffel-
versorgung nach dem Krieg den Amerikanern in die Schuhe geschoben
wurde, die angeblich Kartoffelkäfer von Flugzeugen abgeworfen hatten. Die Beispiele für historische und geographische Detailtreue ließen
sich seitenlang fortsetzen.

All diese Einzelheiten sind in das Ganze des Romans eingebunden. Es
gibt jedoch ein Ereignis, bei dem der Erzähler gleichsam aus seiner fiktiven Rolle heraustritt und wo die Fiktion zum Dokument wird: gemeint ist die Sprengung der Paulinerkirche und der alten Universität
am 30. Mai 1968. Hier wird aus der Leipziger Volkszeitung zitiert, werden die Namen derjenigen genannt, die für diesen brutalen Akt der
Zerstörung verantwortlich waren, allen voran der damalige 1. Partei-
sekretär des Bezirks Leipzig, Paul Fröhlich, aber auch die Namen
derer, die aus Feigheit mitgestimmt haben; wobei ein gewisser Dr. Paul
Ullmann „voller Ekel" zweimal erwähnt wird, weil er als Mitglied der
CDU der Zerstörung der ja völlig erhaltenen Kirche zustimmte (237).
Hier spricht der Schriftsteller Erich Loest unmittelbar zum Leser, und
er verteidigt dieses Verfahren mit der Begründung, daß diese Namen
nicht aus seinem Gedächtnis weichen, auch wenn sie vielen heute
„nichts bedeuten", aber es sind die Namen „von Verderbern meiner
Stadt", und deshalb müssen sie „aufbewahrt" werden (236). Im *Zorn
des Schafes* kommt Loest, mehr als 20 Jahre nach der Sprengung, wieder auf diesen barbarischen Akt zu sprechen. Es heißt dort: „Ich habe
mich oft gefragt, warum mich das Schicksal der Paulinerkirche nicht los-
läßt. Ich bin tief in meiner Seele Leipziger und halte mich für einen
Menschen, dem Kunst und Kunstwerk und Tradition etwas bedeuten.
[...] Ich habe damals mitgelitten und mich erregt, habe zugeschaut und
wußte immer, daß ich Zeuge einer Barbarei bin." (*Der Zorn des Schafes*, S. 373). Genannt wird im Roman aber auch mehrmals jener Pfarrer
mit Namen, der als einziger gegen die Sprengung der Kirche gestimmt
hat: „es hat schon Männer in Leipzig gegeben. Pfarrer Rausch war
unser letzter Held" (238). Alle anderen fürchteten damals um ihre Stellung und ihre Pfründe. Aber gerade bei der Darstellung dieses herausragenden Ereignisses verbindet der Erzähler die nun wirklich ganz
realistische Ebene mit der imaginären. Es wird nämlich nicht ganz deutlich, was er vor der Sprengung wirklich getan hat, um diese zu verhindern. Er schildert nur, wie es ihm gelungen ist, trotz allen Absperrun-
gen in die Kirche zu gelangen und die Wendeltreppe hinaufzusteigen,
von deren Ende aus sein Vater versucht hatte, den Brand im Dachge-
wölbe zu löschen, wobei er tödlich verunglückte. Im Text heißt es nur:
„Von dort bin ich am nächsten Nachmittag weggeholt worden, da besaß

ich keinen Ausweis mehr, warum, weiß ich nicht." (251) In der Vernehmung wird Linden immer wieder gefragt, wer „der Gerl im langen Mantel" (258) gewesen sei, bei dem man seinen Ausweis gefunden habe. Die Stasi-Beamten vermuten natürlich, es sei ein Westagent gewesen, dessen Namen und Herkunft sie erfahren wollen. Linden geht auf diese Fragen gar nicht ein, statt dessen assoziiert er fiktive Vorgänge aus dem Leben seiner „Vorväter". Für den aufmerksamen Leser kann jener mysteriöse „Gerl" im langen Mantel nur Lindens Vater gewesen sein, der anstelle seines Sohnes die Zündschnüre durchschnitten hat. Aber gerade diese für den Roman so wichtige Begebenheit bleibt in der Schwebe, ebenso wie der mysteriöse Verkehrsunfall seines Sohnes. Fiktionalität und Faktizität durchdringen sich so auf besondere Weise. Dies läßt sich auch am Schluß des Romans beobachten, wo eine imaginäre Schlacht im Norden Leipzigs geschildert wird, in der sich die Leipziger gegen das Vordringen des Braunkohlentagebaus wehren. Wieder lassen sich die Ortsangaben auf jedem Stadtplan überprüfen, aber die Vorgänge werden ganz ins Phantastische gesteigert, zumal es um Sein oder Nichtsein der Stadt geht, und wieder werden die anreitenden preußischen Truppen die Sieger sein.

Das Thema einer realistischen Kunst wird im Roman übrigens gleichsam auf einer zweiten Ebene behandelt: der der bildenden Kunst im 11. Kapitel. Es ist eine Hommage an den Leipziger Maler und Bildhauer Mattheuer, der wie Loest von der Stasi überwacht und bespitzelt wurde und dessen Werke auch nicht in das Schema eines sozialistischen Realismus paßten.

Wichtiger jedoch als die Durchdringung verschiedener Wirklichkeitsebenen ist diejenige der verschiedenen Zeitebenen. Die erzählte Zeit erstreckt sich von der Völkerschlacht bis in die 80er Jahre unseres Jahrhunderts, aber dem Erzähler gelingt es, mit epischen Mitteln diesen gesamten Zeitraum ständig präsent werden zu lassen. Wir erleben zwar ein Voranschreiten der Zeit, aber der Erzähler bedient sich eben nicht einer epischen Episodentechnik, einer additiven Erzählweise. Vielmehr arbeitet er mit einem zwar ziemlich umfangreichen, im ganzen aber begrenzten Motivgeflecht, das er kaleidoskopartig immer wieder verwendet, um zeitlich getrennte Vorgänge in Beziehung zu setzen und miteinander zu verknüpfen. Dadurch entsteht ein enges Bezugssystem von Vor- und Rückverweisen, das einen aufmerksamen Leser erfordert.

Einige Beispiele mögen verdeutlichen, was gemeint ist. So wird schon zu Beginn des Romans beiläufig auf die Sprengung der Paulinerkirche hingewiesen (8), ebenso auf die erste selbständige Sprengung des Erzählers (8). Die Goldrute, von der das verseuchte Leipzig später bedeckt sein wird, wird schon auf S. 28 erwähnt. Carl Friedrich Linden leidet an Krätze (10), der Vater schnitzt einen Reiter, von dem es heißt: „Gewiß hat er die Krätze" (89). Die „Gelbgekleideten" tauchen immer wieder auf (7; 40; 41; 282 etc.), bereits auf S. 6 werden die britischen Bomber erwähnt, die später Leipzig angreifen, auf S. 7 die Waffen-SS, die Löwenepisode (72) wird assoziativ mit der Schenkung eines jungen Löwen an Göring durch den Leipziger Zoo verbunden (116f.). Während der Vernehmung durch die Stasi-Beamten nach der Sprengung der Kirche assoziiert der Erzähler immer wieder Begebenheiten aus der Völkerschlacht, dem Weltkrieg und der Verteidigung des Denkmals durch die SS, wobei er Vergleiche zu seinen Vernehmern zieht. Mehrmals werden die nackten Leichen der Franzosen erwähnt, die während der Völkerschlacht gefallen sind und auf die man, nach der Fledderei, drei Häufchen Erde gelegt hat. – Dies ist auch der Grund dafür, daß der Erzähler umständlich erzählt und keine „schnellen Zwischenfragen" (6) mag; „ich bin ein alter Mann mit Erinnerungen, lassen Sie mich sie ausbreiten" (20). Er breitet sie aus wie einen Teppich, auf den immer dieselben Muster erscheinen.

Die Ereignisse der Vergangenheit spiegeln sich in denen der Gegenwart und umgekehrt. Mit Hilfe dieser Erzähltechnik, die durchaus nicht so einfach ist, wie Ueding dies, wenn auch mit einschränkenden Bemerkungen, hinstellt, werden an Ort und Zeit gebundene Ereignisse enthistorisiert. Die Opfer der Völkerschlacht, des Ersten Weltkriegs, des Luftangriffs, sie alle bestätigen die Einsicht des Erzählers, daß sich die Geschichte wiederholt, daß sich von Lützows wilder verwegener Jagd über die kriegsbegeisterten Soldaten zu Beginn des Ersten Weltkrieges bis zur kampfbereiten Volksarmee der DDR eine gedankliche Linie ziehen läßt. Es ist die Absage an das marxistische Geschichtsmodell mit seiner dialektischen Entwicklung zu immer neuen Stufen der Menschheit. Sinnbild der Geschichte ist vielmehr die Kreisform, wobei die Zahl der Opfer und das Ausmaß der Katastrophe immer größer werden. In der Völkerschlacht wurde in Leipzig nur die Elsterbrücke gesprengt, über die die Franzosen abzogen, im 2. Weltkrieg vernichteten die Bomben einen großen Teil der Innenstadt und der südlichen Vorstädte, in den achtziger Jahren droht die ganze Stadt ein Opfer der Braunkohle und des Atoms zu werden. Nicht umsonst beginnt der Erzähler sein vorletztes Kapitel wie folgt: „Der Kreis beginnt sich zu schließen. Man könnte auch sagen: Wie bei einer Spirale kehrt man immer an einen bestimmten Punkt zurück. Manchmal ein Stück höher, manchmal tiefer. Aber wer entscheidet schon, was weiter oben unten ist." (236) Und der Roman schließt mit dem Satz: „In der Kuppelhalle mußte ich warten, legte den Kopf in den Nacken, nach einer Weile schien es mir, als ritten die Reiter da oben nach Hause, immer im Kreis, immer im Kreis" (283).

Mittelpunkt dieses „kreisförmigen" Erzählens ist natürlich das Denkmal, der „Glotz" (180), wie es einmal heißt. Alle wichtigen Begebenheiten vollziehen sich in einem begrenzten Umkreis um das Denkmal, selbst Vojciech glaubt in seiner Todesstunde im Denkmal zu liegen. Es wurde gebaut zum Andenken an die Toten der Sieger, wobei sich die Napoleonfeindschaft zu Beginn des Jahrhunderts mit dem nationalen Impuls der Deutschen verbindet, der im Laufe des Jahrhunderts immer stärker wird. Insofern ist es auch ein deutsches Denkmal, vor allem des Bürgertums; selbst der jüdische Pelzhändler Katzenstein, Mitglied des patriotischen Bundes, konnte sich mit ihm identifizieren. Nur für Vojciech hätte das Denkmal an alle Toten der Schlacht erinnern müssen. Aber selbst nach 1945 wird die Umbenennung in ein „Völkerfriedensdenkmal" aus ideologischen Gründen abgelehnt, und zwar von den Russen, die in der Urheberin dieses Vorschlages eine linksradikale Abweichlerin sehen. In Wirklichkeit läßt sich das Denkmal natürlich im beginnenden Kalten Krieg im Sinne eines Ost-West Gegensatzes funktionalisieren: wieder steht der Feind im Westen, wieder stehen russische und preußische Truppen, in Waffenbrüderschaft vereint, Seite an Seite. Erst ganz am Schluß wird das Denkmal wirklich zum „Glotz", jeglicher ideologischen Überhöhung beraubt, wird es als Endlager für westdeutschen Atommüll benutzt, seiner soliden Bausubstanz wegen. Die Mediatisierung aller Lebensbereiche, einschließlich der Kunst, angeblich ein Kennzeichen des Kapitalismus, ist im Sozialismus perfekt. Allen Zwecken entfremdet, hat der sozialistische Staat es gleichsam verkauft. Deshalb ist es nur folgerichtig, daß es der Erzähler sprengen will.

Aber nicht nur Stadt und Denkmal sind im Roman aufs engste miteinander verknüpft. Dem Erzähler geht es auch um die Geschichte und das politische Schicksal der Sachsen; er ist ebenso sehr Leipziger wie Sachse. Auch die Sachsen gehören nach seiner Meinung zu den Verlierern der Geschichte, sie haben „stets auf der falschen Seite" (9) gekämpft; schon die sächsischen Regimenter der Völkerschlacht stehen an der Seite des Erzfeindes Napoleon, der für die meisten deutschen Stämme der „leibhaftige Antichrist" (25) ist. Zu allem Unglück sind sie auch noch unsichere Verbündete, geraten zwischen die Fronten, da die sächsischen Kommandeure einmal für, das andere Mal gegen die Franzosen operieren. Ihr Untergang ist deshalb natürlich oder, mit den Worten des Erzählers, „vernünftig und erbärmlich" (16). 1866, drei Jahre nach dem deutschen Turnfest in Leipzig, stehen sie wieder auf der falschen Seite, „mit den Österreichern fochten sie gegen Preußen und verloren wie gewöhnlich" (38). Auch nach 1945 sind sie nach Ansicht des Erzählers eher Opfer als gestaltende Kraft im sozialistischen Staat, obwohl an der Spitze der DDR zunächst Walter Ulbricht stand, ein gebürtiger Leipziger, dem dann der „Saarpreuße" (280) Honecker folgte.

„Kein Platz für uns arme Sachsen, immer die Preußen im Nacken. Gern wurde erzählt, wir Sachsen seien in Berlin die fünfte Besatzungsmacht, rote Sachsen drückten der DDR den Stempel auf [...] Die Sachsen, Ulbricht an der Spitze, die nach Berlin gezogen waren, hatten sich dort gewandelt, nun regieren sie als Preußen [...] Nie hat einer untersucht, was geschehen wäre, wäre Deutschland am sächsischen Wesen genesen." (210) Damit thematisiert der Erzähler den seit Tagen Friedrichs des Großen bestehenden tiefen Gegensatz zwischen Preußen und Sachsen, der von einer breiten deutschen Öffentlichkeit oft nicht mehr wahrgenommen wurde, weil ihr die DDR als monolithischer Block erschien, zusammengefügt durch eine einheitliche Ideologie. Das sächsische Wesen zeichnet sich nämlich, im Gegensatz zum preußischen, dadurch aus, daß die Sachsen gar nicht „gewinnen" (212) wollen, denn sie haben Gemüt, „und das ist das schlechteste nicht" (210). Damit rechtfertigt der Erzähler die oft „voller Häme" gebrauchte Redensart von den „gemiedlichen Sachsen" (210). Das, was sie vor anderen deutschen Stämmen oft so lächerlich macht, ihr Streben, einem Streit möglichst aus dem Wege zu gehen, ihr sehnlicher Wunsch, in Übereinstimmung mit ihrer Umwelt zu leben, macht sie in den Augen des Erzählers gerade menschlich. In ironischer Abwandlung eines bekannten Sprichworts gilt für den Erzähler: „Preußisch sein heißt, eine Sache um ihrer selbst willen tun" (279) – und gerade dieses Streben nach Unbedingtheit hat die deutsche Geschichte in Katastrophen geführt. „Blücher und die Festung Völkerschlachtdenkmal, die Erfindung der ‚Iskra' Stätte – alles preußisch" (Leningedenkstätte in Leipzig, d. Vf.). (210) Man sollte dieses Urteil über Sachsen und Preußen nicht nur als Lokalpatriotismus des Erzählers interpretieren; schließlich führten die friedlichen Demonstrationen in Leipzig im Herbst 1989 zum Sturz des DDR-Regimes, das sich zuletzt immer mehr als rechtmäßiger Erbe Preußens fühlte.

Mit der Beschränkung auf einen begrenzten geographischen Raum, der Betonung bestimmter landsmannschaftlicher Charakteristika, wozu auch die Verwendung sprachlicher Besonderheiten gehört, reiht Loest seinen Roman in eine literaturgeschichtliche Entwicklungslinie ein, die vom realistischen Roman des 19. Jahrhunderts bis zum westdeutschen Nachkriegsroman reicht. In ihm verbinden sich, vor allem in Werken nach 1945, Techniken des modernen Romans mit der Bindung des Erzählstoffes an Herkunft und Heimat des fiktiven Erzählers. „Erzählte Provinz"[1] wird zum Signum vieler deutscher Nachkriegsromane. Ge-

---

1 So der Titel einer Untersuchung von Norbert Mecklenburg (Königstein: Athenäum 1982).

rade der Rückzug auf einen begrenzten geographischen Raum und die Darstellung seiner Bewohner ermöglichen es dem Autor, geschichtliche Entwicklungen, die eine ganze Nation betreffen, konkret darzustellen. Das gelang Grass in seiner *Blechtrommel*, Böll in *Billard um halb zehn* oder Lenz in seiner *Deutschstunde*, bei aller Verschiedenheit des Themas und der künstlerischen Gestaltung. In allen drei Romanen geht es um die Aufarbeitung der deutschen Geschichte, vor allem der NS-Zeit. Insofern gehört Loests Werk noch zu den Nachkriegsromanen, in denen das Schicksal eines Romanhelden aufs engste mit dem Schicksal einer Stadt bzw. einer bestimmten Landschaft verbunden ist. Danzig, Köln und Leipzig stehen symbolisch für jene Epochen deutscher Geschichte, durch die alle Deutschen geprägt sind. Der Sozialist Vojciech, der national gesinnte Felix Linden, der später SA Mann wird und doch den Juden Katzenstein warnt, der aller Ideologie im Grunde mißtrauisch gegenüberstehende Alfred Linden, dessen Kinder – die Tochter setzt sich in den Westen ab, der Sohn wird SED-Mitglied und Kulturfunktionär –, sie alle verkörpern Möglichkeiten deutschen Schicksals in unserem Jahrhundert, ebenso wie Oskar Matzerath mit seinen beiden Vätern oder Robert Fähmel, der vergeblich nach Sühne und Wiedergutmachung strebt. Den Hauptfiguren dieser Romane ist ein gewisser Zug zur Resignation eigen, das Bewußtsein, daß der einzelne gegenüber dem Gang der Geschichte machtlos ist. Auch Robert Fähmel wollte den Kölner Dom als Sühne für die schuldlosen Opfer sprengen, und nicht von ungefähr wird im *Völkerschlachtdenkmal* ausdrücklich der Kölner Dom erwähnt (27; 83). Daß Loests Roman zu einem Zeitpunkt erscheint, als sich in Westdeutschland Themen und Formen dieser Gattung gewandelt haben, hängt aufs engste mit der Biographie seines Verfassers zusammen, der die ehemalige DDR erst 1981 verließ; nachdem er die Inhumanität des Regimes auf grausame Weise buchstäblich am eigenen Leib erfahren hatte.

Ein weiteres Element verbindet Loests Roman mit dem deutschen Nachkriegsroman: die Erzählerposition liegt außerhalb der Gesellschaft. Gefängnis und Irrenhaus sind offenbar die einzig angemessenen Aufenthaltsorte für diejenigen, die über ihr Leben und über die Zeitumstände berichten, die sie am Ende dorthin geführt haben, Zeichen für die Einsamkeit des modernen Menschen. Dies hängt natürlich auch mit der Tradition des pikaresken Romans zusammen, an die viele Nachkriegsautoren anknüpfen. Zwar ist Alfred Linden kein pikaresker Held, aber es gibt Situationen, in denen er sich wie ein Pikaro verhält angesichts übermächtiger gesellschaftlicher Zwänge. Die Pikaro-Perspektive von unten zeigt sich buchstäblich beim Führerbesuch des Denkmals (118ff.), und Lindens Umgang mit dem SS-Sturmbannführer gleicht eher dem Spiel des überlegenen Pikaro mit einem feigen

Großsprecher (157 ff.). Auch die Einrichtung der Iskra-Gedenkstätte (182 ff.), bei der der Erzähler ja maßgeblich beteiligt ist, trägt Züge eines Schelmenstücks. Sein Vorschlag, „ein ausgestopftes Eichhörnchen mit dem Schild: Lenin hat während seines Besuches in Leipzig Eichhörnchen gefüttert" (183) in der Gedenkstätte aufzustellen, ist eine sarkastische Verhöhnung des großen Revolutionärs der Arbeiterklasse und kehrt die Bedeutung des Wortes Iskra = Funke (der Revolution) ins Gegenteil. Die komischen und teilweise bis ins Groteske gesteigerten Elemente des Romans, die sich vor allem bei der Darstellung von Begebenheiten während der NS-Zeit und nach 1945 finden, zeigen einen pikaresken Erzähler, dessen gesunder Menschenverstand die ideologischen Verirrungen seiner Zeitgenossen schonungslos entlarvt. Allerdings wird die Pikaro-Perspektive nicht durchgehalten, die Erwartung der endgültigen Katastrophe verbietet die Flucht in Ironie, Komik und Groteske.

Trotz dieser düsteren Aussicht fällt der Erzähler nicht ins Moralisieren, wenn man von jenen Stellen absieht, in denen er die Verantwortlichen für die Sprengung der Kirche mit Namen nennt und sie der Barbarei zeiht. Im ganzen steht er scheinbar unbeteiligt über den Vorkommnissen, die ihn und seine „Vorfahren" betreffen. In parataktischer Reihung stellt er Ereignis auf Ereignis dar. Höchstens sind es Relativsätze oder Temporalsätze, die eine Situation verdeutlichen oder eine Figur näher beschreiben. Kausale oder finale Konjunktionen treten selten auf. Es ist Sache des Lesers, Schlußfolgerungen aus dem Gesagten zu ziehen, der Erzähler hält sich zurück. Gerade dadurch wirkt das Geschehen oft um so eindringlicher, stellt sich doch die Frage nach Schuld und Versagen, auch in den zwischenmenschlichen Beziehungen. Nach außen hin werden uns „gute Ehen" gezeigt, aber zu Gesprächen kommt es eigentlich nicht: es genügt offenbar, daß sich die Partner aufeinander verlassen können. Auch zwischen Vater und Sohn kommt es zu keiner Aussprache. Inwieweit ein solches Sprachverhalten klassenspezifisch ist, mag dahingestellt bleiben. Gerade dieser Sprachstil, der seine Eindringlichkeit durch Aufzählungen und Wiederholungen ganzer Wendungen erreicht, spiegelt die Außenseiterposition des Erzählers und seine Resignation wider. Angesichts der Übermacht gesellschaftlicher und politischer Verhältnisse hat er darauf verzichtet, mit Argumenten, die finale und kausale Verknüpfungen verlangten, seinen Widersachern entgegenzutreten und Ursachen der Mißstände offenzulegen; dies geschieht höchstens indirekt mit Mitteln der Ironie, der Satire oder durch groteske Übertreibung und entspricht im übrigen der Verhörsituation, in der es die Klugheit gebietet, die Vernehmer nicht zusätzlich durch direkte sprachliche Aggressionen zu reizen. Durchsetzt und gelockert wird dieser im allgemeinen ruhig dahinfließende parataktische Stil durch Dialektausdrücke, die der Erzähler verwendet, um die Authentizität des Berichteten zu erhöhen. „Fettbemme, Käsehitschen" (97), Leipziger Kinderverse, Zitate im Leipziger Dialekt, Redewendungen etc. binden die Sprache an den geographisch eng umgrenzten Ort, wirken aber wahrscheinlich auf Nichtsachsen komisch, weil der sächsische Dialekt an sich komisch wirkt. Verstärkt wird dieser Effekt, wenn im Gegensatz dazu Kleistverse (31) zitiert werden, die der nüchterne Sachse „lächerlich" und „überzogen" findet. So zeigt auch die Sprache des Erzählers, der von seinen Eltern „Freedi" gerufen wird, die Nüchternheit, das eher Tiefstapelnde, allem Heroischen Abgeneigte des typischen Sachsen, der, bei aller Zurückhaltung, die Wirklichkeit durchschaut und sich durch keine hohlen Phrasen und durch keine Ideologie verführen läßt.

Zum Schluß mag die Frage erlaubt sein, was dieser Roman heutigen Leserinnen und Lesern, vor allem jungen, vermitteln kann, nachdem es die geschilderten Verhältnisse nicht mehr gibt. Eine Beschäftigung mit der Vergangenheit scheint mir jedoch notwendig, vor allem wenn dies auf eine Weise geschieht, wie sie im Roman geleistet wird. Loest schreibt ohne ideologische Scheuklappen und mußte auch nicht auf eine Zensur Rücksicht nehmen oder versuchen, diese zu überlisten, wie dies für diejenigen Schriftsteller notwendig war, die in der DDR verblieben waren. Trotzdem ist Loest ein authentischer Zeuge, der die Entwicklung der politischen und gesellschaftlichen Verhältnisse im östlichen Teil Deutschlands auf bittere Weise am eigenen Leib erfahren hat, ohne daß er diesem Staat von vornherein voller Ablehnung gegenübergestanden hätte. Zudem wird eine historische Entwicklung aufgezeigt, die nicht erst 1945 beginnt, sondern die weit ins 19. Jahrhundert zurückreicht, und zwar von einem Autor, der sie mit anderen Augen sieht, auf eine Weise, wie sie bisher noch nicht dargestellt worden ist. Wenn die in den vergangenen Jahrzehnten aufgestellte Behauptung, die deutsche Geschichte sei unteilbar, nicht nur eine Phrase war, dann stellt die Lektüre dieses Romans eine notwendige Ergänzung unseres bisherigen Geschichtsbildes dar. Dies sollte vor allem für die Schule ein Anreiz sein, sich mit diesem Roman zu beschäftigen, vielleicht im Vergleich zu anderen deutschen Nachkriegsromanen, vor allem aber auch zu DDR-Romanen, die ja alle unter den Bedingungen der Zensur geschrieben wurden. Daß es dabei nicht nur um die Vermittlung historischer Fakten geht, sondern ebenso darum, die künstlerische Gestaltung zu erfassen, versteht sich von selbst.

Bibliographie

LOEST, ERICH: Völkerschlachtdenkmal. Roman. Hamburg: Hoffmann und Campe 1984 [zitierte Ausgabe]

LOEST, ERICH: Der Zorn des Schafes. Aus meinem Tagewerk. Künzelsau, Leipzig: Linden Verlag 1990

KLUNKER, HEINZ: Völkerschlachtdenkmal – Erich Loests neuer Roman. Sächsische Lust am Anachronismus. Geschichte und Geschichten um Leipzig-ein-und-Leipzig. In: Die Zeit vom 20. 4. 1984

UEDING, GERD: Die Beichte des Sprengmeisters. Erich Loests Roman „Völkerschlachtdenkmal". In: Frankfurter Allgemeine Zeitung vom 17. 4. 1984

Erich Hülse

Christoph Hein: Horns Ende

Der Titelheld des 1985 erschienenen Romans von Christoph Hein
(geb. 1944), Horn, kommt Anfang der fünfziger Jahre nach Bad Guldenberg, um die Leitung des dortigen Museums zu übernehmen, nachdem man ihn in Leipzig aus der Partei ausgestoßen und seines akademischen Titels beraubt hat. Bad Guldenberg ist ein dahinkümmernder
Kurort, in dem sich außer der Ankunft der Zigeuner, die alljährlich wie
Zugvögel im Frühjahr eintreffen und im Herbst wieder weiterziehen,
nichts ereignet. Der Unternehmer Böger, Vater Dr. Spodecks, hatte
der kleinen Stadt vor dem Krieg zur Blüte verholfen. Denkmal aus dieser Zeit ist der viel zu große prunkvolle Bahnhof, der nun wie die Häuser langsam zerbröckelt. Als Bürgermeister amtiert nach einem Dutzend Vorgängern, die innerhalb von zehn Jahren einander ablösten,
Kruschkatz, der anfangs noch glaubt, eine große Karriere vor sich zu
haben, für den Guldenberg jedoch zur Endstation wird, auf der er neunzehn Jahre verbleibt. Kruschkatz ist in das Parteiverfahren gegen Horn
verwickelt. Anfangs widerstrebend, schließlich jedoch der Parteiraison
gehorchend, wird er auch in das zweite Verfahren gegen Horn hineingezogen, dem sich dieser durch Selbstmord entzieht. Um die Geschichte
Horns gruppieren sich mehrere Nebenhandlungen, die das Leben in der
Stadt Guldenberg aus verschiedenen Perspektiven beleuchten.

Die Personen

1. Die fünf Erzähler: Thomas, Sohn des Apothekers – Gertrude Fischlinger, Lebensmittelhändlerin, Mutter Pauls – Dr. Spodeck, praktischer Arzt in Guldenberg – Kruschkatz, Bürgermeister von Guldenberg – Marlene, die schwachsinnige Tochter des Malers Gohl, dessen
Frau von den Nazis getötet wurde.
   2. Die übrigen Personen: Horn, eigentlich Dr. Horn, Historiker, Leiter des Museums in der Guldenburg – Bachofen, Stellvertreter des Bürgermeisters, Stadtsekretär – Irene, Frau von Kruschkatz – Gohl, Maler,
Vater von Marlene – Apotheker Puls, Vater von Thomas – Paul, Sohn
Gertrude Fischlingers, Freund von Thomas – Elske, Freundin von Thomas – Christine Hofberg, Pflegetochter Dr. Spodecks, Arzthelferin –
Jule, Freundin Gertrude Fischlingers – Pfarrer Geßling – Alfred Brongel, Horns Stellvertreter und Nachfolger – Dr. Böger, Industrieller, vor
dem Krieg „Wohltäter von Guldenberg", Vater Dr. Spodecks – Zigeu-

ner – außerdem einige nur sporadisch auftretende Nebenfiguren: Els-
kes Mutter, der Stasi-Leutnant, der Horn verhört, u. a.

Die Struktur des Romans

1. Die Erzähler

Der Roman besteht aus acht Kapiteln, denen jeweils ein knapper
Dialog zwischen Thomas und dem toten Horn vorangestellt ist, durch
Kursivdruck vom übrigen Text unterschieden. Die Kapitel sind auf-
gegliedert in Abschnitte ungleicher Länge, die einzelnen Personen zugeordnet sind, die im Romangeschehen eine Rolle spielen und zugleich
als Ich-Erzähler dienen.

Insgesamt entfallen auf die fünf Erzähler 39 Abschnitte, davon auf
Thomas 11, auf Gertrude Fischlinger 9, auf Dr. Spodeck und Kruschkatz je 8, auf Marlene 3. Der in Seiten meßbaren Erzählmenge nach
ergibt sich eine leichte Verschiebung bzw. deutlichere Gliederung dieser Reihenfolge: Die Abschnitte von Thomas umfassen insgesamt ca.
68 Seiten, die von Spodeck ca. 59, die von Kruschkatz ca. 51, die von
Gertrude F. ca. 43, die von Marlene ca. 7.

Die Darbietung des Romangeschehens aus der Perspektive mehrerer
Personen, die an diesem Geschehen beteiligt waren, erinnert an den
1958 erschienenen Roman *Schlußball* von Gerd Gaiser, der wie *Horns
Ende* in den fünfziger Jahren spielt und dessen Schauplatz Neu-Spuhl
ebenfalls eine Kleinstadt ist wie Guldenberg, nur eben in der Bundesrepublik. Auch in thematischer Hinsicht bestehen Entsprechungen.

2. Die Entfaltung des Geschehens in den einzelnen Erzählabschnitten

Unabhängig voneinander erinnern sich die fünf Erzähler an Geschehnisse, die sich im Jahre 1957 und im zeitlichen Umkreis abgespielt haben oder sich auf diese beziehen, teilweise auch an solche, die in keiner
unmittelbaren Beziehung dazu stehen. Die Erzählabschnitte der jeweils selben Erzähler ergänzen einander, knüpfen zum Teil auch ge-
danklich oder inhaltlich an den Schluß eines früheren Abschnittes an,
jedoch nicht durchgängig, keinesfalls im Sinne einer einfachen Fortsetzung. Häufig setzt ein späterer Abschnitt ganz abrupt ein, teilt etwas
Neues mit oder führt eine frühere Andeutung aus. Auch die Erinnerungen der verschiedenen Erzähler stehen in einem komplementären Verhältnis zueinander, ohne daß die ergänzende Funktion von den Erzählern selbst beabsichtigt oder ihnen bewußt wäre. Vielmehr sind die
Erzähler absolut allein, einer vom anderen isoliert. Nur für den Leser

bilden sie ein Ensemble, dessen teils bruchstückhaft andeutend, teils ausführlich erzählte Erinnerungen nach und nach eine Geschichte ergeben, die das Gesicht einer Epoche verdeutlicht.

3. Sprach- und Stilstruktur

Eine individuelle Sprach- und Stilstruktur der jeweiligen Erzähler läßt sich nicht feststellen. Die Erzähler unterscheiden sich nur in ihrer Perspektive, nicht in der sprachlichen Entfaltung, die in Ton und Stillage weitgehend einheitlich ist und als sachlich-nüchterne Alltagssprache bezeichnet werden kann, die frei ist von Nachlässigkeiten, frei auch von schichten- und generationsspezifischen Merkmalen. Nur in heftiger Erregung läßt sich der eine oder andere zu Grobheiten hinreißen (z.B. Dr. Spodeck: „halten Sie die Schnauze.", 43; Kruschkatz: „Das geht Sie einen feuchten Dreck an", 195). Der Satzbau ist durchgehend knapp, klar, wenn auch umfänglichere Sätze nicht ganz selten sind. Neben dem epischen Bericht beansprucht die wörtliche Rede (Gespräch) erheblichen Raum. Aus dem sprachlich überwiegend neutralen Text heben sich einige Redewendungen, die dem Parteijargon oder im weiteren Sinne der DDR-Sprache zuzurechnen sind, heraus. Sie finden sich zumeist in den Erzählabschnitten von Kruschkatz. Aus Platzgründen werden nur zwei Beispiele ausführlicher zitiert, im übrigen nur die Stellen genannt. Kruschkatz spricht Horn gegenüber davon, daß er der Partei durch „Mißachtung des Prinzips der Parteilichkeit großen Schaden zugefügt habe. Im Interesse der gemeinsamen Sache und des großen Ziels und in Erkenntnis seiner feigen Zugeständnisse an die bürgerliche Ideologie habe er den Fehler mit allen Konsequenzen auf sich zu nehmen." (30) – Kruschkatz erinnert sich an Bachofens Worte: „„Was Horn hier verkündet, ist Revisionismus, Sektierertum. Er will uns Diskussionen zu einer überwundenen Epoche aufnötigen. Eine rückwärtsgewandte Fehlerdiskussion [...]'" (102)

Ferner: Gespräch Kruschkatz–Dr. Spodeck (42), Kruschkatz über „geschichtlich notwendiges Unrecht" (69), den „Blutzoll, den der Fortschritt kostet" (73), seine Selbstkritik (75; 104), Bachofens Urteil über Horn (104), den Appell, den Kruschkatz unterschreibt (105), sein Bekenntnis zur Macht der Partei (157), die auf der Ratssitzung gegen ihn erhobenen Vorwürfe (237f.), über seinen Vorgänger Franz Schneeberger (239f.); Horn über das Verfahren gegen ihn (97), die Fragen, die ihm gestellt werden (224).

4. Zeit und Raum als Strukturmomente

1. Die Zeit: Die von den Erzählern mutmaßlich in den achtziger Jahren (Zeit des Erzählens) erinnerten Geschehnisse (erzählte Zeit) spielen sich auf verschiedenen Zeitebenen ab: Im Brennpunkt stehen die fünfziger Jahre, andere Erinnerungen führen in die dreißiger Jahre bzw. die Nazizeit.

Der Roman enthält einerseits genaue Zeitangaben, andererseits läßt sich der Zeitpunkt wichtiger Ereignisse nur an Hand früherer oder späterer Zeitangaben exakt erschließen.

Beispiele für genaue zeitliche Fixierungen: Die Zigeuner erscheinen am 23. Mai, einem Donnerstag (25). Das Jahr bleibt ungenannt, läßt sich jedoch, wie sich zeigen wird, ermitteln. Am 4. Juli geht Bachofen mit einem Aufsatz von Horn zum Bürgermeister (101). Am 1. September, einem Sonntag, taucht die Nachricht auf von Horns Tod (25), am 3. September erfährt Dr. Spodeck davon (225), am 30. September ziehen die Zigeuner fort (266). Neben diesen Daten wird nur einmal eine Jahreszahl erwähnt: 1957, in welchem Jahr im Monat März das fünfjährige Bestehen des Museums in der Guldenburg gefeiert wird (72).

Häufig ist nur von Zeiträumen oder ungefähren Daten die Rede, aus denen der Leser zusammen mit anderen Zeitangaben genauere Daten ermitteln kann. Horns Tod ereignet sich drei Jahre nach dem Amtsantritt des Bürgermeisters Kruschkatz (28; 52; 71). Paul ist bei Horns Ankunft in Guldenberg zehn Jahre (19), bei seinem Tod etwa fünfzehn, Horn lebt also mehr als vier Jahre in G. Darauf weist noch eine weitere Zeitangabe hin (203). 4 Monate nach der Feier des 5jährigen Bestehens des Museums sah Kruschkatz Horn zum letztenmal, und zwar anläßlich der Untersuchungen gegen Horn (74). Bald danach, Ende August (216), nimmt sich Horn das Leben. Also ist 1957 das Jahr, in dem Horn Selbstmord begeht und die Zigeuner zum letztenmal nach Guldenberg kommen. Da Kruschkatz zu diesem Zeitpunkt seit drei Jahren Bürgermeister ist, ergibt sich als Jahr seines Amtsantritts 1954, als das Jahr, in dem Horn nach Guldenberg kommt, 1952.

Auch die Zeit, in der die Erzähler ihre Erinnerungen berichten, läßt sich erschließen: Kruschkatz ist zur Zeit seiner Erinnerungen 73 Jahre alt (24); als er Dr. Spodeck konsultiert, war er Mitte vierzig (41). Seit den Ereignissen in Guldenberg sind also rund dreißig Jahre verflossen, seine Erzählungen stammen demnach aus der Mitte der achtziger Jahre, die Erzählungen der übrigen Erzähler mutmaßlich aus der gleichen Zeit, der Zeit, in der der Autor sein Buch veröffentlicht. Mit dem Anspruch auf Wahrscheinlichkeit ist das jedoch außer für Kruschkatz nur für Thomas zu behaupten, der, damals ein Kind, inzwischen bereits graue Haare hat (5). Als genereller Hinweis auf den Zeitabstand zwischen den Erzählungen und den Ereignissen dienen die Redewendungen „Es ist lange her", „Jahre sind vergangen", „damals" (5; 31; 59; 155 usw.).

Welche Funktion haben die genauen Zeitangaben einerseits und die zahlreichen Hinweise auf ungefähre zeitliche Abläufe andererseits?

Die genaue Datierung ist das Gerüst der Historie, der Rahmen, in dem die geschichtlichen Ereignisse in ihrer Verschränkung und Relation Halt und Bedeutung gewinnen. Alles was geschieht, ereignet sich in der Zeit, nur in ihr läßt sich die Verkettung von Ursache und Wirkung erschließen, läßt sich das Verhältnis von Geschehnissen zueinander bestimmen. Diese für den Historiker triviale Erkenntnis kann man auf die literarische Erzählung individueller Ereignisse übertragen. Das Verfahren des menschlichen Gedächtnisses, das die Daten liefert und ordnet, ist jedoch willkürlich und unberechenbar. Dies gilt für das allgemeine, das geschichtliche Leben ebenso wie für das individuelle, persönliche, das den Stoff und die Grundlage der Geschichte und der Literatur bildet. Am besten läßt sich das Verfahren des Gedächtnisses am persönlichen Leben beobachten: Wichtiges, Herausragendes wird mit Daten versehen und bewahrt: Geburtstage, Feste, Sterbetage. Anderes hingegen versinkt im Ungewissen, Ungefähren. Je länger das Leben währt, desto mehr gehen zeitliche Fixpunkte unter, werden eingeebnet in den Ablauf der Jahre und Jahrzehnte. Die Erinnerung ist kein verläßlicher, unabhängiger Datenspeicher. Sie ist bestechlich und parteiisch, interessengebunden, subjektiv. Trotz nachgewiesener Unzuverlässigkeit ist jedoch der Zeitgenosse, der Augenzeuge für die Rekonstruktion von vergangenen Ereignissen immer noch die wichtigste Quelle. Ist auch seinem Gedächtnis zu mißtrauen, bedarf jede seiner Erinnerungen der Überprüfung und des Vergleichs mit den Erinnerungen anderer Augenzeugen, so besitzen sie doch insgesamt die Qualität und Bedeutung des Unmittelbaren, der menschlichen Erfahrung, die trotz bedingten Wahrheitswertes im einzelnen für die Wahrheitsfindung im ganzen unerläßlich ist. Dies betrifft wiederum den Geschichtsschreiber ebenso wie den Schreiber von Geschichten, welch letzterer sich nicht selten der fiktiven Augenzeugen bedient, um die Glaubwürdigkeit seiner Erzählung zu erhärten. Haben wir es – wie im vorliegenden Falle – mit einem zeitgeschichtlichen Roman zu tun, so gewinnt die Augenzeugenschaft an Gewicht, Daten und Zeiten suggerieren die Nähe zum wissenschaftlich Erwiesenen und Begründeten, wobei die Art des Gebrauchs zugleich den Abstand zum Historiker herstellt.

Die Verwendung der Zeitangaben und Daten in *Horns Ende* entspricht diesen allgemeinen Überlegungen. Das Ereignishafte, Ankunft und Abzug der Zigeuner und die Auffindung des toten Horn, wird mit den genauesten Zeitangaben versehen. Indem sie in die objektive Zeit eingefügt werden, sind die genannten Ereignisse, sosehr sie in der Erinnerung der Erzähler subjektive, persönliche Emotionen wecken, doch zugleich der individuellen Sphäre entrückt, sind Teil des Allgemeinen, der Geschichte. Auch die genauesten Zeitangaben verlangen dem Leser jedoch seine Mitarbeit ab. Sie bieten zwar ein zeitliches Ordnungsschema, aber kein lückenloses. Die Lücken zu füllen, Fehlendes zu ergänzen, Beziehungen herzustellen, ist dem Leser überlassen oder aufgetragen. Er muß ergründen, ob zwischen dem letztmaligen Erscheinen der Zigeuner und dem Selbstmord Horns, welche in das gleiche Jahr fallen, nur eine zufällige oder eine notwendige Beziehung besteht, eine äußerliche in der Zeit oder eine wesentliche und bedeutsame, für die das Koordinatensystem der Zeit nur Hinweis und Grenze ist. Hier sei lediglich hervorgehoben, daß die Erwähnung von Daten, der mehrfache Bezug auf dieselben, im Hinblick auf den Roman Strukturfunktion, im Hinblick auf den Leser Signalcharakter besitzt. Gleiches bewirken auch die ungefähren Zeitangaben (erste Erwähnung der Ankunft der Zigeuner: „In jenem Jahr [...] spät", „Ende Mai, an einem Donnerstag", 7), ebenso die Erwähnung von Zeiträumen, nur daß sie vom Leser noch mehr Aufmerksamkeit und Bereitschaft zur Herstellung von Vergleichen und Relationen fordern. Dies gilt für die Ermittlung des Alters der beiden Kinder bzw. Jugendlichen Paul und Thomas wie für das Alter Horns oder des Bürgermeisters Kruschkatz. Natürlich könnte man fragen, ob es nicht gleichgültig sei, wie alt Kruschkatz zur Zeit des Selbstmordes von Horn ist. Eine genauere Untersuchung führt jedoch zu der Feststellung, daß Kruschkatz zu dieser Zeit die Hoffnung auf Karriere noch nicht aufgegeben hat, auf Grund seines Alters und seiner bisherigen Laufbahn auch zu weiteren Erwartungen berechtigt war, während der mehrfache Hinweis auf neunzehn Jahre als Bürgermeister von Guldenberg (52; 152; 154) positiv Stetigkeit und Konstanz, negativ aber Fehlschlagen der Hoffnung bedeutet. Die Zeit und ihr Vergehen sind somit nicht nur äußerlich als für jeden gültiges objektives Ordnungssystem, sondern als subjektive Erfahrung der Vergänglichkeit und Unwiederbringlichkeit Teil der je einzelnen menschlichen Existenz. Alle Zeitangaben in diesem Roman beziehen sich auf das individuelle Leben, historische Zeitangaben fehlen. Es gibt jedoch mehrere Hinweise auf die historische Zeit: die Nazizeit, das Kriegsende, das als Zusammenbruch und als Befreiung apostrophiert wird, die Zeit danach.

Es bleibt zu fragen, inwieweit die zeitliche Distanz, aus der die Erzähler die Ereignisse darstellen, und der Erinnerungscharakter der Erzählabschnitte die Struktur des Romans bestimmen. Zwischen den Ereignissen, die Gegenstand des Romans sind, und den Erzählungen besteht, wie bereits erwähnt, ein Abstand von drei Jahrzehnten. Am augenfälligsten wird der zeitliche Abstand an Kruschkatz, der, inzwischen dreiundsiebzigjährig, Insasse eines Altersheimes ist (24; 260), und an Thomas, der, damals noch ein Kind, nun schon graue Haare besitzt (5). Die Erzählungen aller am Geschehen und seiner Rekonstruktion beteiligten Personen sind als Erinnerungen zu kennzeichnen, als Wiedergabe dessen, was sie von den damaligen Ereignissen wissen, was ihnen im Gedächtnis geblieben ist bzw. was sie für wichtig halten. Ungewiß ist, wer oder was sie zum Reden veranlaßt. Vielleicht könnte man sagen: Die Erinnerungen lassen sie nicht ruhen (260). Was die einzelnen Personen mit der Unausweichlichkeit der Erfahrung, der Zeitgenossenschaft und Zeugenschaft bedrängt, fügt sich für den Leser, ohne daß er einer theoretischen Begründung für die Komposition bedürfte, mit der Notwendigkeit und dem Gewicht von Tatsachen zu einer Romanhandlung zusammen. Die Wahrheit der Erinnerungen ist jedoch nicht verbürgt. Erinnerungen sind „keine nüchternen Aufzeichnungen, keine Filmaufnahmen. Unser Bewußtsein arbeitet mit tausend Spiegeln, von denen jeder tausendfach gebrochen ist [...] Was wir aufzeichnen, ist eine unseren Genen gemäße Verzerrung. Wir speichern nicht ein Geschehen, sondern unser Bewußtsein, unser Denken über ein Ereignis" (231), erklärt Dr. Spodeck Horn gegenüber. Das Verfahren des Romans, die Darstellung der vielschichtigen Wirklichkeit aus der Erinnerungsperspektive mehrerer Personen, wird damit ebenso erläutert wie in seinem Wahrheitswert in Frage gestellt. Kruschkatz mißtraut nicht nur seinen, sondern allen Erinnerungen (24) (vgl. Dr. Spodeck zu Horn, 231 f.). Er mißtraut auch den Ohren, die seinen „Erinnerungen zuhören" (24). „Die Leute werden nichts verstehen, und ihre Bemühungen, meinen Worten einen verstehbaren Sinn zu geben, werden sie dazu verleiten, meine Geschichte mit ihrem Leben zu beleben." (24) Was wir Wirklichkeit nennen, ist – wie dank einer neueren Technik der Dokumentarfilm – manipulierbar, der Fälschung preisgegeben (230) (vgl. Thomas' Erfahrung seiner Vervielfältigung bzw. Verzerrung vor dem dreiteiligen Frisierspiegel, 108 ff.).

Die den Kapiteln vorgeschalteten Dialoge kann man als Auslöser für das jeweils folgende Erinnerungsensemble betrachten, ohne daß eine inhaltlich genaue Beziehung zwischen den Dialogen und den Erinnerungen hergestellt ist. Der Tote, Horn, ist derjenige, der Rechenschaft fordert. Die Erzähler sind Zeugen, die aussagen, ohne daß ihnen Fragen vorgelegt werden. Bei dem Zeitabstand von drei Jahrzehnten sind ihre Detailkenntnisse erstaunlich. Man könnte sagen, daß der Erinnerungscharakter und die zeitliche Distanz des Romans, die mit der Gestalt des ehemaligen Bürgermeisters Kruschkatz und der Figur Thomas in den vorgeschalteten Dialogen ausdrücklich suggeriert werden, durch die Fülle und die Genauigkeit der Zeitangaben sowie durch die Exaktheit der Erinnerungen und der innerhalb derselben wiedergegebenen Gespräche aufgehoben werden und für den Leser weniger der Eindruck der Erzählung eines längst vergangenen als vielmehr eines gegenwärtigen oder eben erst abgelaufenen Geschehens entsteht. Dies widerspricht scheinbar der in den Dialogen vor den jeweiligen Kapiteln angesprochenen Problematik der Erinnerungen, findet aber eben dort auch Bestätigung. Am Anfang des dem 1. Kapitel vorgeschalteten Dialogs heißt es fordernd: „Erinnere dich", worauf der Dialogpartner (Thomas) entgegnet: „Ich versuche es", um sich dem dringlichen „Du mußt" sogleich zu entziehen: „Es ist lange her. Jahre sind vergangen." Der Tote wiederum läßt dies nicht gelten: „Du kannst es nicht vergessen haben. Es war gestern." Und, auf die Augenzeugenschaft verweisend: „Du hast es gesehen." (5) Die Auseinandersetzung zwischen Thomas und dem Toten nimmt an Dringlichkeit und Schärfe zu Beginn der folgenden Kapitel eher noch zu. „Solange es ein menschliches Gedächtnis gibt", sagt der Tote zu Beginn des 5. Kapitels, „wird nichts umsonst gewesen sein, ist nichts vergänglich." (145)

Die Vergangenheit ist als Erinnerung Gegenwart, sie ist nicht auszulöschen. Die Nachwirkung wird gerade in den vorgeschalteten Dialogen und in der zwanghaften Vergegenwärtigungsfähigkeit der sich Erinnernden deutlich. Kruschkatz vermag sich seinen Erinnerungen trotz seines Zweifels an ihrem Wahrheitswert nicht zu entziehen (24; 25), auch wenn er sich darum bemüht, „die Erinnerungen zu verscheuchen, die sich Nacht für Nacht auf meine Brust hocken, um in mich einzudringen" (260).

Die Zeit, so ergibt sich aus diesen Überlegungen, ist in mehrfacher Hinsicht und Bedeutung wesentliches Strukturmoment des Romans: Sie ist als nicht ferne Vergangenheit, als Zeitgeschichte, die in der Erinnerung immer noch gegenwärtig ist, Gegenstand des Romans. Diese Vergangenheit erweist ihre Macht und Bedeutung dadurch, daß sie Jahrzehnte später im Gedächtnis der Zeitgenossen noch ungetilgt ist (vgl. dazu: „Vergangenheit vergeht nicht [...], so wie die Toten nicht sterben" *[Als Kind habe ich Stalin gesehen*, 1990, S. 111]). Die Genauigkeit der Erinnerung an das nur in der Zeit, nicht aber im Gedächtnis Vergangene ermöglicht und bewirkt die Genauigkeit der zeitlichen Rasterung, die den Roman in die Nähe der Historie rückt, ohne seinen Charakter als literarische Kunstform zu beeinträchtigen.

2. *Der Ort:* Schauplatz des Geschehens ist Bad Guldenberg, das seinem Namen zum Trotz alles andere ist als ein glanzvoller Kurort. Vielmehr wird es gekennzeichnet als kleine Stadt, „die sich auf imaginäre, dahinwelkende Traditionen berief und sich vornehmlich von Kurgästen ernährte, die einen verträumten, freundlichen Ort suchten und sich schließlich mit der Stille der Geranienvorgärten und dem geduldigen Schlaf der zerbröckelnden Häuser und der grasüberwucherten Gassen abfanden" (28). Von größeren Plänen und Erwartungen, die in dieser

Stadt einst gehegt wurden, zeugt der Bahnhof, der außerhalb der Stadt liegt, „ein großes Gebäude aus gelben Klinkersteinen, ein prächtiges Monument der Gründerjahre [...] Vor Jahrzehnten wurde es als Denkmal einer großen lokalen Hoffnung [...] errichtet, einer Hoffnung auf Prosperität" (50). In der Gegenwart erscheint es nur noch als „Kathedrale der Vermessenheit und der gescheiterten Hoffnungen" (133). Mitten in der Stadt liegt die Bleicherwiese (7), auf der die Zigeuner gegen das Verbot und den ausdrücklichen Protest des Bürgermeisters mit ihren Wohnwagen kampieren. „Gegenüber der Bleicherwiese, getrennt durch den kopfsteingepflasterten, buckligen Grabensprung, standen sechs schiefe, zweistöckige Häuser." (77) Thomas vermutet, es seien die ältesten Häuser der Stadt, in denen es keine Wasserleitungen gibt und wo die Toiletten sich auf dem Hof befinden. Im Stadtbereich liegen außerdem die Kuranlagen, „diese niederdrückenden, langweiligen Parkanlagen" (36).

Außerhalb der Stadt erhebt sich die Burg. „Die Burg ist eine alte Festung mit einem Wächterturm, einem großen Wohnhaus, mit vielen Stallungen und einem unbrauchbaren Ziehbrunnen [...] Im Wohnhaus war nach dem Krieg ein Kindergarten eingerichtet worden, den man aber bald wieder umsiedeln mußte. Die meterdicken Wände sind naß, und im Winter werden die Räume nicht warm. Seitdem ist hier ein Museum" (62 f.). Ebenfalls außerhalb von Guldenberg befindet sich das Vorwerk, ein Gehöft „mitten im Wald" (131), in dem Dr. Spodeck die Sommermonate verbringt.

Bad Guldenberg ist als Ort nicht so sehr individuell als modellhaft-typisch. Betont werden die kleinstädtischen, provinziellen Züge. Kruschkatz nennt Guldenberg das „lausige Provinznest" (30). Wer aus Leipzig kommt wie Kruschkatz, Irene oder Horn, fühlt sich in der Verbannung. Zum Kleinstädtischen gehört auch der Mangel an Kultur. Die Orchestermuschel im Kurgarten ist rostig und leer (33). Der einzige Ort, von dem geistige Anregungen ausgehen („das Geistesleben von Guldenberg", 106), ist die Burg, das Museum, das bezeichnenderweise in einem Gemäuer eingerichtet wird, das wegen bautechnischer Mängel als Kindergarten nicht mehr verwendet werden kann. Hier veranstaltet Horn vierzehntägig an Donnerstagabenden Vorträge. Aber nur das Museum selbst ist eine öffentliche Einrichtung, die Vorträge beruhen auf einer Privatinitiative Horns, und nur ein kleiner Kreis findet sich dort zusammen. Das Leben in der Stadt stagniert wie die Wirtschaft, es kommen zwar noch Kurgäste, aber ein Aufschwung ergibt sich daraus nicht, die Häuser zerbröckeln gleich dem Bahnhof, der auf eine Zukunft hin projektiert war, die niemals Gegenwart wurde. Der kleinstädtischen Atmosphäre entsprechen die kleinbürgerlichen Bewohner. Die Zigeuner sind für sie Faszination und Ärgernis zugleich.

„Worüber sonst hätte man sich in dieser Stadt zu unterhalten" (10), sagt Dr. Spodeck. Aber nicht nur die Zigeuner stören den Alltag, alles Fremde überhaupt ist beunruhigend. So beklagt sich der Apotheker ständig, „daß wieder sehr viele neue Gesichter zu sehen waren", und fürchtet: „Bald wird man die eigene Stadt nicht mehr wiedererkennen." (36) Die Furcht vor dem Außergewöhnlichen, vor Bewegung, Veränderung ist bezeichnend für den Geist dieser Stadt. Die Innenräume hinter den Fassaden von Bad Guldenberg, so wenig Konkretes wir über sie erfahren, drücken ebenfalls diesen Geist aus. Die kleinbürgerliche Enge ist das allen Gemeinsame.

Obwohl die Orts- und Raumbeschreibungen skizzenhaft sind und kaum mehr als allgemeine, typisierende Kennzeichnungen enthalten, ist Guldenberg als Ort ein strukturierendes, Personen und Handlung des Romans bestimmendes Moment. Thomas denkt beim Blick von der Burg herab an die Zerstörung der Stadt. Er fürchtet, daß diese Stadt ihm „immer anhängen und nie mehr auszulöschen sein" (65) wird. Ähnlich sind die Innenräume mit dem Charakter und der Eigenart der Personen verknüpft.

Die Themen

Im folgenden wird, zu fünf Themengruppen zusammengefaßt, eine Reihe von thematischen Schwerpunkten behandelt. Wie die genauere Untersuchung ergibt, sind alle Themen negativ bestimmt, ist die Atmosphäre düster, traurig, hoffnungslos. Es fehlt fast jede Freude, jede Zuversicht. Auch die Liebe, wo sie sich ereignet, scheitert oder ist zum Scheitern verurteilt. Humor als milderndes, tröstendes, versöhnendes oder gar befreiendes Element kommt nicht vor, allenfalls Sarkasmus, der Beklemmung hervorruft.

Obwohl die Ereignisse in den fünfziger Jahren spielen und der Aufbau der sozialistischen Gesellschaftsordnung noch andauert, wirkt der Roman wie eine aus der Mitte der achtziger Jahre in die Vergangenheit projizierte Darstellung des Scheiterns des Sozialismus, zumindest der damit verknüpften hochfliegenden Hoffnungen. Bad Guldenberg könnte mit seinen Bewohnern exemplarisch für die damalige DDR stehen, wobei dahingestellt sein mag, ob dies vom Autor beabsichtigt war oder nur aus der Perspektive des gegenwärtigen Lesers so erscheint. Im Hinblick auf die DDR sind die Themen inzwischen zum Teil Geschichte, im Angesicht noch bestehender totalitärer Strukturen in anderen Regionen ist ihre Aktualität jedoch unvermindert. In die gleiche Richtung, nur in der Kritik noch unmittelbarer und unverhüllter, zielt Christoph Heins 1989 erschienener Roman *Der Tangospieler*.

Als Information über den historischen Horizont, vor dem der Roman *Horns Ende* spielt, einige Daten:

1956: 23. Okt.: Beginn des Aufstandes in Ungarn.

12.–14. Nov.: ZK der SED verbietet „Fehlerdiskussionen".

1957: 30. Jan.: Ulbricht greift vor dem ZK-Plenum „revisionistische" Auffassungen an. Aus den ungarischen Ereignissen sei der Schluß zu ziehen: „Es gibt keinen dritten Weg."

3. März: Wolfgang Harich zu zehn Jahren Zuchthaus verurteilt. Vorwurf der Zusammenarbeit mit dem Ostbüro der SPD.

23. Juli: Walter Janka, Leiter des Aufbau-Verlages, und andere Intellektuelle werden wegen „Boykotthetze" vor Gericht gestellt und zu mehrjährigen Zuchthausstrafen verurteilt (Fuhr u. a., 1990, S. 86–90).

1. Fremdenfeindlichkeit – Fremdheit und Entfremdung

„Die Ankunft der Zigeuner war ein jährlich wiederkehrendes Schauspiel" (10), erinnert sich Dr. Spodeck, das ebenso Faszination wie Verärgerung hervorrief. Vergebens versucht Bürgermeister Kruschkatz, den Ratsbeschluß, wonach das Lagern auf der mitten in der Stadt gelegenen Bleicherwiese verboten ist, durchzusetzen. Er verzichtet freilich auf Gewaltanwendung. So bleiben die Zigeuner da, sie wohnen das Frühjahr und den Sommer über auf der Bleicherwiese und ziehen erst im Herbst weiter. Der Ratsbeschluß, inzwischen zehn Jahre alt, gefaßt in dem Jahr, als die Zigeuner zum erstenmal wieder in Guldenberg erschienen (26), ist Ausdruck des Willens der Stadt, ihrer Bewohner. Die Zigeuner verstören mit ihrer Fremdheit „die Stadt in ihrer mürben Rechtschaffenheit und dem unveränderbaren, wohlbehüteten Ablauf der Zeit" (10). Die Fremdheit liegt in ihrer äußeren Erscheinung, ihren andersartigen Sitten ebenso wie in ihrer unverständlichen Sprache und ihrer Weitgereistheit. Da sie ihrerseits die Sprache des Gastlandes nicht sprechen („nur der Chef sprach sie ein wenig und konnte uns verstehen", 12), ist eine Verständigung kaum möglich. Doch geht es Bachofen, dem Stellvertreter des Bürgermeisters, weniger um Verstehen und Verständigung als um Recht und Gesetz, das in jenem Ratsbeschluß seinen Niederschlag fand. Dafür tritt er ein, und er spricht zugleich im Namen der Stadtverordneten und der Einwohner. Überdies sind die Zigeuner der geplanten Verschönerung der Stadt im Wege (156), nicht zuletzt beeinträchtigen sie mit ihrem Pferdeverleih den Ausbau der landwirtschaftlichen Genossenschaften (158) und stellen damit ein Hindernis für den sozialistischen Fortschritt dar. In Wirklichkeit sind die Zigeuner nichts als ein „Häufchen Elend, das mit seiner Armut und den unverständlichen, kehligen Lauten die kleine Stadt verstörte" (159). Die Unangemessenheit des Feindbildes zur zugrundeliegenden Realität ist offensichtlich. Trotzdem wird es gepflegt und allgemein verwendet (vgl. auch die Meinung der Kinder über die Zigeuner: 12; 13; 14; 17; 83). Kruschkatz, der in der Auseinandersetzung mit Bachofen noch behauptet, daß die Zigeuner, solange er Bürgermeister ist, „ihr Recht bekommen" (156), weiß, daß er nichts für sie tun wird. Der Maler Gohl und seine Tochter Marlene sind die einzigen Bewohner der Stadt, die mit den Zigeunern befreundet sind. Freilich nimmt die Tochter auf Grund ihrer Krankheit eine Sonderstellung ein. Der Maler, obwohl von jeher Einwohner der Stadt, ist wie die Zigeuner ein Fremder, ein Außenseiter, der „hinter der Siedlung, in einem alleinstehenden Haus" (179) wohnt. Man bringt ihm keine Abneigung entgegen wie den Zigeunern, man hat ihn im Kriege, nachdem sich seine Frau für ihre Tochter geopfert hatte und von den Nazis getötet worden war, sogar in Ruhe gelassen, aber er „hatte keine Freunde oder Bekannte in der Stadt. Niemand besuchte ihn, und er redete mit keinem." (179) Das Sonderlingsdasein, das ihn von der normalen Alltäglichkeit und Gewöhnlichkeit der Guldenberger isoliert, begünstigt seine Affinität zu den Zigeunern, insbesondere zu dem „Chef".

Ein Fremder in der Stadt, freilich auf andere Weise, ist auch Horn. Für seine Pläne und Lebenshoffnungen ist Guldenberg ein Ort der Verbannung. Er schließt sich bewußt ab und bringt „nicht einmal für sich selbst einen Gran von Zuneigung" (21) auf. Im letzten Gespräch mit Dr. Spodeck gelangt sein Haß auf Guldenberg und seine Bewohner offen zum Ausbruch (214f.).

Kruschkatz kommt wie Horn als Fremder aus Leipzig, jedoch aus ganz anderen Gründen: Er wird Bürgermeister der Stadt und bleibt es neunzehn Jahre hindurch. Trotzdem vermag er nicht, sich mit Guldenberg zu identifizieren. „Ich habe diese Stadt nie gemocht, und ich weiß, daß ich in dieser Stadt nie Freunde hatte." (155) Für die Bürger bleibt er der Fremde (156). Was Durchgangsstation auf dem Weg eines Aufsteigers sein sollte, wird zur Dauer- und Endstation, ohne daß es Kruschkatz gelingt, in seinem Sinne Entscheidendes zu bewegen. Am Ende seiner Amtszeit muß er erkennen, „daß all meine Mühe einer Handvoll Schnee galt, für die ich mein Leben hingegeben habe" (154). Die letzte Stufe, das Altersheim, obwohl in Leipzig, symbolisiert mit dem kargen Zimmer und dem erbärmlichen Ausblick („Wenn ich ans Fenster treten würde, könnte ich nur die großen, schweren Mülltonnen sehen.", 257) die Fremdheit der menschlichen Existenz, zumindest in ihrer Endphase, auf erschütternde Weise.

Kruschkatz' Fremdheit in Guldenberg wird durch seine Frau Irene verstärkt. Er hat ihr versprochen, daß sie nicht in Guldenberg begraben wird. Aber schon lange bevor sich dieses Versprechen auf eine grauenhafte Art erfüllt, lebt sie als eine Fremde mit ihm (154). Der Tod Horns, an dem sie ihrem Mann die Schuld gibt, ist der Schnitt, der sie voneinander trennt. Kruschkatz schiebt die Entfremdung auf die Verrücktheit dieser Stadt (152; 154).

Fremdenfeindlichkeit, Fremdheit und Entfremdung zeigen sich in diesem Roman in verschiedenen Formen und Abstufungen. Gemeinsam ist allen Bewohnern Guldenbergs die Abneigung, zumindest das Mißtrauen oder der Vorbehalt gegenüber den Nichteingesessenen, seien diese nun Zigeuner oder Umsiedler oder erst neuerdings Zugezogene. Das Verhältnis zwischen den Bewohnern und den Zigeunern legt den gesellschaftlichen Zustand der Guldenberger bloß. Weit entfernt von der Aufhebung der Entfremdung des Menschen vom Menschen im Sinne der sozialistischen Lehre, herrschen im Gegenteil die alten Strukturen und Vorurteile. Indiz dafür ist u. a. Bachofens Lob der Ordnung in der Nazizeit (156) und seine Begründung für die Notwendigkeit der Vertreibung der Zigeuner (155 ff.).

Auch in anderer Hinsicht erweist sich das Problem der Entfremdung als ungelöst: Die Beziehungen zwischen den Menschen sind nach wie vor in ähnlicher Weise von Egoismus, Rücksichtslosigkeit und Mißachtung bestimmt wie in anderen Gesellschaften: Beispiele dafür sind Pauls Verhalten gegenüber seiner Mutter Gertrude Fischlinger, das Verhältnis Dr. Spodecks zu seiner Frau und zu Christine und die Vergewaltigung der schwachsinnigen Tochter des Malers Gohl durch einen Betrunkenen.

Zwischen dem Tod Horns und dem Ausbleiben der Zigeuner besteht kein nachweisbarer Zusammenhang, trotzdem lassen sich beide Ereignisse, wie es in der Erinnerung der Bewohner geschieht, miteinander in Beziehung setzen (25 f.): Beide, Horn wie die Zigeuner, sind in der Stadt und für die Leute fremd. Die Zigeuner sprechen nicht einmal die Sprache der Bewohner. Horn kommt wider Willen nach Guldenberg, zwangsweise, aus der Partei ausgestoßen, des akademischen Titels beraubt. Seine Sprache ist die Sprache der Wissenschaft, mit der er an historisch fernen Gegenständen die Wahrheit demonstriert, nur für einen kleinen Kreis verständlich, den anderen, die die Macht innehaben, eben deshalb als gefährlich erscheinend. Horn gibt auf, die Zigeuner bleiben fort. Das Verschwinden des Fremdartigen ist für die Einheimischen eine Erleichterung. Die Stadt kehrt zurück in ihre alltägliche Bedeutungslosigkeit, in der der Verfall der Häuser wie das menschliche Scheitern sich ohne Dramatik vollzieht.

2. Demütigung und Verfolgung

Die Entfremdung des Menschen vom Menschen, die Mißachtung der Würde des anderen führt zu Demütigung und Verfolgung. Dr. Spodecks Vater läßt sich als Wohltäter der Stadt Guldenberg feiern, aber er demütigt seinen Sohn, indem er dessen Studium, das er finanziert, in den entscheidenden Momenten nach seinem Willen lenkt, ihm schließlich eine Praxis kauft und ihn der Stadt gewissermaßen zum Geschenk macht. Zeichen der Demütigung sind die Verbeugungen des jungen Spodeck zum Abschied (86), vor allem aber die vergoldeten Uhren, die der Vater dem Sohn anläßlich des Abiturs und der Promotion überreicht und die einander so genau gleichen, daß sich der Verdacht erhebt, der Vater verteile ohne Beziehung zu dem Beschenkten aus bestimmten Anlässen stets die gleichen Geschenke.

Sind die Studienjahre und die Niederlassung Dr. Spodecks in Guldenberg in der Zeit zwischen den beiden Weltkriegen anzusetzen, so wächst Thomas nach dem Zweiten Weltkrieg auf. Trotz Änderung der politischen Verhältnisse haben sich die Erziehungsmethoden kaum oder gar nicht geändert. Die Erziehungspraxis des Apothekers jedenfalls zielt auf Demütigung, auf Unterdrückung. Beispiele dafür bieten die Sonntagnachmittagsspaziergänge im Kurpark. Die Kinder mußten hinter den Eltern gehen, „immer drei, vier Schritte hinter ihnen" (36). Wenn sie den Kapellmeister des Kurorchesters trafen, „mußten wir Guten Tag sagen und uns verbeugen, und Vater drückte unsere Köpfe mit einem schmerzhaften Griff noch ein wenig tiefer hinunter, weil es sich so gehöre" (35). Ähnlich bei der Begrüßung Horns im Museum (65). Nicht in der Art des Grüßens liegt das Demütigende, sondern in der Weise, in der es gefordert und eingeübt wird. Verräterisch hinsichtlich der Voraussetzungen der Erziehung ist die Begründung, „weil es sich so gehöre". Sie macht deutlich, daß es um die Konvention geht, nicht um prinzipielle Werte. In diesen Rahmen fügt es sich ein, daß die Kinder für besondere Folgsamkeit das Lob erhalten, sie wüßten sich wie Erwachsene zu benehmen (36). Die Bestrafung für Verfehlungen, in einer „Gerichtsverhandlung" (139) verhängt, besteht aus Stubenarrest oder im Sommer auch aus Beerenpflücken. In besonderer Weise demütigend ist nicht zuletzt die kollektive Bestrafung, die der Apotheker praktiziert: Für das Vergehen des einen werden beide Kinder in gleicher Weise mit Strafen bedacht, ohne daß die Schuld im einzelnen untersucht wird. Aus dieser Erziehungspraxis erklärt sich das Verhältnis von Thomas zu seiner Kindheit und zur Stadt Guldenberg: „ich wollte nicht mehr hören, daß die Kindheit die schönste Zeit eines Lebens sei, daß alle Erwachsenen sich angeblich nach dieser furchtbaren Hilflosigkeit, nach diesem Umhergestoßensein, diesen mich bis in die Träume bedrückenden Abhängigkeiten sehnen [...] Ich würde diese Stadt verlassen [...] und vergessen, und mit ihr alle mir angetanen Kränkungen und Demütigungen" (66).

Gnadenloser als die Demütigung der Kinder und Heranwachsenden durch eine autoritäre Erziehung ist die Bekämpfung und Verfolgung von Abweichlern oder Andersdenkenden in einem totalitären politischen System. Die Verfolgungspraxis während der Naziherrschaft wird am Schicksal des Malers Gohl gezeigt, dessen schwachsinnige Tochter im Zusammenhang mit der sogenannten Euthanasie getötet werden soll. Die Mutter opfert sich für die Tochter, und die Urne, die der Maler eines Tages erhält, birgt die Asche seiner Frau. Der Maler selbst lebt fortan im Abseits, nicht nur physisch, auch psychisch. Die Auswirkungen der Verfolgung reichen bis in die Gegenwart. „Ich bin so entsetzlich müde", sagt er zu Thomas. „Ich fürchte, der Tod hat mich vergessen." (38)

Nicht weniger brutal in der Wirkung sind die Methoden, die das DDR-Regime in der Auseinandersetzung mit seinen Gegnern oder Kritikern anwendet. Beispiel dafür ist Horn, der, aus Leipzig kommend, „wo er eine bedeutende Position habe aufgeben müssen" (65), Leiter des Museums in der Guldenburg wird. Thomas erinnert sich: „ ‚Eine dunkle Geschichte', flüsterte mein Vater mißbilligend, ‚etwas Politisches'." (65) Dr. Spodeck spricht von einer „bösen Geschichte" zwischen Kruschkatz und Horn (196). Kruschkatz urteilt über das „Leipziger Verfahren": „Es war ihm [= Horn] ein geschichtlich notwendiges Unrecht angetan worden im Namen eines höheren Rechts, im Namen der Geschichte." (69) Kruschkatz und Horn waren in Leipzig „Kollegen" bzw. „Genossen" (196). In jenem Verfahren wird Horn aus der Partei ausgestoßen, und es wird ihm der Doktortitel „abgesprochen" (228). Im Sommer 1957 wird Horn erneut in ein Verfahren verstrickt. Im März hatte er anläßlich der Feier zum fünfjährigen Bestehen des Museums einen Vortrag gehalten über die jüngsten Funde einer altsorbischen Ansiedlung, in dem er jedoch, wie offenbar nur Bürgermeister Kruschkatz verstand, „über eine ganz andere Ausgrabung sprach, nämlich über Leipzig, über seinen Parteiausschluß, über mich [= Kruschkatz]" (73) Kruschkatz hatte Horn in einer Rede geantwortet und ihn zurechtgewiesen: „Das schrecklichste Opfer, das der Gang der Geschichte fordert, ist der Tod von Schuldlosen. Er ist der Blutzoll, den der Fortschritt kostet." (73)

In einem späteren Aufsatz, den Bachofen am 4. Juli des gleichen Jahres Kruschkatz überreicht, ging Horn noch einmal auf das Problem seines Festvortrags ein. „Der kleine Aufsatz war geprägt vom Charakter seines Autors, unverwechselbar entsprach er dem tapferen, uneinsichtigen Horn, der sich der Entwicklung, der Geschichte und dem Lauf der Zeit verweigerte und mit nervös zitternden Händen die wehleidige Flagge eines fruchtlosen, erschöpften Humanismus aufzog." (101) Kruschkatz beschloß trotz dringender Aufforderung von seiten Bachofens, nichts gegen Horn zu unternehmen. Bachofen oder Brongel, Stellvertreter Horns, entdeckte jedoch weitere Schriftstücke Horns,

„die sie als Beweise seiner revisionistischen Bestrebungen an die Kreis-
behörde weiterleiteten" (104). Darauf wurde Ende Juli die Untersuchung gegen Horn eingeleitet, auch Kruschkatz zur Aussage vorgela-
den. Bei einer Ratssitzung faßte Bachofen die Verfehlungen Horns wie
folgt zusammen: „Er habe [...] eine feindliche Wühlarbeit betrieben
und das Prinzip der Parteilichkeit gröblichst verletzt. Horn sei als ein
typischer Vertreter intellektuellen Kleinbürgertums entlarvt worden,
sein Unglaube an die Kraft der Arbeiterklasse und ihrer Partei habe ihn
genötigt, der bürgerlichen Ideologie Zugeständnisse zu machen und im
Chor mit liberalistischen Schwätzern eine sogenannte Erweiterung der
Demokratie zu fordern." (104)

So weit die Fakten, wie sie sich in den Erinnerungen der verschiedenen Personen spiegeln. Daraus ergibt sich: Die Art der Anschuldigungen, die im „Leipziger Verfahren" zum Parteiausschluß und zum Verlust der Doktorwürde führen, bleibt im dunkeln. Kruschkatz spricht
vom „geschichtlich notwendigen Unrecht", verteidigt also das Verfahren und das Urteil unabhängig von der Schwere des Vergehens. Die Geschichte als anonyme Macht ist für ihn wie für seine Partei die absolute
und entscheidende Instanz, vor der sich der einzelne beugen muß. Ein
Urteil, das im individuellen Fall als Unrecht erscheint, gewinnt seine
Rechtfertigung vor der Geschichte, dem Fortschritt der Menschheit.
Horn ist in die Mühle des Systems geraten. Welcher Art die Verfehlungen sein müssen, um nicht nur den Ausstoß aus der Partei, sondern
auch die Aberkennung der Doktorwürde nach sich zu ziehen, ist für
denjenigen, der außerhalb eines totalitären Systems lebt, schwer einzu-
schätzen. Die im Festvortrag und den später vorgelegten Papieren geäußerten Gedanken, die als Kritik am Parteiverfahren bzw. am Urteil,
allgemeiner am System überhaupt anzusehen sind, legen nahe, daß
Systemkritik oder Revisionismus schon dem Leipziger Verfahren als
Vorwurf diente. Da im Roman jedoch auf konkrete Angaben verzichtet
wird, bleibt dies eine bloße Vermutung. Gerade das Fehlen konkreter
Hinweise läßt, was sich hinter und in dem „Leipziger Verfahren" verbirgt, bedrückend und unheimlich erscheinen. Das wird durch Kruschkatz' Rede vom „geschichtlich notwendigen Unrecht" nicht widerlegt,
sondern verstärkt. Ungewiß ist, ob die Vorwürfe, die in den von Thomas durch die Bürotür vernommenen Fragen formuliert sind („‚Ihre
Schwester wohnt in Westdeutschland?' ‚Sie hat die Republik illegal verlassen?' " usw., 224), auch schon früher eine Rolle spielten.

Auf die Haftanstalten in der damaligen DDR fällt nur ein Schlag-
licht, das die Praxis jedoch hinreichend verdeutlicht: Schneeberger,
Vorgänger von Kruschkatz im Amt des Bürgermeisters, wird beschuldigt, sich am zurückgelassenen Eigentum von Republikflüchtlingen bereichert zu haben. Er wird in Haft genommen, aber bereits nach fünf

Tagen wegen Gegenstandslosigkeit der Vorwürfe wieder entlassen. Seine Frau sagt mit Bezug auf die Haft: „Damit bringt ihr ihn um." Und als weitere Auskunft: „ich habe Franz im Gefängnis besucht. Ich habe die jungen Männer gefragt, warum Franz verhaftet worden ist. Sie haben nur gelacht und gesagt: Wenn es stimmt, was man Ihrem Mann vorwirft, dann kommt er hier nur mit dem Kopf unterm Arm raus." (241 f.)

3. Unrecht und Schuld

„Ich kann die Feigheit nicht vergessen, mit der diese Stadt fortwährend neues Unrecht geschehen läßt. Der Tod eines Mannes wie Horn sollte ausreichen, um diese Stadt wie ein biblisches Gomorrha auszutilgen" (9), sagt Dr. Spodeck. Das ebenso radikale wie pauschale Urteil Spodecks erklärt sich aus seinem persönlichen Verhältnis zu Guldenberg, das er seinem Vater verdankt (s. Demütigung). Für Dr. Spodeck ist Guldenberg Inbegriff von Unrecht und Schuld. So kann er sagen: „Es ist diese Stadt, an der ich sterbe. Ich habe sie verabscheut, seit ich hier lebe, seit ich auf der Welt bin." (8) In den Erinnerungen der Personen häufen sich Unrecht und Schuld. Fast könnte man sagen, sie drehten sich um nichts anderes, um das Ausmaß ihrer persönlichen Schuld oder zumindest die Schuld der anderen, an der sie beteiligt sind oder deren Zeuge sie werden. Indem sie sich mit Unrecht und Schuld auseinandersetzen, bemühen sie sich um Rechtfertigung. Sind sie auch nicht in der Lage, zu sühnen und die Schuld den Betroffenen gegenüber zu tilgen, so wollen sie doch losgesprochen sein, wenigstens vor sich selbst. Aus dieser Sicht bekommen die Erinnerungen den Charakter von Beichten, denen der Beichtvater fehlt.

Unrecht und Schuld sind wie Demütigung und Verfolgung Resultat der Entfremdung. In einer Welt, in der der Mensch des Menschen Feind ist, gibt es fortwährend Unrecht, Schuld, Demütigung, Verfolgung, das eine ist ein Synonym für das andere oder eine Form der Steigerung. Die Abneigung gegenüber den Zigeunern hat noch nicht den Charakter der Verfolgung angenommen, aber diese liegt im Bereich der Möglichkeit, wie sich in den Äußerungen Bachofens zeigt. Die Sprache ist verräterisch: Wer eine „saubere Bleicherwiese" (156) fordert, denkt an Säuberung. Das Verbot der Lagerung auf der Bleicherwiese, würde es durchgeführt, bedeutete Entfernung der Zigeuner aus der gewohnten Umgebung, im Endeffekt Vertreibung aus der Stadt. Die Zigeuner haben dies begriffen, obgleich sie sich jahrelang dagegen gesträubt und das Verbot mißachtet haben. Zu Unrecht weist Kruschkatz das Verdienst oder die Schuld, das endgültige Verschwinden der Zigeuner bewirkt zu haben, von sich (155). Gegen Bachofen, den Stadtrat und die Bürger hat er sie nicht beschützt. Er hat sie preisgegeben, und insofern kommt ihm im Sinne der Stadt das Verdienst am Verschwinden der Zigeuner zu, in einem grundsätzlicheren Sinne aber die Schuld.

Auch die Schuld am Tode Horns weist Kruschkatz zurück. „Horn war für diesen Tod bestimmt wie ein Ochse für den Schlachthof", lautet sein gröbster Einwand. „Er war nicht lebenstüchtig. Er war für ein Leben unter Menschen nicht geeignet." (72) Kruschkatz verschleiert, daß Horn durch die Auseinandersetzung mit der Partei, durch den Ausschluß und die berufliche Abqualifizierung die Lebensgrundlagen entzogen werden. Daran ist Kruschkatz ebenso beteiligt wie an dem zweiten Verfahren, das in Guldenberg gegen Horn eingeleitet wird. Sein Hinweis auf die Geschichte entbindet ihn nicht von der persönlichen Mitschuld und Verantwortung. Will er sich auch nicht dazu bekennen, so räumt er sie doch indirekt ein, wenn er meint, daß „diese angebliche Schuld [...] tausendfach gerächt wurde" (72), und zwar durch den Verlust von Irenes Liebe. Im zweiten Falle besteht die Schuld von Kruschkatz trotz seiner Abwehr noch unmittelbarer als im ersten. Er unterschreibt den Appell der Ratsmitglieder, „der unsere Erschütterung über Horns Verhalten zum Ausdruck brachte und das Gelöbnis, in Zukunft noch wachsamer und unduldsamer gegen die Feinde der sozialistischen Ordnung aufzutreten [...] mit grimmiger Bereitwilligkeit" (105). Er sah sich gezwungen, seine bisherige Nachsicht gegen Horn „nun mit einem Schuldbekenntnis und einem ohnmächtigen Zeugnis meiner Willfährigkeit" (105) abzugelten. Trotzdem bleibt Kruschkatz in seinem Vorgehen gemäßigt. Es spricht für ihn, daß ihn die Sache mit Horn noch drei Jahrzehnte später berührt und daß er sich zur Rechtfertigung gedrängt fühlt. Bachofen ist demgegenüber der Rücksichtslosere und Brutalere. Er verfolgt nicht nur Horn, sondern auch Kruschkatz, der ihm bei seiner Karriere im Wege ist. So wird er zum gewissenlosen Schergen der Partei, dem jedes Mittel, auch das der falschen Denunziation (Schneeberger), recht ist, sofern es nur zu seinem Ziel führt. Daß er daran scheitert, später in den Westen flieht, dort einen Wohnwagenverleih betreibt und Bürgermeister einer Kleinstadt wird (243), sein ehrgeiziges Ziel also doch noch erreicht, mag trotz aller Kritik als Beschönigung der politischen und gesellschaftlichen Verhältnisse in der DDR und als Verurteilung der Zustände in der Bundesrepublik gemeint sein.

4. Wahrheit und Lüge – das Problem der Geschichte

„Ich bin heute dreiundsiebzig Jahre alt, und wenn ich die Erfahrungen meines Lebens für eine daran uninteressierte Nachwelt in einem Satz formulieren müßte, würde ich sagen: Es gibt keine Geschichte. Geschichte ist hilfreiche Metaphysik, um mit der eigenen Sterblichkeit auszukommen [...] Der Mensch schuf sich die Götter, um mit der Unerträglichkeit des Todes leben zu können, und er schuf sich die Fiktion der Geschichte, um dem Verlust der Zeit einen Sinn zu geben [...] Hinter uns die Geschichte und vor uns Gott, das ist das Korsett, das uns den aufrechten Gang erlaubt." (24) Die Geschichtsphilosophie, die Kruschkatz hier entwickelt – Geschichte als Metaphysik, als Fiktion, als Korsett –, steht im Gegensatz zu jener Auffassung von der Geschichte, die er in der Auseinandersetzung mit Horn vertritt, in der er vom „geschichtlich notwendigen Unrecht" spricht, das Horn angetan wurde „im Namen der Geschichte" (69). Dort zur Hilfsfunktion und Krücke degradiert, besitzt sie hier absolute Macht und Größe. Beide Thesen werden auf der Ebene der Erinnerung entfaltet. Im ersten Falle beziehen sich die Überlegungen jedoch auf die Gegenwart des sich Erinnernden, der sein dreiundsiebzigstes Jahr erreicht hat, im zweiten Falle auf die drei Jahrzehnte zurückliegende Vergangenheit. Beide Überlegungen, obwohl von der Zeitebene der Erinnerung her geäußert, wobei das zeitliche Verhältnis der verschiedenen Erinnerungsabschnitte offen bleibt, relativieren einander oder schließen sich aus. Die eingangs genannte These ist Ergebnis der Lebenserfahrung und kündet von tiefer Skepsis. Darauf verweist nicht zuletzt der Ausdruck „uninteressierte Nachwelt". Sicherlich ist dies nicht nur Altersskepsis, sondern schlechthin Enttäuschung. Die jüngere Generation, so hat Kruschkatz am Ende seiner Laufbahn als Bürgermeister erleben müssen, ist an den Erfahrungen der Älteren nicht interessiert. Vergangene Personen und Ereignisse, wenn überhaupt erinnert, werden vertauscht und verwechselt (259). Das Desinteresse der Jungen am Erfahrungsschatz der Alten steht im Gegensatz zu Kruschkatz' „Meinung, daß man mindestens sechzig Jahre gelebt haben muß [...], um über diese Welt einen kleinen, halbwegs vernünftigen Satz sagen zu können" (25). Die zweite These, die sich auf die Geschehnisse um Horn bezieht und etwa aus der Mitte von Kruschkatz' Leben stammt, ist Ausdruck der ideologischen, der Partei verpflichteten Geschichtsgläubigkeit, die ihrerseits der Dialektik der Geschichte wie des persönlichen Lebens unterliegt und auf diese Weise ihre Revision erfährt.

Zur Verdeutlichung von Horns Geschichtsauffassung ziehen wir drei Textstellen heran, die aus den Erinnerungen dreier verschiedener Erzähler, Thomas, Kruschkatz und Dr. Spodeck, stammen.

1. Den Jungen Thomas, der das Museum besucht, fordert Horn auf: „,Sieh dich nur um. Das alles ist sehr alt. Zu alt, um noch zu lügen.'" (66) Und: „,Ein paar Steine, ein paar Scherben, aber die Wahrheit. Das ist nicht wenig, mein Junge.'" (67) Ferner: „,Es ist nur ein kleines Museum, [...] und doch schreiben auch wir die Geschichte. Wir sind es, die

dafür einzustehen haben, ob die Wahrheit oder die Lüge berichtet wird
[…]'" (68). Und noch pointierter: „‚Die Wahrheit oder die Lüge, das
ist eine entsetzliche Verantwortung. Wer das wirklich begriffen hätte,
würde keinen Schlaf mehr finden.'" (68)

2. In seiner Rede zum fünfjährigen Bestehen des Museums benutzt
Horn die Untersuchungsergebnisse über Funde einer altsorbischen
Siedlung, um mit Kruschkatz über das „Leipziger Verfahren" abzurech-
nen (72f.).

3. Auf Dr. Spodecks Hinweis auf die Technik der gebrochenen Spiegel, mit der man Filmdokumente so manipulieren kann, daß sie jeden
Wert eines Dokumentes verlieren, jedoch den Charakter der Authentizität gleichwohl bewahren, entgegnet Horn: „‚Was Sie als Fälschung
bezeichnen, ist unser täglich Brot. Was ist denn Geschichte anderes als
ein Teig von Überliefertem, von willkürlich oder absichtsvoll Erhalte-
nem, aus dem sich nachfolgende Generationen ein Bild nach ihrem
Bilde kneten […]'" (230).

Hinter den verschiedenen Belegstellen stehen scheinbar widersprüchliche Auffassungen. Die zeitliche Distanz, das Alter der Objekte, wird Thomas gegenüber als Garant für die Wahrheit in Anspruch
genommen. Die Wahrheit liegt in den Dokumenten, jenen Steinen
oder Scherben. Doch sprechen die Dokumente nicht selbst, wir müssen
sie zum Reden bringen, sind die Berichterstatter, insofern für das verantwortlich, was überliefert wird: Lüge oder Wahrheit. In dieser Auslegung ist die erste Textstelle nicht weit von der dritten entfernt. Der
„Teig von Überliefertem" wird von den Nachfolgenden in die ihnen gemäße und entsprechende Form gebracht. Das objektive Material, zufällig oder auch mit Vorbedacht erhalten, konserviert, bekommt eine
subjektive Fassung. Geschichte als Wissenschaft ist von der subjektiven
Perspektive des Forschers nicht zu trennen. Fälschung kann am Material selbst, aber auch durch die Art der Berichterstattung vorgenom-
men werden. Je älter das Material, je mehr Scherbe oder Stein, desto
sicherer ist es als solches vor Fälschung. Darauf zielt die erste Text-
gruppe. Umgekehrt: Je jünger das Material, desto stärker ist es der Ma-
nipulation ausgesetzt. Darauf zielt die dritte Textstelle.

Warum bedient sich nun ein Historiker wie Horn historischen Materials, um sich mit seiner eigenen Situation auseinanderzusetzen und
Kritik zu üben an dem politischen System, in dem er lebt? Die für den
Laien entlegenen historischen Forschungsergebnisse werden von Horn
wie Chiffren verwendet, die nur der Kundige, in diesem Falle der mit
den Vorgängen um Horn Vertraute, auflösen und verstehen kann. So
bleibt für die Mehrzahl der Zuhörer der Vortrag in der Ebene seines
Gegenstandes, der Sorben, nur für Kruschkatz wird er zur Auseinandersetzung mit der Gegenwart, zur Anklage.

Verdecktes, verhülltes Sprechen ist bezeichnend für das Verhalten in der Diktatur, insbesondere bei Personen, die bereits in Konflikt mit ihr geraten sind oder befürchten müssen, auf Grund ihrer Anschauungen jederzeit in einen Konflikt verwickelt zu werden. Zieht man nun die erste Textstelle teilweise noch einmal heran („Das alles ist sehr alt. Zu alt, um noch zu lügen.", 66), so wird deutlich, daß der Rückgriff auf eine entfernte Vergangenheit zugleich als Beweis für die Wahrheit der unter dieser Chiffre gemeinten Aussage über die gegenwärtige Situation gedacht ist. Im Namen der Geschichte begangenes Unrecht läßt sich von dieser Warte her nicht rechtfertigen, zumal wenn die Geschichte, wie freilich erst der alternde Kruschkatz erkennt, nur eine Fiktion ist. Die Rechtfertigung des Unrechts im Namen der Geschichte beruht auf Fälschung oder willkürlicher, subjektiver Fassung des überlieferten Materials und ist Teil eines Systems der Unterdrückung. Horns Aufbegehren ist daher auch nicht als Konsequenz eines „fruchtlosen, erschöpften Humanismus" (101) abzutun, wie es bei Kruschkatz geschieht, sondern muß verstanden werden als verzweifelter Widerstand des in seiner Menschenwürde zutiefst Verletzten. Die Ratschläge Dr. Spodecks hinsichtlich des Umgangs mit den Erinnerungen muß er deshalb von sich weisen: „dann ist das Leben nichts als ein Haufen vergoldeter Scheiße." (232)

Dr. Spodeck schreibt im Vorwerk, in dem er die Sommermonate verbringt, neben seinen Fallstudien die Geschichte von Bad Guldenberg, jedoch nicht als Heimatchronik, sondern als „Geschichte der menschlichen Gemeinheit" (133). Das Anfangskapitel hat er seinem Vater gewidmet, „der der Urheber ihres Ruins und ihrer Schande war", den die Guldenberger aber „zum Wohltäter der Stadt und Ehrenbürger erhoben" (134). Die Geschichte reicht über die Nazizeit und den Zusammenbruch bis in die Gegenwart, „und ich darf dankbar sagen, daß meine Zeit diese Stadthistorie der Gemeinheit um prächtige Passagen bereichert hat" (134). Dr. Spodecks Geschichte der menschlichen Gemeinheit ist gewissermaßen die Kehrseite der Geschichte: Nicht die Heldentaten werden festgehalten, sondern die Schandtaten. Freilich sind die Wertkategorien nicht fest und unumstößlich. Der Sohn sieht den Vater unter anderem Aspekt, als die Stadt ihn damals sah. Man mag auch bezweifeln, ob der „klare, unbestechliche Blick der alten Chronisten" Dr. Spodeck leitet und nicht vielmehr „Haß und Eifer" (137) ihm die Feder führen. Die Aftergeschichte Dr. Spodecks ist die Negation des hehren Geschichtsbildes, mit dem Kruschkatz und seinesgleichen Unrecht rechtfertigten und das der ehemalige Bürgermeister erst im Alter als Fiktion durchschaut. Die Geschichte der menschlichen Gemeinheit ist die Geschichte des menschlichen Alltags, unheroisch, glanzlos, schäbig. Alle oder doch die meisten haben irgendwie daran teil: Kruschkatz, Bachofen, Dr. Spodeck selbst mit seinem Verhalten gegenüber Christine, gegenüber seiner Frau, der Apotheker, der die Überfremdung der Stadt fürchtet und der in seinem Arbeitszimmer hinter der Fassade der Klassiker den Schund verbirgt, usw. Die Dimension der Gemeinheit erstreckt sich von der privaten über die beruflich-geschäftliche bis in die politische Sphäre. Je mehr das Politische alles durchdringt, um so weniger ist eine klare Trennung möglich, um so undifferenzierter erfassen politisch bestimmte Wertungen auch den privaten Bereich.

5. Scheitern und Tod

Die meisten Personen, die in dem Roman vorkommen, scheitern, wenn nicht total und an den politischen Mächten wie die Titelfigur Horn, so doch wenigstens partiell an unterschiedlichen Verhältnissen und in unterschiedlichen Graden: Kruschkatz, der Bürgermeister, behält sein Amt zwar neunzehn Jahre, länger als irgendeiner seiner Vorgänger, doch wird Guldenberg entgegen seinen Plänen und Erwartungen für ihn zur Endstation.

Dr. Spodeck, einst Medizinstudent mit großen Ambitionen, an Psychiatrie interessiert, beugt sich dem mächtigen Vater und begnügt sich mit einer bescheidenen Praxis. Er spricht von seinem „weggeworfenen Leben" (93).

Irene Kruschkatz, der ihr Mann versprach, sie solle nicht in Guldenberg begraben werden, wird durch die Vorgänge um Horn und seinen Tod ihrem Mann entfremdet, sie stirbt in Leipzig an Krebs.

Christine, Pflegekind und Sprechstundenhilfe bei Dr. Spodeck, liebt den Doktor und gibt sich ihm hin, ohne daß daraus eine glückliche Zukunft für sie erwächst. Sie leben fortan nebeneinander „wie ein altertümliches Brautpaar" (176).

Gertrude Fischlinger, von ihrem Mann verlassen, sich und ihren Sohn Paul mühsam mit einem Lebensmittelladen durchbringend, knüpft ein kurzlebiges Verhältnis mit ihrem Untermieter Horn an, aus dem dieser sich abrupt herausreißt.

Selbst in der Fassade der wohlanständigen Bürgerlichkeit des Apothekers, die diesen über die anderen, mehr oder weniger vom Scheitern bedrohten, Existenzen erhaben erscheinen läßt, zeigen sich Risse, zumindest in der Perspektive seines Sohnes Thomas, der hinter der Reihe der Klassiker in der väterlichen Bibliothek zerlesene Romane mit halb entkleideten Frauen auf den Titelblättern aufspürt und in kindlicher Identifikation des Dargestellten mit der Wirklichkeit unter der Maske des ehrbaren Familienvaters den Abenteurer zu entdecken glaubt (121 ff.).

Gescheitert ist auch der Maler Gohl, dessen Frau sich für ihre Tochter Marlene opferte und von den Nazis getötet wurde, gescheitert schließlich diese selbst.

Ausgenommen vom Scheitern scheinen nur die Kinder bzw. Jugendlichen Thomas, Paul und Elske. Aber auch über den Kindern waltet es wie ein Schatten, aus den Erinnerungen spricht keine fröhliche, unbeschwerte Kindheit.

Im Scheitern der Personen spiegelt sich zugleich das Scheitern der Stadt Bad Guldenberg, die nicht wurde, was sie erstrebte und wovon ihre Bewohner träumten. Alles blieb klein und beengt, nach dem Tode des Unternehmers Böger und dem Ende des Krieges zerbröckelt nicht nur der Bahnhof, es zerbröckeln auch die Häuser der Stadt. An der Verwaltung scheitern ein Dutzend Bürgermeister innerhalb des ersten Jahrzehnts nach dem Krieg, erst Kruschkatz kann sich gegen Widerstände und Intrigen dauerhaft einrichten. Aber auch ihm bleibt ein Erfolg versagt.

Nur ansatzweise, leise, gleichsam aus dem privatesten Bereich, wird durch die Erfahrung des Scheiterns hindurch ein Bekenntnis zum Leben oder zu Werten im Leben vernehmbar, und zwar aus drei Perspektiven, die im Text fast unmittelbar aufeinander folgen:

1. Gertrude Fischlinger fühlt in dem Jahr, in dem Horn beerdigt wurde, sie ihren Mann zum letztenmal sah und ihr Sohn sie verließ, „hinter aller Trauer [...] wie mein Herz zu atmen begann. Die eisernen Ringe, die es ein Leben lang zusammengepreßt hatten, lösten sich langsam [...] und eröffneten mir einen nie gekannten, unendlich freien Raum." Sie verspürt in sich „die Kraft und unbezähmbare Lust zu leben" (204). Unreflektiert, emotional, spontan, drücken diese Sätze die Sehnsucht der Zukurzgekommenen nach einer immer versagten, nur geahnten Fülle aus, das Gefühl einer Freiheit, die jedoch nur erreicht wird um den Preis der Verlassenheit und Einsamkeit und wahrscheinlich nur in der Vorstellung.

2. Thomas, nachdem er Elske streicheln durfte, fühlt sich „glücklich und unglücklich zugleich" (209). Er hat die Erfahrung einer Verheißung gemacht, die aber sogleich wieder eingeschränkt und zurückgenommen wird.

3. Dr. Spodeck schließlich hat in dem Moment der Ruhe nach der Lesung einer Novelle im Donnerstagabendkreis das Empfinden, „das Rauschen des Weltalls vernehmen zu können" (211), eine Art mystisch-irrealer Erfahrung, die die Kunst vermittelt.

Im Ablauf der Erinnerungen, die das Romangefüge ausmachen, stellen die oben erwähnten Momente nur flüchtige Augenblicke dar. Als Ganzes ist der Roman weit mehr von der negativen Erfahrung des Scheiterns geprägt als von der positiven der Lebensfreude, des Glücks oder der Kunst.

Endgültigen Charakter gewinnt das Scheitern im Tod. Pointiert ausgedrückt steht der Tod im Mittel- oder Brennpunkt des Romans, wie es der Titel nahelegt, aber nicht so, daß der Tod als Phänomen Gegenstand des Romans wäre, sondern dergestalt, daß er wie im Falle Horns oder von Gohls Frau als Folge menschlicher Niedertracht erscheint. Liest man den Roman von den Dialogen her, die am Anfang jedes Kapitels stehen, so könnte man sagen, daß die Atmosphäre insgesamt vom Tod bestimmt sei. Ein Lebender, Thomas, spricht mit einem Toten, Horn, Jahrzehnte nach jenem Sommer im Jahre 1957. Die Lebenden, so zeigt sich in diesen Gesprächen, sind mit den Toten verknüpft. Thomas, längst ein erwachsener Mann, ist durch das Kindheitserlebnis unlösbar mit dem toten Horn verbunden. Nicht nur, daß der Tote von ihm abhängig ist, von seiner Fähigkeit, seinem Willen, sich zu erinnern, auch umgekehrt hängt der Lebende von dem Toten ab (59; 99; 145). „Ich habe mit Ihnen nichts zu tun. Damals war ich ein Kind [...] Ich werde der Toten nicht gedenken" (191), setzt sich Thomas zur Wehr. „Versuch es nur", entgegnet der tote Horn. „Überall wirst du auf uns stoßen. Die Straßen sind voll von Toten." (191) Was bedeutet der Hinweis auf die Straßen voller Toten? Es ist kaum anzunehmen, daß Horn die nach einem natürlichen Lebensablauf Verstorbenen meint. Naheliegender ist es, an Tote zu denken, die aus den gleichen oder ähnlichen Gründen wie er selbst das Leben verloren haben, an die zahllosen Opfer der Verfolgung, der Gewalt. „Warum haben Sie mich ausgesucht?" fragt Thomas den toten Horn. Dieser erwidert: „Das warst du selbst." (191) Die Antwort bezieht sich auf die Erinnerung und die Toten, deren Thomas gedenken soll, zugleich aber auf jenen Tag, an dem Thomas ins Museum kam und Horn erklärte, er wolle auch dort arbeiten, und Horn ihn fragte: „Was hast du mit den Toten zu schaffen?" (67) Als Thomas mit seinem Vater und seinem Bruder das Museum besuchte, hatte er sich vor den gläsernen Augen der ausgestopften Tiere gefürchtet, die ihm als „das unheilvollste Zeichen des Todes" (64) erschienen. Weniger Furcht hatte er vor dem ersten Toten, den er sah, vor Horn. „Als er aufgebahrt lag und ich es wagte, ihm richtig ins Gesicht zu sehen, da war es noch immer die mir vertraute Gestalt." (64) Diese Reaktion unterscheidet sich von der früheren, als Paul ihm den von ihm entdeckten, noch am Baum hängenden Toten zeigt (252). Vom Vater getadelt wegen seiner Freunde, heult er „wegen des schrecklichen Gesichts des toten Herrn Horn" (256). In diesen frühen Begegnungen von Thomas mit dem Tode lassen sich verschiedene Phasen erkennen: die existentielle Furcht, die für das Kind von den gläsernen Augen ausgeht, das Erschrecken, das das entstellte Gesicht des Selbstmörders bewirkt, und das Empfinden des Vertrauten, das die Gestalt des Aufgebahrten trotz der Realität des Todes erweckt.

Die Dialoge knüpfen die frühe Todesbegegnung mit der Erfahrung des alternden Mannes zusammen. Sie geben Hinweise auf die inzwischen verflossene Zeit, keine auf das Geschehen in derselben. Haben sich die Verhältnisse gewandelt, gebessert? Ebenso wie bei den Erinnerungen bleibt auch bei den vorangestellten Gesprächen offen, was sie auslöst. Ist es das Gewissen der damals Jungen, das eines Tages erwacht ist und Erinnerungen an die Vergangenheit weckt? Bezieht sich die Aussage „Die Straßen sind voll von Toten" (191) nur auf die Vergangenheit oder auch auf die Gegenwart, wie es das Präsens nahelegt? Sind es gegenwärtige Ereignisse, die Veranlassung geben, sich die Vergangenheit ins Gedächtnis zu rufen? Von vielen Toten ist die Rede. Horn ist nur einer von ihnen. Er spricht für alle, wie Thomas für die Lebenden steht, die mit den Toten zu tun haben, unabhängig davon, ob sie alt sind oder jung.

Bibliographie

HEIN, CHRISTOPH: Horns Ende. Roman. Berlin, Weimar: Aufbau 1985. Lizenzausgabe: Darmstadt, Neuwied: Luchterhand 1985 [zitierte Ausgabe]

HEIN, CHRISTOPH: Der fremde Freund. Novelle. Berlin, Weimar: Aufbau 1982. Lizenzausgabe unter dem Titel „Drachenblut". Darmstadt, Neuwied: Luchterhand 1985
–: Der Tangospieler. Roman. Berlin, Weimar: Aufbau 1989. Lizenzausgabe: Frankfurt/M.: Luchterhand 1989
–: Als Kind habe ich Stalin gesehen. Essays und Reden. Berlin, Weimar: Aufbau 1990
–: Die fünfte Grundrechenart. Aufsätze und Reden 1986–1989. Frankfurt/M.: Luchterhand 1990

ALTENBURG, MATHIAS: Dem Leben kann man nur davonlaufen. In: Literatur konkret 85/86, 1985, Herbstheft
BEHN, MANFRED: Christoph Hein. In: KLG. München: edition text und kritik 1990
CLAAS, HERBERT: Horns Ende in gebrochenen Spiegeln. In: Deutsche Volkszeitung/die tat, 4. 10. 1985
CRAMER, SIBYLLE: Kampf um Erinnerung. In: Frankfurter Rundschau, 9. 10. 1985
FUHR, ECKHARD u. a.: Geschichte der Deutschen 1949–1990. Frankfurt/M.: Insel 1990
HÜFNER, AGNES: Die Erinnerung ist unversöhnlich. In: Süddeutsche Zeitung, 14. 11. 1985
LEGGEWIE, CLAUS: Wie ein Alp auf den Seelen. In: Die Zeit, 28. 3. 1986
LINDNER, GABRIELE: Ein geistiger Widergänger. In: Neue Deutsche Literatur, H. 10, 1986
NEUMANN, THOMAS: Im Schüfftan-Spiegel gebrochene Hermunduren. In: Düsseldorfer Debatte, H. 11, 1985
OBERMÜLLER, KLARA: Plädoyer gegen das Vergessen. In: Die Weltwoche, 10. 10. 1985
WITTSTOCK, UWE: Der Mann mit dem Strick um den Hals. In: Frankfurter Allgemeine Zeitung, 19. 11. 1985

HEINZ SCHUMACHER

Gert Hofmann: Veilchenfeld

> „Hitler hat den Menschen im Stande ihrer Unfreiheit
> einen neuen kategorischen Imperativ aufgezwungen:
> ihr Denken und Handeln einzurichten, daß Auschwitz
> nicht sich wiederhole, nichts Ähnliches geschehe."
> (Theodor W. Adorno)

> „Die Gegenwart ist erfüllt von Betriebsamkeit, drau-
> ßen aber liegen die Steine schwer und schweigend über
> unserer Vergangenheit." (Peter Weiss)

Auschwitz ist zu einem Synonym für die Einzigartigkeit der im Namen
des Tausendjährigen Reiches zwischen 1933 und 1945 begangenen Verbrechen geworden, „Auschwitz bedeutet die grenzenlose Verletzung
des Menschlichen durch Menschen" (Claussen, 1987, S. 171). Die Erinnerung an Auschwitz gerät gleichwohl zu einem Problem des deutschen
Nachkriegsbewußtseins, das skandalträchtig die Geschichte der Bundesrepublik Deutschland durchzieht. Erbittertes Leugnen jeder Schuld
und Bekenntnis zum eigenen Versagen, Spott und Häme über diejenigen, die sich zur Verantwortung gegenüber der Geschichte bekennen,
und Achtung vor denen, die die Erinnerung wachhalten, stehen oft
hautnah nebeneinander. Auschwitz ist zum Skandalon des 20. Jahrhunderts geworden, für die Nachlebenden vielleicht aber auch zum Prüf-
stein, an dem sich Humanität und republikanische Gesinnung zu beweisen haben.
  Angesichts der Tatsache, daß die Umgehensweise mit der nationalsozialistischen Vergangenheit zumeist von den Strategien des versuchten Verschweigens, des gewollten Vergessens oder einer sich mit der
Attitüde der Wissenschaftlichkeit umhüllenden Relativierung gekennzeichnet ist, soll im Rahmen dieser Untersuchung der Frage nachgegan-
gen werden, welche Rolle die Literatur im Rahmen der Aufarbeitung
der Vergangenheit und der Herausbildung eines von humanen und
demokratischen Prinzipien geleiteten Geschichtsbewußtseins spielen
kann. Dabei soll nicht einer Indienstnahme der Literatur für die
Zwecke eines von ideologischen Vorgaben geprägten Geschichtsver-
ständnisses das Wort geredet werden, sondern der literarische Text soll
als eigenständiges Mittel zur Hervorbringung und Beförderung geschichtlicher Erkenntnis gesehen werden; er kann als Erfahrungsspei-
cher wie als Medium entworfener Wirklichkeiten dienen. Indem sich
die Phantasie des Lesers an den Inhalten und Strukturen der Fiktion

abarbeitet, vermag sich ein Verständnis für Geschichte einzustellen, das das Begreifen der eigenen Geschichtlichkeit und die Erfahrung des zunächst Fremden im Text im hermeneutischen Sinne miteinander vermittelt. Die Lektüre von Texten, die die Zeit der nationalsozialistischen Diktatur und deren Auswirkungen thematisieren, könnte so zu einer Art produktiver Selbstaufklärung werden, die das Bewußtsein für geschichtliche Sachverhalte schärfen und am Aufbau eines Geschichtsbewußtseins als wesentlicher Komponente einer Ich-Konstitution mitwirken kann.

Wenn in diesem Zusammenhang nun von Gert Hofmann die Rede ist, so sollte dies eigentlich wenig überraschen, hat doch dieser Autor in den Jahren zwischen 1979 und 1990 sechs größere Erzählwerke und zahlreiche Hörspiele über die Zeit des Nationalsozialismus und dessen Fortleben in den Köpfen der Menschen geschrieben, in einem Jahrzehnt, das, insgesamt gesehen, umfangreiche öffentliche Stellungnahmen zur Nazivergangenheit aufwies. Zu erinnern wäre hier an Richard von Weizsäckers Rede zum 8. Mai 1985, Helmut Kohls Versöhnungsinszenierung von Bitburg, den sog. Historikerstreit, das unsägliche Auftreten Philipp Jenningers vom November 1988 u. a. Gleichwohl blieben die Werke Gert Hofmanns von der großen Mehrheit der Leser weitgehend unbeachtet. Allein dem letzten Buch Hofmanns, seinem *Kinoerzähler* (1990), scheint größere Resonanz beschieden zu sein. Daß Gert Hofmann bisher fast ausschließlich als Tip unter Insidern galt, kann nicht damit zusammenhängen, daß seine Texte den Durchschnittsleser vor zu hohe Anforderungen bei der Lektüre stellen würden, eignet sich doch beispielsweise seine Erzählung *Veilchenfeld* (1986), wie mehrere Versuche gezeigt haben, durchaus als Lektüre für die Jahrgangsstufe 11. Viel eher dürfte als Ursache ein Phänomen mitverantwortlich sein, das mehr oder weniger unterschwellig seit den Anfängen der BRD zu beobachten war: das Bestreben, zur deutschen Vergangenheit zwischen 1933 und 1945 und zu den möglichen Verantwortlichkeiten, die sich daraus ergeben können, auf Distanz zu gehen. Bereits 1950 stellte Adorno fest: „Unterdessen gilt bereits an Auschwitz zu erinnern für langweiliges Ressentiment." (Adorno, 1963, S. 49)

Wer die Vergangenheit lieber beiseite schiebt und verdrängt, als sich mit ihr auseinanderzusetzen, weicht auch den Büchern aus, die diese und ihre Nachwirkungen thematisieren.

Überblickt man die bundesdeutsche Geschichte bis zum Beginn der neunziger Jahre, so läßt sich hinsichtlich des vorherrschenden Geschichtsbewußtseins feststellen, daß der Versuch, zur nationalsozialistischen Vergangenheit ein wie auch immer zu kennzeichnendes distanziertes Verhältnis zu suchen, als überwiegend anzusehen ist. Die schier unglaubliche Wahrheit der nationalsozialistischen Verbrechen als geschichtliche Erbschaft zum Bestandteil unserer moralischen und politischen Existenz zu machen, scheint bis heute nicht gelungen. „Wir konstatieren nicht nur, daß die Deutschen zum Zeitpunkt der Tat kein volles Bewußtsein davon hatten, sondern auch, daß sie danach kein volles Bewußtsein von Tat und Schuld entwickelt haben" (Claussen, 1985, S. 206). Die unübersehbare Schwierigkeit liegt allerdings sicherlich auch darin, daß Auschwitz für das reflektierende Subjekt etwas nahezu Unbegreifliches anhaftet, das die Möglichkeiten menschlichen Denkens zu übersteigen scheint, das nicht in Rationalität sich auflösen läßt. „Nachdenken über Auschwitz muß sich bewußt werden, daß es sich an der Grenze des Begreifbaren bewegt. [...] Auschwitz markiert die Grenzen der Aufklärung." (ebd., S. 209f.) An dieser Grenze scheitert nicht nur das individuell geprägte Nachdenken über Auschwitz, sondern auch die wissenschaftliche Beschäftigung mit diesem Phänomen. Jeder Versuch der Wissenschaften, Auschwitz verstehbar zu machen, auf rationale, generalisierende Erklärungsmuster zurückzuführen, rückt es auch in eine nicht mehr zu überbrückende Distanz, macht es zum bloßen Objekt eines ihm gegenüberstehenden Subjekts. Daher kommt Detlev Claussen zu der Schlußfolgerung: „Die Wissenschaften geben Modi vor, wie man sich mit Auschwitz beschäftigen kann und zugleich doch nicht. Diese Modi differieren als Varianten des Vergessens." (Claussen, 1987, S. 11)

Gibt es aus diesem Dilemma noch einen Ausweg?

Der Althistoriker Christian Meier hat versucht, das entscheidende Defizit bei der bisher weitgehend mißlungenen bzw. unterbliebenen Aufarbeitung der Vergangenheit auf den Punkt zu bringen: „Aber im ganzen wird man nicht fehlgehen, wenn man sagt, daß wir uns dieser deutschen Identität nicht ausgesetzt haben." (Meier, 1987, S. 42f.) Und wenige Zeilen zuvor heißt es: „Was dabei fehlte, war die Identifikation mit den Deutschen der NS-Zeit. Identifikation natürlich nicht im Sinne von Gutheißen, aber im Sinne des nostra causa agitur." (ebd., S. 42)

Gefordert wäre also eine Beschäftigung mit den Verbrechen des Dritten Reiches, die dem einzelnen jede Möglichkeit einer Flucht in die Distanz zur Sache selber verstellt, die sich einer nur rationalen Auflösung aller Aufklärung fordernden Momente widersetzt. Die kartographisch präzise Auflistung aller Orte des Verbrechens, die computergesteuerte Berechnung der Anzahl der Opfer und die graphisch dokumentierte Befehlshierarchie innerhalb einer die Verbrechen befehlenden Partei stellen wichtige Kenntnisse dar, leisten aber, werden sie nicht mit anderen Arten der Begegnung mit der Vergangenheit in Zusammenhang gebracht, im Sinne eines abheftbaren Wissens dem Vergessen Vorschub. Ist es das vornehmliche Ziel der Beschäftigung mit Auschwitz, dessen

Wiederholung zu verhindern, so ist ein Modus der Kenntnisnahme erforderlich, der den Menschen als ganzen betrifft und ihn im Sinne des genannten Zieles zu verändern vermag. „Denn es fehlt nicht nur an Kenntnissen, an Kategorien des Verstandes, sondern auch an der Vorstellungskraft, an Phantasie und an Kategorien des Herzens." (Meier, 1987, S. 85) Genau darin bestand ein wesentlicher Mangel der bisherigen Beschäftigung mit der Vergangenheit: „Woran es fehlte, war also nicht so sehr das ,Zur Kenntnis' wie das ,Zu Herzen Nehmen'." (ebd., S. 57) Zu überprüfen wäre demnach die These, ob nicht gegenüber der Forschung, in deren Zentrum die umfassende, Ursachen und Folgen berücksichtigende Rekonstruktion von geschichtlichen Konstellationen steht, das Erzählen einen Modus darstellt, der Geschichte im Subjekt sich von neuem ereignen läßt und dieses als verändertes aus dem Lektüreprozeß entläßt, indem Gewissen und Vorstellungskraft mobilisiert werden, eine „kreative Initialkraft" erzeugt wird, zu der „ganz wesentlich soziale Phantasie, Anteilnahme am Menschlichen [...] – aber ebenso alternatives und antizipierendes Denken" (Kaiser, 1981, S. 68) gehören. In einem so verstandenen Erzählen und Lesen verbindet sich ein „Sich-Verstehen mit dem Welt-Verstehen" (ebd., S. 66), das Ich erfährt Geschichte und sich selbst in seiner Geschichtlichkeit.

Darin besteht die Chance der Literatur, Auschwitz, wenn überhaupt, verstehbar zu machen und zu einer Sensibilisierung des Bewußtseins beizutragen, das die Wiederholung solcher Verbrechen verhindern möge.

Die folgenden Überlegungen zu Gert Hofmanns *Veilchenfeld* möchten versuchen, die der Literatur eigenen Möglichkeiten der Aufarbeitung von Geschichte zu veranschaulichen.

Thematik und Erzählstruktur

In dem 1986 erschienenen Buch *Veilchenfeld* erzählt Gert Hofmann von den letzten Lebensjahren eines gleichnamigen jüdischen Philosophieprofessors, der sich nach seiner zwangsweisen Entlassung aus seinem Amt an der Leipziger Universität im Jahre 1935 in die sächsische Kleinstadt Limbach zurückzieht und dort im September 1938 durch Selbstmord endet. Seine Flucht aus der sächsischen Metropole in die Provinz erweist sich als Sackgasse: in zunehmendem Maße wird er zum Opfer von tätlichen Übergriffen und Willkürhandlungen; er wird in seinen Lebensmöglichkeiten immer mehr eingeschränkt und gerät, da sich die Mitmenschen, die früher zu ihm Kontakt hatten, weitgehend zurückziehen, in eine totale Isolation, so daß sich die Selbsttötung mit Hilfe von Gift, mit der er der unmittelbar drohenden Deportation zuvorkommt, wie der Versuch einer Rettung des letzten Restes von persönlicher Würde, der ihm verblieben ist, ausnimmt. Erzählt wird die Geschichte Veilchenfelds in 66 „Segmenten", die sich gleichsam zu einem in sich geschlossenen Bild der letzten drei Jahre seines Lebens zusammenfügen. Die Erzählung selbst weist eine Art Kreisstruktur auf; sie beginnt und endet, mit teilweise identischen Formulierungen, mit dem Abtransport der Leiche Veilchenfelds. Zwischen diesen beiden Polen erfährt der Leser in einzelnen Abschnitten, die von ihrem Umfang her sehr unterschiedlich ausfallen – manche umfassen nur wenige Zeilen, andere sind mehr als zehn Seiten lang –, wesentliche Fakten und Episoden aus Veilchenfelds Leben in Limbach und bekommt einen Einblick in die Lebensverhältnisse dieses Ortes, die politische Situation und vor allem das Denken der dort lebenden Menschen. Neben der Gestalt des jüdischen Professors ist für die erzählte Handlung vor allem die Familie des Arztes, der Veilchenfeld wegen seiner Herzkrankheit behandelt, von Bedeutung.

Der Text *Veilchenfeld* zeichnet sich durch eine relativ komplizierte erzählerische Struktur aus, die von fast allen Rezensenten des Buches verkannt bzw. unzulässig vereinfacht dargestellt worden ist. Einen wesentlichen Aufschluß über die Erzählperspektive gewinnt der Leser bei der Lektüre des Endes des 7. und des Beginns des 8. Abschnittes. Er findet dort zunächst einmal seine Beobachtung aus der Lektüre der ersten Abschnitte bestätigt, daß die dargestellte Handlung aus der Perspektive eines Kindes, des vermutlich ungefähr neun Jahre alten Sohnes des Veilchenfeld behandelnden Arztes, erzählt wird. Dieser Junge zieht sich, nachdem sich ein Schüler und Kollege Veilchenfelds, Dr. Magirius, kurz nach dessen Selbstmord ebenfalls umgebracht hat, zurück, um über die Zeit von Veilchenfelds Auftauchen in Limbach bis zu dessen Tod nachzudenken. Der Erzähler wird zwar von seinem Vater gefragt, ob er nicht Lust habe, mit ihm nach Frohna zu fahren, dieser lehnt jedoch ab: „aber ich habe keine Lust und bleibe auf dem Sofa und mache meine Augen wieder zu und stelle mir lieber alles vor." (17 f.) Der folgende achte Abschnitt beginnt dann mit den Worten: „Wie uns der Herr Doktor Magirius aus dem Schatten einer Hauswand heraus mit Herrn Veilchenfeld bekannt macht, der noch nicht lange bei uns ist." (18) Von dieser Stelle an wird dann, im wesentlichen chronologisch, die Geschichte Veilchenfelds von seiner Ankunft in Limbach bis zu dem Zeitpunkt erzählt, an dem die Kinder beobachten, wie die Leiche des Philosophen abtransportiert wird.

Die vorausgehenden Abschnitte 1–7 lassen diese weitgehende Einhaltung des Prinzips der Chronologie vermissen. Während der erste Abschnitt den den Erzählprozeß mitbegründenden Tatbestand, nämlich den Tod Veilchenfelds, in den Mittelpunkt rückt und den Ich-Erzähler

Hans und seine Schwester Grete als beobachtende Instanz einführt („Unser Philosoph ist plötzlich gestorben, unser Leichenwagen hat ihn abgeholt [...]. Wir lehnen an Höhlers Gartenzaun und machen uns nicht schmutzig.", 7), werden in den übrigen Abschnitten die Titelgestalt und die Familie des Ich-Erzählers sowie Zeit und Ort des erzählten Geschehens knapp umrissen.

Die Sachverhalte, die das erzählende Ich uns mitteilt, sind aber nicht ausschließlich von diesem selber beobachtet worden, sondern erweisen sich häufig als Informationen aus zweiter und dritter Hand; nicht nur das, was Hans selbst erlebt hat, wird von ihm erzählt, sondern auch das, was er von ihm nahestehenden Personen erfahren hat, und diese wiederum beziehen sich häufig auf andere Informationsquellen.

Somit scheint es sich auf den ersten Blick bei diesem Text von Gert Hofmann um ein ausschließlich aus der Kinderperspektive erzähltes Prosawerk zu handeln, zumal der Text an zahlreichen Stellen das kindhafte Verhalten von Hans und seiner Schwester deutlich werden läßt, so wenn der Erzähler beispielsweise davon berichtet, daß er während eines Familienspaziergangs mit Grete in einen Teich steigen will, um Rohrpumpen zu holen. Bei genauerem Hinsehen jedoch, und darauf hat bisher einzig L. M. von Hartmann in ihrem Aufsatz über „Erzählstrukturen im Werk Gert Hofmanns" (in: Kosler, 1987, S. 105–125) hingewiesen, weist die Erzählung von Gert Hofmann auch solche Passagen auf, die die hier charakterisierte Perspektive des Kindes zu sprengen scheinen. So „sind viele Erzählmomente von der Art, daß sie weder als beobachtete noch als vermittelte, d. h. referierte, angesehen werden können" (ebd., S. 122f.), sondern einen unmittelbaren Beobachter mit auktorialen Fähigkeiten voraussetzen (16; 73; 137; 170; 181 u. a.).

Diese Eigenarten des Textes führen also zu der Schlußfolgerung, daß es sich bei Hofmanns *Veilchenfeld* um einen auktorial erzählten Text handelt, dieser Erzähler aber weitgehend hinter die Kinderperspektive zurücktritt. Als irritierend erweist sich für den Leser auch noch, daß das erzählerische Medium Hans über eine registrierende Sensibilität, einen Scharfblick für das Wesentliche einer Situation sowie hinsichtlich seiner Erfahrungen über ein ordnendes und strukturierendes Vermögen verfügt, das für einen Jungen dieses Alters unter entwicklungspsychologischen Aspekten als recht unwahrscheinlich gelten muß. Auch die Tatsache, daß im Text sämtliche sonst üblichen Kennzeichnungen der direkten Rede fehlen, weist darauf hin, daß die Dialogsituationen im Bewußtsein eines außenstehenden Erzählers sich ereignen, der nicht mit dem Jungen Hans identisch ist, da dieser mit zu den handelnden Figuren der Fiktion gehört.

Fragt man nun nach der Bedeutung einer solcherart komplexen erzählerischen Struktur, so ist zunächst einmal festzuhalten, daß die

Frage, ob die Sehweise des Kindes altersgemäß ist, kaum relevant ist. „Das Kind ist eine Kunstfigur, [...] ein Bewußtsein, ein unfehlbares Gedächtnis, das alles speichert, was den alten Philosophen betrifft." (Pulver, 1986, S. 527) Dieses angeblich kindliche Bewußtsein stellt für den heutigen Leser den Versuch einer idealtypischen Rekonstruktion eines naiven Bewußtseins dar, das fiktive, aber in dieser Form sicherlich auch geschichtlich mögliche Vorgänge registriert. Angenommen wird der Fall eines über die politischen und ideologischen Zusammenhänge weitgehend in Unkenntnis sich befindenden Bewußtseins, das sich nur auf das verlassen kann, was es hört und sieht; aus diesem Grund enthält der Text auch keinerlei Termini aus dem nationalsozialistischen Sprachgebrauch, nicht einmal der Begriff Jude taucht auf; eine geschichtliche Einordnung der Handlung erfolgt ausschließlich durch die in den Text eingestreuten Zeitangaben. Der Leser dieses Buches vermag auf Grund der Informationen, die er aus der Perspektive des sachlich, naiv und ohne zu werten erzählenden Hans erhält, die Mechanismen dieses zutiefst inhumanen Systems zu erkennen. Das, was man sehen und hören kann, reicht aus, um sich über das, was geschieht, ein begründetes Urteil bilden zu können. Der Standort des auktorialen Erzählers sind die achtziger Jahre; von hier aus unternimmt er ein Planspiel, und die simulierte Naivität überführt die zu Klischees gewordenen Statements, man habe von nichts gewußt, habe sich die Verbrechen nicht vorstellen können, der Lüge. Was für das beobachtende Kind zusammenhanglos und ohne tiefere Bedeutung erscheint, vermag dem seine Lebenswirklichkeit interpretierenden Erwachsenen die Abgründe der Unmenschlichkeit zu offenbaren.

„Veilchenfeld" – Die Geschichte einer fortlaufenden Erniedrigung

Professor Bernhard Israel Veilchenfeld kommt im Jahre 1935 im Alter von 60 Jahren nach Limbach. Er wird als ein kleiner, zierlicher und zerbrechlich wirkender Mann vorgestellt, der, nachdem seine Frau und seine nächsten Freunde, mit denen er früher musiziert hatte, gestorben sind und sich all seine Schüler von ihm abgewandt haben, nun nur noch in Gesellschaft seiner Bücher für seine Philosophie, seine „Überwelt" (68), lebt. So ist denn auch sein Arbeitszimmer, ein Erkerzimmer, auch „Kabinett" (45) genannt, das Herzstück seiner Wohnung. Veilchenfeld selber empfindet diese persönliche Situation als Problem: „Gewiß ersetzt der Umgang mit Büchern den mit Menschen, doch nur bis zu einem gewissen Grad" (25); allerdings erscheint ein solcher Rückzug unter den gegebenen politischen Bedingungen als geboten, „weil ich mich unter meinen Büchern sicherer fühle als unter meinen Landsleuten, sagte Herr Veilchenfeld" (8). Die zunehmende Isolation hat bei Veilchenfeld eine beginnende Verkümmerung seiner Kommunikationsfähigkeit hervorgerufen. Er ist zwar weiterhin in der Lage, an seinem bereits umfangreichen Werk weiterzuarbeiten, jedoch führt der ungewohnte Kontakt mit Menschen dazu, daß er vor lauter Erregung über die für ihn außergewöhnliche Situation einfachste Verbalisierungen nicht mehr zu leisten vermag. „Die ganze Zeit will er uns, da er in den letzten Jahren zwar manches für später geschrieben, aus Mangel an Mitwelt aber nicht mehr gesprochen hat, etwas mitteilen, sich uns, wie er sagt, eröffnen, doch fallen ihm die notwendigen Wörter nicht ein, oder er verhaspelt (er sagt: verhapselt) sich." (23)

Seine Beschäftigung mit unterschiedlichsten Büchern – in seiner Bibliothek sind sie nach bestimmten Kategorien („Da stehen die schwierigen, da die braven und da die unheimlichen, sagte er.", 55) geordnet – ist für ihn ein Mittel, „in die Vergangenheit hinein[zu]horchen" (43), Geschichte in ihren wesentlichen Strukturen zu begreifen. Der Vater von Hans nennt Veilchenfeld deswegen auch „das Große Ohr" (44). Diese Studien haben bei ihm zu einer Geschichtsauffassung geführt, die sicherlich, neben seiner jüdischen Herkunft, mit für seine Verfolgung ausschlaggebend ist. Für ihn sind Leben und Geschichte ohne einen ihnen innewohnenden Sinn anzusehen; alles Leben entwikkelt sich zufällig aus der Natur, es ist letztlich, ohne Rücksicht auf die Form, die es annimmt, „belanglos" (30) und vergeht rasch wieder. Kennzeichnend für die Auffassung Veilchenfelds ist der „Satz von dem Leben, das aus den Schlünden stammt und sich eine Weile hinzieht, um dann spur- und folgenlos in die Schlünde zurückzugehen" (31 f.). Offensichtlich wird somit der Gegensatz zwischen einer derart ernüchternd pessimistischen Haltung und der Ideologie der Nationalsozialisten, in der Geschichte als zielgerichteter Prozeß angenommen wird, der sich auf einen idealen Endzustand hinentwickelt und in dem die arische Rasse als Erfüllungsgehilfe des Weltgeistes und Idealbild des Menschseins ihren autoritär formulierten Absolutheitsanspruch, gestützt auf ihr Sendungsbewußtsein, ohne Rücksicht durchsetzt.

Die Geschichte Veilchenfelds in Limbach ist die Geschichte seiner zunehmenden Erniedrigung und seines immer rascher fortschreitenden Verfalls. Schon zu Beginn seiner Zeit in der sächsischen Kleinstadt erscheint er wie ein gehetztes Tier, das sein baldiges Ende fühlt („Ja, ich werde immer weniger, sagt Herr Veilchenfeld oft und lächelt und rückt an seinem Mantel. Sicher werde ich bald ganz verschwinden", 18). Diese Ahnung vom bevorstehenden Ende durchzieht leitmotivartig den gesamten Text. Als Veilchenfeld schließlich keinen Ausweg mehr für sich sieht, gibt er sich selber den Tod, der ihm, der von den Mächtigen des Ortes und ihren Anhängern bzw. Mitläufern wie ein Tier, wie

Ungeziefer behandelt worden ist, somit auch „zukommt"; er trägt dem ahnungslosen Hans auf, Gift zu besorgen: „Da, nimm das, sagt Herr Veilchenfeld und gibt mir die Münzen, zwei Fünfmarkstücke, sehe ich. Und geh damit zur Apotheke und kauf mir was dagegen. Sag aber nicht, daß es für mich ist, sag, ihr braucht es selber. Gegen Ungeziefer, etwas Starkes, das nicht bloß betäubt, sondern gleich totmacht." (155)

Während seiner drei letzten Lebensjahre, die Veilchenfeld in Limbach verbringt, steigern sich die gegen ihn gerichteten Akte der Unmenschlichkeit immer mehr. Zunächst werden im Haus des Arztes, bei dem Veilchenfeld kurz nach seiner Ankunft in Limbach zu Besuch ist, mehrere Scheiben eingeworfen und die Anwesenden verbal bedroht. Später – der Text läßt keine genauen Rückschlüsse darüber zu, wieviel Zeit inzwischen vergangen ist – wird Veilchenfeld von einer Gruppe Jugendlicher während eines Abendspazierganges überfallen, verprügelt und in das Hinterzimmer der Gaststätte „Deutscher Peter" (!) gebracht, wo er weiter mißhandelt wird. Am Ende wird ihm sogar der Schädel kahlgeschoren, da man seinen Kopf genau „vermessen" will, um festzustellen, ob Veilchenfeld überhaupt ein Mensch ist. Das Wissen um diese Ereignisse besitzt der kindliche Erzähler, da er während eines gemeinsamen Spaziergangs das Gespräch seiner Eltern mit dem Optiker Laube und dessen Frau belauscht. Dabei registriert er in seiner naiv-sachlichen Art auch, inwiefern die Erwachsenen diesen Vorgang unterschiedlich bewerten. Während Vater und Mutter des Erzählers durch das von ihnen benutzte Vokabular eine deutliche Verurteilung der Mißhandlung („Übergriff", „Schandtat", „angefallen", „zusammengeschlagen") zum Ausdruck bringen, so wird bei Herrn Laube der Versuch erkennbar, Verständnis für die Angreifer aufkommen zu lassen, ja sogar Veilchenfeld selber die Schuld an den Vorkommnissen zuzuweisen. Wenn Herr Laube das Handeln der jungen Leute als einen „Akt des Zorns" bezeichnet, so muß etwas vorausgegangen sein, was diese Reaktion hervorgerufen hat; das kann aber, nach Lage der Dinge, nur die bloße Existenz des Herrn Veilchenfeld gewesen sein. Folgerichtig fragt Herr Laube auch, ob es sich nicht um eine „unbewußte Provokation" (58) durch den Professor gehandelt haben könnte, eine Vermutung, die vom Vater des Hans sofort entschieden zurückgewiesen wird. Gleichwohl versucht der Optiker Laube aber die Ursache für die Mißhandlungen in Veilchenfelds Verhalten zu sehen. Er, der nichts weiter getan hat, als am Abend einen Spaziergang durch die Stadt zu unternehmen, habe gleichsam die ungeschriebenen Gesetze eines vermeintlich vernünftigen Verhaltens verletzt. „Jedenfalls bei so einer Wetterlage und in seiner Situation und nachts zum ‚Lampenputzer' zu gehen, wo bleibt da der gesunde Menschenverstand? Wo bei so einem Wetter ja ein Wort genügt, um das Tier, das in uns allen schläft, aufzuwecken, ruft der Optiker Laube. Wenn es dann zuschlägt, dieses Tier, soll sich mal keiner wundern." (58)

Eine solche Art der Argumentation schafft einen Legitimationsrahmen für jede Art von Unmenschlichkeit, da diese nicht mehr als primär moralisches Versagen, sondern als biologisch angelegte, naturhafte Verhaltensvariante, die keiner weiteren Rechtfertigung bedarf, angesehen wird und dann auch für eine bestimmte Ideologie instrumentalisierbar ist. Die Folgen dieser Haltung werden einige Seiten später in der Erzählung bildhaft zum Ausdruck gebracht. Nach der Rückkehr in seine Wohnung verbrennt Veilchenfeld die gesamte Kleidung, die er an diesem Abend getragen hat, „so daß bei Ende der Nacht über dem Haus von Herrn Veilchenfeld plötzlich eine gewaltige dunkle und übelriechende Rauchwolke gestanden hat" (66). Die Rauchwolken über den Verbrennungsöfen der Konzentrationslager drängen sich dem Leser als Assoziation angesichts einer solchen Formulierung geradezu auf, und die Reaktion von Frau Laube („Sogar im jetzigen Augenblick kann man den Gestank noch riechen, so daß sich Frau Laube fragt: Wird man ihn je wieder los?", 66) erscheint wie eine Ahnung der Schatten, die die Vergangenheit auf die Zukunft werfen wird.

Als Veilchenfeld sich am nächsten Tag auf dem Polizeirevier beschweren und Anzeige erstatten will, wird die Mißhandlung, nun von offizieller Seite betrieben, fortgesetzt. Mit einem Schild um den Hals („Ich werde mich nie wieder bei der Polizei beschweren, ‚Professor' Bernhard Israel Veilchenfeld", 70) wird er durch Limbach gejagt, ohne daß irgendeiner der Bewohner, wie schon beim vorherigen Vorfall, für ihn Partei ergreift.

Eines Nachts wird Veilchenfeld dann in seiner Wohnung von einer Gruppe Jugendlicher unter dem Vorwand überfallen, daß diese seine Bibliothek prüfen müßten. Wahllos reißen sie Bücher aus den Regalen und werfen sie aus dem Fenster, um sie hinterher abtransportieren zu können. Die dumpfe Geistlosigkeit und Unmenschlichkeit der nationalsozialistischen Bewegung wird am Beispiel eines dieser Jugendlichen deutlich, dessen Denken durch den auktorialen Erzähler gekennzeichnet wird. Dieser Jugendliche, der wegen seiner naiv-unkritischen Haltung als „Kind" bezeichnet wird, hat „sein ganzes Leben in unserer Stadt verbracht und stößt in dieser Nacht überraschend auf Herrn Veilchenfeld, es wundert sich, daß es so etwas gibt. In seinen hübschen glatten Kopf paßt er nicht hinein. [...] Unter einer banalen, aber kräftigen Hirndecke breitet sich eine kleine Zahl von Überzeugungen aus, die einfach, aber robust sind. Er hat nichts gegen Herrn Veilchenfeld, nur hat man ihm gesagt, daß er leichter atmen könnte, wenn er aus der Welt ist." (128)

Den Höhepunkt in dieser Folge unmenschlicher Verhaltensweisen stellt die Aberkennung der Staatsangehörigkeit durch den Beamten Thiele dar; indem Veilchenfelds Paß von offizieller Seite zerrissen wird, erscheint dieser gleichsam auch als amtlich beglaubigte Person ausgelöscht. Daß er noch lebt, ist angesichts eines Staates, der sich selbst über solche Ausgrenzungsmechanismen definiert, eigentlich schon ein illegaler Akt; daß er sich selber tötet, scheint eine zwangsläufige Konsequenz. Diesen Selbstmord Freitod zu nennen, wäre Zynismus.

Interessant ist in diesem Zusammenhang, wie Gert Hofmann diese Szene im Rathaus von Limbach darstellt. Wenn das Dienstzimmer des Beamten Thiele, in das Veilchenfeld gerufen wird, als das „Allerheiligste" (140) bezeichnet wird, so wird damit eine Bildebene eröffnet, die bisher in der Erzählung noch keine Rolle gespielt hat, die des christlichen Gottesdienstes. Der Vorgang der Aberkennung der Staatsbürgerschaft erscheint als perverse Variante der zentralen Ereignisse christlichen Gottesdienstes, der Wandlung und des Brotbrechens. Die beiden anderen Beamten stellen sich wie Ministranten neben Thiele auf, der den Paß wie eine Hostie vor sich hinlegt, die Hände darüber faltet „und in einem Ton, als würde er etwas aufsagen" (141) Veilchenfeld die Staatsbürgerschaft aberkennt. Nachdem Thiele die Formel gesprochen hat, zerreißt er den Paß („bis der Paß nicht zum Wiedererkennen war", 142) und wirft die Schnipsel in den Papierkorb. Ein Vorgang, der in der christlichen Tradition dem Menschen Anteil am Heil gewährt, erscheint hier in perverser Verkehrung: der Mensch erfährt kein Heil, für das der Opfertod Christi die Voraussetzung war, sondern er wird selber geopfert auf dem Altar einer solche Verbrechen gegen die Menschlichkeit begünstigenden Ideologie. Die Bildebene selbst erfährt im Text eine zusätzliche Begründung, denn es ist ein Pfarrer, aus dessen Mund der Vater des Erzählers über die Geschehnisse auf dem Rathaus Nachricht erhält.

Parallel zu den hier erörterten unmenschlichen Handlungsweisen gegenüber Veilchenfeld nimmt dessen Isolation und Verwahrlosung immer mehr zu. Erzählte Veilchenfeld bei seinem Besuch im Haus des Arztes noch von einer Wanderung, die er in die Umgebung von Limbach gemacht hat, so kann er gegen Ende der Erzählung seine Wohnung bzw. das kleine Grundstück, das zu diesem Haus gehört, kaum noch verlassen, und er vegetiert wie ein Tier in einer zunehmend verschmutzten Wohnung, deren Fenster mit Brettern vernagelt sind. Auch sich selber vernachlässigt Veilchenfeld immer mehr. Nachdem die ehemalige Haushälterin ihre Tätigkeit für Veilchenfeld eingestellt hat, tritt „eine knochige, derbe und laute Person namens Frau Abfalter" (95 f.) an die Stelle der Vorgängerin; ihr Name läßt, wie sich dann zeigt, zu Recht an Abdecker denken, denn sie entdeckt am Ende Veilchenfelds Leiche und sorgt für deren Abtransport, eine Sache, die sie nicht weiter schrecken kann: „Seit sie im städtischen Friedhof die Leichen wusch, graute ihr vor gar nichts mehr." (96 f.)

Ausdruck der Befindlichkeit Veilchenfelds sind seine Zeichnungen, über die er mit Hans bei dessen Besuchen in Veilchenfelds Wohnung spricht. Die von Veilchenfeld gewählten Motive und die Art der Darstellung erscheinen als Widerspiegelung des Lebensmutes, der im Laufe der Zeit immer mehr nachläßt. Als Hans Veilchenfeld zum ersten Mal in seiner Wohnung besucht, zeigt dieser ihm „eine wirklich häßliche Zeichnung von einem verstümmelten Mann in einer wüsten Landschaft [...], der ein dünnes, fast durchsichtiges Kind an sich gedrückt hielt, als wollte er es erwürgen" (49). Diese expressionistisch anmutende Darstellung dokumentiert Verletztheit und Heimatlosigkeit sowie ein Gestörtsein der zwischenmenschlichen Beziehungen. Nachdem Veilchenfelds Verfolgung immer mehr zugenommen hat, stellt er das Zeichnen völlig ein. Der Zustand der Welt läßt keine andere Haltung als die der Hoffnungslosigkeit zu. „Es gibt nichts, was ich zeichnen könnte, es lohnt sich alles nicht. Die Welt, wie sie ist, braucht man nicht festzuhalten, dafür gibt es keine Veranlassung." (99)

Daß Gert Hofmann in seiner Erzählung auch auf andere literarische Texte *(Hänsel und Gretel)* und Mythen *(Ahasver)* zurückgreift und diese variiert, kann hier nur erwähnt, aber nicht weiter ausgeführt werden.

Kennzeichen des gesellschaftlich-politischen Kontextes

Außer in der Verfolgung Veilchenfelds zeigt die in Gert Hofmanns Erzählung dargestellte unmenschliche Realität aber auch noch in anderer Weise ihr Gesicht. Sieht man einmal von den Mitgliedern der Familie des als Erzähler auftretenden Hans, die noch genauer betrachtet werden müssen, ab, so unterscheiden sich die übrigen Personen der Erzählung lediglich im Grad ihrer Zustimmung zum System. Aktive Parteinahme, konformes Verhalten oder zumindest Schweigen tragen allesamt zur Stabilisierung der Verhältnisse bei. Die Bewohner von Limbach bestätigen Veilchenfelds These über die Manipulierbarkeit der Menschen: „In die Menschenköpfe, auch in die modernen, läßt sich alles hineinrühren, der gefährlichste Unsinn. Nach einiger Zeit nimmt sich in den Köpfen alles wie naturgegeben, wie Sträucher und Blumen aus" (50). Das Wissen um die Grausamkeit der Wirklichkeit wird von den Limbachern konsequent verdrängt. Wenn Frau Schellenbaum beispielsweise im Milchladen davon erzählt, daß sie nachts die Stimmen eingesperrter, mißhandelter Menschen aus dem Rathauskeller gehört habe, so antwortet Frau Übeleis mit der kategorischen Erklärung: „Niemand wird bei uns auf Verdacht hin eingesperrt." (52) Frau Schellenbaum akzeptiert diese Aussage und ist bereit, das von ihr Wahrgenommene in eine Sinnestäuschung umzudeuten. Was nicht sein darf, kann auch nicht sein.

Ein weiteres Kennzeichen des gesellschaftlich-politischen Kontextes, in dem die erzählte Handlung angesiedelt ist, stellt die Geistfeindlichkeit dar. Nachdem bereits zu Lebzeiten Veilchenfelds Jugendliche in seine Wohnung eingedrungen sind und seine Bibliothek einem angeblichen Prüfungsverfahren unterzogen und zahlreiche Bücher entwendet haben, tauchen nun nach Veilchenfelds Selbstmord, noch bevor die Leiche abtransportiert worden ist, zwei dunkle Gestalten, die unschwer als Geheimdienstbeamte zu identifizieren sind, in der Wohnung auf, um die verbliebenen Bücher durchzumustern. Ihre gestischen Reaktionen (182) zeigen, daß ihre Erwartungen hinsichtlich der Bibliothek Veilchenfelds bestätigt werden. Das Verhältnis des Staates zum Denken, das sich nicht den ideologischen Vorgaben beugt, wird in der vom Erzähler benutzten Metaphorik deutlich: Die auf den Boden geworfenen Bücher bilden eine Flut, die den Beamten schon bis zu den Knöcheln reicht. Der Beobachter und seine Schwester „sehen, wie die Bücher, durch die sie [die Beamten, H. S.] waten, hinter ihnen zusammenschlagen" (182).

Wesentliche Konsequenz für die einzelnen Menschen unter den genannten politischen Umständen ist die zunehmende Aufhebung ihrer Privatsphäre und Individualität. Für den als Erzähler auftretenden Hans und seine Familie wird dies zunächst einmal dadurch deutlich, daß unmittelbar neben ihrem kleinen Wohnhaus zwei große Mietskasernen errichtet werden, in deren Schatten sie jetzt leben müssen. Bäume und der Sandkasten der Kinder wurden für den Neubau geopfert, der Blick in die Natur bleibt verwehrt. Schlimmer jedoch sind die vielen Mißverständnisse und das permanente Beobachtetwerden. „Jeder, der bei uns aus- und eingeht, wird von den Nachbarn gesehen, die sich nach ihrem Einzug Kissen geholt und in die Fenster gelegt haben und, weil es sonst nichts zu sehen gibt, in unseren Hof hineinschauen und beobachten, wer aus- und eingeht." (89f.)

Die Aufhebung der Individualität erscheint bildhaft dargestellt im Festumzug, der Bestandteil eines Heimatfestes ist, das aus Anlaß der Gründung der Stadt gefeiert wird und mit dem die willkürlich erscheinende Einbindung des momentanen gesellschaftlichen Zustandes in eine geschichtliche Tradition erreicht werden soll, denn keiner weiß, wann die eigentliche Gründung von Limbach stattgefunden hat.

Die Gestaltung des Festumzuges, an dem die gesamte Bevölkerung, soweit nicht Alter, Krankheit oder berufliche Verpflichtungen entgegenstehen, teilnimmt, spiegelt in ihrer Struktur das Ideal einer Gesellschaftsordnung wider, wie es vom Nationalsozialismus propagiert worden war. In Anlehnung an die hierarchische Gliederung einer mittelalterlichen Ständegesellschaft wird jeder einzelne in die für ihn vorgesehene „Familie" eingeordnet; nicht mehr seine Individualität gibt den Ausschlag, sondern seine Zugehörigkeit zu einer bestimmten Schicht. Seine Identität ist letztlich eine fremdbestimmte und geborgte, nach außen hin sichtbar in der Verkleidung, die den einzelnen als Angehörigen einer bestimmten „Familie" auszeichnet. Dieser schmerzhafte Prozeß des Verlusts der Individualität wird deutlich am Beispiel der Schwester von Hans, die ursprünglich als Blumenmädchen an der Spitze des Zuges gehen sollte, dann aber einfach in die riesige „Köhlerfamilie" gesteckt wurde und nun fortwährend weint.

Hingewiesen werden muß in diesem Zusammenhang auch auf bestimmte Eigenarten der Sprachverwendung. Ließ sich schon am Sprachgebrauch des Optikers Laube erkennen, daß er die Veilchenfeld betreffenden Ereignisse durch bestimmte Formulierungen in einer Weise deutet, die die unmenschliche Behandlung des Philosophen als verständliche und nachvollziehbare Reaktionsweise hinstellte, so werden an anderen Stellen der Erzählung Redeweisen deutlich, die an den von offizieller Seite betriebenen euphemistischen Sprachgebrauch in der NS-Zeit erinnern. War in offiziellen Dokumenten immer wieder von der „Sonderbehandlung" der Juden die Rede, wenn deren Vernichtung gemeint war, so wird in der Erzählung von Gert Hofmann an vielen Stellen nicht von der bevorstehenden Deportation des Juden Veilchenfeld gesprochen, sondern in verharmlosender Weise von seiner „Verlegung". Die Bibliothek Veilchenfelds wird von den in seine Wohnung eindringenden Jugendlichen „geprüft", und Herr Heuer, der dafür verantwortlich ist, daß dem kranken Veilchenfeld ohne Grund tagelang das Wasser abgestellt wird, bezeichnet sein Handeln als „Scherz".

Typologie möglicher Verhaltensweisen

Im weiteren Fortlauf dieser Untersuchung ist nun genauer danach zu fragen, welche Verhaltensweisen sich in der Bevölkerung Limbachs angesichts einer solchen politischen Entwicklung beobachten lassen. Von Interesse ist hierbei sicherlich zunächst einmal der Vater von Hans, der wegen seiner beruflichen Tätigkeit als Arzt einen relativ intensiven Kontakt zu Veilchenfeld pflegt. In einer schon erwähnten Rezension in den „Schweizer Monatsheften" wird der Arzt zusammenfassend gekennzeichnet als „einer der wenigen Gegner des Regimes, schwankend zwischen Mut und Angst, nie ganz eingeschüchtert und nie solidarisch genug" (Pulver, 1986, S. 528). Auf der einen Seite verkörpert er „ein humanes Gegengewicht gegen die zunehmende Infamie und den dreister werdenden Terror in der Stadt" (Hinck, 1986), auf der anderen Seite scheinen sein Mut und seine Widerstandskraft im Laufe der Zeit immer mehr abzubröckeln und einer Melancholie Platz zu machen, die als Ergebnis einer Einsicht in die eigene Machtlosigkeit anzusehen ist. Couragiert erscheint sein Auftreten, als zum ersten Mal Gewalt angewendet wird, um Veilchenfeld und auch dem Arzt als Gastgeber zu zeigen, daß der jüdische Professor als persona non grata anzusehen ist, mit der man als Bürger dieser Stadt besser keinen Kontakt unterhält. Entschieden widerspricht der Arzt auch dem Optiker Laube, als dieser die Ansicht vertritt, daß Veilchenfeld die Angriffe auf seine Person selber provoziert habe. Auch setzt er die medizinische Betreuung Veilchenfelds fort, wenngleich ihm von offizieller Seite nahegelegt wird, „,den Patienten Veilchenfeld wegen mutmaßlicher Erbkrankheiten nicht mehr ärztlich zu betreuen'" (118). Gleichzeitig weiß der Vater von Hans aber auch die Zeichen der Zeit zu deuten und erkennt, daß es für Veilchenfeld in dieser Gesellschaft keine Möglichkeit zu überleben gibt: „In einer einst geliebten, von Hügeln sanft durchzogenen und von Wäldern (Mischwald) bestandenen, nach und nach von innen heraus, aber ekelhaft und verhaßt und unbewohnbar gewordenen Landschaft leben und denken zu müssen, macht erst krank, bringt dann um, sagte der Vater." (114) In einem Gespräch mit Herrn Magirius (74 ff.) macht der Arzt deutlich, daß es in Anbetracht der schweigenden Billigung, die die Übergriffe der nationalsozialistisch Gesinnten bei der gesamten Bevölkerung finden, keine Handlungsmöglichkeit für den einzelnen mehr gibt, der anders denkt, und er äußert die These, daß „es angesichts dessen, was auf Veilchenfeld zukommt, gar nicht das schlechteste" (77) wäre, wenn dieser sich umbrächte. Seine Vernunft gebietet dem Arzt, sich in dieser Gesellschaft, in der nur die Zustimmung zum herrschenden Denken als akzeptables Verhalten gilt, nicht allzu sehr zu exponieren, vor seinem Gewissen aber steht er als Versager da. Immer dann, wenn er diesen Widerspruch an sich erfährt, neigt er zu Reaktionen, die seine innere Zerrissenheit und den psychischen Druck, den solche Situationen hervorrufen, nach außen hin bezeugen: er verweigert die Teilnahme an den Mahlzeiten, hüllt sich in Schweigen oder schreit die Kinder grundlos an.

Die Frau des Arztes und Mutter des erzählenden Hans zeigt zunächst gegenüber den Ereignissen um Veilchenfeld eine in ähnlicher Weise von Ablehnung und Angewidertsein geprägte Haltung. Als während des Besuchs von Veilchenfeld in ihrem eigenen Haus die Fenster eingeworfen werden und Veilchenfeld beschließt, auf Grund dieser „Warnung" in Zukunft zu Hause zu bleiben, macht sie ihre Entrüstung deutlich mit den Worten: „So etwas sollte nicht möglich sein, weder hier noch anderswo." (39) Gleichzeitig wird aber auch erkennbar, daß ihr

Verhalten den Mut vermissen läßt, der zumindest zeitweise das Auftreten des Vaters auszeichnet. In der erwähnten Situation verrät ihre Mimik die kaum zu verbergende Angst, und sie bittet den Vater, das Haus nicht zu verlassen und die Polizei zu rufen. Die Strategie ihres Verhaltens wird immer klarer von dem Ziel beherrscht, sich nicht einzumischen und Konflikte von vornherein zu vermeiden. So empfiehlt sie beispielsweise ihren Kinder, Veilchenfeld nicht mehr auf der Straße anzusprechen und auch nicht mehr zu grüßen: „wir sollten so tun, als kennten wir ihn nicht, als sei er schon nicht mehr vorhanden" (9). Bei den Spaziergängen wählt sie mit Vorliebe Wege, auf denen sie mit keinem reden muß, „so hat es die Mutter am liebsten" (72). Diese Versuche, die ihr Gewissen belastenden Erfahrungen und ihr Wissen um die Unmenschlichkeit der Veilchenfeld bedrohenden Situation zu verdrängen, werden immer deutlicher. „Was ist denn nun schon wieder, ich schreie nun bald, wenn ich den Namen noch einmal höre, rief die Mutter, die immer, wenn sie den Namen Veilchenfeld hörte, eine Kolik bekam und am liebsten gar nicht mehr an ihn gedacht hätte." (90) Die nicht verarbeiteten, sondern nur verdrängten Erfahrungen und das Wissen um die Fragwürdigkeit ihres eigenen Verhaltens bedingen den körperlichen Schmerz: immer dann, wenn sie in irgendeiner Form mit dem Schicksal Veilchenfelds konfrontiert wird, stellen sich die Koliken ein. Diese Verdrängungen drohen im Laufe der Zeit ihren eigentlich klaren Blick für die tatsächlichen Zusammenhänge zu trüben, so daß sie, ähnlich wie der Optiker Laube und seine Frau, dazu neigt, unter Verwechslung von Ursache und Folge, auch Veilchenfeld eine Mitschuld an dem, was ihm widerfährt, zuzusprechen: „Der [...] seit einiger Zeit etwas Schleichendes und Verstohlenes und, wenn er keinen Hut aufhat, Verbrecherisches an sich hat, das die Leute ja mißtrauisch machen muß, sagt sie. Und jeder fragt sich, was jemand mit so einem Gang bei uns zu suchen hat." (111) Daß sie nach dem Tod Veilchenfelds lange Zeit regungslos im Dunkeln verharrt, zeigt ihre Erschütterung, unterstreicht aber auch noch einmal die Widersprüchlichkeit ihrer Haltung.

Mit der Figur des Landarbeiters Lansky präsentiert der Erzähler dem Leser einen Gegenpol zum Vater des Hans. Zeichnete sich dieser, trotz mancherlei Fragwürdigkeiten in seinem Verhalten, durch eine humane Grundüberzeugung aus, die ihn davor bewahrte, zum aktiven Parteigänger des Systems zu werden, so repräsentiert Lansky die dumpfe, von Vorurteilen und Intoleranz geprägte Geistlosigkeit, der jegliche humane Komponente abhanden gekommen ist. Er erscheint als Prototyp all derjenigen, die sich, durch die nationalsozialistische Propaganda verhetzt, ihrem blinden Wahn und Haß überlassen und die offiziellen Parolen kritiklos übernehmen. „Auf jeden Fall war Veilchenfeld sehen und hassen für Joseph Lansky eins." (132) Für ihn ist Veilchenfeld „ein entartetes Krüppelvieh, das man in unsere Stadt nie hätte hereinlassen sollen" (133), und er wäre sogar bereit, ihn mit eigenen Händen zu erwürgen. Sein „Denken" ist beherrscht von den gängigen Topoi der NS-Propaganda: der Name stinke, die Nase sei zu groß, und Veilchenfeld habe die schönsten Besitztümer der Stadt an sich gerissen und bestimme und beobachte alles, was in der Stadt vor sich gehe. Auch dem ihn behandelnden Arzt traut er nicht; da er seiner Meinung nach zuviel grübelt, nennt er ihn „manchmal bei sich selber ein Gedankentier" (132). Besonders grotesk erscheint dem Leser die Szene insofern, als Lansky selber wegen einer Wunde am Bein zu einem Krüppel zu werden droht und in durchgeschwitzter Kleidung in seinem „düsteren Koben" (133) liegt. Der „tierische" Charakter der Einstellung Lanskys wird bildhaft dadurch unterstrichen, daß der Arzt ihn „erst im Mai von einer Toxoplasmose, die ja eigentlich eine Tierkrankheit ist, geheilt" (133) hat, Lanskys jetziges Verhalten aber, wohl zu seiner eigenen Beruhigung, auf ein Wiederaufleben der „Viehkrankheit" zurückführt. Lansky repräsentiert für den Leser somit das Endprodukt der nationalsozialistischen Propaganda: den zum Tier gewordenen Menschen.

Mit der Figur von Veilchenfelds Nachbar Blei gestaltet Gert Hofmann den Typus des Mitläufers. Durch einen Wechsel seiner beruflichen Tätigkeit dient er sich dem System an. „Er hat früher Fahrradschläuche geflickt und näht mit seiner Frau nun Fahnen, da steht er sich viel besser." (121) Er tritt für Ruhe und Ordnung ein und stellt deshalb die Jugendlichen, die gekommen sind, um Veilchenfeld in seiner Wohnung zu überfallen, zur Rede. Aus dem Gespräch, das er mit den Jugendlichen führt, wird deutlich, daß er die reale Situation erkennt, sie aber nicht wahrhaben will und mit den Jugendlichen einen Scheindialog führt, in dem er Veilchenfeld an die Jugendlichen verrät. Kurzfristig auftretende Skrupel versteht er mit einer an Zynismus grenzenden Argumentation zu verdrängen (120). Er sympathisiert mit dem System und möchte dessen Nutznießer sein; er will sich selbst nicht die Hände schmutzig machen, hat aber dennoch eine wesentlich systemstabilisierende Funktion.

Als Multiplikator der nationalsozialistischen Gedanken tritt der Lehrer Lohmann auf. Ausdruck seiner schneidigen Gesinnung ist der scharf ausrasierte Stiernacken (179) (Wer dächte bei der Lektüre dieser Textstelle nicht an die entsprechenden Szenen aus Wolfgang Staudtes Verfilmung des *Untertan* von Heinrich Mann!); im Erdkundeunterricht versucht er seinen Schülern eine übertriebene Heimatliebe zu vermitteln und belehrt sie über das Recht des Stärkeren (145). Das Haus, in dem Veilchenfeld lebt, bedeutet für ihn eine Schande für die gesamte Stadt, und die Bücher eines jüdischen Schülers, der nicht mehr zum Unterricht erscheint, entfernt er erst, nachdem er sich extra Handschuhe angezogen hat, als ob es sich dabei um infizierte Gegenstände handele.

Das Veilchenfeld umgebende Personal in dieser Erzählung erscheint also als eine Art Typologie möglicher Verhaltensweisen: Zwischen einer humanen Gesinnung, die sich der Bedrohung von außen ausgesetzt sieht und zudem durch die Einsicht in die eigene Wirkungslosigkeit gefährdet erscheint, und einer durch ideologische Verblendung hervorgerufenen brutalen, skrupellosen Unmenschlichkeit erstreckt sich das Spektrum der unterschiedlichen Möglichkeiten menschlichen Verhaltens. Die Übergänge mögen sicherlich fließend sein, aber eines ist ihnen gemeinsam: daß die Humanität und die Würde des Menschen nicht fraglos gelten. Die vorgeführte Gesellschaft entlarvt sich selber, indem sie in einem brutalen und erniedrigenden Ausgrenzungsprozeß ihr Selbstverständnis dokumentiert.

Schlußbemerkungen

Die vorliegenden Überlegungen zur Erzählung *Veilchenfeld* von Gert Hofmann dürften gezeigt haben, was die genaue Lektüre eines solchen Textes zu leisten vermag. Am Einzelfall werden dem Leser die brutalen Mechanismen einer totalitären Gesellschaftsordnung vorgeführt. Nicht der Nationalsozialismus als ein im Rahmen soziologischer und historischer Kategorien zu beschreibendes gesamtgesellschaftliches System steht im Vordergrund, sondern der alltägliche Faschismus. Die Perspektivierung des Dargestellten fordert die Anteilnahme des Lesers; für ihn wird erfahrbar, wie sich die konkrete Lebenswirklichkeit unter dem Diktat einer totalitären Ideologie ausnahm. Die Anteilnahme am dargestellten Geschehen als einem Teil unserer Vergangenheit vermag eine Sensibilisierung des Bewußtseins hervorzurufen, die die über die Literatur ermöglichte Erfahrung von Geschichte als Strukturierungsmoment unserer Wahrnehmungsfähigkeit und Denkmöglichkeiten nutzt. Eine solche Sensibilisierung kann zum Movens eines kontinuierlichen Prozesses der Selbstaufklärung werden, der gängige Erklärungsmuster hinterfragt, Selbstverständlichkeiten auflöst und die geschichtlichen Konstellationen der eigenen Lebenszeit auf ihre Defizite hin abklopft. Der Leser begreift sich selber in den geschichtlichen Zusammenhängen, in die er gestellt ist. Literatur vermag somit geschichtliches Denken zu lehren und zu befördern. „Geschichtliches Denken aber besteht in der Herstellung von Zusammenhängen, in der Ausweitung von Denkmodellen, im Bedenken ihrer Konsequenzen" (Geißler, 1977, S. 32).

Die Moralität menschlichen Handelns hat einen wesentlichen Grund darin, die Geschichtlichkeit des jeweiligen Daseins ernstzunehmen. Die Abkoppelung des Ichs von seiner Geschichte befördert keine Humanität, sondern entläßt das Ich in eine postmoderne Beliebigkeit, die

die humane Existenz selber aufs Spiel setzt. Veilchenfeld mahnt uns, „daß Auschwitz nicht sich wiederhole".

Abschließend sei in aller Kürze auf die Möglichkeit einer literarischen Reihenbildung auf der Grundlage von Gert Hofmanns Erzählung *Veilchenfeld* hingewiesen. Geht man von einer Reihenplanung zum Thema „Die Deformation der Humanität. Die NS-Zeit und ihr Weiterwirken nach 1945" aus, so vermag die Lektüre der Erzählung *Veilchenfeld* am Anfang der Reihe ein Bewußtsein zu erzeugen von der totalen Bedrohung humanen Denkens und Handelns im Dritten Reich. Gleichzeitig provoziert dieser Text aufgrund seiner erzähltechnischen Gestaltung die Frage, inwieweit die dort zutage tretenden Strukturen menschlichen Denkens und Handelns in der Zeit nach 1945 als aufgearbeitet bzw. überwunden gelten können. Die sich anschließende Lektüre von Wolfgang Koeppens Roman *Der Tod in Rom* aus dem Jahre 1954 würde einen beklemmenden Eindruck vermitteln von den restaurativen Tendenzen in der Gründungsphase der BRD; die Lektüre von Ausschnitten der *Blechtrommel*, insbesondere des Kapitels „Im Zwiebelkeller", läßt das Mißlingen der Trauerarbeit deutlich werden. Helga Königsdorfs im Jahre 1989 erschienener Briefroman *Ungelegener Befund* zeigt dem Leser, daß die Aufarbeitung der Vergangenheit im Bereich der ehemaligen DDR nur als vollzogen dekretiert, aber nicht wirklich geleistet wurde. Gleichzeitig verweist dieser Text, am Beispiel der Homosexualität seiner zentralen Gestalt, auf die Intoleranz, die in diesem Staat, der das Zu-sich-selber-Kommen des Menschen als realisierbare Utopie auf seine Fahnen geschrieben hatte, herrschte. Die Reihe beschließen könnte dann eine kürzere Erzählung Gert Hofmanns aus dem Jahre 1985 mit dem Titel *Empfindungen auf dem Lande*. In ihr schildert der Autor die Ankunft von asylsuchenden Tamilen in einem süddeutschen Dorf. Die Art, wie die Dorfbewohner den Tamilen gegenübertreten, unterscheidet sich nur unwesentlich vom Verhalten vieler Limbacher gegenüber Veilchenfeld. Als Alternative zu der genannten Erzählung von Gert Hofmann wäre es auch denkbar, das 10. Kapitel aus Gerhard Köpfs Roman *Eulensehen* ans Ende der Reihe zu stellen. In diesem nur vier Seiten umfassenden Text, der „von einer Einladung zu einem Klassentreffen und von einem Aufseher in Dachau" (Köpf, 1989, S. 119) erzählt, gelingt es dem Autor, dem Leser das ganze Dilemma der unverarbeiteten Vergangenheit vor Augen zu führen: Das ehemalige KZ als Horrorkabinett und Revier für Souvenirjäger; die anscheinend nicht ausrottbaren Beschwichtigungs- und Entschuldigungsformeln, alles sei nicht so schlimm gewesen und man habe erst sehr viel später davon gewußt; die Weigerung, sich den aus der Vergangenheit resultierenden Verantwortlichkeiten zu stellen, und ein überlagernder Mangel an Sensibilität im Umgang mit diesem von der Geschichte geprägten Ort und in der alltäglichen Sprachpraxis. „Dann mache ich euch den Führer" (Köpf, 1989, S. 123) – mit diesen Worten beschließt der Aufseher der Gedenkstätte Dachau seine Einladung zu einem Klassentreffen an diesem Ort. Der Titel des Aufsatzes von Ernst Nolte aus der FAZ vom 6. 6. 1986, mit dem dieser, ohne es freilich zu wissen, den „Historikerstreit" auslöste und mit dem er bewußt eine fragwürdige „Normalisierung" und Entsorgung des deutschen Geschichtsbewußtseins befördern helfen wollte, behält also seine, allerdings gegen die Intention des Autors zielende Aktualität: *„Vergangenheit, die nicht vergehen will"*.

Bibliographie

HOFMANN, GERT: Veilchenfeld. Darmstadt, Neuwied: Luchterhand 1986. Taschenbuchausgabe: Sammlung Luchterhand, Bd. 750 (diese Ausgabe ist seitenidentisch mit der gebundenen Ausgabe) [= zitierte Ausgaben]

HOFMANN, GERT: Empfindungen auf dem Lande. In: *Kosler, Hans Christian*: Gert Hofmann. Auskunft für Leser. Darmstadt, Neuwied: Luchterhand 1987, S. 17–30
–: Der Kinoerzähler. München, Wien: Hanser 1990

KOEPPEN, WOLFGANG: Der Tod in Rom. Stuttgart: Scherz und Goverts 1954. Taschenbuchausgabe: suhrkamp taschenbuch 241
GRASS, GÜNTER: Die Blechtrommel. Darmstadt, Neuwied: Luchterhand 1959. Taschenbuchausgabe: Sammlung Luchterhand, Bd. 147
KÖNIGSDORF, HELGA: Ungelegener Befund. Frankfurt/M.: Luchterhand 1990
KÖPF, GERHARD: Eulensehen. München, Wien: Hanser 1989

ADORNO, THEODOR W.: Spengler nach dem Untergang. In: DERS., Prismen. Kulturkritik und Gesellschaft. München: dtv 1963, S. 43–67
CLAUSSEN, DETLEV: Auschwitz erinnern. Vier Notizen. In: Neue Rundschau, 96. Jg., 1985, H. 3/4, S. 204–213
–: Grenzen der Aufklärung. Zur gesellschaftlichen Geschichte des modernen Antisemitismus. Frankfurt/M.: Fischer 1987
GEISSLER, ROLF: Die Wiedergewinnung der historischen Dimension im Literaturunterricht. In: SCHAEFER, EDUARD (Hg.), Lerngegenstand Literatur, Studien und Unterrichtsmodelle zu Max Frisch, Peter Weiss, Ingeborg Bachmann und Uwe Johnson. Göttingen: Vandenhoeck und Ruprecht 1977, S. 27–39
HINCK, WALTER: Der Tod des „Großen Ohrs". In: Frankfurter Allgemeine Zeitung, Nr. 71, vom 25. 3. 1986, S. L3
KAISER, HERBERT: Sachlichkeit, Verantwortung, Kreativität. Unpragmatische Überlegungen zur Rezeptionspragmatik und Literaturdidaktik. In: KÖPF, GERHARD (Hg.), Rezeptionspragmatik. Beiträge zur Praxis des Lesens. München: Fink 1981, S. 58–78
KOSLER, HANS CHRISTIAN: Gert Hofmann. Auskunft für Leser. Darmstadt, Neuwied: Luchterhand 1987
MEIER, CHRISTIAN: 40 Jahre nach Auschwitz. Deutsche Geschichtserinnerung heute. München: Deutscher Kunstverlag 1987
PULVER, ELSBETH: Die Zerstörung der Überwelt. In: Schweizer Monatshefte, Juni 1986, H. 6, S. 527–529

ROLF HACKENBRACHT

Peter Härtling: Waiblingers Augen

Peter Härtling erzählt die Geschichte einer unerfüllt gebliebenen Liebe
aus dem Anfang des vergangenen Jahrhunderts. Das biedermeierliche
Tübingen mit Stift und Universität gibt die Kulisse ab für den Verfall
eines durch Aufklärung, Idealismus und Theologie bestimmten Le-
bens- und Selbstverständnisses; der Herausbildung einer modernen,
ideologiefreien Lebenseinstellung entspricht der Aufbruch Waiblingers
aus der württembergischen Heimat.

Im Dezember 1822 begegnet der gerade 18jährige Waiblinger, dem ein
früher Ruhm vorauseilt, der um wenige Jahre älteren Julie Michaelis,
der Jüdin, die in gemeinsamer Wohnung mit ihrem Bruder Adolph,
einem angesehenen Rechtsgelehrten, und ihrem Onkel Salomon, einem
Literaturprofessor, lebt. Wachsende Zuneigung, liebendes Bemühen
um ein wechselseitiges Verstehen und leidenschaftliches Begehren vermögen kein dauerhaftes Glück zu begründen. Eingriffe in ein ohnehin
schwieriges Verhältnis, Bevormundungen durch Julies Verwandte,
darüber hinaus die zweimalige Brandstiftung in den Wohnungen der
Michaelis lassen die innere, je verschiedene Eingeschlossenheit, in der
die beiden jungen Menschen leben, erkennbar werden. Lebenskluge
Verhaltensmuster, Denktraditionen, ideologische Disziplinierungsstra-
tegien, unterschiedliche Empfindungsweisen und gesellschaftliche
Zwänge heben als gleichsam objektive Gegebenheiten den subjektiven
Glücksanspruch der Liebenden auf.

Damit ist das Thema des Romans genannt: es geht um die Fremde,
um das Fremdgemachtwerden und um das damit verbundene tiefe Erleiden des Ausgesondertseins.

Ende des Jahres 1823 geht die Liebe des poetisch exaltierten Theolo-
giestudenten Wilhelm Waiblinger zu der schönen und empfindsamen
Julie Michaelis in einem Strudel von Verdächtigungen, peinlichen
Untersuchungen vor Gericht und im Stift in Haß, Reue und selbstquä-
lerischer Verzweiflung unter. Dies ist in den Lebenszeugnissen Wilhelm
Waiblingers und den Darstellungen seiner Freunde sowie den amtlichen Unterlagen belegt, davon erzählt Peter Härtling auch; aber je
genauer man Briefe und Tagebücher liest und die geschilderten Erlebnisse und Erfahrungen mit der Dichtung vergleicht, desto klarer wird,
daß es sich bei *Waiblingers Augen* weder um einen historischen Roman
noch um eine poetisch aufgearbeitete Dichterbiographie handelt.
Allein schon der Titel des Romans und die Beschränkung auf den
gewählten knappen Ausschnitt aus dem ohnehin kurzen Leben Wil-

helm Waiblingers legen es für den aufmerksamen Leser nahe, sein Interesse nicht vornehmlich an die historisch beglaubigten und vom Autor mitgeteilten Sachverhalte zu binden. Diese sind – Peter Härtling ist ein exzellenter Kenner dieser Epoche der deutschen Geistesgeschichte zwischen Aufklärung und Spätromantik – genauestens recherchiert, werden aber im Roman ausschließlich einem Prozeß der Explikation des eigenen Verständnisses von Dichtung, und zwar von Dichtung in unserer Zeit eingeordnet. Dennoch kann es in heuristischer Absicht hilfreich sein, die naheliegende Frage zu stellen, warum ein Autor am Ende des 20. Jahrhunderts sich auf eine der leidenschaftlichen Liebeserfahrungen eines Studenten der Biedermeierzeit einläßt, nur diesen Lebensabschnitt erzählt, die Liebesgeschichte an ihr Ende führt und die für die Dichtung bedeutsameren Lebensjahre Wilhelm Waiblingers ausspart.

Wilhelm Waiblinger (1804–1830) lebte in einer politisch äußerlich beruhigten Zeit. In diesem Jahrzehnt nach dem Wiener Kongreß, der Metternichschen Restaurationszeit und der Heiligen Allianz, hat er den Abschied von Ideologie beschrieben und diesen Abschied konsequent und existentiell durchlebt.

Erzählte Geschichte: Textstruktur und Personenkonstellation

Das erste Lily-Kapitel, der Einstieg in Waiblingers Geschichte, enthält nur einen einzigen, durch innere Erregung gekennzeichneten Satz und gibt die Gedanken und Empfindungen eines zehn- bis elfjährigen Mädchens beim Besuch Waiblingers im Hause Michaelis in personaler Erzählweise wieder. Lily, die erfundene Figur inmitten aller anderen historisch bezeugten Gestalten, dient dem Erzählenden als Medium einfühlenden Verstehens und Erläuterns. In diesem ersten Kapitel bleibt sie außerhalb einer Handlung, ist ganz Lauschende und nach innen Gewandte und wird erst am Schluß durch Julies Frage: „Wo bleibst du?" in die Handlung hinein gerufen. Ihre nachdrücklich hervorgehobene Position am Anfang allen Geschehens verweist auf eine spezifische Weise des Umgangs mit Geschichte: Die Ereignisse liegen nicht in unbezweifelbarer Eindeutigkeit vor, sie sind vielfach vermittelte, erzählte und umerzählte, erschließen sich aus verschiedenen Blickrichtungen und gewinnen erst in der interpretierenden Aneignung ihre jeweilige Bedeutsamkeit. In Lilys Bemühen, die Vorgänge um sie herum zu begreifen, wird das Problem der Relativität allen Verstehens auf exemplarische Weise verdeutlicht: Ein Kind sieht, erlebt und urteilt, urteilt deutlicher und versöhnlicher, und der Autor wählt diese Perspektive, um seine innere Distanz zum historischen Wilhelm Waiblinger zu verringern. Unter diesem Aspekt will das Buch gelesen sein, sein Aufbau ist von diesem Ansatz bestimmt. Die vierzehn jeweils sehr knappen Lily-Kapitel fassen die großen Erzählabschnitte, in denen das Geschehen in chronologischer Abfolge dargeboten wird, rahmend ein: Auch Lily, die erfundene Gestalt, wird redend und handelnd ein Teil der Waiblinger-Geschichte, aber die mit ihrem Namen überschriebenen Kapitel unterbrechen die Kontinuität der Darstellung, erlauben dem Autor einen deutlichen Perspektivenwechsel und ermöglichen dem Leser sowohl Abstand vom Erzählten, der Unrast von Waiblingers Studentenleben, zu gewinnen als auch ein etwas ausgefallenes, aber aufschlußreiches Leseexperiment vorzunehmen, nämlich die fortlaufend durchnumerierten, zunächst als Unterbrechung empfundenen Lily-Kapitel ihrerseits als eine Lektüreeinheit zu lesen, die in perspektivischer Verkürzung zwar, aber ausführlicher und eingehender über den intimen Lebensbereich Julies und ihrer Verwandten, über Empfindungen, Ängste und problematische Befindlichkeiten im Hause Michaelis unterrichtet und auf diese Weise ein Eigengewicht bekommt gegenüber den an Waiblingers Leben orientierten Erzählkapiteln. Diese Textstruktur schafft Verweisungszusammenhänge, die für das Verständnis der Liebesbeziehung und für das offene Ende des Romans von ausschlaggebender Bedeutung sind.

Bereits im II. Lily-Kapitel wird in personaler Erzählweise die Erinnerung des Kindes an die erste unglückliche Liebe Julies, die mit dem Tode des Mannes ihr Ende gefunden hat, vermittelt. Lily muß die Gedanken und Erinnerungen an diese Göttinger Vorgänge verdrängen. „Nie mehr durfte über den Mann gesprochen werden." (23) Das bleibt, eingeschoben noch vor der Schilderung des ersten Besuchs Waiblingers bei Julie, dem Leser im Gedächtnis, bestimmt sein Urteil, wenn er die Geschichte in ihrem weiteren Verlauf überblickt. Auf eine sehr dezente Art wird so ein reflexives Moment wirksam, ohne daß der Erzähler kommentierend dem Urteil bzw. dem Empfinden des Lesers vorgriffe.

Die Unterbrechung durch ein jeweils eingeschobenes Lily-Kapitel ermöglicht darüber hinaus, eine neue thematische Akzentuierung im nachfolgenden Kapitel vorzunehmen; denn es geht in den dreizehn größeren Erzählabschnitten nicht um eine geschlossene Darbietung der Liebesgeschichte, sondern vielmehr um deren spezifische Kennzeichnung in exemplarischen Situationen, die ihrerseits dominant bestimmt sind durch Waiblingers Lebensgefühl, durch seine poetischen Reflexionen, intellektuellen Herausforderungen, musik-ästhetischen Erfahrungen, durch Verletzungen im Elternhaus, bei Freunden, durch seine theologischen Aufseher. Diese thematischen Setzungen sind in die Beziehung zu Julie einbezogen. Ihre Gestalt ist demzufolge Koinzidenzpunkt einer Entwicklung, in deren Konsequenz sowohl der Bruch ihres Verhältnisses als auch der Abschied von Tübingen liegt. Während aber das ganze Spektrum von Waiblingers Interessen und Tätigkeiten, seine geistige Welt und die Beziehungen seines Lebensbereiches sichtbar werden, bleibt Julie bezeichnenderweise auf ihren engen Kreis beschränkt – sie ist in die problematische Familienkonstellation eingebunden; nur in den Lily-Kapiteln öffnet sich ihre Geschichte und reicht über das unmittelbare Zusammensein mit Wilhelm hinaus.

Um Julie, diese für die Liebesgeschichte zentrale Gestalt, wie auch deren Funktion im Roman zu verstehen, muß der Ausgangspunkt beim ersten Besuch Waiblingers im Hause Michaelis gesucht werden. Obgleich von ihm eingeladen, drängt Adolph Michaelis auf baldigen Aufbruch. Bei dieser Bevormundung hebt Julie ihre Hände bis zur Brust und läßt sie wieder sinken. „Diese Gebärde, in der sich ihr ganzes Wesen auszudrücken schien, Trauer und Aufbegehren, ergriff Waiblinger" (41). Ein Bild wird erinnert, und der schöne und weitherzige Entschluß, bei Johann Wolfgang Goethe die Mignon-Geste zu entlehnen, um damit seine Julie vor verständnis- und lieblosen Urteilen zu schützen, eröffnet dem Autor ein Bezugsfeld, in das er sehr sparsam seine Verweise eintragen kann. Bei Peter Härtling findet der Leser keine psychologisierenden Passagen, keine Figur stellt sich dem Autor mit Kommentaren zur Verfügung, noch greift dieser mit helfenden Hinweisen in eigener Sache dem Leser vor; die Figuren handeln, sprechen mit und auch übereinander, aber verlassen nie die Ebene dieser direkten Selbstäußerungen, und sofern der Autor seinem Leser in personaler Erzählweise Einblick in das Denken und Empfinden seiner Gestalten erlaubt, erfährt man, was gedacht und empfunden wird, aber kein direkter Hinweis wird gegeben, der eine Verknüpfung, Assoziation, Intention im Sinne des Erzählenden nahelegen soll. Im Gegenteil. Der Leser bleibt frei in seinem Urteil und Empfinden, gleichsam objektiver Teilnehmer, und gerade deswegen kann er im Verfolg der Handlung sein Urteil sich bilden und seine Empfindung sich eingestehen. So gesehen, sind Verweise, Anspielungen, Metaphern, solche insbesondere der Landschaft, Sprachrhythmen, man denke nur an die Lily-Kapitel, gestalterische Mittel eines objektiven Darstellungsverfahrens. Gerade der Verweis auf die Mignon-Geste ist hierfür aufschlußreich. Juliens Schicksal wird in das tragische Verständnis der Mignon-Gestalt einbezogen und will am Maßstab dieser unglücklichen Fremden gemessen sein.

Julie ist das Opfer von Waiblingers Liebe. Im Unterschied zu ihm kann sie sich aus ihr nicht mehr lösen. „Ich bin krank von ihm, Lily, und niemand, ich weiß es, wird mich heilen können" (187), sagt sie nach all den schrecklichen Tübinger Ereignissen; und während Waiblinger seine Henriette findet, muß Julie ihre kranke Liebe in ihr Innerstes verschließen und kann erst nach Waiblingers Tod sich eingestehen, einen Toten zu lieben. Sie ist von allem Anfang an das Opfer einer Liebe, die nie nur sie selbst meint. Noch bevor sie eingehender mit Waiblinger bekannt wird, schon in der ersten Verlegenheit ihres Gegenüberstehens gesteht dieser sich in gleichsam intuitiver Wahrnehmung ein: „Ihr Leid macht mich begehrlich." (40) Dieses Moment einer frivolen, intellektuellen Neugier bleibt erhalten bei aller herzlichen und leidenschaftlichen Zuneigung; nie gelangt er zu einer freien Hingabe – und darin liegt eine Schuld.

Julie ist auf eine andere Weise gehindert, sich ganz auf ihre Liebe einzulassen, sie fühlt sich als eine Gezeichnete, nicht nur weil sie das Unglück ihres ersten Geliebten mitverschuldet hat, sondern vornehmlich, weil ihrer Familie das „Unglück an den Fersen" haftet (31) und sie insbesondere sich durch einen nicht näher gekennzeichneten, aber zweifellos mit ihrer jüdischen Herkunft verbundenen „Makel" (129) ausgesondert weiß, fremd, niemals in der Lage, einem anderen Menschen ganz anzugehören. Dieses weiß sie, weiß es aber nicht mit der Deutlichkeit und Konsequenz, daß sie ihr leidenschaftliches Begehren, ihre Sinnlichkeit und ihr Verlangen nach Liebe zu unterdrücken vermöchte. Sie schreibt die ersten auffordernden Zeilen (41), sie wünscht von ihm geholt zu werden (65), sie muß ihm Mut machen: „Leg dich hin. Ich will zu dir." (145) und weiß doch und sagt es ganz zusammenhanglos: „Es ist ein Unglück." (147) Schon zu Beginn ihrer Bekanntschaft mustert sie „ihn mit einem Lächeln, das ihm wehtat" (52), „foltert" ihn durch ihr ambivalentes Verhalten, hält ihn mit einem „tänzerischen Ritual" (64) auf Distanz, verabschiedet ihn „mit heftigen, wie gegen sich selbst gerichteten Bewegungen" (66) und ist doch zweifellos diejenige, die diese sehr eigenartige Liebe ernster nimmt und sie existentiell radikaler auslebt. Durch diese Liebe wird der geheime Grundwiderspruch ihres Lebens zwischen Trauer und Aufbegehren, Zuneigung und Distanzierung, Hingabe und Verweigerung herausgestellt. Sie ist auf ihre Weise eine wahrhaft Liebende, die ihre Liebe über den Tod des Mannes hinaus bewahren wird, aber ihr ist versagt, sich in hingebender Liebe selbst zu finden. Sie lebt unter einem lastenden Druck: „Einmal werde ich schreien" (124), aber diesen Schrei verschließt sie in ihrem Busen wie das Geheimnis, das, ihr selbst unbewußt, sie aus jeder Vertrautheit ausschließt, und mit der Geste Mignons, des heimatlosen und seine Fremde mit sich tragenden Kindes, drückt die junge erwachsene Frau ihr Fremdsein aus. Wahrhaft tragisch aber an ihrem Schicksal ist, daß ihr im Unterschied zu Mignon nicht einmal die Hoffnung bleibt; die Erinnerung tritt an die Stelle der Sehnsucht. Es bleibt der rezensierenden Oberflächlichkeit vorbehalten, die Anspielung auf Mignon als einen „Bildungsscherz" des Autors anzumerken (in: FAZ vom 10. 10. 1987).

Nach dem Empfang der Todesnachricht begehrt Julie zum ersten Male auf, sie verweist ihrem Onkel die harten, verurteilenden Worte über Waiblinger und bittet Lily, die Freundin, zu ihrem Trost herbei. Diese hält schweigend bei ihr aus, und als sie sich schließlich anschauen, sagt Julie „beinahe heiter: Du hast ja Waiblingers Augen, Lily" (205). Dieser letzte Satz des Romans hat ein besonderes Gewicht, nicht allein, daß an dieser Stelle sich der Titel erklärt, sondern auch weil ihm die Sprache der Versöhnung anvertraut ist. In „beinahe heiter" wird die Gefahr tragischer Verdüsterung und Verhärtung gebannt: mit der Liebe zu dem Toten kann Julie im Blick der Freundin die lebensvolle Erinnerung verbinden und in dieser getrösteten Trauer alleine bleiben.

Im Bedenken dieses Satzes, rückblickend, wird der Leser noch auf eine andere Spur geführt. Lily sieht aufmerksam hin, ihr Blick ist nüchtern und ihre kindlichen Urteile und Empfindungen durchweg von einer sachangemessenen Objektivität. Sie nimmt in ihrem Hinsehen Vorgänge und Beziehungen wahr, die Waiblinger aus seiner Erlebnissituation so noch nicht sieht, so noch nicht sehen kann, sie aber später so zu sehen lernt, demzufolge sind dem noch nicht wissenden Kind Einsichten anvertraut, die dem Leser ein Verständnis der problematischen Beziehungen anbietet. So bemerkt Lily, noch bevor der Leser eine Ahnung hat vom Charakter dieser Liebe: „ich würde ihn nicht gehen lassen, sagte sie sich, ich nicht" (8), dieses dreimalige „ich nicht" in dem ersten ihr gewidmeten Kapitel drückt eben nicht nur pubertäre Erregtheit angesichts des jungen, schönen und feurigen Mannes (7) aus, sondern auch das Urteil, daß in letzter Konsequenz weder Julie Wilhelm noch dieser seine Geliebte wirklich halten will. Kein sozialer Druck, keine gesellschaftliche oder juristische Verpflichtung, weder sein Herkommen noch ihre jüdische Abkunft sind die unüberwindbaren Hindernisse, sondern ihre innere Unsicherheit, ihr Unentschiedensein und von Wilhelms Seite aus das gleichsam experimentelle Interesse, das untergründig sein Verhältnis zu Julie mitbestimmt. An Lily wird, da jede direkte Schilderung der Atmosphäre des Hauses fehlt, in ihren Äußerungen erkennbar, welche Stimmungen und Verhaltensweisen die innere Situation im Hause Michaelis – nach außen verdeckt – bestimmen. So werden in der Wiedergabe von Lilys Erfahrungen und Beobachtungen Einblicke gegeben, gleichsam mit Waiblingers Augen, die dem leidenschaftlich Liebenden in dieser Deutlichkeit noch nicht möglich sind: Julies Erregbarkeit und Unausgeglichenheit (33), ihre Sentimentalitäten (108), ihr uneingestandenes Zärtlichkeitsbedürfnis (44), ihre Ängste (109), aber auch ihr unmißverständlich klares Urteil über die Aussichtslosigkeit einer dauerhaften Verbindung, denn „im Grunde liebt er die Liebe und nicht mich" (81). Das weiß Waiblinger noch nicht, und auch Wochen später will er ihr nüchternes und wahrhaftiges Urteil nicht in sich aufnehmen (128), aber Lily greift die Wendung spielerisch auf, singt sie vor sich hin: „Liebtdieliebe" (81) und gibt ihr wie beiläufig die Bedeutung, aus der das Liebesverhältnis in seiner Trauer, Leidenschaftlichkeit und Komik durchsichtig wird.

Ihr, Lily, sind auch diskrete Geheimnisse anvertraut. Sie wird Zeugin fragwürdiger Zärtlichkeiten, die Salomon Michaelis seiner Nichte Julie abnötigt; das Kind darf angesichts solcher Szenen unverhohlen seinen Ekel (54) äußern, aber als Wilhelm seiner Geliebten hat abschwören müssen, das Haus noch von seinem Geschrei erfüllt ist und Onkel Salomon wieder Julie „mit seinen großen, weißen Händen tätschelt und streichelt" (152), da kommt zum Ekel die Empörung, die Verurteilung, Lily schreit es in kindlicher Verzweiflung heraus: „Das darf er nicht!" (153), und zur Verurteilung kommt der Haß; sie haßt den eifersüchtigen Onkel, und sie haßt auch Julie in ihrer Widerstandslosigkeit, die ihre Liebe nicht verteidigt, ihre Empfindung unterdrückt, die „zur Faust geballte Hand in den Mund" stopft (152), sich aus der fatalen Umarmung ihrer Familie aber nicht befreit.

Wie sehr Lily dieses verwandtschaftliche Zärtlichkeitsverhältnis mit Waiblingers Augen sieht, wird noch auf außerliterarische Weise belegt: wiederholt nämlich, erst diskret andeutend, dann mit dem offenen Urteil der Unnatürlichkeit versehen, macht der historische Wilhelm Waiblinger seiner Julie liebevolle Vorwürfe und beansprucht mit dem Recht der Jugend den Kuß, „dieses unbegreifliche Symbol der Seelenreinheit" ganz für sich (Brief vom 10. Juni 1824). Die Worte des Neunzehnjährigen werden in die kindliche Wahrnehmungswelt Lilys übertragen. Lily blickt tief in verworrene Verhältnisse, sie nimmt die Indiskretion von Adolph Michaelis wahr, der Julies Briefe liest, die „schreckliche Neugier", die das ganze Haus beherrscht, von der sie sagt, daß sie „alles zerstört". Und neben ihrem Ekel und ihrem Haß bildet sich eine Wut aus, „die das kranke Haus anzünden möchte". (126)

Alle bisher auf Lily bezogenen Zitate sind den Lily-Kapiteln entnommen, deren eine Funktion damit deutlich wird. Erscheint Lily im Gespräch mit der Familie oder mit Waiblinger, ist sie das frühreife, lebhafte, gelegentlich altkluge Mädchen, das in seiner Aufgeregtheit und Wildheit auch Spiegel von Waiblingers Wesensart ist: so drücken die mit ihrem Namen überschriebenen Kapitel in ihrem auffallenden Sprechrhythmus das erregt Vorwärtsdrängende, die Ruhelosigkeit Waiblingers aus; und selbst ihre Liebe zu David, dem gültigen Verlobten und pflichtbewußten Arzt, von der am Ende des Buches nur in knappen Andeutungen gesprochen wird, verweist über den offenen Schluß des Romans hinaus auf eine andere Erlebnisweise Waiblingers, die aber nicht Gegenstand dieser Darstellung durch Peter Härtling sein kann.

Lily sieht mit Waiblingers Augen, wenn sie von dem Makel des Hauses spricht, den Waiblinger selbst nicht wahrnimmt. Es ist immer wieder aufschlußreich, wie eng sich Peter Härtling bei der Behandlung seines Stoffes an die Lebenszeugnisse bindet bzw. an welchen Stellen er im freieren Umgang mit den Quellen die eigenen Intentionen gestaltet. So sind durch Wilhelm Waiblingers Tagebücher seine verzweiflungsvollen Ausbrüche nach dem zweiten Brand bezeugt, nicht jedoch, daß er vor diesen Ereignissen dem Umstand, daß Julie Jüdin ist bzw. ihre Verwandten Juden, eine besondere Bedeutung beigemessen habe. Er hat als begeisterungsfähiger Student diese hübsche, geist- und empfindungsvolle, wohl auch etwas schwierige Frau mit dem ganzen Feuer seiner Jugend geliebt; dann allerdings, als die gerichtlichen Untersuchungen wegen der Brandstiftungen eingeleitet und die schrecklichen Gerüchte über die Michaelis' in Tübingen verbreitet wurden, vermochte er nicht an ihre Seite zu treten. „29. Dez. . . . Und sie wäre also beynahe schuldig, befleckt, was ich nicht zu berühren wagte – geschändet, entehrt – ein Ungeheuer oder ein schwaches Sinnenwesen – Blutschande, Liebesgreuel in der Brust... Ich glaub an keine Unschuld, und glaube doch, sie in unschuldig, glaube an ihre Schuld, und glaube an eine Unschuld – Sie ist mir Engel, Teufel, Geliebte, Frevlerin, Himmelskind, Scheussal." Diese wahrhaft zerreißenden Empfindungen hat Wilhelm Waiblinger einige Monate später in eine Abfolge faszinierend schrecklicher *Lieder der Verirrung* gebracht, in denen er sich selbst seine Liebe, seine Enttäuschungen, seine Verzweiflungen auszutreiben versucht.

Noch aufschlußreicher für das Verständnis der Lily-Passagen ist die Tagebuchnotiz vom 25. Januar 1825, schon in einigem Abstand zu den Novemberereignissen geschrieben: „O wenn ich an meine Liebe denke, denke ich nur an Greuel, Blutschande, Schurken, Bestien, Juden, Heuchler, Teufel, Schlangen...", womit Salomon und Adolph Michaelis gemeint sind. Dieser Haßausbruch gegen Onkel und Bruder seiner ehemals Geliebten läßt sich nicht ausschließlich auf Grund seiner Enttäuschung erklären. Hier bricht aus der Tiefe ein anderer Haß, ein altes Ressentiment auf. In Peter Härtlings Buch der Abschiede, Distanzierungen und Trennungen ist ausdrücklich auch in einem Nebenthema das der Separation von Juden, von getauften Juden in diesem Fall, in einer deutschen Universitätsstadt aufgegriffen und als Motiv durchgestaltet worden. Wenn angesichts der prekären häuslichen Situation Lily ihre Einwände formuliert, dann geschieht dies nicht in denunziatorischer Absicht, latenten judenfeindlichen Vorurteilen Vorschub leistend, sondern um die eigenartigen familiären Bindungsrituale zu zeigen, die in der Isolation eine größere Bedeutung haben als im Leben der Nicht-Gezeichneten. Salomon Michaelis weist im Gespräch mit

Waiblinger auf die über Juden umlaufenden Gerüchte hin, abgesehen von einer hellsichtigen Analyse der Wilhelm-Julie-Beziehung, gibt es für den alten Michaelis triftige Gründe, vorsichtig zu sein und das in der Kleinstadt auffallende Liebesverhältnis des Neunzehnjährigen mit der älteren Julie zu beenden.

Schon bevor Waiblinger seinen ersten Besuch bei Julie macht, kommt der über jeden Verdacht der Bosheit und Mißgunst erhabene Freund Eduard auf das Heikle der Bekanntschaft zu sprechen. „Es sind Juden, Wilhelm. Allerdings getauft." (31) In Waiblingers unbeherrschter Reaktion auf den freundschaftlich gutmütigen Hinweis kommen nicht nur Wut und berechtigte Empörung zum Ausdruck, sondern auch ein noch unreflektierter, grundsätzlicher Protest gegen die theologischen Fundamente. „Ich pfeife auf euern Segen." (31) So liegt es in dieser Konsequenz, daß in einem späteren Gespräch mit Waiblinger der Ephorus des Stifts andeutet: „Es sind Juden, getaufte zwar, dennoch Juden." (60) Er sagt dasselbe wie Eduard, aber er sagt es böser, hintergründiger, gefährlicher, dogmatischer, und so verwundert es nicht, daß Waiblingers Beziehung zu Julie mit dem theologischen Zentralbegriff der Sünde, und zwar einer von Waiblinger nicht einbekannten, gekennzeichnet wird.

Waiblinger gesteht als seine Schuld ein, die Juden in ihrer besonderen Situation, in ihrem Beobachtetwerden, in ihrer Isolation und Fremde, sichtbar gemacht zu haben (174); der historische Wilhelm Waiblinger hingegen weiß nichts von einer Schuld. Verzweifelt und gekränkt zieht er seine einst heilige Liebe in den Kot der Gosse, schreibt sich seine Wut und seine Enttäuschung vom Leibe, bricht eines Tages auf, läßt alles hinter sich. Peter Härtling will die jedem Literaturkundigen ohnehin bekannte Tübinger Skandalgeschichte nicht etwa verschweigen, weil er sich scheute, die prekären Vorwürfe noch einmal zur Sprache zu bringen – sie werden nur als Aussagen des mit Schaum vor dem Mund redenden Domeier kurz erwähnt (184 f.) – aber in der drastischen Ausbreitung von Gerüchten und belegten Sachverhalten, in der Darstellung einer psychologisch glaubwürdigen Verarbeitung dieser Belastungen durch seine Figur würde das ihn beschäftigende Thema der Ausgrenzungen nicht konsequent durchgestaltet werden können. Waiblingers verzweifelte Haltlosigkeit, seine exzessive Verwilderung sind Ausdruck dafür, wie er sich durch Julies Schicksal und durch seine Trennung von ihr ausgrenzt, nicht mehr zugehörig fühlt zu allem, was seine Welt, die des gewissenhaft und fromm lebenden Studenten ausmachen sollte: Elternhaus und Verwandte, seine Freunde, das Stift, Bürgerlichkeit und gesicherter Beruf. Er bricht schließlich auf als einer, auf den ununterbrochen eingeschlagen wurde, als ein Ausgestoßener, belastet mit Julies Schicksal, ihrer Einsamkeit und ihrem Fremdsein.

Diesem Waiblinger wird Julie, als sie die Nachricht von seinem Tod empfängt, liebend die Treue halten. In einer fast heiteren Gelassenheit kann sie nach allen leidenschaftlichen Ausbruchsversuchen, nach all den schrecklichen Zurückweisungen ihre Einsamkeit annehmen. In der Parallelführung der Fremdheitsthematik bei Wilhelm und Julie bekommt der Aufbruch Waiblingers gemäß dieser Intention Peter Härtlings, wie gezeigt, einen deutlich resignativ-pessimistischen Akzent. Nun kann sich, wie wir sehen werden, der Autor jedoch dem Gewicht der gelebten Geschichte Wilhelm Waiblingers, insbesondere über die Tübinger Zeit hinaus, nicht entziehen, will es wohl auch nicht, so daß dieser Auszug aus dem Stift und der Heimat, wie er im Roman im Sinne eines offenen Schlusses mitgeteilt wird, eine zumindest ambivalente Motivation erhält und der Leser nicht auf ein eindimensionales Verstehen festgelegt wird.

Ästhetische Versuche und die Versuchungen der ästhetischen Existenz

Im ersten Erzählkapitel wird eine für die patriarchalische Gesellschaftsstruktur der Zeit kennzeichnende Ausgangssituation umrissen: das Gespräch eines zum Aufbruch bereiten Sohnes mit dem Vater, sich herausbildendes Selbstgefühl und Selbstbewußtsein stoßen auf tradierte und internalisierte Wert- und Verhaltensvorstellungen. Daraus entwickelt sich die Thematik des Aufbruchs, die in ihren Grundzügen bereits auf diesen ersten Seiten erkennbar wird: „Meine Vorstellungen wechseln, sagt er sehr leise. Ich gleiche euch nicht." (9) Mit dieser genauen Selbstaussage wird Waiblinger eingeführt, wobei Peter Härtling in der Formel der Redevermittlung das Präsens verwendet und damit diesen ersten Satz aus dem Erzählzusammenhang gleichsam als dessen Überschrift und Thema heraushebt. Der väterlichen Autorität gegenüber wird leise, aber bestimmt das eigene Selbstverständnis vorgetragen. Dieser erste Satz will sehr genau gelesen und in seiner Härte aufgenommen sein, alles was folgt, bis zum Aufbruch aus Tübingen, ist in diesem Satz vorweggenommen.

Ebenso eindeutig ist die Reaktion des Vaters, der die von ihm vertretene Ordnung von Familie, Religion und Bürgerlichkeit seinem Sohn gegenüber nicht mehr durchsetzen kann. Aus der Perspektive des Erzählers, der eine Innenansicht Waiblingers vermittelt, wird auf eine interessante, wohl auch problematische Verarbeitung des Konflikts zwischen Vater und Sohn verwiesen, sie erfolgt kraft einer außerordentlichen Leistung der Einbildungskraft. Die konkrete Wirklichkeit verwandelt sich für Wilhelm in eine imaginierte Bühnenwirklichkeit, auf der nun der existentielle Ernst der Auseinandersetzung wie ein Opernspiel vorgeführt wird (10). Als Dialogpartner engagiert, erlaubt die bewußtseinsmäßig herbeigeführte Distanzierung dem Sohn die Rolle des Betrachters. Gleich auf den ersten Seiten wird Waiblingers Vermögen erkennbar, durch ästhetische Transformation die Wirklichkeit in ihrem Geltungsanspruch zu relativieren. Dies provoziert Fragen des Lesers: Inwieweit ist das Waiblingersche Experiment, die vorgegebene und strukturelle Macht, einschließlich ihres durch Tradition befestigten Geltungsanspruchs, gleichsam im ästhetischen Spiel zu destruieren, um Raum zu finden für Selbstverwirklichungsansprüche, auch für neue Formen des Miteinanderlebens, geglückt bzw. nachvollziehbar? Kann das nach den Zusammenbrüchen der großen Systementwürfe aufgekommene Spiel der Ironie, der ästhetischen Distanzierungen und Destruktionen, darüber hinaus der Versuch einer radikal subjektivistischen Lebensführung eine Antwort sein auf die Probleme der modernen, offenen, sich verändernden Gesellschaft? Die Antworten findet der Leser allenfalls, wenn er im eigenen Mitempfinden und Mitdenken die verschiedenen Perspektiven, die der Autor anbietet, einnimmt und auf diese Weise die Lebensproblematik Waiblingers zu verstehen sucht.

Die ästhetischen Spiele lassen sich durch die ganze Handlung verfolgen. Ein Anblick (21), Mitteilungen (14), hingeworfene Sätze aktivieren Waiblingers Einbildungskraft, veranlassen ihn, zu „Phantasiereisen" aufzubrechen (14), Zukunft imaginativ vorwegzunehmen (14 u. a.), Gegenwart als bereits durchlebte Vergangenheit zu erinnern (58). Geradezu exzessiv werden Korrespondenzen ausgedacht, in denen Romankonzepte entworfen, durchlebte oder erwartete Lebenssituationen interpretierend aufgearbeitet, gleichsam experimentell aus der Sicht verschiedener Personen dargestellt und kommentiert werden. Schreibend entfernt er sich von den Menschen, mit denen er umgeht, und weiß selbst um die Gefahren dieses Spiels (56; 100), diagnostiziert bei sich selbst die „Zweistimmigkeit seines Bewußtseins" (71) und ahnt, daß dieser Prozeß des Allmächtigwerdens der poetischen Kraft in das Hölderlin-Schicksal hineinführt (62). Man könnte geneigt sein, Waiblinger in diesen Äußerungen als einen Exponenten romantischen Dichtungsverständnisses zu begreifen: Wirklichkeit in Poesie zu überführen, zumal er selbst immer wieder davon spricht; die literarische Kritik hat dann auch diese Thematik mit besonderer Aufmerksamkeit behandelt. Dem jedoch steht entgegen, daß Waiblinger einen höchst realistischen Anspruch an das Leben stellt: die freie Entfaltung der Persönlichkeit im gelebten Leben. Dies ist grundverschieden von der resignativ-philosophischen Weltsicht der Romantik. Schon im ersten Gespräch mit Eduard, dem er am meisten anvertraut von seinem Denken und Empfinden, und auch gegenüber Eser wird dieser Lebensanspruch vorgetragen (28), verbunden mit einer Anklage gegen die ihn einengende Umwelt (35): „Ich tauge nicht zu einem vorgeschriebenen Leben," schreibt er an den Vater (130), wehrt jede Einmischung in seine Lebensführung ab.

Wie ist nun in diesem Zusammenhang Waiblingers wiederholt ausgesprochener Vorsatz zu verstehen, das Leben und die Poesie zusammenzubringen bzw. sie zu vereinen? Schon Eduard gegenüber, der Waiblingers Auffassung zufolge Gedichte von einem Leben schreibt, das ihm im Gedicht genüge (nach 29), grenzt er sich ab; er will Leben und Literatur vereinen, selbst die Poesie sein (nach 103), und er bestätigt dies in einem Gespräch mit Salomon Michaelis (105 f.). Wenn aber das Leben nicht verklärend in Poesie überführt werden soll, dann kann der Gedanke der Vereinigung beider Bereiche nur bedeuten, daß in der Poesie, d. h. im Prozeß der poetischen Hervorbringung bzw. in der Rezeption von Dichtung Leben angeeignet, erfahren, gelebt wird. Was die Produktion angeht, so hat Peter Härtling hierfür eine anschauliche Metapher gefunden. Waiblinger äußert den Wunsch, „unter die Haut" eines anderen Menschen zu gelangen, und verbindet damit die Sehnsucht und Hoffnung, „dieser Mensch zu sein", das Leben des andern zu leben (30). Erwähnt er in diesem Zusammenhang Don Juan und Faust, dann wird der Bezug auf eine fundamentale ästhetische Erfahrung deutlich: in produktiver Gestaltung oder in nachgestaltender Rezeption ist diese Annäherung an ein fremdes Leben möglich und die damit verbundene Erweiterung des eigenen begrenzten Horizontes einleuchtend, da sich im ästhetischen Erlebnis fremdes Leben, Erleben und Empfinden an das eigene Aufnehmen, Verstehen und Nachvollziehen vermitteln. Nun richtet sich Waiblingers Sehnsucht nach fremdem Leben nicht allein auf Gestalten aus dem Kunstbereich. Er möchte Julie „leben". „Ich möchte ihre Furcht, ihre Raserei." (30) Mit der Erwartung, daß ihm diese Erweiterung seines Lebensbereiches gelingt, stürzt er sich in die Liebe zu Julie Michaelis, will er in diesem Liebeserlebnis über sich hinauskommen, Leben in Leben einbeziehen, und *übersieht* dabei die Geliebte, überfordert sie mit seinem Anspruch, zerstört, da sie sich als Liebende nicht wehren kann, ihr Leben, ohne daran letztlich eine andere Schuld zu tragen als seine Unkenntnis über die Unmöglichkeit eines Vorhabens, auf diesem Wege die Grenzen, die ihn einengen, zu überwinden. An Warnungen auf diesem Wege hat es nicht gefehlt. Der ältere Michaelis weist, zwar sehr subjektiv, von eigenen Interessen geleitet, aber objektiv zutreffend, mit schonungsloser Deutlichkeit auf die Frivolität des ästhetischen Experimentes hin, in dem die leidende Julie für Waiblingers „Lebensgedicht eine leidenschaftliche Zeile beisteuert" (107). Wie auch immer es um diesen Erlebniszuwachs im ästhetischen Bereich bestellt sein mag, Waiblingers Versuch, außerhalb der ästhetischen Erfahrung sich Leben anzueignen, verbunden von allem Anfang mit der Absicht, diese Erlebnisse in seine Poesie zu überführen, ist, sieht man auf das Ende seiner Beziehung zu Julie, gescheitert. Erst der erzwungene Verzicht, der geradezu gewaltsame Abschied von Julie eröffnen die Möglichkeit, Leben und Kunst „wie in einem Kristall zu fassen" (191), das warme, erfüllte Leben kann es nicht sein, dem widerspricht „Kristall" als Wort und Gebilde, es ist vielmehr das abgeschlossene, gelebte, als Erinnerung aus der Vergangenheit heraufgeholte Leben, das in der Poesie sich mit sich selbst aussöhnt. Als Liebender kann Waiblinger dieses Wissen Salomons nicht annehmen, er hat gleichsam vergessen, daß es sein Interesse an der leidenden Julie gewesen ist, was ihn begierig gemacht, sein ästhetisches Experiment eingeleitet hat. Julie jedoch weiß, daß ihre Beziehung nicht dauerhaft sein wird: „Du gehörst zu niemandem, Wilhelm, du bist entsetzlich frei" (129). Dieses Niemandem-angehören-Können, das Julie wahrgenommen hat und mit unbestochener Deutlichkeit ausspricht, resultiert aus Waiblingers Dilemma, die Liebe leben und doch die Freiheit für das ästhetische Experiment behalten zu wollen. Leben und Poesie haben sich entgegen dem festen Lebensvorsatz nicht verbinden lassen: Weder der Kunst noch dem Leben wird entsprochen. Das ist Waiblingers Erfahrung, und von dieser Erfahrung spricht Peter Härtling.

Im Unglück der Michaelis' vermag der junge Poet nicht auf Julies Seite zu treten, er flüchtet sich in die Verwilderung. Zuvor jedoch bringt er im Gespräch mit dem Ephorus seine Scham zum Ausdruck, nicht eigentlich Julie Michaelis, sondern den Zustand der Liebe geliebt zu haben (181), ihr Unglück jedoch könne vielleicht seine Freiheit bedeuten. Welcher Art diese Freiheit ist und wann und wie er davon Gebrauch machen will, bleibt offen. Ein ästhetisches Spiel mit den eigenen Empfindungen ohne den existentiellen Ernst, der den anderen Menschen einschließt, kann es nicht mehr sein; dies ist in dem tiefen und offenen Bekenntnis mit zum Ausdruck gebracht und muß gültig sein über den Aufbruch aus Tübingen hinaus.

Der Konflikt mit der dogmatisch bestimmten Lebensform: Das Stift

Wilhelm Waiblinger lebte in einer geschlossenen Welt; die Ordnung dieser Welt war durch die theologische Lehre und Auslegung garantiert, der Ort der Vermittlung des Dogmas war das Stift in Tübingen. Hier wurde der theologisch-gesellschaftliche Grundkonsens vermittelt. Waiblinger durchbricht bewußt und konsequent dieses Einverständnis. Er läßt das Stift und Tübingen hinter sich, aber dieser Ablöse- und Abgrenzungsprozeß ist mit Irritationen und Schmerzen verbunden. Welche Hoffnungen waren doch auf das Stift gerichtet! „Der ausladende Bau über dem Neckar wurde zur Verheißung." (48) Hier hat Waiblinger ein Zuhause und eine Zuflucht gefunden. Der historische Wilhelm Waiblinger hatte schon früh erkannt, daß er zum Theologen nicht tauge. Am 6. Januar 1823 trug er in sein Tagebuch ein: „Mein Reich ist nicht von diesem Stift. Darum such ich auch nicht meinen Lohn in ihm. Die Welt ist mein Reich." Die Theologie war ihm gleichgültig geworden, hatte ihm vielleicht nie viel bedeutet. Die ideologische Auseinandersetzung hat Peter Härtling nicht explizit behandelt, aber Waiblingers eigenwillige, von den Freunden als häretisch bezeichnete Ansicht wird deutlich vorgetragen (106; 162). Wichtiger aber als ein theoretischer Widerspruch gegen die pietistisch-orthodoxe Theologie ist die Antwort, die Waiblinger gibt: er antwortet mit seinem Leben, und für dieses Leben muß er sich in zwei großen Gesprächen verantworten.

In dem ersten Verhör wird Waiblinger von Bengel überrumpelt, weil sich der Ephorus in den Besitz eines Briefes an Philippine Heim gesetzt hat und diesen als Beweis der Unbotmäßigkeit versteht (47), in einem zweiten Verhör nach der Tübinger Brandkatastrophe weiß er, welche Vorwürfe ihn erwarten. Er bekennt sich zu seiner Liebe, gesteht ein, weswegen er sich schämt, lehnt aber ein Verständnis dieser Liebe als Sünde kategorisch ab und kommt dann auf den Kernpunkt: jetzt sieht er seine „Gefangenschaft" ein (182), und ohne jedes Schwanken, ohne jede falsche Rhetorik nennt er die Zwänge und Einschränkungen, denen er sich unterworfen hat. „Endlich war es ihm gelungen, sich zu erklären, auszusprechen." (183) Er hat die Institution durchschaut. Bengel kommt mit keinem Einwand, keinem Argument zu Wort; ihm bleibt nur die abschließende Feststellung: „Gehen Sie, [...] Ihr Zustand ist schlimmer, als ich befürchtet habe." (183) Der wütende Schlag auf den Tisch, mit dem der Ephorus seine Aufforderung verbindet, spricht eine deutliche Sprache: gegenüber der bewußten, entschiedenen Inanspruchnahme der eigenen Freiheit, das Leben ohne die bevormundenden Regeln und Dogmen der Institution leben zu wollen, bleibt dieser nur die stumme, abweisende Drohung, eine größere Macht war ihr am Beginn des 19. Jahrhunderts nicht mehr eingeräumt. Später hat das Stift die Dimission verfügt, aber ausschlaggebend ist, daß der junge Dichter seine Freiheit eingefordert und konsequent das Stift, dessen Ordnung und Theologie verlassen hat. Der Abschied vom Dogma, vom Zwang, von Tübingen, von Württemberg ist endgültig. „Am 20. November 1826 traf Waiblinger, nach Aufenthalten in Zürich, Genf, Turin, Genua, Florenz, in Rom ein." (203)

Spiegelungen – Wiederholungen – Anfänge

„In Tübingen kann er nicht bleiben" (203), die Freunde haben ihn verlassen, das Stift stößt ihn aus, seine Liebe ist zerbrochen: ein gescheitertes Studentenleben. Aber diesem Waiblinger bleibt die ungesättigte Neugier auf Menschen und Landschaften; nicht nur am Ende, sondern wiederholt bricht Waiblinger auf zu Reisen, sammelt, zumeist gehetzt, seine Erfahrungen ein, faßt neue Horizonte in den Blick.

Und vor seinem Abschied aus Tübingen lernt er eine andere Liebe kennen, die frei ist von allem Komplizierten und Verquälten, ein Mädchen aus dem Volk, eine Zerlina, die Lust macht und Lust will. Die letzte Nacht, bevor er nach Italien aufbricht, verbringt er mit ihr in einer Scheuer, tief vergraben ins Heu. An Henriette Reutter wird Wilhelm Waiblinger seine ersten Gedichte aus Rom senden, jedoch das liegt außerhalb unserer Erzählung, wirft aber die Frage auf, wie es denn zu den Anfängen eines anderen Lebens kommen kann – und eben davon handelt der Roman, der eine hoch bedeutsame *Vor*geschichte erzählt, einen Lebensabschnitt der Erprobungen und Wiederholungen, der, vom Ende her gelesen, mitdenkend und mitfragend angeeignet, den umdüsterten Abschied am Schluß der Handlung als das Tor zu einem anderen Leben erkennen läßt, für das Tübingen, Stift, Bürgerlichkeit und Theologie gleichsam den dunklen, nie zu verleugnenden Untergrund abgeben. Trifft diese Deutung zu, so stellt Peter Härtling, der ja die biographischen Quellen, Wilhelm Waiblingers Erwartungen, aber auch dessen verwirklichte Pläne, seine Schwierigkeiten in Rom, aber auch sein Glück über das dort gefundene Leben kennt, in der ausschließlichen Darbietung der *Vor*geschichte die weitgehend noch verdeckt bleibende Entwicklung eines ideologiefreien Bewußtseins und modernen Lebensgefühls dar.

Als Waiblinger über Friedrich Hölderlin schreibt, fällt ihm beim wiederholten Lesen auf, daß er „mit dem ersten Satz, den er niederschrieb, auch von sich sprach" (175), und Peter Härtling seinerseits schreibt keine literaturgeschichtliche Abhandlung über Wilhelm Waiblinger aus wissenschaftlicher Distanz, sondern in brüderlicher Nähe, aber möglicherweise, wie sein Waiblinger vermutet, „ganz anders" (53). Ist die Lebensgeschichte des schwäbischen Poeten aus dem Anfang des 19. Jahrhunderts darin ganz anders erzählt, als nur die Zeit in Württemberg, nicht aber die Zeit in Italien erzählt wird, Ablösung und Aufbruch, nicht aber die von wahrem Leben erfüllte Zeit? In den offenen Schluß wird gleichsam die Schwelle gelegt, die der Leser überschreiten kann, aber nicht überschreiten muß, wie ja auch der Autor sie nicht überschreitet. Der Autor wohl deswegen nicht, weil er stets an die Opfer erinnert und Julies Trauer für den Leser im Gedächtnis bleiben soll und Waiblingers Entwicklung zum Dichter aufs engste verbunden ist mit den Erfahrungen des eigenen und fremden Leids, den Verletzungen und Ausgrenzungen. In der Teilhabe an Julies Schicksal bekommt sein Leben und Denken die Schwere, ohne die seine Dichtungen leicht und unverbindlich blieben. Die aufgegebene und verlorene Geliebte bleibt in seiner Erinnerung. Im Lachen Henriettes hört Waiblinger noch seine Julie lachen, obwohl es ihm schon so vorkommt, als „bewege er sich freier und denke ungezwungener" (198); in Italien würde er dieses Lachen überhören. Deshalb hat der Roman über den Poeten Waiblinger diesen Schluß, aber in vier wichtigen Stationen werden Ansatzpunkt und Richtung eines ungezwungenen, in Denken und Handeln freien Lebens dargestellt. Waiblingers Erfahrungen und Einsichten, die er aus diesen Erprobungen gewinnt, führen dann den Leser im produktiven Weiterdenken über den Schluß des Romans hinaus.

1. Wird Waiblinger aufgefordert, vor Burschenschaftlern über die Zensur zu sprechen, dann richten sich auf ihn, dessen Ansichten und Lebenswandel in Tübingen bekannt sind, bestimmte Erwartungen. Teilt er den enthusiasmierten, zudem vom Bier und ihrer eigenen Rhetorik erhitzten Studenten mit, daß ihn die Zensur nicht beschäftige, er von ihr nicht abhängig sei, weil er schreibe, was der Zensor ohnehin nicht begreife (112f.), dann reitet ihn nicht nur der Teufel des Widerspruchs, sondern er erprobt sich, macht sich unabhängig vom Zuspruch jener, die wie er im Widerspruch stehen zu den gegenwärtigen Verhältnissen. Er entzieht sich, weicht als Künstler aus in die A-Sozialität. Was dem Freund ein unernstes, unverbindliches Spiel zu sein scheint, muß von Waiblinger als Protest gegen gesellschaftliche Vereinnahmung verstanden werden.

2. Noch krasser äußert sich sein Bestreben, sich seiner selbst durch Abgrenzung zu versichern, wenn er bei einem Besuch in Geislingen Philippine in einer Weise kränkt, für die es im normalen Sozialverhalten keine Entschuldigung, aber auch keine Erklärung gibt. Philippine, das Opfer seines widerwärtigen Verhaltens und in dieser Situation zum Erdulden verurteilt, weiß, daß Wilhelm ihr wehtun, sich für sein Unglück rächen will (89) und stellt mit der schlichten Aussage: „Es ist auch meines" (89) über alles Trennende und Verletzende hinweg ihrer nunmehr verlorenen Gemeinsamkeit das innigste Zeugnis aus. Was der historische Wilhelm Waiblinger Julie Michaelis mit seinen *Liedern der Verirrung* antut, läßt Peter Härtling in diesem Ausbruch von Niedertracht und hilfloser Aggressivität Philippine gegenüber geschehen. Auch sein Waiblinger sprengt die Grenzen der Konvention, macht Menschen, die er geliebt hat, zu Opfern, gebraucht das Intimste zum Verrat, bohrt den Schmerz in den andern und in sich hinein und zeigt, wie tief, bis in welche Abgründe der Keim gelegt werden muß, aus dem das Werk er-

wächst. Während aber Wilhelm Waiblinger sich mit seinen Liedern von einem belastenden Erleben befreien kann, zeigt Peter Härtling die Vorstufe des werdenden Dichters: die Erprobung einer Schmerzerfahrung; auch sein Waiblinger schließt einen Lebenskreis ab, versucht, sich von einer Vergangenheit zu befreien. Dieser Waiblinger bietet in seinen überspannten und hilflosen Reaktionen keine modischen Identifikationsangebote für Aussteiger und frustrierte Studenten, sondern gezeigt wird der Skandal der ästhetischen Produktion.

3. Im Undinger Gasthaus begegnet Waiblinger einem Mann, der aus dem Stift und seiner Theologie ausgebrochen ist, der politisch gehandelt hat, aber, ohne in Resignation und Zynismus zu verfallen, gescheitert ist, jetzt als Bauer und Helfer auf der Alb lebt. Was er in immer neuen Ansätzen vor Waiblinger ausbreitet, sprachlich zupackend, sich steigernd, sein stummes Gegenüber herausfordernd, ist der große theologisch inspirierte Gedanke eines idealistisch-revolutionären Aufbruchs in eine neue aufgeklärte Phase der Menschheitsgeschichte. Es ist Peter Härtlings Thema, ausführlich abgehandelt in *Das Familienfest oder Das Ende der Geschichte* (Roman, 1969), im *Hölderlin* (Ein Roman, 1976) und immer wieder in seinen Aufsätzen, in denen die Konsequenzen und Aporien dieses Denkens im Hinblick auf unsere jüngere Geschichte zeit- und selbstkritisch ausgebreitet werden. Was der Undinger Gast Waiblinger vorträgt, hat Peter Härtling in seinem *Brief an den Studienrat Dr. S.* (in: Der Monat, H. 252, 1969) geschrieben, dort kommen Zweifel und Verzweiflung angesichts zerschlagener, nicht eingelöster Erwartungen zum Ausdruck. Dieser Undinger Gast zitiert eine scheinbar vergangene Welt, stellt die Mühen seines Lebens anklagend gegen das sanfte Glück der nachfolgenden Generation, vermag aber Waiblinger nicht zu erreichen. „Das geht mich nichts an." (79) Dieser verweigert sich dem Anspruch einer gesellschaftsverändernden Philosophie und Praxis, widerspricht nicht einmal dem Vorwurf, nur um das eigene, unglückliche, geliebte Ich (79) besorgt zu sein; Waiblinger hält der Trauer und dem Zorn des Älteren nur die offene Frage entgegen und bezieht damit sich, sein Glück und sein Leiden mit ein: „Und die Liebe?" (79) Aus der Antwort, schon im Aufbruch gegeben, wird ersichtlich, wie grundverschieden ihre Ansichten sind. Die Liebe am wenigsten führt in die Zeit, in die Welt, in die Verantwortung. „Vielleicht läßt sich ein Gedicht darüber schreiben." (79) Mit abwertendem, zornigem Spott trifft der Undinger Waiblingers existentielle Problematik, das Leben als Medium der Poesie aufzufassen. Waiblinger wird die Nacht durch, was er schon sehr bald im Gespräch weiß, sein Erlebnis sich anverwandelnd, dieses niederschreiben. In der radikalen Abwehr gegen den Anruf einer gegenwärtig gewordenen Geschichte behauptet er sich als Dichter. Mit der Absage an einen obsolet gewordenen Uto-

pismus weicht er in dessen schriftstellerische Behandlung aus, erprobt sein Vermögen in der Wiedergabe des politischen Gesprächs.

Die erste Lektüre von Peter Härtlings Roman führt zu dem Ergebnis, daß hier das Schicksal eines außergewöhnlich begabten, ehrgeizigen, intellektuell hochfahrenden, aber auch der Liebe bedürftigen jungen Menschen dargestellt wird, der verletzt und der verletzt wird, in eine bedrohliche Isolation gerät und Fremde erfährt (28; 86; 161; 166; 175) und schließlich aus der ihn ausstoßenden Gegend aufbricht (203). Bedenkt man jedoch die erzählte Handlung in all ihren Differenzierungen, auch in ihrer biographischen Ausschnitthaftigkeit, dann tritt die subdominante Thematik deutlich in Erscheinung: Peter Härtling schreibt keine Annäherung, wie er sie im *Hölderlin* versucht hat. Dem Leben des 19 bis 20jährigen Tübinger Studenten mit all seinen Erfahrungen der Fremde brauchte er sich nicht anzunähern, das alles hatte er selbst erfahren, statt dessen beschreibt er das Werden eines Dichters, dessen Leben, Skandal wie Versprechen, ein Freund wie ein Gedicht zu lesen vermag.

4. Die letzte Erprobung einer dichterischen Existenz erfolgt nicht in der Auseinandersetzung mit Menschen seiner Umgebung, sondern mit einer Gestalt der Dichtung, der Musik. Der Undinger, dessen Gesicht „einer steinernen Skulptur" gleicht, ist ein Bote. In dessen großer, muskulöser Gestalt, die sich mit jeder Bewegung Raum schafft, die Kälte ausstrahlt, tritt der Komtur auf, der Mann der Pflicht, des Mutes und der Verantwortung, der durch sein Erscheinen die auf intensiven Lebensgenuß bezogene Existenz des Don Giovanni radikal in Frage stellt. Die Konstellation in Undingen ist kennzeichnend. Waiblinger ahnt, was zur Wahl steht. Schon in seinem ersten Gespräch mit Eduard kommt sein jugendlich maßloser Wunsch zum Ausdruck, ein anderer Mensch mit einer außergewöhnlichen Geschichte zu sein; hier fällt der Name Don Juan. Als er Julie liebt, erinnert er sich seiner früheren Geliebten (57), seiner Florine, der Therese, der Philippine, und ihm ist, als laufe die Zeit verkehrt, „als hätte er sich damals in den Armen der anderen bereits an Julie erinnert" (58). Peter Härtling bezieht sich hier auf einen geistvollen Gedanken Sören Kierkegaards, den er als Motto schon über seinen *Niembsch* (*Niembsch oder Der Stillstand. Eine Suite*, 1964) gesetzt hatte. „Wiederholung und Erinnerung sind dieselbe Bewegung, nur in entgegengesetzter Richtung. Denn was da erinnert wird, ist gewesen, wird nach rückwärts wiederholt, wohingegen die eigentliche Wiederholung nach vorwärts erinnert wird." „Die Zeit läuft verkehrt", „die Zeit steht still": mit diesen metaphorischen Wendungen wird auf ein Erleben hingewiesen, das sich zwar in der Zeit ereignet, angesichts dessen aber der Zeitablauf irrelevant ist – oder im Falle Niembsch bedeutungslos werden soll. Die Rede ist von der Erfahrung der Liebe, vom erotischen Moment.

Denkt Waiblinger, sich schon in den Armen der früheren Geliebten an Julie zu erinnern, dann ist dies im Sinne Kierkegaards die eigentliche Wiederholung, weil in ihr die Erfahrung des Glücks erinnert, kein neues, kein anderes, sondern eben das erlebte Glück erinnert wird. Die Erinnerung nach vorwärts ist frei von Hoffnung und Unruhe bezüglich des Neuen und frei von Schmerz und Resignation bezüglich des Vergangenen, als Wiederholung erlebt sie die „selige Gewißheit des Augenblicks", gleichsam den reinen Augenblick seliger Daseinsgewißheit. Jedoch vermag Waiblinger diese erinnernde, aufbewahrende Liebe nicht durchzuhalten: in Geislingen erinnert er nach rückwärts, begibt sich, selbstquälerisch und seine Geliebte verletzend, in eine Vergangenheit, die er nicht einzubeziehen vermag und die er damit zu löschen versucht, eben darin kündigt sich bereits das Unglück in seiner Liebe zu Julie an. Was aber nun hat Waiblinger gemeinsam mit Don Giovanni, auf den er im Gespräch mit Julie nur einmal, aber wiederholt nach ihrer Trennung zu sprechen kommt, was fasziniert ihn an diesem Mann, dem Inbegriff der „sinnlichen Genialität"? Waiblinger ist kein spanischer Edelmann, sondern ein Tübinger Stiftler, er steht in einer anderen Geschichte, aber seine Annäherungen an die in dionysischer Glut leuchtende Gestalt zeigen, daß in ihm die Sehnsucht nach einem freien Leben, nach freier Liebe unter einem anderen Himmel aufgebrochen ist. Don Giovanni liebt sie alle, nahezu unterschiedslos, in der Liebe zu der einen Frau sind die anderen gegenwärtig, aber er erinnert nicht, das bleibt Leporello überlassen. Der erotische Augenblick Don Giovannis ist gleichsam dem Zeitablauf entzogen: eine erotische, d. h. säkularisierte Ewigkeit. „Don Giovanni ist. Ihm fehlt die Erinnerung. Er befindet sich in einem unerhört reinen Zustand. [...] Er liebt nichts als die Liebe selbst." (135) Diese absolute Gegenwärtigkeit Don Giovannis im zeitenthobenen Augenblick der intensivsten Lebenserfahrung fehlt Waiblinger; Julie und Lily ahnen eine geheime Verwandtschaft, wenn sie den Satz voraussprechen, den Waiblinger für seinen Don Giovanni findet; noch liegt aber der entscheidende Differenzpunkt darin, daß Waiblinger die Erinnerung nicht auslöschen kann, darin (noch) Erbe bleibt einer christlichen Tradition, die Geschichte von einem Ursprung auf ein Ziel hin lehrt, erinnernd verfährt und darin vor allem, daß seine Liebe zu Julie den ganzen Menschen einschließlich seiner erinnerten Geschichte einbezieht. Den Versuchen und den Versuchungen Waiblingers in der Don-Giovanni-Nachfolge mag Peter Härtling am Ende unseres Jahrhunderts nicht seine Stimme leihen, Nietzsches Schatten ist über den Zeitabstand zu Wilhelm Waiblinger geworfen, aber er verweist in seiner Dichtung auf den Anfang eines Prozesses, auf eine kritische Ablösung, deren Konsequenz in unserer Zeit gelebt werden muß.

Am weitesten entfernt von Don Giovanni ist Waiblinger, als er bei Nacht Julies Zimmer in Imnau betritt (143), redend die reine, auf den Vollzug gerichtete Sinnlichkeit in die trübe Terminologie einer biologistischen Philosophie überträgt und Julie den Geliebten nicht aus seinen fahlen Gedanken herauslösen kann. Hier wird Waiblingers tiefe Gespaltenheit sichtbar. Erfüllt mit Empfindungen und vorausgedachten Erfahrungen, hat er auf diesen Augenblick zugelebt, den er nun nicht zu nutzen versteht. Diese Liebe kann nicht das ungetrübte Glück schenken, weil bei Waiblinger Kopf, Herz und Sinne in verschiedene Richtungen ziehen. Peter Härtling hat diese Szene so gestaltet, daß auf dem Höhepunkt dieses Liebesverhältnisses dessen Krise zum Ausdruck kommt, die Unvereinbarkeit der Lebenseinstellungen und -vorstellungen: die Don-Giovanni-Thematik hat katalysatorische Funktion. Waiblinger kann nicht Don Giovanni sein, aber dieser hilft ihm, von dem loszukommen, was ihn bindet.

In einem Gespräch mit Hardegg trägt er einen neuen Verständnisansatz vor. Giovanni drücke eine noch fremde, vielleicht immer fremd bleibende Individualität aus (159): „Daß einer, in einer Art Experiment, das Ich in seiner reinsten Form aus dem Gemeinen herauskristallisiert – ist das so undenkbar? [...] Ich will es werden." Worauf Hardegg entgegnet: „Und Gott?" (159) Die Replik Hardeggs ist erhellend, sie macht den Grundkonflikt deutlich und thematisiert, daß Waiblingers Experiment in der Nachfolge Don Giovannis, sein Weg zu sich selbst, nur im Bruch mit seiner theologischen Herkunft möglich ist. Nach alter Kirchenlehre schafft Gott Gemeinschaft, holt den Einzelnen aus der Vereinsamung, der Fremde; die Verweigerung dieser Gemeinschaft ist demnach die eigentliche Sünde des Menschen, das hochmütige Aufbegehren gegen Gottes Willen: es ist der Weg der Moderne. Seit der Aufklärung steht die Frage nach dem Selbstsein für jede Generation, für jeden Einzelnen in ihrer Radikalität zur Entscheidung an. Es ist aufschlußreich, daß Peter Härtling diese Grundproblematik der Moderne an Waiblingers Auseinandersetzung mit Don Giovanni festmacht, dem Ausnahmemenschen, dem in seinem libertinistischen Anspruch auf Genußsucht die moralische Grundordnung der menschlichen Gemeinschaft gleichgültig ist. Herrenhaft, Mozart komponierte vor 1789, geht er darüber hinweg, eindrucksvoll in seiner Unangefochtenheit, im aufrechten, leichten Gang. Don Giovanni, der „bestrafte Wüstling", scheitert, kann den Anspruch seiner ich-bezogenen Begierde nicht aufrechterhalten, aber von seinem Leben bis hin in die letzte Begegnung mit dem Komtur geht *kraft der Mozartschen Musik* eine solche Gewalt der Verführung zum Leben, zum freien, sinnlichen Leben aus, daß hierin die Faszination Waiblingers ihre Ursache hat, er gleichsam sein zukünftiges Leben in diese Erscheinungsweise Don Giovannis, wie sie ihm in der ästhetischen Vermittlung auf der Bühne begegnet, hineinprojiziert, ohne doch in letzter Konsequenz dessen Gleichgültigkeit, Gewissenlosigkeit, Amoralität zu leben. Die ästhetische Herausforderung wird für ihn existentiell bedeutsam, mit Don Giovannis Leben sind jetzt keine philosophischen Spekulationen über Zeit, Erinnerung, Augenblick und Dauer mehr verbunden (194), sondern die Erfahrung von Menschen und Landschaften. Der Aufbruch in ein neues Leben erfolgt im Zeichen Don Giovannis, in der Entschiedenheit, sich dem Leben zuzuwenden; das unkomplizierte und freie Liebesverhältnis zu Henriette, seiner Zerline, stellt einen Anfang dar. Weiter begleitet Peter Härtling seinen Waiblinger nicht, aber die Richtung hat er in der Ausgestaltung des Don-Giovanni-Motivs festgelegt. „Ich bin hier nicht zu Hause. Das weiß ich. Vielleicht sollte ich für immer nach Italien" (166), wobei es weniger um den Aufbruch in ein verklärtes, sonniges Arkadien als um den radikal vollzogenen Bruch mit seiner Tübinger Geschichte geht. Waiblinger folgt seiner „Bestimmung" (203).

Der *didaktische Ansatz* ergibt sich aus der vorstehenden Interpretation. Die Distanz von nahezu 200 Jahren zwischen dem Leben Waiblingers und dem eines jungen Lesers heute wird problemlos überbrückt, wenn einige Lebensdaten und einige kennzeichnende Urteile (insbesondere aus Schwaben) über Wilhelm Waiblinger mitgeteilt werden (Quelle: *Marbacher Magazin*). Das Suchen nach der eigenen Bestimmung, beharrlicher Widerspruch gegen einengende Lebensverhältnisse, egozentrisches, schuldhaftes Verhalten und eine konsequent nonkonformistische Entscheidung finden ihre Entsprechung im Leben, Denken und Empfinden heranwachsender junger Menschen, deren Auseinandersetzung mit ihrer gesellschaftlichen, weltanschaulichen und familiären Umwelt im Spiegel der dargestellten Ereignisse größere Klarheit gewinnen kann. Für die Behandlung im Deutschunterricht ist darüber hinaus die Einführung in die Problematik des Künstlertums, eine exemplarische Behandlung der Genese eines Dichters, bedeutsam. Der Roman *Waiblingers Augen* führt in die Mitte der Lebensarbeit Peter Härtlings und macht überzeugend deutlich, wie im Erforschen und Erinnern der Vergangenheit unsere Gegenwart in ihren Möglichkeiten und Gefährdungen genauer verstanden, gelassener betrachtet und vielleicht tiefer empfunden wird.

„Worauf es ankommt, ist also dies, daß in der literaturdidaktischen Überlegung nicht einfach Vergangenheit mit Gegenwart sich vermitteln, sondern daß didaktische Arbeit kritisch reflektierend und korrigierend, das heißt eben auch mitbestimmend, in den Prozeß der Verschmelzung eingreift." (Rolf Geißler)

Bibliographie

HÄRTLING, PETER: Waiblingers Augen. Frankfurt am Main: Luchterhand Literatur-verlag 1990 (= Sammlung Luchterhand 886) [zitierte Ausgabe]

WAIBLINGER, WILHELM: Werke und Briefe. Textkritische und kommentierte Aus-gabe in fünf Bänden, hg. von HANS KÖNINGER. Stuttgart: J. G. Cotta'sche Buch-handlung 1980–1985
–: Lieder der Verirrung, ebd., B. 1, S. 126 ff.
–: Die Tagebücher. 1821–1826. In Zusammenarbeit mit E. Breitmeyer hg. von H. MEYER. Stuttgart 1956 (demnächst auch bei Cotta, hg. von HANS KÖNINGER)

Marbacher Magazin 14/1979, Wilhelm Waiblinger, Zum 175. Geburtstag und zur 150. Wiederkehr seines Todestages. Bearbeitet von HANS-ULRICH SIMON. Deut-sche Schillergesellschaft Marbach am Neckar

WOLFGANG-MICHAEL BÖTTCHER

Gerhard Köpf: Die Erbengemeinschaft

Mit seinem 1987 erschienenen Roman *Die Erbengemeinschaft* entführt Gerhard Köpf seine Leser zum dritten Mal in Buchform nach Thulsern, in „dieses lieblich schwebende Grenzland" (31)[1], das „aus der Luft gegriffen" (5) irgendwo „zwischen Innerfern und Neuschwanstein" (32) zu lokalisieren ist. Vorausgegangen waren 1985 der umfangreiche Roman *Die Strecke* und 1983 die Veröffentlichung von *Innerfern*, mit der Gerhard Köpf als Romancier debütierte. Mit dem Erscheinen von *Eulensehen* 1989 und *Borges gibt es nicht* 1991 erweiterte sich dieses „Thulserner Triptychon" (Köpf, 1987d, S. 321) zu einem fünfflügligen Altar. *Die Erbengemeinschaft* bildet darin weiterhin das Mittelstück, scheint sich doch mit *Borges gibt es nicht* für den Autor Köpf zumindest bis auf weiteres ein Erzählkreis geschlossen zu haben, schenkt man der Aussage des (Anti-)Helden aus *Borges gibt es nicht*, eines Professors für Lusitanistik, Glauben, die da lautet: „Ich werde nicht nach Thulsern zurückkehren" (*Borges*, S. 141).

Eine bizarre Architektur

Testamente werden in diesem Roman nicht gemacht, wiewohl der Roman als Ganzes ein „Testament" ist. Die mit diesem Titel assoziierten erbrechtlichen Auseinandersetzungen begegnen dem Leser erst gegen Ende des Buchs, als im nach dem Zweiten Weltkrieg aufstrebenden und im Besonderen das Allgemeine repräsentierenden Wirtschaftswunderland Thulsern Ende der sechziger/Anfang der siebziger Jahre (vgl. 357) aufgrund von Egoismen und moralisch-sittlicher Skrupellosigkeit ein altes, kleines und heruntergekommenes Haus, „unser Oma ihr klein Häuschen" (20), zur Befriedigung einer erpresserischen finanziellen Forderung versteigert werden muß.

Bis es dazu kommt, wird in sieben Büchern, die umrahmt werden durch Prolog und Epilog, wobei auf letzteren – den Roman beschließend – ein Stammbaum sowie das Inhaltsverzeichnis folgen, die Geschichte einer Familiensippe über fünf Generationen erzählt: von „unser

---

1 Zitate aus der *Erbengemeinschaft* werden ohne weitere Angaben nur mit Seitenzahlen belegt, Zitate aus weiteren erzählerischen Werken Köpfs mit Titel und Seitenangabe, Zitate aus Aufsätzen und Abhandlungen Köpfs mit Erscheinungsjahr und Seitenangabe.

aller Urmutter" Jascha, die „aus den polnischen Sümpfen" kam (13), bis hin zu „Unserallerkind", dem Wirtschaftswunderkind und „König des goldenen Zeitalters" (26), in dem wir uns Heutigen – auch in unserem Gewordensein – wiederfinden. In der Ausfächerung der Geschichte dieser Sippe in mehr als zwei Dutzend Figuren und „wenigstens fünfzehn Lektionen und mehr als zehn Nebenschauplätze" (360) geraten „aus Thulserner Sicht" nicht nur „Grundzüge der sozialen und politischen Entwicklung Deutschlands seit Beginn des 19. Jahrhunderts" (Kaiser, 1987, S. 6) in den Blick, sondern ebenso geschichtliches Denken überhaupt und kultur- und geistesgeschichtliche Entwicklungen, die ihren Ausgang von Ideen der europäischen Aufklärung nahmen: von Humanitäts-, Vernunfts- und Freiheitsvorstellungen über deren Verbiegung in eine instrumentell-technische Vernunft des industriellen Zeitalters sowie Militarismus und Nationalsozialismus begünstigende Kleinbürgerideologie bis hin zu einem geschichtslosen Wirtschaftswunder-Schlaraffenland.

Unserallerkind fungiert dabei als Erzähler, der aus der Er- und Ich-Perspektive Mitte der achtziger Jahre seiner „tota number one" (12), seiner „geliebte[n] Alfina" (34), die Geschichte seiner Sippe weitergibt. Als solcher wird er bei diesem Erzählvorgang „zum Nacherzähler" (84), denn er liest diese Geschichte von der beschnitzten Haut einer erzählenden und dabei sich drehenden Kalebasse ab, also eines getrockneten, bis auf ein paar Kerne leeren Kürbisses, in den diese Geschichte „mit der kalten Nadel" (10) eingeritzt erscheint.

Doch Unserallerkind erzählt nicht nur die Geschichte seiner Sippe „nach", sondern läßt als Chronist auch parallel dazu seine Alfina in sogenannten „Drehberichten", die auf der Gegenwartsebene des Romans angesiedelt und dem zweiten bis siebten Buch vorangestellt sind, am Fortgang eines Filmprojekts mit dem Titel „Der süße Brei" teilhaben, das „von der MacDonnald Unltd. produziert" wird (31). Dahinter verbirgt sich als Realisation einer „amerikanische[n] Idee" die „Verfilmung des Schlaraffenlandes" (31) in Thulsern.

Gestört und in die Länge gezogen werden die Dreharbeiten im Hollywood-Kitsch-Ambiente immer wieder durch gleichzeitig stattfindende Vorbereitungen für eine „Gedenkfeier [...] von ehemaligen Mitgliedern der SS" (81). Zielpunkt ist der 8. Mai 1985, der 40. Jahrestag der Befreiung Deutschlands von der Nazi-Herrschaft: In einem furiosen Showdown, der die satirische Beschreibung der Filmdreharbeiten und der Vorbereitungen auf das Nazi-Treffen auf die Spitze treibt, verknäulen sich in einem „Chaos" (341) Demonstranten für und gegen das Nazi-Treffen mit den Einwohnern Thulserns, die die zum Verzehr freigegebene Dekoration des Hollywood-Schinkens stürmen und sich dabei prügeln.

So lassen sich in dem Roman drei Ebenen – zwei Zeitebenen und eine Metaebene – unterscheiden (vgl. Ackermann/Hübner, 1989, S. 46): erstens die der Geschichte der Sippe, zweitens die der Gegenwart als Zeit des Erzählers, des Erzählens der Sippengeschichte und der Drehberichte sowie drittens die des Erzählens selbst, repräsentiert durch Unserallerkind, die Kalebasse und Alfina. Die Frage danach, wie die Geschichte der Sippe und die Drehberichte miteinander verklammert bzw. aufeinander bezogen sind und welche Rolle dem Erzählen dabei zukommt, zielt – jenseits aller inhaltlichen Thematik – in erster Linie darauf, dem Erzählen selbst als *dem* Grundthema Köpfschen Schreibens gerecht zu werden und herauszuarbeiten, inwieweit der Roman *Die Erbengemeinschaft* „die Poetik seiner selbst" (Köpf, 1991 a, S. 115) und Modell von Köpfs Erzählprogramm ist (vgl. auch Ackermann/Hübner, 1989, S. 46; 48; 56); inwieweit also die Bedingungen und Möglichkeiten eines Erzählens als „Anstrengung wider den Tod", als „Totentanz" (Köpf, 1987 b, S. 69; 70) und als „Kritik an den Strukturen der Subjektivität" (Köpf, 1991 a, S. 116) selbst erzählt bzw. reflektiert werden.

Dem Leser und Interpreten begegnet dabei – mit den Worten von *Innerfern* (S. 68) – die „bizarre Architektur" eines „Mischmaschkunstwerk[s]", das in einem Gespinst von Metaphern, Motiven, wirklichen und erfundenen Zitaten, Sentenzen und Sinnsprüchen mit Elementen von Chronik, Familiensaga und Briefroman „vom Hölzchen aufs Stöckchen, vom Hundertsten ins Tausendste" (12) kommt. „Denn um nur ein einziges Leben zu verstehen, sagt ein Thulserner Sprichwort, mußt du die ganze Welt schlucken" (*Eulensehen*, S. 6).

Ich werde versuchen, meinen bescheidenen Weg durch dieses anthropologische und gesellschaftliche, ästhetische und ethische Kategorien verschmelzende „Erzähllabyrinth" (Köpf, 1991 c, S. 183) zu finden – die Hoffnung gegen die letztendliche Unausdeutbarkeit anstrengend.

Erzählen im süßen Brei

Vergegenwärtigen wir uns die Bedingungen des Erzählens in diesem Roman. Die Erbengemeinschaft war mit der Versteigerung von „unser Oma ihr klein Häuschen" (20) zu ihrem Ende gekommen. Sie endet im Nichts und biegt sich damit an ihrem Ende in ihren Ursprung aus dem geschichtlichen Nichts zurück. Wo über dem Anfang der Sippe – als Modell des Ursprungs geschichtlichen Denkens überhaupt – „Fragen über Fragen, Unaufgeklärtes zuhauf" (37) liegen und am Ende der geschichtslose süße Brei eines in der „Gegenwart" (32) gefangenen Schlaraffenlandes alles „so gemütlich eingedickt" (31) hat, daß der „Schlaf der Vernunft" (32) und der „Triumph des Bauches über den

Kopf" (33) herrschen, da ist der Mensch als Subjekt sich selbst gegenüber immer „Analphabet" (371), abgeschnitten von seinem „Herkommen" (34) und seinen Visionen. Er wird zu einem der „Nachgeborenen, die nichts mehr erlebt" und „keine Biographie" haben (377), zum „Melancholiker" und „Menschenverächter" (336). Sind gemeinsame Erfahrungen und Visionen, also „Transzendenz", nicht mehr möglich, bleiben Einsamkeit, Verlorenheit und eine radikale Fremdheit der Subjekte untereinander und sich selbst gegenüber (vgl. 335 f.). Folgerichtig kann es weder im Erzählen psychologisch ausgeführte Personen mit Substanz noch einen Ich-Erzähler geben, der im Indikativ der „Verschriftlichung von Erfahrungen" (Köpf, 1987 b, S. 69) etwas oder etwas von sich erzählen kann, sondern das zu Erzählende und die zu Erzählenden wie das Ich des Erzählers entstehen erst im Erzählen als „Sammelsurium" (11) im Entwurf eines mehrdimensionalen Erzählraums. Insofern ist der Erzähler immer „Zeitgenosse und einziger Chronist meines Thulsern" (31), und sein Erzählen findet seinen Ausdruck in der Paradoxie des „post futurum" (Köpf, 1987 a, S. 15), d. h., „beharrlich erzählend vorauszusehen, wie es gewesen sein könnte, wenn es dereinst geschähe" (31).

Dies bedeutet für den Thulserner Chronisten nicht nur, über „die Sache", die „Verfilmung des Schlaraffenlandes" (31), zu berichten, sondern sich im erzählenden Werden des Entwurfs seiner Sippe in seinem Gewordensein als Unserallerkind verstehend zu wiederholen, also sich wieder zu holen: „Heute will mir scheinen, daß dieser Weg immer nur ein Ziel hatte: nämlich mich – und ich erschrecke über die Erbarmungslosigkeit dieser Strecke" (337). Solange nicht die Verstrickung des Chronisten in das zu Beobachtende für ihn selbst sichtbar wird, solange bleibt sein Ansinnen, „den Köchen des *Süßen Breis* in die Töpfe zu schauen und auch die Kehrseite ins rechte Licht zu rücken" (33), dem distanziert-„verordnete[n] Blick auf die Dinge" (15) des alles beherrschenden süßen Breis verhaftet (vgl. 31). Das Nebeneinander von Chronistendasein, Schlaraffenland, dessen Verfilmung und gleichzeitigem Nazi-Treffen wird erst im Blick auf die Sippengeschichte als ein sich bedingendes Ineinander von Wohlstand und „Barbarei" (Köpf, 1987 b, S. 66) deutlich.

Das magische Dreieck: Kalebasse, Erzähler und Alfina

Die Situation für den Chronisten Unserallerkind ist auf allen Ebenen paradox. Er „hat das Schlaraffenland und somit einen ganzen Menschheitstraum" (37) und muß sich durch den süßen Brei fressen, um aus dem Schlaraffischen heraus und den Weg zu sich selbst zu finden, wo seine Sippe ins Thulsernische aus „Hunger" (33) nach einem besseren

Leben kam und sich „durch einen Berg aus Rotz und Tränen (32f.) arbeiten mußte. Das Paradox bestimmt auch des Chronisten Verhältnis zu seiner Alfina. Sie ist eine Geliebte, der – ihr Name deutet es an – das Ende und die Vergeblichkeit „alle[r] Liebesgeschichten" (33) und der damit verbundenen Hoffnungen eingeschrieben ist. Gleichzeitig bedeutet sie aber auch den „Blitz" (33) der Liebe und der Hoffnung, der stets wider „alles Wissen" und entgegen „allen endgültigen Sätzen" (34) einschlägt und die Logik des Kopfes außer Kraft setzt. Das macht das „Geheimnis" Alfinas aus (33; vgl. auch 387):

„Sie wird ihm Anfang und Ende, Tag und Nacht, Jahr und Tag. Ein einziges Mal erfährt Unserallerkind, daß es doch nicht allein ist auf dieser Welt, sondern daß ein anderer es liebt mit einer Zuverlässigkeit, wie sie ihresgleichen sucht und nicht hat. Daran ändert auch nichts das Vorbeigehen vieler Zeit" (378).

Damit zeigt Alfina eine Affinität zum Schlaraffenland in den Momenten des Rausches, der Selbstvergessenheit und Geschichtslosigkeit, wodurch sie für den Chronisten auch eine Gefahr bedeutet, droht sie ihn doch durch den Rausch der Verliebtheit gerade dort festzuhalten, woraus er sich befreien möchte. Es gilt, den Weg zu finden zwischen rauschhaft-blindem Optimismus und abgrundtief-zynischem Pessimismus, und dieser Weg ist dem Erzählen als Anerzählen gegen den Tod eigen: „Bekanntlich lösen zwei Dinge die Zunge: die Liebe, wenn sie plötzlich kommt – und der Tod, wenn er zaudert" (34). Im Erzählen muß der Chronist seine „ahnungslos Liebende" über sich „aufklären" – will sagen: „Für Alfina muß ich mich durch den süßen Brei fressen, und ich kann es ihr nicht ersparen, daß auch sie manches schluckt" (34).

In schlaraffischen Zeiten ist alles „wie verdreht" (35):

„Schon jetzt weiß ich: All meine Anstrengung kann nur darauf zielen, Alfina von mir abzubringen, ihr gründlich abzuraten von mir, der ich mich paradoxerweise doch nur plage, um geliebt zu werden. Es ist wie verdreht: in alten Zeiten wurde erzählt, um die Dame des Herzens zu gewinnen. Ich dagegen muß erzählen, um zu zerstören, wonach ich verlange" (34 f.).

Damit ergibt sich eine Strukturgleichheit von Erzählen, Alfina und Erzähler. Des Erzählers Geliebte existiert nur im Moment des Erzählens als fiktiver Leser-Adressat, und im Erzählen sich entwerfend liebt sich der Chronist und Melancholiker als ein anderer, hieß es doch in dem obigen Zitat: „[...] sondern daß ein *anderer* es liebt mit einer Zuverlässigkeit, wie sie ihresgleichen sucht und nicht hat" (378 – Hervorhebung W.-M. B.). Liebe und Erzählen bleiben auf den einzelnen beschränkt.[2]

Wie kann ein derart auf sich selbst zurückgeworfenes Subjekt noch

---

2 In *Vom republikanischen Einzelgänger* heißt es im Blick auf Jean Paul bezeichnend: „Jean Pauls Ich sucht und findet Transzendenz im Du, in Liebe und Freundschaft. Siebenkäs hat seinen Leibgeber. Solches bleibt meinem Ich versagt" (Köpf, 1987 c, zit. 1991 a, S. 78).

Hoffnungen und Perspektiven auf eine Ich-Entwicklung ohne irgendwelchen sozialen Kontext hegen? Wie kann es zu einer Tiefe seiner Oberfläche, zu einer Dialektik in seiner Eindimensionalität als „Fortschritt" (23) kommen? „Wo andere einen Kopf sahen, sah ich einen Kürbis!" (35), stellt der Chronist zu Ende seiner Ortsbestimmung im süßen Brei fest und weist damit seinen Weg. Auf den Kürbis richten sich seine Hoffnungen, auf die „Weltkugel" von „der Größe eines Medizinballes" (10), diesen unendlichen Raum ohne Anfang und Ende, in dem sich nicht nur der Zeitpfeil von Vergangenheit, Gegenwart und Zukunft in einen alle Zeiten in sich vereinigenden Zeitraum der „Vergegenkunft"[3] auflöst, sondern auch die eindimensionale Gegenwart als Punkt eines kugelumspannenden Netzes erscheint. Dieses „Weltgedächtnis" (14) mit seinem unendlichen Reservoir an Geschichten, die in den Zeichnungen auf seiner Haut nisten, wird dem Chronisten zur „tätowierte[n] Brust" (23), aus der er auf den „Umwege[n]" (337) über diese Zeichnungen die Geschichten seiner Sippe als seinen Selbst- und Ich-Entwurf saugen und sich von der „Drei-" zur „Vielfaltigkeit" (374) aufblähen kann, wie „der Kürbis von der rauhen Brustspitze aus sich bläht wie die Erdkugel vom Nord- zum Südpol" (23). Genaugenommen kommt also nicht der Kürbis in den Blick, sondern die Kalebasse, denn es geht nicht um etwas, das man essen, sondern um etwas, das erzählen kann, wenn man es erzählen läßt, indem man sich selbst aus diesen Zeichnungen herauserzählt.[4] Das Lesen der Kalebasse bedeutet für

---

3 Den Begriff der Vergegenkunft verwendet Köpf im Rückgriff auf Günter Grass (vgl. Köpf, 1987 a, S. 15), der den Begriff in den *Kopfgeburten* wie folgt einführt: „Wir haben das so in der Schule gelernt: nach der Vergangenheit kommt die Gegenwart, der die Zukunft folgt. Mir aber ist eine vierte Zeit, die Vergegenkunft, geläufig. Deshalb halte ich auch die Form nicht mehr reinlich. Auf meinem Papier ist mehr möglich. Hier stiftet einzig das Chaos Ordnung. Sogar Löcher sind Inhalt hier. Und nicht verzurrte Fäden sind Fäden, die gründlich nicht verzurrt wurden. Hier muß nicht alles auf den Punkt gebracht werden" (Günter Grass, Kopfgeburten oder die Deutschen sterben aus. Neuwied: Luchterhand 1982 = SL 356, S. 102).

4 Auf den Zusammenhang von Zeichnen und Schreiben geht Köpf in seiner Rede zu Grass' sechzigstem Geburtstag – diesen zitierend – ein: „Es gibt kein Buch von Grass ohne eine eigene Titelgrafik. Am Anfang stehen stets die Zeichenfeder, die kalte Nadel, sinnliche Wahrnehmung und bildliche Darstellung. Diese aber spielen nicht Bauch gegen Kopf aus, sondern verfahren nach der Art Lessings: sie denken mit dem Herzen und fühlen mit dem Kopf." Für Grass setzt sich „im Schreiben das Zeichnen fort [...], weil aus der zeichnerischen Struktur epische Perioden als Satzgefälle abzuleiten sind. [...] Weiß ist nur das Papier. Es muß befleckt, mit harter und brüchiger Kontur belebt oder mit Wörtern besiedelt werden, die die Wahrheit immer neu und jedesmal anders erzählen" (Köpf, 1987 a, S. 21). Mit Blick auf Lessing wird hier der Zusammenhang von Aufklärung, Humanisierung, Schreiben und Zeichnen hergestellt. (Vgl. auch den Beitrag zu Grass' *Treffen in Telgte* in diesem Band.)

den Chronisten als Erzähler aufgrund der Polyvalenz jeder Zeichnung bzw. Geschichte „ein[en] ungeheuerliche[n] Reichtum an Phantasie, der mit den Jahren nicht schrumpft, sondern wächst wie ein Geschwür, auch schwerer wird, versenkt im Gedächtnismeer" (24).

Die Kalebasse ist in ihrem interpretierenden Bezug auf die Schöpfungsgeschichte der Bibel Gedächtnis-, Schöpfungs- und „Erlösungs"-Medium, gekauft „auf dem Markt von Belém, das auf Deutsch Bethlehem heißt, aber in Brasilien liegt, auf einem Kontinent, auf dem sie mit Kalebassen handeln. Der Markt heißt Ver-O-peso, auf Deutsch: prüfe das Gewicht" (10). Die eigene Geschichte als „Nacherzähler" (84) der Zeichnungen der Kalebasse zu prüfen heißt, sein eigenes Herkommen zu prüfen, das als unverstandenes „Erb"-Gewicht jedem einzelnen anhängt; heißt, mit „Kalebassen zu handeln", heißt, die Welt und sich neu zu schöpfen im intertextuellen Dialog mit dem Kosmos der Literatur „über Grenzen und Zeiten hinweg" (Köpf, 1987b, S. 67).[5] In sieben Tagen schuf Gott die Welt, Unserallerkind ist der „Herr der sieben Meere" (11), und als Erzähler schöpft es in den Geschichten der sieben Bücher des einen Buchs mit dem Titel *Die Erbengemeinschaft* die Geschichte seiner Sippe als seine eigene fiktive „Original"-Biographie (Köpf, 1991c, S. 185). Es „erlöst" diese und sich selbst vor dem Vergessen, indem es sich als seine Erbschafts-Zeichnung in die Kalebassenhaut eingraviert, kommt doch in Abwandlung von Jona 4, 5–7 der Kürbis in die Welt, damit „in seine Haut die Geschichte der Schöpfung geschrieben werden konnte mit der kalten Nadel", nachdem „der Herr diesen Kürbis durch einen Wurm stechen [ließ], so daß er verdorrte" (72). In dieser Metaphorisierung des Kürbisses zur Kalebasse liegt das Geheimnis des Ineinanders von Tod und Liebe, Gedächtnis und Hoffnung, bedeutet doch das lesende Gedächtnis die liebende Rettung des dem Vergessen Anheimfallenden und die Metaphorisierung des Subjekts zum erinnernd-erzählenden Ich. Dieses entwirft sich – mit den Drehungen der Kalebasse sich selbst drehend – im Perspektivenwechsel zwischen Es (Unserallerkind), Er (Chronist) und Ich in den Erzählraum ohne Anfang und Ende, ohne *letztendliches* Ziel mit der *Wegstrecke* des Erzähl-Lebens als Ziel.

Weist des Chronisten Geliebte Alfina als Moment des Erzählens eine tendenzielle Identität mit der Kalebasse auf – „Die Kalebasse dreht sich, meine geliebte Alfina" (128) – und gilt das vom Chronisten auf Alfina gemünzte „Sie hat veranlaßt, was ihr jetzt zugeeignet ist" (34) ebenso im Blick auf die Kalebasse, so ist der Erzähler ebenfalls struk-

---

5 Zur Intertextualität vgl. u. a.: Hans-Jost Frey, Der unendliche Text. Frankfurt/Main: Suhrkamp 1990; Renate Lachmann, Gedächtnis und Literatur. Intertextualität in der russischen Moderne. Frankfurt/Main: Suhrkamp 1990.

turgleich mit der Kalebasse, wenn er auch aufgrund seiner Endlichkeit als Subjekt „nur das Gewicht einer Fußnote" (391) im Vergleich zum Kosmos der Kalebasse mitbringt: *„Ich, die Kalebasse, bin Alpha und Omega"* (394). Der Erzähler hat kein Gedächtnis, doch er ist mit seinem „Erbteil" – der Kalebasse „nebst Samtkragenmantel und Vergrößerungsglas" (21) – ein „Gedächtniskünstler" (*Eulensehen*, S. 163), dem das Gedächtnis schreibend in der „hohle[n] Hand" (63) sitzt, die er auf die Kalebasse legt. Damit *hat* der Erzähler aber nicht nur den Beerdigungsmantel als Samtkragenmantel und das Vergrößerungsglas, sondern er *ist* beides. Mit der kratzenden Feder in der Hand bewahrt sein Gedächtnis die „zum alten Eisen" (25) gehörenden Mitglieder seiner Sippe in den Geschichten seiner fiktiven Biographie, wie das „Gerümpel" von Generationen in der ersten Thulserner Wohnstätte von Jascha und ihrem Sohn Kosmas, dem „Stadel", die „Haut" der Kalebasse „schützt" und ihr „Gedächtnis" „wärmt" (22). Die Mitglieder der Sippe

„fallen, bis Unserallerkind sie auffängt im Samtkragenmantel mit offenen Armen, nein: bis sie Unserallerkind in die Hände fallen nach und nach. Sie alle wollten ins Schlaraffenland und steckten doch in Schlamm und Sand, erzählt die Kalebasse. Sie schreit es hinaus, mir mitten ins Gesicht, meine Alfina" (28).

Was dem Chronisten ins Gesicht, also in sein Buch, geschrien wird, sind die Zeichnungen der Kalebasse, mit denen er – diese anwendend (vgl. 389) – die aufgelöste Geschichte seiner Sippe „als Spinner und Versponnener, als derjenige, der sich einspinnt in das Gewebe, das er lesend selbst erst knüpft" (Köpf, 1987/88, zit. 1991a, S. 86), in Geschichten auflöst und neu knüpft. Diese Geschichten machen als „das Gegenteil von Verfall" im „Fortschritt" (23) des aufschreibend-bewahrenden Erzählens eine Geschichte der letzten 200 Jahre zwischen Illusion, Desillusion und Vergeblichkeit im paradoxen Modus des Hinaufstürzens (vgl. 23) wieder zugänglich.[6]

Helle Bilder vom erbarmungswürdigen Thulsern

Am Anfang der Sippe stehen Feste und Visionen als „Grundkapital" (40) beginnender Geschichte. Jeder hatte

„einen Stern, dem er folgte. Keinen gab es, der ohne seine Vision geblieben wäre. Die Kalebasse verzeichnet jeden von uns. Stets haben Wünsche unser Herkommen entschieden, immer waren es Hirngespinste, Kopfwolken, Kuckucksheime, die unsere Wege bestimmten. Hirngespinste und Feste" (37f.),

---

6 Zur Problematik der adäquaten Darstellung bzw. des adäquaten Verstehens von Geschichte vgl. u. a.: Paul Ricœur, Zeit und Erzählung, 3 Bde. München: Fink 1988 ff., und Hayden White, Die Bedeutung der Form. Erzählstrukturen in der Geschichtsschreibung. Frankfurt/Main: Fischer Taschenbuch Verlag 1990.

denen zu Jaschas Zeiten deutlich als dialektische Momente Vergeblichkeit, Armut und Elend (vgl. 40; 42 ff.) eingeschrieben sind. In Reval läßt die Kalebasse Jaschas Geschichte beginnen, „hoch droben im Norden, weit drüben im Osten", und läßt uns mit ihr „an graue Kirchen, an Gruftkapellen und schwere gemeißelte Grabplatten" denken, wo *„mitten in allem Leben* [...] *die Toten gegenwärtig"* sind (37). Als Kinderfrau hat es Jascha „mit dem Feiern, den Festen und dem Fröhlichsein" (39 f.) – und die Feste, die sie so liebt, finden in den Büchern statt. Vom „Lesegift" (vgl. *Die Strecke*, S. 429 ff.) infiziert, ist das Geschriebene, das Buch, für sie kein Objekt, sondern „wenn sie vorliest, ist ihr, als schreibe sie das Buch selbst, das sie in der Hand hält" (38). Sie träumt sich als eine andere, wenn sie vorliest, und wird als vorlesende Wiedererzählerin und -schreiberin Teil des Buches, indem sie die Geschichten und Visionen als ihre eigenen entläßt. Aus der Bibel liest Jascha den Kindern vor, und ihre Vision gilt dem siebten Schöpfungstag als dem „erste[n] Feiertag" (39) in der Welt, dem „neuen Jerusalem" (40), und der „Paradeis-Welt" (50). In gut biblisch-hermeneutischer Tradition erzählt Jascha nicht nur von den Festen, sondern ist im Erzählen mit dabei, die Zeit überspringend und außer Kraft setzend. Indem im Feiern dieser Feste Vergangenes als Gegenwärtiges erfahren wird, können diese ihre Kraft für Gegenwart und Zukunft entfalten und erweisen sich als Metaphern, in denen sich ein jeder und eine jede Zeit in seinem bzw. ihrem Sehnen entwerfen kann. Wie Jascha „Szenen aus der biblischen Geschichte" mit den Kindern „spielen" (41) möchte, so wird in den Salons von Reval in der Diskussion über „religiöse Themen" (41) deren religiöser Inhalt säkularisiert und in politische, gesellschaftliche und soziale Ideen und Handlungsmaximen der Aufklärung transformiert:

„Die Gnädige bringt Klatsch mit aus den besseren Kreisen, in denen sie verkehrt. Dort wird mit neuesten Ideen gehandelt, dort wird besprochen, was zu verwerfen ist und was anzunehmen, [...] dort gibt es stets das Neueste aus Sankt Petersburg, vom Zarenhof, aus Frankreich, aus Berlin. [...] Die Gnädige also ist es, die im Kopf der Jascha die Feuerchen entfacht, die sie schier nicht mehr löschen kann, die sie umtreiben beim Spiel mit den Kindern" (41).

Ein Feuerchen ist der „Kandidat der Theologie und Philosophie, der künftige Pfarrer in diesem gottverlassenen Seitental" (43), einem Tal, „weitab im Westen, einwärts im Gebirg" (42). Die Rede ist von Thulsern, „einer Gegend, die nichts ist als erbarmungswürdig", die nichts hat von einer „Idylle" (43), jedoch alle Voraussetzungen, um als „Tal am Ende der Welt" (44) zum Ort für die Erprobung der Aufklärungsideen von Perfektibilität, humanitärer Vernunft und Freiheit zu werden (vgl. 47 ff.). Dieser Pfarrer ist „Jaschas Traumgesicht" (42), ihm und seinen Visionen, „ein in ganz Europa vorbildliches Gemeinwesen [zu] schaffen" (45), verdankt die Sippe ihr „Herkommen" (42). Jaschas Vorstellungen von ihrem Traum sind „übergenau" (43), obwohl sie ihn nur „vom Hörensagen in den besseren Kreisen kennt" (44). Sie denkt sich das Leben ihres Traums aus und begibt sich in diesen Traum: „Jascha beginnt, die Träume ihres Traumes zu träumen. [...] Sie muß seine Visionen übernehmen" (49 f.). „Helle Bilder" (42) entstehen in Jascha von Thulsern, gerade weil seine Erbarmungswürdigkeit Visionen und schöpferischen „Eigensinn" (45) zuläßt und ihr Traumgesicht – „ein Feind des Duckmäusertums" (45) – trotz aller „Enttäuschungen" (47) nicht aufgibt. Das „Nachspielen der biblischen Geschichte" (46) genügt Jascha nicht mehr, es drängt sie zur Tat, und dafür ist ihr „kein Weg zu weit [...], dann liegt Reval nicht länger am Finnischen Meerbusen, sondern eben im Thulsernischen" (46), wo „die Toten den Lebenden näher als andernorts" (50) stehen. Die Ideen der Aufklärung wirken als Traumwege im Träumenden, ein Ankommen in der Realität gibt es nicht – oder nur als Enttäuschung, gegen die die Hoffnung des Traums erneut anzustrengen ist:

„An der Grenze ins Thulsernische liest Jascha die Inschrift auf dem Sockel eines Bildstocks: Im Schweiße deines Angesichts... Da begreift Jascha: ihr Traum ist zerstoben, vorbei und verweht. [...] Jascha – und was sie nicht will: [...] die tückische Übereinkunft mit dem Unabänderlichen" (93).

Derart wird Jascha ein Bild der Kalebasse, wie die Kalebasse ein Bild von Jascha ist (vgl. 94 f.).

Die Aufklärung weist in der Säkularisierung der biblischen Vorstellung von der Gottesebenbildlichkeit des Menschen den Weg der Perfektibilität und Humanität, den Weg „der Versöhnung" (48). Gleichzeitig entläßt sie jedoch schon als ihr anderes Gesicht die (natur-)wissenschaftlich-positivistisch orientierte Einengung dieses Weges auf die Mach- und Erreichbarkeit eines endgültigen Ziels, gesellschaftlich wie auch individuell in der Idee der Selbsteinholbarkeit des Ich. Den „wilden" Visionen gesellen sich „untertags [...] die neuesten Erkenntnisse" (50) zu, die Rationalisierung der Lebenswelt im Ordnungsgedanken, der „Pädagogismus" (48) und Psychologismus. Was hier noch als prekäre Verbindung von inneren Motivationen und äußeren Handlungen in einer Ich und Welt umfassenden Lebenswelt erscheint, bricht unter „einem Eiferer, der von der Fertigkeit spricht, das Innere eines Menschen von seinem Äußeren ablesen zu können" (51), auseinander. Im Vermessen wird der an seinem Idealbild orientierte Mensch sich selbst zum Subjekt und Objekt und ordnet sich abstrakten Gesichtspunkten und Vorstellungen unter. Wo eine schöne Nase Ausdruck eines schönen Geistes sein soll, da ist nicht nur die Frage „Wissenschaft oder Scharlatanerie?" (51) erlaubt, sondern auch ein Hinweis auf die menschenverachtenden Konsequenzen dieser „Wissenschaftlichkeit" als „Vernunft ohne Humanität" (Köpf, 1987 b, S. 66) in der Geschichte. Statt, daß je-

der einzelne Mensch sich auf seiner Lebensstrecke „seiner Nase nach"
entwirft, wird in pseudoobjektiven Kriterien die Möglichkeit der Herstellung des perfekten Menschen als Ziel suggeriert.

Verfangen im Ewigen Umgang

Kosmas ist ein Kind des Erzählens. Sein Erzeuger Johann Michael Feneberg ist als Mitglied „der Thulserner Erweckungsbewegung" (58) auf
dem Weg an den Zarenhof in Sankt Petersburg. Fenebergs Erzählungen von den Schattenseiten Thulserns machen Jascha stark und
schwach zugleich. Sie halten ihre Visionen wach und liefern sie gleichzeitig Feneberg aus, der „erkennt, daß er eine Macht hat mit seinen Geschichten über die Jascha" (61). So „verkeilen und verheddern sich Jaschas Traumgesichte und Fenebergs Visionen [zu Thorn] ineinander wie
zwei Prozessionen" (60). Jascha hat das Hoffnung entbindende Erzählen im Auge, Feneberg dagegen das Ziel, Jascha zu erobern, wodurch sie
sie zum Objekt wird. Verantwortungslos verläßt er Jascha nach Errei-
chung seines Ziels (vgl. 91) und bestätigt damit Jaschas Eindruck, daß
er „sie im ersten Augenblick an den nasenkundigen Eiferer aus den Salons zu Reval erinnert" (58) habe. Wie der melancholische Erzähler des
süßen Breis im Lesen und Wiedererzählen sich und die Zeichnungen
der Kalebasse „wie einen fremden Kontinent" (91) erkundet und derart
getröstet sich seine erinnernde Sehnsucht erhält, so wird sich
Feneberg, nachdem seine Hand auf Jaschas Brust lag, „sein Lebtag an
dieses Gefühl erinnern und von diesem Tag an behaupten, Sitz des
Gedächtnisses sei die hohle Hand" (63). Konsequent wird Kosmas an
einem „novembertraurigen Tag" gezeugt, als die „Wärme" von Fenebergs Hand und seine Thulserner Geschichten Jaschas „knurrenden
Bauch" (70) trösten.

Am Ende hat Feneberg sieben Geschichten erzählt und ist dabei mit
der siebten tröstenden Hand auf Um- und Irrwegen zu seinem Ziel gekommen, nachdem er mit der sechsten Erzähl-Hand die Kalebasse in
die Welt gebracht hat. Der Schöpfungsakt der Sippe als Vereinigung
von Jascha und Feneberg vollzieht sich dabei im sexuell aufgeladenen
Bild der Schöpfung der Kalebasse durch den Wurmstich, wodurch aus
der mythischen Jascha die sterbliche, erinnerungswürdige Mutter der
Sippe wird. Folgerichtig gibt Jascha „ihrem Kind alle Namen dieser
Welt und heißt es schließlich Kosmas" (92). Kosmas, nicht Kosmos –
ein kleiner Vokalwechsel mit nicht unerheblichen Folgen, beschreibt
das „O" doch eher eine stimmliche Aufwärts-, das „A" dagegen eine
Abwärtsbewegung. „Kosmas: große Augen und wildes Haar" (93), das
zudem die Schwärze von Jaschas langem Zopf geerbt hat, so stellt die

Kalebasse ihn vor. Wie Jascha aus den Sümpfen kommt, so muß er „im Sumpf wühlen" (99). Er „stinkt" (102) nach Dreck und Ärmlichkeit, ist als Kind ein Außenseiter wie Jascha. Nachts schläft er „mit Träumen von einem Essen wie auf alten Gemälden" (96). Ein praktischer Philosoph, ein „Tüftler oder Mächler" (110) oder ein „wilder" Wissenschaftler wird er, der wissen will, „wie die Dinge zusammenhängen" (99), der das „Uhrwerk" (98) des Lebens ergründen möchte.

In den Zahnrädern des Feinmechanikers Ziegler, auf dessen Grund und Boden Jaschas Stadel steht, finden seine Visionen eine Richtung. Was zunächst nur als Spiel erscheint, zeigt doch schon Züge eines Erlösungsdenkens, wenn Jascha Kosmas fragt, ob er „wieder am Glockengießen" (98) sei, oder wenn er als Meßdiener vom schwingenden „Rauchfaß" (105) begeistert ist und mit „glockenklare[r] Stimme [...] wunderschön singen" kann (102). Aus dem Spiel wird Ernst, Kosmas geht „in die feinmechanische Lehre" (106). Nicht „der ewige Gleichlauf" von Vergeblichkeit und Tod ist sein Ziel, sondern „der Ewige Umgang" (111), die „Quadratur des Kreises", das „Perpetuum mobile" (107). „Herr" will er sein

„über eine Weltmaschine jenseits der Grenzen von Zeit und Raum [...], will [...] triumphieren über Tod und Vergänglichkeit mittels Riemen und Ketten, Flaschenzug und Hebelwerk, mittels Kugeln und Gewichten und Rädern und Widerlager" (107).

Im Feinmechaniker und Tüftler Kosmas geht der „himmelstürmende Menschheitstraum" (107) eine Liaison mit der sich entwickelnden Wissenschaft ein, hat er doch von „irgendwoher etwas aufgeschnappt vom Prinzip von der Erhaltung der Energie" (107). Beides aber steht schon unter dem Zeichen ökonomischen Fortschritts und der Macht des Geldes:

„Eines Tages zeigt ihm Ziegler eine Banknote, die er knisternd glättet auf dem Oberschenkel, um sie zwischen Daumen und Zeigefinger zu reiben und ins Licht zu halten" (101).

In Kosmas säkularisiert sich theologisches Erlösungsdenken in Fortschrittsdenken. Spricht der Pfarrer zu Kosmas noch: „der Kosmos selbst ist ein Perpetuum mobile" (108), so ist für den Menschen nach der Aufklärung das Perpetuum mobile kein „Indiz [mehr] für jene Harmonie, die Himmel und Erde durchwaltet" (108), sondern im Gegenteil Ausdruck der Zerrissenheit von Mensch und Welt, die es im technisch-wissenschaftlich-ökonomischen Fortschritt zu heilen gilt. „Automaten" (108) sind gefragt, dafür interessiert sich Kosmas.

Indem sein Ziel der Bau einer Maschine ist, vollzieht sich in ihm das Erbe seines Vaters Feneberg. Kosmas' Mißverständnis besteht darin, endgültige Erlösung zu suchen, wo er doch als individualisierter Kosmos Kosmas das Perpetuum mobile *ist*, immer wieder Hoffnung aus der

Vergeblichkeit entfachend. Es kann nur die „Hoffnung auf Vergebung" geben, nicht aber eine „wunderbare Heilung" (199). Die „Last seiner Hybris" (201) drückt den Menschen auf seinem Lebensweg bis in den Tod. So endet Kosmas' „Pilgerfahrt", sein Jakobsweg, als gleichzeitiger Weg der Buße und Erlösung in Santiago de Compostela in den erstikkenden „Weihrauchschwaden [...] unter dem schwingenden Rauchfaß im Kirchenschiff" (210), gleichzeitig aber auch in der letzten Illusion, „in der Kathedrale und in dem Licht" (208) angekommen zu sein. Der Traum gegen den Tod bleibt mächtig bis in den Tod, das ist das „Geheimnis des Ewigen Umgangs" (192). Als „Abwart" seines „Werks" (192) ist Kosmas mit „Bleisohlen" (195) in seiner inneren Werkstatt gefangen und wird von seinem Traum, seiner Maschine, gelenkt. Die hat „noch keiner gesehen", sie geht „auch keinen etwas an [...], weil sie etwas ist, das man nicht herzeigt, sondern in sich hat" (196).

Kosmas' Geschenk an Thulsern ist das Glockenspiel „zu der Melodie *So trolln wir uns ganz fromm und sacht*" (165), zu dem ihm seine Frau, die italienische Flora, „wichtige Anregungen" (117) gibt. Wo er sich kosmisch gibt, ist sie erd- und todesverbunden. Sie übt eine „Tätigkeit voll verhaltener Melancholie" (115) aus, ihre Liebe gilt „den Schatten" (114), dem „Scherenschneiden" (115). Dies ist ihre „Weltmaschine", und die „läßt sich rasch aus dem Papier holen, rascher als aus Kosmas' Kopf" (115). In ihren Schattenspielen spielt sie gegen den Tod und die Vergeblichkeit an, denn „das Schattenleben sei jenes Leben, das sie nicht leben könne, gibt Flora Bescheid" (116). So „baut [sie] eine Arche Noah" (118) gegen das Vergessen und erfindet für das Thulserner Glokkenspiel

„den weißen Ritter, der den schwarzen Ritter vom Pferd sticht, bei ihr tanzen die Kinder um den Hollerbusch, bis der goldene Hahn kräht und Stundenglas und Hippe sichtbar werden" (117),

und bekennt, daß einige ihrer schattenspielenden Vorfahren es bis nach Santiago de Compostela gebracht haben. Von ihnen „her habe sie gelernt, im Schattenspiel durchaus auch Verstorbene wiederkehren zu lassen" (117). Beider Erbe ist der Chronist und Erzähler, der gegen die verstreichende Zeit in seiner „Bleikammer" (396) als „Abwart" und „Auflöser" (27) anerzählt und doch in seiner Zeit verwurzelt ist wie Kosmas im Fortschrittsdenken des nachaufklärerischen 19. Jahrhunderts. Buße zu tun stünde Kosmas nur wegen seiner Verkeilung in diesen Fortschrittsgedanken an, während der Chronist, der sich selbst „Jacopo" (305) nennt, in seinem Erzählen Buße für die gesamte Geschichte seiner Sippe tut, indem er sich *im* süßen Brei *aus* diesem herauserzählen muß.

Zwischen Auswanderungsfieber und überirdischem Kunstwerk

Mit Kosmas' Tod im vierten Buch des Romans geht der erste Teil der Sippengeschichte zu Ende. Was sich bis dahin beweglich-dynamisch gestaltete unter dem Signum der Glockenspielmelodie *So trolln wir uns ganz sacht und fromm*, wird nun mit „unser aller erster Spießer" (221) Kaspar, dem einzigen Überlebenden von Kosmas' und Floras Kindern, statisch unter dem „Lieblingslied" seiner Frau Walburg: *Fein sein, beinander bleibn* (222). Auch politisch-ideologisch stehen nach 1871 Ordnung sowie das Beharrende und Bewahrende an:

„Auch der Prinzregent hat ein Lieblingslied. Er hat es Walburg abgelauscht, behauptet die Kalebasse, aber ich glaube ihr diesmal nicht. Es heißt: *Fein sein, beinander bleibn*. Kaspar sagt: Solange wir einen Prinzregenten haben, ist alles in Ordnung. Und Ordnung ist das halbe Leben" (222),

aber leider eben nur das *halbe*.

Kaspars Geschwister sind verschollen oder tot – und mit ihnen ihre spezifischen Lebensentwürfe. Benedikt sucht sein Glück und seine Erlösung in der Auswanderung nach Amerika. Er möchte sich „von all den Gewichten" (129) lossagen, von der Enge, dem „himmelschreiende[n] Elend" (132), den „Duckmäusern im Thulsernischen" (128) und „sitzt der Verheißung auf, das Glück bei den Wilden zu finden" (128). Sein Lebensentwurf ist fremdgeleitet vom „Auswanderungsfieber" (135), denn er sagt „zu den Seinen: *Glück ist nur dort zu finden, wo auch andere es suchen*" (129). Benedikt bleibt verschollen in Amerika. Über sein mögliches Leben erfährt die Sippe aus einem Brief, der als Irrläufer zu ihr kommt. Die Erinnerung an ihn ist fiktional, geschieht anhand einer anderen Geschichte: Der Brief „stammt nicht von unserem Benedikt, sondern ist von anderer Hand, und keiner weiß, an wen er gerichtet ist. Dennoch bewahrt die Sippe den Brief auf, als wäre er von Benedikt" (136).

Pirmin fällt „angeblich [...] für Kaiser und Vaterland" (175). Die verlogene Vaterlandsideologie verbrämt, daß ihn auf dem Latrinen-Häuschen bei der Lektüre von „Fachliteratur" (179) nach dem Motto „Lesen bildet. Wissen ist Macht" (179 f.) eine Granate trifft. Titel des Buches: *„Die Geschichte der Explosivstoffe"* (178). Fanden bei Jascha und Kosmas die Feuerchen und die Explosionen noch im Kopf statt, so ist ihre Sehnsucht bei Pirmin in die Explosionen des Militarismus und Nationalismus, in den Haß auf den „Erbfeind" Frankreich, umgeschlagen (vgl. 177). Die in der Aufklärung propagierte Idee der Humanisierung durch Bildung und Wissen findet als Ausscheidung auf der Latrine ihr Ende – und nicht umsonst endet „unser Oma ihr klein Häuschen" auch als „Latrine" (26).

Vom Feinmechaniker Ziegler als Kind und Jugendliche sexuell belästigt, kommt Regula sich „befleckt" (141) vor. Ihre Vision gilt der Erlösung von Leiblichkeit und Sexualität, sie „träumt von erhebenden Gefühlen, mit denen ihre Seele der Erde entflieht" (142). Sie verschreibt sich Gott, der Nächstenliebe, der Hilfe für die Kranken und Schwachen und der Einsamkeit, zwingt sich in das Dasein als Nonne, stets dienend, immer freundlich und von sich absehend – und kann doch nicht ihren Wünschen nach Liebe, Kindern und einem selbstbestimmten Leben entfliehen (vgl. 143 f.). Ihre „Stelle bei einem Reitpeitschen- und Galoppsteckenfabrikanten" (145) ist ein „Hundeleben" (147) voller Demütigungen, obwohl Regula sie als Prüfung ihrer „Nächstenliebe" (146) begreift, „ein Kampf auf Leben und Tod" (146) nach dem Modell des Totentanzmotivs „Der Tod und das Mädchen": „Der Peitschenfabrikant ist nur mehr Haut und Knochen, Regula dagegen das blühende Leben" (148). Zu Tode pflegen will sie ihn, doch als seine „bis auf den Knochen abgemagerte Hand" sich in ihre Brust krallt (150) und gleichzeitig ein Peitschenhieb ihr Gesicht trifft, tötet sie den Fabrikanten. Mit ihrem Lebensentwurf der Verdrängung von Leiblichkeit und der Erlösung von ihr durch deren Sublimierung in der Nächstenliebe steht sie vor einem Scherbenhaufen. Ihr Gesicht ist gezeichnet von Gewalt, Desillusion und Tod; „wie mit der kalten Nadel" auf der Kalebasse ist ihr Scheitern „eingeritzt in ihre Haut" (151). Daß sie von Stadthonoratioren und dem Pfarrer zum „Vorbild christlicher Nächstenliebe" (153) in den Himmel gehoben wird, kann sie nur als Hohn empfinden. Sie tritt die Erbschaft des Fabrikanten an, „teilt mit keinem" – und „verschwindet" (154).

Während Regula in ihrem Gesicht ein „Brandmal" (141) zu haben meint, ist ihre Schwester Svea ein Kunstwerk „von unerreichbarer Schönheit" (159). Im Gegensatz zu Jascha und Flora ist sie „weißzopfig" (158) und hat „ein Gesicht, geschliffen wie Porzellan" (159). Als Kosmas' und Floras letztes Kind ist sie das „größte Wunder Thulserns" (159), geliebt und verehrt. Auch „die Kalebasse kennt sich gar nicht mehr vor lauter Schwärmerei" (159) und vergleicht die am 18. September im Zeichen der Jungfrau Geborene mit der am selben Tag geborenen Greta Garbo. Den auch um den 18. September geborenen Chronisten erinnert sie an seine Alfina (vgl. 158).

Svea ist überirdisch, gehört der „Stille" (158) eines anderen Lebens an. Das Geheimnis ihrer Schönheit ist, ohne Tod zu sein, den Flora auf sich nimmt, als sie im Kindbett stirbt (vgl. 156). Das Leben erscheint ihr als Spiel – wie das Spiel mit den „eifersüchtig" bewachten „Murmeln aus Marmor", die sie zwischen Daumen, Zeige- und Mittelfinger hält wie der Erzähler seinen Schreibstift (vgl. 161). Die Kalebasse dagegen läßt bei jeder Drehung nur die *Kerne* in ihrem Inneren rollen *wie Mur-*

meln, die erzählende Hoffnung gegen Tod und Vergeblichkeit anstrengend. Das Murmelspiel der Kalebasse ist eine Gedächtnis-Kunst, nicht schwerelos-schwebend, sondern „vom Stamme Sisyphos" (Köpf, 1991 c, S. 183). Folgerichtig heißt es nur zu Beginn dieses Kapitels: „Wieder dreht sich die Kalebasse, läßt die Kerne rollen im Inneren wie Murmeln, *als wäre alles nur ein Spiel*" (156 – Hervorhebung W.-M. B.).

Die Murmeln hat Svea von ihrem Paten Bonaventura Heel, „akademische[r] Bildhauer und Steinmetz" (160). Er „sammelt junge Mädchen, aber wirklich zählen bei ihm nur die Jungfrauen, die Kleinen, wie er sagt, die noch nach Milch duften" (160). Wo er sich im Jungbrunnen ergehen will, bringt er den Jungfrauen den Tod im Leben. Von der Idee der Unsterblichkeit besessen, hat er die „Vision vom mechanischen Totentanz" (166). Svea wird ihm dabei „Modell" (167) für „den Tod und das Mädchen" (167), nicht abstrakt, sondern konkret. Er vergewaltigt sie und brennt ihr ein „Brandmal" (168) ins Gesicht, das Tod heißt. „Der Spiegel des Teiches", der ihr makelloses Gesicht wiedergibt, „zerspringt. In einem Scherben erkennt Svea ein Gesicht. Es ist Heels Gesicht" (167). Heel erlangt dabei zwar nicht Unsterblichkeit, brandmarkt dafür aber Svea als „seine Hex, sein Luder" (168) und tötet sich selbst. Indem die Bewohner Thulserns sie verfolgen und verstoßen, trennt sich Thulsern von der Idee der Schönheit als Gesellschafts- und Mitmenschlichkeitsideal, so daß Svea „ein leeres Thulsern" (170) auf immer Richtung Lissabon verläßt.

Svea *ist* nun der Tod und das Mädchen, der Totentanz. In Lissabon, dieser Stadt, der seit dem Erdbeben „am Allerheiligentag des Jahres 1775" (171) der Tod und die Melancholie eingeschrieben sind, wird Svea „plötzlich begehrt als tanzender Nachtfalter" (171). In der „Drehung" ihres Totentanzes umgibt sie die Aura „des Lichts", und ab und an muß sie „wie gekreuzigt [...] dastehen [...]. Das Gesicht ist kaum zu sehen, sie trägt ein Visier, das aussieht wie ein Schmetterling" (171 f.). Als Totentänzerin „altert [sie] nicht", und „vor lauter Schönheit scheint sie den Boden nicht mehr zu berühren" (174). Totentanzend bewahren Svea, die Kalebasse, der Erzähler und seine Alfina das Geheimnis der Schönheit, ebenso wie Kaspars Sohn und Unserallerkinds Onkel Firmian, der als „Herr der sieben Meere" (11) und glänzender Erzähler die Kalebasse in die Sippe bringt und dessen Name nicht umsonst an Jean Pauls Firmian Stanislaus Siebenkäs gemahnt.

Vom „Höhepunkt" zum Ende der Strecke

Kaspar begreift sich als „Höhepunkt" (224) der Sippe. Von der Feinmechanik sattelt der „Geradeausdenker und Kantenfeiler" (221) zur Bahn um und wird Bahnbeamter: „Von nun an bestimmt der Fahrplan sein Leben" (221). Sterben wird er „mitten im Zweiten Weltkrieg an Bauchverhärtung" (235). Wie sein Vater Kosmas besucht er die Weltausstellung in Paris und kauft dort eine „Schweizeruhr" (224).

Kaspars kleinbürgerliche Visionen erschöpfen sich im Opportunismus, in der Anpassung an die rigide Ordnung des kaiserlichen Deutschlands. Mit „Verachtung" blickt er auf seine „wilden" Vorfahren und seine Geschwister (220). Vorbei ist die Zeit des Tüftelns, der Entwürfe, der Stadel hat ausgedient, ist nur noch für das Gerümpel gut, das es schnell zu vergessen gilt (vgl. 214f.). Jetzt stehen auf dem Fahrplan: „Ordnung, Fleiß und Sparsamkeit", „Eigennutz" (221) statt Eigensinn und „unser Oma ihr klein Häuschen" (233). Gefragt ist „Eigentum" (233) als das ideologisierte kleine Glück. Dafür arbeitet die gesamte Familie, auch wenn das Glück und die Baupläne immer bescheidener ausfallen (vgl. 234). Kaspars Frau Walburg, Sinnbild einer „brave[n] Frau" (237), Untertanin ihres Untertanen Kaspar, muß deswegen „für fremde Leute" (234) waschen. Die Wut der waschenden Jascha (vgl. 93) ist der stillen Duldsamkeit eines fremdbestimmten Lebens, eines „Opfer[s] als Mittäterin" (Ackermann/Hübner, 1989, S. 47) gewichen, dem ein Brandmal „nach dem Gesetz der Schwerkraft und den goldenen Regeln der Mechanik" (247) beim vergeblichen Versuch des Reinwaschens aufgedrückt wird:

„Während die Wickelschürze vermutet, die Lauge fließe auf die Holzpantinen, während die Holzpantinen vermuten, die Lauge fließe über die Wickelschürze, während der Magen vermutet, die Lauge tilge den Gestank der Fußlappen des Reichsarbeitsdienstes, verhält sich die kochend heiße Lauge ganz anders. Sie entdeckt ein Wäscherinnenbein" (247).

Kleinbürgerlich minimierte Glückvorstellungen und die der Feinmechanik inhärenten Gesichtspunkte von Ordnung, Präzision, Rationalisierung, aber auch von Inhumanität und Verdrängung bzw. Überwindung des Todes – für Kaspar ist „jeder Schritt ans Grab eines anderen ein heimlicher Triumph" (235) – gehen nach der Inkubationszeit in Kaiserreich und Weimarer Republik eine Verbindung mit dem Nationalsozialismus ein, dessen Eisenbahngleise nicht nur an die Front, sondern auch nach Auschwitz führten (vgl. 235).[7]

Wie Kaspar der Kasper und Gefangene seiner eigenen „Beschränkt-

---

7 Den Januskopf wissenschaftlich-technischen Fortschritts nimmt Köpf in *Borges gibt es nicht* mit Blick auf die „Feinmechanik" und den Nationalsozialismus auf: „Das hat mir mein Vater erklärt, nicht aber das Gras. Mit den Autobahnen hat mein Vater die Feinmechanikerbude meines Großvaters zum Unternehmen aufgebaut. Mit Hitlers Autobahnen ist mein Vater vermögend geworden. Zirkel und Meßgeräte wurden später nur noch in den Zweigwerken oder in Heimarbeit hergestellt" (91).

heit" (221) bleibt, so ist Walburgs demütiger Widerstand gegen die Brandmale des Lebens im *Fein sein, beinander bleibn* zum Scheitern verurteilt:

„Weil nichts hilft, deshalb sagt sie still nach dem [Schmerzens-]Schrei: Vergelt's Gott für die Armen Seelen" und „betet für die Armen Seelen, die unerlöst umhertreiben, all die Toten, all die Worte im Wind des Unheils, verkeilt ineinander als Illusion und Enttäuschung" (248).

Ihr „Bein will und will nicht heilen" (312), auch nicht in der Nachkriegsbundesrepublik, und verweist mit seiner offenen Wunde auf die Wirksamkeit verdrängter Geschichte im Wirtschaftswunderland, auf den in den Drehberichten thematisierten Zusammenhang von Schlaraffenland und Nazi-Treffen (vgl. 214; 314).

Unserallerkinds Vater Baptist hat die Ordnungsliebe seines Vaters Kaspar und die duldende Unterwürfigkeit seiner Mutter Walburg geerbt:

„Immer braucht er einen Vater. Immer muß er gesagt bekommen, was er zu tun hat. Immer tut er, was der Stärkste von ihm verlangt. Walburg sieht mit Stolz und Entsetzen, wie ängstlich ihr Baptist ist und wie ordentlich" (240 f.).

Folgerichtig tritt der Gelegenheitsarbeiter und Feinmechaniker Baptist der SA bei, weil dort „für ihn gedacht" (256) wird. „Treffpunkt ist immer der *Adler*. Der Einfachheit halber wurde der Adlerwirt zum Ortsgruppenleiter gewählt" (256). Sein einziger Aufbruch aus der Enge Thulserns (vgl. 260) besteht darin, seinem Bruder Firmian, der die schwarzen Haare von Jascha und Kosmas geerbt hat (vgl. 19) und sein Glück in fernen Ländern und auf den Weltmeeren suchen will, nach Hamburg zu folgen. Doch letztendlich entscheidet sich Baptist aus Angst vor einer derart einschneidenden Lebensänderung gegen „die ganze Welt" (260) und für Thulsern. Nach sieben Verlobungsjahren, während deren „stets emsig am Häuschen gebaut" (257) wird und das Dritte Reich sich etabliert, somit auf beiden Ebenen „Stein auf Stein" (257) kommt und auf einer weiteren die Visionen einer humanen Gesellschaft zu Grabe getragen werden, so daß das „Richtfest" mit der machtpolitischen Konsolidierung des Nazi-Staates und der Geburt von Unserallerkinds Bruder Martin im Jahre 1936 zusammenfällt (vgl. 267 f.), heiratet der Parteigenosse Baptist seine Kathi:

„Kathi entscheidet sich für Baptist, weil sie einen Vater sucht. Baptist entscheidet sich für Kathi, weil er bei ihr endlich Vater sein kann. Kathi ist sentimental, Baptist ist ordentlich und ängstlich" (254).

Diese ängstlichen Anpassungs- und Bewußtseins-Krüppel zeugen Unserallerkind und das Wirtschaftswunder-Schlaraffenland, indem sie schnell über alles „Gras wachsen" (24; vgl. auch 214 und Anm. 7) lassen und dort weitermachen, wo sie im Krieg aufgehört haben. Aus englischer Kriegsgefangenschaft zurückgekehrt, geht Baptist „zurück in unser Oma ihr klein Häuschen" (303), obwohl er

„vor seiner Entlassung durchs Lager Dachau muß nach dem Willen der Alliierten. Dort liest er einen Spruch, der ihm vertraut ist von Kindheit an von seinem Vater Kaspar her, dort liest er an der Mauer: *Es gibt einen Weg zur Freiheit. Seine Meilensteine heißen: Gehorsam, Fleiß, Ehrlichkeit, Ordnung, Sauberkeit, Nüchternheit, Wahrhaftigkeit, Opfersinn und Liebe zum Vaterlande"* (236).

Baptists Bruder Luis versucht seine innere Leere und unbegriffene Sehnsucht als „Langstreckenläufer" (241) und in sexuellen Abenteuern mit KdF-Touristinnen zu befriedigen. In seiner Suche nach „rassige[n] Schwarze[n]" (269) kommt einerseits sein Jascha-Erbe zum Ausdruck, andererseits seine Ursprungs- und Todessehnsucht, gerade weil dieses Erbe in ihm verschüttet ist. Im Glück und „kleinen" Tod verbindenden Orgasmus sucht er Erlösung. Als er „erkennt, daß er den Sport bisher nur wie ein Schauspieler betrieben hat, der sich in der Hauptrolle sieht" (291), daß Erlösung durch Ausstieg aus dem eigenen Lebensfilm nicht möglich ist (vgl. dazu auch 376), meldet er sich bei Kriegsausbruch freiwillig. Bevor „seine Stoßrichtung [...] ostwärts" (291) geht, zeugt er mit Erna aus Leipzig Raimar und sorgt dafür, daß sich die Erbengemeinschaft nach Kriegsende auf beide Teile Deutschlands verteilt. Den Weg Jaschas in entgegengesetzter Richtung in „einem Schneeschuhbataillon" (291) wiederholend, sucht Luis seinen Ursprung und wird „auf Spähtrupp" (292) getötet: „Die Kalebasse behauptet, Luis sei willentlich in einen Hinterhalt gelaufen mit seinen Schneeschuhen. Es sei ganz in der Nähe von Jaschas Geburtsort gewesen" (292).

Wie das Richtfest des Häuschens mit der Konsolidierung des Dritten Reiches zusammenfällt, so bringt Firmian die Kalebasse 1939 am Vorabend des Zweiten Weltkriegs nach Thulsern in die Sippe. Die Kalebasse und der Erzähler schwimmen wie ein Schiff auf dem „Meer aus Nichtvergessenem", wie „die einzige Boje [...] in diesem Ozean: Riff und Leuchtturm zugleich" (25). Und so erzählt Firmian mit seinem an den „weißen Ritter" und Svea erinnernden „weißen Schal" (273) und der „weiße[n] Uniform" unter dem „Samtkragenmantel [...]" auf Teufelkommraus" (274) im *Adler* gegen das Vergessen an, wie Svea gegen den Tod angetanzt hat, während Luis' Erna von putzigen Gartenzwergen „redet und redet" (270). Er erzählt von der Melancholie des Tangos „unter dem Kreuz des Südens", von „Luder[n]" und „Halunke[n]" (265), von der „*Liebe, die man nicht gab und [...] [dem] Himmel, den wir einmal erträumten*" (266) und davon, „*daß alles Lüge ist*" (267). Finden läßt sich das Kreuz des Südens nur *im Erzählen* der Existenz, nicht aber *als* Existenz. Wie Kosmas bis zuletzt meint, auf seinem Jakobsweg zur Erlösung zu gelangen – „den Camino will er gehen, die Milchstraße als das himmlische Abbild des heiligen Weges" (200) –, und das schwingende Rauchfaß im Kirchenschiff der Kathedrale zu Santiago de Compostela das Bild eines schwingenden Kreuzes beschreibt (vgl. 210), so sucht Firmian sein Kreuz des Südens am Sternenhimmel auf einer Motorradfahrt die Weißbacher Steige hinunter:

„Mit Vollgas sucht er den Sternenhimmel ab, bis er endlich einen Stern findet, der ihm gefällt, der ihn anzublicken scheint, der nur für ihn leuchtet. Aber da verschwindet der Stern hinter einem Baum [. . .], auf den der Herr der sieben Meere zurast mit dem Motorrad, mit Vollgas die Milchstraße hinunter. Oder hinauf? Hinauf zu jenen, die seiner schon harren?" (277), den „anderen Armen Seelen, all [. . .] [den] Toten, *denen die Jahre vorüberflogen wie satte Vögel*" (278).

Nur noch einer erbt Jaschas schwarze Haare, das ist Firmians und Friedas Sohn Bruno, ebenfalls Feinmechaniker (vgl. 318). Er schaut als einziger noch gelegentlich auf die Kalebasse (vgl. 22) und ist der letzte „Wilde" unter Jaschas Nachfahren. Sein Glück sucht er erst beim Motorradrennen, dann beim Skispringen, will er doch „ein Vogelmensch" (321) werden. Bruder Martin, blondlockig und blauäugig, hat sich, dem Wirtschaftswunderland angemessen, „auf Riesenslalom und auf Spezialtorlauf" (310) verlegt. Erfolgreich bei den Frauen, heiratet er doch als „Ziel seiner Wünsche" (319) die häßliche und tumbe Emma, ist sie doch eine „Oberbauratstochter" (323) – eine Heirat aus Prestigegründen, geboren aus der Aufstiegsideologie des Wirtschaftswunderlandes. Als Brunos Stiefvater Lorenz „Brunos Braut Else" (323) zur Freundin nimmt, fährt Bruno im „Schneetreiben" (324) gescheiterter Hoffnungen mit seinem Motorrad in den Tod. Beim Aufprall auf eine Autowindschutzscheibe spielen, wie so oft in der Sippe, *„die goldenen Regeln der Mechanik"* (325) eine Rolle und brechen Bruno das Genick. Er jedoch visioniert seinen Sturz auf die Windschutzscheibe als gigantischen Skisprung, der ihn zu einem von Erdenschwere befreiten Vogel werden läßt. Doch „dann kommt die Landung, aber Bruno erfährt die Weite nicht mehr. Die Beerdigung ist ein großes Spektakel" (325), bei dem Lorenz und die Sippe ihre „Hände in Unschuld" (326) waschen, denn „sauber" ist Thulsern nach dem Krieg: „Sauber wie die Weste unserer Sippe sind die Straßen von Thulsern" (326). Zu Fronleichnam wehen „rote Tücher mit goldenen Borten [. . .] aus den Fenstern, auch Fahnen: diesmal ohne Hakenkreuz. Aber es sind die alten Halterungen" (326).

Das Ende des Häuschens und der Erbengemeinschaft kommt, als sich Lorenz' finanzielle Wünsche mit Friedas Vorstellung, ihn von Else „zurückkaufen" (348) zu können, verhaken. Baptist, nun „Haupt der Erbengemeinschaft" (317), soll Friedas Anteil am nun vermieteten Haus auszahlen, was nur bei dessen Verkauf möglich wäre. Als Baptist sich weigert, weil in ihm „nämlich noch immer der Plan von einem eigenen Häuschen" (347) umgeht, unterstellt Lorenz, Ausgeburt skrupelloser Wirtschaftswundermentalität, ihm Bereicherung „auf Kosten der Erbengemeinschaft" und „schreit [...] auf einmal Familienangelegenheiten in der Öffentlichkeit herum" (349). Damit drückt er, der nun zum „Erbfeind" (354) wird, Baptist ein „Brandzeichen" (351) auf, gegen das dieser von der öffentlichen Meinung abhängige Duckmäuser und in seiner Unsicherheit zum Handeln Unfähige sich nicht wehren kann (vgl. 350). So steht das „Zwangsversteigerungsverfahren" (351) des zum „Streitobjekt" (353) heruntergekommenen Häuschens an. Raimar aus Leipzig erteilt die Prozeßvollmacht gegen einen Warenwert von „DM 6531,–" (360), und der Adlerwirt ersteigert das Objekt:

„Er plane etwas Größeres. Den neuen Thulserner *Adler*. Internationale Küche. Weltcup. [...] Unser Oma ihr klein Häuschen sei gerade recht als Latrine für die Bauarbeiter" (363).

Die „Macht des Geldes" (352) regiert – gesamtdeutsch, wenn man so will – klebrig und zähflüssig. Die Aufklärungsvisionen einer vernünftig-humanen und freiheitlichen Gesellschaft sind in der paradoxen Bewegung des Hinaufstürzens, des Aufschwungs in den süßen Brei, zu ihrem Ende gekommen – zu einer Zeit, da die Hoffnungen und Aufbrüche des scheiternden Studentenprotests sich von einer den Wohlstand neu verteilenden sozial-liberalen Koalition aufsaugen und neutralisieren lassen. Thulsern ist damit unter „Verkehrung aufklärerischer Vernunft" (Köpf, 1987b, S. 66) vom gelobten Land zum Alptraum geworden.

Verzögerung im Drehplan

Die sechs Drehberichte an Alfina bedenken im Moment der das Geschehen unterbrechenden und einhaltenden Reflexion die aus den Drehungen der Kalebasse hervorgegangenen und sich entwickelnden Geschichten der Sippe, den dadurch hervorgerufenen prozeßhaften Wandel des Chronisten sowie den Fortgang der Verfilmung und die des Nazi-Treffens. Während, mit dem Ziel ihrer Verknotung, die Entwicklung der Verfilmung und die des Nazi-Treffens chronologisch nach vorne berichtet werden, nähert sich der Chronist spiegelbildlich dazu, langsam „abwärts seitwärts abwärts" (Köpf, 1987b, S. 69) Geschichten erzählend, seinem Ursprung als Ziel des Erzählens – zugleich zum Jüngsten, Ältesten und Letzten der Sippe werdend:

„Liebste Alfina, von Drehbericht zu Drehbericht bin ich jünger geworden durch den ständigen Blick auf das Gerümpel in unserer Oma ihrem kleinen Häuschen, durch das ich mich fressen mußte wie durch den süßen Brei, der meine Arbeit bestimmt, obgleich sie stets neu von zweierlei Erbengemeinschaften gestört wird, die dennoch miteinander zu tun haben wie Geschichte und Historie" (335).

Dieser Ursprung ist nicht Beginn oder Anfang, sondern Durchgangspunkt, der in sich Vergangenheit und Zukunft verbindet. Unserallerkinds Zeugung im Jahre 1947 geschieht „unter Anwesenheit aller Mitglieder der Erbengemeinschaft, die ich aufzulösen habe [...], sowie unter den Anfeuerungsrufen aus verschiedenen Zeiten und Kontinenten" (304f.) und im Blick auf die entstehende Nachkriegsbundesrepublik: „Eine große Aufgabe steht dem Ahnungslosen [Baptist] bevor: Währungsreform. Wiederaufbau. Wirtschaftswunder. Will sagen: die Zeugung von Unserallerkind" (303). Unserallerkind *ist* sein Erbe, seine Erbengemeinschaft, wie unser aller Urmutter Jascha Mutter der gesamten Sippe *ist* und „unser Oma ihr klein Häuschen" Ausdruck von Aufstieg *und* Fall der Sippe *ist*: „Wir stürzten. Aber wir stürzten immer hinauf" (23).

Zum Erinnerungsvorgang des Chronisten trägt zum einen ein unvorhergesehenes Ereignis bei: die „Verweigerung der Drehgenehmigung" (81) für die „Krönung des Schlaraffenkönigs" auf „Schloß Neuschwanstein", ein „besonders dicker Brocken, den wir möglichst schon am Anfang hinter uns bringen wollten" (79). Der Grund: „Schloß Neuschwanstein war schon vermietet" für ein SS-Treffen (81). Dieses Einhalten im Drehplan, d. h. im Fortschreiten der Zeit, macht erst das erinnernd-wiederholende Nacherzählen in den Drehungen der Kalebasse möglich. Folgerichtig wird die Krönung des Schlaraffenkönigs erst am Ende der Dreharbeiten verfilmt, findet erst dann das Nazi-Treffen statt, wird beides mit seinen negativen Begleiterscheinungen im sechsten und letzten Drehbericht reflektiert, wenn auch Unserallerkind an seinem Ursprung angelangt ist. In der Verzögerung der Verfilmung des Endes von Geschichte wird Raum gegeben, erzählend das Ende hinauszuschieben. Zum anderen wird der Chronist – wegen der Verfilmung an seinen „Geburtsort" (77) zurückgekehrt – mit sich selbst konfrontiert. Jetzt „geht [es] doch nicht so glatt und so kalt, wie ich es mir gewünscht habe" (84), denn er und das Filmteam werden „in das Grandhotel Thulserna, in den neuen *Adler*" (82), einquartiert, in dem nach langem Hin und Her schließlich auch das Treffen der SSler am 8. Mai 1985 stattfindet. Das Hotel steht *An der Wolfsgrube*:

„Die Wolfsgrube aber war einst im Besitz meiner Sippe. Ich könnte also mit einiger Berechtigung sagen, das Hotel stehe auf meinem Grund und Boden, mithin auf einem Fleck Erde, den ich einmal erben sollte", auf verlorener „Heimaterde" (83). Dort, „an der Rückseite des Hotels" (83) und damit „bloßem Auge" (11) verborgen, steht „unser Oma ihr klein Häuschen", „als hätte man vergessen, es abzureißen" (83).

Mit dem Blick auf dieses Häuschen und die Kalebasse „drüben auf dem Rauchtischchen" (83) sowie Alfina „rollt" für den Chronisten „ein

Film" vor seinen „Augen ab, den nur" er „sehen kann", und er „muß ernstlich aufpassen, die Filme nicht durcheinanderzubringen" (84).

Diese beiden Filme gehören jedoch zusammen „wie Geschichte und Historie" (335). Darf an Originalschauplätzen nicht gedreht werden, muß man auf „Vorschlag" des Chronisten (!) „selbst solche schaffen" (85), sind doch „wir [!] vom Film [...] es gewohnt, die Welt zu verdoppeln" (86). Im postmodernen auf die Gegenwart fixierten Schlaraffen-Wirtschaftswunderland ist Simulation angesagt, weil alles „zum alten Eisen zählt" (25) und unter dem Diktum des *„Kaufe jeden Nachlaß"* (26) jegliches nur noch als Requisit in einem „Kostümstück" (86) dient. Wo der Erzähler sich einerseits zunehmend als Ausstatter und Beteiligter der Verfilmung begreift, entgeht er andererseits als Nacherzähler dieser Verdoppelung, indem er die zum „Zitat geronnene Vergangenheit" (86) konjunktivisch im Bild der zopflösenden und zopfflechtenden Jascha (vgl. 49) auflösen und neu knüpfen muß, um ihre Wirksamkeit für Gegenwart und Zukunft zu erschließen. In seinem Film

„geht es ausschließlich um die Geschichte unserer Sippe, und die Darsteller sind alle echt. Jeder spielt sich selbst und sein Leben", und „manchmal glaube ich, der Film laufe schon mehr als hundert Jahre und habe noch immer kein Ende gefunden, obwohl doch längst niemand mehr aus unserer Sippe in unserer Oma ihrem kleinen Häuschen wohnt" (84).

Der Erzähler zielt damit die „Quadratur des Kreises" (107) an. In seinem „Mischmaschkunstwerk" (*Innerfern*, S. 68) macht er den versteinerten Sinn des „zum alten Eisen" Geworfenen nicht nur dadurch wieder zugänglich, daß er die Sippengeschichte neu entwirft, sondern auch durch die Knüpfung eines heterogenen Geflechts aus Chronik-, Familiensaga- und Briefromanelementen. Darin eingewoben sind Zitate und Liedtitel, Sentenzen und Sinnsprüche, die kommentierend Entwicklungen und Ideologeme der Sippe verdichten. Daß diese dabei oftmals nicht authentisch, sondern erfunden sind, läßt sich als weitere Drehung der Fiktionsschraube deuten, durch die der Roman seinerseits der Gefahr der Versteinerung, d. h. des Mißverstehens als bloß historischer Rekonstruktion „im Maßstab 1:1" (Köpf, 1991 d, S. 187), entgegentritt. Dieses Mischmaschkunstwerk drückt eben nicht postmoderne Beliebigkeit und Geschichtslosigkeit aus – dafür steht das Schlaraffenland –, sondern hat, unter den Bedingungen des Schlaraffenlandes, gerade das Ich, sein Geschichtsbewußtsein und seine Verantwortlichkeit im Blick. In seiner Form und in der inhaltlich-erzählerischen Ausgestaltung dieser Form ist der Roman damit „die Poetik ner selbst". Roman und Erzähler sind spiegelbildlich strukturgleich aufeinander bezogen. Sie verbindet „republikanischer Dienst" (Köpf, 1987 c, zit. 1991 a, S. 76), beide sind im Modus der Vergegenkunft „zeitweilend" (Köpf, 1987 a, S. 13) und rund wie die Kalebasse. Stammbaum und Inhaltsverzeichnis am Ende des Romans lassen Ursprung und Ziel des Erzählens und des Erzählers in eins fallen und führen zudem über den Roman hinaus, indem aus Stammbaum und Inhaltsverzeichnis durchaus neue Geschichten erzählt werden könnten.

Erinnern heißt, das Uneingelöste im Sinne des Wiederholens zu seinem Recht kommen zu lassen. Heimkehren bedeutet dann aber nicht die Rückkehr in eine als heil beschworene Heimat der Vergangenheit (vgl. 77 f.), sondern das „Ablegen einer Rechenschaft" (85) als Aufgabe, die erzählender Widerstand gegen das unabänderlich Eingetretene ist: „Ich bin hierher gekommen, nicht nur um einen Film zu sehen, sondern um meinen Rücken gegen die Wand zu stemmen" (85).

Indem der erste Drehbericht zu Beginn des zweiten Buchs auf die dem Erzählen Raum gebende Verzögerung der Dreharbeiten zu sprechen kommt, weist er auf die Eroberung Jaschas durch Feneberg und auf Kosmas' Zeugung sowie das In-die-Welt-Kommen der Kalebasse im ersten Buch zurück. Er kann also erst erfolgen, nachdem es die Kalebasse als Erinnerungsmedium gibt, das die schreibend-wiederholende Erinnerung des Chronisten mit Blick auf das Häuschen und Alfina in Gang bringt und die Schöpfung der Sippe ermöglicht.

Rechnungspräsentation und Kündigung der Kalebasse

Kalebasse und Erzähler haben in ihren Drehungen und Geschichten einen Totentanz gegen das Endgültige aufgeführt. Als Erzähler und Nacherzähler haben sie mit ihrem „Koffer voller Lügen" (389) dem Tod ein „asperes Gelächter" (369) abgerungen, die Hoffnung angestrengt, die höher ist denn alle Vernunft, im poetischen Bewußtsein des „Nichts ist entschieden und nichts geht verloren, solange Trost und Kraft reichen und unsere Sehnsucht ungehemmt begehrt" (14). Als „Jojo" (371) zwischen „Illusion und Enttäuschung" (388) konnte sich Unserallerkind mit der Kalebasse in seine „eigene Geschichte hineinträumen" (370), hat es sich mit seiner „enzyklopädisch breitmäuligen Gefräßigkeit" (373) aus den „Flecken zusammengenäht, aus denen es zu bestehen glaubt" (379). Indem sich Unserallerkind unter der Überschrift „Abtanz" in eigener Regie die Leichenrede hält und von seinem „Sterbefest" träumt (367), strengt es die letzte seiner „Einbildungsorgien" (369) an, ein letztes „Weiterträumen gegen den Strom" (370), um am Ende sein „eigenes Leben erfunden zu haben, um es lesen zu können, anstatt es mühselig hakenschlagend leben zu müssen" (370). Doch wie seine Vorfahren der Illusion der Erlösung aufsaßen, so gibt es auch für Unserallerkind „keinen rettenden Ausweg" (374). Es bekommt die „Rechnung" präsentiert: „Sie war hoch: wie stets bei einem Saufaus und Wortverdreher, sobald sein Auge bricht" (373). Hinaufstürzend ist Unserallerkind im Erzählen seiner Sippe gleichzeitig gewachsen und geschrumpft, denn mit der Erfüllung des Drehplans für die Sippe ist auch sein Ende gekommen, es sei denn, es träumte sich in eine andere fiktive Biographie hinein. Was erzählend noch möglich scheint, ist existentiell zum Scheitern verurteilt. Die Kluft zwischen Kunst und Leben ist nicht überbrückbar, das Einschreiben der *Existenz* in die Kalebasse und damit das endgültige Sich-selbst-Einholen im Erzählen müssen mißlingen. Wenn Unserallerkind im Prolog des Romans als seine „wenige[n] Interessen: mich und mein letztes Wort" (13) nennt, so verkennt es, daß der Tod das letzte Wort spricht. Der „Film über meine eigene Traumfabrik" unter dem Jean Pauls Einsichten verkehrenden Titel „*Rede des lachenden Christus vom Weltgebäude herab, daß trotz allem ein Gott sei*", bleibt eine Illusion, ein „Vorhaben" zu einem „Blumenstück" (376).[8] Was bleibt, ist das Spielen „in meinem eigenen Lebensfilm" (376). Gegen die „*Wahrheit*" (382) des Todes bleibt auch für Unserallerkind nur, das Leben selbst als Ziel zu begreifen, in dem das „Blaue" vom Himmel gegen den Tod und das Vergessen angestrengt wird. Das Leben hat einen Drehplan, dem die beiden Momente Hoffnung und Tod eingeschrieben sind; der Beginn des Epilogs stellt sie als „Geheimnis" Alfinas nochmals nebeneinander (vgl. 387 f.). Das existentielle Sterben ist unter dem Blickwinkel der Hoffnung darauf, nicht vergessen zu werden, „mehr eine Angelegenheit der Weiterlebenden als unser selbst" (382) – und gerade hier besteht angesichts der Bedingungen im Schlaraffenland und auf dem gesamten Globus eine nicht mehr gesicherte Zukunft (vgl. Köpf, 1987 b, S. 70).

So nimmt es nicht wunder, wenn in dem das gesamte Geschehen reflektierenden Epilog das Programm des erinnernd-wiederholend-intertextuellen Erzählens dadurch in Frage gestellt wird, daß die Kalebasse wütend ihren „Erzählauftrag zurück"gibt (392). Gegen das Vergessen und die Leichen im Keller hat sie von alters her die Hoffnung angestrengt im Glauben, sich ihren „eigenen Weg bereiten zu können" (395). Angesichts des „Wissen[s] um die Unerziehbarkeit des Menschengeschlechts" (394) und der scheinbaren Beliebigkeit aller Werte sowie des Stillstands geschichtlicher Bewegungen im süßen Brei

---

8 Vgl. Jean Paul, Blumen-, Frucht- und Dornenstücke oder Ehestand, Tod und Hochzeit des Armenadvokaten F. St. Siebenkäs. In: ders., Werke in drei Bänden, Bd. 1. Hanser: München [4]1986, S. 449–864; bes. S. 641 ff. – Bei Köpf selbst heißt es mit Blick auf Miguel de Unamunos Roman „Nebel" (Ravensburg: P. S. Verlag 1988): „Auf diese Weise wird der Roman zum Gleichnis menschlicher Existenz: das Geschöpf Gottes ist geträumt wie das Geschöpf des Dichters. Nur eines hat die Romanfigur dem Autor voraus: sie ist ein Wesen der Phantasie – und als solches unsterblich" (Köpf, 1991 b, S. 39).

(vgl. 392 ff.) hat sich die Kalebasse soweit auserzählt, daß ihre „Schrunden und Risse" (389) derart zugenommen haben, daß sie auseinanderbricht und nun „der schwarze Ritter [...] den weißen Ritter vom Pferd" sticht, „die Glock' Zwölfe" (396) schlägt. Sicher schießt die Kalebasse über ihr Ziel hinaus, doch dies, weil auch sie der „Hoffnung auf jene letzten Worte [...], deren Klang [...] Himmel und Erde erschüttern würde" (396), aufgesessen ist. Und so läßt der letzte Satz des Romans die Zukunft des Erzählprogramms in der Schwebe: „Sacht kommt der Tod in Gestalt eines vorbeihuschenden Vogels, der die Kerne aus dem Inneren der Kalebasse in langsamem Flug davonträgt" (396).

Über die *Erbengemeinschaft* hinaus bleibt festzuhalten: In *Eulensehen* entspricht der Kalebasse Orinoco, der Thulserner „Gemeindevogel" (*Eulensehen*, S. 161): Dieser „plappert einfach drauflos", weil er „nicht vergessen" kann (ebd., S. 163). Wiewohl auch „Gedächtniskünstler" (ebd.), eignet ihm als Papagei eine negative, auf das Mechanische verweisende Konnotation. In *Borges gibt es nicht* mit dem bezeichnenden Untertitel „Eine Novelle" geht Köpf noch einen Schritt weiter. Aus dem Widerspiel von realitätsgebundenem Subjekt und poetischem, sich in Sehnsüchten projizierendem Ich entsteht keine Hoffnung mehr; die Macht der Realität ist zu übermächtig. Der Versuch der Emanzipation des Subjekts im Spiegel der Poesie läuft in einem nur noch als Spiegelkabinett empfundenen Raum literarischer Figuren leer. Was bleibt, ist das erinnernd-wiederholende Erzählen als *„Erbarmen"* (*Borges*, S. 172) mit den Armen Seelen im Bild des Don Quixote und deren Rettung als *„Fliege[n] im Bernstein"* (ebd.). Damit präsentiert sich *Die Erbengemeinschaft* als Mittelstück des fünfflügligen Thulsern-Altars, in dem die in *Innerfern* und *Die Strecke* emphatisch beschworene Widerstands- und Identitätsbildungskraft der Poesie in Skepsis umschlägt.

Bibliographie

KÖPF, GERHARD: Die Erbengemeinschaft. Roman. Frankfurt/Main: S. Fischer 1987 [zitierte Ausgabe]

KÖPF, GERHARD: Innerfern. Roman. Frankfurt/Main: S. Fischer 1983
–: Die Strecke. Roman. Frankfurt/Main: S. Fischer 1985
–: Eulensehen. Roman. München: Hanser 1989
–: Borges gibt es nicht. Eine Novelle. Frankfurt/Main: Luchterhand Literaturverlag 1991

KÖPF, GERHARD: Hund und Katz und Maus, Schnecke, Butt und Ratte. Günter Grass zum sechzigsten Geburtstag. Frankfurt/Main, Olten, Wien: Büchergilde Gutenberg 1987 (1987 a). Neudruck in: Köpf, 1991 a, S. 87–101

Köpf, Gerhard: Komm, stirb mit mir ein Stück. In: Rowohlt Literaturmagazin 19, 1987, S. 64–71 (1987 b). Neudruck in: Köpf, 1991 a, S. 164–173

–: Vom republikanischen Einzelgänger. Rede zum Amtsantritt als Stadtschreiber von Bergen. In: Beckermann, Thomas (Hg.), Reise durch die Gegenwart. Frankfurt/Main: S. Fischer 1987, S. 246–252 (1987 c). Neudruck in: Köpf, 1991 a, S. 73–79 [Zitierung nach dieser Ausgabe]

–: (Hg.): Das Buch der Drachen. Frankfurt/Main: Fischer Taschenbuch Verlag 1987 (1987 d)

–: Ein wunderbares Beispiel für die Kraft der Poesie. Rede zur Neuausgabe des Romans „Die sieben Briefe des Doktor Wambach" von Klaus Nonnenmann. Frankfurt/Main: Frankfurter Verlagsanstalt 1987/1988. Neudruck in: Köpf, 1991 a, S. 80–86 [Zitierung nach dieser Ausgabe]

–: Ästhetik und öffentliche Anästhesie. Ein Zuruf. In: Rowohlt Literaturmagazin 24, 1989, S. 24–28. Neudruck in: Köpf, 1991 a, S. 111–116

–: Vom Schmutz und vom Nest. Aufsätze aus zehn Jahren. Frankfurt/Main: Luchterhand Literaturverlag 1991 (= SL 986) (1991 a)

–: Im Schlaraffenland oder wie ich in Heinrich Manns Roman hineingeriet. Erzählung von einer Lesereise (1991 b). In: Köpf, 1991 a, S. 29–42

–: Lob der Nacherzählung. Rede anläßlich der Verleihung des Wilhelm-Raabe-Preises 1990 (1991 c). In: Köpf, 1991 a, S. 181–186

–: Das Märchen vom Lesen mit dem Schneidbrenner (1991 d). In: Köpf, 1991 a, S. 187–188

Ackermann, Irmgard/Hübner, Klaus (Hg.): Gerhard Köpf. München: iudicium-Verlag 1989

Kaiser, Herbert: Gerhard Köpf. In: Kritisches Lexikon zur deutschsprachigen Gegenwartsliteratur, hg. von Heinz Ludwig Arnold. München: edition Text + Kritik, 27. Nlg., Stand: 1. 8. 1987

Ursula Ziller

Christa Wolf: Störfall. Nachrichten eines Tages

Christa Wolfs Text *Störfall. Nachrichten eines Tages* ist von der Kritik zwiespältig aufgenommen worden und – so scheint es – gründlich und grundsätzlich mißverstanden worden. Weder handelt es sich hier um einen Aussteigertext, noch um Verwandlung einer Katastrophe in Kunst, noch um einen bemühten, aber bedauerlich unzulänglichen Beitrag der Autorin zur Diskussion um die Auswirkungen der von Menschen nicht mehr beherrschbaren Technik, wie sie bereits schon viel differenzierter geführt worden sei, um nur einige der Lesarten zu benennen. Der Text geht über die Erörterung der Zwiespältigkeit von Technik weit hinaus. Er kann gelesen werden als Abschied der Autorin von einem unbezweifelbaren Ziel des Schreibens in der Zukunft, der Utopie einer sozialistischen Gesellschaft. Diese Katastrophe treibt sie in bohrende Reflexionen zur eigenen Natur und zu Fragen der Anthropologie (vgl. Rey, 1989, S. 373); nicht verwunderlich für diese Autorin, daß diese anthropologischen Überlegungen notwendig verknüpft sind mit solchen zu Ethik und Ästhetik, Reflexionen also darüber, wie nun nach Tschernobyl ihre Arbeit als Schriftstellerin noch möglich sei. Für Christa Wolf ist Schreiben schon immer verdichtetste Form des Lebens gewesen. Schon immer hat sie ihre Arbeit als „subjektive Authentizität" (Wolf, *Die Dimension des Autors,* S. 781) und als „phantastische Genauigkeit" (ebd., S. 488) verstanden, und immer schon hat sie sich zu gesellschaftlich und politisch wirksamem Schreiben bekannt. Diese Grundüberzeugung ist auch diesem Text unverkennbar eingeschrieben.

Die Erzählerin, Schriftstellerin und Hauptfigur des zugleich erzählenden und essayistischen Textes erlebt und beschreibt zwei sie tief beunruhigende Ereignisse: die Katastrophe des Reaktorunglücks von Tschernobyl, die namentlich nicht genannt wird, und die Gehirnoperation ihres Bruders, der von Beruf Physiker ist. In der ersten Person berichtend, damit zwingend Authentizität und Nähe herstellend, beschreibt sie, wie in einer Autopsie des Ich, den durch diese Ereignisse hervorgerufenen Wirbel des Bewußtseins bis hin zu einem völligen Zusammenbruch ihrer Orientierungen und einer mit Leidenschaft und Vernunft erlebten Infragestellung ihrer eigenen Person. Vordergründig liest sich *Störfall* wie das minutiöse Protokoll dieser großen Verunsicherung. Der Text bildet ein „Netzwerk" (Kaufmann, 1990, S. 255), das sich zusammensetzt aus Beschreibungen alltäglicher Begebenheiten, aus Gesprächen mit nahestehenden Personen, vor allem mit Frauen und mit den Nachbarn einerseits; andererseits aus Berichten aus der Wissenschaft zur Evolution des Gehirns und immer wieder und ganz wesentlich aus Reflexionen zu Sprache und Schreiben. Nicht zuletzt findet sich eine Fülle von Zitaten aus anderen poetischen Texten, deren Funktion es ist, den eigenen Reflexionsstrom weiterzuführen, zu bündeln oder ihm eine überraschende Wendung zu geben. *Störfall* kann, in Anlehnung an Christa Wolfs Bemerkung zu Max Frisch, als „Mischform" (Wolf, *Dimension des Autors*, S. 174), im Gegensatz zur geschlossenen Form, bezeichnet werden. Die tagebuchartige, collageähnliche, unvollständige Form läßt dennoch zu, den Text wie eine Erzählung zu deuten. Anlaß und Berechtigung dazu gibt das Motiv der Geschwisterlichkeit, ein Motiv, das sich als archetypisches, mythisches in allen Kulturen findet, jeweils überlagert von den für die jeweilige Kultur geltenden polaren Rollenzuschreibungen an die Geschlechter. Das poetische Bild vereinigt in sich die mythischen Muster und die zeittypische Einkleidung. In diesem Text ist es die Polarität von Schwester/Schriftstellerin/Frau und Bruder/Physiker/Mann und das diese Konstellation ergänzende Motiv des Grimmschen Märchens von *Brüderchen und Schwesterchen*, das die Sachlichkeit des tagebuchartigen Berichts schon zu Beginn bricht durch das Märchenmotiv: Alles geht gut. Von dieser den Text wesentlich tragenden Polarität her kann die vermeintlich lose Reihung von Textelementen in eine Gestalt gebracht werden.

Optisch unmittelbar anschaulich ist die Verbindung der beiden Erzählstränge, der kollektiven Katastrophe des Reaktorunglücks und der möglichen individuellen der Gehirnoperation des Bruders. Die Absätze enden jeweils abrupt mit einem Gedankenstrich; eine Schreibweise, die dem Bewußtseinsstrom angenähert ist, der ebenso plötzlich seine Richtung ändern kann, dabei aber auch Entferntestes wie in einer Analogie plötzlich zusammenführen kann. Die Erzählung schildert vom zeitlichen Rahmen her einen einzigen Tag. Aber die Grenze dieses Tages, dessen Alltäglichkeit ausführlich beschrieben wird, wird auch immer wieder überstiegen durch Reflexionen auf die Entwicklung der menschlichen Gattung. Sie bewegt sich so in der Spannung von Lebenswelt und Geschichtlichkeit. Es ist ein Nachdenken des epischen Ich über sich selbst und über die Einbettung dieses Selbst in die menschliche Geschichte und Naturgeschichte. Dieses Nachdenken im Rahmen des Motivs der Geschwisterlichkeit von Mann und Frau läuft hinaus auf die Frage nach der Doppelnatur des Menschen als Geist- und Naturwesen mit allen Implikationen. Die dringende Frage ist die des dem Buch vorangestellten Mottos von Carl Sagan nach dem Zusammenhang von Töten und Erfinden. Hieraus ergeben sich weitgehende Darstellungen in wissenschaftlich beschreibender Form einerseits und andererseits in poetisch bildlicher Form zum Problem der ungebändigten Triebnatur des Menschen und deren Verbindung mit der instrumentellen Vernunft der Neuzeit. Ist die Technik eine List der Vernunft oder nicht vielleicht doch die List des Reptils, jenes noch im menschlichen Gehirn angesiedelten Rests der tierischen Herkunft? Das sind Überlegungen, die ganz zweifellos Freud und Nietzsche heranziehen, Autoren, die in der Gesellschaftsform der DDR möglicherweise nicht selbstverständlicher Hintergrund des Schreibens gewesen sind.

Abschied von der Utopie – Brüderchen und Schwesterchen

Die Erzählung beginnt – sehr auffällig – im Futur II. Aus der vollendeten Zukunft beschreibt die Ich-Erzählerin ihre Gedanken und Empfindungen an einem in literarisch verdichtete Form gebrachten Tag nach der Katastrophe von Tschernobyl. „Eines Tages, über den ich in der Gegenwartsform nicht schreiben kann, werden die Kirschbäume aufgeblüht gewesen sein. Ich werde vermieden haben, zu denken: ‚explodiert‘, wie ich es noch ein Jahr zuvor, obwohl nicht mehr ganz unwissend, ohne weiteres nicht nur denken, auch sagen konnte" (9). Die Zukunft scheint ihr plötzlich verschlossen durch diese Explosion des doch eigentlich friedlicher Nutzung dienenden Kernreaktors. Sie war nicht „unwissend", aber doch bedurfte es dieser anschaulichen Erfahrung, um ihre innere und äußere Welt in Aufruhr zu bringen. So wie die Sprache nicht zu tragen scheint, weil die Worte plötzlich einen ungeahnten, bedrohlichen Nebensinn bekommen, so gerät auch ihr Bewußtsein in Abgründe. „Schadenfroh" beobachtet sie die Hennen, deren Eier nach dieser Bestrahlung nicht mehr genießbar sein werden. Ganz real und greifbar ist plötzlich die Zukunft abgebrochen. Sie weiß nicht, was sie noch denken, aber auch nicht, was sie noch an Nahrung zu sich nehmen soll. Böse, aggressiv und vorwurfsvoll löst sie sich aus ihren Bindungen. „Und jener Instanz, die von früh an begonnen hat, mich aus einer sehr fernen Zukunft aufmerksam zu betrachten – ein Blick, nichts weiter –, habe ich zu verstehen gegeben, daß ich mich von nun an an nichts mehr gebunden fühlen würde. Frei, zu tun und vor allem zu lassen, was mir beliebt" (9). Ihr Leben und Schreiben erscheint ihr dem Fortschritt anheimgefallen wie das der Hennen in Joseph Conrads Erzählung *Herz der Finsternis*. Dessen Buch, das sie am Abend dieses Tages lesen wird, wird ihr zum dialogischen Gegenüber und hilft ihr, aus dieser Krise herauszukommen. Die Frage ist nun, was tritt an die Stelle des Ziels in der Zukunft, das ihr kontrollierende und Halt gebende Instanz für Leben und Schreiben gewesen ist.

Der Text, der sich entzündet an den vernichtenden Auswirkungen von Wissenschaft und Technik, zeigt deren Zwiespältigkeit; einerseits die zerstörende Kraft der unbeherrschten Technik, bis hin zur drohenden Vernichtung der Menschheit, andererseits die potentiell lebensbewahrende, hier der chirurgischen Technik. Damit wird auf der ersten Textebene bereits die Ambivalenz menschlicher Werkzeuge angedeutet und zugleich die Frage gestellt, wo in der menschlichen Natur der Hang zur Zerstörung zu suchen sei. Die Konstellation von Bruder und Schwester erlaubt es, diese Frage genauer zu formulieren, sozusagen phänomenologisch allererst in der ganzen Fülle des Problems zu begreifen. Der Ambivalenz der Werkzeuge entspricht die Ambivalenz der menschlichen Natur, die das epische Ich bereits an den ersten Sätzen an sich selber konstatiert. Gewissen und Gewissenlosigkeit liegen eng beisammen, Töten und Erfinden offensichtlich ebenso.

Der Schwester und dem Bruder werden jeweils künstlich stilisierte und bewußt vereinfacht dargestellte Umgebungen zugewiesen. Der Schwester wird das Bild der Hand zugeschrieben, dem Bruder das des Gehirns. Die Hand wäre zunächst nur der bildliche Ausdruck der Lebenswelt. Die Arbeiten, die beschrieben werden, liegen im Bereich der Handarbeit, wenn auch die Metaphorik – wie noch zu zeigen ist – weiterträgt. Ähnlich ist es mit dem Bild des Gehirns. Es ist Ausdruck der Verselbständigung desselben, dessen Wucherung im Kopf des Bruders durch eine Operation beseitigt wird.

Die Welt der Schwester ist die Welt der Alltäglichkeit, der unmittelbaren Lebenswelt, die Welt der Frauen, denen ja vor allem die Arbeiten mit der Hand zugeschrieben werden, die Hausarbeiten, die Arbeiten im Garten. Gemeint ist aber auch über diese allgemeine Zuweisung hinaus die Hand der Schriftstellerin. Sie schreibt mit der Hand, und mit diesem Schreiben tritt das Moment der Reflexion hinzu. Durch die Reflexion wird die Unmittelbarkeit der Gegenwart überstiegen in Richtung auf Vergangenheit und Zukunft. Die Sprache, das Sprechen sind Bestandteile des Alltags. Geschildert werden daher auch die Gespräche mit den Nachbarn. In der Geschichte des alten Nachbarn Plaack werden Erinnerungen an den Krieg wach. Er erzählt, wie er sich als Soldat Socken und Hemd in einem verlassenen Haus genommen hat, weiß aber, daß dies – im Rahmen seiner Vorstellungswelt – ein Unrecht war, auch wenn er sich in einer Notlage befand. In einfacher Form wird hier Erinnerung und ein Gefühl der Verantwortung für das eigene Handeln beschrieben. Die komplementäre Geschichte dazu ist die des Fahrers bei der Gestapo, der sich weisungsgemäß und ohne Verantwortung verhalten hat. Ähnliches zeigt sich bei den Gesprächen des epischen Ich mit den Töchtern und Freundinnen. Die Frauen sprechen im Hinblick auf die Ursachen und Konsequenzen des Reaktorunglücks von „die" und „sie". Vorläufig noch wollen sie sich nicht verantwortlich wissen.

Den Bruder umgibt ein eigentümlich weltloser Raum, und ebenso eigentümlich ist er in der Erzählung abwesend. Er ist nur als Kranker im Eingedenken der Schwester präsent, sozusagen nur in ihrem Kopf, ein Teil ihrer selbst. In der Narkose liegend, also ohne Ich-Bewußtsein, ist er handlungsunfähig, ohne Erinnerung und Dialog, ohne Empfinden der Zeit, ohne Empfinden überhaupt. Ihm fehlt – im Bild – alles, was Leben auszeichnet, er erscheint so als Sinnbild der Lebensferne und Abstraktheit der Wissenschaft, die er als Physiker symbolisch vertritt. Seinem Bildbereich ist auch die Laborsituation von Livermore zuzuordnen. Die Wissenschaftler dort werden beschrieben als „Menschen auf einer Isolierstation, ohne Frauen, ohne Kinder, ohne Freunde" (70), die nur mit ihrer Arbeit beschäftigt sind und sich von fast food ernähren. Sie arbeiten mit einer jeder Kontrolle entzogenen Art von Dauererregung des Gehirns, in welcher sich dessen doppelte Abspaltung zeigt: eine soziale Abspaltung von der Lebenspraxis und eine strukturelle Spaltung in Geist und Natur, denn in der Unwillkürlichkeit der Dauererregung regrediert das Gehirn zur bloßen Naturfunktion.

Weiterhin ist dem Bildbereich des Hirns auch zuzuordnen die Erinnerung der Schwester an den Bruder, die ihn wach und in einer typischen Arbeitssituation am Computer zeigt. Mit Zahlen, Daten, Fakten, Messungen beschäftigt, berechnet er die „Drift unserer Wolke" (35), sich über den „Gehorsam" des Computers freuend; ein Bild für den Bemächtigungswillen des Gehirns und für die Simulierung von Naturvorgängen in den Apparaturen, die über die Vorstellung die Herrschaft über die Natur potenziert und den Abstand von Gehirn und Welt ebenfalls noch einmal verdoppelt.

Bündelt man die Gegensätze der beiden nur idealtypisch zu polarisierenden Umgebungen, dann ergibt sich Folgendes: der Bildbereich der Hand wird charakterisiert durch ein Ich, das in einer konkreten Situation von Ort und Zeit lebt, zur Erinnerung fähig ist, im Dialog steht, mit Empfindungen ausgestattet; komplementär dazu der Bildbereich des Gehirns, ein Punkt der Zeit-, Ort- und Ichlosigkeit, eine Verbildlichung dessen, was man wissenschaftliche Methode nennen könnte. Wissenschaftliches Denken muß, um intersubjektiv überprüfbar zu sein, von unmittelbarer Lebenspraxis und von Empfindung und Persönlichkeit gereinigt sein.

Die beiden Bildbereiche, die Welt der Hand, des Alltags, des Lebens, konnotiert auch traditionell mit dem Rollenstereotyp der Frau, und die Welt des Gehirns, des Denkens, der Wissenschaft, komplementär konnotiert mit dem Rollenstereotyp des Mannes, treten auf der Textebene in einen bestimmten Kontakt, der ihre Gegensätzlichkeit und ihre Zugehörigkeit zueinander zugleich zeigt. Die Konsequenzen des Bereichs des Gehirns bedrohen die Welt der Hand, bis hin zur Vernichtung. Wieder stellt sich die Frage: auf welche Weise sind Töten und Erfinden aneinandergekoppelt?

Die Ich-Erzählerin geht ihr nach, und am Text zeigt sich eine Verbindung beider Bereiche noch in anderer Form. Zwischen Schwester und Bruder besteht eine starke Spannung. „Er ist das genaue Gegenteil von mir [...] Er steht mir nahe" (61). Die Geschwister sind in Liebe verbunden, beide zusammen erst bedeuten den ganzen Menschen. Offensichtlich gibt es ein Verbindendes zwischen den Gegensätzen; zunächst aber wäre die Widerspruchseinheit beider zu klären.

Diese widersprüchliche Einheit des Menschen in Mann und Frau zeigt sich in poetischer Form im Märchen von Brüderchen und Schwesterchen, das verdeutlichend von der Ich-Erzählerin herangezogen wird. Eingeleitet wird das Märchenmotiv durch eine Gegenüberstellung von Fahrrad und Düsenjäger. Beides sind Erfindungen, Werkzeuge, beide dienen der Fortbewegung. Das Fahrrad, der Schwester zugeordnet, zeigt das Werkzeug als hilfreich, entlastend und eingebunden in ein menschliches Maß der Fortbewegung. Der Düsenjäger, dem Bildfeld des Bruders, dem Hirn zuzuordnen, versinnbildlicht dagegen die Bedrohung durch die Technik. Er ist ein Werkzeug, das gegen den Bereich der Hand gerichtet ist, ein tödliches Werkzeug. Die Verbindung zwischen Märchenmotiv und Geschwistermotiv liegt in der Erinnerung der Schwester, die beim Anblick der äsenden Rehe sich in das Nachspielen des Märchens mit ihrem Bruder zurückversetzt fühlt.

Das Märchen fügt der Frage nach dem Zusammenhang von Töten und Erfinden, der Frage nach der Menschwerdung ein neues Motiv zu, das der verbotenen Wünsche. Brüderchen und Schwesterchen sind von der Stiefmutter verstoßen, man könnte auch sagen, von der Natur ausgestoßen, oder aber, in biblischer Sprache, aus dem Paradies vertrieben worden. Sie wandern in den Wald, und als sie Durst bekommen, wollen sie einen Brunnen suchen, um zu trinken. Die böse Stiefmutter aber hat alle Brunnen verwünscht. Wer aus dem Brunnen trinkt, wird in ein Tier verwandelt werden. Der Durst wird so zum verbotenen Wunsch. Der Bruder trinkt dennoch und wird zum Reh, zum Tier, zur nichtmenschlichen Natur. Der Wunsch nach dem Verbotenen, gleichzusetzen auch dem Motiv des Essens vom Baum der Erkenntnis in der Genesis, wird dem Mann zugesprochen. Adam, nicht Eva, nimmt hier sinnbildlich den Apfel vom Baum der Erkenntnis. Die Besonnenheit wird hier der Frau zugeordnet. Im Märchen wird die alte Konnotation von Geist/ Mann und Natur/Frau paradox gebrochen. Seit der Antike wird die Frau als Materie, Natur, Sinnlichkeit, Leidenschaftlichkeit aus dem Geistigen ausgegrenzt, das nur bei sich ist, wenn es von all dem gereinigt ist. Der Geist, das Denken, stellt sich der Natur gegenüber, diese zum Objekt machend. Das Ausgegrenzte, das als solches aber Angst erweckt, ist konnotiert mit Weiblichkeit. Das Märchen aber zeigt ein Anderes als diese traditionelle Aufteilung. Der Bruder, der das Verbotene tut, wird zum Tier. Die Technik, traditionell der Ratio und dem Stereotyp der Männlichkeit zugeordnet, und das verwandelte Brüderchen, das Tier, werden hier zusammengedacht. So ist es auch mit dem Bild der Wissenschaftler von Livermore, die daran arbeiten, ein besonders wirksames Kriegswerkzeug zu erfinden. Sich reduzierend auf ihre Hirnleistung, arbeiten sie angetrieben von einer heimlichen Angst. Ihre Arbeit ist Ersatz für das Ausgegrenzte, für Liebe. Im Punkt vermeintlich reinster Geistestätigkeit, größter Neutralität, zeigt sich hier die Wiederkehr des Verdrängten als irrationaler Trieb, als unbewußter Antrieb. „An welchem Kreuzweg ist womöglich die Evolution bei uns Menschen fehlgelaufen, daß wir Lustbefriedigung an Zerstörungsdrang gekoppelt haben" (73). Die Rationalität schlägt um in Irrationalität. Die Wissenschaftler drücken wie die Ratten auf die Taste, um ihr Lustzentrum zu stimulieren. „Sie hängen an der Taste. Drücken, drücken, drücken. Auf die Gefahr hin, zu verhungern, zu verdursten, auszusterben" (ebd). Lust- und Todestrieb scheinen hier dialektisch verbunden. Der Todestrieb, nach Freud das Nirwanaprinzip, vereinigt sich mit dem Lustprinzip, beide zielen auf Unlustabbau oder Verewigung der Lust, auf Wiederherstellung eines früheren spannungslosen Zustands. Die Zeitlosigkeit der Triebe, strukturähnlich dem Prinzip Leben, so wie es bei Nietzsche als amorpher, chaotischer Antrieb erscheint, als ewiger Wechsel zwischen schmerzvoller Individuation und lustvollem Untergang im Ureinen, zwingt so zu ewiger leerer Wiederholung des in sich kreisenden, naturhaften Lebens. Es ist der „Sog des Todes", die „Machbarkeit des Nichts" (72). Die bloße Ratio führt in den Untergang.

Diese Interpretation wird gestützt durch das Bild des glühenden Reaktorkerns. „Jetzt schüttet der Mensch, zweitausend Kilometer von uns entfernt, mit Beton, Sand und Blei den glühenden Kern unserer verbotenen Wünsche zu" (49). Das Bild des glühenden Kerns taucht noch an anderer Stelle auf, und beide wortgleiche Metaphern müssen ins Verhältnis gesetzt werden. Zu Beginn der Erzählung, schon im zweiten Abschnitt, versucht die Schwester durch einen Gedankenstrahl – „Alles geht gut", den „glühenden, pulsierenden Kern" (10) im Gehirn des Bruders zu erreichen. Der glühende Kern des wuchernden Gehirns, dessen Konsequenz sich in der Außenwelt als glühender Reaktorkern zeigt, verweist auf den Umschlag von instrumentalisierter Ratio in Trieb oder blinde Natur.

Neuzeitliche Technik: Willensherrschaft über die Natur

In einer Umkehrung der Zeitrichtung – Abkehr von der in der Zukunft liegenden Utopie hin zur in die Unendlichkeit der Vergangenheit hinein verewigten Triebnatur und deren Konsequenzen – stehen sich hier zwei sonderbar entzeitlichte Phänomene gegenüber. Bezogen auf die schon in den ersten Sätzen des Textes gestellte Frage, auf welches Ziel hin nun zu schreiben sei, scheint die Suche nach einer neuen Orientierung hier noch ins Leere zu gehen. Welche Ausblicke gibt der Text, um dieser offenen Frage weiter nachzugehen? Es bietet sich an, den Bereich des Hirns nach dieser eher triebtheoretisch argumentierenden Herangehensweise nun auch von der geschichtlichen Seite her in den Blick zu nehmen. Es scheint, als ob die Erzählerin, beschäftigt vor allem mit der anthropologischen Fragestellung nach dem Wesen des Menschen – für sie gleichbedeutend mit radikaler Selbsterforschung – diese geschichtliche Dimension nicht ausreichend berücksichtigt hätte. Die Möglichkeit der drohenden Selbstvernichtung der Menschheit ist nicht nur eine Konsequenz des Reptilgehirns, sondern auch eine der geschichtlichen Entwicklung der letzten Jahrhunderte.

In der Neuzeit ändert sich die Form des Wissens. Die Frage nach der Wahrheit, traditionell die metaphysische Frage nach der Angemessenheit des Denkens an das Sein, wandelt sich zur erkenntniskritischen Frage nach der Gewißheit des Wissens. Descartes gründet bekanntlich die sichere und klare Erkenntnis im „ich denke, also bin ich". Diese zweifelsfreie Gewißheit im cogito des subjektiven Verstandes ist ihm das sichere Fundament des Erkennens. Der Verstand als denkende Substanz steht der Welt der Gegenstände als ausgedehnter Substanz entgegen. Geist und Natur stehen sich von nun an als Getrennte gegenüber. Der Verstand bemächtigt sich der Natur durch in Mathematik gegründetes methodisches Vorgehen. Die metaphysische Frage nach dem Sein, dem Was der Dinge, wird verdrängt durch die Frage nach der Methode, dem Wie. Im Prozeß dieser Verdrängung werden Fragen nach dem Sinn des Seins obsolet, sie werden ersetzt durch die nach den Bedingungen des Erkennens.

Inbegriff und Resultat der Methode ist das Gesetzeswissen der Naturwissenschaft. Das Naturgesetz zielt auf Beherrschung der Natur, die zum Objekt geworden und nicht mehr, wie in der philosophischen Tradition seit der Antike, als das von sich her Seiende zu begreifen ist. Die besonderen Qualitäten der Natur, Zuschreibungen und Deutungen magischen, ästhetischen oder ethischen Inhalts, werden hinfällig. An ihre Stelle tritt die Quantifizierung und Formalisierung des messenden Zugriffs. Die Mathematik, der Kern der Methode, auch sie bis zur Neuzeit gedeutet als Abbild metaphysischer Sinnstiftungen und Ausdruck göttlicher Geometrie, das heißt, eingebunden in den Reflexionsraum der Sprache und des Lebens, wird zum Instrument und Mittel. Mathematische Modelle werden entwickelt, die die Natur wie in einem Raster eingrenzen und die beliebig anwendbar sind auf je verschiedene Phänomene. Die Erkenntnis erscheint objektiv gesichert und gewiß, allein gegründet im subjektiven Verstand, der identisch ist mit dem Vollzug der Methode. Dieser Kurzschluß von Verstand und methodischer Gewißheit ist verhängnisvoll aus zwei Gründen: Methode bewegt sich in einem Raum der Sprachlosigkeit und Methode ist auf Herrschaft über die Natur ausgerichtet. Beides zusammen führt zu einer universell wirksamen unmittelbaren Koppelung von naturwissenschaftlicher Erkenntnis und Anwendung der Erkenntnis.

Volkmann-Schluck, dessen Ausführungen im Hinblick auf diese Entwicklung in der Neuzeit hier erläuternd herangezogen werden sollen, argumentiert auf philosophisch-systematischer Ebene mit dem Begriff des Willens und kommt zu ähnlichen Ergebnissen wie die Autorin. Die Kenntnis der Naturgesetze, die die Prozesse der Natur, ihr Wirken freilegen, erlaubt es dem Menschen, selber zu bewirken und Prozesse in Gang zu bringen, die von sich her nicht begonnen hätten. Gegenstände sind schon immer nach Plan und Willen hergestellt worden. Durch die neuzeitliche mathematische Naturwissenschaft entsteht jedoch eine neue Stufe des Verhältnisses von Mensch und Natur. Die Erkenntnis der Naturgesetze schiebt sich als eine – unbegriffene – Vermittlungsebene zwischen Mensch und Natur. Die Unmittelbarkeit der Lebenspraxis und der anschauliche Erfahrungszusammenhang wird zunehmend aufgehoben, damit aber auch die in dieser erfahrbaren Praxis mögliche Reflexion auf das Hergestellte. Statt dessen tritt an die Stelle von unmittelbarer Anschauung die Methode und deren Unanschaulichkeit. Die Prozesse der Naturbeherrschung werden so unmittelbar und dem Zugriff besonnener Reflexion systematisch entzogen. So verwundert es nicht, daß Volkmann-Schluck im Zentrum naturwissenschaftlicher Erkenntnis den Willen ansiedelt. Methode und Verstand konstituieren sich durch den Willensentschluß für die Gewißheit des Wissens. Nicht mehr Gott ist Garant oder Bezugspunkt für das absolute Wissen, sondern der Mensch selbst. In diesem Willensakt zeigt sich strukturell sowohl der Anspruch auf göttliche, potentiell unbegrenzte Einsicht in das Wirken der Natur als auch eine notwendige Blindheit der Entwicklung von Technik, und zwar durch den Kurzschluß des Wissens mit der Anwendung.

Der Wille, der die Naturgesetze erforscht, formuliert und anwendet, muß sich seinerseits dieser Gesetzlichkeit unterwerfen. Das Subjekt der Erkenntnis wird zum Objekt, damit selbst zur zweiten Natur. Wille und Natur gehen eine Verbindung ein, die Volkmann-Schluck so beschreibt: „Natur und Wille nehmen sich in eine Einheit zusammen, in welcher die Wirksamkeit der Natur die Gestalt des Wollens und das Wollen die Gestalt des naturhaften Wirkens annimmt. Und das ist allerdings eine noch nicht dagewesene Konstellation von Mensch und Natur" (Volkmann-Schluck, 1981, S. 66). Technik entpuppt sich als „Willensherrschaft". Diese Willensherrschaft steigert sich ins „Grenzenlose" (ebd., 68) und ist in sich ziellos, da der Wille nur das bewirken kann, was durch Unterwerfung unter die Naturgesetze erkennbar ist. Die Ziele des in Gang gesetzten Prozesses sind also als diesem Prozess notwendig immanent zu verstehen. Sie werden von keinem Ich gesetzt, sondern entwickeln sich naturwüchsig. So kann durch diese zugleich systematische und historische Argumentation noch einmal festgestellt werden, daß im Innern der Methode selbst, dem Inbegriff von Rationalität und Neutralität selbst, die Irrationalität des naturhaften Wollens herrscht.

Das Ergebnis der bisherigen Interpretation und dieses ergänzenden Exkurses ist, daß sowohl die Überzeugung von der prinzipiellen Gutartigkeit der menschlichen Natur als auch das Vertrauen in die Neutralität der Wissenschaft erschüttert ist; eine Neutralität, auf die Verlaß zu sein schien, da sie in den Rahmen der sozialistischen Gesellschaft eingebunden war. Beide Überzeugungen waren Bestandteil der verabschiedeten Utopie, jener „Instanz in die Zukunft", die von der Erzählerin immer wieder zitiert wird. Im Kern ihrer Überzeugungen entdeckt das epische Ich die eigene Eingebundenheit in die Lebensferne, Irrationalität und Inhumanität der Wissenschaft. Sie spricht von sich als „Monster", damit Joseph Conrads *Herz der Finsternis* zitierend. „Waren wir Monster, als wir um einer Utopie willen – Gerechtigkeit, Gleichheit, Menschlichkeit für alle –, die wir nicht aufschieben wollten, diejenigen bekämpften, in deren Interesse diese Utopie nicht lag (nicht liegt), und, mit unseren eigenen Zweifeln, diejenigen, die zu bezweifeln wagten, daß der Zweck die Mittel heiligt? Daß die Wissenschaft, der neue Gott, uns alle Lösungen liefern werde, um die wir ihn angehen würden?" (37) Gott oder Monster, „faultless monster" (119), sie beide verbindet der Anspruch auf Unfehlbarkeit. Die durch wissenschaftliche Argumentation gestützte Utopie einer Plan- und machbaren Gesellschaft entlarvt sich als die Technifizierung des Willens, und die Neutralität der Wissenschaft ist die Entfesselung des Geistes als Natur, die sich gegen das Leben wendet.

Polarität – Bildlichkeit – offene Anthropologie

Der Text als Ganzes ist nun zu lesen als zögernde Umformulierung des ehemals sicheren Begründungszusammenhangs der Utopie hin zu einer offenen, aber nicht unverbindlichen Begründung einer in der Ambivalenz und Gegenwärtigkeit des Lebens selbst liegenden Hoffnung auf das Überleben. Zurückgewendet auf die Bildbereiche von Hand und Hirn kann nun gesagt werden, daß der Bereich der Hand in seiner bewußt vereinfachten Darstellung diese Unmittelbarkeit und Ambivalenz des Lebens bedeutet. Eine Namensvetterin der Autorin, Verfasserin eines Buches über die Hand, das von der Autorin ausdrücklich erwähnt wird, gibt Hinweise, die diese Bildlichkeit stützen. Die Hand ist das „Organ, mit dessen Hilfe der Mensch seine Intelligenz aufgebaut hat", sie hat „tiefgreifende Verbindung [...] mit anderen Teilen des Körpers, ebenso mit dem Geist" (Wolff, 1986, S. 10). Die Hand ist Urbild des ersten Werkzeugs, Mittlerin zwischen Mensch und Natur. Mit der Hand bildet der Mensch nicht nur seine Intelligenz, sondern auch seine Welt.

So erklärt sich auch die Zitierung des biblischen Mythos von Kain und Abel: die Hand, die sich gegen den Bruder erheben kann. Die friedliche Hand, die tötende Hand, sie beide machen den Menschen aus. Der Mythos von Kain und Abel besagt nichts anderes als diese Unhintergehbarkeit der aggressiven, tierischen Natur des Menschen. „Und der Herr sah gnädig an Abel und sein Opfer, aber Kain und sein Opfer sah er nicht gnädig an" (1. Mose, 4). Kain gerät so, folgt man dem Mythos, schuldlos/schuldig in die Todsünde des Brudermords. Er ist der Willkür Gottes ausgesetzt, der sein Opfer nicht anerkennt. Auch die Fortsetzung des Mythos: Soll ich meines Bruders Hüter sein – deutet auf Ähnliches. Daß dies für Kain überraschenderweise eine Frage sei, darauf weist die Erzählerin ausdrücklich hin. Der „Gegenfrager" Kain hat „sich nicht verstellt" (60). Unhintergehbar wie die Feindseligkeit ist auch die Anteilnahme am Bruder. Geist- und Naturpol werden so unbeweisbar, unbegründbar gesetzt durch Zitierung der biblischen Mythe. Die biblischen Metaphern sind nur zu lesen im Gegensatz zur verabschiedeten wissenschaftlichen Utopie. Nur von da her, nicht an sich haben sie ihre Bedeutung. An die Stelle positivierten Wissens und geschichtsphilosophischer Legitimation tritt die Plausibilität der eigenen Anschauung und Erfahrung und deren Reflexion. Die Bildlichkeit des biblischen Mythos verweist auf eine offene Anthropologie, die an die Stelle der positiv festgeschriebenen Anthropologie tritt. Im Bild wird gezeigt, daß der Geist in der Natur steht, nicht ihr gegenüber, wie es die wissenschaftliche Methode suggeriert. Natur oder Trieb können also vom Geist nicht domestiziert werden. Naturwesen sein heißt, mit Notwendigkeit schuldig werden zu müssen.

Auch die vom epischen Ich herangezogenen poetischen Texte kreisen um diese unauflösbare Verbindung von Natur und Geist. In der poetischen Sprache, der Metapher, sind beide Pole schon immer vereint.

Brechts *Ballade von den Seeräubern*, die jede Strophe im Refrain beginnen läßt mit der im Text zitierten Zeile „O Himmel, strahlender Azur", zeigt die Seeräuber als brutale, aber auch erbarmungswürdige Kreaturen, die dennoch fähig sind, den blauen Azur und das Meer wahrzunehmen und um den Preis des eigenen Untergangs zu lieben. Ähnlich ist es mit der Zitierung von Max Frischs Erzählung *Der Mensch erscheint im Holozän*. Dieser Text verbindet biblische Motive und fiktionale Ausschnitte aus einem naturwissenschaftlichen Lexikon. Es ist eine „Art zweiter Schöpfung im Kopf dieses alten Mannes, der nicht mehr lange leben würde [...]" (Wolf, *Dimension des Autors,* S. 220). Der Tod als Grenze des Lebens setzt die Phantasie des Mannes frei, der nun versucht, Wissenschaft und Mythos zu verbinden. Der Titel der Erzählung erscheint im Text unvermittelt in einer Reflexion darüber, daß die menschliche Gattung erst „drei Sekunden vor Mitternacht" die „Weltbühne" betreten habe (52); ein Hinweis auf die Vergänglichkeit und Bedeutungslosigkeit des Menschen, aber auch auf seine Fähigkeit zur Gestaltung: der Mensch als das Wesen aus Urschlamm und Geist.

Die Bedeutung und ganz andere Aussagekraft der bildlichen Sprache im Vergleich zur begrifflichen zeigt sich auch an jenen Metaphern, die das epische Ich für die eigene fortschreitende Bewegung der Selbsterforschung heranzieht. Es sind Bilder von eigentümlicher Hermetik. Binnenräume zwar, aber dennoch bedrohlich und unbekannt, in deren Tiefe ganz hineinzugehen offenbar Angst bereitet. Das epische Ich scheint hier das Unbewußte Freuds heranzuziehen. Das wissenschaftliche Konzept wird erst lebendig, indem das epische Ich in leidenschaftlicher Suche nach Wahrheit, in Bildern denkend und erlebend, dieses eigene Unbewußte zu erforschen beginnt.

Die Bilder vom „blinden Fleck", vom „Herz der Finsternis", von dem „Gegengott", dem „Abgrund in mir selbst" (46), vom „Krater" (98), von der „Zitadelle" (108) deuten alle auf das Innere des Ich. Von diesem Innenraum spricht die Erzählerin mit ihrer Tochter. Es sei „die allerutopischste von allen Utopien", die „Bedrohung nicht dem äußeren Feind aufzubürden, sondern sie da zu lassen, wo sie hingehöre, im eigenen Inneren" (104). Angesprochen wird hier nichts anderes als die Instanz des Gewissens, angesiedelt ausgerechnet im dunkelsten Punkt. Der blinde Fleck in der Wahrnehmung, der Punkt, an dem der Sehnerv einmündet, wird ausgeglichen durch das andere Auge. Übertragen auf die Situation der Ich-Erzählerin, die zunächst nach dem blinden Fleck bei dem Bruder/Wissenschaftler sucht, aber dann immer leidenschaftlicher auch bei sich selbst, ist es Joseph Conrads *Herz der Finsternis*, das ihr die Mögichkeit zum Dialog gibt. „Dann aber hat der Erzähler [...] plötzlich mir ins Gesicht hinein den Satz gesagt: ,und auch dies ist einmal einer der dunklen Orte der Erde gewesen'. Da habe ich endlich einmal wieder jenen Schlag gegen mein Herz gespürt, den ich nur dann spüre, wenn ein Schreiber aus der Tiefe seiner Selbsterfahrung zu mir spricht" (116). Der Held dieses Buches, beschrieben als eine „Seele, die keine Hemmung, keinen Glauben und keine Furcht kannte und die doch blind mit sich selber rang" (Conrad, *Herz der Finsternis,* S. 158), bricht im Anblick seines nahenden Todes in den Ruf aus: „Das Grauen, das Grauen" (ebd., S. 165). In der Erfahrung seiner Endlichkeit spricht zum ersten Mal ein Gewissen. Im Moment „erfüllten Wissens" (ebd., S. 165) berühren sich die Gegensätze von Schuld und Einsicht in die Schuld. In der Erzählung Joseph Conrads findet die Erzählerin ihre eigene Erfahrung wieder. Seine „Trauer" (118), die menschliche Natur so annehmen zu müssen, wie sie ist, auch die eigene, ist auch die ihre. Der Dialog mit diesem Text hilft ihr, ihren eigenen „blinden Fleck" zu erkennen, das „Herz der Finsternis". An diesem dunkelsten Punkt des Selbst, in dem Finsternis in Licht übergeht, entsteht auch in ihr die Hoffnung, wieder schreiben zu können. „Wir leben in diesem Aufblitzen – mag es währen, solang die Erde rollt" (118).

Die durch die Erfahrung des eigenen Selbst ausgelöste Anerkennung der grundsätzlich auch aggressiven Natur des Menschen bedeutet zugleich den Beginn der Hoffnung, wieder schreiben zu können. Ist aber diese Hoffnung allein begründet durch die an einem anderen Autor gewonnene Einsicht in die prinzipielle Endlichkeit und Offenheit der menschlichen Natur, oder enthält nicht der Text selbst noch eine andere Perspektive? Auffällig ist, daß der völlige Zusammenbruch des epischen Ich sich konzentriert im Bild der Zitadelle und ausgelöst wird durch einen den Kern der Person, das Schreiben selbst, treffenden „Wort-Ekel", der in „Selbst-Ekel" (108) übergeht. Das Bild der Zitadelle gebraucht die Autorin schon in der Büchnerrede (vgl. Nicolai, 1985, S. 151), und dort bezeichnet dieses Bild die instrumentelle Vernunft der Neuzeit, das „Denkgebäude", die „angestrengte Geistestätigkeit des Mannes", aus der Rosetta und Lena ausgeschlossen seien. Sie zitiert Danton: „ich werde mich in die Zitadelle der Vernunft zurückziehen. Ich werde mit der Kanone der Wahrheit hervorbrechen und meine Feinde zermalmen" (Wolf, *Dimension des Autors,* S. 615). Auch hier wiederholt sich das Bild des abgeschlossenen Innenraums, diesmal im Kontext militärischer Metaphern, die Spaltung von aggressivem Verstand und Welt, von Subjekt und Objekt zeigend. Die Erzählerin rechnet sich also auch dieser neuzeitlichen, instrumentellen Vernunft zu, die sie in der Büchnerrede noch dem männlichen Prinzip zugeordnet hatte, auch in *Kassandra* wird die Zitadelle noch dem männlich konnotierten trojanischen Staat zugewiesen (vgl. Nicolai, 1985, S. 151). Jetzt jedoch, in *Störfall* erkennt sich das epische Ich in eben dieser Zitadelle selbst und formuliert das Zugleich von „Plus- und Minuspol" (108). Die

Einsicht in die eigene Schuld erweckt „Scham" (ebd.). Die Autorin führt so auf der Ebene des Textes, im Bild, den Bereich der Schwester und der Hand zusammen mit dem des Bruders und des Hirns. Schwester und Bruder, Frau und Mann zusammen machen das Wesen des Menschen aus, Geist und Natur zu sein, beide sind verstrickt in die Abgründe des triebhaften Wissensdurstes, beide aber gehören auch dem Bereich der Hand an. Diese Erkenntnis ist ein Ergebnis der eigenen poetischen Produktion, ermöglicht durch die metaphorische Vermittlung der Polaritäten. Lesen und Schreiben, intuitiv-schlaglichtartige Einsicht (Conrad) und poetische Tätigkeit ergänzen sich wie Augenblick und Prozeß.

So sieht das epische Ich sich selbst beteiligt an der Welt des Hirns. Das Bild des blinden Flecks auf die eigene Arbeit übertragend, fragt es bei sich nach der Koppelung von „Schreiblust und Zerstörung", und glaubt sie zu entdecken im „eingreifende[n] Schreibvorgang" (109), durch den es Menschen zum Objekt machen und verletzen könne. Im Gegensatz zur positiven Bewertung dieser Schreibpraxis in ihrem Essay *Subjektive Authentizität* (in: *Dimension des Autors*, S. 773 ff.), dort bezeichnet als Mittel zur „Hervorbringung neuer Strukturen menschlicher Beziehungen in unserer Zeit" (ebd., S. 780), erscheint sie ihr nun zwiespältig. Die Lektüre der Memoiren ihrer schon erwähnten Kollegin Charlotte Wolff macht sie aufmerksam auf ihre soziale Rolle als Schriftstellerin im Hinblick auf die Sprache als eine Dimension des sozialen Codes. Sie bemerkt dazu: „Schreibend [...] haben wir mehr und mehr die Rolle des Schreibenden zu spielen und uns zugleich, indem wir aus der Rolle fallen, die Maske abzureißen, unser authentisches Selbst hervorschimmern zu lassen – hinter Zeilen, die, ob wir es wollen oder nicht, dem sozialen Code folgen. Diesem Vorgang gegenüber sind wir meistens blind" (92). Der soziale Code, so können diese Sätze gedeutet werden, enthält immer schon im Hinblick auf Sprache auch Gewalt; die Gewalt der nur begrifflichen Sprache, die Gewalt der durch wissenschaftliche Argumentation gestützten Formulierung einer Utopie, aber auch die Gewalt der in das Unbewußte abgedrängten Triebe. Für ihre eigene Schreibpraxis des Eingreifens mag es auch bedeuten, das Schreiben als Mittel eingesetzt zu haben, um dem „Ziel in der Zukunft" näher zu kommen. Der soziale Code wäre so als Hybris des planenden Intellekts insgeheim und unvermeidlich auch in ihre Texte eingegangen. An Joseph Conrad vermerkt sie positiv, daß „er es geschafft hat, sich von Begriffen wie ,Mittel', ,Wirkungen' frei zu machen" (118).

Ihren blinden Fleck erkennt sie im Lesen des anderen Textes, im Dialog. Ihn in der Bildlichkeit durchquerend, überwindet sie ihn durch die Vermittlung von unmittelbarer Gefühlseinsicht und besonnener Reflexion. Auch das wäre „eingreifendes" Schreiben; aber, der Vernunft der

Metapher unterstellt, löst es die Eindimensionalität der Sprache auf und beläßt den Phänomenen die Vielfalt der Zuschreibungen. Auf den Text bezogen: die Hand als anthropologische Metapher offenbart den Menschen selbst, wie gezeigt, als Metapher in der Spannung der Polaritäten von Töten und Erfinden, von Bruder und Schwester, von Schreiben und technischer Tätigkeit, von Kain und Abel und nicht zuletzt von Kopf und Herz. Im Aufzeigen dieser unabweisbaren Ambivalenz der menschlichen Natur liegt das Mehr der Erkenntnisleistung durch das Bild im Gegensatz zur begrifflichen Sprache als einer Teilleistung des Gehirns. Das Bild, die Metapher, als der Raum zwischen Ich und Welt hebt die Spaltung von Subjekt und Objekt, wie sie in der begrifflichen Sprache notwendig geschehen muß, punktuell auf im Moment der Einsicht in das Bild und dessen sprachliche Ausformung. Es ist der Moment, in dem Leidenschaftlichkeit, Vernunft und Sache zusammentreffen. Die Überwindung des Monsters im eigenen Ich bringt sowohl die Anerkennung der offenen Anthropologie, als auch eine Hoffnung auf die poetische Praxis hervor.

Die Frage, was nun mit den „Bibliotheken voller Naturgedichte" (44) geschehen solle, nachdem poetische Bilder wie das der „Wolke" durch die radioaktive Wolke außer Kraft gesetzt seien, wird von ihr beantwortet durch die Praxis des Schreibens selber. An ihr zeigt sich eine Verbindung von Person und Sprache in der Bildlichkeit, die diese Frage hinfällig macht. Die Erzählerin gibt diesen Bildern, sie neu überdenkend und in die Kontexte ihrer eigenen Bildlichkeit übersetzend, neues Leben. Die Bilder haben nicht von sich allein her ihre Bedeutung, sie bedürfen des sprechenden, schreibenden Ich, das produktiv mit ihnen umgeht. Die Frage nach der Praxis des Schreibens legt nahe, zu untersuchen, ob nicht der Vorgriff Christa Wolfs auf die Utopie, als Instanz in der Zukunft, immer schon auf etwas Anderes hinweist: auf das Potential an Humanität, das mit der in Bildern verankerten Sprachlichkeit des Menschen gegeben ist.

„Phantastische Genauigkeit" – „Subjektive Authentizität"

Die Praxis des epischen Ichs sei verdeutlicht an einer zentralen Textpassage (74 ff.), in der es, kreisend um das „zentrale Höhlengrau" (76 u. 77) des Mittelhirns, dem „Zentrum, in dem Denken und Sprache aneinander gekoppelt" (76) sind, danach fragt, wie die Menschen, „ausgestoßen aus dem Tierreich", durch die übermäßige Entwicklung des Gehirns den „Zwang" erfahren haben, sich zu „Menschen" (78) schaffen zu müssen. Wissenschaftliche Beschreibung wird hier in eine bildliche Sprache übersetzt. Beide Sprachen verbindet die Metapher vom zentralen Höhlengrau. Die wissenschaftlich beschreibende Sprache läßt den Prozeß der Entwicklung des menschlichen Gehirns determiniert erscheinen, das Gehirn wird zum Objekt. Die bildliche Schreibweise zeigt ein Ich, das, nach dem „Geheimnis" (77) der Menschwerdung suchend, sich erinnernd, die Gehirnoperation des Bruders mit dieser Geschichte der Menschwerdung verbindend, mit Kopf und Herz also, versucht, diese Geschichte für sich allererst herzustellen. Die Suche des poetischen Ich gilt nicht dem Gehirn als Objekt, sondern dem Geist und dessen Einbettung in die Natur. Sein Verhalten zur Welt, der es sich mit Vernunft und Leidenschaft nähert, ist ein grundsätzlich metaphorisches, gebunden an die Instanz des Gewissens, getragen von leidenschaftlicher Suche nach Sinn und Wahrheit und – im Medium des Bildes – auf Gestalt und Zusammenhang zielend.

Christa Wolf hat mit dem Begriff der „phantastischen Genauigkeit" (*Dimension des Autors,* S. 488), den sie in ihrem Essay *Lesen und Schreiben* verwendet, dieses metaphorische Weltverhalten beschrieben. Sie verwendet diese Metapher der Verbindung von Phantasie und Exaktheit in ihrer Bewunderung für Büchner, der „Dichter, Naturwissenschaftler und Revolutionär" (ebd., S. 487) gewesen sei. Übernommen ist sie von Musil (vgl. Weber, 1985, S. 84), der die „phantastische Genauigkeit" als gebunden an die „Tatsachen" bezeichnet, im Gegensatz zur „pedantischen Genauigkeit", die sich an „Phantasiegebilde" (Musil, *Der Mann ohne Eigenschaften,* S. 247) halte. Die erste bezeichnet ein Verhalten der Offenheit, das Wirkliche im Lichte des Möglichen zu sehen. Die zweite dagegen, die „pedantische Genauigkeit", weist den Tatsachen jeweils nur ihren Platz innerhalb eines Systems zu. Christa Wolf plädiert für eine leidenschaftliche Anteilnahme der schöpferischen Phantasie an den Tatsachen und entwickelt diesen Gedanken an der Arbeit der Physiker, die, wie Heisenberg, zu „Bild" (489) und „Gleichnis" (490) greifen müssen, um neue Entdeckungen überhaupt verstehen zu können. In Parallele zu ihrem eigenen Schreiben sieht sie sich getrieben, mit jener phantastischen Genauigkeit in „jene noch unerforschte Gegend vorzudringen, in der die Struktur der moralischen Welt gesellschaftlich lebender Menschen in Frage steht" (*Dimension des Autors,* S. 489). Das heißt, daß die „Realität" ihr „nicht mehr selbstverständlich ist", und sie kommt zu der Erkenntnis, daß sie die Welt „schreibend neu erfinden" (ebd., S. 492) müsse.

Ergänzt wird diese Verbindung von Sachlichkeit und Phantasie durch die Erzählerhaltung der „subjektiven Authentizität" (ebd., S. 781). Es sei die Verpflichtung des Autors, sich „seinem Stoff rückhaltlos [...] zu stellen, das Spannungsverhältnis auf sich zu nehmen, das dann unvermeidlich wird" (ebd., S. 780). Beschrieben wird hier die Offenheit und Gewaltlosigkeit des metaphorischen Weltverhältnisses, die Dinge in der Fülle ihrer Qualitäten zu sehen, und, der Instanz des Gewissens folgend, den blinden Fleck zu durchqueren; Haltungen, zu denen das poetische Ich bereit sein muß. Es ist die positiv „eingreifende" Praxis des Schreibens, die die Welt der bekannten Objekte auflöst und sie wieder zusammenfügt in einer neuen Konstellation, in der „alles mit allem" zusammenhängt (ebd., S. 780). Das poetische Ich wird aufgefordert, sich „produktiv" mit der „objektiven Realität" (ebd., S. 781) auseinanderzusetzen und sich dabei auf seine „Erfahrung" (ebd., S. 783) zu verlassen. Diese Reflexionen stehen zwar im Kontext von Bekenntnissen zur sozialistischen Gesellschaft, die aber, zumal heute (1992), weniger wichtig sind als diese sehr weitgehenden programmatischen Erklärungen zu einer ästhetischen Praxis, die fast den Charakter einer literarischen Anthropologie haben.

Die Erzählerin, das poetische Ich des Textes, verkörpert diese ästhetische Praxis. In dieser Praxis führt sie das metaphorische Weltverhalten als verdichtetste Form des Lebens vor – als ein Potential menschlicher Möglichkeiten. Das als ontologische Konstante begriffene Dunkle des Naturpols kann für sie im Durchgang durch das Herz der Finsternis zum Ort des „Aufblitzens" werden; anders für den Wissenschaftler, der als Wissenschaftler von dem blinden Fleck nicht wissen kann, weil er aus blindem Überlebenswillen aus der Natur gegangen ist und zu ihr zurückkommt, nur um sie zu beherrschen.

In der Absage an „Nutzleistung", „Fortschritt" und Methode, an die totale Machbarkeit der Welt und vor allem in der Erkenntnis der „Gier, Gier, Gier" (118) des triebhaften Wollens als Motiv der Naturbeherrschung geht endgültig die Utopie als Instanz verloren. Die Sicherheit der „Ziel"-Orientierung ist dahin; wir leben, so die Schlußperspektive, im Licht „wandernder Sonnenfleck[en]" (ebd.) allein mit unseren Alpträumen der Herrschaft des „faultless monster" (119). Aber dies ist nicht einfach ein Szenarium der Verzweiflung oder Hoffnungslosigkeit, weil in der Verbindung von Genauigkeit und Phantasie, von Sachlichkeit und Leidenschaft, weil im Schreiben die Welt der Nutzleistung und Methode nicht nur thematisch negiert, sondern die menschliche Alternative einer ästhetischen Praxis positiv dagegen gestellt wird.

Bibliographie

WOLF, CHRISTA: Störfall. Nachrichten eines Tages. (1987). Frankfurt a. Main.: Luchterhand 1989 [zitierte Ausgabe]

WOLF, CHRISTA: Die Dimension des Autors. Essays und Aufsätze, Reden und Gespräche 1959–1985. Darmstadt, Neuwied: Luchterhand 1987

CONRAD, JOSEPH: Herz der Finsternis. Zürich 1977

MUSIL, ROBERT: Der Mann ohne Eigenschaften. Hamburg 1952

KAUFMANN, EVA: „Unerschrocken ins Herz der Finsternis". Zu Christa Wolfs Störfall. In: DRESCHER, ANGELA (Hg.), Christa Wolf. Ein Arbeitsbuch. Studien, Dokumente, Bilbiographie. Frankfurt a. M. 1990

NICOLAI, ROSEMARIE: Christa Wolf „Kassandra". Quellenstudien und Interpretationsansätze. In: Literatur für Leser. Zeitschrift für Interpretationspraxis und geschichtliche Texterkenntnis, 8. Jg., 1985, H. 3, S. 137–155

REY, WILLIAM H.: Blitze im Herzen der Finsternis: Die neue Anthropologie in Christa Wolfs „Störfall". In: The German Quarterly, Vol. 62, No. 3/1989

VOLKMANN-SCHLUCK, KARL-HEINZ: Einführung in das philosophische Denken. Frankfurt a. M. [3] 1981

WEBER, HEINZ-DIETER: „Phantastische Genauigkeit". Der historische Sinn der Schreibart Christa Wolfs. In: WOLFRAM MAUSER (Hg.), Erinnerte Zukunft. Elf Studien zum Werk Christa Wolfs. Würzburg 1985

WOLFF, CHARLOTTE: Die Hand als Spiegel der Seele. Hamburg 1986

ULRICH FÜLLEBORN

Christoph Ransmayr: Die letzte Welt

Der Künstler als ein junger Österreicher

Für eine erste Annäherung an das Phänomen des Romans *Die letzte Welt* (1988) scheint es hilfreich, sich einige biographische Daten des Verfassers zu vergegenwärtigen. Christoph Ransmayr wurde 1954 in Wels/ Oberösterreich geboren und ist in Roitham bei Gmunden am Traunsee aufgewachsen; er besuchte das Stiftsgymnasium Lambach und studierte Philosophie und Ethnologie in Wien. Dort lebt er seit 1982 – nach mehrjähriger Tätigkeit als Kulturredakteur – als freier Schriftsteller. Unser Autor ist also genuiner Österreicher – in diesem Fall keine belanglose Feststellung. Bedeutet es doch, daß er in einer besonderen Weise mit der Endzeitproblematik untergehender Welten vertraut ist. Das Habsburgerreich hatte zwar sein Ende schon 70 Jahre hinter sich, bevor Ransmayr zu schreiben begann. Aber als Thema der österreichischen Literatur ist es spätestens seit Grillparzer und speziell in der Fin-de-Siècle-Literatur allgegenwärtig. Und gegenwärtig ist es noch in Ransmayrs Sammeledition *Im blinden Winkel* (1985), die sich der auf dem Boden des ehemaligen Habsburger Vielvölkerstaates entstandenen Idee „Mitteleuropa" verdankt[1]. Indem die Idee hier eher aus skeptisch-ironischer Distanz dargestellt wird und Mitteleuropa – gerade in Ransmayrs eigenen Beiträgen dazu – als ethnisches, politisches und ideologisches Trümmerfeld erscheint, bezeugen sich indirekt die unvergessenen Wirkungen des Untergangs einer alten geschichtlichen Welt.

Auch der Kontrast zwischen dem Zusammenbruch solcher scheinbar für die Ewigkeit gegründeten menschlichen Ordnungen und dem Überleben der Natur als einer erhabenen Gebirgswelt mag einen künftigen Dichter beeindruckt haben. So überrascht es uns kaum, mit der *Letzten Welt* von Ransmayr nicht nur einen Fin-de-Siècle-, sondern einen Fin-des-Siècles-Roman kennenzulernen – eine Endzeitdichtung. Und noch eine weitere Beziehung zwischen Ransmayrs Vita und seiner poetischen Thematik wird erkennbar: Wenn der Student der Philosophie über das Verhältnis von gesellschaftlicher Utopie und Religiosität gear-

---

1 Vgl. z.B. die Dokumentation eines 1985 in Parma veranstalteten Kongresses: Mitteleuropa. Storiografie e scritture. Hg. von Maria Enrica D'Agostini, Marino Freschi, Gertrude Kothanek. Neapel 1987.

beitet hat, so mag wohl der Romancier unter dem Eindruck der politischen und ökonomischen Entwicklungen in der Gegenwart zur Verabschiedung des Gedankens der sozialen Utopie und statt dessen zu einer Dichtung gelangt sein, die Züge einer Eschatologie annimmt. Und ebenfalls dürfte einleuchten, daß wir bei Ransmayr nach dem Studium an der philosophischen Fakultät mit einem *poeta doctus* zu rechnen haben, der den ästhetischen Diskurs der Gegenwart und die modernen Zeichentheorien kennt.

Die Schrecken des Eises und der Finsternis als Einübung in die Schrecken der *Letzten Welt*

Weg und Ziel des Schriftstellers Ransmayr zeichnen sich schon in seinem ersten, von der Kritik bereits stark beachteten Roman, *Die Schrekken des Eises und der Finsternis* (1984), ab. Die Geschichte der k. u. k. Nordpolexpedition von 1872–74 liest man als Gleichnis fehlgeleiteter Energien der Menschheit: In einem ins Maß- und Grenzenlose drängenden Entdeckertrieb wird der Sog in Richtung auf ein bedrohliches Ende erkennbar – zumal jenes Unterfangen, das den Teilnehmern die Konfrontation mit dem Tod in seiner härtesten Form brachte, von einem jungen Enthusiasten, dem in Wien lebenden Italiener Josef Mazzini, in der Gegenwart, das heißt auf einer zweiten Handlungsebene, nachgelebt wird bis hin zu dessen spurlosem Verschwinden in den nördlichen Eiswüsten. Dadurch geschieht das Scheitern gleich zweimal, kollektiv und – ein Jahrhundert später – individuell[2]. Des weiteren ist noch hervorzuheben, daß es die von jener Expedition ans Ende der Welt existierenden Dokumente, vornehmlich die Tagebuchtexte, waren, die Ransmayr zum Romanschriftsteller gemacht haben. An ihnen entzündete sich seine Einbildungskraft und wurde im Entwurf einer dichterischen Welt produktiv, die mit der Erfindung des Schicksals eines Nachgeborenen das historische Material in Richtung auf die Gegenwart bedeutsam überstieg. Als besonderes Merkmal von Ransmayrs Romankunst hat sich somit schon hier eine wirklichkeitsgesättigte, aber die bloße Faktizität des Gegebenen kühn transzendierende Phantasie und erzähltechnisch die Verschränkung mehrerer Zeitebenen ergeben.

---

2 Vorbereitet hat sich die Untergangsthematik schon in der ersten Buchveröffentlichung des Autors (Ransmayr, *Strahlender Untergang*, 1982).

Die letzte Welt: Rezeption und Strukturproblem

Dem zweiten Roman Christoph Ransmayrs, *Die letzte Welt. Mit einem Ovidischen Repertoire*, war und ist ein beispielloser Erfolg beschieden, erstaunlicherweise sowohl bei der Leserschaft wie bei der Kritik. Aus dem Unisono der professionellen Lobredner löste sich zunächst nur die Stimme Joachim Kaisers heraus. Denn er befand, daß Ransmayr mit „erlauchten Mitteln" nur „Wirkungen zweiter Klasse" erziele (Kaiser, 1988). Inzwischen hat sich auch die Literaturwissenschaft des Werkes und seines Erfolges angenommen. Dabei geht es ebenfalls nicht ohne Wertungen ab. Aber es wird ganz deutlich, daß wir uns mit der Beurteilung von Gegenwartsliteratur nach wie vor sehr schwer tun. Das gibt der Aufgabe, sich in ein intersubjektiv vertretbares Verhältnis zu dem Phänomen Ransmayr zu setzen, natürlich einen zusätzlichen Reiz.

Ein möglicher Ausgangspunkt für einen solchen Versuch wird wohl noch für längere Zeit die Freude bleiben, mit welcher der Roman eine unvoreingenommene Lektüre zu belohnen vermag. Offenbar ist die vom Autor ins Werk gesetzte „Verwirrung des Lesers" (Epple, 1990, S. 29) nicht so groß, daß sie das Lesevergnügen mindern könnte. Mit dem gleichen Recht dürften aber auch Leser, deren Erwartungen an einen heutigen Roman mit der *Letzten Welt* nicht erfüllt werden, weil sie andere Lektüreerfahrungen gemacht haben, von ihren Schwierigkeiten ausgehen. Letztlich müßten freudige Zustimmung und ratlose oder skeptische Irritation auf dieselben Phänomene rückführbar sein, nämlich auf Ransmayrs Sprache und seinen Umgang mit der sogenannten Realität, wobei sehr bald die Frage nach dem Verhältnis der ästhetischen Seite des Romans zu seinen erzählten Inhalten und zur Intention des Autors hinzukäme. Es steht zu vermuten, daß dieses zentrale Strukturproblem des Romans in erster Linie ein intertextuelles ist, konkret: daß es mit dessen Relation zu Ovids *Metamorphosen* zusammenhängt. Hier wird es einen Unterschied machen, ob ein Klassischer Philologe von Ovid her auf Ransmayr schaut (Fuhrmann, 1989) oder ein an der Gegenwartsliteratur Interessierter sich einen neuen, unbefangenen Blick zurück auf Ovid eröffnen läßt.

Literatur heute – drei Thesen

Um die folgenden Untersuchungsschritte, mit denen Antwortmöglichkeiten auf das skizzierte Strukturproblem gesucht werden sollen, von vornherein in einen bestimmten systematischen und geschichtlichen Zusammenhang zu stellen, seien einige Thesen formuliert, die derzeit wohl auf Zustimmung rechnen können.

1. Literatur entsteht aus Literatur. Das gilt gewiß für alle literarischen Werke, wie uns besonders die Intertextualitätsforschung bewußtgemacht hat. Nur weil das so ist, konnte früher unter anderen theoretischen Voraussetzungen die Suche nach „Einflüssen" derart fündig werden. Im Fall der *Letzten Welt* verhalten sich nun gar zwei Texte so zueinander, daß der Ransmayrsche ohne den andern, der einer der berühmtesten der Weltliteratur ist, überhaupt nicht existierte. Er ruht zur Gänze auf ihm auf: eine moderne Metamorphose der *Metamorphosen* des Ovid. Zu dieser produktiven Interaktion zwischen den beiden Texten wäre es wohl nie gekommen, hätte Ransmayr nicht zunächst den Übersetzungsauftrag erhalten, jenen Ovidschen *Metamorphosen* eine moderne deutschsprachige Prosaform zu geben. Daß daraus quasi eigengesetzlich der vorliegende Roman wurde, darf man bei dessen Beschreibung und Bewertung keinen Augenblick vergessen, und es sollte methodische Konsequenzen haben.

2. Kunst ist Spiel. Der Mensch „ist nur da ganz Mensch, wo er spielt" – dieser berühmte Satz Schillers (NA 20, S. 359) kommt gegenwärtig wieder zu Ehren. Zu lange war er über den einseitigen und forcierten Forderungen nach einer „engagierten" Kunst in Vergessenheit geraten. Aber die Spiele der großen Kunst sind – darin waren sich Schiller und Goethe einig – „ernste Spiele", eine Bestimmung, die uns mit ihrer ans Paradoxe grenzenden semantischen Widersprüchlichkeit schon einmal auf mögliche Struktureigenschaften moderner Dichtung aufmerksam machen kann. Denn hier ist einerseits eine Steigerung des Spielcharakters aus Abwehr gegen alle uneinlösbaren Ansprüche auf die realistische „Widerspiegelung" der gesellschaftlichen Verhältnisse zu erwarten, andererseits aber zumindest die Absicht, vor dem Weltzustand, wie er erfahren wird, zu bestehen, ihn auf eine angemessene, indirekte Weise dennoch zur Darstellung zu bringen. Angesichts dieses Dilemmas muß es bei Werken wie der *Letzten Welt* in der Bewertung zu Kontroversen kommen, je nach der geistigen Herkunft der Leser oder Kritiker.

3. Eine „Literatur für Leser", wie sie Rolf Geißler und die von ihm gegründete Zeitschrift gleichen Titels fordert und fördert und wie sie Ransmayr mit seiner Dichtung vertritt, steht in der heutigen Situation vor einer noch anderen Schwierigkeit: Sie muß „verführen", zum Lesen verführen, aber sie kann nicht mehr ohne weiteres hinter die von der Klassischen Moderne und den Avantgarden erreichten Positionen zurückgehen. Damit gerät sie in eine problematische Situation zwischen literarischer Moderne und Postmoderne, was einer unbefangenen Rezeption nicht unbedingt förderlich ist.

Was wird erzählt?

Das Handlungsgerüst. Schon die Verständigung darüber, was in diesem Werk als konkreter Erzählgegenstand fungiert, führt zu der Einsicht in die unauflösbare intertextuelle Verschränkung von Ovids Hexametergedicht und Ransmayrs Roman. Besteht doch die äußere Story darin, daß die einzige nicht aus den *Metamorphosen* stammende, sondern historisch verbürgte Figur, der Römer Cotta, nach Tomi an der westlichen Schwarzmeerküste reist, um den vom Kaiser Augustus dorthin verbannten Dichter Ovid – der hier ausschließlich bei seinem „sprechenden" Familiennamen Naso genannt wird – zu suchen. Doch nicht ihn findet er, dafür aber in überreichem Maße die „Spur von seinen Erdentagen": Sämtliche Figuren, die Tomi bevölkern, entstammen den Ovidschen *Metamorphosen.* Die Übereinstimmungen und Differenzen in der Gestaltung durch die beiden Dichter bezeugt – in poetischen Abbreviaturen – das von Ransmayr mitgelieferte Repertoire (291–319).

Vom mythologischen Personal der bei Ovid erzählten Verwandlungsgeschichten hat Ransmayr in seiner Romanhandlung auferstehen lassen: die Weberin Arachne; die Nymphe Echo; die Göttin Fama; den Tyrannen Lycaon; den Thrakerkönig Tereus und die von diesem vergewaltigte und der Zunge beraubte Königstochter Philomela sowie ihre Schwester Procne; den Herrn der Unterwelt Dis (bei Ransmayr Thies) und die durch ihn geraubte Proserpina; dazu noch manche Nebenfiguren. Sie alle sind bei Ransmayr von vornherein schon einmal radikal verwandelt – Fama zur Krämerin, Lycaon zum Seiler, Tereus zum Schlachter, Dis zum deutschen Kriegsinvaliden und Totengräber usw. –, aber sie bleiben dem Leser gut erkennbar. Und ihnen allen geschieht am Schluß jeweils dasselbe, was Ovid bereits den alten Mythen nacherzählt hatte: die Metamorphose in die Gestalten der Natur, in Tiere, Pflanzen, Steine.

Thematik und Motivik. Wir dürfen im Fall von Ransmayrs Roman gewiß dem Titel einen wichtigen Hinweis auf sein Hauptthema oder doch auf eines der Hauptthemen entnehmen. Denn er annonciert nichts Geringeres als die Darstellung „*der* letzten Welt", also nicht irgendeiner Welt, sondern ausdrücklich der einen, die als gegeben vorausgesetzt ist – gegeben freilich nur in der fiktionalen Wirklichkeit des Romans. „Letzte Welt", das meint auf einer ersten Bedeutungsebene, gemäß der erzählten räumlichen Gegenständlichkeit, die Welt am äußersten Rand der Zivilisation: die Stadt Tomi und, von Ransmayr hinzuerfunden, das Dorf Trachila, Nasos Zufluchtsstätte hoch oben im Gebirge. Da diese Welt jedoch in einem Prozeß dargestellt wird, der zu ihrer Zerstörung führt, ist sie auch in einem zeitlichen Sinn eine letzte Welt.

Im Zusammenhang der abendländischen Geistesgeschichte tritt nun die temporale Bedeutung des Titels in einen eschatologischen Sinnhorizont ein. Das griechische Adjektiv „eschatos" meint räumlich wie zeitlich einen äußersten Punkt, eine letzte Grenze, und im Neuen Testament bezeichnet es das Ende der Welt, auf das die Geschichte der Menschheit zuläuft. In welchem Verhältnis Ransmayrs „Eschatologie", seine Dichtung vom Ende „der Welt", sich zu Ovids Sicht der Menschheitsgeschichte und zur jüdisch-christlichen Tradition verhält, bleibt des näheren zu bestimmen. Daß es unsere eigene Welt ist, auf die der Titel als eine letzte anspielt, wird allgemein angenommen. Da der Roman jedoch auf seiner ersten Bedeutungsebene nur von Cotta, Ovid und dem Ende der Stadt Tomi erzählt, stellt die semantische Übertragung von „der" auf „unsere" Welt oder die Welt überhaupt bereits eine hermeneutische Operation von grundlegender Relevanz dar. Deren Berechtigung ist allein in der Organisation des Textes als Zeichenwelt zu suchen, auf die wir unter dem nächsten Gliederungspunkt eingehen.

Auf jeden Fall bildet das „Eschaton" einer Welt und damit Endzeitlichkeit überhaupt das eine Kernthema des Romans. Ihm ordnen sich mit einsichtiger innerer Notwendigkeit die Motive Tod und Verwandlung zu, beide bezogen von Ovid. Dazu gesellt sich jedoch – womit keine Rangordnung behauptet sei – als ein zweites Thema das der Kunst, speziell das der Kunst aus Sprache, der Dichtkunst: Das Schicksal Ovids und das seines Hauptwerks sind hier in jeder Hinsicht exemplarisch gemeint. Am Ende werden beide Themen und die genannten Motive enggeführt: Am Tod des Künstlers besteht kein Zweifel mehr; seine eigene Verwandlung fällt mit dem Verschwinden der Tomi-Trachila-Welt und der letzten Spuren seines *Metamorphosen*-Werks zusammen. Die Menschen, ihre Lebenswelt und die Kunst sind in Natur aufgegangen. – Damit deutet sich nun aber noch die Notwendigkeit an, die Natur bzw. das Verhältnis des Menschen zur Natur als ein drittes wesentliches Thema des Romans zu erkennen[3].

Die semiotische Struktur des Romans

Ransmayr erweist sich in der Organisierung der eigengesetzlichen Zeichenwelt seines Romans als ein wirklicher *poeta doctus*: Er bezieht einerseits sein gesamtes Zeichenrepertoire von Ovid, anderseits beansprucht er für die Dichtung – das ist sein wichtigstes ästhetisches Axiom – die „Erfindung der Wirklichkeit" (*Die Schrecken des Eises*, 1989, S. 21;

---

3 Speziell diesem Thema werde ich in einer gesonderten Untersuchung des Romans nachgehen, die voraussichtlich 1992 an noch unbekanntem Ort erscheint.

Die letzte Welt, S. 287), wobei für ihn „Wirklichkeit" sowohl eine inner- wie eine außerliterarische Bedeutung besitzt. Das heißt, daß die Phantasie des Dichters, der äußeren Realität vorauseilend, mit Hilfe der ihm zu Gebote stehenden Zeichen modellhaft eine eigene Wirklichkeit qua Welt entwirft, deren Wahrheitswert sich nachträglich an der tatsächlichen Wirklichkeit zu beweisen vermag – eine Art von Verifizierung.

Dieses Ransmayrsche Konzept funktioniert natürlich nur unter der Prämisse, daß die poetischen Zeichen – wie alle Zeichen gemäß der herrschenden Semiotik – aufgespalten sind in eine bedeutende und eine bedeutete Hälfte, in Signifikanten und Signifikate. Erst dadurch lassen sich mit Hilfe alter, als Signifikanten intertextuell verfügbarer Zeichen beliebig viele neue Bedeutungen erzeugen, auch indem man mit den überkommenen spielt. Wie nahe hier die postmoderne Gefahr liegt, in einem unverbindlichen Tanz der Signifikanten und Signifikate alle Bedeutungen zum Verschwinden zu bringen, leuchtet ein. Ransmayrs „Verifizierungsanspruch" erweist sich da als ein wirksamer Widerstand. Auf der andern Seite wissen wir jedoch noch nicht mit Sicherheit, woraufhin seine „Wirklichkeit" erfunden ist, woran wir sie zu messen haben. Gemäß der immanten Logik des Romans wäre wohl anzunehmen, daß Ransmayrs Erfindung seiner *Letzten Welt* den nachträglichen Vergleich mit der „Vorlage", die ja auch eine Wirklichkeit ist, aushalten und vor ihr als erkenntnisfördernd bestehen möchte.

Worauf aber darf man sonst die von Ransmayr erzählend erschaffene Welt beziehen? Es geht uns ja noch um die Referenz des Romantitels, seinen Bezug auf eine mögliche außerliterarische Wirklichkeit. Und die hängt vom semiotischen Status der Erzählsätze und der erzählten Geschichte als ganzer ab. Da in unserm Roman die sprachlichen Zeichen, also auch die Sätze, keine feststehenden Verbindungen zwischen Signifikat und Signifikant kennen, lassen sich ihnen selbstverständlich im einzelnen auch keine symbolischen oder allegorischen Bedeutungen im Sinne der Goethezeit abgewinnen. Der Text besteht nur aus Erzählsätzen, die ohne Rest in der Geschichte, die sie erzeugen, aufgehen. Eine darüber hinausweisende Semantik kann allein der ganzen Geschichte zukommen, wodurch sie zu einem großen Gleichnis und das Werk zum parabolischen Roman würde.

Das ist nun tatsächlich der Fall, und zwar dadurch, daß die zahllosen Anachronismen, die in die Geschichte verwoben sind, durchweg auf unsere Gegenwart verweisen. Die „rostzerfressene Bushaltestelle", die „Salons und Cafés der europäischen Metropolen", die „Liebesfilme", die in Tomi vorgeführt werden, die „Konservenpyramiden" in Famas Kolonialwarenladen, die christliche Kirche mit den Devotionalien, der „Lautsprecher" (alle Belege aus den ersten 20 Seiten des Romans), ferner das „Stampfen der Manufakturen" (42), die „Mikrophone" bei der

Massenveranstaltung in Rom (60) usw.: dieses ganze Zeichenreservoir ist aus unserer Lebenswelt entnommen und teilt dem heutigen Leser ein deutliches *tua res agitur* mit, worin hauptsächlich die Leistung einer jeden Parabel besteht. Damit dürfte erwiesen sein, daß der Roman, der seine Welt zu Ende, nämlich bis zu ihrem Ende, erzählt, auch indirekt, eben gleichnishaft, vom Eschaton unserer Welt handelt. Gerade die semantische Ausweitung der Geschichte auf die Gegenwart bedeutet wohl im Sinne Ransmayrs, daß die Ovidschen *Metamorphosen* im vorliegenden Roman mit letzter Konsequenz zu Ende erzählt sind.

Es bleibt nur noch mit Nachdruck zu betonen, daß sich auch das Thema der Kunst in einem eigenen Zeichenbestand manifestiert und daß sich darüber hinaus wegen der Koppelung der Signifikanten an mehrere Signifikate grundsätzlich, wie in moderner Dichtung üblich, mehrere gleichberechtigte Lesarten des Romans auf ein und derselben Textgrundlage ergeben.

Wie wird erzählt?

Das narrative Grundkonzept. Auf der Basis der soeben skizzierten poetischen Semiotik hat Ransmayr ein mehrschichtiges Schema geschaffen, gemäß dem seine erzählerische Metamorphose der *Metamorphosen* Ovids vor sich geht. Danach ist es Naso, der die *Metamorphosen* zuerst in Rom schriftlich erzählte und in unvollendetem Zustand verbrannte; und es ist Naso, der sie dann in Tomi mündlich weiter- und zu Ende erzählt hat, indem er „seine" Figuren, die er dem reichen mythologischen Fundus der Griechen verdankt, in der Wirklichkeit jenes unwirtlichen Küstenstrichs wiederfand und ihnen seine Bedeutungen aufprägte. Die Resultate solchen Tuns lernt Cotta aus den Erzählungen der Bewohner Tomis, besonders Echos, die sozusagen als das Tonband Nasos fungiert, sowie aus deren Schicksalen kennen. Außerdem buchstabiert er sie sich aus den schriftlichen Fragmenten zusammen, mit Derrida gesprochen: aus der „Spur" der „Schrift" (Gellhaus, 1990, passim), die Pythagoras – einst der Philosoph der Verwandlungslehre (so auch bei Ovid), jetzt der wahnsinnige Knecht Nasos – auf kleinen Steinpyramiden in Form beschriebener Fähnchen dauerhaft gemacht hat.

Das so strukturierte Ganze – der Bezugspunkt der tatsächlichen, dem Leser bekannten *Metamorphosen*, Naso als ihr Erzähler, Tomi und Trachila mit ihren Menschen als die von Naso im „Material" der Wirklichkeit zu Ende erzählten *Metamorphosen* und der Prozeß der Entdeckung ebendieses Sachverhalts durch Cotta – ist nun der impliziten Erzähltheorie Ransmayrs entsprechend das Resultat der narrativen Leistung seines Romans, die aber noch etwas darüber hinaus umfaßt.

Denn in der *Letzten Welt* wird ja mit dem Ende Trachilas und Tomis auch der Untergang der von Naso in die Wirklichkeit hinein verwandelten Figuren der *Metamorphosen* und schließlich – im Potentialis – das Verschwinden Nasos selbst erzählt.

Erzählsituation. In der *Letzten Welt* gibt es weder einen fingierten, als Figur greifbaren Erzähler noch einen sich deutlich machenden auktorialen Erzähler, wie in den *Schrecken des Eises und der Finsternis.* Ebensowenig wird ein einperspektivisches personales Erzählen praktiziert, das wir von Kafka kennen. Zwar fungiert Cotta als die zentrale Perspektivfigur, aber die Erzählsituation wäre eher neutral zu nennen. Dabei ist das Erzählen jedoch von einer außerordentlichen Beweglichkeit und Produktivität. Der *point of view* wechselt häufig und meist ganz unmerklich; er kann ins Bewußtsein fast aller Einzelfiguren und ebenso in das von Kollektiven, etwa der Bewohner der eisernen Stadt, hinübergleiten und dann wieder eine panoramatische Sicht über Gebirge, Küste und Meer gewähren. So entsteht nie der Eindruck, als würde tatsächlich Geschehenes berichtet oder etwas Vorhandenes mimetisch abgebildet, sondern man erlebt, wie eine frei spielende Phantasie sich im Erzählen ihre Welt erst erschafft. Die eigentliche Domäne dieser erzählerischen Phantasie aber sind die Dimensionen der Zeit und des Raumes.

Die Zeit als poetische Einbildungskraft und der imaginierte Raum. Es ist hier einiges zu wiederholen und auf anderes, das erst im Interpretationsversuch zur Sprache kommt, vorauszudeuten. An den ana-chronistischen Bestandteilen der Romanwelt zeigte sich schon, wie wenig sich das Erzählen an die chronologischen Verhältnisse der empirischen Welt hält. Die römische Antike und die späte Neuzeit scheinen eines zu sein, so leicht sind die Zeiten einschließlich der mythischen Vorzeit, aus der das Personal stammt, gemischt. Dementsprechend werden mit großer Leichtigkeit auch innerhalb der Naso-Cotta-Handlung die verschiedenen temporalen Dimensionen ins Spiel gebracht. Der römischen Vergangenheit Nasos verhilft das Erzählen ebenso zur Präsenz, wie es die Erzählgegenwart, die Zeit Cottas in Tomi, vermittelt und wie es mit nur Vorgestelltem, den Vermutungen über Nasos letzte Tage, verfährt, als ob es reale Gegenwart wäre. Schließlich öffnet sich die Erzählperspektive schon sehr früh auf eine Zukunft hin, die am Schluß eingetreten ist, wobei das Ende Cottas im Hochgebirge noch erst bevorsteht.

Die Weiträumigkeit des erzählerischen Bewußtseins, auch im Hinblick auf die Topographie, geht schon aus dem bisher Gesagten hervor. Rom als der ferne Mittelpunkt der Alten Welt und die Schwarzmeerküste als eine äußerste Grenze derselben, hinter der nichts mehr ist, sowie die See, die die Pole dieser Welt trennt und verbindet, sind immer gegenwärtig. Auch andere Räume, z. B. Konstantinopel und Deutschland (mit anachronistischer Komponente), werden einbezogen. Aber die Gewalt des Meeres und das nicht minder übermächtige Hochgebirge, zwischen denen auf schmalem, gefährdetem Küstenstrich Tomi liegt, bilden doch die wichtigsten topographischen Bestandteile der poetischen Landschaft, die die narrative Einbildungskraft hier erzeugt hat.

Sprachstil. Unter diesem Stichwort möchte ich nur Hinweise geben, denen man mit detaillierteren Untersuchungen nachgehen müßte. Es ist erstaunlich, in welchem Maße Ransmayrs Roman ein Werk der Stilkunst geworden ist, ohne daß es sich als solches beim Lesen besonders aufdrängte. Sonst hätte es wohl auch nicht den großen Publikumserfolg erzielt. Doch bei genauerem Hinsehen auf den Sprachstil zeigt sich, daß es vor allem die Kunstmittel der Alliteration, der Assonanz und des Prosarhythmus sind, die die ästhetische Durchformung des Sprachmaterials bewirken. Hinzu kommt eine starke, immer anschauliche Sinnlichkeit der Sprache und eine nicht verbrauchte oder auch archetypische Metaphorik, z. B. des Feuers (19 f.; 117 f.) – Elemente, die einerseits Vergegenwärtigungskraft besitzen, anderseits weite Bezüge schaffen. Es sind Mittel der sinnlich-geistigen Präsentation der erfundenen Wirklichkeiten und Nichtwirklichkeiten, die sich bei Ransmayr in ihrem „spezifischen Gewicht" nicht unterscheiden. Und diese Leistung der Sprache wird getragen von einer pararhetorischen Formung und Fügung der Sätze und Absätze, die textlinguistisch zu beschreiben wäre. Die anaphorische Bindung spielt eine besondere Rolle. Der Roman erweist sich als ein Werk des hohen Stils im Sinne der antiken Rhetorik.

Ein Interpretationsansatz als partieller Syntheseversuch

Es dürfte ohne weiteres einleuchten, daß es für ein Werk von der Beschaffenheit, die wir beschrieben haben, mehrere Interpretationsansätze geben muß. Leider können sie in einer äußerlich begrenzten Arbeit nicht gleichzeitig – und schon gar nicht mit derselben Intensität – deutlich gemacht werden. Dazu bedarf es koordinierter Gruppenarbeit, wie sie in Schule und Universität möglich ist. Ein interdisziplinäres Ovid-Ransmayr-Projekt böte zum Beispiel Gelegenheit, die Pluralität der Ansätze und Verfahren, die der Gegenstand verlangt, zu erproben. Daß in diesem Fall ein postmoderner, von Derrida inspirierter Zugang fruchtbar zu werden vermag, hat sich schon gezeigt (Bachmann, 1990; Gellhaus, 1990). Man darf nur nicht in den Fehler verfallen, die sprachlich-poetischen Zeichen allein im Hinblick auf die Dichtungs- und speziell die Schriftproblematik zu lesen. Es geht, wie ich zeigen möchte, um noch anderes als um eine sprachphilosophische oder poetologische Theorie und ihre Umsetzung in eine bestimmte Struktur.

Meinen Interpretationsansatz wähle ich deshalb bei dem sich der Lektüre zuerst aufdrängenden Todesmotiv, das sich freilich sogleich in seiner Verschränkung mit dem „eschatologischen" Thema zeigt. Vom Tode handeln viele Werke des 20. Jahrhunderts, das Ransmayrsche aber erzählt mit außerordentlichem Ernst nicht nur von individuellem und kollektivem Sterben der Menschen, es erzählt zugleich vom Verschwinden der „letzten" menschlichen Welt. Es wagt das „Vorlaufen" auf diesen universalen Tod, und das in einem großen, fremdartigen Gleichnis. Ich gebrauche bewußt die Heideggersche Denkfigur des „Vorlaufens zum Tode", weil sie vielleicht erklären kann, daß die Lektüre des Romans den Leser nicht in dem Maße niederdrückt wie die vielen Jeremiaden der jüngeren Vergangenheit, in denen man soviel Hilflosigkeit und Selbstmitleid vernimmt. Bei Ransmayr bewirkt die Vorwegnahme der Möglichkeit des Endes der Menschenwelt – und zwar nicht nur als einer heutigen, sondern als einer immerwährenden Möglichkeit, wie die Verlegung der Handlung in die Antike deutlich macht – eine sehr bewußte Rückbesinnung auf die Natur in ihrer erhabenen Fremdheit und Übermacht. Das ist zu zeigen.

Zunächst: Wie erlebt Cotta bei seiner Ankunft den Verbannungsort Nasos? Als eine sterbende Stadt. Das heißt, metonymisch gelesen, daß die Menschen hier dem Tode besonders ausgeliefert sind; als Metapher verweist die sprachliche Wendung auf das Zurückfallen der ganzen Siedlung, dieses „vom Meer und vom Gebirge gleichermaßen bedrängten Orts", an die Natur (11). Das Gebirgsdorf Trachila aber, wo Ovid zuletzt lebte, trifft Cotta bereits in einem völlig ausgestorbenen Zustand an, von allen Menschen mit Ausnahme des verwirrten Pythagoras verlassen, dem Verfall preisgegeben: Von den „im Leeren stehengebliebenen Torbögen" wird in kühner temporaler Metaphorik erzählt, daß durch sie hindurch „nur noch die Zeit verflog" (14). Und schon kurz vorher liest man den typographisch eigens herausgehobenen Satz: *„Naso ist tot"* (11). Im engeren Erzählzusammenhang stellt die Aussage zwar nur den Kern eines bis nach Rom gedrungenen Gerüchtes dar, für den Leser signalisiert sie jedoch den Sachverhalt, daß in dem Roman ein Toter als Held fungiert.

Daß Sterben hier meist Getötetwerden als das Erleiden von Gewalt oder eine gnädige Rettung vor der Gewalt sowie jedesmal Verwandlung, Gestaltwandel im Sinne der Ovidschen Metamorphosen, bedeutet, zeigt sich ebenfalls sehr bald. Schon auf Seite 15 antwortet dem Kernsatz *„Naso ist tot"* ein zweiter, genauso typographisch ausgezeichneter: *„Keinem bleibt seine Gestalt"*. Dieses programmatische Zitat aus dem ersten Buch der Ovidschen *Metamorphosen* besagt, daß auch in der *Letzten Welt* der Tod immer ein Hinübersterben in eine der naturischen Gestalten ist – z. B. in einen Hirsch wie bei Actaeon, der als so Verwandelter von seinen eigenen Schweißhunden die Gewalt erleiden muß, die er vorher als Jäger selber geübt hat (23); oder in zwei Eisvögel wie bei Ceyx und Alcyone, dem in Liebe verbundenen und durch den Untergang des Mannes im Meeresorkan getrennten Ehepaar (die Episode hat Ransmayr zu einem melodramatischen Film ausgestaltet, 26–40).

Daß es in Tomi als einzige größere Häuser nur noch das Schlachthaus und die Kirche gibt, ist ein Zeichen von besonderer Signifikanz. Dort, in der Schlachterei, erleidet die Kreatur den Tod von Menschenhand, schlägt Tereus, im Blute watend, den Stieren „krachend" den Schädel ein (29); hier, im Kirchenschiff, befinden sich die „modernen Bilder" religiösen Martyriums, ein Crucifixus und Darstellungen von „wie unter furchtbaren Torturen erstarrten" Heiligen (25 f.). Seine Aufgipfelung bis ins kaum noch Erträgliche erfährt das Todesmotiv in den Erzählungen vom Massensterben der Schnecken in Trachila (49), dann der Menschen in den Schrecken der Pest von Aegina (61–63) und schließlich in den Gaskammern, deren Erfindung unserer Zeit vorbehalten blieb (261 f.). An dieser Stelle drängt sich unabweisbar das Thema der Kunst auf mit der Frage nach der Darstellbarkeit von Grausamkeit, die menschliche Fassungskraft übersteigt, nach der Möglichkeit einer Ästhetik des Schreckens in einer Zeit nach Auschwitz – eine Frage, auf die wir zurückkommen werden.

Als ein tröstliches Bild, das für sich allein freilich damit überfordert ist, zu all dem Grauenvollen ein Gegengewicht zu bilden, sei noch der Deutsche Thies erwähnt, der es sich, nachdem er als Soldat so oft töten mußte, freiwillig zur Pflicht gemacht hat, die Toten von Trachila zu begraben (264–266). Andere Gegengewichte sind stärker: Indem der Roman die Sterblichkeit und den Tötungsdrang der Menschen und die Endlichkeit ihrer Welt beschreibt und dabei eng an Ovids *Metamorphosen* angelehnt bleibt, aktualisiert er auch die alten Phantasien von der Abfolge der vorgeschichtlichen und geschichtlichen Weltalter, denen Ovid im ersten Buch seines Werkes Raum gegeben hat.

Natürlich steht auch bei Ovid, wie schon bei seinen Vorläufern, am Anfang das „Goldene Alter": „Schwerter waren da nicht; [...] nicht im Frondienst gab von sich aus alles die Erde" (Ausg. Rösch, V. 89 ff.); „es folgte das Silberne Alter" mit den Mühen des Ackerbaus: „es stöhnten, gedrückt vom Joche, die Rinder" (V. 114 ff.). Sodann, nach dem kurz abgetanen „Ehernen Alter" – es war „wilderen Geistes [...], doch verbrecherisch nicht" (V. 125 ff.) –, schließen sich die beiden Menschheitsepochen an, die bei Ovid deutlichen Bezug auf seine Gegenwart haben und an denen Ransmayr produktiv wird, nämlich das Eiserne und das Steinerne Zeitalter. Im Eisernen herrschen „Betrug, die List, die rohe Gewalt" und die „böse Begier zu besitzen" (V. 130f.); die Menschheit watet im Blut, weshalb Jupiter sie schließlich durch eine Sintflut vertilgt, um sie aus „Steinen" (V. 411) wiedererstehen zu lassen: „Daher sind wir ein hartes Geschlecht" (V. 414).

Ransmayrs Roman spielt am Ende des Eisernen Weltzeitalters, im Übergang zum Steinernen. Auch diesen Aspekt seiner Geschichte hat der Autor von Anfang an reich instrumentiert. Tomi ist als Ort der Handlung nicht nur eine sterbende Stadt, sondern genauer noch „die eiserne Stadt" (9), die an dem Eisen stirbt, das oben im Gebirge gewonnen wird, das meint, die buchstäblich verrostet, und deren Menschen zum Teil im wörtlichen Sinn versteinern. Wenn schon durch die Allusionen auf die überkommenen Weltaltervorstellungen alles Erzählte in einen weiten mythologischen Zusammenhang rückt, so wird es vollends dadurch in eine mythische Dimension gehoben, daß Leben und Tod ihren Sinn vom Gesetz der Verwandlung her empfangen – ein Gesetz, das auch für Goethe und nicht minder für Hofmannsthal und Rilke größte Bedeutung besitzt.

Aber wenn es beispielsweise in jenem berühmten, Goethes Werken zugerechneten Hymnus *Die Natur* heißt: „Leben ist ihre schönste Erfindung und der Tod ist ihr Kunstgriff viel Leben zu haben"[4], so erkennt man, daß sich in solchem Natur- und Lebensglauben eine innerweltliche Ewigkeit zu begründen sucht und daß jeder Gestaltwandel, jedes „Stirb und werde" als von ihr umgriffen verstanden wird. Bei Ransmayr kommt indessen zum Thema der Metamorphose die Strenge einer besonderen eschatologischen Vorstellung hinzu. Jesus und die Urgemeinde haben bekanntlich das Eschaton der Welt als sehr nahe bevorstehend erwartet. Aber wie der Tod aus unseren heutigen westlichen Gesellschaften weitgehend ausgegliedert wurde, so hat auch der neuzeitliche Fortschrittsglaube die alte Eschatologie, den Gedanken an ein potentielles Ende der Welt, gründlich verdrängt. Erst die Ängste angesichts der atomaren Hochrüstung haben eine Zeitlang dazu geführt, daß das Bewußtsein eines möglichen nahen Weltendes aufkam. Dementsprechend wurden in den verschiedenen Medien unter dem Motto „Apocalypse now" Katastrophenszenarien entworfen.

Es gehört zu den herausragenden Qualitäten von Ransmayrs *Letzter*

---

4 Goethe. Die Schriften zur Naturwissenschaft. Hg. im Auftrage der Deutschen Akademie der Naturforscher Leopoldina von K. Lothar Wolf † u. a. Abt. 1. Bd. 11. Weimar 1970, S. 3–5. Goethe selber hat den Prosahymnus, der aus Gesprächen mit Georg Christoph Tobler hervorgegangen ist und auch von diesem niedergeschrieben wurde, in sein naturwissenschaftlich-dichterisches Werk aufgenommen.

Welt, daß in ihr eine Eschatologie begegnet, die auf vordergründige Aktualisierung ganz verzichtet, obgleich zum Beispiel die Atombedrohung während der Entstehung des Buches noch in vollem Umfang gegeben war. Auch die in der politischen Wirklichkeit allzu berechtigten expliziten Warnungen vor der Zerstörung der Natur durch menschliches Handeln bleiben der Romanwelt Ransmayrs fern. Er läßt – das ist seine Form poetischer Gerechtigkeit – die Natur über den Versuch der Menschen, sich ihrer zu bemächtigen, gelassen obsiegen.

Nicht weniger bedeutsam scheint mir die Art, wie unser Roman die Dichtkunst zu den Wirklichkeiten der endenden Welt und der überlebenden Natur in Beziehung bringt. Wie wir wissen, besteht die fiktionale Grundvoraussetzung der *Letzten Welt* darin, daß der in den Tod entrückte Naso alles, was von den Bewohnern Tomis erzählt wird, als seine ihn überlebende Schöpfung hinterlassen hat:

> „Aus Rom verbannt, aus dem Reich der Notwendigkeit und der Vernunft, hatte der Dichter die *Metamorphoses* am Schwarzen Meer zu Ende erzählt, hatte eine kahle Steilküste, an der er Heimweh litt und fror, zu *seiner* Küste gemacht und zu *seinen* Gestalten jene Barbaren, die ihn bedrängten und in die Verlassenheit von Trachila vertrieben. Und Naso hatte schließlich seine Welt von den Menschen und ihren Ordnungen befreit, indem er *jede* Geschichte bis an ihr Ende erzählte. Dann war er wohl auch selbst eingetreten in das menschenleere Bild, kollerte als unverwundbarer Kiesel die Halden hinab, strich als Kormoran über die Schaumkronen der Brandung oder hockte als triumphierendes Purpurmoos auf dem letzten, verschwindenden Mauerrest einer Stadt." (286 f.)

Was hier – auf den letzten Seiten des Romans – noch einmal von Naso gesagt wird, das trifft in der empirischen Welt für Ransmayr zu: Er ist es, der die *Metamorphosen* des historischen Ovid tatsächlich bis an das äußerste aller denkbaren Enden erzählt hat, und zwar bis dahin, wo auch der Dichter selber noch in seinen Tod verwandelt wird und alle Verwandlungen, die zuvor erzählt wurden, zusammengenommen den Tod der Welt bedeuten. Indem Ransmayrs Roman das so darstellt, als sei es schon längst eingetreten, schreibt er sich sozusagen vom Tod Nasos und vom Ende der letzten Welt her, aus der Perspektive der überlebenden Natur. Da diese Metamorphose der *Metamorphosen* jedoch heute erzählt wird, ergibt sich, im Sinne Heideggers, nach dem Vorlaufen zum Tode auch das komplementäre Zurückkommen auf die Gegenwart. Und was wird uns so an Einsichten zuteil?

Um noch weiter auf den Romanschluß einzugehen: Er läßt alles Erzählte in provozierend hellen Bildern enden. Die Befreiung der Welt von den Menschen erscheint als ein Sieg der Natur, in den der verwandelte Dichter einstimmt – als „triumphierendes Purpurmoos", als übermütig die Berghänge hinabkollernder „unverwundbarer Kiesel", als über der Meeresbrandung fliegender Kormoran. Mit diesen starken poetischen Bildzeichen, wenngleich nur im Potentialis gesetzt, erinnert der Text an den Mythos von Orpheus, dem Urbild aller Dichter, der nach seinem Tode ebenfalls in der Natur aufging, nur daß er sie in eine singende, dem Menschen nahe und verständliche Welt verwandelte, während Naso seinerseits in eine menschenferne, menschenleere Natur entrückt wird.

Dorthin strebt auch Cotta, immer noch auf der Spur Nasos, „erfüllt von einer Heiterkeit, die mit jedem Schritt wuchs" (286) und die mit den hellen Bildern von Nasos phantasierter Metamorphose korrespondiert. Daß die Heiterkeit sich bei Cotta ins Gewand des Wahnsinns kleidet, schwächt die Wirkung des Bildes nicht ab, zumal Cotta in diesem nur partiellen Entrückungszustand noch zu seiner Identität finden darf: Er schleudert die beiden Silben „Cotta" gegen die Felsen des Gebirges

„und antwortete *hier*!, wenn ihn der Widerhall des Schreies erreichte; denn was so gebrochen und so vertraut von den Wänden zurückschlug, war sein eigener Name." (288)

Cotta befand sich also, indem er Naso suchte, auf dem Weg zu sich selbst, und was ihn ans Ziel bringt, ist ein „Dialog" mit der Natur als dem schlechthin Anderen der menschlichen Welt, wobei das „hier!" auf die Antwort Adams anspielt, als Jahwe ihn beim Namen rief.

Und was weiß der Roman vom Schicksal der Dichtung in den „letzten Tagen der Menschheit" zu berichten? Auch sie endet mit dem Ende der Welt: Die Bücher gehen unter, und der Versuch des Pythagoras, Ovids Geschichten in eine neue Schriftlichkeit hinüberzuretten, „war nun ohne Bedeutung":

„Steinmale kippten als formloser Schutt in die Halden zurück, und selbst in Basalt gemeißelte Zeichen verschwanden unter der Geduld von Schnecken. Die Erfindung der Wirklichkeit bedurfte keiner Aufzeichnungen mehr." (287)

Dichtung erscheint in diesen Sätzen wohl deshalb als obsolet, weil die von ihr „erfundene" Wirklichkeit nunmehr tatsächlich eingetreten ist. Die „Botschaft" des Romans als eines Makrozeichens würde somit lauten: Der Endlichkeit des Menschen entspricht die Endlichkeit der Welt, und der Gedanke der Endlichkeit der Welt zwingt dazu, auch das endliche Wesen der Kunst ernst zu nehmen.

Und doch weist eine poetische Sprachhandlung noch wieder über das erreichte Ende der letzten Welt hinaus: Aus dem tellurischen Beben, durch das Tomi endgültig zerstört wird, gebiert sich ein majestätischer neuer Berg, und er erhält den Namen *„Olymp"* (285) – eine Bezeichnung, die ihm Naso, auch dieses Ereignis vorauserfindend, schon zugesprochen hatte. Damit ist der neue Berg, zu dem übrigens Cotta auf seinem letzten Weg hinaufstrebt, eingefügt in eine große kulturelle Überlieferung, die sich mit der Namengebung in die Zukunft fortsetzt, wodurch sich die Möglichkeit einer künftigen Welt zeigt, in der der Berg werden könnte, was er dank seines Namens ist: Sitz der Götter.

Verstehen und Werten

Haben wir nun mit dem voraufgegangenen Interpretationsversuch auch etwas zur Wertung des Ransmayrschen Romans beigetragen? Sind die Argumente entkräftet, die man ins Feld führte, um ein Mißverhältnis zwischen den Inhalten des Romans und seiner ästhetischen Form zu erweisen? Ein Haupteinwand gegen die Erzählform scheint mir auf das im Barock geläufige Verdikt hinauszulaufen, daß der wirkliche Tod als die Grenze der Spielwelten des ästhetischen Scheins zu respektieren sei. Ransmayr aber verwandle selbst das Ende der Welt in ein fiktionales, zeitenthobenes Spiel und entwirkliche es dadurch auf unzulässige Weise. Die Zeitlosigkeit seiner Romanwelt ergebe sich aus der letztlich unverbindlichen Behandlung der verschiedenen temporalen Ebenen: Was sowohl im Zeitalter des Augustus wie in unserer Gegenwart vor sich gehe, so daß beide Zeiten sich scheinbar mühelos ineinander spiegeln lassen, gewinne den Status einer ahistorischen Jederzeitlichkeit (Epple, 1990, S. 31).

Das ist eine Wertung, die man ohne Umschweife weder bejahen noch bestreiten kann. Aber man kann ihr die Bemühung um ein angemesseneres Verstehen entgegensetzen. Wir greifen noch einmal auf Schiller zurück, um die Lektion, die er uns erteilt hat, etwas vollständiger in Erinnerung zu bringen. Sein anthropologischer Ausgangspunkt ist bekanntlich der, daß der Mensch als Sinnenwesen in der Zeit existiert und daß unser „sinnlicher Trieb" dem auch zustimmt; dieser „will, daß Veränderung sey, daß die Zeit einen Inhalt habe". Ihm stellt Schiller den ebenso ursprünglichen „Formtrieb" des menschlichen Geistes gegenüber, der die Aufhebung der Zeit bezweckt – was uns aus allen formalistischen Ästhetiken wohlvertraut ist. Beides für sich genommen, die bloße Sinnlichkeit und die zeitlose Geistform, vermag nach Schiller der Kunst nicht zu genügen. Erst der „Spieltrieb" leistet die wünschenswerte Vermittlung zwischen den Extremen, indem er „die Zeit *in der Zeit*" aufhebt und „Werden mit absolutem Seyn, Veränderung mit Identität" vereinbart (NA 20, S. 353).

Dieser Gedanke läßt sich unter Absehen von der idealistischen Komponente in Schillers Formulierung durchaus auf die *Letzte Welt* anwenden. Zunächst hinsichtlich der Temporalität des Romans. Hier dient das poetische Spiel zu einem großen Teil dazu, die Zeitlichkeit als Wandelbarkeit aller menschlichen Dinge sinnlich zu vermitteln: „Keinem bleibt seine Gestalt". Dabei macht sich im Spiel selbst eine deutliche Freisetzung von Spontaneität geltend. Und Spontaneität ist nichts anderes als reine Temporalität. So muß man der *Letzten Welt* in mehrerlei Hinsicht die Qualität zugestehen, prall von Zeitlichkeit zu sein. Gerade dadurch wird dann allerdings die Zeit der Chronometrie, also die der neuzeitlichen Naturwissenschaft, für die Poesie außer Kraft gesetzt. Aber die Zeit der Menschheitsgeschichte kommt dadurch erst wirklich zu sich selbst: Alle Vergangenheiten, die anachronistisch gegeneinander vertauschbar sind und mit denen der Erzähler sein souveränes Spiel treibt, weisen auf Zukunft hin – Zukunft in diesem Fall verstanden als ein mögliches Ende der Welt. Eine solche Zukunft steht nun in der Tat jederzeit, wie nah oder fern auch immer, bevor. Daß sie zur Zeit Ovids und des Jesus von Nazareth nicht eintrat, besagt nicht, daß sie nicht jederzeit eintreten könne und daß wir ihr inzwischen nicht nähergekommen seien. Die Apokalypse, die „Enthüllung" des Endes, ist seit je Vorrecht und Beruf der seherisch und poetisch Begabten. Zwar mögen wir uns mit Recht dagegen sträuben, den Gegenwartsroman *Die letzte Welt* etwa in die Nähe der Johannes-Apokalypse zu stellen. Dessen bedarf es auch nicht; wichtig scheint allein, die weiten Kontexte zu sehen, in denen Ransmayr aufgrund der Wahl seines Sujets steht. Deshalb muß man das in unserer Zeit Mögliche noch lange nicht an den größten Exempeln einer gänzlich anderen Vergangenheit messen.

Was nun die artistische Form und den hohen Stil der *Letzten Welt* anbelangt, die sich dem Intellekt und der Kunstfertigkeit eines *poeta doctus* verdanken, so kann es in bezug auf deren Wert und Wirkung erst recht nur vorsichtige Annäherungen an ein intersubjektiv akzeptables Urteil geben. Die bloße Beschreibung genügt nicht. Denn was dem einen ein Übermaß an bewußter künstlerischer Formung ist, das mag dem andern noch zu wenig sein. Auf jeden Fall scheint es beachtenswert, daß sich Ransmayrs Roman als so gut lesbar erwiesen hat. Im übrigen sollte auch hier das Verstehen dem Werten vorausgehen. Dazu gehört die Einsicht, daß Romane, die heute zählen, eine grundsätzlich andere narrative Struktur haben müssen als mimetisch verfahrende Erzählwerke des 19. Jahrhunderts: Nichts kann mehr einfache „Widerspiegelung" von „objektiver" Realität sein; alles ist in einem linguistischen und poetologischen Sinn bloßes Zeichen in jeweils vom Autor neu zu schaffenden Zeichensystemen geworden. So verweist der hohe Stil eo ipso auf die Entsprechung zur Zeichenschrift der Landschaft, worin „Gebirge" und „Meer" – seit je Bilder der Erhabenheit[5] – als zentrale Bedeutungsträger fungieren.

Aber ist der hohe Stil der *Letzten Welt* nicht doch zu „schön" für die

---

5 Der Begriff des Erhabenen ist von mir terminologisch gemeint, und zwar so wie ihn Kant geprägt hat (jedenfalls was die erhabenen Gegenstände angeht). Wollte man dieses Thema jedoch im Hinblick auf die *Letzte Welt* interpretatorisch vertiefen, so wäre die Diskussion im Umfeld der Postmoderne zu berücksichtigen: Das Erhabene. Zwischen Grenzerfahrung und Größenwahn, hg. von Christine Pries. Weinheim: VCH Acta humaniora 1989.

Inhalte, soweit sie die Menschen betreffen? Ist das die Kunst, wie sie nach Auschwitz, auf das der Roman Bezug nimmt, wieder möglich wird? Auch bei dieser Frage muß man das Verhältnis zu den Texten beachten, mit denen Ransmayr kommuniziert, also vor allem wieder das zu den *Metamorphosen*. Da stellt man dann fest, daß Ovid sich der grauenhaften Wirklichkeit menschlicher oder vielmehr unmenschlicher Gewaltausübung ähnlich weit öffnet wie Ransmayr und sie gleichfalls mit schonungsloser Härte zur Sprache bringt, daß bei ihm aber die schöne Form seines epischen Gedichts durch solche Inhalte nirgends beeinträchtigt wird, daß er auch ihnen den unbeirrbar großartig fortschreitenden Hexameter und seine rhetorisch-poetische Sprache nicht vorenthält. Schrecken und Schönheit sind also bei Ovid *und* Ransmayr, wie auch in der modernen Literatur seit über hundert Jahren, zum Beispiel bei Baudelaire, oft genug verschwistert. Von einer bedenklichen Ästhetisierung ernster Probleme und Tatsachen wird man in all diesen Fällen nicht sprechen dürfen. Auch was die stilistische Formung betrifft, hat Ransmayr also Ovid weiter-, wenngleich sicher nicht zu Ende gedichtet, indem er sich eine Prosasprache geschaffen hat, deren Stilhöhe offenbar hinter der Verssprache Ovids nicht zurückbleiben sollte.

Bibliographie

RANSMAYR, CHRISTOPH: Die letzte Welt. Roman. Mit einem Ovidischen Repertoire. Nördlingen: Franz Greno 1988 (Die Andere Bibliothek, hg. von Hans Magnus Enzensberger, Bd. 44) [zitierte Ausgabe]

RANSMAYR, CHRISTOPH: Strahlender Untergang. Ein Entwässerungsprojekt oder die Entdeckung des Wesentlichen. Wien: Christian Brandstätter 1982
–: Die Schrecken des Eises und der Finsternis. Roman. Wien: Christian Brandstätter 1984. Taschenbuchausgabe: Frankfurt am Main 1989 (Fischer Tb. 5419)
–: (Hg.): Im blinden Winkel. Nachrichten aus Mitteleuropa. Wien: Christian Brandstätter 1985. Darin von RANSMAYR die Erzählungen: Przemyśl. Ein mitteleuropäisches Lehrstück, S. 7–12; Die Königin von Polen. Eine politische Wallfahrt, S. 101–123; Auszug aus dem Hause Österreich. Unterwegs zur letzten Kaiserin Europas, S. 214–235. Taschenbuchausgabe: Frankfurt am Main 1989 (Fischer Tb. 9563)

PUBLIUS OVIDIUS NASO: Metamorphosen. In deutsche Hexameter übertr. und hg. von ERICH RÖSCH. Mit einer Einführung von Niklas Holzberg. München, Zürich: Artemis, 11. überarb. Aufl. 1988 (Sammlung Tusculum)
OVID: Metamorphosen. In deutsche Prosa übertr. von MICHAEL VON ALBRECHT. München: Goldmann 1981 [von Ransmayr für das Repertoire benutzt], 5. Aufl. 1989
SCHILLERS Werke. Nationalausgabe (NA), Bd. 20. Philosophische Schriften. Tl. I, hg. von BENNO VON WIESE. Weimar: Böhlau 1962

BACHMANN, PETER: Die Auferstehung des Mythos in der Postmoderne. Philosophische Voraussetzungen zu Christoph Ransmayrs Roman „Die letzte Welt". In: Diskussion Deutsch, 21, 1990, H. 116, S. 639–651

BARTSCH, KURT: Dialog mit Antike und Mythos. Christoph Ransmayrs Ovid-Roman „Die letzte Welt". In: Modern Austrian Literature, 23, 1990, H. 3/4, S. 121–133

BOCKELMANN, ESKE: Christoph Ransmayr. In: Kritisches Lexikon zur deutschsprachigen Gegenwartsliteratur, hg. von HEINZ LUDWIG ARNOLD (edition text + kritik), Bd. 7, S. 1–6, A–B

EPPLE, THOMAS: : Phantasie contra Realität – eine Untersuchung zur zentralen Thematik von Christoph Ransmayrs „Die letzte Welt". In: literatur für leser, 1990, H. 1, S. 29–43

FUHRMANN, MANFRED (Rez.): Christoph Ransmayr, Die letzte Welt. Mit einem Ovidischen Repertoire. In: Arbitrium, 7, 1989, S. 250–254

GELLHAUS, AXEL: Das allmähliche Verblassen der Schrift. Zur Prosa von Peter Handke und Christoph Ransmayr. In: Poetica, 22, 1990, S. 106–142

GORŠE, DUŠAN: Einige Aspekte der Metaphorik im Roman „Die letzte Welt" von Christoph Ransmayr. In Acta Neophilogica, 23, 1990, S. 75–86

KAISER, JOACHIM: Mit erlauchten Worten Wirkungen zweiter Klasse. In: Süddeutsche Zeitung, 22./23. 10. 1988 [über „Die letzte Welt"]

KOVÁŘ, JAROSLAV: Acht Thesen zu Christoph Ransmayrs Roman „Die letzte Welt". In: Literatur und Kritik, H. 245–246, 1990, S. 193–200

SCHIRRMACHER, FRANK: Bücher aus Asche, Leiber aus Ameisen. In: Frankfurter Allgemeine Zeitung, 17. 9. 1988 [über „Die letzte Welt"]

Weitere Zeitungskritiken bei BOCKELMANN (s. oben)

HELMUT KOOPMANN

Erfolgreich gescheitert.
Zu Uwe Johnsons „Mutmassungen über Jakob"

Das erste Programm der deutschen Nachkriegsliteratur wurde am 15. Juni 1945 geschrieben, wenngleich es in einer amerikanischen Zeitung erschien und die neuen Dichter Amerikas behandelte. Das geschah im *Ruf*, der „Zeitung der deutschen Kriegsgefangenen in USA", und der Verfasser des Artikels über „Die neuen Dichter Amerikas" war Alfred Andersch. Er beginnt mit der Feststellung: „Die amerikanische Literatur kreist um das amerikanische Leben" und mündet in die Skizze einer realistischen Literatur, deren wichtigster Vertreter Hemingway ist. Muster der neuen Literatur ist dessen *A Farewell to Arms*, und der Kommentar Andersch lautet: „Dieses Buch, wie alle anderen Arbeiten Hemingways, ist realistisch, mit asketischer Härte gibt er nur Tatsachen, verzichtet auf Deutung, auf das Reden *über* die Dinge. Aber merkwürdig ist es, wie gerade in dieser Sparsamkeit die Magie der Welt sichtbar wird. Der Realismus bleibt, aber er verschafft sich den Zugang in die Zone, in der deutlich wird, dass die Dinge nur Hieroglyphen der Schrift sind, mit denen sich der grosse uralte Zauber in die Wirklichkeit schreibt".

Von einem simplen Abschildern der Wirklichkeit konnte allerdings schon nach der literarischen Vorgeschichte in Amerika keine Rede sein. Alfred Andersch, der diese kurz analysierte, hatte gesehen, daß die realistische Darstellung der amerikanischen Welt von Anfang an auch eine kritische Darstellung gewesen war. Die kritische Beobachtung dessen, was die Realität zu bieten hatte: das war die Devise, unter der hier die neuen Dichter Amerikas besprochen wurden. Wenn von der „Tiefe menschlicher Existenz" die Rede ist und vom „innersten Wesen des Menschen", wenn vom „ewigen Ausdruck des Weltgefühls aller Jugend" gesprochen wird und gelegentlich von der „adligen Einfachheit" in Thornton Wilders *The Bridge of San Luis Rey*, so mag man diese Worte heute als nichtssagende Trivialitäten empfinden. Doch Anderschs Aufsatz öffnete dem Leser einen bis dahin verschlossenen Horizont. Zwei Zeitungsspalten geben einen hochdifferenzierten Überblick über eine Literatur, die alles andere als in sich homogen war. Keine Rede davon, daß sich die amerikanische Literatur auf drei oder vier Namen reduzierte. Der Bericht mußte auf literarisch interessierte Kriegsgefangene wie eine Offenbarung wirken – und wirkte tief in die deutsche Nachkriegsliteratur hinein.

Natürlich reichen die Fluchtlinien dieser Realismus-Konzeption auch in die deutsche Literatur zurück: wenn die Dinge nur als Hierogly-phen bezeichnet werden und wenn von der Magie der Welt die Rede ist, wird etwas deutlich von einer postexpressionistischen Haltung. „Hiero-glyphe" wiederum ist ein Begriff aus der romantischen Kunsttheorie. Wollte man Ahnherren für den Tatsachenrealismus der Nachkriegslite-ratur finden – man brauchte nicht lange zu suchen, denn Döblin hatte 1913 mit seinem „Berliner Programm" ähnliches gefordert. Von alle-dem war bei Andersch freilich keine Rede. Ihn beeindruckte ein Autor wie John Steinbeck, eine Literatur, „die keine billigen Lösungen für brennende Zeitfragen präsentiert, sondern die Schwere und Vielfältig-keit modernen Lebens bestehen lässt". Natürlich wird Andersch dem von ihm besprochenen Autor damit nicht gerecht – aber das wollte er auch wohl gar nicht. Das Plädoyer für einen Realismus amerikanischer Provenienz ist glaubhaft, wenngleich nur zwischen den Zeilen steht, daß auf eines verzichtet werden sollte: auf Einmischungen in die politi-schen, moralischen, philosophischen Diskussionen der Zeit. Was auch nur zwischen den Zeilen steht: dieses neue Programm einer neuen Lite-ratur enthält einen unausgesprochenen Protest gegen das labyrinthische Erzählen der klassisch-modernen Autoren der deutschen Literatur. Keine Rede mehr von den unzugänglichen Abgründen großer Welt-erklärungsromane, keine Tiefenarchäologie, was die Geschichte der deutschen Seele angeht, keine historischen Eskapaden, um die Zeit-geschichte bildreich zu erläutern, keine anspielungsreiche Zitierkunst und vor allem nichts an mythischem Geraune, nichts Dämonisches mehr und keine Untergangstragödien am Beispiel der Biographie Nietzsches oder anderer: der puritanische Grundzug des neuen realisti-schen Erzählens ist unverkennbar, so wie denn auch das Land, in dem dieses Konzept an Beispielen und ohne jede oberlehrerhafte Literatur-forderung entwickelt wurde, vielfältig in diese Darstellung der neuen Dichter Amerikas hineinwirkt. Die großartige Weite, die außerordent-liche Unterschiedlichkeit der Regionen und kulturellen Ursprünge, die gelebte Toleranz, eine ebenso freie wie kritische Presse: das alles war Rückenwind für die neue Literatur, die eben hier, am 15. Juni 1945, in ihren wichtigsten Grundzügen konzipiert wurde. Daß sich in diesem Artikel im Grunde genommen auch noch eine scharfe Auseinanderset-zung mit einer Literatur abzeichnet, die in Deutschland ungebrochen durch die Jahre hindurch erschienen war, steht auf einem anderen Blatt. Andersch hat später in seinem Buch *Deutsche Literatur in der Ent-scheidung*, das 1948 erschien, sein realistisches Programm ausführlicher fundamentiert und sich dort noch einmal auf William Faulkners *Light in August* bezogen: für ihn ein „Meisterwerk des reinen Realismus", und wie sehr diese Realismusvorstellung gewirkt hat, zeigen 40 Jahre deut-scher Nachkriegsliteratur. Daß sie als realistische Literatur immer auch eine gesellschaftskritische Literatur war, machte ihre Stärke aus; daß kein phantastisches Schreiben aufkommen konnte, war der Preis, der gezahlt wurde. Daß an die Stelle einer intellektuellen Welt eine soziale Schicht trat, die vom Arbeiter bis zum Kleinbürgertum oder zum mittleren Wohlstandsbürgertum reichte, war gleichzeitig eine neue Chance der Literatur wie auch ihre Begrenzung. Daß einige Autoren sich sehr wohl in der Kunst des sublimen Zitates auskannten, hat die literarische Kritik erst nachträglich erkannt.

Uwe Johnson ist derjenige, der in seinen frühen Romanen die Forderungen des neuen Realismus bedingungslos umgesetzt hat. Johnson ist der konsequenteste Realist der deutschen Nachkriegsliteratur, obwohl es von ihm kaum Theoretisches dazu gibt, Absichtserklärungen fehlen und Verdeutlichungen nirgendwo zu finden sind. Kein anderer als er hat deutlicher und genauer die Wirklichkeit betrachtet, kein anderer hat sie akribischer beschrieben. Seine Romane gleichen Wirklichkeitsprotokollen, in die auch noch die Anamnese der Wirklichkeit einbezogen ist. Die Beschreibung der Technik eines Rennrades im *Dritten Buch über Achim* könnte Konstrukteuren als Vorlage dienen. Das Grab Ingeborg Bachmanns findet man am sichersten, wenn man Johnsons *Eine Reise nach Klagenfurt* liest; die Stadtbeschreibung ist an Genauigkeit kaum zu übertreffen. Stationen der New Yorker Untergrundbahn sind in den *Jahrestagen* mit einer Präzision dargestellt, die einem Fahrgast verdeutlichen kann, wo er sich gerade befindet. Mag die Realität auch in ihre Elementarteilchen zerfallen: Johnson setzt sie neu zusammen, und mag sein Schreiben auch nur Realitätsannäherung sein: näher kommt kein anderer an sie heran. Sich selbst hat er aus der genauen Optik nicht ausgenommen. „Johnson saß krumm hinter dem grünen Tuch, hielt sein Manuskript mit beiden Händen abgedeckt, spiegelte das Licht der Scheinwerfer in seiner Glatze und musterte den Saal nur flüchtig mit Blicken zwischen Brauen und Brillenrand hindurch. Sonderbarer Weise trug er zu einem bürgerlichen Hemd eine Jacke aus schwarzem Leder, wie sonst nur die Neger, einige Neger" – diese Selbstdarstellung aus den *Jahrestagen* ist „richtig", jeder, der Johnson als Lesendem begegnet ist, kann das bestätigen. Spräche man von einer Collage von Wirklichkeiten, sein Stil wäre unterbewertet. Gefühle spielen keine Rolle – es sei denn, sie wären Teil jener Wirklichkeit und mitteilbar.

Uwe Johnsons *Mutmassungen über Jakob*, wiedergelesen: die politische Thematik ist heute weitgehend uninteressant geworden – vielleicht, daß das Buch einmal zur Reihe jener Werke gezählt wird, in der die Geschichte der deutschen Spaltung literarisch dargestellt worden ist. Aber das ist inzwischen historische Fassade. Verständlich, daß dieses Thema damals, als das Buch des zu diesem Zeitpunkt 25jährigen Autors erschien, die Kritiken dominierte. Einen tieferen Einblick in das Wesen einer Diktatur vermag der Roman freilich nicht zu vermitteln, dazu ist manches, was zur Handlung gehört, beinahe unglaubwürdig, dazu gibt es zuviel politische Geheimniskrämerei, ist auch die Psychologie einiger dargestellter Figuren nicht überzeugend, ist vielleicht auch ein wenig zu viel Experimentierlust im Umgang mit literarischen Stilen und Techniken im Spiel gewesen. Über den totalitären Staat gibt es bessere Bücher, differenziertere Darstellungen. Zweifellos hat der Stoff dem Autor damals eine fast zwangsläufige Bekanntheit garantiert, auch viel öffentliche Diskussion. Aber: das eigentliche Thema ist nicht die Spaltung Deutschlands, und schon damals war es das nicht. Die Frage, die Johnson sich seinerzeit gestellt hat, ist eben die, die auch heute noch das Buch so bedeutsam macht, wie es zu seiner Zeit schon gewesen ist. Es ist die nach der Wirklichkeit und ihrer Darstellbarkeit. Es ist, mit anderen Worten, ein philosophisches Problem, das Johnson umkreist, in Übereinstimmung mit dem zwar nur beiläufig geschriebenen, aber weithin als verbindlich anerkannten Programm eines Nachkriegsrealismus – und im Gegensatz dazu.

Johnsons Wirklichkeitsannäherungen sind damals ebenso deutlich erkannt wie nachdrücklich gewürdigt worden. „Das einzige Buch, in dem die Wirklichkeit dieses unseres zweigeteilten Deutschland jenseits aller Polemik oder Apologie literarischen Ausdruck gefunden hat" – so schrieb Wolf Jobst Siedler im „Tagesspiegel" (22.11.1959). Aber nicht nur die deutsche Wirklichkeit: die Realität überhaupt wird mit einer Sorgfalt nachgezeichnet, die im zeitgenössischen Roman nicht ihresgleichen hat. Wir lesen etwa – und es ist eine beliebig herausgegriffene Stelle –:

„Wenn ein Telefonabonnent eine Nummer einstellt, so übermittelt er mit jeder Ziffer einen chiffrierten elektrischen Impuls an die entsprechenden Relais der angeschlossenen Zentrale, die Relais sondern die Stromstösse aus (der Vorwähler hebt seinen Arm und sucht selbsttätig einen freien Gruppenwähler) bis zur Linie und zum Apparat des gewünschten Anschlusses. Bewundernswert sind diese automatischen Vorrichtungen" (64).

Bewundernswert ist auch das technische Wissen eines Romanciers, der sich die Mühe macht, dieses dem Normalmenschen weithin verborgene Zusammenspiel technischer Kräfte zu durchleuchten, wenngleich diese Darstellung – verständlicherweise – ihre Grenzen hat. Dergleichen Differentialcharakteristiken gibt es viele in diesem Roman. Wie einer seiner berühmten Vorgänger, der stark bebrillte, kurzsichtige und dennoch die Oberfläche der Wirklichkeit minutiös darstellende Alfred Döblin geht auch Uwe Johnson an die Sache heran, betrachtet sie durch seine etwas weniger dickwandige Brille und zeichnet auf, was er sieht.

„Die Dinge sollten klar sein und handlich" (173), heißt es einmal im Text. Eben das darzustellen, ist das unablässige Bemühen Johnsons, und das Ergebnis sind Einzelheiten, die glaubhaft sind, weil sie der Wirklichkeit so nahe wie möglich kommen. „Das Unverwechselbare hing daran dass dies alles für sich selbst wirklich war unabhängig von einem Betrachter und Zuhörer" (182), lesen wir – und der Betrachter und Zuhörer Uwe Johnson hält sich in der Tat soweit wie möglich heraus und zurück, tritt nicht einmal – wie später in den *Jahrestagen* – mit seinem ebenso humoristischen wie unheimlichen Selbstbildnis in Erscheinung. Aber die Wirklichkeit der Dinge, der Vorgänge, der Menschen: Uwe Johnson sind da hervorragende Passagen gelungen. Eine Meisterleistung ist die Beschreibung des Eisenbahndurcheinanders, als die Militärzüge der Sowjets bevorzugt abgefertigt werden müssen. Das geht fast ohne Punkt und Komma:

„Lange Wagenreihen wurden zusammengezogen und beiseitegedrückt, und der Wagendispatcher hatte seine Telefone stehen lassen und kam zu ihnen ins Zimmer gestürzt, wo er die Wagen vielleicht hernehmen solle. Bartsch (jetzt völlig ruhig rauchend vorgestützt mit der Stirn in die Hand) wies darauf hin dass man auch Schwerlastwagen brauchen werde und sie könnten einen gewissen Leerzug aus dem Süden erst in zwanzig Minuten hierhaben, wenn er überhaupt freizumachen sei aus dem Geschlinge da unten, also gut, und jetzt kam der zweite Zug aus dem Norden und blieb heftig atmend stehen zwischen den Bahnsteigen des Personenbahnhofs, fröhlich unterhaltsam lehnten sich die Soldaten vorwärts hinaus über die Sperrstangen in den offenen Türen und versuchten Gespräche mit der übermüdeten gereizten Menschenmenge, die wartend stand neben Koffern und umdrängten Mitropakiosken unbeweglich wie die Güterwagen sich nicht rührten, weil nicht nur auf den Fahrstrassen der südlichen Richtung rangiert wurde sondern auf allen, und die Laderampe war noch nicht einmal abgeräumt. Indessen öffneten sich die Tore der Garnison in der Stadt, die Scheinwerfer der Armeelastwagen glitten hinaus auf die nächtliche Strasse, mit roten Leuchtzeichen hielten sie Verbindung, Motorräder rasten voraus auf die Kreuzungen mit dem Stadtverkehr und sprangen quer auf die Fahrbahn und winkten mit gekreuzten geöffneten überkreuzten Armen die Strassenbahnen und Lastautos und Personenwagen und Fussgänger zum Stillstand, in ungestümen Wendungen glitt Heck für Heck der Armeetransporter davon unter der städtischen Beleuchtung unter den Blicken der wartenden Bevölkerung, die regelmässig den rätselhaften weissen Farbkreis wiederkehren sah mit der kyrillischen Schrift auf den Schlussbrettern" (248 f.).

Das ist eine atemberaubende Wirklichkeit, die ebenso atemberaubend hier vorgestellt wird, und atemlos, wie der Erzähler das alles vor sich hinstürzt, liest auch der Leser mit; es gibt wenige Stellen in der deutschen Prosa der Nachkriegszeit, in denen ein zweifellos hochpolitisches Ereignis auf zweifellos kühle und dennoch hinreißende Art beschrieben ist. Döblin hätte hieran seinen Spaß gehabt. Die Republikflucht und die Überwachung durch Spitzel, die Unsicherheiten des täglichen Lebens und die Kontrollmechanismen der Diktatur: das alles wirkt heute merkwürdig nebensächlich, antiquiert und von der Wirklichkeit meilenweit überholt. Um so eindrücklicher ist, was Johnson über die Wirklichkeit zu sagen hat, der er so genau nachstellen möchte. Der Roman ist sicher eines der eindringlichsten Zeugnisse dafür, wie nahe man ihr kommen kann. Aber der Roman bezeugt gleichzeitig, wie wenig sie erreichbar ist.

Mutmassungen – zu mehr reicht es in der Tat nicht. Natürlich brauchte es nicht die Kritik, um das zu merken. Der Roman selbst läßt uns das wissen. „Kaum mehr als Mutmassungen und Andeutungen" (104), so heißt es im Roman einmal – und mehr als das gibt die Wirklichkeit in der Tat nicht her. So ist dieser Roman, der der Realität mit allen subtilen Mitteln, die die Sprache bereithält, zu Leibe rücken wollte, im gleichen Ausmaß ein Roman des Scheiterns an dieser Wirklichkeit. Das hat mit dem Ost-West-Konflikt herzlich wenig zu tun – wenngleich dieser den Anlaß bieten mochte für die erzählerischen Unsicherheiten, in die Johnson sich bewußt hineinverstrickt. Da hilft auch kein Plattdeutsch, helfen nicht Dialoge, die in der Tat so geführt worden sein könnten, da hilft nicht die intime Kenntnis von Stellwerktechnik und Rangierbahnhofsakrobatik. „Die Dinge sollten klar sein und handlich. Ja, das möchtest du wohl" (173) – so sinniert der alte Cresspahl vor sich hin. Auch Johnson möchte das. Und er sieht, daß das nicht geht. Nicht nur er merkt es, sondern auch eine Romanfigur weiß, „dass er nur die Oberfläche eines Zeichengewebes wahrnahm, das waagerecht und senkrecht gegliedert war und von dieser Regelmässigkeit her eben nicht zu verstehen" (174). Die Realität ist überhaupt nicht zu verstehen, und das um so weniger, je mehr man sich um sie bemüht: das ist die etwas resignative und dennoch siegreiche Ansicht, die der Roman dem Leser vermittelt. Auf den großen Bögen, die man im Stellwerk braucht, um die Durchfahrt der Züge einzuzeichnen, bleiben leere Stellen. Die Mutmaßungen betreffen natürlich in erster Linie die Mutmaßungen über den Tod Jakobs – der Leser weiß schon am Anfang davon, aber am Ende weiß er auch nicht mehr. „Selbst wenn da etwas in Sicht gekommen wäre, liesse es sich nicht erzählen" (191), lautet eine Bemerkung des Erzählers im Zwischentext, keiner Person recht zugehörig, obwohl es Traumgedanken von Gesine Cresspahl sind. Sie gelten für alles und jedes dieses Romans.

Nun ist die Einsicht, daß die Wirklichkeit auch nicht einmal annäherungsweise erfaßt werden kann, alles andere als neu, und dem Leser stellt sich irgendwann unversehens, aber gleichermaßen zwingend die Frage, die die Katze an den Universitätsassistenten Dr. Jonas stellt: „Und das schreiben Sie so zu Ihrem Spass?" (179). Natürlich ist auch diese Frage nicht zu beantworten, und wäre sie es, die *Mutmassungen* wären wahrscheinlich nie geschrieben worden. Das Entscheidende an diesem Roman ist denn auch nicht die Einsicht, daß die Realität letztlich undurchdringlich und stumm sei. Das wußten auch andere und wußten andere sehr viel früher. Was aus alledem folgt, ist die Einsicht in die absolute Relativität der Wirklichkeit, in das Zufällige historischer und historisch scheinbar notwendiger Vorgänge, ist, mit anderen Worten, die Idee der Vertauschbarkeit, die hinter der Suche nach der Wirklichkeit am Ende steht. Der Held des Romans sagt einmal mit leichtem Spott über die Erklärungsmöglichkeiten in einer sozialistischen Welt:

> „Ich kann mir gut vorstellen, sieh mal ich bin ein spätes Kind, ich bin sicher das ist Zufall und hängt mit den Bewegungsgesetzen des Kapitalismus zusammen, meine Eltern konnten sich ein Kind nicht leisten, aber als sie mich willentlich in die Welt setzten, konnten sie sich das eigentlich auch noch nicht leisten. Verstehst du? dass ich elf Jahre früher unter die Räuber gefallen wäre. Vergleiche mal. Ist das etwa unwahrscheinlich dass ich jeden Juden totgeschlagen hätte aus Spass und mir wäre sehr wohl gewesen im Krieg? dass ich mich gefühlt hätte als Herrenrasse und alles andere unter mir? Ist vielleicht nicht unwahrscheinlich." (97)

Das Resümee dieser Überlegung lautet:

> „Will sagen ich hab nun Glück gehabt. Insofern nämlich als ich von Heute aus froh bin dass ich mit dem Krieg nichts zu tun hatte. Insofern als ich es bequem finde, dass ich mich nicht mehr an meinen Vater gewöhnen musste, er ist gefallen, der Judenschlächter, der Hausanzünder. Ich sage aber dass sie mir das hätten ebenso beibringen können, und wenn einer heute dagegen ist auf seine sehr persönliche Weise, so soll er sich nichts darauf einbilden." (98)

Das Glück also der späten Geburt? Wohl eher die Einsicht in die dem Menschen zwangsläufig auferlegte Relativität seines Tuns, damit seines Wissens, seiner Erkenntnismöglichkeit. Die Idee der Vertauschbarkeit ist eine alte literarische Idee in der deutschen Überlieferung, sie kam vermutlich auf nach dem Ende des Zusammenbruchs großer Systeme, also etwa um 1800, als der Stellenwert eines jeden Einzelnen nicht mehr eo ipso bestimmt werden konnte. Von der Idee der Vertauschbarkeit leben im 20. Jahrhundert große Bereiche der Exilliteratur, die Idee der Vertauschbarkeit aber ist darüber hinaus auch zur Signatur der Moderne geworden, da sozialer Rang und historische Stellung des Einzelnen mehr denn je als beliebig, zufällig, der Gunst oder Ungunst der Stunde zugeordnet sind. Es ist das Ende des Heroismus und der unverwechselbaren Einzelnen in der deutschen Literatur, das damit begründet und bezeichnet wird, und hier spricht sich nicht nur der Vorbehalt gegen das Wirkliche aus, sondern der Verzicht auf Deutungsmöglichkeiten überhaupt.

Die deutsche Literatur der Nachkriegszeit: sie wollte realistisch schreiben, realistisch und kritisch zugleich, und wir haben Dutzende, Hunderte von Beispielen für Genauigkeiten, für diesen an sich so verständlichen unreflektierten Realitätsdrang. Er hat sich in den Kurzgeschichten ebenso breitgemacht wie in den Novellen und Kriegsromanen, von Böll bis Plievier, und die Eindruckskraft und die Überzeugungsgewalt der deutschen Literatur nach 1945 lag gerade in der Aufdeckung der Wirklichkeit – mit welchen literarischen Mitteln das auch geschehen sein mochte. Denn foto- und phonographisch getreue Darstellungen waren das nur in den wenigsten Fällen, die da aufs Papier kamen. Uwe Johnson – und das ist das erstaunlich Paradoxe an seinem ersten Roman – hat nichts anderes gewollt, hat die Wirklichkeit sich so genau wie möglich zu erfassen bemüht – und hat sofort gesehen, daß das nicht möglich war, und so ist sein erster Roman ein realistischer Roman und ein antirealistischer Roman zugleich. Das Erkenntnispotential des damaligen Anfängers ist außerordentlich, und, wie oft bei bedeutenden Erstlingswerken: die Themenstellung hat sich bei Johnson später kaum geändert. Wirklichkeitssuche und Verzicht auf Wirklichkeitssuche, das bestimmt auch noch die *Jahrestage*. Und selbst die Geschichten und Geheimniskrämereien um Agenten und ähnliches: kaum Zugeständnisse an den literarischen Geschmack oder ein Fischen nach Publikumsinteresse, sondern wohl nur ein (freilich etwas unbeholfener) Ausdruck der Undurchdringlichkeit dessen, was man Wirklichkeit nennt und so gerne durchdringen möchte. Uwe Johnsons Roman gibt überall nur Fragezeichen, keine Antworten. Gerade darin besteht seine Leistung.

Im Nachhinein wirken die politischen Bemerkungen eigentlich nur dort, wo sie mit einigem Spott gewürzt sind. „Was ist der Fortschritt. Intellektuell. Sozial. Deutsche Möbelthesen: Nur an meinem Tisch sitzt man auf dem richtigen Stuhl" (219): das ist gelungene Satire. Auch anderes ist gelungen: Beschreibungen, wie sie Döblin in seinem chinesischen Roman auf ähnliche Weise geliefert hat.

„Und noch immer so steif schlaftrunken wie ich neben Jakob lehnte am Fahrkartenschalter stand ich am Schluss des Schnellzuges und hielt mich fest an den Griffen der verschlossenen Tür und sah die Gleise scharf sich aufbäumen hinter unserer heulenden Fahrt, zurückbleibende Signale schrien uns hinterher rot rot, der Wald lief weg mit ihnen als hätt er Augen bekommen und dann kam die grosse Wiese mit dem grauen Mondlicht und die eingeschlafenen Knicks rutschten zum Horizont hinunter mit den sanften Abhängen des nächtlichen Landes, bis die Wolken wieder zusammentrieben und wir schwarz durch das Schwarze jagten in dem engen schwankenden Gehäuse, dicht und finster und hoch standen Menschen um uns wie Bäume und schwiegen und ich schwieg und Jakob schwieg und das Land schloss sich ebenmässig über der aufgerissenen Lärmfurche hinter uns um uns zu Stille" (164).

Das ist dem Expressionismus abgesehen, wenn man es literarhistorisch kategorisieren wollte, und doch ein höchst gelungenes Stück Prosa; Wirklichkeit, aber auch eben nur annäherungsweise erahnbare und erfahrbare Wirklichkeit.

Johnson hat dem Konzept des Nachkriegsrealismus einen Strich durch die Rechnung gemacht, einen gründlichen, der auch nicht mehr vergessen werden sollte. Mag das West-Östliche darin auch eine gewisse Rolle gespielt haben: mehr als ein literarischer Aufhänger war das nicht. Johnson ist schon mit seinem Erstlingswerk ein Philosoph des Realismus gewesen, ein skeptischer und mit Vorbehalten Arbeitender, der den Vordergrundrealisten der Nachkriegsliteratur gründlich die Leviten gelesen hat. Wirklichkeitsdarstellungen: so notwendig sie sind, so unmöglich sind sie auch. Die Realität wird schon in dem Augenblick beschädigt, in dem sie umrißhaft erfaßt werden soll. Uwe Johnson hat sich einmal, nämlich in der Skizze *Berliner Stadtbahn* von 1961, weitläufig über seine Wirklichkeitsannäherungen ausgesprochen – mit dem Ergebnis, daß sie ins Leere führen. Genauigkeit ist das, was der Erzähler von sich zu verlangen hat – aber die lange Bemühung um eine adäquate Beschreibung der Berliner Stadtbahn endet in der Feststellung: „Der Verfasser sollte zugeben, daß er erfunden hat, was er vorbringt, er sollte nicht verschweigen, daß seine Informationen lückenhaft sind und ungenau. [...] Dies eingestehen kann er, indem er etwa die schwierige Suche nach der Wahrheit ausdrücklich vorführt". Eben das hat Johnson schon in seinem ersten Roman demonstriert. Die Suche nach der Wahrheit führt bestenfalls in Ahnungen, Mutmaßungen, Annahmen. Aber Johnson konnte zufrieden sein: es war das beste Ergebnis, das am Ende dieser Suche stehen konnte.

Johnsons Lehre ist von einem der großen Querdenker des 19. Jahrhunderts, von Nietzsche, vorformuliert worden. Nietzsche hat wohl als erster mit weitreichender Wirkung in die deutsche Literatur hinein vom Perspektivismus als der Erkenntnisbedingung gesprochen, die für ihn allein möglich war. Das Leben sei zu verstehen: „Als *bedingt* durch das Perspektivische und seine Ungerechtigkeit", kann man in Nietzsches Aphorismen lesen. Der Begriff der Perspektive taucht noch wiederholt auf, und darin kommt nicht nur die Relativität seines Denkens, die bewußte Beschränkung auf Einseitigkeiten zum Ausdruck, sondern deutet sich auch Widerspruch an in einer Zeit, in der das geschlossene Kunstwerk wieder Mode wurde. Totalität gibt es nicht, eben nur Fragmentarisches, und wenn irgendwo der Anspruch auf „das Ganze" erhoben werden sollte, dann hat Nietzsche die passende Antwort bereit: „Das Ganze lebt überhaupt nicht mehr: es ist zusammengesetzt, gerechnet, künstlich, ein Artefakt". Nietzsche hat vom „perspektivischen Charakter des Daseins" gesprochen, und das könnte eine Formel abgeben für das, was Johnson in seinen *Mutmassungen über Jakob* gewollt hat. Wirklichkeitsdarstellungen haben häufig den Anspruch auf Totalität, und sei es auch nur auf die Totalität eines Ausschnittes. Dem hat

Johnson indirekt, aber um so gründlicher widersprochen. Und die großen Romane, die uns weismachen wollen, wie es damals wirklich gewesen sei, diese realistischen Monstren wie Plieviers *Stalingrad* (überzeugend freilich gerade in ihrer nüchternen, von politischen Wertungen weitgehend freien Darstellung) haben ihre Grenzen ebenso wie die realistischen Miniaturen, die Böll so eifrig gemalt hat. Das hat Johnson den Realitätsaposteln früh, aber nachhaltig ins Stammbuch geschrieben.

Zitate nach:
UWE JOHNSON: Mutmassungen über Jakob. Frankfurt/M.: Suhrkamp 1959